(Av. 2 Proys.)

V

13079

INDUSTRIE FRANÇAISE. 21

EXPOSITION
DE L'INDUSTRIE FRANÇAISE

MUSÉE CHALLAMEL. — Texte par **JULES BURAT**, Ingénieur civil.

L'EXPOSITION DE L'INDUSTRIE, MUSÉE-CHALLAMEL formera 2 beaux volumes in-4°, à deux colonnes, illustrés de vignettes, ornés de plus de 80 planches. — Prix de l'ouvrage complet : 50 fr. papier blanc, 75 fr. papier de Chine.
Chez l'Éditeur, 4, rue de l'Abbaye-St-Germain, et chez tous les Libraires de la France et de l'étranger.

COLLECTION DE A. CARÊME.
Le Conservateur.

ALIMENTATION — CONSERVATION DES ALIMENTS.
CHAMPIGNONS. — DES VINS.
PROCÉDÉS APPERT.

5e édition, très-augmentée. — 1 vol. in-8°
avec planches, 10 fr. 30 c.

Chez l'éditeur, rue Thérèse, 11 ; — DENTU, libraire, Palais-Royal ; — MAISON, éditeur du « Guide Richard en France », 29, quai des Augustins ; — DOLIN, quai des Augustins.

LE CONSERVATEUR, par feu APPERT, ou *Livre de tous les ménages*, revu et augmenté par M. APPERT-PRIEUR, chef actuel de la fabrique des Conserves, et par M. GANNAL. 5e édition, 1 vol. in-8° de près de 500 pages, avec 6 planches. — Ce volume enseigne l'art de faire les gelées, les marmelades, les compotes, les fruits confits, les fruits candis, les fruits à l'eau-de-vie, les liqueurs, parfums, etc., et révèle l'art de conserver les plantes, les légumes, les fruits, de fabriquer les sucres, les huiles, de maintenir intactes les viandes cuites, fraîches, salées, fumées, etc., etc. — Il contient, en outre, une partie précieuse, des indications certaines pour reconnaître les champignons comestibles, une suite de recettes agréables tirées de l'éminent *Traité des champignons*, du docteur JOSEPH ROQUES ; — un travail complet sur la manière de soigner et de servir les vins, par M. JOUBERT ; une nomenclature des grands crus de Bourgogne, par MM. BOUCHARD, père et fils, de Beaune ; une étude générale sur les vins, par M. LOUIS LECLERC. L'ouvrage d'Appert est célèbre depuis longtemps ; il est développé par un exposé des méthodes nouvelles qui le complètent, et appliquées aujourd'hui dans toutes les fabriques de Conserves de Paris et des ports de mer. — C'est un livre plein de ressources pour les personnes qui habitent la campagne, pour les familles nombreuses, les grandes maisons. — Le travail sur les vins est complet ; il définit leur qualité et indique la manière de les soigner et de les servir à table ; ses rédacteurs comptent parmi les premiers négociants en vins.

L'art de conserver les légumes, les fruits et les viandes tient de si près à la satisfaction de nos premiers besoins, que les premiers essais de ce genre et de recherches remontent au berceau des sociétés.

L'art de traiter les plantes, leurs fruits, leurs racines, pour en extraire des aliments, des liqueurs, des sucs, des huiles, des parfums, etc., n'est pas moins ancien. Les auteurs grecs et latins dont nous avons les chefs-d'œuvre n'ont point dédaigné de consigner dans leurs livres les recettes les plus efficaces. — Pline, dans son histoire naturelle, enseigne une foule de procédés pour conserver les fruits et préparer leurs parfums. Les progrès des sciences

et les besoins toujours croissant avec la civilisation, ont donné une importance si grande à cette branche de nos connaissances, unique dans le principe, que de nos jours elle est l'objet de vingt professions distinctes, toujours également utiles.

De toutes ces professions, le *Conservateur*, ce livre éminent, a réuni les connaissances indispensables aux maîtres d'hôtel des grandes maisons, cuisiniers, aussi bien qu'aux mères de famille qui ne disposent que d'un revenu modeste.

Articles de Toileries.
M. BEGUÉ, A PAU.

La fabrication dont s'occupe M. Begué comprend tous les articles de toileries, tels que : — Les toiles unies, depuis celles servant aux gros usages de ménage, jusqu'aux plus fines pour chemises de luxe. — Les mouchoirs blancs, depuis les prix les plus bas, jusqu'aux plus élevés. — Les mouchoirs fond bleu. — Le linge de table comprenant trois genres, et dans chacun d'eux des qualités très-diverses et des prix très-distincts. — L'Ouvré, le Moiré, le Damassé.

L'Ouvré, très en faveur dans le midi de la France et en Espagne, se vend à des prix très-modérés.

Le Moiré, ainsi dénommé parce que des deux côtés il présente le même aspect, est d'une grande solidité, d'un bel effet à l'œil sans être d'un prix fort élevé.

Le Damassé réunit l'éclat du dessin à la bonté du tissus. M. Begué qui est l'introducteur de cette fabrication dans le Béarn, est parvenu à rivaliser avec succès contre les produits de la Silésie.

La Silésie vend sur les lieux son service n° 1, 55 fr., il vend son service n° 70, 60 fr. Le service de Silésie se compose d'une nappe de 2m 10, sur 2m 40 et 13 serviettes, en décomposant la nappe en serviettes, on trouve qu'elle équivaut à 6 serviettes, en ajoutant les 13 serviettes, on trouve que chaque service de Silésie contient 19 serviettes qui comptées à 2 fr. 90 font le montant du service, soit 55 fr.

Le service de M. Begué se compose de 12 serviettes de même grandeur, un surnappe de 1m 10 sur 1m 70, une nappe de 2m 10 sur 3m. En soumettant son service à la même décomposition, on voit que la nappe équivaut à 7 serviettes 1/5, surnappe, à 2 serviettes 1/3 et 12 serviettes, 21 serviettes à 2/3, donc, ce service vendu 60 fr., chaque serviette qui le compose ne coûte que 2 fr. 80. — Pour le n° 2, la différence est plus sensible. Il vend 80 fr. ce qui est vendu 78 fr. ; — mais la composition étant la même que celle des services ci-dessus, chaque serviette revient en Silésie 4 fr. 10, et chez lui, à 3 fr. 70. Enfin, le dernier service comparé donne une économie de 5 fr. environ.

BEYERLÉ (D. G.)

ÉLÈVE ET SUCCESSEUR DE CHAMBLANT,

rue Mazarine, 48, en face de celle Guénégaud, au premier.

Nouveaux VERRES D'OPTIQUE à surfaces de cylindre, fabriqués par le sieur CHAMBLANT, breveté du Roi pour l'exécution et vente exclusive desdits Verres. Ingénieur-Opticien de la société Linnéenne de Paris, et de plusieurs sociétés savantes.

Jusqu'à ce jour, la forme des verres taillés pour l'optique se composait de deux segments de sphère placés en opposition, et les verres ainsi taillés, selon qu'ils sont convexes ou concaves, font paraître les objets plus grands ou plus petits. Il résulte de cette forme sphérique ou lenticulaire, que le pouvoir amplifiant ou diminuant du verre varie sur chaque point de sa surface, de manière à distinguer un pouvoir *minimum* au centre, et un *maximum* à la circonférence, et cela parce que les rapports des surfaces en opposition changent dans une proportion donnée, selon que les points opposés s'approchent ou s'éloignent du centre. Il n'y a donc que le point, en quelque sorte mathématique du centre, qui puisse transmettre, sans déformation sensible l'image des objets ; d'où il faut conclure que toutes les images transmises sont plus ou moins déformées, en raison de la plus ou moins grande convexité ou concavité des verres. A cet inconvénient il faut en joindre un autre non moins grave : les prismes d'un verre sphérique ne pouvant être rangés autrement qu'en anneaux concentriques, ils se trouvent ainsi placés sous des angles différents à chaque point de la surface, et quoique tous les faisceaux de lumière réunis forment un cône ayant pour base la surface du verre, chaque anneau reçoit la lumière sous un angle différent, en sorte qu'elle se trouve décomposée au passage, de manière à produire des aberrations de réfrangibilité ou *couleurs irisées*.

Il sera facile maintenant de concevoir que les verres sphériques lenticulaires, mis en usage pour des bésicles ou lunettes, fatiguent considérablement l'organe de la vue, puisqu'ils exigent un effort constant de l'œil qui doit toujours chercher l'image de l'objet au centre du verre ; voilà la raison pour laquelle la vue se modifie ou s'altère beaucoup plus vite dès que l'on est obligé de se servir de ces lunettes, et les progrès de cette altération sont plus sensibles selon que l'on est forcé d'employer des verres d'un foyer plus court. Les vues presbytes sont particulièrement celles qui en sont le plus souvent affectées.

10e et 11e *Livraison*

Ces inconvénients sont essentiellement inhérents à l'image de la courbe sphérique, puisqu'ils dépendent de la nature même de cette courbe; ainsi quelle que soit la manière dont on dispose les surfaces des verres sphériques, soit en combinant des surfaces convexes ou concaves avec des surfaces planes, soit que l'on combine des surfaces convexes avec des surfaces concaves, ces inconvénients se reproduisent toujours; et dans le premier cas, le champ demeure considérablement rétréci; encore, dans le dernier cas, faut-il supposer qu'il soit physiquement possible d'exécuter ces verres avec assez de précision pour que les foyers des deux courbes combinées soient exactement sur un seul et même axe; et, quand même on parviendrait à cette perfection nécessaire, quoique à peu près impossible, ces verres, tout parfaits d'exécution qu'ils seraient, ne demeureraient pas moins dangereux pour la vue, à cause de l'effet des foyers positif et négatif. (Ces verres convexo-concaves sont connus de tous temps en optique; on les nomme méniscules. Ce n'est que depuis peu qu'on a renouvelé ce procédé, et qu'une chose que l'on croyait sans utilité a paru, dans les idées de certaines personnes, présenter assez d'intérêt de spéculation pour mériter un nouveau nom, et on les a désignés par l'expression de Verres périscopiques.) Le désagrément en serait sensible, surtout quand ils regardent un corps lumineux, parce qu'alors le foyer négatif produit plusieurs images de ce même corps à la fois, ce qui ne fait qu'augmenter encore la fatigue déjà occasionnée par les aberrations de sphéricité et de réfrangibilité que ce procédé n'a pas détruites. Ajoutez à cela les fausses irradiations produites par la surface concave sur l'œil du presbyte, effet qui n'arrive pas quand on emploie des verres biconvexes ou biconcaves ordinaires. L'expérience que l'on peut faire avec des verres d'un court foyer démontre la vérité de ce que nous disons.

Les nouveaux verres à surfaces de cylindre, fabriqués par M. Chamblant, sont exempts de tous les inconvénients que nous venons d'exposer : ces verres se composent de deux segments de cylindre placés en opposition d'axe et de surface. Le pouvoir amplifiant ou diminuant d'une surface cylindrique est identiquement le même dans tout le développement du cylindre. Chaque point de la surface appartient à la circonférence d'un cercle parallèle à celui qui sert de base au cylindre : en sorte que chaque tranche ou ligne prismatique a son centre particulier placé à l'axe de ce cylindre : et dans ce cas, les rayons, au lieu de former un cône comme dans les verres sphériques, prennent la forme d'un secteur ou d'un coin, dont la largeur est égale à la hauteur de l'axe du cylindre.

Un segment de cylindre amplifie ou diminue l'image de l'objet dans le sens de sa courbure, et alors il produit anamorphose; mais cette anamorphose a lieu également sur le segment opposé; il suffit donc de placer ce deuxième segment en opposition d'axe et de surfaces. (Quand nous disons que le second segment est placé en opposition d'axe et de surfaces, nous entendons que l'une des surfaces du verre étant taillée cylindrique, l'autre surface se taille cylindriquement aussi, mais dans un sens rectangulairement opposé.) Et comme chaque surface agit dans un sens contraire, l'anamorphose de l'une est corrigée par celle de la seconde, et l'image alors paraît dans toute sa pureté; et, dans ce cas, l'intersection des deux segments en opposition donne aux faisceaux des rayons lumineux la forme d'une pyramide dont la base est un carré parfait. Voilà ce qui constitue la différence éminemment remarquable des verres à surface de cylindre, fabriqués par M. Chamblant. La difficulté principale que cet artiste avait à vaincre, consistait dans l'exécution mécanique de ces verres ; les surfaces mises en opposition devaient être mathématiquement *semblables et égales*, leur opposition rigoureusement rectangulaire. Cet artiste est parvenu à surmonter tous les obstacles, et l'exécution de ses verres ne laisse rien à désirer.

Il ne faut pas maintenant de grands raisonnements pour démontrer que les verres à surfaces de cylindre sont exempts de tous les inconvénients attachés à la nature des verres sphériques ou lenticulaires. Tous les points du verre cylindrique se trouvent placés dans le même rapport d'angle à l'axe; ils forment autant de foyers particuliers dont la puissance est constamment la même ; dès lors, il n'y a plus de déformation d'image : le pouvoir amplifiant ou diminuant étant le même dans toute l'étendue du verre, avec même degré d'intensité de lumière, chaque point de cette étendue peut devenir successivement le foyer unique ou central du verre; la vue peut ainsi se promener sans fatigue sur la surface entière, puisque partout elle rencontre un foyer semblable et une image semblable sans aberration. Bien plus, le passage de la lumière s'effectuant à travers le verre avec un degré d'incidence qui est partout le même, les rayons lumineux pénètrent sans éprouver aucune décomposition, d'où il suit que ces verres sont par leur nature *achromatiques* (sans couleurs irisées).

Quant à l'emploi de ces verres dans la construction des lunettes ou bésicles, on conçoit parfaitement que ces lunettes sont dans tous les cas, *véritables conserves de la vue*, abstraction faite de la plus ou moins grande longueur du foyer.

Le verre entier n'est plus qu'un milieu grossissant ou diminuant également l'objet, quel que soit le point de ce verre par lequel on le regarde; l'œil se meut à volonté sur toute la surface; et partout il trouve la même image représentée pure et nette : dès lors aucun effort pour chercher ce point unique ou foyer lenticulaire des verres sphériques, par lequel elle se montre encore déformée, quoique ce soit le seul point dans lequel la déformation ne soit pas excessivement sensible.

Enfin, tout ce qui vient d'être dit tend à démontrer et à prouver que si les verres sphériques aident la vue, ils la fatiguent considérablement : tandis qu'au contraire les nouveaux verres cylindriques l'aident puissamment, sans la fatiguer aucunement.

NOTA. Il est à propos d'indiquer aux amateurs un moyen certain de reconnaître les verres à surfaces de cylindre : il suffit de prendre une petite règle droite qu'on applique sur le verre, et que l'on fait tourner sur son centre. Si le verre est lenticulaire, la règle ne le touchera jamais que par un point, tandis que, s'il est cylindrique, la règle touchera le verre exactement dans toute la longueur de l'axe.

CHALLAMEL, éditeur, rue de l'Abbaye, 4, au 1er,
Et chez tous les Libraires de la France et de l'étranger.

Un Été en Espagne,

PAR AUG. CHALLAMEL.

Ce livre est d'une actualité saisissante, car toute l'Europe a les yeux fixés sur l'Espagne, où se passent des événements d'un si puissant intérêt. On y trouvera des détails sur les coutumes, les mœurs, les particularités du peuple espagnol. Exactitude et imagination, telles sont les qualités qui distinguent le nouvel ouvrage de l'auteur de l'*Histoire-Musée de la République française*. 1 joli vol. in-18, orné de 4 dessins imprimés à part. — Prix, 2 fr. 50 c.

Voyage en Orient

FAIT AVEC HORACE VERNET
EN 1839 ET 40.

Texte et dessins par M. GOUPIL-FESQUET.

Le lecteur avide de nouveautés trouvera sans contredit tous les éléments propres à piquer et à satisfaire sa curiosité dans le *Voyage en Orient* que nous annonçons, car cet ouvrage est un itinéraire palpitant d'intérêt, une narration pleine de faits, où la poésie descriptive et anecdotique ajoute un puissant attrait à la scrupuleuse exactitude des détails. L'auteur de ce livre, qui a partagé la tente et les plaisirs du célèbre artiste en Orient, est heureux de pouvoir offrir au public la description d'un voyage ébauché sous l'inspiration d'un grand maître en présence de tous les genres de nature.

M. Goupil Fesquet a particulièrement étudié les costumes et la manière de les porter, ainsi que l'art de mettre le turban dans tout l'Orient qu'il a visité. Le nom de chaque partie du vêtement depuis l'homme du peuple jusqu'au grand seigneur, depuis l'arabe du désert jusqu'au voluptueux habitant des villes est particulièrement indiqué.

Des illustrations lithographiées et coloriées avec le plus grand soin d'après les dessins de l'auteur suffiraient seules pour intéresser le lecteur le plus indifférent.

Nous n'insisterons pas davantage, car tout le monde voudra lire le *Voyage fait avec Horace Vernet en Orient*.

Cet ouvrage forme un volume grand in-8, est embelli d'une riche couverture imprimée en couleurs et en or dans le style oriental. — Prix, 10 fr.

COUP D'OEIL SUR LES ANTIQUITÉS SKANDINAVES, par M. Pierre-Victor, orné de nombreuses vignettes sur bois, Prix, 3 fr. 50 c.

SUR D'ANCIENNES CONSTRUCTIONS EN BOIS, SCULPTÉ DE L'INTÉRIEUR DE LA NORWÉGE, par M. Pierre-Victor, avec 3 planches. Prix, 2 fr.

ÉTUDES D'UNE MAISON SCULPTÉE EN BOIS AU XVIe SIÈCLE, A LISIEUX, 9 planches dessinées d'après nature par Challamel, avec une Notice historique. Pap. bl., 6 fr.; pap. de Chine, 8 fr.

Souvenirs de Néris

ET DE SES ENVIRONS.

Collection de 25 dessins avec un texte par M. le marquis de Pastoret. 1 vol. gr. in-4°. — Prix : 10 fr. relié, 15 fr.

Salon de 1844

L'ouvrage complet :	24 fr. papier blanc. 32 fr. papier de Chine.
ANNÉE 1843, 32 dessins, texte par Wilhelm Tenint.	24 » p. bl. 32 » p. Ch.
ANNÉE 1842, 32 dessins, texte par le même.	24 » p. bl. 32 » p. Ch.
ANNÉE 1841, 32 dessins, texte par le même.	24 » p. bl. 32 » p. Ch.
ANNÉE 1840, 40 dessins, texte par Augustin Challamel, préf. par le baron Taylor.	24 » p. bl. 32 » p. Ch.
ANNÉE 1839, texte par Laurent Jan, 20 dessins.	20 » p. bl. » »

HISTOIRE-MUSÉE
DE LA
RÉPUBLIQUE FRANÇAISE

PAR M. AUGUSTIN CHALLAMEL

AVEC LES

Estampes, Costumes, Caricatures, Médailles, Portraits historiés et Autographes
les plus remarquables du temps.

LES FRANÇAIS
SOUS LA
RÉVOLUTION

TEXTE PAR

MM. AUGUSTIN CHALLAMEL & WILHELM TÉNINT

ILLUSTRÉ DE

QUARANTE MAGNIFIQUES GRAVURES COLORIÉES

dessinées et gravées sur acier

PAR NOS PREMIERS ARTISTES.

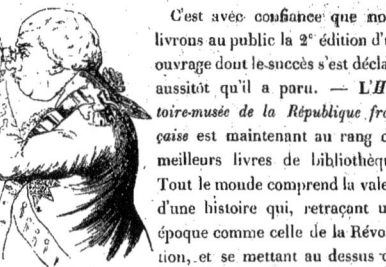

C'est avec confiance que nous livrons au public la 2ᵉ édition d'un ouvrage dont le succès s'est déclaré aussitôt qu'il a paru. — L'*Histoire-musée de la République française* est maintenant au rang des meilleurs livres de bibliothèque. Tout le monde comprend la valeur d'une histoire qui, retraçant une époque comme celle de la Révolution, et se mettant au dessus des passions politiques, s'attache principalement aux faits qui accompagnent les monuments historiques du temps, les *estampes*, les *caricatures*, *costumes*, les *médailles*, les *autographes*, etc., documents si curieux et caractéristiques. Les événements et les personnages s'expliquent, lorsqu'au lieu de dédaigner les pièces de conviction, on les rassemble au hasard avec soin et discernement. Pas un journal de l'époque que l'auteur n'ait considéré comme sa gazette du matin, pas une brochure ou un pamphlet, ni une œuvre ou bluette dramatique qu'il n'ait parcouru avec avidité. Il a puisé en outre, dans les *mémoires*, des détails curieux et intéressants, qui retracent l'opinion mobile de chaque jour.

L'HISTOIRE-MUSÉE DE LA RÉPUBLIQUE FRANÇAISE reflète, exactement, comme un miroir, ces quinze années de luttes, de triomphes et de martyres, prenant la République à son germe, — l'Assemblée des notables, pour la conduire jusqu'à sa décomposition totale, — l'Empire.

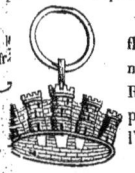

Nous pouvons dire que ce livre est unique, car tous les matériaux ont été tirés de la Bibliothèque royale, et d'un grand nombre de galeries particulières, que trop peu de personnes ont pu visiter; sont le fruit de plus de trente années de recherches faites par des collectionneurs infatigables. Nous sommes heureux et récompensés d'avoir rendu publics ces musées qui, chaque jour, se dispersent ou passent à l'étranger.

L'Histoire-Musée de la République forme 2 beaux volumes in-8°, ornés de 100 gravures, de 60 fac-simile d'autographes imprimés à part et 280 vignettes dans le texte. Prix des 2 volumes, 25 fr.

S'il y a une époque féconde en types étranges, exceptionnels, sublimes ou horribles, originaux par excellence, c'est l'époque de la révolution. Personnages et événements y jouent des rôles distincts.

Nous venons à cet égard compléter les nombreux ouvrages qui ont été écrits sur l'histoire de la Révolution; nous venons exposer les types tout spéciaux qui sont nés et qui sont morts pour la plupart avec cette époque célèbre. Ces types, en effet, ne figurent dans aucune des histoires où l'ordre des événements a été suivi, c'est-à-dire que les noms y sont prononcés simplement comme ceux des personnages mêlés aux faits.

Dans l'ouvrage que nous publions, tous les personnages caractéristiques sont peints en pied, et pour ainsi dire en relief, avec leurs physionomies, leurs allures et leurs costumes. Cette façon pittoresque et nouvelle de représenter la révolution, n'est-elle pas la plus vraie? C'est l'histoire en action. On y distingue les personnages et leurs types divers, on assiste avec eux aux événements, ON VOIT ENFIN LA RÉVOLUTION dans tous ses détails les plus intimes.

Nous avons exposé ainsi tour à tour :

Les Déesses.	L'Enthousiaste.
Les Incroyables et les Merveilleuses.	Les Victimes.
Le Chouan.	Les Conspirateurs.
Les Furies de guillotine et les Tricoteuses.	Le Briseur d'images.
Le Sauveur.	Le Journaliste.
Monsieur de Paris ou l'Exécuteur des hautes œuvres.	Le Chanteur des rues et le Crieur public.
Le Clubiste.	L'Accusateur public et le Défenseur.
Le Héros d'une journée ou l'Homme populaire.	Les Utopistes.
Le Prêtre réfractaire et le Prêtre assermenté.	L'Orateur.
Les Théophilanthropes.	Les grandes Dames.
Le Soldat de la République.	Les Émigrés.
Le Soldat citoyen (Garde national et Fédéré.)	La Dame de la halle.
Le Dénonciateur et le Suspect.	Les Chauffeurs.
L'Enfant.	Le Représentant du peuple.
L'Alarmiste.	Les Acteurs.
Les Prisonniers.	L'Homme à pique ou le Sans-Culotte.
Les Prophétesses.	Les Réacteurs.
Les Artistes	L'Agent de l'étranger.
L'Accapareur et l'Affameur.	L'Officier municipal.
	L'Homme aux assignats et l'Homme au numéraire.
	La Liberté (Frontispice).

Aucun caractère saillant, aucun type distinctif ne semble avoir échappé à l'investigation des auteurs.

Ici point de passions politiques; c'est une peinture avec ses couleurs locales, c'est un miroir où se peignent les hommes et les choses; chacun verra de ses yeux, et pourra ensuite formuler à son aise son propre jugement.

Un beau volume in-8° orné de 40 planches imprimées à part, gravées d'après les dessins de M. Baron. Prix du vol., en noir, 12 fr.; colorié, 20 fr.

PRODUITS DE L'INDUSTRIE FRANÇAISE.

RUE DU MAIL, 30 A PARIS.
Précédemment Rue Saint-Pierre-Montmartre, 12.

BREVETS D'INVENTION, d'Addition et de Perfectionnement.

MÉDAILLE D'HONNEUR à l'Exposition du Louvre. 1843.

APPAREILS COPISTES. — Encres supérieures. — Fournitures DE BUREAUX.

EXPOSITION AU LOUVRE EN 1842

AU **COPISTE ÉLECTRO-CHIMIQUE.**

FABRIQUE ET VENTE EN GROS ET EN DÉTAIL, ET POUR LA COMMISSION ET L'EXPORTATION DES APPAREILS BREVETÉS DE R. I. BEAU.

ARTICLES POUR LA COMMISSION ET L'EXPORTATION.

APPAREILS DE Galvanoplastie. — Daguerréotypes ET Accessoires. — Objets d'Art ET DE FANTAISIE.

BREVET D'INVENTION — PERFECTIONNEMENT

Appareil breveté

Des plus remarquables pour son utilité et sa simplicité pour la copie des lettres sous presse, indispensable aux commerçants, à toutes personnes qui conservent copie de leurs écritures et aux voyageurs qui trouvent réunis sous un très-petit format tout ce qu'il faut pour écrire et copier sans embarras. Prix : 10 fr. et au-dessus.

Au même magasin APPAREILS pour la GALVANOPLASTIE simplifiés ; ainsi que tous les objets de manipulations et accessoires avec le guide pratique de R. J. Beau (Prix : 1 fr) qui met à tout le monde de reproduire, galvaniser ou tailliser en cuivre, argent ou or les statues médailles, camées, fruits, fleurs et autres obj

---

VARIN

FABRICANT DE CIRAGE ET MARCHAND BROSSIER

rue Guénégaud, 15.

Nous prie d'annoncer qu'il n'a pas encore paru jusqu'à ce jour de cirage vernis plus beau ni de meilleure qualité que le sien, qu'il garantit pour ne pas s'écailler sur la chaussure : nous affirmons ce fait par l'essai que nous en avons fait.

---

*Lisez tout et moquez-vous des Charlatans !
Par verres et l'on ne veut pas bouchés.
Seuls admis à l'Exposition.*

À 5 CENTIMES LA BOUTEILLE.
Rue Saint-Honoré, 398 (400 moins 2),
AU PREMIER ÉTAGE, ET NON EN BOUTIQUE.

D. Fèvre. — Poudre-Fèvre
POUR FAIRE EN DIX MINUTES
Eau de Seltz, Limonade gazeuse, Vin de Champagne.
La Poudre-Fèvre guérit ou corrige l'eau si mauvaise [...] favorise [...] utilisée aux études et à l'estomac; elle en fait une boisson agréable et rafraîchissante, qui se prend pure, ou se mêle au vin sans l'affaiblir, facilite la digestion, prévient les aigreurs, pituites, pierre, gravelle, rétentions, maux de reins, etc. La bonne qualité porte à l'extérieur la griffe D. Fèvre. Le paquet de 20 bouteilles 50 c. brutes, 1 fr. franche 1 fr. 50; on commence 50 fr. le mille. Qualité inférieure, sans la griffe D. Fèvre, à tout nom et à tout prix, sur commande.

AVIS AUX FUMEURS.

Pastilles désinfectantes

Ce bonbon, parfaitement salubre, assainit la bouche, enlève toutes les mauvaises odeurs laisse une fraîcheur et un bouquet des plus agréables.

Dépôt central, 4, rue du Bar-du-Bec, et tous les débitants de tabac.

La boîte, 30 c. — La double boîte, 50 c.

LE BOURDON

JOURNAL NON POLITIQUE DES ENVIRONS DE PARIS

PARAISSANT DEUX FOIS PAR SEMAINE

Format du *Siècle*, avec un Feuilleton, et alternativement deux fois par mois :
UN DESSIN DE MODES, UNE CARICATURE ET UNE ROMANCE EN MUSIQUE.

PRIX DE L'ABONNEMENT :

POUR PARIS ET LES ENVIRONS :		POUR LES DÉPARTEMENTS :	
Un an............	16 »	Un an............	18 »
Six mois.........	8 »	Six mois.........	9 »
Trois mois.......	4 50	Trois mois.......	5 »

Administration : 7, rue du Croissant, à Paris.

Le Journal le BOURDON voulant donner aux habitants des environs de Paris qui sont dans l'intention de s'y abonner, et qui auraient par la suite renseignements à donner ou des réclamations à produire, la faculté de les faire sans dérangement, invite les personnes qui pourraient tenir une direction à en faire la demande à l'Administration générale. — (Affranchir).

Imprimerie de Ducessois, 55, quai des Augustins.

CHALLAMEL, ÉDITEUR, 4, RUE DE L'ABBAYE-ST-GERMAIN, AU PREMIER.
Et chez tous les libraires de la France et de l'Etranger.

80 grands dessins, au moins, imprimés à part, 300 vignettes dans le texte,
2 magnifiques volumes in-4°, à deux colonnes.

EXPOSITION
DE
L'INDUSTRIE FRANÇAISE

PUBLIÉE PAR M. CHALLAMEL.

REVUE & ILLUSTRATIONS

TEXTE PAR JULES BURAT
Ingénieur civil, ancien élève de l'École Polytechnique.

Une nouvelle Exposition des produits de l'Industrie Française va s'ouvrir dans quelques jours ; elle doit révéler et mettre en saillie les progrès que la production nationale a réalisés depuis cinq ans.

Nous croyons faire une œuvre utile et intéressante en essayant de constater les résultats les plus remarquables de ce vaste concours dans lequel tous les fabricants de France doivent comparaître. Nous nous proposons d'examiner avec soin les objets si divers qui figureront à ce grand rendez-vous de l'industrie nationale. Nous apprécierons impartialement le mérite de chaque fabrication, les perfectionnements qu'elle a subis dans cette dernière période, ceux qu'elle peut subir encore. Nous signalerons les produits qui se recommandent sous le rapport de la bonne exécution, de la nouveauté, de l'amélioration, de l'élégance, du bon marché. Nous citerons les fabricants qui se seront le plus distingués et qui auront paru avec le plus d'éclat.

Il nous a semblé indispensable d'accompagner cette Revue de l'Industrie Française d'un grand nombre de planches destinées à jeter à la fois plus de lumière et plus d'agrément sur les sujets nombreux et variés qui doivent y être traités. Il y a des machines que le dessin peut seul expliquer. Il y a des dispositions, des formes, des applications des beaux arts, dont le burin du graveur ou le crayon du lithographe peut seul faire comprendre l'élégance et le mérite. C'était donc une nécessité d'*illustrer* cet ouvrage, non pas pour suivre les caprices de la mode, mais pour remplir d'une manière convenable le but que nous voulons atteindre, celui d'instruire et d'intéresser en même temps.

C'est qu'en effet, l'exposition des produits de l'industrie française présente ce caractère distinctif du génie national, qu'elle est à la fois industrielle et artistique. La supériorité incontestable de nos exhibitions sur toutes celles que les étrangers ont essayé de faire à l'imitation des nôtres, ne provient pas moins du goût, du sentiment de l'art, particulier à nos fabricants, que de l'état avancé de nos procédés de production. L'art a pénétré dans toutes les branches de fabrication ; on le retrouve dans les plus grandes et dans les plus petites choses, dans la disposition des machines, dans le travail des métaux, du bois, de l'ivoire, dans le choix des dessins et dans l'assortiment des couleurs, dans les formes des ustensiles et des objets usuels.

Notre *Revue de l'Exposition des produits de l'Industrie* se divisera en quatre sections dans lesquelles nous avons classé, suivant un ordre logique, les fabrications diverses

qui composent l'ensemble du système industriel. Ce sont :
1° Substances minérales. — Métaux. — Machines. — Outils. — Instruments agricoles. — Quincaillerie. — Coutellerie. — Horlogerie. — Instruments de précision. — Lampes, etc., etc.

2° Laines, Soies. — Fils et tissus de Laine, de Soie, de Coton, de Lin. — Tapis, Bonneterie, Dentelle, etc. — Teinture, Blanchissement, impressions, etc., etc.

3° Applications des beaux-arts. — Poterie, Porcelaine, Faïence. — Verres, Cristaux, Glaces, Vitraux peints. — Bronzes. — Bijouterie, Orfèvrerie, Ciselure, Plaqué, — Meuble et ameublement. — Imprimerie, Lithographie, Reliures, Stores, Peintures. — Instruments de musique.

4° Industries diverses. — Produits chimiques. — Substances alimentaires, Savon, Gélatine, Sucre, Couleurs, Bougies. — Procédés de chauffage. — Cuirs et Maroquins. — Papiers peints. — Chapellerie, Ganterie. — Fleurs artificielles. — Voitures, Sellerie, etc., etc.

L'ouvrage sera publié par livraisons ; il paraîtra deux ou trois livraisons par semaine ; chaque livraison contiendra quatre grandes pages de texte in-4° à deux colonnes, deux planches tirées à part et un grand nombre de dessins dans le texte.

L'ouvrage renfermera en tout 50 livraisons, 80 planches tirées à part et 300 dessins dans le texte, qui serviront à faciliter l'intelligence des descriptions.

Ainsi notre *Revue de l'Industrie* aura paru en moins de quatre mois, c'est à dire, dans l'espace de temps que durera probablement l'exposition.

Pour que la publication soit plus variée, les quatre sections seront entamées et poursuivies simultanément, de telle sorte que les livraisons, en se succédant, permettront d'embrasser ensemble et successivement toutes les branches de l'industrie.

Prix de la livraison . . . . 1 »
Prix de l'ouvrage entier . . . 50 »
Prix de la livraison, pap. Chine. 1 50
Prix de l'ouvrage entier . . . 75 »

M. C. Nève a déjà publié un catalogue annoté dont l'utilité a été unanimement reconnue et appréciée, mais la modicité du prix fixé pour ce volume, n'a pas permis à cet éditeur habile de donner à son livre l'étendue et le luxe que nous permet notre publication immense.

BUREAU CENTRAL DE RÉDACTION ET D'ADMINISTRATION,
4, rue de l'Abbaye-Saint-Germain, au premier.

SALON DE 1844

Collection des principaux ouvrages exposés au Louvre, et reproduits par les premiers artistes français, publié par M. Challamel. — Ces albums sont une véritable histoire de l'art en France ; histoire dessinée, histoire écrite. Tous les grands noms, toutes les belles œuvres y figurent ; les talents nouveaux n'ont qu'un désir, celui d'y collaborer. C'est qu'en effet une exposition se termine et s'oublie, les tableaux se dispersent, l'Album reste.

Rien n'a été négligé pour que l'Album de 1844 soit supérieur encore à ceux des années 1840, 1841, 1842 et 1843.

L'ouvrage complet : { 24 fr. papier blanc.
{ 32 fr. papier de Chine.

ANNÉE 1843, 32 dessins, texte par Wilhelm Ténint.   24 » p. bl.   32 » p. Ch.

ANNÉE 1842, 32 dessins, texte par le même.   24 » p. bl.   32 » p. Ch.

ANNÉE 1841, 32 dessins, texte par le même.   24 » p. bl.   32 » p. Ch.

ANNÉE 1840, 40 dessins, texte par Augustin Challamel, préface par le baron Taylor.   24 » p. bl.   32 » p. Ch.

ANNÉE 1839, texte par Laurent Jan, 20 dessins.   20 » p. bl.   » »

HISTOIRE-MUSÉE DE LA RÉPUBLIQUE
FRANÇAISE

Par Augustin Challamel, avec costumes, médailles, caricatures, portraits historiés et autographes les plus célèbres du temps.

Deux beaux volumes grand in-8, avec 300 vignettes sur bois imprimées dans le texte, et accompagnés de 100 gravures et d'environ 80 fac-simile d'autographes les plus curieux. — Prix broché, 25 fr. ; relié en toile, avec fers gravés exprès pour l'ouvrage, 33 fr. ; belle demi-reliure maroquin noir, tr. bl., 34 fr. ; demi-reliure riche, tête dorée, 2 vol., 35 fr. ; magnifique reliure maroquin, tr. d'or, 2 vol., 45 rf.

ARMORIAL NATIONAL DE FRANCE

Recueil complet des armes des villes et provinces du territoire français, réuni pour la première fois, dessiné et gravé par H. Traversier, notices descriptives et historiques par Léon Waïsse.

LA PREMIÈRE SÉRIE, prix en noir, 46 fr. ; coloriée, 60 fr. Cette série comprend les armes des 86 villes, chefs-lieux de départements, telles qu'elles ont été rendues aux villes par ordonnance du roi Louis XVIII, en 1814. Cette série est accompagnée d'un abrégé de l'art héraldique.

DEUXIÈME SÉRIE, mêmes prix. Elle donne les changements apportés par l'Empire aux armes des villes, ainsi qu'une suite de supports adoptés par différentes villes, et les armes de celles qui, à cette époque, complétaient les 108 départements. On y a joint les blasons des principales villes de France qui ne sont pas chefs-lieux de départements.

ALBUM COSMOPOLITE

Deuxième édition. Choix de sujets historiques, paysages, marines, scènes de mœurs, costumes, etc., etc. ; tous originaux, dessinés par les principaux artistes de l'Europe, et augmenté de beaux dessins et de très-rares autographes d'après les premiers artistes de l'Amérique, accompagné de textes et fac-simile d'autographes de Souverains, Princes, Ministres, Savants, Artistes, etc., extraits des collections de M. Alexandre Vattemare.

L'*Album Cosmopolite* (seconde édition) sera plus complet encore que le premier, car M. Vattemare a mis à notre disposition de magnifiques dessins des principaux artistes de l'Amérique, et de très-rares autographes dont nous nous empresserons d'enrichir cette nouvelle édition, qui deviendra le plus curieux ouvrage que l'on ait peut-être jamais publié.

CONDITIONS DE LA SOUSCRIPTION.

La *seconde édition* de l'ALBUM COSMOPOLITE est publiée en 40 livraisons, à 1 fr. 50 cent. la livraison. — Chaque livraison se compose de 2 dessins et d'1 autographe, ou d'1 planche de médailles gravées par le procédé Colas. Plusieurs livraisons contiendront 4 pages de texte in-4, nécessaires à l'explication des dessins, portraits et autographes.

Prix des 2 volumes, contenant 120 planches in-4, avec texte, 60 fr. papier blanc ; 80 fr. papier de Chine.

Imprimerie de Ducessois, 55, quai des Augustins.

CHALLAMEL, ÉDITEUR, 4, RUE DE L'ABBAYE-ST.-GERMAIN, AU PREMIER.

Et chez tous les libraires de la France et de l'Étranger.

80 grands dessins, au moins, imprimés à part, 300 vignettes dans le texte, 2 magnifiques vol. in-4°, à deux colonnes.

EXPOSITION
DE
L'INDUSTRIE FRANÇAISE

PUBLIÉE PAR M. CHALLAMEL

REVUE & ILLUSTRATIONS

TEXTE PAR JULES BURAT
Ingénieur civil, ancien élève de l'École Polytechnique.

Une nouvelle Exposition des produits de l'Industrie Française va s'ouvrir dans quelques jours; elle doit révéler et mettre en saillie les progrès que la production nationale a réalisés depuis cinq ans.

Nous croyons faire une œuvre utile et intéressante en essayant de constater les résultats les plus remarquables de ce vaste concours dans lequel tous les fabricants de France doivent comparaître. Nous nous proposons d'examiner avec soin les objets si divers qui figureront à ce grand rendez-vous de l'industrie nationale. Nous apprécierons impartialement le mérite de chaque fabrication, les perfectionnements qu'elle a subis dans cette dernière période, ceux qu'elle peut subir encore. Nous signalerons les produits qui se recommandent sous le rapport de la bonne exécution, de la nouveauté, de l'amélioration, de l'élégance, du bon marché. Nous citerons les fabricants qui se seront le plus distingués et qui auront paru avec le plus d'éclat.

Il nous a semblé indispensable d'accompagner cette Revue de l'Industrie Française d'un grand nombre de planches destinées à jeter à la fois plus de lumière et plus d'agrément sur les sujets nombreux et variés qui doivent y être traités. Il y a des machines que le dessin peut seul expliquer. Il y a des dispositions, des formes, des applications des beaux arts, dont le burin du graveur ou le crayon du lithographe peut seul faire comprendre l'élégance et le mérite. C'était donc une nécessité d'*illustrer* cet ouvrage, non pas pour suivre les caprices de la mode, mais pour remplir d'une manière convenable le but que nous voulons atteindre, celui d'instruire et d'intéresser en même temps.

C'est qu'en effet, l'exposition des produits de l'industrie française présente ce caractère distinctif du génie national, qu'elle est la fois industrielle et artistique. La supériorité incontestable de nos exhibitions sur toutes celles que les étrangers ont essayé de faire à l'imitation des nôtres, ne provient pas moins du goût, du sentiment de l'art, particulier à nos fabricants, que de l'état avancé de nos procédés de production. L'art a pénétré dans toutes les branches de fabrication; on le retrouve dans les plus grandes et dans les plus petites choses, dans la disposition des machines, dans le travail des métaux, du bois, de l'ivoire, dans le choix des dessins et dans l'assortiment des couleurs, dans les formes des ustensiles et des objets usuels.

Notre *Revue de l'Exposition des produits de l'Industrie* se divisera en quatre sections dans lesquelles nous avons classé, suivant un ordre logique, les fabrications diverses qui composent l'ensemble du système industriel. Ce sont :

1° Substances minérales. — Métaux. — Machines. — Outils. — Instruments agricoles. — Quincaillerie. — Coutellerie. — Horlogerie. — Instruments de précision. — Lampes, etc., etc.

2° Laines, Soies. — Fils et tissus de Laine, de Soie, de Coton, de Lin. — Tapis, Bonneterie, Dentelle, etc. — Teinture, Blanchissement, impressions, etc., etc.

3° Applications des beaux arts. — Poterie, Porcelaine, Faïence. — Verres, Cristaux, Glaces, Vitraux peints. — Bronzes. — Bijouterie, Orfèvrerie, Ciselure, Plaqué. — Meuble et ameublement. — Imprimerie, Lithographie, Reliures, Stores, Peintures.—Instruments de musique.

4° Industries diverses. — Produits chimiques. — Substances alimentaires, Savon, Gélatine, Sucre, Couleurs, Bougies.—Procédés de chauffage.—Cuirs et Maroquins. — Papiers peints. — Chapellerie, Ganterie. — Fleurs artificielles. —Voitures, Sellerie, etc., etc.

L'ouvrage sera publié par livraisons ; il paraîtra deux ou trois livraisons par semaine ; chaque livraison contiendra quatre grandes pages de texte in-4° à deux colonnes, deux planches tirées à part et un grand nombre de dessins dans le texte.

L'ouvrage renfermera en tout 50 livraisons, 80 planches tirées à part et 300 dessins dans le texte, qui serviront à faciliter l'intelligence des descriptions.

Ainsi notre *Revue de l'Industrie* aura paru en moins de quatre mois, c'est-à-dire, dans l'espace de temps que durera probablement l'exposition.

Pour que la publication soit plus variée, les quatre sections seront entamées et poursuivies simultanément, de telle sorte que les livraisons, en se succédant, permettront d'embrasser ensemble et successivement toutes les branches de l'industrie.

Prix de la livraison. . . . . 1 »
Prix de l'ouvrage entier. . . . . 50 »
Prix de la livraison sur papier de Chine. 1 50
Prix de l'ouvrage entier. . . . . 75 »

M. C. Nève a déjà publié un catalogue annoté dont l'utilité a été unanimement reconnue et appréciée, mais la modicité du prix fixé pour ce volume, n'a pas permis à cet éditeur habile de donner à son livre l'étendue et le luxe que nous permet notre publication immense.

BUREAU CENTRAL DE RÉDACTION ET D'ADMINISTRATION,
4, rue de l'Abbaye-Saint-Germain, au premier.

SALON DE 1844

Collection des principaux ouvrages exposés au Louvre, et reproduits par les premiers artistes français, publié par M. Challamel. — Ces albums sont une véritable histoire de l'art en France ; histoire dessinée, histoire écrite. Tous les grands noms, toutes les belles œuvres y figurent ; les talents nouveaux n'ont qu'un désir, celui d'y collaborer. C'est qu'en effet une exposition se termine et s'oublie, les tableaux se dispersent, l'Album reste.

Rien n'a été négligé pour que l'Album de 1844 soit supérieur encore à ceux des années 1840, 1841, 1842 et 1843.

L'ouvrage complet : { 24 fr. papier blanc.
{ 32 fr. papier de Chine.

ANNÉE 1843, 32 dessins, texte par Wilhelm Ténint. . . . . 24 » p. bl. 32 » p. Ch.
ANNÉE 1842, 32 dessins, texte par le même. . . . . 24 » p. bl. 32 » p. Ch.
ANNÉE 1841, 32 dessins, texte par le même. . . . . 24 » p. bl. 32 » p. Ch.
ANNÉE 1840, 40 dessins, texte par Augustin Challamel, préface par le baron Taylor. . . . . 24 » p. bl. 32 » p. Ch.
ANNÉE 1839, texte par Laurent Jan, 20 dessins. . . . . 20 » p. bl. » »

HISTOIRE-MUSÉE DE LA RÉPUBLIQUE
FRANÇAISE

Par Augustin Challamel, avec costumes, médailles, caricatures, portraits historiés et autographes les plus célèbres du temps.

Deux beaux volumes grand in-8, avec 300 vignettes sur bois imprimées dans le texte, et accompagnées de 100 gravures et d'environ 80 fac-simile d'autographes les plus curieux. — Prix broché, 25 fr. ; relié en toile, avec fers gravés exprès pour l'ouvrage, 33 fr. ; belle demi-reliure maroquin noir, tr. bl., 34 fr. ; demi-reliure riche, tête dorée, 2 vol., 35 fr. ; magnifique reliure maroquin, tr. d'or, 2 vol., 45 fr.

ARMORIAL NATIONAL DE FRANCE

Recueil complet des armes des villes et provinces du territoire français, réuni pour la première fois, dessiné et gravé par H. Traversier, notices descriptives et historiques par Léon Waïsse.

LA PREMIÈRE SÉRIE, prix en noir, 46 fr. ; coloriée, 60 fr. Cette série comprend les armes des 86 villes, chefs-lieux de départements, telles qu'elles ont été rendues aux villes par ordonnance du roi Louis XVIII, en 1814. Cette série est accompagnée d'un abrégé de l'art héraldique.

DEUXIÈME SÉRIE, mêmes prix. Elle donne les changements apportés par l'Empire aux armes des villes, ainsi qu'une suite de supports adoptés par différentes villes, et les armes de celles qui, à cette époque, complétaient les 108 départements. On y a joint les blasons des principales villes de France qui ne sont pas chefs-lieux de départements.

ALBUM COSMOPOLITE

Deuxième édition. Choix de sujets historiques, paysages, marines, scènes de mœurs, costumes, etc., etc. ; tous originaux, dessinés par les principaux artistes de l'Europe, et augmenté de beaux dessins et de très-rares autographes d'après les premiers artistes de l'Amérique, accompagné de textes et fac-simile d'autographes de Souverains, Princes, Ministres, Savants, Artistes, etc., extraits des collections de M. Alexandre Vattemare.

L'*Album cosmopolite* (seconde édition) sera plus complet encore que le premier, car M. Vattemare a mis à notre disposition de magnifiques dessins des principaux artistes de l'Amérique, et de très-rares autographes dont nous nous empresserons d'enrichir cette nouvelle édition, qui deviendra le plus curieux ouvrage que l'on ait peut-être jamais publié.

CONDITIONS DE LA SOUSCRIPTION.

La *seconde édition* de l'ALBUM COSMOPOLITE est publiée en 40 livraisons, à 1 fr. 50 cent. la livraison. — Chaque livraison se compose de 2 dessins et d'1 autographe, ou d'1 planche de médailles gravées par le procédé Colas. Plusieurs livraisons contiendront 4 pages de texte in-4, nécessaires à l'explication des dessins, portraits et autographes.

Prix des 2 volumes, contenant 120 planches in-4, avec texte, 60 fr. papier blanc ; 80 fr., papier de Chine.

EXPOSITION
DE
L'INDUSTRIE FRANÇAISE
ANNÉE 1844.

IMPRIMERIE DUCESSOIS, 55, QUAI DES AUGUSTINS.

EXPOSITION
DE
L'INDUSTRIE FRANÇAISE
ANNÉE 1844.

DESCRIPTION MÉTHODIQUE
ACCOMPAGNÉE
D'UN GRAND NOMBRE DE PLANCHES ET DE VIGNETTES

ET PRÉCÉDÉE

DU DISCOURS DE SA MAJESTÉ ET DE CELUI DE M. LE BARON THÉNARD,

de la Liste des Récompenses accordées à l'Industrie,

ET D'UN HISTORIQUE SUR LES EXPOSITIONS DE L'INDUSTRIE DEPUIS LEUR FONDATION

TEXTE PAR M. JULES BURAT
Ingénieur civil, ancien élève de l'École Polytechnique
rédacteur en chef du journal *Le Commerce*.

PUBLIÉE PAR M. CHALLAMEL

TOME I.
1re PARTIE. MÉTAUX. — 2me PARTIE. MACHINES. — 3me PARTIE. TISSUS.

CHALLAMEL, ÉDITEUR, 13, RUE DE LA HARPE.

AU ROI

PROTECTEUR DES ARTS ET DE L'INDUSTRIE.

Son très-respectueux et très-fidèle sujet,

CHALLAMEL.

EXPOSITION DE 1844.

DISTRIBUTION DES RÉCOMPENSES

ACCORDÉES

A L'INDUSTRIE.

Extrait du *Moniteur* du 30 juillet 1844.

La distribution des récompenses accordées à l'industrie a eu lieu le 29 juillet, dans le palais des Tuileries.

Le Roi et la Reine, entourés de LL. AA. RR. Mme la princesse Adélaïde, Mgr le duc de Nemours et Mgr le duc de Montpensier, et accompagnés de M. le ministre de l'agriculture et du commerce, se sont rendus à une heure dans la salle des Maréchaux, où MM. les membres du jury étaient rassemblés. MM. les exposants ayant ensuite été introduits, M. le baron Thénard, président du jury, s'est placé au centre et a adressé au Roi le discours suivant :

« Sire,

« Les Expositions de 1834 et de 1839 ont laissé de profonds souvenirs dans les esprits ; celle de 1844 en laissera de plus profonds encore : elle surpasse les hautes espérances que les deux premières avaient fait concevoir.

« L'industrie poursuit donc sa marche progressive : ne pas avancer, pour elle, serait rétrograder ; elle le sait, et redouble sans cesse d'efforts pour faire de nouvelles conquêtes toujours pacifiques et fécondes.

« Presque aucun art n'est resté stationnaire ; un grand nombre ont fait de remarquables progrès ; quelques-uns même en ont fait de considérables ; d'autres tout nouveaux ont été créés ; la plupart des produits ont baissé de prix.

« Les savants rapporteurs du jury feront, avec l'autorité qui s'attache à leurs noms, le tableau des nombreux perfectionnements, de toutes les découvertes qui signalent l'Exposition nouvelle ; qu'il me soit permis seulement d'en tracer l'esquisse.

« Les marins ne manqueront plus d'eau dans les voyages de long cours. Le foyer qui, sur nos vaisseaux, sert à la cuisson des aliments, opère en même temps la distillation de l'eau de mer, et la transforme en une eau douce qui ne laisse rien à désirer. Ainsi, les sciences ou les arts auront rendu en peu de temps quatre grands services à la marine ; ils lui auront donné des aliments toujours frais, de l'eau toujours en abondance, d'excellents chronomètres à bas prix, la vapeur pour remonter les courants les plus rapides et naviguer au milieu des écueils et des tempêtes.

« La production de la fonte a presque quadruplé depuis vingt-cinq ans ; son affinage s'opère avec plus d'économie ; la chaleur perdue a été utilisée ; de nouveaux procédés de chauffage ont été créés ; tout ce qui tient, en un mot, à la fabrication du fer, a éprouvé de grandes améliorations, et cependant la théorie en prévoit beaucoup d'autres encore qui devraient être un sujet de continuelles recherches.

« La pile voltaïque, qui a tant agrandi le domaine des sciences, vient d'être appliquée de la manière la plus heureuse à l'art de dorer et d'argenter les métaux. Un jour peut-être elle servira de base à l'exploitation des minerais d'or, d'argent et de cuivre.

« Des disques de flint-glass de plus de soixante centimètres de diamètre, et d'une parfaite pureté, se font aujourd'hui sans aucune difficulté ; déjà même la dimension d'un mètre a été atteinte. Tout porte à croire que l'astronomie aura bientôt des objectifs d'une grandeur inespérée, qui lui permettront de pénétrer plus profondément dans l'immensité de l'espace, et d'y faire des découvertes imprévues.

« Tout est mis à profit par les manufacturiers qui joignent la théorie à la pratique.

« Les uns condensent jusqu'à la fumée si incommode du bois ; ils savent en extraire du vinaigre pour les arts et même pour les tables les plus somptueuses, un fluide qui ressemble à l'esprit de vin, une huile qui rendra de grands services à l'éclairage. D'autres puisent une nouvelle source de richesses dans les eaux-mères d'une salins, restées toutes jusqu'ici sans emploi ; ils les conservent, et le froid de l'hiver, par une réaction que la chaleur de l'été ne saurait opérer, en précipite une quantité de sulfate de soude, de sulfate et de muriate de potasse, assez grande pour suffire bientôt aux besoins de la France et la délivrer d'un lourd tribut qu'elle paye à l'étranger.

« D'autres encore s'emparent des débris, des *détritus*, des immondices végétales et animales, et les convertissent en riches engrais qui s'exportent au loin pour fertiliser le sol.

« De nouveaux marbres d'une grande beauté ont été découverts et viennent ajouter à l'exportation considérable de nos riches carrières.

« Les bonnes méthodes de chauffage commencent à se répandre ;

elles ne s'appliquent pas seulement au foyer domestique ; elles s'étendent, en se modifiant, aux grands édifices, aux hospices, aux églises, aux palais. Un seul appareil suffit le plus souvent pour y maintenir une douce température par le froid le plus rigoureux. C'est l'eau qui produit cet effet si salutaire ; c'est elle qui, circulant sans cesse à travers mille canaux, comme le sang dans les artères, va partout déposer la chaleur dont elle est imprégnée et revient ensuite à son point de départ pour s'échauffer et circuler de nouveau.

« La construction de nos phares a été portée à un haut degré de perfection. La manœuvre en est si facile, les verres en sont si bien taillés, la lumière en est si vive, si brillante, projetée si loin dans toutes les directions utiles, que partout ils sont préférés.

« L'un des agents chimiques les plus actifs, l'acide sulfurique, dont la consommation s'élève annuellement à plus de 20 millions de kilogrammes, pourra désormais se fabriquer au sein des habitations et se livrer à plus bas prix. Les vapeurs corrosives qui se dégagent au moment de sa formation seront absorbées complètement, et diminueront par leur emploi les frais de l'opération qui les aura produites : de nuisibles qu'elles étaient, elles vont donc devenir très-utiles.

« Ce n'est plus de Hollande que nous tirons la céruse nécessaire à notre consommation. Nos fabriques pourraient en exporter ; et, ce qui est plus précieux encore, l'opération peut être pratiquée presque sans danger.

« Quelques centièmes d'alun suffisent pour donner au plâtre la dureté de la pierre et le rendre propre à recevoir le poli du marbre.

« Le tir à la carabine a acquis tout à la fois plus de justesse et plus de portée à moindre charge.

« Il était à désirer que la pâte, sans perdre de sa qualité, pût être pétrie autrement qu'à bras d'homme, et que la cuisson du pain, pour être égale, pût être faite toujours à une température déterminée. Les pétrins mécaniques perfectionnés et les fours aérothermes résolvent ce double problème.

« De grandes améliorations ont été apportées à l'extraction et au raffinage du sucre.

« La production de la soie est toujours l'objet des efforts les plus soutenus. Des mûriers sont plantés de toutes parts. Les magnaneries continuent à se perfectionner. Le dévidage des cocons, si important et beaucoup trop négligé jusqu'ici, s'exécute avec le plus grand succès dans quelques ateliers. Aussi la récolte de la soie ne s'élèvera-t-elle pas à moins de 160 millions de francs en 1844. Bientôt la France n'en tirera plus de l'étranger.

« La filature du lin prend un développement qui promet les plus heureux résultats ; elle n'a besoin que d'une sage protection pour atteindre un haut degré de prospérité. Dès à présent elle produit des fils de la plus belle et de la meilleure qualité.

« Un grand pas a été fait dans l'art de la teinture : plus de vingt fabriques enlèvent à la garance les matières qui l'altèrent, et la livrent au commerce cinq fois plus riche en couleur qu'elle n'était d'abord. Sa puissance tinctoriale, révélée par l'analyse chimique, pourra devenir quarante fois plus grande encore.

« La palette du peintre s'est enrichie de belles couleurs qui joignent l'éclat à la pureté ; elles donnent les teintes qu'on admire dans les tableaux des grands maîtres de la renaissance. Plus de cinq ans d'épreuves semblent en constater la solidité.

« L'agriculture a fait une véritable conquête dans le troupeau de Mauchamp. Les laines qui en proviennent possèdent des qualités précieuses qui les rapprochent de la laine de Cachemire, et leur permettent souvent de rivaliser avec elle.

« Mais, Sire, de tous les arts, c'est celui de la construction des machines qui s'est élevé le plus haut par ses progrès, et qui, par son importance, mérite le plus de fixer tous les regards. Cette opinion sans doute ne saurait prévaloir tout d'abord. La magnificence de nos soieries, la finesse de nos tissus, la légèreté de nos châles, avec leurs vives couleurs et leurs mille dessins, la limpidité et la taille de nos cristaux, la beauté de nos vitraux, l'élégance de nos meubles, la richesse de nos tapis, la perfection de nos dentelles, les belles formes de nos bronzes, nos vases d'or et d'argent dont la ciselure rehausse encore le prix, nos bijoux qui brillent de tout l'éclat des pierres précieuses, doivent émouvoir, séduire l'imagination et l'entraîner au-delà du vrai. A la vue de tant de choses merveilleuses, on se croirait dans un palais enchanté ; l'œil ne cesse de regarder l'objet qu'il admire que pour se porter sur un autre qui lui semble plus admirable encore.

« Mais lorsqu'on quitte ces lieux éblouissants de magnificence et de richesses pour pénétrer dans la vaste enceinte qui renferme les machines, et qui n'offre presque partout que du fer, encore du fer, toujours du fer, l'illusion s'évanouit, la vérité se fait jour, et l'esprit éclairé est tout à coup saisi de la grandeur des effets que ces instruments muets, silencieux, pourraient produire s'ils venaient à s'animer et se mouvoir. C'est que le fer est l'agent de la force ; c'est que la puissance des nations pourrait se mesurer jusqu'à un certain point par la quantité de fer qu'elles consomment.

« Dans cette enceinte si sévère et si bien ordonnée se trouvent :

« Des outils qui permettent de forer le sol jusqu'à plus de 500 mètres de profondeur, et d'en faire sortir des eaux en jets puissants qui s'élancent dans les airs à une grande hauteur ;

« Des instruments de précision qui attestent l'habileté et la sagacité de nos artistes ;

« Des instruments aratoires qui proviennent de toutes les parties de la France, et qui prouvent que partout on fait des recherches agricoles dignes d'éloges ;

« Un marteau, du poids de 9,000 kilog., qui fonctionne avec la régularité d'une machine de précision, et dont les effets excitent l'étonnement ;

« Un métier propre à tisser deux châles à la fois, qu'une ingénieuse machine sépare ensuite en coupant le fil qui les réunit ;

« Un barrage mobile dont les faciles manœuvres assurent en tout temps la navigation des rivières, même dans les eaux les plus basses ;

« Un sifflet flotteur qui signale le trop peu d'eau que contiendrait une chaudière à vapeur et les dangers qui en seraient la suite ;

« Une presse monétaire qui, mue par la vapeur, frappe et cordonne tout à la fois les monnaies d'une manière constante et précise ;

« Une machine qui taille les engrenages dans le bois et les métaux avec une perfection qu'on ne saurait trop louer ;

« Une autre machine destinée à la construction des chaudières, et dont le travail est si parfait que la main de l'homme ne pourrait l'égaler.

« Vient ensuite un système complet d'outillage, sans lequel rien de parfait, rien de grand, ne saurait être fait dans les usines.

« Ici, ce sont des tours de dimension variable ; là, des machines à diviser ; ailleurs, des machines à raboter ; plus loin, des machines à buriner ; plus loin encore, des machines à aléser, à percer, à faire des écrous, toutes d'une rare perfection, toutes utiles, toutes nécessaires, surtout pour la construction des grands mécanismes.

« Enfin apparaissent ces moteurs de forces diverses, d'une puissance quelquefois gigantesque, qui sont la merveille des temps modernes, moteurs que la France produit maintenant à l'égal de l'Angleterre, et dont la destinée sera peut-être un jour de changer la face du monde en opérant dans les mœurs publiques la révolution la plus grande et la plus heureuse.

« N'est-il pas probable, en effet, que la rapidité avec laquelle les distances seront franchies établira entre les peuples des relations fréquentes, des liens de confraternité que resserreront encore les intérêts mieux compris ; et n'est-il pas permis d'espérer que la guerre, qui n'est honorable qu'autant qu'elle a pour objet la défense de la patrie ou de l'honneur national, fera place à la paix qui devrait toujours régner, du moins entre les nations civilisées.

« Telle est, Sire, l'esquisse rapide des principaux progrès qui font de l'Exposition nouvelle la plus belle, la plus mémorable dont la France ait à se glorifier.

« Aussi quel empressement, quelle foule pour la voir et l'admirer ! C'était un spectacle extraordinaire, inouï, qui avait quelque chose de prophétique, que d'observer tant de citoyens français, étrangers, mêlés et confondus, dont les figures diverses, dont les traits mobiles, dont les attitudes variées peignaient tour à tour la surprise, l'étonnement, le plaisir, l'admiration, et que de les entendre

DISTRIBUTION DES RÉCOMPENSES.

ensuite, unis en un concert de louanges, exprimer à l'envi, dans leurs langues natales, tous les sentiments qui les animaient.

« Nous sommes heureux, Sire, nous sommes fiers d'avoir cet éclatant hommage à rendre à l'industrie.

« Placée si haut dans l'opinion publique, guidée par les sciences, avec lesquelles elle a fait une intime alliance, secondée plus que jamais par les sociétés savantes, surtout par la société d'Encouragement qui depuis plus de quarante ans rend de si éminents services aux arts [1], l'industrie, loin de descendre du rang élevé qu'elle a conquis, voudra grandir encore : déjà elle égale ou surpasse souvent les industries rivales ; elle voudra désormais leur servir de modèle.

« Mais pour accomplir cette noble tâche, il ne faut pas seulement qu'elle continue son essor rapide ; elle doit s'efforcer encore de reconquérir cette antique renommée de loyauté qu'elle avait jadis méritée, renommée si grande et si pure, que ses colis expédiés de France étaient toujours acceptés sans être ouverts.

« Cette confiance si honorable n'est plus aujourd'hui ce qu'elle était autrefois. Les événements qui se sont succédé, trop souvent même des falsifications réelles, l'ont altérée profondément dans l'esprit des peuples. Nos relations commerciales en ont été troublées ; elles en souffriront longtemps. Le soupçon s'éveille facilement et ne se détruit qu'avec peine. Mais rien ne doit être impossible quand il s'agit de l'honneur du nom français. Que les hommes honnêtes se liguent, et le triomphe de ceux qui manquent à la foi promise ne sera pas de longue durée ; leurs coupables manœuvres seront bientôt déjouées.

« Notre industrie, Sire, doit donc avoir foi dans le brillant avenir qu'elle s'est préparé. Depuis longtemps elle est un des plus fermes appuis de la France ; elle en deviendra bientôt l'une des principales gloires.

« Vous même, Sire, dans ces visites multipliées où votre présence et celle de votre auguste famille causaient des émotions si douces et provoquaient des acclamations si spontanées, vous même, et, à votre exemple, S. A. R. le duc de Nemours, vous avez encouragé tous ses efforts, vous avez applaudi à tous ses succès : et pour lui prouver en quelle haute estime vous le teniez, vous avez convié ses plus dignes représentants à une fête toute royale, dans ce palais si riche en souvenirs et tout plein encore de la grandeur de Louis XIV ; c'est là, c'est dans ces lieux consacrés aujourd'hui par vos soins à toutes les gloires nationales, que vous avez voulu recevoir tant d'honorables citoyens qui, dévoués tout entiers à l'avancement des arts utiles, ont acquis des droits sacrés à la reconnaissance publique ; leur montrant au milieu de ce musée, votre ouvrage, de ce monument unique dans les annales du monde, les noms, les effigies de leurs plus illustres devanciers, et proclamant ainsi, qu'eux-mêmes un jour par leurs services pourraient aspirer à cet insigne honneur.

« C'est à vous, Sire, que l'industrie reconnaissante doit rendre hommage de tout ce qu'elle a fait d'utile, de durable, de grand. C'est vous qui l'avez sauvée des mauvais jours dont elle était menacée. La guerre lui eût été mortelle ; vous avez su lui conserver la paix au milieu de tant d'orages qui devaient la troubler. Par vous, les factions ont été vaincues au dedans, nos institutions respectées au dehors. Depuis quatorze ans, vous régnez par les lois et par la sagesse. La divine Providence qui a veillé sur vos jours tant de fois

---

[1] La société d'Encouragement a toujours pour 150 à 160,000 francs de prix au concours. Maintenant elle en a même pour 234,000 francs qui doivent être décernés dans les années 1844, 1845, 1846, 1847.

Lorsqu'un prix est remporté, il est ordinairement remplacé par un autre.

La Société décerne en outre, tous les ans, au mois de juin, des médailles d'encouragement aux inventeurs et à ceux qui perfectionnent les procédés. De 1839 à 1844, elle a décerné vingt et une médailles d'or, vingt-quatre médailles de platine, quarante-huit médailles d'argent, trente-sept médailles de bronze.

Tous les quatre ans, elle décerne aussi à chaque contre-maître, à chaque ouvrier qui s'est distingué par sa moralité et par des services rendus à l'établissement où il travaille, une médaille de bronze à laquelle elle joint des livres pour une somme de 50 francs.

Enfin elle a créé des bourses qu'elle donne au concours à l'école d'agriculture de Grignon, aux Écoles vétérinaires et à l'École centrale des arts et manufactures.

---

attaqués nous les conservera longtemps encore. Vous vivrez avec une Reine, modèle de toutes les vertus, que, dans sa bonté, le ciel vous a donnée pour adoucir et partager vos peines.

« Vous formerez votre Petit-Fils pour le trône, comme vous aviez formé le prince que nous avons tant pleuré ; nous lui porterons le même amour ; il grandira sous l'égide tutélaire de sa mère bien-aimée, à l'ombre de la mémoire de son père à jamais révéré, et deux fois ainsi vous aurez sauvé la France qui, dans sa reconnaissance profonde, gardera l'éternel souvenir de votre règne et de vos bienfaits. »

Le Roi a répondu :

« Nul n'a joui plus que moi du magnifique spectacle que l'indus« trie française vient de donner à la France et à l'Europe, par la « brillante exposition de ses produits.

« Vous savez avec quel soin, quel zèle, quel plaisir je me suis em« pressé d'en étudier tous les détails, et combien j'ai regretté que le « temps m'ait manqué pour rendre mon examen encore plus com« plet. J'attendais avec impatience cette occasion de vous remercier « des sentiments dont vous m'avez entouré dans mes nombreuses vi« sites, et dont vous avez accueilli la Reine, mes Fils, mon Petit-Fils « et tous les miens. Mon cœur en était pénétré, et c'est une nou« velle satisfaction pour ma Famille et pour moi de vous témoigner « à tous personnellement combien nous y sommes sensibles.

« J'ai suivi avec beaucoup d'intérêt le brillant tableau que le pré« sident du Jury vient de retracer des produits de notre Industrie « Nationale. Je reconnais avec lui que l'Exposition de 1844 a dé« passé les autres et qu'elle a été la plus glorieuse de toutes. Cepen« dant, elle ne conservera ce titre que pour cinq ans ; j'ai la ferme « confiance que l'Exposition de 1849 l'éclipsera comme celle-ci a « éclipsé les Expositions qui l'ont précédée. C'est, en effet, un besoin « pour la France que son industrie suive une marche progressive ; « il faut que la rapidité de ses progrès égale la rapidité du temps, « afin d'ajouter encore à cette prospérité dont l'essor a procuré tant « d'avantages à la France.

« C'est par la paix, par la tranquillité intérieure que les arts peu« vent fleurir, que l'industrie peut prospérer et que la France peut « croître en richesse, en bonheur et en gloire, en cette gloire paci« fique qui ne coûte de sacrifices ni de larmes à personne ; aussi « mes efforts ont-ils si constamment pour but de préserver mon « pays du fléau de la guerre, car j'ai toujours eu pour principe qu'on « ne doit se résoudre à la guerre que lorsqu'il y a nécessité absolue de la « faire pour défendre l'honneur, l'indépendance de la Patrie et ses « véritables intérêts ; mais lorsque cette nécessité impérieuse n'existe « pas, il faut savoir résister à ces vaines illusions qui, sous de spé« cieuses apparences, entraînent trop souvent les États et les peuples « dans l'incertaine et dangereuse carrière de la guerre, et les portent « à sacrifier à des craintes ou à des espérances également chimé« riques les bienfaits réels de la paix ; bienfaits qui sont pour le pays « la meilleure garantie de la prospérité publique, comme ils sont « pour les familles celle de leur repos et de leur bonheur intérieur. »

(Ici le Roi est interrompu par de vives acclamations.)

Sa Majesté poursuit :

« Heureux de me trouver au milieu de vous, j'aime à vous redire « combien je jouis de la confiance que vous n'avez cessé de me té« moigner. Cette confiance n'est pas seulement un soutien pour moi « dans la grande tâche que j'ai à remplir, elle est aussi, comme vous « l'avez si bien dit tout à l'heure, un adoucissement à toutes les « amertumes que j'ai dû supporter. S'il pouvait y avoir une vérita« ble consolation pour les malheurs de famille qui m'ont accablé, « je la trouverais dans le sentiment général dont vous venez de me « renouveler l'expression d'une manière qui m'a vivement ému.

« Mais croyez que rien n'ébranlera mon entier dévouement à la « France. Elle me trouvera toujours prêt, moi et les miens, à « répondre à son appel et à consacrer nos jours et nos vies à la pré« server des maux dont elle pourrait être menacée. Grâce à Dieu ! « nous avons traversé les temps de crises et d'alarmes, et nous n'a-

« vous qu'à remercier la Providence du repos et de la prospérité
« dont j'ai le bonheur de voir jouir la France. »
Ces paroles du Roi ont été accueillies aux cris répétés de *Vive le Roi! vive la Reine! vive la Famille royale!*

Lorsque le silence a été rétabli, M. le ministre du commerce a procédé à l'appel des personnes désignées pour recevoir des récompenses; S. M. les leur remettait de sa main et se plaisait à adresser à chacun des paroles de bienveillance et d'encouragement.

LISTE DES RÉCOMPENSES.

Exposants qui ont été nommés chevaliers de l'ordre royal de la Légion d'honneur.

MM.

CAMU fils, filateur de laine, Reims (Marne).
BACOT (Frédéric), fab. de draps, Sedan (Ardennes).
CHENNEVIÈRE (Théodore), fab. de draps, Elbeuf (Seine-Inf.).
GRILLET aîné, fab. de châles, Lyon (Rhône).
BONNET (Claude-Joseph), fab. de soieries, Lyon (Rhône).
FAURE (Étienne), fab. de rubans, St.-Étienne (Loire).
DEBUCHY (François), tissus de lin, de laine et de coton, Lille (Nord).
GROS (Jacques), fab. de tissus de coton, Wesserling (Haut-Rhin).
GIRARD, imp. sur tissus, Rouen (Seine-Inf.).
FRÉREJEAN, maître de forges, Vienne (Isère).
MASSENET, fab. d'aciers et de faux, St.-Étienne (Loire).
ANDRÉ, fondeur, au Val d'Osne (Haute-Marne).
ROSWAG (Aug.), toiles métall., Schlestadt (B.-Rhin).
CHARRIÈRE, fab. d'instruments de chirurgie, Paris.
PECQUEUR, constr. de machines, Paris.
BOURDON, dir. des forges du Creuzot (Saône-et-Loire).
BOURKARDT (J.-J.), constr. de machines, Guebwiller (Haut-Rhin).
CAIL (J.-F.), constr. de machines, Paris.
THÉNARD, ingén. en chef des p. et chaussées, Abzac (Gironde).
BURON, fab. d'instruments d'optique, Paris.
ROLLER, fab. de pianos, Paris.
WINNERL, fab. d'horlogerie, Paris.
LEMIRE fab. de produits chimiques, Choisy-le-Roi (Seine).
LEFEBVRE (Théodore), fab. de céruse, aux Moulins-lès-Lille (Nord).
SCHATTENMANN, dir. de la comp. des mines de Bouxwiller (Bas-Rhin).
BONTEMPS, fab. de verrerie, Choisy-le-Roi (Seine).
GODARD fils, fab. de cristallerie, Baccarat (Meurthe).
MILLIET, fab. de porcelaine, Montereau (Seine-et-Marne).
FAGLER aîné, fab. de maroquins, Choisy-le-Roi (Seine).
OGEREAU, tanneur, Paris.
LACROIX (Jean-Justin), fab. de papiers, Angoulême (Charente).

RAPPELS DE MÉDAILLES D'OR.

Tissus.

SCHLUMBERGER (Nicolas) et Comp., coton filé, Ribauvillé (Haut-Rhin).
VANTROYEN et MALLET, coton filé, Lille (Nord).
FAUQUET-LEMAITRE, coton filé, Pont-Audemer (Eure).
HERZOG, coton filé, au Logelbach (Haut-Rhin).
COX (Edmond) et Comp., coton filé, Fives-lès-Lille (Nord).
FÉRAY et comp., coton filé, lin, à Essonne.
HÉBERT, châles, à Paris.
GAUSSEN aîné, châles, Paris.
GAUSSEN jeune et MAUBERNARD, châles, Paris.
HEDZEY et MARCEL, châles, Paris.
FORTIER, châles, Paris.
ARNOULD, châles, Paris.
GRILLET aîné, châles, Lyon.
CURNIER et Comp., châles, Nîmes.
CHAMBON (Louis), soies, Alais (Gard).
LANGEVIN et Comp., soies, Itteville (Seine-et-Oise).
TEISSIER-DUCROS, soies, Valleraugue (Gard).
EGGLY, ROUX et Comp., tissus, Paris.
AUBER et comp., tissus, Rouen.
CLÉRAMBAULT (Ch.), tissus, Alençon.
HENRIOT frères, sœurs et Comp., tissus, Reims.
HENRIOT fils et DRIEN, tissus, Reims.
DEBUCHY (François), tissus, Lille.
DELATTRE, tissus, Roubaix.
OLLAT et DESVERNAY, tissus, Lyon.
YÉMÉNIZ, tissus, Lyon.
GRAND frères, tissus, Lyon.
MATHEVON et BOUVARD, tissus, Lyon.
LEMIRE père et fils, tissus, Lyon.
POTTON (F.), CROZIER et Comp., tissus, Lyon.
GODEMARD et MEYNIER, tissus, Lyon.
THOMAS frères, tissus, Avignon.
FAURE (Étienne), tissus, Saint-Étienne.
VIGNAT-CHOVET, tissus, Saint-Étienne.
MASSING frères, HUBERT et Comp., tissus, Puttelange (Moselle).
BACOT (Paul) et fils, draps, Sedan (Ardennes).
BACOT (Frédéric) et fils, draps, Sedan (Ardennes).
BERTÈCHE, BONJEAN et CHESNON, draps, Sedan (Ardennes).
JOURDAIN et fils, draps, Louviers.
DANNET frères, draps, Louviers.
POITEVIN frères (Charles et Henri), draps, Louviers.
RANDOING, draps, Abbeville.
CREPDRUE et CHAUVREULX, draps, Elbeuf.
FLAVIGNY (Louis), draps, Elbeuf.
FLAVIGNY (Charles), draps, Elbeuf.
CHENNEVIÈRE (Th.), draps, Elbeuf.
MURET DE BORT et Comp., draps-feutre, Châteauroux.
STEHELIN (Charles-Édouard), draps-feutre, Bischwiller (Haut-Rhin).
BADIN-LAMBERT, draps-feutre, Vienne.
LECOQ-GUIBÉ, tissus pour meubles, Alençon.
PRÉVOST (A.), laine peignée, Paris.
CAMU fils et T. CROUTELLE neveu, laine cardée, Pont-Givard (Marne).
LOCAS frères, laine cardée, Bazancourt.
BIÉTRY, filature du cachemire, Villepreux (Seine-et-Oise).
VAYSON et comp., tapis, Abbeville.
LEFEBVRE et sœur et PETIT, dentelles, Bayeux.
HENNECART, gazes pour blutoirs, Paris.
GROS-ODIER, ROMAN et Comp., tissus, Wesserling (Haut-Rhin).
GODEFROY, châles, Paris.
D'OCAGNE, dentelles, Alençon.
FALCON, dentelles, au Puy.
DOLLFUS-MIEG et comp., tissus imprimés, Mulhouse.
KOECHLIN frères, tissus imprimés, Mulhouse.
SCHLUMBERGER, KOECHLIN et Comp., tissus imprimés, Mulhouse.
JAPUIS frères, tissus imprimés, Claye (Seine-et-Marne).
PERROT, impressions sur étoffes, Vaugirard.
GIRARD et Comp., cotons filés, Rouen.
DEPOULLY et Comp., cotons filés, Puteaux.
GODEFROY, cotons filés, Saint-Denis (Seine).
CARON-LANGLOIS, cotons filés, Beauvais (Oise).
VIDALIN, impressions sur étoffes, Lyon.
MALARTIC, PONCET et Comp., impressions sur étoffes, Courbevoie.

Métaux.

FALATIEU et Comp., fers, Bains (Vosges).
DE BUYER (Adolphe), fers, à la Chaudeau.
COMP. des fonderies de Romilly, cuivre, chaudronnerie, Romilly.
FRÉREJEAN, cuivre, chaudronnerie, Vienne (Isère).
THIÉBAUT, cuivre, chaudronnerie, Paris.
FESTUGIÈRES (Jean) fr., cordes de mus., Eyzie (Dordogne).
ROSWAG et fils, toiles métall., Schlestadt (Haut-Rhin).
SCRIVE frères, cardes, peignes, Lille.
HACHE-BOURGEOIS, cardes, peignes, Louviers.
MARTIN (Émile) et Comp., fonderie, Garchizy-Fourchambault (Nièvre).
JACKSON frères, aciers, Assailly (Loire).
BAUDRY, aciers, Athis-Mons (Seine-et-Oise).

DISTRIBUTION DES RÉCOMPENSES.

Drquenne fils, aciers, Sainte-Hélène (Nièvre).
Ruffié, aciers, Foix (Ariège).
Monmoceau, limes, Orléans.
Coulaux aîné et comp., quincaill., Molzheim (Bas-Rhin).
Charrière, coutellerie, Paris.

Machines.

Casalis, machines à vapeur, Saint-Quentin.
Philippe, machines à vapeur, Paris.
Pecqueur, machines à vapeur, Paris.
Saint-Pol et Sorel, galvanisation, Paris.
Thomas et Vallery, grenier mobile, Paris.
Desbassayns (comte de Richemont), ustensiles-outils, Paris.

Instruments de précision.

Berthoud, horlogerie, Argenteuil.
Breguet neveu et comp., horlogerie, Paris.
Martel, horlogerie, Paris.
Winnerl, horlogerie, Paris.
Benoit (A.) et comp., horlogerie, Versailles.
Pons de Paul, horlogerie, Saint-Nicolas-d'Aliermont (Seine-Inférieure).
Japy frères, horlog., Beaucourt (H.-Rhin).
Lerebours, optique, Paris.
Chevalier (Charles), optique, Paris.
Érard, pianos, Paris.
Pape, pianos, Paris.
Pleyel et comp., pianos, Paris.

Arts chimiques.

Mines de Bouxwiller (adm. des), prod. chim., Bouxwiller.
Bobée (veuve) et Lemire, prod. chim., Choisy-le-Roi.
Roard de Clichy, prod. chim., Choisy-le-Roi.
Guinet (Jean-Baptiste), couleurs, Lyon.
De Milly, bougies stéariques, Paris.
Prieur-Appert, conserves alimentaires, Paris.
Discry, couleurs vitrifiables, Paris.

Beaux-Arts.

Auzoux, écorchés, Paris.
Biesta, Laboulaye et Comp., typographie, Paris.
Zuber (Jean) et Comp., pap peints, Rixheim (Haut-Rhin).
Rudolphi, bijouterie, Paris.
Jacob-Desmalter, ébénisterie, Paris.
Odiot, orfèvrerie, Paris.
Thomire et Comp., bronzes d'art, Paris.

Poterie.

Utzschneider et compagnie, grès, Sarreguemines.
Leboeuf, Milliet et Comp., grès, Montereau (Seine-et-Marne).
De Talmours et Hurel, grès, Paris.
Bontemps-Lemoyne et Comp., vitraux, Choisy-le-Roi.
Saint-Gobain (manufacture royale de), glaces, Saint-Gobain.

Compagnie des manufactures de Saint-Quirin, Cirey et Montherme, glaces, Paris.
Compagnie des cristalleries de Baccarat, cristaux, Baccarat.
Compagnie des cristalleries de Saint-Louis, cristaux, Saint-Louis.
Klinglin (baron de), cristaux, Wallérysthal (Meurthe).
Guinand, cristaux, Paris.

Arts divers

Blanchet et Kléber, papeterie, Rives (Isère).
Canson frères, papeterie, Vidalon.
Delaplace, papeterie, Jean-d'Heures.
Durandrau, Lacombe et Comp., papeterie, Lacourade.
Lacroix frères, papeterie, Angoulême.
Société anonyme du Marais, papeterie, au Marais (Seine-et-Marne).
Amoros (le colonel), gymnastique, Paris
Valerius, bandages, biberons, Paris.
Lafond, bandages, biberons, Paris.
Flamet jeune, bandages, biberons, Paris.
Breton (Mme), bandages, biberons, Paris.

MÉDAILLES D'OR.

Tissus.

Blanchon, Saint-Julien (Ardèche).
Meynard fils, Valréas (Vaucluse).
Meauzé-Cartier et Comp., Tours.
Eymard (Paul) et Comp., Lyon.
Girard neveu, Lyon.
Heckel aîné, Lyon.
Thillard, Lyon.
Bonnet, Lyon.
Cinier (Claude), Lyon.
Cochetrux (Florentin), Paris.
Dauphinot-Péraud, Isles-sur-Suippes (Marne).
Laurent (Henri) et fils, Amiens.
Germain-Thibaut et Chabert, Paris.
Schmaltz et Thibert, Metz.
Lefebvre-Ducatteau (Mme veuve) et Soyer-Vasseur, Lille.
Robichon et Comp., Saint-Étienne.
Balay (Jules), Saint-Étienne.
Ternynck frères, Roubaix.
Houlès père et fils, Mazamet (Tarn).
Lauret frères, Ganges (Hérault)
Godefroy (Léon), Puteaux (Seine).
Flaissier frères, Nîmes.
Durécu (Armand) et Comp., Elbeuf.
Dumon-Masson, Elbeuf.
Chennevière (Delphis), Louviers.
Charvet (J.-P.), Elbeuf.
Castel (Émile), Aubusson.
Beuck et Comp., Bühl (Haut-Rhin).
Bertherand-Futaine et Comp., Reims.
Aroux (Félix), Elbeuf.
Arnaud, Lyon.
Roussy, Lyon.
Schlumberger jeune et Comp., Thann (Haut-Rhin).
Tranchant-Froment, la Neuville-lès-Wasigny (Ardennes).
Rousselet (Antoine), Sedan.
Renard (Adolphe), Sedan.

Pimont aîné, Rouen.
Morin et Comp., Dieu-le-Fit (Drôme).
Lehoult et Comp., Saint-Quentin (Aisne).
Scrive-Labbe et Scrive (Édouard), Lille.
Picquot Deschamps, Rouen.
Malo Dickson et Comp., Coudekerque-Branche-lès-Dunkerque (Nord).
Lelièvre et Comp., Cambrai.
Hofer et Comp., Kaysersberg (Haut-Rhin).
Graux, Juvincourt et Damany, (Aisne).
Godin aîné, Châtillon-sur-Seine (Côte-d'Or).
Société pour la fabrication des fils et tissus de lin et de chanvre, Amiens (Somme).
Duche aîné et Comp., Paris.
Devèse fils et Comp., Nîmes.
Aigoin-Delabrre, Ganges (Hérault).

Métaux.

Christofle et Comp., Paris.
Massenet-Gerin et Jackson frères, Saint-Étienne (Loire).
Pallu et Comp., Pontgibaud (Puy-de-Dôme).
Société des Ardoisières d'Angers, Angers.
Serret, Lelièvre et Comp., Denain (Nord).
Samson, Paris.
Thomas et Laurent, Paris.
D'Andelarre et De Lisa, Treveray (Meuse).
André, au Val-d'Osne (Haute-Marne).
Boigues et Comp., Garchisy-Fourchambault, (Nièvre).
Bongueret, Couvreux, Landel et Comp., Châtillon-sur-Seine (Côte-d'Or).
Dietrich (veuve de) et fils, Niederbronn (Bas-Rhin).
Duverger, Paris.
Forges de Decazeville, Decazeville (Aveyron).
Géruzet, Bagnères-de-Bigorre (Hautes-Pyrénées).
Japy frères, Beaucourt (Haut-Rhin).

Machines.

Gache, Nantes.
Farcot, Paris.
Durenne, Paris.
Decoster, Paris.
Cavé, Paris.
Calla, Paris.
Thonnelier, père, Paris.
Thénard, Abzac (Gironde).
Schwilgué, Strasbourg.
Meyer, et Comp., Mulhouse.
Lemaitre, la Chapelle-Saint-Denis.
Schneider frères, au Creuzot.
Pihet, Paris.
Mulot père et fils, Epinay (Seine).
Miroude, Rouen.
Mazeline frères, Graville (Seine-Inférieure).

Instruments de précision.

Robert (Henri), Paris.
Raoux, Paris.
François, Paris.
Buron, Paris.
Cavaillé-Coll, père et fils, Paris
Baunner, Paris.
Boisselot et fils, Marseille.
Vuillaume, à Paris.

LEPAUTE (Henri), Paris.
KRIEGELSTEIN et Charles PLANTADE, Paris.
HERZ (Henri), Paris.
GIRARD (le chevalier Philippe de), Paris.
GARNIER, Paris.
WOLFEL et LAURENT, Paris.
WAGNER, Paris.
DELVIGNE, Paris.

Arts chimiques.

LEFEBVRE (Th.) et comp., aux Moulins-lès-Lille (Nord).
LAGIER, Avignon.
KUHLMANN frères, Loos-lès-Lille.
DUVOIR-LEBLANC, Paris.
DUMONT, Paris.
BOUTAREL frères, CHALAMEL et MONIER, Paris.
BALARD, Montpellier.
ALCAN, Paris.
MOUCHOT frères, au petit Montrouge.
LÉVEILLÉ, Rouen.
DEROSNE et CAIL, Paris.

Beaux-Arts.

LEMERCIER, lithographie, Paris.
LEGRAND (Marcelin), typographie, Paris.
FROMENT-MEURICE, Paris.
MOREL et comp., Paris.
LEBRUN, orfèvrerie, Paris.
ECK-DURAND, bronzes, Paris.
GROBÉ frères, ébénisterie, Paris.
BEST, LELOIR et comp., Paris.
COUDER, dessins de fabrique, Paris.
DÉLICOURT, papiers peints, Paris.

Poterie.

HUTTER et comp., Rive-de-Gier (Loire).
ROUSSEAU, Paris.
BOUGON et CHALOT, Paris.

Arts divers.

PELTEREAU fr., cuirs et peaux, Château-Renault (Indre-et-Loire).
BAUDOIN frères, toiles cirées, Paris.
G. CALLAUD-BÉLISLE, papiers, Maumont (Charente).
DELBUT et comp., cuirs, Saint-Germain-en-Laye (Seine-et-Oise).

RAPPEL DE MÉDAILLES D'ARGENT.
Tissus.

MONNOT LEROY, laines, Pontru (Aisne).
MAITRE (Joseph) laines, la Vilotte (Côte-d'Or).
AUBERGÉ, laines, Malassise (Seine-et-Marne).
SELLIÈRE (Ernest) et comp., coton filé, Senonne (Vosges).
TESSE-PETIT, coton filé, Lille.
KOECHLIN-DOLFUS et frères, coton filé, Mulhouse.
PONYER-HELLOUIN, coton filé, Rouen.
PLATARET, coton filé, Paris.
MICHELEZ fils aîné, coton filé, Paris.
GOUPILLE et VERDIER, toiles Fresnay, (Sarthe).
JOUBERT, BONNAIRE et comp., toiles, Angers.
SAINT-MARC, PORTEU et TÉTIOT, toiles, Rennes.

FOUQUET aîné, châles, Paris.
DEBRAS, châles, Paris.
GAGNON et CULHAT, châles, Paris.
SIMON et NOURTIER, châles, Paris.
CHAMBELLAN, châles, Paris.
DAMIRON frères et comp., châles, Lyon
COLONDRE et GÉVAUDAN, châles, Nîmes.
FAURE (Ernest), soies, Saillans (Drôme).
CARRIÈRE (Ferdinand), soies, Saint-André-de-Valborgne (Gard).
REIDON, soies, Saint-Jean-de-Valaisque (Gard).
BRUGUIÈRE et BOUCOIRAN, soies, Nîmes.
CROCO (François), tissus, Paris.
BENOIST-MALOT et comp., tissus, Reims.
BUFFET-PÉRIN oncle et neveu, tissus, Reims.
LECLERC-ALLART et fils, tissus, Reims.
FEVEZ-DESTRÉ et comp., tissus, Amiens.
FRASEZ, tissus, Roubaix.
CHARVET (Henri), tissus, Lille.
SAVOIE (Firmin), tissus, Lyon.
FOURNEL (Victor), tissus, Lyon.
DHOMBRES et comp., tissus, Nîmes.
PUGET (Antoine), tissus, Nîmes.
GAIDAN frères, tissus, Nîmes.
JOURDAN (Claude) et fils, tissus, Nîmes.
DAUDET jeune et ARDOUIN DAUDET, tissus, Nîmes.
CHABAUD (Auguste), tissus, Nîmes.
COUMERT, CARRETON et CHARDONNAUD, tissus, Nîmes.
MARTIN et comp., tissus, Saint-Étienne.
GRANGIER frères, tissus, Saint-Chamont.
DEBARY-MÉRIAN, tissus, Guebwiller (Haut-Rhin).
DELACOUR, tissus, Paris.
LEROY PICARD, draperie, Sedan.
MARIUS-PARET, draperie, Sedan.
RIBOULEAU, draperie, Louviers.
MARCEL (Louis), draperie, Louviers.
BARBIER (Victor), draperie, Elbeuf.
FOURÉ (Charles), draperie, Elbeuf.
DELARUE (Augustin), draperie, Elbeuf.
SEVAISTRE aîné et LEGRIS, draperie, Elbeuf.
FERGUSON (Pierre), draperie, Bonchamp.
DUFORESTEL-LEFEBVRE, draperie, Rouen.
VAUSSARD fils, draperie, Notre-Dame-de-Bondeville.
KAYSER et comp., tissus de coton, Ste-Marie-aux-Mines.
WEBERT (Vve Laurent), et comp., tissus de coton, Mulhouse.
BLOCH frères, tissus de coton, Sainte-Marie-aux-Mines.
CAIGNARD, tissus de coton, Rouen.
SOURD frères, laine peignée, Tenay.
VULLIAMY, laine peignée, Nonancourt (Eure).
GAIGNEAU frères, laine peignée, Essonnes (Seine-et-Oise).
LACHAPELLE et LEVARLET, laine cardée, Reims.
DUBOIS, laine cardée, Louviers.
POSSOT, filature de cachemire, Paris.
MOUISSE et comp., draps-feutre, Limoux (Aude).
SOMPAIRAC aîné, draps-feutre. Cennes-Monestiès (Aude).
GABERT frères, draps-feutre, Vienne.
POUPINEL jeune, couvertures en laine, Paris.

MEYNARD cadet, bonneterie, Nîmes
VALENTIN-FÉAU-BÉCHARD, bonneterie, Orléans.
TROTRY-LATOUCHE, bonneterie, Paris
LOMBARD jeune, bonneterie, Nîmes
PARIS frères, tapis, Paris.
D'OCAGNE, dentelles, Alençon.
FALCON (Th.), dentelles, au Puy (Haute-Loire).
COUDERC et SOUCARET fils, gazes pour blutoirs, Montauban.

Métaux.

HACHETTE, émail, Paris.
MARSAT fils, fer, Angoulême.
BUDY, fer, Paris.
DEBERGUE, DESFRIÈCHES et GILOTTIN, peignes à tisser, Lisieux (Calvados).
LARABURE, zinc, Paris.
MIGNARD, BELLINGE et fils, cordes de mus., Belleville.
DELAGE et LAROCHE puîné, toiles métall., Angoulême.
SAINT-PAUL (veuve et fils), tamis métall., Paris.
PEROT et POITEVIN, cardes, peignes, etc., Liancourt (Oise).
MALMAZET aîné, cardes, peignes, etc., Lille.
MARSAT fils, fonderies, Angoulême.
BUDY, fonderies, Paris.
PAIGNON (Charles), fonderies, Bezy (Nièvre).
LAMARQUE et Comp., fonderie Saint-Paul-de-Darat (Nièvre).
MIELOT aîné, limes, Brevannes (Haute-Marne).
GÉRARD, limes, Belleville.
SCHMIDT, acier, Belleville.
CHAMOUTON, enclumes et soufflets, Paris.
POT-DE-FER, enclumes et soufflets, Nevers.
SABATIER, coutellerie, Paris.
BOST-MAMBRUN et neveu, coutell. Saint-Remy près Thiers (Puy-de-Dôme).
GILLET, coutellerie, Paris.
CLERC-SIRHENRI, coutellerie, Paris.
LANGUEDOCQ, coutellerie, Paris.

Machines.

HUGUES, instrum. arat., Bordeaux.
NILUS, machines, au Hâvre.
GUÉRIN et comp, pompes à incendie, Paris.
BABONEAU, machines à vapeur, Nantes.
RAFFIN (de) et comp., instrum. arat., la Pique (Nièvre).
ANDRÉ (Jean), instrum. arat., au château de Selve (Gironde).
PAYN et Mme veuve BENOIT, pressoirs, Troyes.
HERMANN, machines, Paris.
GAVEAUX, presses d'imprimerie, Paris.

Instruments de précision.

LEPAGE MOUTIER, armes à feu, Paris.
JACOB, horlog., Saint-Nicolas d'Aliermont (Seine-Inférieure).
LEROY (Louis-Charles), horlogerie, Paris.
BROCOT, horlogerie, Paris.
REYMONDON, mesures diverses, Paris.

DISTRIBUTION DES RÉCOMPENSES.

Chanot, instrum. de musique, Paris.
Legey, instrum. de mathématiques, Paris.
Picquet, cartes géograph., Paris.
Andriveau Goujon, cartes géograph. Paris.

Arts chimiques.

Tresca, bougies stéariques, Paris.
Raybaud, savons de résine, Paris.
Bertrand et Feydeau, conserves alim., Nantes.
Estivant fils aîné, colle forte, Givet (Ardennes).
Estivant-Donau, colle forte, Givet (Ardennes).
Oger, savons, Paris.
Sichel-Javal, savons, Paris.
Jullien (veuve André), clarificat. des vins, Paris.
Yumury (comte de), sel raffiné, Dieuze.
Delacretaz, prod. chim., Graville (Seine-Inférieure).
Courneris et comp., prod. chim., Cherbourg.
Leroux, prod. chim., Vitry-le-Français.
Gosert, couleurs, Paris.
Lefranc frères, couleurs, Paris.
Milori, couleurs, Paris.
Panier et Paillard, couleurs, Paris.
Colcomb-Bourgeois, couleurs, Paris.
Caron (Ch.-Louis), blanchim. d'étoff., Beauvais (Oise).
Vétillard père et fils, blanchim. d'étoffes, Pontlieu (Sarthe).
Menier et comp., chocolats, etc., Paris.
Soehnée frères, vernis, Paris.
Lemaire (Mme veuve), appareils culinaires, Paris.

Beaux-Arts.

Fraisse aîné, marbres, Perpignan.
Dupont, pierres lithograph., Paris.
Laurent et de Berny, typog., Paris.
Aubanel (Laurent), typog., Avignon.
Gavard, libr., Paris.
Dubochet, libr., Paris.
Curmer, libr., Paris.
Lacrampe et comp., imprim., Paris.
Paul Dupont, imprim., Paris.
Desrosiers, imprim., Moulins (Allier).
Fischer père et fils, ébén., Paris.
Jolly, ébén., Paris.
Bellangé, ébén., Paris.
Bon (Adolphe), bijout. fausse, Paris.
Marion Bourguignon, bijout. fausse, Paris.
Durand, orfèvr., Paris.
Aucoc, orfèvr., Paris.
Lenglet et Turquet, orfèvr, Paris.
Parquin, orfèvr., Paris.
Pechiney aîné, orfèvr., Paris.
Villemsens, bronzes d'art, Paris.
Huret, bronzes d'art, Paris.
Lenseigne, bronzes d'art, Paris.
Marsaux, estampage, Paris.
Lecocq et comp., estampage, Paris.
Dupont (Auguste), lithogr., Périgueux (Dordogne).
Cattier, lithogr., Paris.
Thierry frères, lithogr., Paris.

Simon fils (Émile), lithogr., Strasbourg.
Feldtrappe frères, grav., Paris.
Simier, rel., Paris.
Koehler, rel., Paris.

Poterie.

Johnston et comp., grès, Bordeaux.
Burgun, Valter, Berger et comp., verrerie, Gœtzenbruck (Moselle).

Arts divers.

Poinsot, chapeaux de dames, Paris.
Durieux, filigr., Belleville.
Laroche frères, du Martinet, papet., au Martinet (Charente).

MÉDAILLES D'ARGENT.

Tissus.

Dervaux (Alexandre), Roubaix.
De Montagnac, Sedan.
Touzé, Elbeuf.
Flamant, Elbeuf.
Mieg (Mathieu) et fils, Mulhouse.
Kunzer, Bischwiller (Bas-Rhin).
Monborgne fils et Leroy, Mouy (Oise).
Lenormand, Vire (Calvados).
Hazard père, Orléans.
Garrisson et neveu, Montauban (Tarn-et-Garonne).
Cormouls, Mazamet (Tarn).
Vitalis frères, Lodève (Hérault).
Vernazobres jeune et comp., Bédarieux (Hérault).
Fourcade frères, Chinian (Hérault).
Roger (Bernard) aîné, Lastours, près Carcassonne (Aude).
Fouard et Blanq, Nay (Basses-Pyrénées).
Schlumberger et Hofer, Ribeauvillé (Haut-Rhin).
Courmont, Wazemmes-lès-Lille (Nord).
Delamarre-Deboutteville, Fontaine-Lebourg (Seine-Inférieure).
Masson aîné, Roanne (Loire).
Lambert, Blanchard et comp., Paris.
Sabran et G. Jessé, Paris.
Adolphe et Benner, Mulhouse.
Gaudray-Loisiel, Rouen.
Croutelle neveu, Reims.
Patriau, Reims.
Fortel et Landre, Reims.
Caillet-Franqueville, Bazancourt (Marne).
Lagache (Julien), Roubaix.
Defrenne (Paul), Roubaix.
Beally et comp., Amiens.
Debuchy (Daniel), Turcoing.
Grimonprez (E.) et comp., Roubaix.
Claro, Lille.
Screpel-Lefebvre, Roubaix.
Screpel-Roussel, Roubaix.
Roussel-Dazin, Roubaix.
Requillart-Screpel, Roubaix.
Delfosse et Motte, Roubaix.
Prus-Grimonprez, Roubaix.
Defontaine (E.), Lille.
Fey-Martin et comp., Tours.
Chardon, Nîmes.

Jourdain (Xavier), Altkirch (Haut-Rhin).
Legrand, Rouen.
Pouyer-Quertier et Palier, Fleury-sur-Andelle (Eure).
Pellouin et Bosé, Rouen.
Mohler, Obernay (Bas-Rhin).
Chatain fils, Rouen.
Tricot jeune, Rouen.
Raffin père et fils, Roanne (Loire).
Bureau jeune, Nantes.
Fion, Tarare (Rhône).
Daudville, Saint-Quentin (Aisne).
Jacquemin et Huet jeune, Saint-Quentin (Aisne).
Gimbert, Paris.
Estragnat fils aîné, Tarare (Rhône).
Buffault, Truchon et Devy, Paris.
Blech, Steinbach et Mantz, Mulhouse.
Hofer (Josué), Mulhouse.
Bataille (Pierre), Rouen.
Stackler, Saint-Aubin, près Nantes.
Daliphard et Dessaint, Radepont (Eure).
Guérin jeune et Comp., Paris.
Wibeaux Florin, Roubaix.
Comp. pour la filature du chanvre, Alençon.
Cuénot aîné et Comp., Nantes.
Dupasseur, à Rouen.
Bresson, Paris.
Caille, Caternaut, Mareau et Matignon, Mortagne (Orne).
Lainé-Laroche. Angers.
Malivoire et Comp., Liancourt (Oise).
Bégué, Pau (Basses-Pyrénées).
Lefournier-Lamotte et fils et Dupay, Condé-sur-Noireau (Calvados).
Vétillard et fils, Pontlieu (Sarthe).
Lemaître-Demeestères, Halluin (Nord).
Mauieu Delangre, Armentières (Nord).
Rousseau père et fils, Fresnay (Sarthe).
Bance, Mortagne (Orne).
Trudelles frères et Leclerc, Angers.
Taillandier, Évreux.
Bouchu, Longuay (Haute-Marne).
Terrasson de Montleau, Sainte-Estèphe (Charente).
Portal de Moux, Conques (Aude).
Beauvais, Gastins (Seine-et-Marne).
Guenebaut (François)-Delaperrière, Puiseuil-la-Ville (Côte-d'Or).
Durand (Constant)-Morbert, Maison-Rouge (Seine-et-Marne).
Portal et fils, Montauban (Tarn-et-Garonne).
Griolet et fils, Sommières (Gard).
Créguillaume et Comp., Cugand (Vendée).
Léger-Francolin, Patay (Loiret).
Prat aîné, Oloron (Basses-Pyrénées).
Dobler et fils, Tenay (Ain).
Carlos-Florin, Roubaix.
Risler, Schwartz et Comp., Mulhouse.
Laroque frères et fils et Jacquemet, Bordeaux.
Oriolle fils, Angers.
Constant et fils, Nîmes.
Brunet, Paris.
Barbé, Protart et Bosquet, Paris.
Boas frères, Paris.
Gouré jeune et Grandjean, Paris.
Champion (Charles) et Gérard, Paris.

PAGÈS, BEIN et Comp., Lyon.
JABRIN et TROTTON, Lyon.
PRADE-FOULC, Nîmes.
FABRE et BIGOT, Nîmes.
JOURDAN et Comp., Paris.
BOURCIER (Jules), Lyon.
DELACOUR et fils, Lyon.
HAMELIN, aux Andelys (Eure).
LAPIERRE et fils, Vallevaugue (Gard).
ROUSSY (Casimir), Ganges (Hérault).
MILLET et ROBINET, Poitiers et la Cataudière.
SOUBEYRAND, Saint-Jean-du-Gard.
VERZIER, BONNART et Comp., Lyon.
BALLEYDIER, REPIQUET et SILVENT, Lyon
CHASTEL et RIVOIRE, Lyon.
CHAVENT (André) et Comp., Lyon.
DAUDET-QUEIRETY, Nîmes.
BON, Lyon.
MARTINON, Lyon.
VIDECOQ et SIMON, Alençon.
MERCIER (baron), Alençon,
LEBOULANGER, Bayeux.
VIOLARD, Courcelles (Calvados).
DOGUIN fils, Lyon.
HERBELOT fils et GENET-DUFAY, Calais.
LINARD, Paris.
WISNICK, DOMAIRE et ARMONVILLE, Paris.
BARALLON, Saint-Étienne.
PASSERAT fils et Comp., Saint-Étienne.
TEYTER aîné et Comp., Saint-Étienne.
VUCHER, REYNIER et PERRIER, Lyon.
FORNIER, JANIN et FALSAN, Lyon.
BELLAT, Aubusson.
ROUSSEL, RÉQUILLART et CHOQUEEL, Turcoing.
LECUN et Comp., Nîmes
SALLANDROUZE (J.-J.), Aubusson.
BARTHE et PLICHON, Sarreguemines.
NANOT et Comp , Sarreguemines,
BRISSON frères et Comp., Lyon.
RUEL (veuve) et fils et DUMAS, Quissac (Gard).
ANNAT aîné et COULOMB, au Vigan.
GUIBOUT Paris.
CAPRON fils, Darnetal (Seine-Inférieure).

Métaux.

CHAMEROY et Comp., Paris.
FAVREL, Paris.
LUYNES (duc de), Paris.
LAPORTE, Paris.
VIGUIÉ et Comp., Paris.
JAPY (Louis), Berne, commune de Seloncourt (Doubs).
MIGNON et fils, Morvillars (Haut-Rhin).
MONGIN, Paris.
MERCIER-BLANCHARD, Paris.
GAUTIER, Paris.
MAILLARD - SALIN (Jacques), Valentigny (Doubs).
PEUGEOT aîné et JACKSON frères, Hérimoncourt (Doubs).
MALESPINE, Saint-Étienne (Loire).
DESSERRES et Comp., Saverdun (Ariège).
GRANJON et Comp., Lyon.
GOURJU (Alphonse), Beaupertuis (Isère).
LEMOINE, Corbelin (Nièvre).
FALATIEU jeune (Joseph-Louis), au Pont-du-Bois (Haute-Saône).

VANTILLARD, Laigle (Orne).
BOUCHER, Paris.
CAPITAIN et Comp., Abainville (Meuse).
MATHER et Comp., Toulouse.
ESTIVANT frères, Givet (Ardennes).
TANTENSTEIN et CORDEL, Paris.
DELCAMBRE, Paris.
SILBERMANN, Strasbourg.
BÉTHUNE et PLON, Paris.
DAVID, au Hâvre.
HILDEBRAND, Semonse (Vosges).
VORUZ, Nantes.
MOREL frères, Charleville (Ardennes).
PINART frères, Marquise (Pas-de-Calais).
VIVAUX frères, Dammarie (Meuse).
RAFFIN (de) et Comp., Lapique (Nièvre).
GIGNOUX et Comp., CUZORN (Lot-et-Garonne).
GRENOUILLET, LUZANCHES et DESVOYES, Vierzon-Village (Cher).
FRAMONT (Comp. des forges de), Framont (Vosges).
CHAMBRIÈRE, Allevard (Isère).
PERROT et MALBEC, Paris.
NAYLIES et Comp., la Ferté-sous-Jouarre.
GEUVIN-BOUCHON et Comp., la Ferté-sous-Jouarre.
Ardoisières de Rimogne (Soc. anon. des), Rimogne (Ardennes).
LEROY de LAFERTÉ et Comp., Paris.
LAYERLE-CAPEL, Toulouse (Haute-Garonne).
LANDEAU-NOYERS et Comp., Sable (Sarthe).
TARRIDE fils et Comp., Toulouse.
THÉRET, Paris.
CONTZEN (Alex.), Paris
COLLAS et BARBEDIENNE, Paris.
SÉGUIN, Paris.
BERTHIER, au nom de la mais. de détent. de Poissy, Poissy.
GILBERT et Comp., Givet (Ardennes).
DESPREZ-GUYOT, Paris.
GANDILLOT et Comp., fers creux, Paris.

Machines.

DUTARTRE, presses, Paris.
NORMAND, presses, Paris.
BERENDORF, machines, Paris.
FELDTRAPPE frères, cyl pour impress. de tissu, Paris.
HUGUENIN et DUCOMMUN, mach. à filer, Mulhouse (Haut-Rhin).
PAPAVOINE et CHATEL, mach. à filer, Rouen.
PEUGEOT (Constant) et Comp., mach. à filer, la Roche.
GRUNN, mach. à filer Guebwiller (Haut-Rhin).
MERCIER (Achille), mach. à filer, Louviers.
BRUNEAU, mach. à filer, Rhotel (Ardennes).
NÉVILLE et Comp., construct. civil., Paris.
BORREL, construct. civ., Toulouse.
LACARNOY, machines-outils, Paris.
LAIGNEL, machines à vapeur, Paris.
CHAUSSENOT aîné, machines à vapeur, Paris.
HUCK, féculerie, Paris.
TAMIZIER, machines à vapeur, Paris.
CARILLON, machines à vapeur, Paris.
TRÉSEL, machines à vapeur, Saint-Quentin

(Aisne).
GALLAFENT, machines à vapeur, Paris.
BOURDON, machines à vapeur, Paris.
VARRALL, MIDDLETON et ELWELL, mach. à vapeur, Paris.
ANTIQ, machines à vapeur, Paris.
RENARD, machines-outils, Paris.
Société anon. de construct. mécan., machines, Strasbourg.
MARIOTTE, machines, Paris.
BENOÎT frères, machines, Montpellier.
LACROIX fils, machines, Rouen.
TURCK (Amédée), instrum. arat., Sainte-Geneviève (Manche).
TROCHU, instrum. arat., Lyon.
LE BACHELLÉ, instrum. arat., Paris.
DE LENTILHAC aîné, instrum. arat. Sallegourde (Dordogne).
École d'agric. de Rennes, instrum. agric. Rennes.
ROSÉ et Comp., instrum. agric., Paris.
CAMBRAY père, instrum. agric., Paris.
MORHES frères et Comp., instrum. agric., Bordeaux.
FUMIÈRE (Victor), cardes, peignes, etc., Rouen.
JACQUIN, métiers à tisser, Troyes.
DIOUDONNAT et HAUTIN, métiers à tisser, Paris.
DESHAYS, métiers à tisser, Paris.
FONTAINE, moteur hydraul., Chartres.
DEGOUSÉE, outils de sondage, Paris.
NILLUS, machines à vapeur, le Hâvre.
HUBER, mach. hydraul., Paris.

Instruments de précision.

BROSSA, Bordeaux.
CALLAUD, Paris.
PEUPIN, Paris.
RIEUSSEC, Saint-Mandé.
DELÉPINE, Paris.
GOURDIN, Mayet (Sarthe).
WAGNER (Henri-Bernard), Paris.
VÉRITÉ, Beauvais (Oise).
BRUCLER (J-J.) fils, Besançon.
RODANET, Rochefort.
VINCENTI et Comp., Montbéliard (Doubs)
BERROLLA frères, Paris.
BAROMÉ-DELEPINE, Dieppe.
HOUDIN, Paris.
ROBERT-HOUDIN, Paris.
VALLET, Paris.
BASSELY, Paris.
MONTANDON frères, Paris.
ALCARD et BUDICOM, au Petit-Quevilly (Seine-Inférieure).
BUNTEN, Paris.
DELEUIL, Paris.
SOLEIL, Paris.
SCHWARTZ, instrum. de marine, Paris.
LECOMTE et BIANCHI, instrum. de précis., Paris.
RUHMKORFF, instrum. de précis., Paris
NEUBER, d°, Paris.
SOUFLETO, pianos, Paris.
GAIDON jeune, pianos, Paris.
HATZENBUHLER, pianos, Paris.
MERCIER, pianos, Paris.

DISTRIBUTION DES RÉCOMPENSES.

Shoen, pianos, Paris.
Bernardel, violons, Paris.
Rambaux, violons, Paris.
Domény, harpes, Paris.
Guichard aîné, instrum. à vent, Paris.
Tulou, instrum. à vent, Paris.
Sexe et Comp., instrum. à vent, Paris.
Girard et Comp., orgues, Paris.
Geisler, instrum. de mus.
Rodhen, instrum. de mus.
Bernard (Albert), arqueb., Paris.
Bernard (Léopold), arqueb., Paris.
Gastinne-Renette, arqueb., Paris.
Béringer, arqueb., Paris.
Gauvain, arqueb., Paris.
Roche, arqueb., Paris.
Charpentier fils, grosses balances, Paris.
Parent, grosses balances, Paris.
Lasseron et Legrand, grosses balances, Niort (Deux-Sèvres).
Georges père et fils, grosses balances, Paris.
Béranger et Comp., grosses balances, Lyon.
Sagnier (Louis) et Comp., instrum. de pesage, Montpellier.

Produits chimiques.

Houzeau et Velly, Reims.
Delondre (Auguste), Nogent-sur-Marne.
Cartier, Nantes et Pontoise.
Poisat oncle et Comp., la Folie-Nanterre.
Fouché-Lepelletier et Laming, Javel.
Maire (Ch.), Strasbourg.
Ducoudré, Saint-Maur.
Bergeron fils et Couput, Grenelle et Vaugirard.
Robert de Massy, Saint-Quentin (Aisne).
Marsais, Saint-Étienne.
Kestner père et fils, Thann (Haut-Rhin).
Maletra et fils, au Petit-Quevilly (Seine-Inférieure).
Delacretaz, Fourcade et Comp., Vaugirard.
Boquillon, galvanoplast., Paris.
Breuzin, lampes, Paris.
Rouen, lampes, Paris.
Robert, lampes, Paris.
Chaussenot jeune, calorifères, Paris.
Duvoir (René), calorifères, Paris.
Laury, calorifères, Paris.
Selligue, calorifères, Batignolles.
Grenet fils, gélatine, Rouen.
Magnin, pâtes et farines, Clermont-Ferrand.
Martin, pâtes et farines, Paris.
Harly Perraud, raffin. de sucre, Grande-Villette.
Saint-Étienne et fils, fécules, Paris.
Fouchard (Gust. et Jos.), fécules, Neuilly (Seine).
Rousseau, vin mousseux, Épernay.
Cambacérès, engrais, Paris.
Méno, huiles essent., Grasse (Var).
Peyre et Rocher, appar. cul., Nantes.
Grouvelle, id., Paris.
Guyon frères, id., Dôle.
Rogeat frères, id., Lyon.
Dubrunfaut, distil., Bercy, près Paris.
Meissonnier, mat. tinctoriales, Paris.
Pétard (Charles), id., Paris.

Guinon, matières tinctoriales, la Guillotière (Lyon).
Huillard aîné, couleurs, Paris.
Descat, mat. tinctoriales, Lille.
Dupré, capsules à bouteilles, la Brèche-d'Arcueil (Seine).
Moret, pétrins, Paris.
Savaresse-Sara, capsules pour bouteilles, Paris.

Beaux-Arts.

Dafrique, bijouterie, Paris.
Paul et fr., id., Paris.
Payen jeune et Comp., id., Paris.
Paris, id., Paris.
Mourey, id., Paris.
Charles, id., Paris.
Lelong, id., Paris.
Granger, id., Paris.
Houdaille, id., Paris.
Bon et Pirlot, id., Paris.
Constant-Valès et Lelong, id., Paris.
Truchy, id., Paris.
Barbaroux de Mecy, id., Paris.
Boeuf et Garandy, id., Marseille.
Mayer, orfèvrerie, Paris.
Balaine, id., Paris.
Gandais, id., Paris.
Veyrat et fils, id., Paris.
Trioullier, id., Paris.
Quesnel et Comp., bronzes, Paris.
Paillard, bronzes, Paris.
Lacarrière, bronzes, Paris.
Gagneau frères, bronzes, Paris.
Fugère, cuivre estampé, Paris.
Le Paul, serrur., Paris.
Bricard et Gauthier, id., Paris.
Meynard et fils aîné, ében., Paris.
Durand fils, id, Paris.
Lemarchand, id., Paris.
Fourdinois et Fossey, id., Paris.
Clavel, id., Paris.
Royer fils et Charmois, id., Paris.
Wasmus jeune, id., Paris.
Lund, id., Paris.
Osmont, id., Paris.
Marcelin, id., Paris.
Niedrée, reliure, Paris.
Barre, grav., Paris.
Buignier, grav., Paris.
Koeppelin, lithographie, Paris.
Barbat (Thomas), id., Châlons-sur-Marne.
Formentin (Melle), id., Paris.
Engelmann et Graf, id., Paris.
Vincent, moulage à la gélatine, Paris.
Wallet-Huber, sculpture en carton-pierre, Paris.
Romagnesi aîné, id., Paris.
Laurent et Comp., cadres, moulures, etc., Paris.
Chabrié et Neuburger, cadres, moul, etc., Paris.
Chebaux, dessins de fabrique, Paris.

Poteries.

Pétry et Ronsse, porcel., Paris.
Pichenot, faïence, Paris.
Virebent frères, terre cuite, Paris.

Fouques-Arnoux et Comp., porcel., Saint-Gaudens, (Haute-Garonne).
Fiolet, pipes, Saint-Omer.
Honoré, porcel., Paris.
Mansard, faïence, Voisin-Lieu (Oise).
Alluaud aîné, porcelaines, Limoges (Haute-Vienne).
Colville, coul. vitrif., Paris.
Binet, coul. vitrif., Paris.
Pochet-Deroche, verrerie, au Plessis-Dorin (Loir-et-Cher).
Maes, verrerie, à Clichy-la-Garenne.
Poilly (de), verrerie, à Folembray (Aisne).
Launay-Hautin et Comp., poterie, Paris.

Arts divers.

Mader frères, papiers peints, Paris.
Lapeyre (S.) et Comp., pap. peints, Paris.
Merlier-Lefebvre, cordages, au Hâvre.
Jouvin, gants, Grenoble.
Hennin (d'), sellerie, Paris.
Soc. anon. du Souche, papet. au Souche, comm. d'Arnould (Vosges).
Mellier, Obry fils et Comp., pap., Prousel (Somme).
Couët et Comp., pap., Renage (Isère).
Latune et Comp., pap., Mirabel-et-Biacous (Drôme).
Gratiot, pap., Essonne.
Montgolfier (F.-M.) et Comp., pap., à Davezieux (Ardèche).
Chassagne, cuirs et peaux, Aubusson.
Duport, cuirs et peaux, Paris.
Houette aîné, cuirs et peaux, Paris.
Rupp, Rubié et Comp., pap. peints, Paris.
Tribert, hist. natur., Paris.
Durand (Guill.), cuirs et peaux, Paris.
Camus-Laplèche, cuirs et peaux, à L'Aigle (Orne).
Pain et Comp., cuirs et peaux, Nantes.
Hutin et Latouche, cuirs et peaux, Try-le-Château (Eure).
Paul, cuirs et peaux, Paris.
Leuyen, cuirs et peaux, Paris.
Douaud, cuirs et peaux, Nantes.
Gauthier, cuirs vernis, Paris.
Plattet frères, cuirs vernis, Paris.
Jacquel, taille de cristaux, Paris.

RAPPELS DE MÉDAILLES DE BRONZE.

Tissus.

Gervais, coton, Caen (Calvados).
Lalizel aîné, coton, Barentin, (Seine-Inférieure).
Laumaillier et Froidot, coton, Coye (Oise).
Godard (Auguste), batistes, Bapaume.
Mary (Louis), toiles, St-Rimault (Oise).
Boyer (Jacques), toiles, Fresnay (Sarthe).
Billon père et fils, toiles, Fresnay (Sarthe).
Berton frères, toiles, Pont-de-Chaix (Isère).
Bournbonet, châles, Paris.
Bouet, châles, Nîmes.
Mirabaud et Comp., châles, Nîmes.
Allibe-Boubon, soies, Chatte.
Champoiseau (Noël), soies, Tours.
Dumaine (Xavier), soies, Tournon.

EXPOSITION DE L'INDUSTRIE DE 1844.

Noyer frères, soies, Nîmes.
Rouvière frères, soies, Nîmes.
Pierquin-Grandin et fils, soies, Reims.
Troupel, Favre et Gide, soies, Embrun.
Dutron fils, soies, Paris.
Mesnager frères, soies, Saint-Étienne.
Genevois (veuve), tissus de crin, Paris.
Javal et May, drap., Elbeuf.
Rastier fils, drap., Elbeuf.
Couprie (Marcel) et Comp , drap., Elbeuf.
Jubel-Desnares, drap., Vire.
Goudchaux-Picard fils, drap., Nancy.
Berthaud et Perthus frères, drap-feutre, Vienne.
Talbot fils, drap-feutre, St-Denis (Indre-et-Loire).
Barthès (Sylv.), drap-feutre, St-Pons (Hérault).
Visquesnel, drap-feutre, Rouen.
Lemonnier, drap-feutre, Yvetot.
Monthier-Huet, drap-feutre, Bolbec.
Pramondon (André), tissus, Tarare.
Salmon (Alex.) et Duval, tissus, Tarare.
Renaudière, tissus, Paris.
Lejeune et Comp., tissus, Roubaix.
Delétoile-Cocquel, bonneterie, Arras.
Troupel et Baragnon, bonnet., Montpellier.
Vautier fils, bonnet., Caen
Guérin (Samuel), passementerie, Nîmes.
Hottot (Mme Marie) et Comp., dent., Paris.
Hulot, dent., Paris.
Blais, broderie, Paris.
Rouget-Delisle, tapisserie, Paris.
Féau-Béchard, impression sur tissus, Passy

Métaux.

Debeine, tuyaux sans couture, Paris.
Henri (Mme v^e), marbres, Laval (Mayenne).
Vireuent-Doat, marbres, Toulouse.
Du Meny, bitume, Paris.
Dournay et Comp., bitume, Paris.
Hutin, marbres, Paris.
Hildebrand, cloches, Paris.
Roger, cordes de musique, Paris.
Soyer, limes, Nevers.
Gourjon, limes, Nevers.
Bouillier, faux, au-dessus de la Fin des Gras (Doubs).
Schmit, enclumes, Paris.
Camus, quincaillerie, Paris.
Prudhomme, vis et boulons, Bercy, près Paris.
Varlet, vis et boulons, Paris.
Frestel, vis et boulons, Saint-Lô (Manche).
Grangoir, serrurerie, Paris.
Fichet, serrurerie, Paris.
Champion, toiles métall., Paris.

Machines.

Rouffet, machines-outils, Paris.
Baudat, mach.-outils, Paris.
Becquet, mach.-outils, Paris.
Fimbel, mach.-outils, Mours (Seine-et-Oise).
Boulanger fils, mach.-outils, Paris.
Numa Louvet, mach.-outils, Paris.
Fan-Zvoll, mach.-outils, Paris.
Clerc-Armand, mach.-outils, Paris.

Adam (Eugène), mach.-outils, Coïmar.
Contamin et Comp., mach.-outils, Paris.
Genesté, mach.-outils, Paris.
Guenin, mach.-outils, Chapelle-St-Denis.
Contamine, mach.-outils, Paris.
Bainée, mach.-outils, Paris.
Léonard. mach.-outils, Paris.
Travers fils, mach.-outils, Paris.
Geslin, mach.-outils, Paris.
Cotton frères, mach.-outils, la Rochelle.
Boutté, mach.-outils, Paris.
Feuillatre, gade-robes, Paris.

Instruments de précision.

Claudin, arqueb., Paris.
Camille Jubé, arqueb., Paris.
Desnyau, arqueb., Paris.
Perrin-Lepage, arqueb., Paris.
Bauerkeller et Comp., cartes géogr. en relief, Paris.
Wetzels, pianos, Paris.
Koska, pianos, Paris.
Busson, pianos, Paris.
Lacote, instruments de musique, Paris.

Arts chimiques.

Pellier frères, conserves alim., au Mans.
Chomeau, conserves alim., Paris.
Duriez, bougies, Paris.
Landiny, colle-forte, Grenoble.
Lefebure frères et fils, colle-forte, Paris.
Demarson et Comp., savons, Paris.
Bourbonne-Fillion (Mme), savons, Paris.
Guichard, pr. chim., Chantenay près Nantes.
Tricotel et Chapuis, couleurs, Paris.
Macle, couleurs, Paris.
Panay père, mat. tinctoriales, Puteaux.
Gisclard, produits chimiques, Alby.
Léon, vernis, Alby.
Herbin, cirages et vernis, Alby.
Cerbeleau, calorifères, Alby.

Beaux-Arts.

Leuillet, typographie, Paris.
Rignoux, typographie, Paris.
Martenot, lithographie, Paris.
Delarue, lithographie, Paris.
Lardière, lithographie, Paris.
Guerrier, reliure, Paris.
Leblanc (veuve), gravure, Paris.
Clicquot, gravure, Paris.
Beaulé frères, imprimerie, Paris.
Bernauda, bijouterie, Paris.
Ringuet-Leprince, ébénisterie, Paris.
Houffer, ébénisterie, Paris.
Baudry, ébénisterie, Paris.
Colletta-Lefebvre, tabletterie, Paris.
Bougardet, billards, Paris.
Serrurot, bronzes d'art, Paris.
Courcelle, bronzes d'art, Paris.
Pompon, bronzes d'art, Paris.
Bordeaux, estampage sur cuivre, Paris.
Maurin, estampage sur cuivre, Paris.
Vauthier, bijouterie, Paris.
Tirhant, sculpture, Paris.

Poteries.

Halot père et fils, porcelaines, Paris.
Langlois (Fréd.) et Comp., porcel., Paris.
Barré Russin, porcelaines, Paris.

Arts divers.

Matton (Auguste), gants, Paris.
Pinson, boutons, Paris.
Guilbert fils, boutons, Paris.
Roumestant, papeterie, Paris.
Angrand, papiers de fantaisie, Paris.
Fenoux, gainerie. Paris.
Dier, restauration de vieux habits, Paris.

MÉDAILLES DE BRONZE.

Tissus.

Mmes Wotouski et Maufus, Aubusson.
Witz, Cernay (Haut-Rhin).
Walter aîné (Mme veuve), Metz.
Vimont, Elbeuf.
Vimal-Vimal fils aîné, Ambert (Puy-de-Dôme).
Vaugeois, Paris.
Léon Vallès et Bouchard, Paris.
Valentin (Ferdinand), Nîmes.
Torcapel, Caen.
Telhiard et Comp., Évreux.
Tettelin-Montagne, Roubaix.
Tabard aîné, Aubusson.
Steiner (Charles), Ribeauvillé (Haut-Rhin).
Sivel, Caron et Comp., Paris.
Simondant, A. Bonnet et Comp., Paris.
Serres (Louis), Nîmes.
Schlumberger (François-Médard), Mulhouse.
Schlumberger-Schwartz, Mulhouse.
Deny-Doineau et Comp., Paris.
Schreuber Gros et Comp., Thann (H.-Rhin).
Sauvage (René) et Comp., Lyon.
Sagnier-Teulon, Nîmes.
Ruep et Bicard, Bischwiller,
Rousée, Darnetal.
Rives (Ulysse) et Comp., Mazamet (Tarn).
Richond et Comp., Saint-Étienne.
Rigat, Vienne (Isère).
Rheins, Paris.
Reviliod et Comp., Vizille (Isère).
Reynaud père et fils, Nîmes.
Regnault et Pellier, Elbeuf.
Ravier, Sarreguemines (Moselle).
Redarès frères, Nîmes.
Quesnel-Massif, Rouen.
Quiblier (Alexis), Nîmes.
Provensal, Moussey (Vosges).
Pouchon fils aîné, Vienne.
Pollet, Roubaix.
Vayson Poret et Comp., Paris.
Pluchet, Trappes (Seine-et-Oise).
Person, Paris.
Piquin, Cugand-Vendée.
Pearson (Frédéric), St-Pierre-lès-Calais.
Parent aîné, Carignan (Ardennes).
Parpaite aîné, Carignan (Ardennes).
Pascal, Paris.

DISTRIBUTION DES RÉCOMPENSES.

Oudinot-Lutel, Paris.
Osmond et Boismard, Elbeuf.
Neveu et Marion, Rouen et Malaunay.
Morize aîné, Paris.
Mourceau (H.) et Comp., Paris.
Mollet-Warmé frères, Amiens.
Ménage et Comp., Elbeuf.
Massé (Édouard) et fils, St-Symphorien-de-Lay.
Martin (J.-P. et P.), Tarare.
Marchand-Lecomte, Patay.
Marie (P.) et Comp., Laval.
Marlière, St-Quentin.
Maniguet, Vienne.
Mallez (Jules), Lille.
Lussagnet et Comp , Nay (Basses-Pyrén.).
Lorrain et Guillet, Lyon.
Lucy-Sédillot, Paris.
Lombré et fils aîné, Nay (Basses-Pyrénées).
Lion frères et Comp. Paris.
Lignières (Pascal), Carcassonne.
Levasseur frères, Paris.
Lesur frères, St-Quentin.
Léger jeune et Paré, Patay (Loiret).
Leclerc Boisseau et Comp , Reims.
Leblanc, Turcoing.
Leblon-Dansette, Armentières (Nord).
Laporte (veuve) et fils, Limoges.
Ladrey, La Fermeté.
Koenig (Napoléon), Sainte-Marie-aux-Mines.
Junot (Hip.) et Comp., Paris.
Jury fils et Tardif, Ambert (Puy-de-Dôme).
Kaener et Dubois, Paris.
Jourdain-Devontaine, Turcoing.
Joyeux, fils aîné, Nîmes.
Jacquin (Julien), Troyes.
Jaillet jeune, Lyon.
Harouand et Lava, au Mans.
Gustelle et Monnet, Lyon.
Guillemot frères, Paris.
Grillet, Paris.
Grimonprez fils, Roubaix.
Goujon, Lyon.
Goulden et Comp., Bischwiller (Bas-Rhin).
Glatigny (Mme veuve), Rouen.
Geffrotin, Paris.
Gaillard et Simon, St-Chamond (Loire).
Gaillard (Joseph), Lyon.
Gabarrou et fils, Limoux (Aude).
Fries et Callias, Guebwiller (Haut-Rhin).
Fort et Comp., Saint-Jean-Pied-de-Port (Basses-Pyrénées).
Bresson (Hip.), Bruges (Gironde).
Flory et Audibert, au Vigan (Gard).
Feugé-Fessart, Troyes
Fessard, Maromme (Seine-Inf.).
Fernand, Deloyse, Pelletier et Comp., Rouen.
Favre et Béchet, Paris.
Dutuit (Barentin), (Seine-Inf.).
Dupas-Coel, Mirecourt.
Duhamel-Houser, Roubaix.
Duhamel frères, Paris.
Duffour-Bazin, Lectoure (Gers).
Dreuille, Paris.
Doux, Roche et Dime, Lyon.
Doux jeune, Villalier (Aude).

Douine, Troyes.
Donat, Achard et Comp., Riom.
Descoins, Mouy (Seine-et-Oise).
Demy-Doineau, Paris.
Demoreuil, Hangert (Somme).
Delepoulle frères, Roubaix.
Buisson, Juglar et E. Robert, Manosque (Basses-Alpes).
De la Morinière, Gonin et Michelet, Paris.
Defrenne (Louis), Roubaix.
Defrenne (Alphonse), Roubaix.
Decoster, Lille.
Dechancé et Comp., Rouen.
Decaux, Elbeuf.
Debu et fils, Rouen.
Daydé-Gary, Cennes-Monestiès (Aude).
Dachés et Duverger, Paris
Courtet frères et Barret, Toulon, près Périgueux.
Cordonnier (Mme veuve), Roubaix.
Antoine, Collin et Comp , Saulx (Vosges).
Collard et Belzaco, Paris
Chinard fils et Comp., Paris.
Chaumouillé et Cras, Bourg-lès-Valence.
Chapron (L.), Nantes.
Champigneulles jeune, Warize (Moselle).
Champailler fils aîné, Saint-Pierre-lès-Calais.
Gerin fils et Rosset, Chabeuil (Drôme).
André (Jean) et le major Bronski, St-Selves (Gironde).
Carrière Vignat, St-Étienne.
Carquillat (MM.), Lyon.
Canel, Chaplon et Comp., St-Étienne.
Cambon cadet, Suinène (Gard).
Burgade fils, Bordeaux.
Bulteau frères, Roubaix.
Buffard, Lyon.
Bruneel, Lille.
Briche-Van-Bavinchove, Saint-Omer.
Boyer fr., Limoges.
Boutard, Vignon et Comp., Paris.
Bourguignon, Schmidt et Schwebel, Bischwiller (Bas-Rhin).
Bouniols aîné, au Vigan.
Boulard, Cholet (Maine-et-Loire).
Bordeaux (veuve), Fournet et fils, Lisieux.
Bonnal (J.-P.) et Comp , Montauban.
Boisguillaume et fils, Elbeuf.
Bluet, Paris.
Blanpain fr., Sédan.
Sidney de Meynard, Orleix, près Tarbes
Blachier et Masseran, Nîmes.
Beudon, Paris.
Bertin, Nantes.
Beer-Morel, Elbeuf.
Beauvais (Melle) et Comp., Paris.
Barrier, Paris.
Bachemallet, Barnicaut et Dietz (Saint-Vincent-des-Vergues).
Aubry-Fedvrel, Mirecourt.
Accary (veuve) et fils, Montluel (Ain).
Gibelin et fils, Lasalle (Gard).

Métaux.

Besquent et Comp., fonte, Trédion (Morbihan).

Blancron et Boisbertrand, fonte, la Chapelle-St.-Robert.
Blary, fonte, Louviers.
Block, fonte, Versailles.
Bollée (Ernest), cloches, Ste.-Croix (Sarthe).
Bourgeois et Comp., fers, Sionne (Vosges).
Doe fr. et Comp., fers, Charenton
Duchel fils, fonte, Paris.
Elliot et St.-Paul, fers, Paris.
Forges de Paimpont, fers, Ille-et-Vilaine.
Fremy, fers, Paris.
Rojon, fers , Paris.
Geoffroy (Bertrand), fers, Saint-Paul-lès-Dax (Landes).
Lejeune fils, fers, Paris.
Métairie, divers, Pont-Saint-Ouen (Nièvre).
Tronchon, divers, Paris.
Vande et Jeanbay, divers, Paris.
Végny et Comp., divers, Paris.
Bourdeaux aîné, coutel., Montpellier.
Chatelet jeune et fils, coutel., Thiers (Puy-de-Dôme).
Guerre, coutel., Langres.
Guillemot-Lagrolière, coutel., Thiers.
Luer , coutel., Thiers
Navaron-Dumas, coutel., Thiers.
Prodon-Pouzet, coutel., Thiers
Parisot, coutel., Paris
Vauthier, coutel., Paris.
Martin, armes blanches, Paris.
Delacour, armes blanches, Paris.
Batelot (Ve.), quincail., Blamont (Meurthe).
Bernier aîné et fr., quincail., Paris.
Chauffriat et Baron, enclumes et soufflets, Saint-Étienne.
Delaforge, quincail., Paris.
Fuselier, quinc., Nevers.
Gérard, quinc., Paris.
Chevalier, quinc., Paris.
Sombern et Comp., quinc., Boulay (Meurthe)
Arnheiter, quinc., Paris.
Chauviteau et Comp., Paris.
Dorval, quinc., Paris.
Paublan, quinc., Paris.
Jacquemin fils, quinc., Morez (Jura).
Dufour et Demalle, quinc., Paris.
Lagoutte et fils, quinc., Paris.
Loysel et Hubin, quinc., Paris.
Simon et Comp., quinc., Paris.
Sinot père, fers, Trith-St-Léger (Nord).
Sirodot (Victor), Mouchet et Comp., fers , Oloron (Basses-Pyrénées).
Massun et fils, fers, Metz.
Neuss (H.-J.), fers, Vaise (Lyon).
Trousset fils, Catala et Comp., fers , Angoulême.
Derriey, typographie, Paris.
Duhault et Renauly, typog., Paris.
Lundy, typog., Paris.
Michel, typog., Paris.
Petitbon, typog., Paris.
Thorey et Virey, typog., Paris.
Boulland et fils, limes, Paris.
Deroland, limes, Paris.
Pupil, limes, Paris.
Raoul aîné, limes, Paris.
Taborin, limes, Paris.
Froid, limes, Paris.

EXPOSITION DE L'INDUSTRIE DE 1844.

GRASSET, limes, St.-Aubin (Nièvre).
SCHMIDBORN et Comp., limes, Sarralbe (Moselle).
THOMAS (Louis), étaux, Nevers.
PELLETIER, étaux, la Ferrière-sous-Jougne (Doubs).
PÉCHENARD-NANQUETTE, étaux, Pied-Celle (Ardennes).
POLI et Comp., étaux, Paris.
PANCERA-DUCHAVANY et Comp., cordes à musique, Ponchery (Isère).
HYON, cuivre et chaudr., Paris.
JOLLY, cuivre et chaudr., Paris.
LEBAS, cuivre et chaudr., L'Aigle.
PAILLIETTE, cuivre et chaudr., Paris.
REVEILHAC fils et Comp., cuivre et chaudr., Paris.
RICHARD-DORIVAL, cuivre et chaudr., Sédan.
CHATELARD et PERRIN, peignes à tisser, cardes, Lyon.
DESPLANQUES jeune, peignes à tisser, cardes, Lizy-sur-Ourcque (Seine-et-Marne).
FOUCHER, peignes à tisser, Rouen.
HARDING-COCKER, peignes à tisser, Lille.
SERET, peign. à tiss., card., Soubès (Hérault).
BERNARD, marbres, Grenoble.
CABARRUS et GRADIT, marbres, Engomer (Ariége).
CÉLIS, marbres, Paris.
CIULI, marbres, Paris.
DEBRAY, marbres, Paris.
Debry, ardoises, Monthermé (Ardennes).
DEFIS, meules, Paris.
GALMIER, mosaïques, Montpellier.
HUTIN, brunissoirs, Paris.
LEMESLE, marbres, Paris.
MONY (non exposant), émail, Paris.
MUDESSE, marbres, Paris.
PERRONCEL fils aîné et Comp., marbres, la Mure (Isère).
PHILIPOT, marbres, Perpignan.
ROCLE, marbres, Paris.
ROGER, fils, pierres meulières, la Ferté-sous-Jouarre.
SAPPEY, marbres, Vizille (Isère).
SAUVAGE, sculpt. et marbres, Paris.
PETIT, pierr. lith., Mirecourt (Vosges).

Machines.

DAVID LYON aîné, moulins, Meaux (Seine-et-Marne).
UHLER aîné, moulins, Dijon.
TOUAILLON, moulins, Saint-Denis.
STOLTZ fils, mach. à vap., Lyon.
VACHÉ, mach. à vap., Paris.
STAMM et Comp., mach. à vap., Thann (Haut-Rhin).
SIMON, mach. à vap, Paris.
SERVEILLE aîné, mach. à vap., Paris.
SCHIERTZ, mach. à vap., Paris.
SCHIEBEL et LOOS, mach. à vap., Paris.
SALADIN, mach. à vap., Mulhouse.
ROUFFET, mach., Paris.
PELTIER, mach. Paris.
MOLTENI et Comp., mach., Paris.
MINIER, mach., Rouen.
MICHEL, mach., Ste-Hipp. (Gard).
MICHEL, mach., Rouen.

MAUDUIT, mach., Paris.
MALTEAU, mach., Elbeuf.
LELOUP, mach., Paris.
KIENTZY, mach., Paris.
JOHN-HALL, POWELL et SCOTT, mach., Rouen.
GUENET, mach., Paris.
GRAVET, mach., Paris.
GIRAUDON fils, mach., Paris.
GAVARD fils (Ad.), mach., Paris.
GALY-CAZALAT, MARTRES et MONTAIGUT, mach. Paris.
FREY fils, mach., Belleville.
FOURCROY aîné, mach., Lyon.
FERRAND-LAMOTTE, mach., Troyes.
DUVAL, mach. à vap., Paris.
DESBORDES, mach. à vap., Paris.
DARET, mach. à vap., Paris.
COMMUNEAU, mach. à vap, Paris.
CLAIR, mach. à vap., Paris.
CIECHANSKI, mach. à vap., Paris.
BUISSON, mach. à vap., Tullius (Isère).
BODIN, mach. à vap., Metz.
AUDENELLE, mach. à vap., Paris.
BRITZ, presses d'impr., Paris.
BRISSET père, presses d'impr., Paris.
COSNUAU, presses d'impr., Paris.
DAMERON, voitures, Paris.
DUFOUR, ing., Lyon (non expos.).
GERVAZY, ing., Lyon (non expos.).
GOUET, presses autogr., Paris.
GUILLAUME, presses autogr., Paris.
GUINARD fils aîné, Lyon (non expos.),
HAVÉ, presses d'impr., Paris.
LE MARCHAND, presses, Paris.
MELZESSARD, serrur. méc., Paris.
POIRIER, presses, Paris.
THUVIEN, presses, Paris.
WAIDÈLE, voitures, Paris.
THIRION (Romain), pompes, Paris.
PETIT (Ad.), pompes, Paris.
PERRIN, pompes, aux Champrois (Doubs).
LETESTU et Comp., pompes, Paris.
DEBAUSSAUX, pompes, Amiens.
GENTET et GODEFROY, pompes, Ingouville (Seine-Inférieure).
DAVISON, outils, Paris.
BOURG, garde-robes, Paris.
MERIC frères, pressoirs, Paris.
GRATIEN-DESAVOYE, instrum. arat., Rieux-Hamel (Oise).
DOYNEL DE QUINCEY, instruments aratoires, Avranches.
COLOMBEL, instrum. arat., Chaville (Eure).
ALLIER (Ed.), instr. arat., Gap (Hautes-Alpes).
LACAZE, instr. arat., Nîmes.
LEBERT, instr. arat., Pont. com. de Bailleau (Eure-et-Loir).
LEQUIN (Frédéric) et B. LAURENT, instr. arat., le Châtelet (Vosges).
SAVOYE père, instr. arat., à Berlaimont (Nord).
ROGER, constructions civiles, Paris.
GIRAULT, constr. civiles, Paris.
FLEURET (veuve) et fils, constr. civiles, Paris.
DOENS, constr. civiles, Paris.
DEVICQ et Comp., constr. civiles, Paris.
JACQUEMART, constr. civiles, Paris.
LEBŒUF, cordages, Paris.
JOLY aîné, cordages, Saint-Malo.

LEPRINCE, garde-robes, Paris.
LEROY et Comp., garde-robes, Paris.
VILLESÈQUE, pressoirs, Perpignan.
VALLA, pressoirs, Nîmes.
LLANTA-SATURNIN, pressoirs, Perpignan.

Instruments de précision.

BOCQUET, Paris.
BODRUR, Paris.
BOURGOGNE, Paris.
BRETON (Louis et André), Paris.
DORLÉANS, Paris.
FROMONT, Paris.
HAMANN et HEMPEL, Paris.
LEYDECKER, Paris.
MARTI et Comp., Montbéliard
NACHET, Paris
NEUMANN, Paris.
NIOT, Paris.
RADIGUET, Paris.
SAUNIER, Mâcon (Saône-et-Loire).
SCHWEIG, Paris.
VILA-KOENIG, Paris.
ADLER, instr. de mus., Paris.
ALEXANDRE et fils, instr. de mus., Paris
BERNHARDT, instr. de mus., Paris.
BORD, instr. de mus., Paris.
BRETON, instr. de mus., Paris.
BUFFET-CRAMPON, instr. de mus., Paris.
BUFFET jeune, instr. de mus., Paris.
DEBAIN, instr. de mus., Paris.
DUSSAUX, instr. de mus, Paris.
ESLANGER, instr. de mus., Paris.
FAURE et ROGER, instr. de mus., Paris.
FOURNEAUX, instr. de mus., Paris.
GODEFROY aîné, instr. de mus., Paris.
HESSELBEIN, instr. de mus., Paris.
DE LACOUX, instr. de mus., Paris.
LEROUX aîné, instr. de mus., Paris.
MULLER, instr. de mus., Paris.
MARTIN, instr. de mus., Provins.
MERMET, instr. de mus., Paris.
MONTAL, instr. de mus., Paris.
MULLIER, instr. de mus., Paris.
NIDERREITHER, instr. de musique, Paris.
PECCATTE, instr. de musique, Paris.
POIROT, instr. de musique, Paris.
SANGUINÈDE, instr. de musique, Paris.
SAVARESSE fils, instr. de musique, Paris.
SYLVESTRE frères, impr. de musique, Paris.
SURET, instr. de musique, Paris.
THIBOUT et comp., instr. de musique, Paris.
BARON, horlogerie, aux Gras (Doubs).
GARNACHE-BARTHOD, horl., aux Seignes-des-Gras (Doubs).
LAMY-JOZ, horl., Morez (Jura).
CHAVIN frères, horl., Morez (Jura).
LAMY et LACROIX, horl., Morez (Jura.)
FUMEY, horl., Morez (Jura).
FONGY, horl., Besançon.
FLAUST CORNET, horl., Saint-Lô (Manche).
BRUNEL et BIENAYMÉ, horl., Dieppe.
THOURET, horl., Paris.
ROBERT, horl., Paris.
REDIER, horl., Paris.
PHILIPPE, horl., Paris
NOBLET, horl., Paris.

DISTRIBUTION DES RÉCOMPENSES.

Dussault, horl., Paris.
Capt, horl., Paris.
Bourdin, horl., Paris.
Chaudun, armes à feu, Paris.
Prelat, armes à feu, Paris.
Pidault, armes à feu, Paris.
Lefaure, armes à feu, Paris.
Gevelot (veuve), amorces, Paris.
Gaupillat et Comp., amorces, Sèvres.
Delaire, armes à feu, Paris.
Dutreix, balances, Limoges.
Garat aîné, id., Caen.
Junot, id., Paris.
Mars, id., Paris.
Delamarche, globes, etc., Paris.
Dien, géographie, Paris.
Bardin, géogr., Paris.
Ober-Muller (Guill.), géogr., Paris.
Roth, mesures et compteurs, Paris.
Siry, Lizars et Comp., mes. et compteurs, Paris.
Bardonnaud, mes. et compt., Limoges.
Truc et Brismontier, lampes et écl., Paris.
Chatel jeune, lampes et éclairage, Paris.
Gotten, lampes et éclairage, Paris.
Joanne, lampes et éclairage, Paris.
Nicolle, lampes et éclairage, Paris.
Dubrulle, lampes et éclairage, Lille.
Rockel, lampes et éclairage, Metz.

Arts chimiques.

Ameline et Comp., prod. chim., Courbevoie.
Bergerat et Letellier, prod. chim., Paris.
Berthe frères, prod. chim., Honfleur.
Boyveau et Pelletier, prod. chim., Paris.
Delaunay et Comp., prod. chim., Portillon (Indre-et-Loire).
Laming et Comp., prod chim., Courbevoie.
Mallet et Comp., prod. chim., la Villette.
Marsuzy de Aguirre, prod. chim., Paris.
Ringaud jeune, prod. chim., Paris.
Frick, prod. chim., Paris.
Bec, couleurs, vernis et teintures, Paris.
Brunel, coul., vernis et teint., Avignon.
Cerceuil, coul., vernis et teint., Paris.
Vermont et Comp., couleurs, vernis et teint., Rouen.
David et Milliant, coul., vernis et teint., au val Benoît, près Saint-Étienne (Loire).
Delabuelle-Ledanseur, couleurs, vernis et teint., Paris.
Duffoy jeune, coul., vernis et teint., Paris.
Ernoult-Bavard, laine filée, Paris.
Farge, soies teintes, Lyon.
Girout, couleurs fines, Paris.
Richard, coul., Paris.
Vallé, coul., Paris.
Tripier-Deveaux, coul., la Villette.
Antoine, dessic. du bois, la Villette.
Boigues, chauf., Paris.
Boissimon (de) et Comp., chauf., Langeais (Indre-et-Loire).
Delaroche, chauf., Paris.
Gervais, chauf., Paris.
Graux, chauf., Paris.
Houssin, chauf., Paris.
Hoyos, chauf., Paris.

Hurez, chauf., Paris.
Lecocq et Comp., chauf., Paris.
Leplant, chauf., Arras.
Pauchert, chauf., Paris.
Pottier-Jouvenel, chauf., Paris.
Regnier, calor. et bougies, Paris.
Wallies, bougies, Versailles.
Petit et Lemoult, bougies, Grenelle.
Le Parmentier et Comp., bougies, Paris.
Belhommet, bougies, Landerneau.
Boisset et Gaillard, bougies, Paris.
Cornillier aîné, salaisons, Nantes.
Gallet, engrais, Hâvre.
Machaud, huiles grasses, Hâvre.
Mesny et Javard, savons, Vienne (Isère).
Monpelas, savons, Paris.
Taulet, fonte de suif, Paris.
Clouet, glu marine, Paris.
Signoret (Édouard), colles fortes, Marseille.
Briet, eaux et liquides gazeux, Paris.
Delafont, eaux et liquides gazeux, Paris.
De Montebello, eaux et liquides gaz., Paris.
Rigollot, eaux et liquides gazeux, Paris.
Boland, fécules, etc., Paris.
Boucher, fécules, etc., Pantin.
Boudet-Drelon, fécules, etc., Saint-André (Puy-de-Dôme).
Bransoulie fils, fécules, etc., Nérac (Lot-et-Garonne).
Defontaine (Édouard François, fécules, etc., Turcoing (Nord).
Robine, fécules, etc., Paris.
Labiche et Tugot, fécules, Paris.
Lefebvre-Chabert, fécules, Paris.
Lefébure et Comp., fécul., etc., Tromblaine (Meurthe).
Macquet et Ramel, fécules, etc., Paris.
Parant, fécules, etc., Limoges.
Porcheron, fécules, etc., Dijon.
Séjournet fils, fécules, etc., Clermont-Ferrand.
Thebaud frères, fécules, etc., Nantes.
Numa-Gratz, sucres, Valenciennes.
Jacquard père et fils, cirage, Lyon.
Lallemand, teintures, Sedan.

Beaux-Arts.

Hulot, électro-chimie, Paris.
Vedder, meubles, Paris.
Sellier, meubles, Paris.
Ringuet-Leprince, meubles, Paris.
Pochard, meubles, Paris.
Marsoudet, meubles, Paris.
Mainfroy, meubles, Paris.
Leblanc, meubles, Paris.
Klein, meubles, Paris.
Hoeffer, meubles, Paris.
Boutong, meubles, Paris.
Berthet et Peret, meubles, Paris.
Balny jeune, meubles, Paris.
Annee, meubles, Paris.
Simon, meubles, Paris.
Noyon, meubles, Paris.
Moreau, meubles, Paris.
Linsler, meubles et parquets, Paris.
Dutzschold, meubles et parquets, Paris.

Cremer, meubles et parquets, Paris.
Commoy, meubles et parquets, Saint-Claude (Jura).
Bertaud et Lucquin, meubles et parquets, Paris.
Barbier, meubles et parquets, Paris.
Morisot, meubles et parquets, Paris.
Krafft, gravure sur bois, Paris.
Brugnot, gravure sur bois, Paris.
Bouvet, gravure sur bois, Paris.
Tissier, gravure sur pierre, Paris.
Bonafoux et Gaillard Saint-Ange, gravure sur bois, Paris.
Bocquet, bijouterie, Paris.
Bureau, bijouterie, Paris.
Savard, orfèvrerie, Paris.
Griset, orfèvrerie, Paris.
Gaussant, orfèvrerie, Paris.
Greer, bijout., Paris.
Marechal, bijout., Paris.
Richard, bijout., Paris.
Millet, bijout., Paris.
Viennot, bijout., Paris.
Voizot, bijout., Paris.
Serrurot, bronzes, Paris.
Boyer, bronzes, Paris.
De Braux d'Anglure, bronzes, Paris.
Benoît-Langlasse, bronzes, Paris.
Marquis, bronzes, Paris.
Raingo frères, bronzes, Paris.
Rodel, bronzes, Paris.
Basnier, bronzes, Belleville.
Tournier, bronzes, Paris.
Thoumin et Cornière, bronzes, Paris.
Faure, manneq., Paris.
Mathias, libr., etc., Limoges.
Barbou frères, libr., etc., Limoges.
Bouchard-Huzard (Mme veuve), libr., etc., Paris.
Bry, lith., etc., Paris.
Chardon, gravure, etc., Paris.
Charpentier et fils, lith., etc., Nantes.
Ardant fr., libr., etc., Limoges.
Crété, impr., Corbeil.
Lebrun, reliure, Paris.
Migne, impr., Châteauroux.
Ottman Duplanil, reliure, Paris.
Schneider et Langrand, imp., Paris.
Desherand, dess. de fabr., Aubusson.
Guichard, dess. de fabr., Paris.
Langlade, dess. de fabr., Aubusson.
Laroche, dess. de fabr., Paris.
Naze, dess. de fabr., Paris.
Rypinsky, dess. de fabr., Paris.
Bach-Pérès, stores et écrans, Paris.
Dupré (Mme veuve), éventails, Paris.
Duvelleroy, éventails, Paris.
Girard, stores et écrans, Paris.
Hattat, stores et écrans, Paris.
Hankin, stores et écrans, Paris.
Hardouin, carton-pierre, Paris.
Lombard, carton-pierre, Paris.
Poortman, hist. nat., Paris.
Verreaux, hist. nat., Paris.
Dussauce, peinture à la cire, Paris.
Saunier (Mme), brosses et pinceaux, Paris.
Barthelemy, billards, Paris.
Guillelouvette et Thomeret, billards, Paris.

Poteries, verreries.

NOUALHIER et BOQUET, verrerie, Sèvres.
VIOLAINE (de) frères, verrerie, Vauxrot près Soissons.
VARANGUIEN DE VILLEPIN, verrerie, Masnières (Aisne).
NOCUS, verrerie, St.-Mandé.
BILLAZ-MAUMENÉ et comp., verrerie, Lyon.
CASADAVENT, verrerie, Sèvres.
ROCHE, verrerie, Nevers.
GIRESTON, verrerie, Paris.
BERGER-WALTER, taille de cristaux, Paris.
BONVOISIN, taille de cristaux, Paris.
CHAPELLE-MAILLARD, taille de cristaux, Paris.
NEPPEL fils et BONNOT, porcelaine, Nevers.
MICHEL et VALIN, porcelaine, Limoges.
GUYON DE BOULEN, grès et faïence, Gien.
DU TREMBLAY, grès et faïence, Rubelles (Seine-et-Marne).
VOGT, grès et faïence, Paris.
ROUDIER, terre cuite, Vaugirard.
FOLLET, terre cuite, Paris.
DESFOSSE frères, couleurs vitrifiables, Paris.
BEDIER-DOTIN, couleurs vitrif., Paris.
BEAUFAY, creusets, Paris.

Arts divers.

BOBOEUF-CASAUBON, fleurs artific., Paris.
CONSTANTIN, fleurs artific., Paris.
CROUSSE, fleurs artific., Paris.
CHAGOT frères, fleurs artific., Paris.
JULIEN, fleurs artific., Paris.
LAERE (de), fleurs artific., Paris.
LAROQUE (Mme), fleurs artific., Paris.
LEFORT frères, fleurs artific., Paris.
MAIRE, fleurs artific., Paris.
PERROT, fleurs artific., Paris.
PREVOST-WENZEL, fleurs artific., Paris.
ZACHARIE, fleurs artific., Paris.
BOURJAT, buff., mégisserie, etc., la Troache (Isère).
DÉADDE, cuirs, Paris.
DEZAUX-LACOUR, Guise (Aisne).
ESTIVANT et BIDOU fils, cuirs, Givet.
HEULTE, cuirs, Paris.
HOVELACQUE frères, cuirs, Paris.
LANDHON frères, cuirs, Meng (Loiret).
MELLIER, cuirs, Paris.
MICOUD, cuirs, Paris.
ROUSSEL (veuve A.) et COURTEPÉE, cuirs, Paris.
ROUSSEL (L.) et DESPREZ, cuirs, Paris.
SORREL, BERTHELET et comp., cuirs, Moulins (Allier).
SUBER, cuirs, Nantes.
TROPEL, cuirs, Guingamp (Côtes-du-Nord).
BÉCHARD, bandages, biberons, etc., Paris.
CAUVARD, boutons, etc., Paris.
REYNIER, gants, Grenoble.
TRELON et LANGLOIS-SAUER, boutons, etc., Paris.
NOEL fils aîné, boutons, etc., Paris.
JOULIN, gants, Paris.
BRUNIES (Bernard), sabots, Aurillac.
CAZAL cannes et parapluies, Paris.
DESPIERRES, cannes et parapluies.
BRIÈRE, pap. peints, Paris.
GENOUX, pap. peints, Paris.
MARGUERIE, pap. peints, Paris.
PIGNET jeune fils de PALLARD, pap. peints, St-Genis-Laval (Rhône).
SALLÉRON, papiers, Paris.
SEVESTRE fils et Comp., papiers, Paris.
ANDRIEUX VALLÉE et fils, papiers, Morlaix.
BÉCOULET (veuve) et VAISSIER, papiers, Arcier près Besançon.
LEMARIÉ, papiers, Odet (Finistère).
LAROCHE, JOUBERT et DUMERGUE, papiers, Nersac (Charente).
MARION, papiers, Paris.
LONGUET, carton, Paris.
GENTIL, carton, Vienne (Isère).
ROBERT (2538), registres, Paris.
ST-MAURICE CABANY (Mme veuve), registres, Paris.
GODILLOT et fils, emballage, Paris.
BOURGOGNE (Mmes), corsets, Paris.
GOBERT (Auguste), corsets, Lyon.
LAUDE frères, literies, Paris.
DUVAL, dalles hydrof., Paris.
BLANCHARD et CABIROL, caoutchouc, Paris.
GAGIN, caoutchouc, Montmartre.
LEDOUX, caoutch., Bonny-sur-Loire (Loiret).
CAVY jeune et comp., fourrures, Nevers.
LARBOUMETS, toile cirée, Paris.
HARNOIS frères, tuyaux à incendie, Paris.
ALLIÉ, chapeaux, Paris.
ABT, chap. de paille, Paris.
FLESCHELLE, chap. de paille, Paris.
FRAPPA et BOIZARD, chap. de paille, Paris.
GUIGUET, chap. de paille, Arles (Bouches-du-Rhône).
LAVILLE et POUMAROUX, chap. de paille, Paris.
LEGRAS, chap. de paille, Paris.
DELBOSQUE-MELO, brosses et pinceaux, Metz.
COIGNARD (J.-J.) et comp., brosses et pinceaux, Nantes.
COCHERY (veuve), brosses et pinceaux, Paris.
DRAINS, brosses et pinceaux, Paris.
DUCOMMUN, filtres, Paris.
TARD, filtres, Paris.
BERNARD SOUCHON, filtres, Paris.

FIN DE LA LISTE DES RÉCOMPENSES.

Cliché bienveineux par Michel, imprimeur. — Exposition de 1844.

HISTORIQUE DES EXPOSITIONS DES PRODUITS DE L'INDUSTRIE

DEPUIS LEUR FONDATION.

Une nouvelle exposition déroule devant nos yeux les merveilles de l'industrie nationale. On accourt de tous les départements, de tous les pays étrangers pour venir contempler les richesses manufacturières que le génie et l'activité de la France ont envoyées à cette grande solennité. Paris, réunissant en ce moment les chefs-d'œuvre de la peinture et des arts industriels, apparaît comme la métropole de la civilisation, comme le foyer des lumières, comme le centre du travail et de la production.

Ce serait un point de vue étroit que de ne considérer, dans l'établissement de ces expositions industrielles, qu'une institution de curiosité oisive et de vanité nationale. Tout ne se réduit pas à l'installation d'un magnifique bazar, à l'étalage d'un admirable spectacle, à la distribution d'honorables récompenses. Il y a dans ces fêtes quinquennales autre chose que la pompe d'une foire majestueuse. Elles exercent une heureuse influence sur les fabricants et sur le public qui vient étudier leurs produits.

Il n'est pas une exposition qui n'ait été marquée par de beaux et utiles résultats. Les efforts que font tous les hommes industrieux du royaume pour y paraître avec honneur ont souvent produit des découvertes importantes ou des perfectionnements avantageux. De tous les moyens qu'on emploie pour répandre les meilleurs procédés de fabrication, c'est peut-être celui qui est suivi des effets les plus réels et les plus prompts, celui qui agit le plus énergiquement. Chacun, en comparant ses produits et ses moyens d'exécution avec ceux de ses concurrents, aperçoit ce qui lui manque et cherche à les égaler. Les manufacturiers, alors rassemblés en grand nombre à Paris, profitent de toutes les ressources que présente la capitale pour augmenter leur instruction et pour s'éclairer sur le goût public; ils y trouvent réuni tout ce qui peut étendre leurs connaissances et agrandir leurs vues; ils peuvent consulter les savants les plus distingués et les plus habiles praticiens; ils peuvent enfin, par l'exhibition de leurs produits, nouer des relations qu'ils n'auraient pas engagées sans ce puissant moyen de publicité.

Le pays, de son côté, en assistant à ces expositions où le génie national se révèle par les découvertes et les applications les plus remarquables, apprend à connaître les secrets de sa force ; il passe en revue avec un sentiment d'orgueil bien légitime l'inventaire de ses richesses, et il mesure d'une période à l'autre les progrès de sa puissance. La France s'est placée de nos jours sur la première ligne des peuples manufacturiers. Le consommateur, qui jadis repoussait avec dédain presque tous les produits de nos fabriques, s'en pare aujourd'hui avec orgueil, et l'Europe les recherche avec empressement. Les expositions des produits de l'industrie, en montrant nos conquêtes, assurent cette suprématie que nous devons au développement des sciences, des lettres, des arts, et de tous les éléments de la civilisation.

L'idée d'établir des expositions pour les produits de l'industrie nationale remonte à la république. On était en 1797 : la campagne d'Italie venait de porter au plus haut degré la gloire de nos armes. La confiance renaissait, et le Directoire cherchait à seconder le mouvement industriel qui s'emparait des esprits On décréta qu'une fête splendide célébrerait l'anniversaire de la fondation de la république. François de Neuchâteau, alors ministre de l'intérieur, réunit plusieurs hommes éclairés pour les consulter sur les mesures à prendre. S'il y eut d'abord une grande divergence dans leurs vues, dit M. Anthelme Costaz dans son *Histoire de l'Administration*, tous s'accordèrent sur ce point, que se borner à établir des danses, des mâts de Cocagne, des jeux publics, ce serait répéter ce qu'on voyait partout. On chercha des moyens d'amusement à la fois plus dignes et plus intéressants. Un de ceux qui assistaient à cette réunion parla d'une grande foire; un autre voulut y joindre une exposition de tableaux et de statues. Ce fut cette double proposition qui conduisit à l'idée d'une exposition des produits des arts mécaniques. François de Neuchâteau mit en avant ce projet qui fut adopté avec empressement, parce qu'il avait un but national, et qu'il devait d'ailleurs donner lieu à un spectacle entièrement nouveau et propre à frapper l'imagination.

Il faut rendre justice à tous les gouvernements. Si l'histoire a beaucoup à reprocher à la Convention, elle doit aussi tenir compte de toutes les grandes institutions fondées par elle au milieu de ses aberrations. Il suffit de nommer le conservatoire des arts et métiers, le bureau des longitudes, l'école polytechnique, le nouveau système des poids et mesures qu'elle a établis. A ces belles institutions il faut ajouter l'exposition des produits de l'industrie, qui ont contribué à faire connaître la richesse et la puissance de notre pays.

Un grand intérêt, un intérêt à la fois industriel et moral, devait s'attacher aux premières expositions. Une révolution complète venait de changer l'état économique de la France. Il était curieux de voir les progrès que l'industrie avait pu faire depuis qu'elle était délivrée des entraves qui comprimaient son essor. Au moment de la révolution, les corps des marchands et ceux des arts et métiers, qui avaient rendu autrefois de grands services, lorsqu'il s'agissait de garantir les fabriques et le commerce de la tyrannie et des exactions féodales, étaient devenus oppresseurs à leur tour, et avaient usurpé des privilèges qu'ils maintenaient avec la plus jalouse rigueur. Ils étouffaient toutes les inventions qui ne sortaient pas de leur sein et qui auraient pu porter atteinte à leur position. Quelques faits serviront à caractériser le régime industriel qui existait alors.

Il fallut une autorisation exceptionnelle du roi pour donner à Lenoir, qui n'était pas de la corporation des fondeurs, la permission de conserver sa fabrique d'instruments de mathématiques et de physique qui devait doter la France d'une belle industrie. Si le pays a été si tard en possession des manufactures de toiles peintes, il faut l'attribuer aux chefs des corporations des toiliers, des merciers et des fabricants de soie, de Lyon, de Tours et de Rouen. Tout le monde connaît les lampes à double courant d'air, qui ont fait une révolution dans l'éclairage des appartements, inventées par Ami Argant; on les appelle *quinquets*, du nom d'un de ses ouvriers; mais Ami Argant n'éprouva pas seulement le sort de Christophe Colomb qui a vu le Nouveau-Monde baptisé par le Florentin Amérigo Vespucci; bien n'ayant un privilège de plusieurs années, enregistré au parlement, il fut sur le point d'être arrêté dans la fabrication de ses lampes par la corporation des ferblantiers et des serruriers; parce qu'il n'avait pas été reçu maître. Réveillon, qui a créé en France la fabrication des papiers peints, ne parvint à s'établir qu'après une foule de tracasseries suscitées sous les prétextes les plus frivoles par les communautés des imprimeurs, des graveurs, des tapissiers, etc.; il n'échappa à ces persécutions qu'en attaquant à son établissement le titre de manufacture royale, ce qui, par un retour funeste, occasionna en partie la dévastation de son établissement par la populace égarée au moment de la révolution. Quand ce n'étaient pas les priviléges des communautés, c'étaient souvent des privilèges royaux qui entravaient le développement de l'industrie. Celui que Josse Van-Rabais avait obtenu en 1665, pour lui et pour sa postérité, et qui contenait l'extravagante stipulation qu'aucune manufacture du genre de la sienne ne pourrait s'établir à trente lieues autour d'Abbeville, a longtemps arrêté le perfectionnement de nos fabriques de draps. C'est le privilège exclusif, accordé vers le milieu du dernier siècle à la manufacture de Sèvres, qui a maintenu longtemps la porcelaine à un prix élevé et qui l'a empêchée de paraître plutôt sur les tables des classes moyennes.

Telle était la funeste influence des maîtrises, des jurandes et des gênes de toutes sortes imposées à l'exercice du travail, que leur suppression suffit pour opérer une révolution véritable dans les différentes branches de la production. Il faut, comme l'a remarqué Chaptal, que le régime de la liberté soit bien favorable à l'industrie, puisqu'au milieu des événements politiques qui paraissaient au premier abord devoir en détruire tous les germes, on l'a vue s'étendre, se perfectionner et prospérer. Les guerres civiles, les guerres extérieures absorbaient toutes les forces du pays; les manufactures étaient dépeuplées; le vieillard descendait dans la tombe sans trouver auprès de lui un seul de ses enfants à qui il pût léguer le fruit de son expérience; les lois du maximum vidaient les magasins et entraînaient la ruine des fabricants; des droits énormes pesaient sur les matières premières; l'esprit d'insubordination régnait dans les ateliers. Qui croirait que les plus grandes découvertes datent de ces terribles époques? Qui croirait que du milieu de cette tourmente révolutionnaire soient sorties ces conceptions heureuses, ces prodiges d'un autre côté pour le pays une occasion heureuse d'en établir d'autres qui étaient indispensables pour sa défense. En effet, à l'époque où la France se vit contrainte de former quatorze armées pour résister à l'Europe qui la menaçait sur toutes ses frontières, elle éprouva de grands besoins pour équiper et armer ses soldats. Les moyens de fabrication ordinaires ne suffisaient plus; il fallut en créer, et les savants furent mis en réquisition. C'est en fabriquant des armes, du salpêtre, de la poudre, c'est en tirant du cuivre du métal des cloches, en imaginant des procédés de tannage plus expéditifs, en élevant dans les airs des aérostats d'observation auprès de nos armées, en établissant les télégraphes pour transmettre les dépêches en quelques minutes, c'est en multipliant et en inventant des arts de défense nouveaux, à l'aide de moyens puisés dans les connaissances géométriques et physiques, que l'industrieuse activité du pays se développa et que les sciences reçurent leurs plus remarquables applications.

PREMIÈRE EXPOSITION, 1798. — Ce fut au Champ-de-Mars que fut installée la première exposition; on construisit soixante portiques pour recevoir les produits; ils furent disposés en parallélogramme autour d'une place, et l'on éleva au centre le temple de l'industrie. Rapprochement curieux! six semaines avant cette première exposition, dans le même emplacement, avait eu lieu une autre cérémonie imposante; on y avait fait l'inauguration des chefs-d'œuvre cédés par l'Italie à la France; ils avaient été préservés de la destruction et transportés à travers les Alpes au moyen de procédés mécaniques combinés par Monge et par les autres commissaires qui avaient été chargés de veiller sur ces précieux objets d'art : c'était l'Apollon du Belvéder, la Vénus de Médicis, l'Hercule Farnèse, le Laocoon ; on plaça les tributs de l'Italie sur des chars de formes antiques, et les dieux de Rome et de la Grèce, qui s'étaient assis il y a deux mille ans sur les autels de Delphes ou du Capitole, étaient conduits dans cette marche triomphale à l'ombre des lauriers et des drapeaux conquis par nos soldats. Ainsi à cette fête en l'honneur des arts et de la gloire succédait une autre fête qui devait réhabiliter le travail et marquer l'avénement d'une nouvelle puissance dans notre ordre social.

L'exposition de 1798 ne donna qu'une idée fort imparfaite des progrès réalisés par l'industrie nationale pendant cette première période de son émancipation; faute d'avoir été prévenus à l'avance, les manufacturiers des provinces éloignées ne purent y envoyer leurs produits. Il n'y parut guère que ceux de l'industrie de Paris et des départements qui l'avoisinent. Leur nombre s'éleva à cent vingt seulement. Cependant cet essai suffit pour montrer tout ce que cette création présentait d'intéressant et tout ce qu'elle renfermait d'avenir.

Le directoire avait si bien compris la portée de l'institution qu'il chercha à donner à cette première tentative le plus d'éclat et le plus de solennité. Le jour de l'ouverture, le ministre de l'intérieur se rendit à la maison du Champ-de-Mars, et de là au lieu de l'exposition au milieu du cirque; d'après la marche réglée d'avance et publiée par le *Moniteur*, on vit défiler successivement l'école des trompettes, un détachement de cavalerie, un peloton d'infanterie, les artistes inscrits pour l'exposition, le jury, le bureau central, le ministre de l'intérieur, etc. Le cortège fit le tour de l'enceinte consacrée à l'exposition, et comme le temple de l'industrie n'était pas terminé, le ministre se plaçant sur un centre du Champ-de-Mars, prononça un discours approprié à la circonstance et empreint du style emphatique de l'époque. Il rappela l'émancipation récente de l'industrie, releva les arts mécaniques de l'abaissement où les tenaient de vains préjugés, et termina en exprimant le regret que le court intervalle qui s'était écoulé entre l'annonce de l'exposition et son ouverture n'eût pas permis à tous les départements et à tous les chefs de fabriques importants d'y venir prendre part.

Cette première exposition ne dura que trois jours. Le jury fut appelé aussitôt à faire son rapport. Il se composait de MM. Darcet, membre de l'Institut; Molard, membre du conservatoire des arts et métiers; Chaptal, membre de l'Institut; Vien, peintre; Gillet-Laumont, du conseil des mines; Duquesnoy, de la société d'agriculture; Moitte, sculpteur; Ferdinand Berthoud, horloger; Gallois, homme de lettres. Le jury déclarait dans son rapport que partout les arts, associés aux lumières, se dégageaient de leur ancienne routine; que l'émulation la plus brûlante embrasait la tête des artistes et que le gouvernement n'avait qu'à vouloir pour porter l'industrie au degré où s'était placée la grande nation parmi les peuples de l'Europe. Il désigna ensuite les douze exposants, qui avaient envoyé les produits les plus remarquables; il mentionna ceux qui s'étaient le plus distingués après eux, et donna un souvenir aux villes de fabriques qui n'avaient pu y figurer.

Parmi les douze exposants, signalés comme s'étant placés à la tête de l'industrie, nous trouvons des hommes célèbres dans les fastes de l'industrie française; MM. Breguet, dont le nom se rattache aux progrès de l'horlogerie en France; Lenoir, qui a doté le pays de la fabrication des instruments de mathématiques et de précision; Didot et Herhan qui ont illustré la typographie; Dihl et Guerhard, dont la fabrique s'est montrée la digne émule de la manufacture de Sèvres dans les porcelaines peintes; Desarnod, qui a perfectionné les cheminées de manière à utiliser trois ou quatre fois plus de chaleur dans le chauffage des appartements; Conté, qui n'est connu du public que par ses crayons et qui mérite de l'être à d'autres titres[1]; Clouet et Payen, qui avaient établi une grande fabrique de produits chimiques; Denys de Luat (Seine-et-Oise) qui exposait des cotons filés à tous les degrés depuis les numéros les plus communs jusqu'au n° 110.

Quelques jours après, François de Neufchâteau envoya une circulaire aux autorités départementales pour leur faire connaître que l'intention du gouvernement était que les expositions eussent lieu tous les ans. Il traçait dans cette circulaire les règles qui devaient présider à ces exhibitions et qui ont été suivies depuis cette époque, savoir: la formation d'un jury départemental pour choisir les produits dignes d'être admis à l'exposition, et la formation d'un jury central pour les juger. « L'exposition n'a pas été très-nombreuse,

[1] Après avoir donné à la France une fabrication qui était monopolisée par l'Angleterre, Conté fut appelé à faire partie de l'expédition d'Égypte afin de transporter sur cette terre l'industrie et les arts de l'Europe. On embarqua tous les outils et instruments nécessaires pour réaliser ce projet: la bataille d'Aboukir engloutit tout dans la mer. Conté ne se décourage point; il fabrique ses limes, ses ciseaux, ses marteaux, ses enclumes; il se forme un assortiment complet des outils nécessaires; et au milieu des déserts et sans aucun secours étranger il reproduit en Égypte l'industrie de toute l'Europe. On éprouve la faim de moudre le blé, il construit des moulins à vent; on manque de lunettes, il compose du flint-glass et fabrique d'excellents instruments; l'armée se trouve sans vêtements, il file de la laine, tisse l'étoffe et apprête le drap. Ceux qui savent combien il est difficile d'établir un seul art dans toutes ses parties, concevront à peine que Conté ait créé les plus importants dans un pays dépourvu de toutes ressources. C'est, dit Chaptal en rapportant ces faits, le plus grand exemple qu'on puisse citer de ce que peut un homme de génie avec le secours de la mécanique et de la chimie. De retour en Europe, effrayé de la dépense qu'exigeaient les belles gravures qui ornent l'ouvrage sur l'expédition d'Égypte, Conté construit une machine qui en fait les hachures avec plus de perfection qu'on ne peut le faire au burin, et remplace le travail de quelques mois par quelques heures. Les artistes se sont hâtés d'introduire cet instrument dans leurs ateliers de gravure.

disait le ministre, mais c'est une première campagne, et cette première campagne est désastreuse pour l'industrie anglaise. Nos manufactures sont les arsenaux d'où doivent sortir les armes les plus funestes à la puissance britannique. » Le ministre annonçait en outre que le jury central décernerait vingt médailles d'argent aux vingt manufacturiers les plus habiles, et une médaille d'or à celui qui aurait porté le coup le plus funeste à l'industrie anglaise. Ainsi la guerre que la France faisait à l'Angleterre, n'était plus seulement politique; elle prenait déjà un caractère commercial, et les expositions étaient considérées comme un des moyens les plus propres à stimuler l'industrie nationale afin de la mettre en état de soutenir la lutte avec succès sur ce nouveau champ de bataille.

DEUXIÈME EXPOSITION, 1801. — La seconde exposition, malgré la circulaire de François de Neufchâteau qui établissait des expositions annuelles, n'eut lieu que trois ans après, en 1801. Le Directoire n'était plus, le Consulat commençait, et Napoléon prêtait à la France entière l'élan de son génie. Ce fut une époque glorieuse pour l'industrie que celle où, plaçant son titre de membre de l'Institut avant tout autre, ce grand homme parcourait avec ses illustres amis, Berthollet le chimiste, Monge le géomètre, et le ministre Chaptal, les ateliers et les grandes manufactures de Paris, de Rouen, de Lyon, de Milan, de Bruxelles, de Liége, d'Aix-la-Chapelle, excitant partout le besoin du progrès, pénétrant avec son regard d'aigle dans les mystères de la production, semant partout les encouragements et les récompenses sur ses pas.

La guerre n'était pas encore terminée; mais le traité de Lunéville avait été déjà passé entre la France et l'Allemagne, et les articles préliminaires, qui se négociaient avec l'Angleterre, devaient se signer à Londres peu de jours après l'ouverture de l'exposition. Cette attente de la paix contribua à donner de l'éclat à la seconde fête de l'industrie. Les produits de nos manufactures vinrent se ranger avec tout leur éclat dans l'enceinte du Louvre, sous des portiques élégants préparés pour cette solennité qui était encore consacrée à l'anniversaire de la république.

Deux cent vingt fabricants y furent admis, c'est-à-dire le double du nombre qui avait figuré à la première exposition. Sept fabricants, qui avaient déjà obtenu la médaille d'or, furent placés hors de concours. Il fallut également mettre hors de concours les huit meilleurs fabricants, placés au second ordre en 1798, pour réserver les médailles d'argent à leurs égaux en industrie. De là la coutume, adoptée dans les expositions subséquentes, de voter seulement le rappel des médailles en faveur des fabricants qui continuent à mériter cette distinction. On distribua dix médailles d'or, vingt d'argent, trente de bronze.

Des noms dont passeront à la postérité, se distinguent parmi les membres du jury: Berthollet, Berthoud, Guyton de Morveau, de Prony, Vincent, le peintre, et M. Costaz, qui obtint quatre fois l'honneur d'être chargé du rapport sur les expositions.

Les laines du troupeau de Rambouillet parurent à cette exposition. On remarqua les progrès qu'avait faits la production des laines, sous l'influence des améliorations introduites par M. Tessier, Huzard et Gilbert. En 1798, aucun fabricant de lainage n'était classé parmi ceux de premier ordre; en 1801, un portique spécial leur fut consacré. La manufacture de Louviers brilla entre celles envoyées par Decrétot; Ternaux exposa les produits les plus beaux des manufactures de Sédan, de Reims et de Vervins. Les tissus de coton se présentèrent avec les combinaisons les plus variées. Les tapis de Sallandrouze, les porcelaines de Sèvres, les poteries de Sarguemines, les maroquins de Choisy-le-Roi surpassaient en beauté ceux du Levant, les chefs-d'œuvre de typographie des Didot, des Herhan et des Piranesi, fixèrent l'attention et furent signalés par le jury.

Jacquard, inventeur, dit le rapport, d'un mécanisme qui supprime un ouvrier dans la fabrication des tissus brochés, n'obtint qu'une médaille de bronze. Peut-être ne doit-on pas s'étonner du peu d'importance attachée par le jury à une invention qui devait changer la face de l'industrie lyonnaise, quand on se rappelle que cette industrie elle-même la méconnaissait. L'histoire de l'introduction du métier à la Jacquart porte avec elle plus d'une utile leçon. Jacquart était un obscur fabricant de chapeaux de paille; son génie le portait vers l'étude des machines; il commença par fabriquer un filet à la mécanique, qui resta longtemps oublié. Cependant on en parla un jour à Napoléon qui, avec sa brusquerie ordinaire fit expédier un mandat d'arrêt contre le constructeur. Jacquart fut aussitôt placé sous la garde d'un gendarme; on ne lui permit même pas de se rendre chez lui pour se pourvoir des choses nécessaires à son voyage; arrivé à Paris, on le présenta à Bonaparte qui lui adressa d'un air d'incrédulité ces rudes paroles : « Est-ce vous qui prétendez faire ce que Dieu tout-puissant ne saurait faire, un nœud à une corde tendue? » Jacquart alors lui montra sa machine et lui en expliqua le mouvement. Il retourna dans sa ville récompensé d'une pension de mille écus, qui fut portée plus tard à six mille ; mais il éprouva la plus grande difficulté à introduire sa machine parmi les tisserands en soie; il fut trois fois en danger de sa vie ; le conseil des prud'hommes brisa son métier en public, en vendit le fer et le bois comme matériaux de rebut, et le signala à la haine publique. Quelques années plus tard la fabrique de Lyon adoptait son invention et trouvait en elle le moyen de dominer la concurrence étrangère.

Les médailles d'or, distribuées dans l'exposition de 1801, furent données à MM. Soulage et Bossut, nouvelle écluse pour les canaux; Jollet, Guenin et Goury (Moselle), scies, limes et faux; Utschneider (Sarguemines), poterie; Merlin-Hall (Montereau), poterie ; Fauler, Rempf et Muntzer (Choisy-le-Roy), maroquin ; Montgolfier (Annonay), papier; Decretot (Louviers), draps; Ternaux frères (Reims, Sédan, Louviers, Ensival), draps et casimirs; Delaitre - Noël et C° (Arpajon), cotons filés à la filature continue; Lieven - Bawrens (Passy), cotons filés à la mulljenny; Morgan et Delahaye (Amiens), velours; Lignereux, Jacob, fabricants de meubles.

TROISIÈME EXPOSITION, 1802. — On ne pouvait guère espérer que l'industrie fit de grands progrès en une année. Mais la paix avait favorisé le développement de la production, et la France marchait alors dans la carrière des arts du même pas qu'elle avait parcouru la carrière des armes. L'exposition de 1802 confirma beaucoup d'espérances que celle de 1801 avait fait naître; l'Europe entière vint juger avec ses observateurs les plus célèbres des progrès que la France avait réalisés depuis la révolution; les Fox, les Erskine, les Hawkesbury reportèrent en Angleterre l'impression que leur fit éprouver la vue de cette grande exhibition de notre force industrielle.

On voit paraître à cette époque les nouvelles machines pour le filage et le tissage des étoffes de laines. Chaptal avait fait venir d'Angleterre le mécanicien anglais Douglas pour les construire et les répandre en France.

Une industrie, rapportée d'orient par les héros de l'expédition d'Égypte, commence à naître, nous voulons parler de l'imitation des châles de cachemire commencée à l'aide de la laine d'Espagne par les Ternaux. Decretot imite le cachemire avec la laine de Vigogne.

M. Pouchet expose des fils de coton obtenus à l'aide du mécanisme d'Arkwrigth perfectionné. Troyes et Besançon s'adonnent avec succès à la fabrique de la bonneterie. La soie commence à se filer avec les machines de Vaucanson. Les fabriques de Lyon présentent leurs chefs-d'œuvre à l'exposition ; la broderie d'or et de soie sur mousseline rivalise avec les broderies les plus belles de l'Asie ; les procédés de teinture de la soie subissent des améliorations.

MM. Gobin frères, perfectionnent l'art de fabriquer les couleurs. Quatre fabricants de poterie obtiennent la médaille d'or. Moncenis et Saint-Louis exposent des cristaux. Une nouvelle machine, le bélier hydraulique, est inventée par Montgolfier, machine ingénieuse, mais qui est restée sans nombreuses applications. On distingue les aciers de Soupes, les rouleaux durs à laminer les métaux sortis de la fonderie de M. Badin de Paris, les pièces d'horlogerie de MM. Berthoud, Breguet, Janvier, les instruments de précision de Lenoir, Jecker, Lerebours, les ouvrages d'orfèvrerie d'Odiot. M. Janety employait le platine dans la confection des ustensiles de chimie.

Le nombre des exposants s'était élevé de 220 en 1801 à 540 en 1802. 117 médailles, dont 22 en or, furent distribuées. Les médailles d'or furent données à MM. Jubié (Saône et Isère), soies fines et superfines, grèges et moulinées; Camille Pernon (Lyon), étoffes de soie ; Louis Pouchet (Rouen), filature de Coton; Richard et Noir-Dufresne, cotonnades; Payn fils (Troyes), bonneterie; Johannot (Annonay, papiers; Berthoud, Breguet et Janvier (Paris), horlogerie; Droz (Paris), art monétaire ; Aubert (Lyon), métiers à tricot ; Montgolfier (Lyon), bélier hydraulique; Colin de Cancey et Sercilly (Soupes) , aciers ; Boutet (Versailles) , armes ; Decroisilles (Rouen), produits chimiques ; Amfry et Darcet (Paris), produits chimiques ; Potter (Montereau) et Fourmy (Paris), poterie ; Odiot et Auguste (Paris), orfèvrerie ; Joubert et Masquelier (Paris), gravure.

C'est quelque temps après cette exposition que fut fondée la société d'encouragement, l'une des institutions qui ont exercé la plus grande influence sur notre industrie. Cette société , la fondation de prix nombreux, a provoqué des recherches et suscité des efforts qui ont été souvent couronnés de succès. Les prix , qu'elle proposa dans son premier programme, étaient seulement de quatre, d'une valeur totale de 3,600 fr. Aujourd'hui la valeur des prix offerts par elle aux inventions et aux perfectionnements les plus utiles, s'élève à plusieurs centaines de mille francs. Parmi les principaux actionnaires fondateurs de la société on comptait le premier consul pour cent actions, le ministre de l'intérieur pour cinquante, et M. Récamier pour le même nombre.

QUATRIÈME EXPOSITION, 1806. — La quatrième exposition se fit en 1806; elle fut installée sur l'esplanade des Invalides. Le nombre des exposants doublait à chaque exposition. De 540 en 1802, il s'éleva à 1142 en 1806. Cet accroissement prouvait à la fois les progrès incessants de l'industrie française et la popularité de l'institution.

L'industrie du fer commençait à se développer. Une seule usine, le Creusot, traitait le minerai de fer à l'aide du coke. Les aciers, qui n'avaient pas paru à l'exposition de 1801, qui s'étaient présentés qu'en petite quantité à celle de 1802, furent plus nombreux en 1806; le jury les fit essayer par des fabricants compétents, et il fut reconnu qu'ils étaient généralement de bonne qualité. Des limes et des rapes méritaient des médailles d'argent aux manufacturiers qui les avaient envoyées. MM. Coulaux frères obtenaient une médaille d'or pour la fabrication d'armes blanches qu'ils avaient établie dans leurs usines du département du Bas-Rhin, et notamment à Klingenthal.

La grande et importante opération de l'amélioration des laines présentait déjà de beaux résultats. Le jury déclarait que la laine de mérinos, établis en France depuis plusieurs générations, égalait en finesse et en beauté celles de mérinos nés en Espagne ; il n'osait pas dire qu'elle la surpassait. Les machines à carder la laine et à filer la laine cardée commençaient à se propager; elles se construisaient dans les ateliers de M. Douglas à Paris, de M. Cockerill à Vervins, à Liège et à Reims. Les châles mérinos et tous les tissus ras, qui furent présentés à cette exposition , étaient encore fabriqués avec des fils faits à la main. Louviers conservait la supériorité qu'elle avait acquise dans les étoffes de luxe ; Elbœuf, ville nouvelle, ardente comme la jeunesse, cherchait un plus vaste champ dans les produits mis à la portée des moyennes fortunes. Castres exposait des draps à bas prix. Amiens, Reims et Sedan montraient les casimirs les plus beaux. La confection des châles Ternaux se perfectionnait.

Les filatures de coton s'étaient multipliées de plus en plus après la déclaration de la guerre en 1803 ; elles réussissaient parfaitement dans les numéros inférieurs et moyens ; elle obtenait 101 médailles ou mentions honorables à l'exposition de 1806. Pouchet recevait une nouvelle médaille d'or méritée par vingt ans de travaux employés à lutter avec l'industrie anglaise. Albert et Calla obtenaient la même distinction pour leurs Mull-Jenny, leurs continues, leurs carderies, brisoires et finissoires, leurs boudineries, etc. Mais la conquête la plus remarquable signalée par l'exposition de 1806, c'est la fabrication des mousselines ; Saint-Quentin et Tarare sont récompensées par des médailles d'or pour cette industrie qui présente les plus grandes difficultés du tissage du coton ; aucune mousseline n'avait paru aux précédentes expositions.

L'exposition de 1806 ne fut pas moins remarquable pour la

richesse et la beauté des soieries, surtout des velours et des satins. Napoléon, en imposant des costumes officiels aux fonctionnaires publics, avait contribué à ranimer la fabrication des étoffes de luxe. C'est en 1806 que paraît pour la première fois et qu'obtient à juste titre la récompense de premier ordre, M. Gensoul de Lyon, pour le chauffage à la vapeur de l'eau contenue dans les bassins où sont mis les cocons pour être filés; procédé, non-seulement économique, mais qui contribue à conserver l'éclat de la soie. MM. Dugaz, de Saint-Chamond, exposent les rubans unis, damassés, de satin, de velours et reçoivent une médaille d'or du jury, qui l'accompagne de cette déclaration remarquable : Que ces rubans ont paru faits pour effacer ceux que l'Angleterre était en possession de fournir jusqu'ici. La fabrication du crêpe et du tulle de soie acquérait également une grande supériorité par la découverte de M. Bonnard qui produisit un tulle à double nœud, à maille fixe.

Le luxe des blondes et des dentelles avait repris tout son éclat; parmi les fabriques célèbres, Alençon, Chantilly, Bruxelles brillent au premier rang, se distinguaient au second le Puy, Arras, Valenciennes, Douai, etc.

Ainsi la France, tout en conquérant des industries nouvelles, ne négligeait pas celles qui faisaient depuis longtemps honneur à sa fabrication. Saint-Quentin, Cambrai, Valenciennes continuaient à produire des linons et des batistes, dont la perfection comme la renommée se maintenaient toujours avec le même avantage. Les toiles de Flandres et de Courtray conservaient aussi leur réputation. Venaient ensuite celles des Côtes-du-Nord, de la Sarthe, de la Mayenne, avec leurs qualités spéciales, la solidité, le bon marché, etc.

C'est en 1806 qu'on voit paraître pour la première fois à l'exposition les toiles peintes de Mulhouse et de Logelbalch: elles n'obtiennent encore que la récompense du second ordre; mais déjà l'opinion du jury fait pressentir les destinées industrielles de Mulhouse, et en décernant la médaille d'argent à MM. Delfus-Mieg, il ajoute que tous les fabricants de toiles peintes de cette ville doivent voir dans cette médaille une preuve de l'estime du jury.

Les porcelaines et les faïences furent nombreuses à l'exposition de 1806. M. Gonord y présenta des pièces sur lesquelles des gravures en taille douce avaient été transportées à l'aide de procédés mécaniques.

L'exposition de 1806 fut la seule qui eut lieu sous l'empire. La guerre absorbant toute l'attention du chef de l'état, l'institution fut, sinon oubliée, au moins négligée. Il est assez remarquable que l'empereur, qui faisait une guerre si acharnée à l'industrie anglaise, et qui s'efforçait de maintenir son vaste système continental, ne se soit pas servi davantage de ces solennités brillantes pour donner du lustre à la production française et pour mettre au jour les progrès qu'elle accomplissait si rapidement.

Nous n'avons pas à nous occuper de la guerre que se firent alors la France et l'Angleterre, guerre en dehors des droits des gens, mais dont les premiers torts furent du côté de la Grande-Bretagne, qui débuta par une mesure odieuse en s'emparant, avant d'avoir notifié une déclaration de guerre, des navires qui, sur la foi de la paix, se dirigeaient vers nos ports avec leurs cargaisons. De là, les décrets de Berlin et de Milan qui ordonnaient la saisie et la confiscation des bâtiments qui entreraient en France après avoir touché en Angleterre pour quelque cause que ce fut. De là, ces brûlements de marchandises restés dans tous les souvenirs. Le système continental plaça, il est vrai, la France dans une situation pénible, surtout pendant les premiers temps. Elle était forcée par les prohibitions et les nombreuses entraves mises aux communications par mer, ou à ne plus consommer les marchandises qu'elle tirait par cette voie, ou à les fabriquer elle-même. Mais cette situation même la porta à faire des efforts inouïs pour se passer de l'étranger. Grâce aux encouragements prodigués par l'empereur, au zèle d'hommes industrieux excités par d'énormes profits à faire, la France eut bientôt des ateliers qui lui fournirent la presque totalité des objets dont elle avait besoin. Si notre commerce maritime était à peu près nul, celui que nous faisions par terre était très-florissant, surtout en marchandises manufacturées. Les capitaux se portèrent avec une sorte de fureur vers l'industrie. L'argent étant à cette époque offert de toutes parts, il en résultait qu'il avait moins de valeur, et que ceux qui en avaient besoin en payaient un intérêt peu élevé. Si plusieurs de ces industries ne durent leur existence qu'à des circonstances passagères, si elles reposaient sur des conditions trop artificielles pour qu'elles pussent survivre à la destruction du système continental, il y en eut aussi de vivaces qui avaient acquis un grand développement, que les événements de 1814 et 1815 ne purent atteindre, et qui ont pris rang dans l'ensemble de notre production.

CINQUIÈME EXPOSITION, 1819. — La restauration tira l'institution de son oubli. Les portiques du Louvre se relevèrent en 1819. Ce n'était plus, comme les premières fois, l'anniversaire de la fondation de la république, c'était la saint Louis qu'on célébrait. Les divers gouvernements qui se sont succédé depuis cinquante ans, ont toujours aimé à glorifier leur existence par ces solennités industrielles.

L'exposition de 1819 mit surtout en lumière les progrès réalisés sous le régime impérial; quelques industries, établies dans des conditions factices, s'étaient écroulées, mais la paix survenue après des guerres si longues avait imprimé une activité nouvelle au génie national.

Les arts métallurgiques, qui forment en quelque sorte la base de tous les autres, avaient subi des modifications importantes depuis l'exposition de 1806. A cette époque, il n'existait qu'une seule usine, celle du Creuzot, où les minerais de fer fussent fondus par le moyen de la houille carbonisée. Les hauts-fourneaux de la Loire envoyèrent des fontes à l'exposition de 1819. Les forges de Grossouvre (Cher) montrèrent des fers, non plus battus au marteau, mais étirés au laminoir. L'exposition de 1819 apprit également que le problème de la fabrication de l'acier était complétement résolu par les fabricants français. Des aciéries établies dans vingt-un départements avaient envoyé des échantillons aussi variés qu'abondants; l'industrie française fournissait les tôles qu'on tirait naguère en grande partie de l'étranger; la tréfilerie, qui ne produisait précédemment que des fils de fer, livrait également des fils d'acier; la fabrique des limes et des râpes, des faulx et faucilles, des outils de toute sorte, des objets de quincaillerie, avait pris une extension notable et suffisait à la consommation. Parmi les machines, on remarqua la machine à tondre les draps, inventée par John Collier et nommée la tondeuse, qui a été adoptée partout.

On reconnut les améliorations considérables apportées dans la production des laines. Il fut constaté que la laine des mérinos avait gagné par le séjour de cette race en France. La laine française était déjà employée de préférence dans la fabrication des draps fins, et la laine espagnole n'était plus admise que dans ceux de seconde qualité. L'année 1819 se distingua également par l'introduction en France de la race de chèvres qui produit le duvet de cachemire, grâce aux soins de MM. Jaubert et Ternaux. La filature des laines, soit cardées, soit peignées, s'était perfectionnée dans des établissements spéciaux. L'usage des machines dans la fabrication des draps était devenu presque général. Les étoffes de fantaisie et de goût, qui se fabriquaient principalement à Rheims, présentaient de nouvelles combinaisons de matières, de couleurs et de tissus. Les cachemires français commençaient à se montrer avec éclat.

La production de la soie s'était étendue, et nous avions gagné la soie sina, qu'on tirait exclusivement de la Chine. L'appareil à vapeur de M. Gensoul, qui avait obtenu une médaille d'or en 1806, était employé presque partout, et donnait à la soie des qualités meilleures ainsi qu'une plus grande propreté. La manufacture de Lyon montrait avec orgueil les perfectionnements qu'elle avait apportés dans les différentes parties de la fabrication, dans l'art de filer la soie, dans l'art de la teindre, dans les métiers à tisser les étoffes. Le métier à la Jacquart était devenu d'un usage général pour la fabrication des étoffes façonnées. L'industrie nationale s'était enrichie de la fabrication des tulles à double nœud, à mailles fixes.

La filature de coton exposait des numéros ordinaires jusqu'à 80 et 100, d'une perfection capable de satisfaire les fabricants les plus difficiles de tissus. Saint-Quentin, dont la population avait augmenté d'un quart en moins de quinze ans, exposait avec Tarare des mousselines et des étoffes de coton d'une grande finesse, façonnées et variées avec beaucoup d'art.

L'art de la teinture n'avait pas fait moins de progrès que celui de la filature et du tissage. On avait réussi à remplacer la cochenille dans la teinture sur laine, à porter le bleu de Prusse sur la soie, à fixer sur le fil de lin des couleurs qu'on n'avait fixées jusqu'alors que sur le coton. On avait découvert un vert plus solide pour l'impression des toiles de coton. On était également parvenu à les teindre en rouge d'Andrinople. Enfin, on avait trouvé le moyen d'extraire et de rapprocher les principes colorants du carthame, de la cochenille, du kermès et des bois de teinture, en sorte qu'on les employait à l'état de tablettes ou d'extraits, ce qui facilitait l'opération, diminuait la main-d'œuvre et produisait des couleurs plus vives. Ces découvertes de la chimie avaient aidé à l'amélioration des impressions sur étoffes dont le dessin et l'assortiment des couleurs avaient gagné sous le rapport de l'élégance et du goût.

Parmi les autres produits, on distingua les pièces d'horlogerie, les instruments de précision, les produits chimiques remarquables par leur pureté et par leur prix, les échantillons envoyés par les fabriques de papier, des gravures faites à l'aide d'un procédé qui permettrait de tirer des épreuves à telle échelle qu'on voulait en se servant d'une même planche gravée, les procédés de stéréotypage créés et exécutés en grand par M. Herhan, les fayences de la fabrique de Sarreguemines, des pièces de porcelaine décorées par impression, le moiré métallique dû à l'invention de M. Allard, des meubles dans des genres variés fabriqués avec des bois indigènes, les pièces de l'orfévrerie, de la bijouterie, de la fabrication du plaqué, les bronzes ciselés et dorés, dans lesquels le jury signalait le goût des formes, le choix et la disposition des ornements, ainsi que la perfection du travail.

Seize cent soixante-deux exposants prirent part à l'exposition de 1819; trois cent soixante d'entre eux furent récompensés par des médailles; dix-sept croix d'honneur furent distribuées. Voici les noms de ceux qui obtinrent la décoration :

MM. Beaunier, ingénieur en chef des mines, qui dirigeait l'école des mines de Saint-Étienne, qui avait contribué à fonder en France la fabrication des aciers, et qui devait établir plus tard notre premier chemin de fer, celui de Saint-Étienne à Andrézieux ; Bonnard, de Lyon, qui avait naturalisé la fabrication des tulles à maille fixe en France par le perfectionnement de la filature de la soie sina; Firmin-Didot, qui avait exposé plusieurs chefs-d'œuvre de l'art typographique ; Dufaud, qui avait établi et perfectionné dans l'usine de Grossouvre le travail du fer au laminoir ; Jacquart, l'inventeur du métier qui porte son nom, qui n'avait obtenu qu'une médaille de bronze en 1801, qui reçut cette fois une récompense plus en rapport avec ses services, et auquel la ville de Lyon vient d'élever une statue sur une de ses places publiques ; Daniel Kœchlin, dont les découvertes ont fait fleurir la brillante fabrication de toiles peintes de la haute Alsace ; Vitalis, qui rendit des services analogues à la fabrique de Rouen ; Raymond, de Lyon, qui avait trouvé un procédé pour fixer le bleu de Prusse sur la soie, et dont cette couleur a conservé le nom, bleu Raymond ; Widmer, de Jouy, qui avait enrichi l'art d'imprimer sur toile d'un vert d'application extrêmement solide, découverte jugée d'une telle importance, qu'il avait été proposé en Angleterre un prix de 2000 guinées pour celui qui la ferait : Arpin père, fabricant de mousselines à Saint-Quentin ; Bacot, fabricant de draps à Sédan ; Beauvais, Depouilly, Mallée, fabricants de soieries à Lyon ; Saint-Bris, fabricant de limes à Amboise ; Utzschneider, fabricant de poteries à Sarreguemines. On donna en outre le titre de baron à MM. Ternaux et Oberkampt, le cordon de Saint-Michel à M. Darcet.

SIXIÈME EXPOSITION, 1823. — L'exposition de 1823 constata de nouvelles améliorations. L'industrie du fer, qui ne possédait en 1819 qu'une usine où l'affinage de la fonte se fît à la houille et au laminoir, comptait déjà vingt établissements qui avaient adopté ce procédé. Le travail des métaux s'était perfectionné ; l'emploi de la fonte et du fer commençait à se répandre dans les constructions ; nous fabriquions mieux les outils, et nous reproduisions le damas oriental.

La production, le triage, le lavage des laines, continuait à se perfectionner. Les fabricants de drap apportaient plus de soin dans le choix et la préparation des matières, dans l'application des couleurs, dans l'apprêt des étoffes ; ils adoptaient de nouvelles machines, et les tondeuses étaient établies dans un grand nombre d'ateliers. M. Ternaux obtenait de premiers succès dans l'élève des chèvres de la race kirghise ; la filature du duvet de cachemire avait acquis une grande perfection, et l'on donnait plus de finesse aux tissus, plus de grâce aux dessins dont la réduction se faisait plus exactement.

La soie blanche naturelle, ou la soie sina, était à l'exposition de 1823 dans une proportion plus forte que la soie jaune ; le travail des tourneuses commençait à être remplacé par un mécanisme ingénieux que faisait mouvoir un seul moteur ; on était parvenu à donner à la soie non décreusée des couleurs presque aussi belles qu'à la soie parfaitement cuite ; la vapeur était utilement appliquée à la préparation des chaînes pour les étoffes de goût. Lyon se distinguait par la richesse des matières premières, la beauté du tissage, la magnificence des dessins et la vivacité des couleurs. Nîmes développait un génie inventif et exposait des châles en bourre de soie, façon cachemire, des étoffes résultant de diverses combinaisons de la soie avec la laine et le coton, des tricots, des barèges, des gazes ouvragées qui étaient devenues des produits courants que leur bas prix mettait à la portée de toutes les classes de consommateurs.

La filature de coton fournissait des numéros plus fins ; le tulle de coton, qui manquait à l'exposition de 1819, apparut à celle de 1823, et annonça une concurrence nouvelle à l'industrie anglaise. La fabrique des mousselines brodées, continuait à prospérer à Saint-Quentin et à Tarare. Parmi les étoffes nouvelles, on remarqua les étoffes dites cotte-pali, dont la chaîne était en coton à un seul brin et la trame en soie, et que la mode s'empressa d'adopter.

La teinture s'était enrichie de découvertes nouvelles ; on vit paraître des essais de draps teints en bleu avec le prussiate de fer qui n'avait encore été appliqué que sur la soie ; le coton, dans ses deux états de filature et du tissage, offrit des rouges vifs et une série de nuances délicates qu'il n'avait pas présentés jusqu'alors. Dans les impressions, la gravure des rouleaux fut portée à un degré de précision qui permit d'obtenir avec plus de pureté les dessins les plus minutieux ; c'est de cette période surtout que date l'abaissement des prix des toiles peintes.

La fabrication des papiers avait remplacé le travail à la cuve par des machines, et amélioré les procédés de collage. Les phares, grâce aux découvertes de Fresnel, venaient d'être perfectionnés par une savante combinaison des lois de l'optique et des moyens que fournissaient la chimie et la physique pour augmenter l'intensité de la lumière. On remarqua encore à cette exposition le modèle d'un pont suspendu en fil de fer, le premier qui ait été établi en France, et qui fut construit sur le Rhône, entre Tain et Tournon, par MM. Séguin frères, ces ingénieurs civils qui devaient exécuter plus tard le chemin de fer de Saint-Étienne à Lyon. L'invention ne fut accueillie alors qu'avec défiance ; le jury révoquait en doute que les ponts suspendus pussent supporter le gros roulage et être employées sur les voies de grande communication ; les ponts suspendus ont triomphé, et le prix inférieur auquel on les construit, a permis d'en couvrir en quelque sorte le territoire. MM. Séguin n'obtinrent qu'une médaille d'argent.

Seize-cent-quarante-huit exposants, c'est-à-dire un peu moins qu'en 1819, avaient pris part à l'exposition de 1823, mais le nombre des récompenses décernées fut plus considérable, et s'éleva à 470.

SEPTIÈME EXPOSITION, 1827. — L'exposition de 1827, la dernière qui eut lieu sous la Restauration, fut encore l'occasion d'un triomphe pour notre industrie ; elle prouva que la France ne cessait d'appliquer au développement de sa production manufacturière les inépuisables ressources de son sol et le génie actif de ses habitants. Bien qu'une crise fâcheuse eût troublé les pays de fabriques, cependant de nouveaux perfectionnements se révélèrent et prirent date de cette belle solennité.

La production de la fonte et du fer continuait à se développer. Les fontes moulées avaient reçu de nouveaux emplois. On comptait déjà quarante forges établies d'après le système à la houille. La fabrication de l'acier et des outils avait suivi ce mouvement progressif. Le fer, le cuivre et le plomb se laminaient dans d'immenses usines. L'usage du zinc commençait à se propager.

Les fabriques de machines exposaient des produits remarquables; les machines à vapeur se multipliaient, et des perfectionnements notables avaient été apportés dans les mécanismes propres à la fabrication des tissus.

La race des mérinos se répandait de plus en plus, et l'emploi de la laine subissait de continuels perfectionnements. Plusieurs fabriques opéraient l'épuration et le décatissage des draps à l'aide de la vapeur. Les draps légers étaient devenus un objet important de commerce. Une réduction sensible était obtenue dans presque toutes les sortes de draps. La fabrication du tissu mérinos, que l'on connaissait à peine vingt ans auparavant, représentait une valeur annuelle de quinze millions. L'industrie des châles se remarquer par la rapidité de ses progrès et la variété des combinaisons commerciales qu'elle avait fait naître.

Un problème important avait été résolu dans la production de la soie. Bornée jusqu'alors aux départements méridionaux, qu'on croyait seuls favorables au développement du mûrier, elle s'étendait aux départements du centre et semblait vouloir gagner le nord. Les soies étaient plus pures et d'un filage plus net. La bourre de soie, préparée avec soin, fournissait la matière d'une foule de nouveaux tissus. On distingua surtout des étoffes de bourre de soie et de laine.

La manufacture de coton avait emprunté à l'Angleterre des mécanismes qui lui manquaient. Elle s'efforçait à produire, mais sans grand succès, les numéros fins. La fabrique de tulle, qui avait fait son apparition à l'exposition de 1823, occupait un nombre considérable d'établissements, et le prix de ses produits avait baissé de soixante pour cent. C'est à cette époque qu'il faut rapporter les applications ingénieuses qui furent faites de cet article par les brodeuses, et les progrès opérés dans la consommation. Enfin les guingams, presque inconnus quelques années auparavant, étaient devenu d'un grand usage et faisaient concurrence aux indiennes. L'art d'imprimer sur étoffes de son côté redoublait d'efforts et venait d'adopter le procédé de gravure à la mollette, procédé prompt et économique pour les dessins continus à points groupés.

La fabrication du papier s'était enrichie de nouveaux procédés. Le collage à la cuve avait été tenté avec succès. La machine à papier venait d'être établie dans trois usines, et avait donné les plus beaux produits.

Breguet exposait des chronomètres au prix réduit de 1000 francs, Appert des conserves alimentaires, Vicat des chaux hydrauliques, la manufacture de Sèvres des peintures sur verre appelées de nouveau à concourir à la décoration de nos églises.

L'exposition de 1827 compta seize cent quatre-vingt-quatre exposants, plus qu'en 1823; mais le nombre des récompenses fut moins considérable, il fut de quatre cent vingt-cinq.

HUITIÈME EXPOSITION, 1834. — Les événements survenus en 1830 retardèrent l'exposition suivante. Cependant l'exposition de 1834 montra que depuis 1827 les progrès, loin de s'être ralentis, s'étaient accélérés. La détresse même éprouvée par le commerce, d'abord en 1827 et 1828, puis en 1831 et 1832, fit redoubler d'efforts. Les commotions intestines, les luttes, les combats, qui, durant deux années, troublèrent l'ordre public, loin de paralyser le génie des arts, ne furent qu'un obstacle dont il triompha à force d'industrie, de labeur et d'activité. Ainsi, tour à tour, nos détresses politiques et la prospérité sociale qui les a fait disparaître, ont concouru, suivant des voies diverses, au progrès des arts par le stimulant du danger, les exigences du besoin ou les ressources de l'abondance.

L'exposition de 1834 eut lieu sur la place du Carrousel, dans quatre vastes bâtiments élevés aux quatre angles de la place.

La production de la fonte et du fer suit les besoins de la consommation, qui se sont développés. Les dimensions des hauts-fourneaux sont augmentées. L'emploi de la houille fait des progrès. On récompense M. Taylor, inventeur de l'appareil à chauffer l'air insufflé dans les hauts-fourneaux. Fourchambault et Alais exposent leurs produits. On remarque les aciers de M. Talabot et de MM. Jackson frères; les tôles et les grandes caisses à eau pour la marine, sorties des ateliers d'Imphy; les ustensiles en fer étamé fabriqués par MM. Japy frères (Haut-Rhin), pour remplacer les ustensiles de cuivre; de nombreux lits de fer, dont l'emploi prenait un rapide développement. Le bronze est laminé dans les usines d'Imphy, et commence à remplacer les feuilles de cuivre dans le doublage des bâtiments.

L'exposition des machines à vapeur et des grandes mécaniques se fait surtout remarquer. On voit paraître les machines à cylindre oscillant de M. Cavé, les pièces de filature fabriquées avec une grande perfection par M. Pihet, les appareils de M. Derosne et de M. Brame-Chevalier pour la cuisson des sirops de sucre, les presses à imprimerie et les presses monétaires de M. Thonnelier. Grangé, simple garçon de ferme, expose la charrue qui porte son nom; à côté de cette charrue on voit le semoir de M. Hugues, de Bordeaux.

L'amélioration des laines se continue. Deux progrès sont surtout à remarquer : la multiplication des grands troupeaux à laine superfine; la multiplication des métis, dont la laine, de finesse moyenne, est obtenue par le croisement des plus beaux béliers mérinos avec les brebis indigènes. Les plus habiles fabricants de Louviers et de Sédan déclarent que nos bonnes laines intermédiaires offrent une réunion de qualités qui les rendent préférables aux plus belles laines d'Espagne; progrès qui semblera plus remarquable encore, si l'on songe que vingt années auparavant on osait à peine placer à côté des toisons de la péninsule les toisons superfines des mérinos naturalisés en France. On file les laines mérinos peignées avec une admirable perfection; les progrès du filage font décupler la consommation des tissus qu'elles servent à fabriquer; l'Angleterre elle-même absorbe le tiers des tissus mérinos que nous exportons. Nous fabriquons avec la laine longue et lustrée les tissus damassés pour meubles, qui offrent un nouvel aliment à la consommation. M. Aubert, de Rouen, manufacturier entreprenant et habile, se fait remarquer dans tous les genres de tissus ras.

La fabrication des châles reçoit des perfectionnements essentiels qui simplifient le travail. Paris joint à la confection des cachemires celle du châle indou, dont la chaîne est un fil bourre de soie. Lyon produit des châles thibet, où la trame en est un mélange de laine et de bourre de soie. Nîmes, en mélangeant la laine, la bourre de soie, le coton, trouve moyen de produire d'ingénieux effets avec des moyens simples et peu coûteux. On estimait que le prix des châles avait baissé de 30 à 40 pour 100 depuis l'exposition de 1827.

La production de la soie augmente. Les plantations de mûriers se multiplient dans le département du Rhin; elles atteignent le Nord, et l'on voit prospérer la magnanerie de M. Camille Beauvais, dans le département de Seine-et-Oise. Lyon, malgré une crise terrible, malgré des scènes qui ensanglantèrent ses rues, se crée de nouvelles ressources. Elle fabrique des velours légers, des étoffes à gilet, des tissus imprimés à couleurs vives et savamment opposées. La fabrication des peluches pour chapeaux, inconnue cinq ou six ans auparavant, et empruntée à l'Allemagne, occupe dès lors un grand nombre de bras.

La filature de lin, qui se pratique déjà dans les ateliers de M. Marshall, à Leeds, n'est pas encore importée en France; mais on monte plusieurs établissements de ce genre, où l'on réunit les machines les plus perfectionnées que possèdent nos voisins.

L'industrie du coton, après une longue crise, se relève. Les filatures commencent à fournir les numéros superfins, nécessaires à la fabrication des tulles et mousselines, qui s'opérait exclusivement avec des fils anglais introduits en contrebande. Tarare continue à produire ses mousselines brodées. Saint-Quentin y joint la fabrication des mousselines brochées pour ameublement, avec une économie de moitié, des deux tiers, et parfois des trois quarts, reproduisent les plus beaux dessins des mousselines brodées. La fabrication du tulle s'étend de plus en plus, parce que chaque jour les usages de ce tissu se multiplient à mesure que le prix en diminue.

Pendant que la Normandie fabrique les indiennes communes à l'usage des classes inférieures, l'Alsace perfectionne les indiennes fines dont elle livre annuellement au commerce sept cent vingt mille pièces estimées 43 millions. Le jury les cite pour l'éclat et la solidité des couleurs, l'élégance des dessins, la délicatesse des nuances, la netteté de l'impression. Leur supériorité reconnue leur fait franchir le détroit, et on les voit étalées dans les magasins de Londres dont elles formaient le plus bel ornement.

Notre industrie s'enrichit des fils et tissus de caoutchouc qui méritent une médaille d'or à MM. Rattier et Guibal.

Le jury signale la propagation des mécanismes employés à produire les papiers continus. L'application des cylindres gravés à l'impression des papiers de tentures vaut une médaille d'or à MM. Zuber de Mulhouse. On reproche en général à nos fabricants de bronze et à nos orfèvres de copier des formes anglaises de mauvais goût; mais on récompense MM. Ch. Wagner et Mansion qui avaient remis en honneur l'art de nieller et dont les produits rappelaient heureusement le bon style florentin du moyen âge. Parmi les produits chimiques, un surtout attire l'attention, le nouvel outremer fabriqué artificiellement par M. Guymet de Lyon, aussi beau et infiniment moins cher que l'ancien. Nos fabriques de poteries exposent un produit nouveau, qu'ils désignent sous le nom un peu ambitieux de porcelaine opaque ou de demi-porcelaine, mais qui, s'il est moins beau que la porcelaine, l'emporte sur la faïence dite terre de pipe et se vend à des prix modérés. Nos verreries et nos fabriques de glace paraissent avec un nouvel éclat. Si l'ébénisterie ne se fait pas remarquer par un goût bien pur, elle se crée de nouvelles ressources par l'emploi de la marqueterie, des incrustations de cuivre et des bois de couleur. C'est aussi à cette exposition qu'on voit reparaître la gravure sur bois, longtemps négligée et qui est employée avec tant de succès dans les livres *illustrés*.

Le nombre des exposants en 1834 fut de 2,447, celui des médailles décernées s'éleva à 697.

NEUVIÈME EXPOSITION, 1839. — L'exposition de 1834 n'approcha pas cependant de celle de 1839. 3381 exposants, soit environ mille de plus, prirent part à cette dernière. Le nombre des récompenses distribuées fut de 878, non compris les rappels des distinctions obtenues précédemment. Il fallut choisir un plus grand emplacement pour recevoir la masse des produits. On installa l'exposition au grand carré des Champs-Élysées dans une galerie et huit longues salles occupant une superficie de 16,500 mètres carrés. Encore fallut-il construire une salle entière pour développer convenablement les produits envoyés par la grande industrie de Mulhouse.

M. Thénard, président du jury central, dans un discours prononcé en présentant au roi les exposants jugés les plus récompensés, résuma en peu de mots les progrès mis en évidence par l'exposition de 1839.

Que de conquêtes brillantes, que de résultats heureux dus à l'activité du génie national! La filature de la laine à la mécanique nous est complètement acquise; celle du lin ne tardera pas à l'être. On signale surtout les établissements de MM. Féray à Essonne et Scrive à Lille. La fabrique des machines a pris une grande extension; plus de cinquante usines construisent des machines à feu d'une force extraordinaire. La France, au commencement du siècle, possédait à peine quelques machines à feu; on les compte par milliers. Les machines à papiers continues ont été portées à un si haut degré de perfection, qu'elles s'exportent au loin. Le métier de la Jacquard, si utile, a reçu de nouveaux perfectionnements. Un ingénieux mécanisme imaginé par M. Grimpé, façonne le bois en meubles, en ornements, en bois de fusil, etc., etc. D'excellents chronomètres, des chronomètres éprouvés, se paient moitié moins qu'en 1834 : tous nos bâtiments en seront pourvus et ne courront plus le risque de se jeter sur la côte par des temps brumeux. Les puits forés, qui promettent de rendre de si éminents services à l'agriculture, ont été l'objet de nouveaux essais dignes d'encouragement. On travaillait dès lors au puits de Grenelle. C'est d'Angleterre que nous venaient les meilleures aiguilles nécessaires à notre consommation : la France

en produit aujourd'hui qui ne laissent rien à désirer. Deux nouveaux produits ont pris rang dans l'industrie : la bougie stéarique, qui a tant d'avenir; la teinture en bleu de Prusse, qui, avec le temps, remplacera presque entièrement celle de l'indigo. Nos cristaux sont aussi limpides et d'une taille aussi parfaite que les cristaux étrangers; ils l'emportent par l'élégance des formes, par la variété des couleurs et la solidité des décors métalliques. Rien de plus beau, de plus éclatant que nos vitraux. Depuis longtemps on cherchait à fabriquer le flint-glass et le crown-glass par un procédé régulier qui permit de les obtenir d'une parfaite qualité et de dimensions convenables pour tous les usages de l'optique : ce problème est résolu. Un grand pas a été fait dans les moyens de décorer la porcelaine et d'ajouter à sa valeur. Des pierres lithographiques d'une qualité supérieure ont été découvertes dans plusieurs contrées du royaume. La lithographie est parvenue à opérer facilement le report de toutes les impressions : les ouvrages les plus rares pourront donc être reproduits avec tous les caractères qui les distinguent. Les belles carrières de marbre de nos Pyrénées, dont l'exploitation compte à peine quinze ans, ne fournissent pas seulement à nos besoins, elles font des exportations considérables. Le plomb est fusible, la soude sur lui-même et sans soudure au feu le plus fort. Le fer est préservé de la rouille par des moyens simples, dont l'efficacité paraît certaine. Le bronze laminé double nos vaisseaux et leur assure bien plus de durée que le cuivre. Le nitre par un procédé perfectionné, se prépare en concurrence avec celui qui nous vient de l'Inde. Nos indiennes, nos soieries, nos châles flottent toujours dans les magasins de Londres. Nos mousselines unies et brodées ont repoussé du marché français nos mousselines suisses et anglaises. La laine rivalise avec le coton pour recevoir les couleurs variées de l'impression, et se vend partout, même aux lieux où le coton croît en abondance. On voit paraître la nouvelle machine à imprimer les étoffes, inventée par M. Perrot, et connue sous le nom de perrotine. La classe ouvrière trouve dans le commerce des indiennes, des mouchoirs, des étoffes de laine, des draps, dont le bas prix excite l'étonnement. L'éducation des vers à soie, surtout l'assainissement des magnaneries, a fait de grands progrès, beaucoup de mûriers ont été plantés. Tout porte à croire que bientôt la France sera délivrée du tribut qu'elle paie à l'étranger, et qui ne s'élève pas à moins de 40 millions de francs chaque année. La fécule se transforme, au gré du fabricant, soit en un sucre à bas prix, qui sert à l'amélioration des vins et de la bière, soit en dextrine, qui remplace la gomme du Sénégal dans l'impression des tissus, dans le gommage des couleurs et dans les apprêts; leur fabrication annuelle s'élève à 6 millions de kilogrammes. Huit ans se sont à peine écoulés depuis l'époque où nous tirions de l'Angleterre des cuirs vernis de notre consommation : aujourd'hui l'Angleterre vient les acheter à la France. Des améliorations remarquables ont été apportées à l'art de tanner les peaux. Nos maroquins continuent à obtenir la préférence sur tous les marchés.

Enfin, presque toutes les branches d'industrie se sont perfectionnées, presque toutes ont baissé leurs prix.

Tel est le résumé des progrès que les expositions des produits de l'industrie ont mis en évidence depuis l'exposition de l'année 1798 jusqu'à celle de 1839. Que de sources de richesses découvertes dans cet intervalle! On croirait voir l'œuvre de plusieurs siècles; ce n'est que le fruit de quarante ans de travaux. Tout a changé de face, la production s'est développée dans des proportions colossales; il n'est pas un art qui n'ait été inventé, ou qui ne soit devenu un nouvel art par les perfectionnements qu'il a reçus. Ce que nous avons fait peut montrer ce que nous ferons encore. Les destinées de l'industrie sont immenses; éclairée par les exposants qui lui servent de guide, elle imprimera son caractère, son génie au siècle; il y aura désormais des siècles industriels, comme il y a eu des siècles guerriers, des siècles littéraires et artistiques.

EXPOSITION DE L'INDUSTRIE
DE 1844

PREMIÈRE PARTIE. — MÉTAUX.

SUBSTANCES MINÉRALES. — MÉTAUX. — ÉLABORATIONS DIVERSES DES MÉTAUX.

L'industrie minérale peut être considérée comme la base de toutes les autres industries : c'est elle, en effet, qui fournit la plus grande partie des matières premières qu'elles mettent en œuvre; c'est elle qui leur livre des substances de toute sorte pour la construction, la décoration et le chauffage des édifices, pour la fabrication des poteries et des cristaux, pour la production de ces métaux divers, sans lesquels nous n'aurions ni ustensiles, ni outils, ni machines, et dont l'usage va sans cesse en se multipliant avec les progrès et les exigences de notre civilisation.

On peut, sous le point de vue industriel aussi bien que sous le point de vue géologique, diviser les gîtes, d'où nous extrayons les richesses souterraines, en gîtes généraux et en gîtes métallifères. Les gîtes généraux ne sont autre chose que les roches constituantes des divers terrains, et qui forment des masses puissantes et étendues dont la succession est assujettie à des lois déterminées, nous présentent les pierres de construction, les argiles plastiques, les sables de verrerie, les combustibles fossiles et les matériaux employés dans une multitude d'usages industriels. Les gîtes métallifères comprennent les minerais qui se trouvent répandus accidentellement dans les roches constituantes, et dont nous extrayons les métaux.

Si l'on examine la constitution géologique de la France, on trouve qu'elle offre des terrains de tous les âges, depuis les granites les plus anciens jusqu'aux alluvions les plus modernes. Les substances utilisables qui se présentent en roches ou gîtes continus, sont nombreuses et abondantes. Les feldspaths, les schistes, les grès, les calcaires, les argiles, composent des terrains étendus. Les combustibles fossiles, les minerais de fer en grain forment plusieurs bassins. Si les mines métallifères ne donnent lieu qu'à des exploitations insignifiantes, ce ne sont pas les gisements qui manquent; plusieurs ont fourni jadis des produits considérables; mais les exploitations de mines étant toujours des opérations chanceuses, on craint d'engager des capitaux considérables dans des travaux de recherche ou de reprise qui, même bien dirigés, laissent toujours une grande part à l'inconnu.

SUBSTANCES MINÉRALES AUTRES QUE LES MÉTAUX.

La France, par la variété même des terrains qu'elle renferme, présente les ressources les plus nombreuses pour les constructions. Tantôt c'est le grès houiller, comme à Saint-Étienne, avec sa couleur triste et sombre; tantôt c'est le grès appelé par les géologues grès bigarré, surtout abondant dans les Vosges, qui a servi à l'édification de la cathédrale de Strasbourg, si hardie dans ses formes, si bien conservée dans ses arêtes et dans ses détails de sculpture, exemple remarquable de la grande influence des matériaux sur la conception et la conservation des monuments. Plus souvent ce sont les calcaires appartenant à la formation géologique des terrains secondaires ou à celle des terrains tertiaires. Les premiers ont été employés à bâtir Besançon, Nancy, Lunéville, Metz, Dijon, Bourges, Poitiers, Niort, la Rochelle, Bayeux, Caen; les carrières des environs de Caen, ont fourni les matériaux qui ont servi à construire Saint-Paul de Londres; leurs pierres qui s'exportent encore aujourd'hui, ont subi un travail remarquable dans plusieurs des monuments gothiques du nord, à Rouen, à Anvers, etc. Les villes placées au milieu de ces calcaires secondaires, sont sans contredit les mieux bâties après les villes capitales. La craie, pierre moins solide et moins durable, mais facile à exploiter, à scier, à tailler, ayant d'ailleurs la faculté de durcir à l'air, a été employée avec succès dans les constructions d'Orléans, d'Angers, de Tours, de Saumur, d'Angoulême. Les calcaires, provenant des terrains tertiaires, doués de l'avantage d'être assez tendres pour que la taille en soit facile et assez résistants pour convenir aux constructions monumentales, ont contribué à faire de Paris la plus belle ville du monde; ils ont également fourni les matériaux de construction de Bordeaux, cette autre capitale du midi, de Marseille, etc.

On trouve abondamment sur notre sol, la pierre à plâtre et la pierre à chaux, nécessaires pour relier les matériaux de construction. Parmi les carrières à plâtre, celles des environs de Paris alimentent tout le nord de la France; le midi est principalement approvisionné par les gisements du département de Saône-et-Loire; ceux du Puy-de-Dôme, de la Côte-d'Or, des environs d'Aix et de Carcassonne, fournissent encore d'une manière notable à la consommation pour les constructions ou pour l'amendement des terres. La chaux peut se fabriquer dans les endroits si nombreux où se trouvent les calcaires; certaines couches argileuses qui se trouvent presque toujours vers le plan de séparation des formations, sont surtout propres à la fabrication des chaux hydrauliques; on connaît la réputation des chaux de Pouilly, de Metz, du Nivernais, etc.

Les argiles donnent le moyen de faire des briques dans les endroits où les pierres de construction nous manquent, principalement dans nos départements septentrionaux.

Les laves volcaniques de l'Auvergne fournissent les dalles qui ont été employées un moment dans les trottoirs de Paris, mais que leur peu de résistance, leur peu d'homogénéité et l'usure inégale qui en résultait ont fait abandonner aujourd'hui.

Les granits nous offrent à la fois des pierres pour dallage et des pierres d'ornements. Celui qui s'exploite à Cherbourg sert à construire, soit les bandeaux des trottoirs, soit les trottoirs tout entiers. On admire les beaux blocs de granits gris de Laber, en Bretagne, qui composent le piédestal de l'obélisque de Luxor, ainsi que le granit porphyroïde de Corse, qui sert de soubassement à la colonne Vendôme.

Nous possédons de nombreuses carrières de marbre; mais les difficultés des transports ne permettent pas toujours de les exploiter; les carrières du nord du côté d'Avesnes, nous fournissent, en concurrence avec celles de la Belgique, des marbres communs pour devanture de boutiques et cheminées; les carrières des Pyrénées nous en envoient de riches et de variés, tels qu'on a pu les voir à la Bourse, à la Chambre des députés, à l'hôtel des Finances, à la Madeleine, à l'hôtel du quai d'Orsay, etc.

Deux centres d'exploitation contribuent surtout à la production des ardoises; ce sont les carrières d'Angers (Maine-et-Loire) et celle de Fumay (Ardennes); les premières, exploitées jusqu'à près de cent mètres de profondeur, fournissent des ardoises d'une qualité tout à fait supérieure par leur structure régulièrement schisteuse et par leur texture fine et inaltérable; leur extraction annuelle représente une valeur de près de deux millions.

Nous extrayons des pierres à feu du département du Loir-et-Cher, des meules à moudre de la Ferté-sous-Jouarre, des meules à aiguiser de la Dordogne, des Vosges et de la Marne.

Les arts céramiques trouvent des argiles convenables pour leur industrie, dans un grand nombre de localités, à Creil, à Montereau, à Sarguemines, dont les fabriques de faïences sont célèbres; les environs de Limoges présentent ces kaolins qui nous ont permis d'établir et de développer notre fabrication de porcelaine; on exploite les argiles réfractaires à Teil (Ardèche).

Les argiles pyriteuses du Soissonnais nous fournissent à la fois de l'alun, de la couperose et des résidus pour les engrais.

Les mines de bitume, sur lesquelles la spéculation s'était portée naguère avec tant de fureur, mettent à notre disposition une substance utile et qui restera d'un grand emploi dans les travaux publics.

Parmi les localités les plus favorisées sous le rapport des substances minérales, il faut citer le bassin géologique, au milieu duquel s'élève la ville de Paris, et qui appartient aux terrains désignés sous le nom de tertiaires. Ce bassin présente les ressources les plus variées. Il fournit le calcaire moëllon et la pierre à plâtre pour les constructions ordinaires, la pierre d'appareil pour les façades, le calcaire compact et homogène pour les monuments et les grands travaux d'art, la pierre meulière commune pour les constructions qui réclament une pierre résistant à la fois aux chocs et à l'humidité (égouts, fortifications, etc.), le calcaire siliceux, d'où l'on tire en pierre meulière des moulins, le grès pour le pavage, le sable quartzeux le plus pur pour nos verreries, l'argile commune à briques (Auteuil, Vanvres, etc.), l'argile figuline et plastique pour les faïences (Montereau, Creil), et d'autres roches employées à des usages moins généraux. Il est hors de doute que la réunion de ces circonstances géologiques a dû concourir beaucoup à développer l'importance de Paris.

M. Amédée Burat, dans son *Traité de Géologie appliquée*, a remarqué avec raison que la constitution géologique des contrées a exercé une influence marquée, non-seulement sur l'emplacement des villes, non-seulement sur les formes et les caractères des édifices, mais sur les arts eux-mêmes et jusque sur les mœurs des habitants.

On estime approximativement à 60 millions la valeur des matériaux de toute espèce employés annuellement en France dans les constructions. Sur cette quantité, 40 à 50 millions sont produits d'une manière régulière par des carrières qui sont en production constante. Ces carrières sont au nombre de 18 mille et occupent 70 mille ouvriers. On comprend que, la plupart des matériaux de construction ne pouvant supporter de grands frais de transports, les principaux centres d'extractions doivent se trouver autour des villes principales et dans les départements les plus peuplés. Ainsi figurent en tête de la production le département de la Seine et ceux qui l'entourent, Seine-et-Oise, Seine-et-Marne; puis le département de la Gironde qui fournit les matériaux de construction à la ville de Bordeaux; celui du Calvados qui comprend à la fois les calcaires de Caen et les granits de Cherbourg; le Nord qui exploite des marbres communs; le Puy-de-Dôme avec ses laves volcaniques, etc.

Les substances minérales sont rares à l'exposition, cela est tout simple; il ne pouvait s'attacher beaucoup d'intérêt à la vue d'échantillons des matériaux vulgaires employés dans les constructions; on n'y voit figurer que les pierres d'ornement et celles qui ont des emplois spéciaux. Nous allons les passer en revue.

MARBRES.

La France est un des pays les plus riches en marbres pour la décoration; nous en avons de toute espèce, de toute qualité, de toute couleur. Dans les monuments que les Romains ont élevés sur notre sol, à Nîmes, à Aix, à Arles, à Orange, à Vienne, on retrouve nos marbres indigènes dont ils connaissaient le prix et qu'ils savaient exploiter. Nos carrières furent abandonnées pendant le moyen âge. On prit l'habitude de recourir à l'Espagne, à l'Italie, à l'Orient. Charlemagne, François Ier, Henri IV, Louis XIV firent remettre en exploitation une partie des gisements exploités par les Romains. Louis XIV surtout montra, dans les décorations intérieures du Louvre et des Tuileries, l'heureux emploi que nos artistes pouvaient faire des marbres français. Négligées ensuite à la fin du dix-huitième siècle, nos exploitations ont repris, dans ces derniers temps, une grande activité. On calcule que plus de soixante départements peuvent aujourd'hui fournir des marbres, variés de couleur et de beauté, propres à tous les usages, même aux plus précieux.

Le seul marbre, qui paraisse nous manquer, est le marbre statuaire. Les sculpteurs ont essayé plusieurs fois de nos marbres; mais ils n'en ont pas été satisfaits, et ils continuent à préférer ceux de Carrare et de Seravezza qui nous viennent d'Italie. On cite cependant plusieurs statues antiques, parfaitement conservées, qui ont été faites avec nos marbres, entre autres celle de la Vénus d'Arles, retirée du Rhône sans aucune altération, après plus de seize cents ans de submersion dans les eaux du fleuve.

Le marbre des carrières de Saint-Béat, sur les bords de la Garonne, est le meilleur de nos marbres employés à la sculpture; on lui reproche d'être d'un blanc sale et surtout de se déliter quand il est exposé aux injures de l'air, ce qui ne le rend propre qu'aux objets destinés à rester dans les intérieurs.

Les principaux gisements de marbre, exploités en France, sont ceux des Hautes et Basses-Pyrénées, de la Haute-Garonne, de l'Arriège, de l'Aude et de l'Hérault, des Vosges, du Pas-de-Calais.

M. Géruzet, de Bagnères-de-Bigorre (Hautes-Pyrénées), est celui qui a envoyé les marbres les plus beaux et les plus variés. On a surtout remarqué des marbres d'Aspin, des marbres stalactites et des marbres campan-amarante. Tous ces marbres sont fort bien travaillés, les uns tournés en colonne, les autres sculptés en cheminées et en objets d'art, tels que des flambeaux, des verres, des carafes, etc. M. Géruzet a établi sur l'Adour une usine à travailler le marbre comprenant 140 à 150 lames de scie en mouvement le jour et la nuit, 10 scies à débiter les blocs en tranche, 7 tours à marbre, 1 scie circulaire à débiter les pierres dures, 1 châssis pour moulure droite, 4 machines à couper, creuser et sculpter des tables rondes, 1 machine qui fait 12 rosaces en même temps. M. Géruzet a successivement obtenu toutes les récompenses, et a reçu la décoration de la légion d'honneur.

M. Fraisse (de Perpignan), a exposé des produits des belles carrières qu'il exploite à deux lieues de Perpignan. Ces carrières sont remarquables par la richesse, la variété des marbres et les circonstances géologiques qu'elles présentent. Au fond des carrières sont les marbres blancs d'une structure analogue à celle des marbres statuaires; puis des marbres blancs saccaroïdes, qui sont successivement recouverts par des marbres bleu-clairs, veinés, jaunes, gris, bruns-noirs, et des brèches de toute couleur. Une scierie, mue par un cours d'eau, débite les marbres qui peuvent être dirigés à peu de frais sur tous les lieux de consommation.

M. Philippot (de Perpignan), nous a montré des ouvrages en marbre brèche et en marbre griotte d'une belle couleur.

On a également vu avec intérêt les marbres *grand antique* envoyés par M. Tarride et par M. Layerle-Capel (de Toulouse);

MM. Belhomme et Ducos, également de Toulouse, ont envoyé des marbres pour la statuaire.

Les marbres exposés par M. Fournier de Saint-Amand (de Villeneuve-sur-Lot), sont très-beaux; nous citerons principalement une table et une coupe en marbre blanc, une cheminée en marbre griotte, une autre en marbre lumachelle; ces marbres ont été travaillés par les détenus de la maison centrale.

Parmi les exposants qui exploitent des marbres dans la région des Pyrénées, on remarque encore M. Galmier, de Montpellier; M. Élie Corbier d'Anduze (Gard), pour ses marbres noirs; MM. Cabarrus et Gradit, d'Engommer (Arriège), pour leur exposition variée de chambranles, consoles, tabernacles, tables rondes et objets de diverses sortes.

Le département de l'Isère est représenté par M. Sappey, de Vizille, qui a envoyé des tables de marbre blanc, par M. Bernard, de Grenoble, et M. Perroncel, de la Mure, qui ont exposé des chambranles, des consoles et des tables en marbre noir.

M. Henry, de Laval (Mayenne), a envoyé des marbres noirs et veinés. Il a établi sur la Mayenne une grande usine dans laquelle les marbres sont débités par dix chariots qui mettent deux cent trente lames en mouvement; ces carrières peuvent fournir des blocs de grande dimension.

MM. Landeau, Noyers et Cie, de Sablé (Sarthe), ont également exposé des marbres noirs et veinés compactes, dociles au ciseau et susceptibles d'un beau poli. Ces marbres sont travaillés dans leurs usines au moyen de nouveaux procédés mécaniques de leur invention.

M. Lemesle a envoyé des morceaux d'albâtre brut.

Quoique nos exploitations soient en progrès continu, nous n'en continuons pas moins à tirer de l'étranger environ 6 millions de kilog. de marbre d'une valeur de 500 mille francs; ils proviennent en grande partie de la Toscane, qui nous fournit le marbre statuaire, et de la Belgique, qui nous envoie ce marbre madréporique gris mélangé de blanc, connu sous le nom de marbre Sainte-Anne, qui est d'un emploi si considérable dans les dessus de meubles communs, dans les tables de café, dans les cheminées, etc. Nos exportations en marbres représentent une valeur d'environ 150 mille francs.

PIERRES LITHOGRAPHIQUES.

On sait que l'art de la lithographie a été découvert en Bavière et importé en France par M. de Lasteyrie.

Les premières pierres employées étaient tirées d'une carrière située à Kallheim, sur les bords du Danube, qui depuis a été abandonnée, et à laquelle ont succédé les carrières de Solenhofen, près de Papeinheim.

On avait cru d'abord que nous ne possédions pas en France l'espèce de pierre qui jouit de la propriété lithographique. Cependant, la Société d'encouragement, frappée de l'extension que prenait l'emploi de ces pierres, ayant proposé un prix pour celui qui en découvrirait un gisement en France, des recherches furent entreprises, et ne tardèrent pas à être couronnées de succès. En 1821, le prix proposé fut accordé pour la découverte à Bellay (Ain) de pierres lithographiques d'une bonne qualité. Plus tard, en 1833, l'exploitation de ces pierres ne s'étant pas suffisamment développée, la Société d'encouragement proposa un nouveau prix. Trois années après, plusieurs concurrents se présentèrent : l'un pour les pierres de Châteauroux, d'autres pour celles de Tanlay (Yonne), les derniers pour celles du département de l'Ain; le prix fut décerné, en 1837, aux pierres de Châteauroux, dont le débit avait été considérable, dont le prix de vente était de 30 pour 0/0 inférieur à celui des pierres de Bavière, et qui, d'après les termes du rapport, les surpassaient en qualité.

Il paraîtrait néanmoins que les pierres de Solenhofen sont encore préférées pour les dessins, parce qu'elles sont exemptes de taches, de fissures et autres défauts qui se rencontrent trop fréquemment dans les pierres d'origine française. Ces dernières sont employées principalement pour l'écriture. On estime à 200 mille kil. la quantité de pierres lithographiques importées annuellement.

A la tête de ceux qui ont envoyé des pierres lithographiques figurent MM. Auguste et Paul Dupont, qui ont obtenu la médaille d'argent à la dernière exposition, et une médaille d'or de la Société d'encouragement. Les exploitations ouvertes sur le plateau de Châteauroux se trouvent dans la partie inférieure de l'étage moyen du calcaire, désigné par les géologues sous le nom de calcaire oolitique, en couches horizontales et disposées avec une parfaite régularité. MM. Dupont ont établi sur un cours d'eau peu distant de la carrière, une usine de la force de 50 chevaux pour débiter leurs pierres. Leurs produits se font remarquer par leur belle pâte, la finesse et l'homogénéité de leur grain.

Les départements de l'Ain et de l'Yonne, où l'on exploite les pierres lithographiques, ne sont pas représentés à l'exposition de cette année; mais, en revanche, nous voyons figurer pour la première fois au concours le département du Gard; quatre industriels de ce département ont envoyé des pierres lithographiques, MM. Abric et Cie, Donnadieu, le comte d'Assas, Bertrand et Guy. M. Donnadieu vient d'obtenir le nouveau prix de 1500 fr. qui avait été fondé par la Société d'encouragement pour la découverte d'un nouveau gisement de pierres lithographiques.

ARDOISES.

Nous possédons en France plusieurs gisements de cette pierre schisteuse qui fournit les ardoises employées à la couverture des bâtiments. Les contrées qui donnent la meilleure ardoise sont l'Anjou, qui en fournit pour plus de deux millions; la Bretagne, les Ardennes, la Corrèze, la Seine-Inférieure, le Dauphiné. Celle d'Angers est réputée la meilleure parce qu'elle est très-fine, très-dure, peu hygrométrique, et qu'elle se présente en feuillets minces et légers.

L'exploitation des ardoises est représentée à l'exposition par la Société des ardoisières d'Angers, par la Société de Rimogne et M. Debry de Montlarmé, tous deux du département des Ardennes. La compagnie des ardoisières de Rimogne emploie une machine à vapeur et trois machines hydrauliques d'une force de 40 chevaux; elle occupe plus de 300 ouvriers, et produit annuellement 27 millions d'ardoises. Elle fait usage d'une machine très-simple et très-ingénieuse de l'invention de M. Moreau, au moyen de laquelle on obtient des ardoises bien supérieures pour la régularité à celles qu'on fait à la main.

MEULES.

C'est de La Ferté-sous-Jouarre, petite ville du département de Seine-et-Oise, que sortent les meules de moulins les meilleures et les plus estimées. Elles s'extrayent de bancs siliceux qui règnent dans un rayon de plusieurs lieues alentour. La réputation de ces meules est telle que les Anglais et les Américains entretiennent des agents à La Ferté-sous-Jouarre pour leur en faire des expéditions.

L'adoption de la méthode anglaise dans la mouture des grains a modifié le mode d'exploitation des meules. Lorsque le rhabillage de la meule n'était pas encore une science soumise à des règles géométriques, les meules de six pieds pour la mouture française se composaient souvent d'un seul bloc, ou quelquefois de deux ou trois morceaux au plus, pour lesquels on préférait une structure poreuse. Aujourd'hui, les meules n'ont que 1 mètre et quart; elles sont faites de morceaux qui présentent le grain le plus homogène, le plus plein, le plus serré, qu'on lie ensemble avec du plâtre, et dont les joints sont taillés au burin avec la régularité la plus parfaite. C'est dans cet état que les meules sont livrées à la meunerie.

Trois industriels de La Ferté-sous-Jouarre ont exposé des meules : ce sont MM. Gueuvin Bouchon et Cie, Roger fils, Naylies et Cie.

MM. Gueuvin Bouchon et Cie, sont ceux qui ont donné la plus grande impulsion à cette fabrication. Ils occupent 4 à 500 ouvriers, produisent annuellement 700 meules et environ 100 mille carreaux de diverses qualités et dimensions qui servent à en composer. Ils dressent les meules à la mécanique. Ils livrent depuis quelque temps des meules dites aérifères, de l'invention de M. Train, dont la disposition permet de faire circuler l'air froid sous les meules, afin d'empêcher des échauffements qui altèrent souvent la qualité des farines. Ces meules ont ordinairement 1 mètre 30 de diamètre.

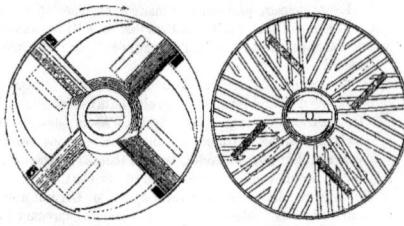

Plan du dessus. — Plan de la taille.

Les meules aérifères présentent les dispositions suivantes : quatre orifices, partant à peu près du centre de la meule jusqu'à une distance de 14 centimètres de la feuillure, et percés en pente, sont pratiqués dans toute l'épaisseur de la pierre. La meule est armée, à son centre, d'un œillard en fonte, de la forme d'un cône renversé, et à sa partie extérieure, d'un cercle en fer dépassant de 20 centimètres environ le bord supérieur de cette meule; des plaques de tôle sont fortement rivées sur l'œillard de fonte et le cercle de fer, les unes inclinées de 45 degrés au-dessus des orifices, les autres formant des quarts de cercle perpendiculaires au grand cercle, et servant à conduire l'air qui vient forcément s'engouffrer dans les orifices. Il s'établit, au moyen de ces dispositions, un courant d'air qui est produit par la rotation même de la meule.

M. Roger fils a exposé sous le même nom de meules aérifères, des meules dans lesquelles il s'est proposé le même but, mais dont la disposition n'est pas la même.

La société Naylies et Cie, propriétaire des carrières du bois de la Barre exploite par elle-même et confectionne toute sorte de meules françaises, celles dites *anglaises* et autres petites meules pour les broyeurs de couleurs, amidoniers, etc. Cette société a exposé des meules à *courant d'air froid* qui obtiennent à peu près le même résultat que les meules aérifères, et qui peuvent être à volonté et sans perte de temps disposées avec courant d'air et sans courant d'air. Ces meules sont de 30 fr. seulement plus chères que les meules ordinaires.

On voit figurer à l'exposition plusieurs machines à rhabiller les meules, entre autres celles de M. Dard fils, de Paris, et de M. Touaillon, de Saint-Denis. Ces deux machines reposent sur le même principe : elles se composent d'un support dressé sur toute sa longueur, et sur lequel se promène, à l'aide de la main, un chariot traversé d'une vis, qui sert à l'espacement des coups, au moyen d'une série de crochets ou diviseurs, qui porte plus ou moins de branches. On trace ainsi sur la meule des lignes parallèles également espacées, en assemblant par bout les coups de marteaux, de manière à laisser croire qu'elles sont faites à l'aide d'une règle et d'un diamant.

M. Camus fils a exposé des marteaux à rhabiller les meules, dont toute la meunerie de Paris connaît la supériorité.

Nous ne quitterons pas l'article des meules sans mentionner les brunissoirs, lissoirs et molettes d'agates, à l'usage des doreurs, reliurs, papetiers, etc., qui sont exposés par M. Hutin et par M. Celis, tous deux de Paris. Ces industriels se livrent au travail des jaspes, agates, calcédoines, hématites, etc.; ils ont contribué à nous affranchir du tribut que nous avons longtemps payé à l'Allemagne pour les importations de ces objets.

Citons encore les meules artificielles en silex et les pierres plates en émeri, exposées par MM. Perrot et Malec, de Paris, qui sont destinées aux remouleurs, couteliers, fourbisseurs, etc. L'homogénéité de résistance et la rareté des gisements des grès convenables donnent à ces produits une assez grande importance.

COMBUSTIBLES FOSSILES.

Il y a plusieurs siècles qu'on emploie la houille à Liége et à Newcastle. On ne s'en servit que plus tard en France. En 1520, la Faculté de Médecine de Paris, consultée au sujet de l'emploi que l'on commençait à faire des houilles anglaises dans cette capitale, déclara que, moyennant certaines précautions pour éviter les inconvénients de la fumée, ce combustible ne pouvait pas nuire à la salubrité publique. Trente ans après, une ordonnance rendue à Paris à l'occasion d'une maladie épidémique, défendit aux maréchaux, cloutiers de prison et d'amende, d'employer le charbon de terre ou de pierre dans leurs ateliers. Mais bientôt les préjugés disparaissent, et l'on encourage l'exploitation du nouveau combustible. Henri IV l'exempte de la redevance du dixième, due au souverain en vertu du droit régalien. Louis XIV la protège en établissant un droit sur les houilles importées de l'étranger. Cependant au moment de la révolution, la consommation de toute la France en charbon de terre ne s'élevait encore qu'à 4 millions et demi de quintaux métriques, dont près de la moitié était fournie par l'importation. Il fallait l'impulsion du grand mouvement industriel que la révolution donna à la France pour le faire adopter dans l'ensemble de la production.

L'influence du charbon de terre sur le développement de l'industrie et sur la richesse des états est aujourd'hui généralement appréciée. Tout le monde sait que ce combustible est devenu l'un des principaux agents de l'industrie manufacturière; qu'il dégage, à poids égal, plus de chaleur que le bois et la tourbe; qu'il produit une lumière à la fois vive et pure par la combustion du gaz qu'il recèle; qu'il est éminemment propre à créer des forces motrices dans les lieux où il n'en existe pas de naturelles. Si l'on dressait une liste des divers peuples suivant la quantité de houille qu'ils consomment, on trouverait que ceux qui en font le plus grand usage sont également ceux qui marchent en tête de l'industrie et de la civilisation.

Notre industrie houillère n'a rien envoyé à l'exposition; mais si elle ne figure pas en échantillons, qui seraient dénués d'intérêt, elle est représentée en réalité par toute cette masse de métaux et d'objets fabriqués qui n'auraient pu être produits sans son secours; c'est en elle que se résument la plupart des progrès industriels; aussi lui accorderons-nous une place dans cette revue, destinée à constater d'une manière complète le développement de la production nationale.

Les documents officiels les plus récemment publiés établissent que nous avons consommé près de 30 millions de quintaux métriques de houille en 1841. La quantité de bois que nous consommons en combustible végétal est estimé à 45 millions de stères pesant 130 millions de quintaux métriques. Partant de ce fait démontré que la houille possède à poids égal le double du pouvoir calorifique du bois, on trouve que sur la quantité totale de chaleur dépensée dans tout le royaume pour les usages domestiques ou pour les besoins de l'industrie, la houille en fournit deux cinquièmes, et le bois trois cinquièmes. On peut donc prévoir que d'ici à peu d'années la consommation de la houille sera, sous le rapport de la quantité de chaleur fournie, égale à la consommation du bois. Il importe de remarquer que le bois est le produit de 8 millions 500 mille hectares de forêts, c'est-à-dire d'une surface égale à seize fois la superficie du terrain houiller, qui reste d'ailleurs toujours consacrée aux cultures agricoles.

Le tableau suivant montrera la progression de la consommation de la France en charbon de terre depuis vingt ans.

Années	Production indigène. quint. mét.	Importation. quint mét.	Consommation déduction faite de l'exportation.
1815	8,813,000	2,493,000	11,121,000
1820	10,936,000	2,809,000	13,481,000
1825	14,913,000	5,086,000	19,945,000
1830	18,626,000	6,372,000	24,959,000
1835	25,064,000	7,931,000	32,782,000
1840	30,033,000	12,906,000	42,367,000
1841	34,101,000	16,191,000	49,798,000

On voit, d'après ce tableau, que si la production indigène a quadruplé depuis 1815, l'importation des houilles étrangères a augmenté dans l'énorme proportion de 1 à 7.

La France possède 46 bassins houillers d'une étendue variable. On y comptait 392 mines de houille concédées, dont 236 étaient en exploitation. La surface des concessions embrassait plus de 432 mille hectares. On y avait pratiqué 670 puits et 363 galeries. Le maximum de profondeur auquel on était parvenu était de 479 mètres (mines d'Anzin). Le service des mines se faisait à l'aide de 146 machines mues par des chevaux, et de 388 machines à vapeur d'une force totale de 9,667 chevaux. Près de 30 mille ouvriers y étaient employés. L'extraction s'était élevée à 31 millions de quintaux métriques estimés à une valeur de 33 millions au prix moyen de 0,97 cent. le quintal métrique. Cette valeur triplait ou quadruplait sur les lieux de consommation.

Sur la production de 34 millions de quintaux métriques de houille, le bassin de la Loire en fournit à lui seul plus du tiers, le bassin de Valenciennes plus du quart. Viennent ensuite dans l'ordre de l'importance des extractions, les bassins du Creuzot et de Blanzy (Saône-et-Loire), d'Alais (Gard), d'Aubin (Aveyron), d'Epinac (Saône-et-Loire), etc.

Sur l'importation des 16 millions de quintaux métriques, il y en a dix qui nous viennent de la Belgique, quatre de l'Angleterre et deux de la Prusse.

On ne saurait trop le répéter, les exploitations nationales ne craindraient, en aucune façon, la concurrence des exploitations étrangères, elles pourraient fournir presque entièrement à notre consommation, si on leur donnait les moyens de faire arriver aussi facilement leurs produits sur les lieux de consommation. Elles extraient à aussi bon compte, et elles vendent la houille à aussi bon marché sur le carreau. Ce qui leur manque, ce sont des voies économiques pour leurs débouchés. La question des houilles n'est aujourd'hui, à proprement parler, qu'une question de transport. Cela est si vrai, que la houille qui se donne pour 50 ou 60 centimes sur le carreau des mines, se vend jusqu'à 3 et 4 francs dans les grands centres de consommation.

Voici dans quel état la question se présente aujourd'hui. Les houilles belges, placées à notre porte, trouvent la ligne de navigation la plus parfaite de tout le territoire pour se répandre dans le Nord et se rendre à Paris. Les houilles anglaises sont en contact avec des canaux et des rivières, qui les portent à l'Océan, de telle sorte qu'elles arrivent à l'embouchure de nos fleuves, et qu'elles peuvent les remonter sans frais de transbordement. Nos houilles, au contraire, ne peuvent atteindre le littoral ou les points de grande consommation, comme Paris, qu'à l'aide d'une navigation difficile et coûteuse sur des rivières qui manquent d'eau, ou sur des canaux grevés des droits les plus exagérés. Ce que demandent nos houillères, c'est qu'on les mette à même de pouvoir se présenter sur les marchés dans les mêmes conditions que les exploitations belges et anglaises. Tant que la Loire, l'Yonne et la Seine ne seront pas améliorées; tant que le canal de Bourgogne, le canal latéral à la Loire, les canaux de Briare et de Loing, continueront à percevoir des droits énormes, il leur sera impossible de soutenir une lutte aussi inégale. Qu'on leur donne, au contraire, des rivières régulièrement navigables, des canaux qui ne chôment pas trop longtemps et qui ne réclament que des droits modérés, et elles marcheront sûrement à la conquête de la presque totalité de la consommation nationale.

Le capital, représenté par nos mines de houille, a subi un accroissement beaucoup plus rapide et plus considérable que celui des bois. Ce fait provient de ce que les usages des diverses qualités de houille se sont considérablement étendus, tandis que ceux du bois sont restés stationnaires. La fabrication du fer à la houille prend surtout un développement qui semble devoir transformer presque toute cette industrie. Pour exemple de cet accroissement rapide de la valeur de nos exploitations, nous citerons le bassin de Saint-Étienne et Rive-de-Gier. A l'époque où le chemin de fer de Saint-Étienne à Lyon, n'était pas encore livré à la circulation, en 1831, on proposa à une de nos premières maisons de banque d'acquérir la réunion de toutes les mines du bassin pour constituer une compagnie unique; le prix d'acquisition était porté à 25 millions, et ce prix fut jugé trop considérable. Aujourd'hui, ce même bassin, représente une valeur de 65 millions, et c'est sur ces bases que se réalisent en ce moment les réunions partielles des compagnies. Les houillères de Saône-et-Loire, du Gard, etc., présentent un accroissement encore plus considérable, en raison des découvertes dues à une exploration mieux entendue des bassins.

La science de l'exploitation a en effet réalisé assez de progrès pour qu'on puisse lui attribuer, en grande partie, l'accroissement du capital que représente notre richesse minérale. Ainsi, dans les houillères du centre et du midi, autrefois,
on exploitait les puissantes couches de houille en réservant, pour soutenir les excavations, des piliers qui amenaient l'abandon d'au moins la moitié du gîte; aujourd'hui, dans la plus part de nos bassins, des méthodes perfectionnées sont suivies, méthodes qui permettent l'enlèvement presque complet des couches. Dans le vaste et riche bassin de Saint-Étienne et Rive-de-Gier, on adopte presque généralement la méthode par remblais, qui consiste à remplacer le charbon enlevé, par des roches stériles recueillies dans la mine même ou jetées du dehors. Dans le bassin de Saône-et-Loire, une méthode de dépilage bien conçue et habilement conduite, a permis d'obtenir des résultats non moins remarquables. Le bassin du Gard (Grand'-Combe), en jouissance depuis trois ans de son chemin de fer, fait une guerre active aux importations anglaises. Enfin, sur la plupart des marchés de grande consommation, le prix des houilles a baissé d'une manière notable.

Les exploitations du groupe de Rive-de-Gier, ont été un instant menacées d'une véritable destruction. Les mines étant très-voisines les unes des autres, et communiquant fréquemment entre elles, soit par les ateliers souterrains, soit par les fissures du sol, l'inondation les menaçait et les envahissait successivement de proche en proche. On a cherché longtemps à combattre ce fléau en essayant de réglementer les exploitations, mais les mesures venaient échouer contre des rivalités fâcheuses, et l'on a reconnu qu'on ne pouvait sauver le bassin houiller qu'à l'aide d'un système d'épuisement commun largement conçu, et dirigé dans des vues d'ensemble. Un projet de loi voté en 1838, a pourvu à ce cas exceptionnel, et l'on voit aujourd'hui fonctionner à Rive-de-Gier une machine d'épuisement de 400 chevaux, établie sur le modèle des machines du Cornouailles, et qui est la machine fixe la plus forte que nous ayons en France.

L'introduction des machines d'épuisement dans le système de celles du Cornouailles, est un des progrès qui méritent le plus d'être signalés dans l'exploitation des houillères. Ces machines sont construites dans de telles conditions, qu'elles font trois fois plus de travail avec la même quantité de combustibles que les machines ordinaires à élever l'eau. Elles sont à simple effet, à détente et condensation, et munies d'un système de distribution remarquable à la fois par la construction ingénieuse des soupapes et par l'emploi des cataractes qui permettent de régler à volonté le nombre des coups de piston de la machine dans un temps déterminé. La première machine établie en France, d'après ce système, a été construite dans les anciens ateliers de Chaillot, sous la direction de M. Edwards pour les houillères de Bruille (Nord). On en a établi plusieurs des dernières années, aux mines de Blanzy (Saône-et-Loire), dans celles du Creuzot, et dans les exploitations du Nord.

Le bassin du nord est celui de tous nos bassins houillers qui présente l'exploitation la plus remarquable, parce qu'établie sur une plus grande échelle, elle est dirigée avec le plus d'ordre et desservie par les moyens les plus puissants. Cette exploitation offrait de grandes difficultés par suite des niveaux d'eau à traverser, de la profondeur des travaux et du peu d'épaisseur des couches. Il a fallu à la fois beaucoup de persévérance et beaucoup de capitaux pour les surmonter. La compagnie d'Anzin a montré tout ce qu'on pouvait faire à l'aide de grandes concessions, dans une contrée où la houille est difficile à extraire. Elle a fait des travaux immenses, elle a, en quelque sorte, bâti la ville de Denain, elle a creusé des canaux, construit des chemins de fer, élevé des ateliers de construction de machines, donné naissance à des industries nombreuses qui sont venues se grouper autour de ses puits et de ses chantiers.

La France, outre ses mines de houille, possède des mines de lignites, c'est-à-dire des gisements de combustibles fossiles d'une époque beaucoup plus récente, et qui ont conservé le tissu ligneux à un tel degré, qu'on peut reconnaître sur beaucoup de fragments la nature des bois constituants. Ce sont de véritables forêts fossiles qui diffèrent des gîtes houillers par une accumulation plus circonscrite et moins bien stratifiée. La production des mines de lignites a été de plus de 1 million de quintaux métriques en 1841. La moitié provient du département des Bouches-du-Rhône.

Enfin nous avons encore des tourbières, qui forment des couches les plus souvent superficielles, et qui représentent le combustible fossile le plus récent. L'extraction annuelle des tourbes s'élève à plus de 5 millions de quintaux métriques. Elle occupe un grand nombre d'ouvriers ; c'est surtout dans les départements de la Loire-Inférieure, de l'Isère, du Doubs, du Pas-de-Calais, de la Somme et de l'Aisne que la tourbe est exploitée. Elle alimente diverses industries importantes telles que sucreries, distilleries, teintureries, chaudières à vapeur, fours à chaux et à plâtre, forges, etc,

BITUMES.

L'emploi des bitumes n'est pas une industrie nouvelle. Les anciens ont appliqué à différents usages l'asphalte provenant de la mer Morte ou lac Asphaltite, situé dans la Judée, à l'endroit où l'Écriture place les villes de Sodome et de Gomorrhe, qu'elle nous représente comme ayant été détruites par une pluie de soufre et de feu. On commença à exploiter, à l'époque du règne de Louis XIV, la mine d'asphalte du Val-Travers, près Neufchâtel, en Suisse, qui a été reprise il y a quelques années. On en extrayait du goudron minéral.

Il existe plusieurs mines de substances bitumineuses en France. On sait avec quelle fureur la spéculation s'était portée en 1838 sur cette industrie. La crise qui s'en est suivie a passé, et si l'emploi des bitumes n'a pas acquis cette extension prodigieuse que les spéculateurs avaient rêvée, il a pris néanmoins un développement notable, et il sera toujours appliqué avec succès dans certaines constructions.

Deux exploitations se placent à la tête de l'industrie des bitumes : celles de Seyssel et de Lobsann. Toutes deux figurent à l'exposition.

L'exploitation des bitumes qui se fait à Pyrimont, canton de Seyssel (Ain), remonte à une époque déjà ancienne. Le comte de Sassenay avait commencé à lui donner une certaine extension. Elle s'accrut notablement sous la direction de M. Coignet, qui avait envoyé des produits à l'exposition de 1859. Cette année elle se présente sous le nom de M. Dumény, et nous montre de nouveaux échantillons des mastics qu'elle compose en dissolvant les calcaires asphaltiques dans du bitume pur.

L'exploitation de Lobsann (Bas-Rhin) continue à exposer sous le nom de M. Dournay des morceaux d'asphalte, de sable et de calcaire asphaltique. Le gisement dont elle tire ces substances minérales est une masse puissante de calcaire asphaltique, qui sert de toit ou de recouvrement à une mine de molasse bitumineuse ou de goudron minéral bisasphaltique plus ou moins riche, et souvent à peine ou légèrement sableux. Elle a surtout développé ses travaux d'application dans l'est de la France, à Strasbourg, Metz, Nancy, etc. Elle exporte également une partie de ses produits.

M. Debray a exposé des échantillons de bitume provenant de la mine de Bastennes, près Dax (Landes). La mine qu'on y exploite est un banc de roche noire, extrêmement dure, dont on retire le bitume en faisant fondre les pierres dans des fours disposés près du gisement. Cette mine n'occupe pas moins de 400 ouvriers. Ses produits sont très-estimés. Une bonne partie vient à Paris, où elle sert à la composition des mastics bitumineux. Il s'en exporte aussi à l'étranger.

Nous possédons une autre mine de bitume liquide ou pétrole, qui n'a rien envoyé à l'exposition, celle de Lampertsloch, dans le Puy-de-Dôme. Le bitume liquide qu'elle produit est surtout employé au graissage des roues hydrauliques et des essieux, et au goudronnage des câbles.

On a fait beaucoup d'essais pour employer le bitume sur la voie publique. Ceux qui ont été tentés sur la partie de la voie consacrée aux voitures n'ont pas été heureux jusqu'ici. On a espéré un moment réussir en fabriquant dans des moules de fonte des pavés factices avec des fragments de quartz soudés au moyen d'un mastic bitumineux ; mais il est arrivé que, le bitume s'usant plus vite que les morceaux siliceux, la surface n'a bientôt présenté qu'un aspect raboteux insupportable ; il a fallu détruire ce mode de pavage qui a disparu. D'autres tentatives se pratiquent encore. Ce sont des bois ou des pavés de grès qu'on imprègne de bitume. L'expérience n'a pas encore prononcé sur ces nouveaux essais.

L'emploi des bitumes a beaucoup mieux réussi dans la construction des trottoirs consacrés aux piétons. Le granit et la lave d'Auvergne ont été longtemps les seuls matériaux admis dans la construction des trottoirs. La porosité hygrométrique de la lave, jointe au peu d'homogénéité de sa composition, a définitivement amené l'abandon des matériaux d'Auvergne. Le granite resterait donc seul autorisé dans la construction des trottoirs, si un essai tenté sur le Pont-Royal il y a huit ou neuf ans, n'eût fait reconnaître la possibilité de les établir en bitume. De grands travaux de dallage furent exécutés avec les matières bitumineuses sur les contre-allées des boulevards, et à partir de 1837, les mastics asphaltiques furent admis concurremment avec le granite pour la construction des trottoirs des rues de Paris.

Le granite est la pierre la plus résistante et celle qui offre le plus d'éléments de durée ; mais il pêche par la perméabilité des joints ; de plus, il coûte fort cher, 25 francs par mètre carré. Les mastics bitumineux ont l'avantage de former des revêtements sans un seul joint, et de ne coûter que le tiers du dallage en granite ; mais ils durent beaucoup moins. On a calculé que, dans l'hypothèse d'une grande fatigue, le granite n'offre qu'une usure insignifiante, tandis qu'un dallage en bitume ne dure guère plus de six ou sept ans. Le granite paraît surtout convenir dans les trottoirs des rues ordinaires ; le bitume dans les dallages des boulevards, des grandes rues, des places publiques et des esplanades. On a essayé d'employer les goudrons en concurrence avec le bitume minéral, mais ils sont abandonnés aujourd'hui, et le bitume minéral est seul employé dans les travaux publics.

Parmi les objets envoyés à l'exposition qui présentent un emploi nouveau du bitume, on remarque les tuyaux de MM. Chameroy et Cie. Ces tuyaux, dont l'intérieur est en tôle mince avec emmanchement à vis en zinc, sont recouverts d'une couche épaisse de mastic bitumineux. Ils paraissent être d'un bon usage. M. Legoux, de Bayeux (Calvados), a exposé des tuyaux, gouttières, et des lames de parquet en pierres infiltrées de matières bitumineuses. MM. Lasserre frères, de Paris, se servent également du bitume dans la fabrication de carreaux de dallage pour les appartements.

MM. Dournay et Cie, de Lobsann, emploient une partie du bitume qu'ils exploitent non seulement à faire des dallages, des caisses et des tuyaux, mais à préparer des papiers imperméables, presque aussi souples que les papiers ordinaires, pour les couvertures et pour l'emballage.

MÉTAUX.

Le seul métal que la France produise aujourd'hui en quantité notable, c'est le fer.

La France minérale eut, dans le courant du dix-huitième siècle, une période de grande activité. A cette époque, les gîtes des environs de Sainte-Marie-aux-Mines, ceux de Giromagny et de Plancher-aux-Mines, dans les Vosges, de Poullaouen et de Pontpéan, en Bretagne, des montagnes de l'Oisans, dans les Alpes, les filons si nombreux de l'Auvergne et des Cévennes donnaient lieu à des extractions importantes de minerai de cuivre, de plomb et d'argent. Malheureusement, tous ces travaux, brillants dans leur début, furent conduits sans prévision; rien ne fut entrepris pour faciliter l'exploitation de l'avenir; et lorsque l'approfondissement, l'abondance des eaux, l'appauvrissement des gîtes eurent rendu les travaux plus difficiles et moins fructueux, ces mines furent successivement abandonnées. C'est à peine si celles de Vialas et Villefort, dans la Lozère, de Poullaouen dans la Bretagne, de Pontgibaud dans le Puy-de-Dôme, rappellent encore cette période de production qui renaîtra difficilement.

Aujourd'hui nous tirons tout le cuivre dont nous avons besoin de l'Angleterre et de la Russie; le plomb nous vient en grande partie de l'Angleterre et de l'Espagne; l'étain nous est fourni par l'Angleterre et les Indes; le zinc nous est envoyé par la Silésie et par la Belgique. Nous nous bornons à les mettre en œuvre et à les approprier aux divers usages industriels.

Le fer est le métal par excellence. Le fer et la houille sont les deux grands éléments de tout le système industriel. On ne peut faire un pas sans rencontrer un emploi du fer. On le trouve partout à l'état de fonte, de fer forgé, de tôle, de fil, d'acier, affectant toujours des formes nouvelles; tantôt s'élançant en piliers et en colonnes, tantôt rampant sous terre pour conduire l'eau ou le gaz, tantôt s'étendant, suivant de longues files de rails, se dessinant en machines, se pliant à tous les caprices de la mode, à toutes les combinaisons de l'ingénieur. Plus le prix du fer s'abaisse, plus l'usage s'en multiplie, plus on trouve à l'appliquer à des usages auxquels on n'eût pas songé jadis.

C'est surtout dans les constructions que l'emploi du fer a pris un immense développement. Sans la fonte et le fer, il n'eût pas été possible d'établir ces boutiques aérées, ces cages de verre si élégantes, si propices à l'étalage des marchandises, qui, malgré leur légèreté apparente, supportent cependant l'énorme charge de cinq ou six étages de pierre. Ce seul exemple suffit pour montrer quel parti on peut tirer du fer dans les édifices, et quelle révolution il peut amener dans l'architecture.

Le temps viendra, dit M. Jobard emporté par son imagination, le temps viendra où personne ne croira sa fortune et sa vie en sûreté ailleurs que dans une maison de fer : Sûreté contre les tremblements de terre et contre les effractions, facile échauffement par des conduits de vapeur ou d'air chaud ménagés dans les murs et dans les planchers, absence de dégradation, suppression des couvreurs et des plombiers, durée perpétuelle par la peinture galvanique, élégance et richesse dans les façades, et diminution considérable dans les frais d'entretien; tels sont les principaux avantages d'un logement en fer, sans compter que l'on gagnerait toute l'épaisseur des murs, qui dans les villes, emporte le huitième de l'espace habitable. Ajoutez à cela que ces maisons seraient faciles à démonter et à transporter sur un autre emplacement, et même dans une autre ville où les canaux, les chemins de fer vous permettraient d'aller planter vos lares. Semblable au prévoyant escargot, chacun porterait sa maison avec soi; les Anglais qui emportent déjà leurs voitures et leurs chevaux, seront les premiers à voyager avec leurs maisons, pour aller passer quelque temps à Naples, à Venise, à Constantinople, etc.; car il viendra un temps où les classes fortunées déjà travaillées par l'absentéisme, deviendront nomades. A la moindre contrariété éprouvée dans un pays, on en cherchera un autre en emportant ses pénates en fer. Les maisons conserveraient dans tous les temps la valeur vénale du fer, avantage dont ne jouissent pas celles en briques et en mortier. N'êtes-vous plus satisfait de l'architecture de votre habitation, vous pourrez la faire refondre dans un autre style, et passer de l'égyptien au grec, du gothique à la renaissance, du moresque au chinois, et de l'arabe au rococo!

Sans aller aussi loin, il est permis de croire que l'emploi du fer doit avoir des conséquences importantes pour le mode de construire, et même sous le rapport de l'art. La pierre, douée d'une force de cohésion infiniment moindre que celle du fer, ne s'adapte bien qu'aux constructions massives. Dans l'architecture dentelée du moyen âge, dans ces clochers à jour, ces pilastres aériens, ces balustrades évidées, c'était véritablement un tour de force que d'employer la pierre à de semblables travaux. Ces formes élégantes, sveltes, déliées, vaporeuses, sembleraient mieux convenir à une matière possédant une grande force de résistance sous un petit volume, comme le fer. Les quelques essais qui ont été faits pour appliquer la fonte et le fer à des constructions gothiques, n'ont pas, il est vrai, été très-heureux jusqu'ici. On a souvent comparé le clocher de la cathédrale de Rouen, à une cage à poulet. Mais c'est qu'on ne pouvait espérer de trouver de prime abord les formes, les combinaisons, les conditions nouvelles auxquelles l'architecture métallique doit s'adapter. On a tiré tout le parti possible de la pierre. On ne peut guère maintenant faire du neuf qu'en employant des matériaux nouveaux. Le fer paraît être l'élément de cette révolution de l'art; mais il faut trouver les lois et déterminer les règles qui doivent présider à son emploi.

FONTE ET FER.

L'industrie du fer paraît être très-ancienne en France. Des documents authentiques établissent qu'avant le commencement de l'ère chrétienne, les usines à fer des Gaules avaient déjà acquis une grande importance. Jules César, dans le récit qu'il fait du mémorable siège de Bourges (Avaricum), mentionne particulièrement l'habileté avec laquelle les assiégés pratiquaient des galeries souterraines pour miner la terrasse élevée par les Romains; il ajoute que les habitants avaient acquis cette habileté en exploitant les grandes mines de fer de la contrée. Strabon, qui ne parle que dans une énumération très-succincte des peuples habitant l'occident de la Gaule, entre la Loire et la Garonne, y signale explicitement l'existence d'usines remarquables destinées à fabriquer le fer, et exploitées par les habitants du Berry et du Périgord.

La production du fer n'avait pris sous l'ancien régime qu'un développement proportionné aux besoins d'une industrie peu avancée. C'est surtout sous l'empire qu'elle s'étendit. A cette époque, et pendant une longue série d'années, la guerre donna à nos forges l'approvisionnement exclusif du pays. Quand la paix amena la reprise des relations commerciales, la Suède et surtout l'Angleterre avaient fait de tels progrès, qu'on dut établir des droits considérables sur les fers étrangers pour conserver le marché national à nos usines. L'industrie, à l'abri de ces tarifs protecteurs, ne fit peut-être pas sous les premières années de la restauration, tous les efforts qu'on pouvait attendre d'elle pour perfectionner ses procédés. Mais la concurrence intérieure ne tarda pas à stimuler la fabrication; les usines se multipliant, il leur fallut se disputer le marché, et l'industrie entra dans une nouvelle ère d'amélioration.

Les chiffres suivants montreront les progrès de la production de la fonte et du fer pendant ces dernières années :

	FONTE. q. m.	FER. q. m.
1825	1,983,000	1,433,000
1830	2,663,000	1,484,000
1835	2,947,000	2,093,000
1840	3,477,000	2,373,000
1841	3,771,000	2,637,000

Ces chiffres prouvent que la production a doublé dans l'espace de ces quinze années.

Si l'on compare la production du fer en France, à ce qu'elle est dans les autres pays, on trouve les chiffres suivants :

	FONTE. q. m.	FER. q. m.
Angleterre (1842)	12,100,000	»
Russie (moyenne de 1835 à 1838)	1,890,000	1,027,000
Suède (1839)	1,151,000	872,000
Prusse	1,116,000	734,000

On voit que l'Angleterre produit près de quatre fois plus que la France, mais que la France produit encore beaucoup plus que les autres états.

Le nombre des mines et des minières de fer en France, est de 2,464 (chiffre officiel de 1841). Leur superficie est de plus de 100 mille hectares. Elles occupent douze mille ouvriers. Elles produisent 25 millions de quintaux métriques de minerai.

Le traitement de ces minerais s'opère dans 573 hauts-fourneaux, dont 468 étaient en activité en 1841. Sur ces 573 hauts-fourneaux, il y en a 519 qui marchent au charbon de bois ou au bois, 11 au charbon de bois et au coke mélangé, 43 au coke seul ou mélangé de houille. On a vu dans le tableau ci-dessus, que la production totale de la fonte s'est élevée en 1841, soit en fonte de moulage, soit en fonte d'affinage, à 3,771,000 quintaux métriques; 2,920,000 provenaient du traitement au combustible végétal; 851,000 du traitement au combustible minéral. La production à la houille a presque doublé depuis 1835; elle ne représentait alors qu'un huitième de la production totale; elle y entre aujourd'hui environ pour un quart.

La conversion de la fonte en gros fer s'effectue dans des usines variées. Elle a produit 2,637,000 quintaux métriques de gros fer en 1841. Sur cette quantité produite, 1,468,000 quintaux métriques, ou plus de la moitié, avaient été fabriqués à la houille, soit par le procédé champenois qui étire au marteau, soit par le procédé anglais qui étire au laminoir.

Aussi le quart de la fonte et plus de la moitié du fer se fabriquent aujourd'hui à la houille.

Parmi les nouveaux procédés qui ont été appliqués depuis quelques années, il en est trois qui méritent d'être signalés. Ce sont : l'emploi de l'air chaud; la substitution du bois vert desséché ou torréfié au charbon de bois; l'application des gaz des hauts-fourneaux à l'affinage de la fonte et à sa conversion en fer.

On sait que l'emploi de l'air chaud a été importé d'Angleterre; il ne s'est pas généralisé dans toute la Grande-Bretagne; il ne s'est pas non plus généralisé en France, où cependant il s'est répandu, puisque sur 573 hauts-fourneaux, 121 ou près du quart s'en servent aujourd'hui.

L'emploi de l'air chaud a été assez expérimenté pour qu'on puisse avoir actuellement une opinion sur ses avantages et ses inconvénients. Dans les hauts-fourneaux au charbon de bois, il procure une économie de combustible; il imprime surtout plus de régularité à la marche, mais il modifie sensiblement la qualité de la fonte en la rendant plus fusible, et lui enlevant de la ténacité; c'est ce qui fait qu'il paraît devoir être abandonné dans les hauts-fourneaux au bois qui sont destinés à produire de la fonte de forge, et adopté au contraire dans les hauts-fourneaux consacrés aux moulages de première fusion. Il est aussi appliqué avec succès dans les hauts-fourneaux qui marchent, soit au bois vert ou au bois torréfié, soit au charbon de bois et au coke mélangé, parce qu'il remédie aux irrégularités résultant du peu d'homogénéité des combustibles employés. Dans les hauts-fourneaux au coke, il paraît également réussir en général, et il est fréquemment employé.

On trouve en consultant les documents officiels, que sur 468 hauts-fourneaux au charbon de bois, 46 seulement ou le dixième fonctionnent à l'air chaud; que sur 54 au bois vert ou torréfié, il y en a 39 qui s'en servent; qu'enfin, sur 54 fourneaux au coke pur ou au coke mélangé avec du bois, il y en a 36 ou les deux tiers qui l'ont adopté.

L'emploi du bois vert, desséché ou torréfié, date également de cette dernière période décennale. Jusqu'alors le bois n'avait été employé dans les usines à fer qu'après sa conversion en charbon, quoique cette opération lui fit perdre une partie considérable des principes combustibles qu'il renferme. La carbonisation telle qu'elle est pratiquée dans les forêts, enlève au bois environ la moitié de sa valeur calorifique. Cette perte est due à deux causes, l'imperfection des procédés de carbonisation et la composition même du bois, qui est telle qu'on ne peut extraire le charbon qu'il renferme sans en perdre une quantité notable, qui se dégage avec la vapeur provenant de l'eau de combinaison. Plusieurs moyens ont été proposés à diverses époques pour améliorer la carbonisation et augmenter son rendement; mais ces procédés, n'étant pas applicables en grand dans les forêts, ou, une fois qu'ils étaient appliqués sans surveillance, ne rendaient pas plus que le procédé habituel. On a cherché alors s'il ne serait pas possible d'employer pour la fabrication de la fonte et même du fer, au lieu du charbon de bois, le bois à son état naturel, ou du moins n'ayant subi qu'une carbonisation incomplète, qui ne lui ferait perdre qu'une faible partie de sa valeur calorifique.

Des essais assez nombreux ont été faits depuis sept ou huit ans. Les uns ont introduit la pratique usuelle et journalière du bois vert; d'autres l'ont desséché; d'autres, et c'est le plus grand nombre, ont adopté un procédé consistant à opérer en vase clos au moyen de la chaleur perdue du gueulard des hauts-fourneaux, lequel fait éprouver au bois une carbonisation moins avancée que celle qui a lieu en forêt, et produit un combustible intermédiaire entre le bois desséché et le charbon de bois.

L'emploi du bois vert ou torréfié n'a pas pris tout le développement qu'on avait pu espérer. On ne compte que 51 fourneaux qui le pratiquent. Ce nombre semble même décroître en ce moment. Plusieurs causes expliquent ce résultat. La première est l'irrégularité qu'il apporte dans la marche des fourneaux ; le bois vert nous occasionne des refroidissements qui empêchent la fusion de s'opérer d'une manière normale, et le bois torréfié ne présentant jamais que des combustibles d'un degré de dessication ou de carbonisation très-variable, imprime une allure désordonnée à l'opération. Une autre cause encore plus importante s'oppose à la généralisation de ce procédé, c'est que s'il présente une véritable économie de combustible sur l'emploi du charbon, il ne présente pas toujours de l'économie en argent ; pour peu que les usines soient éloignées des forêts, il en coûte trop cher de transporter le bois vert pour en opérer la dessication par la chaleur des hauts-fourneaux. Il faudrait, pour que le procédé se répandit, que les usines allassent se placer près des bois.

Tant que les hauts-fourneaux n'ont consommé que du charbon, on a dû rechercher pour les établissements le voisinage des minières plutôt encore que le voisinage des forêts, car le minerai pèse plus que le charbon qu'il consomme ; mais le bois pesant au contraire plus que le minerai, c'est le voisinage des forêts qu'ils devront maintenant rechercher, s'ils veulent employer avec avantage le bois torréfié. D'ailleurs, un grand nombre de hauts-fourneaux se trouvent à la fois loin des minières et des forêts, obligé qu'on a été de s'en éloigner pour trouver dans un cours d'eau la force motrice nécessaire à la soufflerie. Une innovation dont le succès a été complet, l'emploi de la chaleur du gueulard pour chauffer une machine à vapeur soufflante, permet d'augmenter beaucoup, pour les usines à créer, l'économie d'argent résultant de l'emploi du bois torréfié. En effet, la force motrice des cours d'eau devient inutile ; et, autant que le permettent les minières, on peut placer les hauts-fourneaux au milieu même des coupes dont ils doivent consommer les produits. Combinée avec l'emploi du bois torréfié, cette innovation offrira de grands avantages aux usines qui s'établiront dans une position convenable ; et, sous l'influence de ces nouveaux procédés, il y aura même d'anciennes usines qui auront intérêt à se déplacer pour aller chercher une position meilleure.

Dans tous les cas, il serait bien à désirer, surtout au point de vue général de la production du fer, que ce procédé prît de l'extension, car, lors bien même qu'il ne procurerait pas une grande économie en argent, il en procurerait toujours une considérable dans la quantité de combustible. Ce qui s'en perd aujourd'hui dans l'opération de la carbonisation en forêts, permettrait, s'il était utilisé, de produire davantage avec la même quantité de bois que l'industrie du fer emploie aujourd'hui.

La troisième découverte dont nous avons à parler, consistant à affiner la fonte par la combustion des gaz échappés des hauts-fourneaux, est représentée à l'exposition par des fers mis sous le nom de fers au gaz envoyés par MM. Trayler et Huillier, et par MM. d'Andelarre et de Lisa.

Cette dénomination de fer au gaz était inconnue il y a trois ans ; aujourd'hui elle est adoptée dans le commerce, où elle indique des fers d'une qualité supérieure aux fers à la houille, et presque égale pour la plupart des usages à celle des fers au charbon de bois. Le fer au gaz est le fer fabriqué avec les gaz perdus dans les hauts-fourneaux, ou avec ceux provenant de la gazéification des combustibles de peu de valeur impropres dans leur état naturel au travail du fer. Le procédé manufacturier de la fabrication du fer par les gaz a pris naissance aux forges de Treveray (Meuse), appartenant à MM. d'Andelarre et de Lisa. Cette usine expose une série d'échantillons de fers marchands de sa fabrication courante, qui paraissent remarquables par leur bonne qualité.

Le travail du fer par les gaz a des résultats bien précieux pour la classe si importante de nos usines métallurgiques qui consomment les combustibles végétaux, usines auxquelles est due la valeur de notre sol forestier. L'affinage au charbon de bois à cause de la concurrence des fers à la houille, est déjà impossible dans le plus grand nombre des usines françaises, et il le sera tout à fait dans le reste des forges encore en activité sous un très-court laps de temps. Aujourd'hui le fer à la houille provenant de fontes au charbon de bois est un peu meilleur que le fer entièrement fabriqué à l'anglaise, et il se vend plus cher ; mais une fois le fer à la houille maître du terrain, la différence de qualité ne contrebalancera plus la différence de prix qui existe entre celui qui provient de fontes au bois et celui qui provient de fontes au coke ; le meilleur marché de l'un tend à exclure l'autre. L'emploi des gaz des hauts-fourneaux, s'il peut se généraliser, sera une ancre de salut pour ces usines. Il augmentera leur faculté de production, en même temps qu'il leur permettra de fabriquer la même quantité avec une moindre consommation de bois ; et, résultat plus important peut-être, il donnera des fers qui, pour les usages de la maréchalerie, de la taillanderie, et ceux de l'agriculture, auront conservé la supériorité des fers au bois sur les fers à la houille. On voit aujourd'hui les fers au gaz, là où ils sont connus, recherchés dans les campagnes par les maréchaux et les ouvriers qui fabriquent les outils pour l'agriculture.

La question du travail au gaz n'offre pas moins d'intérêt sous le rapport de son influence et de son action future sur le travail à la houille. Quelle que soit la source du gaz, qu'il provienne d'un haut-fourneau au coke ou générateurs alimentés par des combustibles quelconques, elle paraît devoir toujours procurer une économie, et la qualité du fer qui en résultera sera supérieure à celle des fers traités directement à la houille.

Il est encore dans le travail au gaz une économie importante que signalent les auteurs de la découverte, c'est l'économie opérée sur les déchets habituels. Il paraît qu'en travaillant au gaz ils sont diminués de moitié. Ainsi, sur ce qu'il faut de fonte pour produire aujourd'hui du fer fini, en passant par la série des opérations qui emploient le four à puddler et le four à réchauffer, il y a une réduction importante à faire, laquelle amène directement et proportionnellement une diminution dans le prix de revient de la tonne de fer fini.

Ces résultats se comprennent et peuvent même se prévoir, quand on examine le procédé du travail au gaz. Examinons comment on opère. Nous donnons ici les renseignements que les inventeurs ont bien voulu nous communiquer.

« Dans le procédé de Treveray, ce sont les gaz perdus des hauts-fourneaux, c'est-à-dire les gaz qui ont épuisé toute leur action chimique et physique sur le lit de fusion, que l'on recueille et que l'on envoie dans les fours à réverbère ; l'économie de combustible est donc réelle et complète. Les gaz sont, avant leur introduction dans les fours de travail, purifiés des matières nuisibles à la qualité du fer qu'ils peuvent contenir.

Des appareils très-simples remplissent cet objet. La fonte ne se trouve plus en contact qu'avec une flamme purifiée de toutes les matières dont la combustion des charbons en nature la souillerait. L'expérience a montré que le fer acquérait de la qualité dans ces conditions de travail. La disposition du foyer à gaz composé d'une multitude de jets d'air et de gaz chauds entremêlés, procure une très-haute température, une combustion parfaite et telle qu'on peut la désirer, puisque la manœuvre précise et sûre de simples robinets fournit le moyen de régler le feu, non-seulement dans l'intensité de sa température, mais encore dans la nature chimique de la flamme. On voit en effet qu'on a la faculté de doser les proportions d'air et de gaz suivant le besoin; d'avoir, par conséquent, des flammes neutres, oxydantes ou même réductives. Les avantages de ce foyer à gaz sont tellement sensibles pour toutes les opérations métallurgiques, et nous ne parlons pas ici simplement du travail du fer, qu'on arrivera peut-être à remplacer dans ces industries les combustibles en nature par les combustibles gazeux. Il n'y a plus, dans les fours à gaz, des quantités de chaleur perdue comme dans les fours à combustibles solides. A la suite des soles de travail sont disposés des appareils fort simples pour échauffer à une température énorme les fluides qui se brûleront dans le foyer à gaz, et y reporteront par conséquent la chaleur qui eût été perdue dans la cheminée. C'est à cette parfaite utilisation du combustible qu'est due la complication apparente d'un four à gaz. Elle n'est pas réelle, car chaque partie est d'une combinaison simple, très-peu sujette aux réparations, que, du reste, les dispositions préparées rendent promptes et faciles. D'ailleurs, n'est-il pas évident qu'un appareil plus parfait doit être composé d'un plus grand nombre d'organes qu'un appareil plus rudimentaire? Nous trouvons l'existence de cette loi parmi les êtres organisés : dans les machines elle existe encore. Nous voyons en effet que les machines à vapeur à détente variable et à condensation d'aujourd'hui sont bien plus compliquées que les machines de Newcomen. »

Le procédé de Treveray embrasse, comme on voit, la question des combustibles gazeux dans sa généralité. Il donne le moyen de convertir les combustibles en gaz à l'aide d'un appareil spécial, qui n'est autre chose qu'un petit haut-fourneau propre à fabriquer uniquement du gaz. Telle usine où les gaz du haut-fourneau ne seront pas suffisants pour élaborer les quantités de fer voulues, aura recours à ses débris de charbons ou à des tourbes, des anthracites, etc., pour former le volume de gaz nécessaire à son travail. Ce travail sera économique, et ses produits de bonne qualité, susceptibles d'être, pour la généralité des usages, comparés à ceux de l'ancienne méthode au charbon de bois.

Un système de fabrication qui touche à tant de questions théoriques et pratiques, qui dérive d'un si grand nombre d'expériences nouvelles n'a pu être ni l'œuvre d'un jour, ni l'œuvre d'une seule personne. La possibilité de produire des hautes températures nécessaires au travail du fer fut reconnue par les résultats nouveaux qu'obtinrent dès 1835 MM. Laurens et Thomas dans les applications que ces ingénieurs firent des chaleurs perdues des hauts-fourneaux à différents chauffages. Des expériences directes relatives au travail du fer ne tardèrent pas ensuite à être commencées de concert par MM. d'Andelarre et de Lisa, propriétaires des forges de Treveray, et MM. Laurens et Thomas. Ce n'est qu'après de longs et dispendieux essais que les appareils parvinrent à donner des résultats manufacturiers et à acquérir toute leur perfection.

C'est entièrement à des métallurgistes français que l'on doit la grande découverte du travail au gaz. Des essais avaient été tentés dans une forge de Wurtemberg, aux frais du gouvernement de ce pays, pour affiner la fonte au moyen des gaz des hauts-fourneaux. Il est de notoriété publique aujourd'hui que le travail au gaz n'a pas été amené à l'état manufacturier à Wasseralfingen avant qu'il n'eût été appliqué en France, et qu'il est même loin d'avoir jamais atteint le degré de fabrication industrielle et commerciale auquel Treveray est parvenu.

Le procédé allemand n'a été adopté nulle part en France; en Allemagne, il a été abandonné par les usines où il fut introduit, excepté à Wasseralfingen, cependant, qui est une *usine royale*. En France, le procédé de Treveray est adopté dans plusieurs usines qui le pratiquent avec succès et livrent des produits au commerce, et il commence à se répandre. Il faut d'ailleurs un temps assez long pour introduire dans les forges une nouvelle méthode de fabrication. De grandes dépenses viennent presque tout récemment d'être faites pour y introduire le travail à la houille : on ne peut sans cesse mettre de nouveaux capitaux dans une industrie que l'on prend plaisir à menacer des fers étrangers aussitôt qu'on y voit un mouvement de prospérité; c'est là ce qui cause l'attente et l'incertitude.

On peut tirer de tout ce que nous venons de dire des conclusions sur l'avenir de l'industrie du fer en France.

En Angleterre, où la fonte et le fer se traitent à la houille, la fabrication peut s'élever indéfiniment avec les besoins, et n'a d'autre limite que l'épuisement éloigné des houillères et des mines. Mais dans les pays comme la France, qui fabriquent une grande partie de leur fonte et de leur fer au charbon de bois, la fabrication annuelle est limitée par la production des forêts, et elle ne peut s'étendre qu'en économisant sur l'emploi de la chaleur de manière à produire davantage avec la même quantité de combustible.

La fabrication de la fonte au combustible minéral s'est beaucoup accrue; elle augmentera encore, et sa proportion, par rapport à la fabrication totale, augmentera également. Néanmoins, comme d'après la constitution géologique de notre sol, nos minerais les meilleurs et les plus abondants sont dans des contrées dépourvues de houille et assez bien boisées, la plus grande partie de la fonte française continuera toujours à être fabriquée au bois. Déjà cette fabrication a subi de nombreux perfectionnements; les dimensions des fourneaux ont été augmentées; l'emploi mieux entendu des moteurs, la meilleure construction des souffleries, l'utilisation des chaleurs perdues pour alimenter des machines à vapeur destinées à suppléer à l'irrégularité des cours d'eau, ont permis aux usines de produire davantage et à meilleur marché; tels fourneaux qui produisaient seulement 4 à 500 mille kil. de fonte au bois, produisent aujourd'hui plus d'un million. Enfin le remplacement du charbon de bois par le bois vert ou torréfié, offre un moyen d'employer une partie du calorique qui se trouve perdu dans la carbonisation en forêts.

L'opération sur laquelle il y a un changement général à espérer, est celle de l'affinage de la fonte. Cette opération se fait à la houille dans plusieurs groupes métallurgiques. On a pu croire jusque dans ces derniers temps que le procédé à la houille devait s'établir à peu près partout. Mais la dernière découverte que nous venons de signaler, consistant à effectuer l'affinage à l'aide de la combustion des gaz échappés des hauts-fourneaux, dispenserait, si elle venait à se généraliser, de l'emploi du combustible végétal ou minéral dans cette opération. Dans tous les cas, par l'application de l'un ou de l'autre de ces procédés, on parviendrait à réserver tout le bois employé aujourd'hui par l'industrie du fer, à la fabrication de la fonte seulement.

Ainsi, d'une part le charbon de bois étant remplacé par le bois vert ou torréfié, d'autre part le combustible végétal étant consacré tout entier à la fabrication de la fonte, on pourrait parvenir à doubler au moins la production avec les seules ressources que les forêts mettent aujourd'hui à la disposition de l'industrie du fer.

Nous n'avons parlé dans ce qui précède, que de l'accroissement de la production. Il nous reste à dire un mot de l'amélioration obtenue dans les prix. Les prix du fer ont toujours été en s'abaissant. Le fer martelé du Berry, pris aux usines, qui se vendait 68 francs il y a vingt ans, ne valait plus que 49 fr. en 1841 et 45 fr. en 1843. Les fers de Champagne provenant de fonte au bois, pudlés à la houille, sont tombés de 43 fr. à 32 ou 33 fr. Le prix des rails, fabriqués entièrement à la houille, est descendu à 30 fr.

La diminution du prix des fers est d'autant plus remarquable qu'elle s'est produite malgré l'augmentation survenue dans le prix du bois. Le charbon de bois a triplé de valeur depuis quinze ans. Le prix du combustible, qui entre pour un tiers dans les dépenses de la fabrication du fer, devait donc l'augmenter de 33 pour 0/0. Or au contraire il a baissé de 33 pour cent.

Il résulte de toutes ces considérations que l'industrie nationale produit actuellement tout le fer nécessaire à la consommation ; qu'avec les perfectionnements en voie d'exécution, elle pourrait doubler sa production au bois, en n'employant que la même quantité de combustible végétal ; que la fabrication à la houille va sans cesse en se développant et s'étend tous les jours ; qu'enfin les prix sont en décroissance continue et qu'ils s'abaisseront encore davantage sous la double influence de l'amélioration des procédés et de l'amélioration des voies de transport.

Les usines qui traitent le fer peuvent se diviser en trois classes principales : la première, celle qui fabrique la fonte et le fer par l'emploi exclusif du combustible minéral ; la seconde qui fabrique la fonte au charbon de bois et le fer à la houille ; la troisième qui fabrique la fonte et le fer par l'emploi exclusif du charbon de bois. C'est l'ordre que nous suivrons en parlant des usines qui ont envoyé leurs produits à l'exposition.

Les principales usines, qui emploient exclusivement la houille sont : dans le midi, celles d'Alais (Gard), de Decazeville (Aveyron), de la Loire (Loire); dans le centre, celle du Creuzot ; au nord, celles des départements du Nord et du Pas-de-Calais. Ces usines sont établies sur des bassins houillers ; mais en général elles ne trouvent pas de minerais près d'elles ou du moins elles ne trouvent qu'une partie de ceux qui leur sont nécessaires, et il leur faut en faire venir des gîtes plus ou moins éloignés. Elles sont montées sur le plan de celles d'Angleterre, avec cette seule différence que souvent on y traite aussi des fontes obtenues au charbon de bois.

Les usines à la houille ont eu beaucoup de peine à s'établir ; elles ont langui pendant plusieurs années, et elles n'ont commencé à prospérer que lorsque la construction des chemins de fer est venue ouvrir un nouveau débouché à leurs produits.

L'usine d'Alais, fondée en 1826, a eu des commencements difficiles ; le travail y avait même complétement cessé en 1834 ; vers 1836, MM. Drouillard, Benoist et compagnie, ayant affermé ce vaste établissement, y apportèrent leur expérience et leurs capitaux et lui rendirent la vie. Les usines d'Alais comprennent quatre hauts-fourneaux au coke et une grande forge dont les marteaux et les laminoirs sont mus par deux machines à vapeur, l'une de 30 chevaux, l'autre de 80 chevaux. La principale fabrication de ces usines est celle des rails pour les chemins de fer. Elles ont pensé que leurs produits étaient assez connus pour pouvoir se dispenser de les faire figurer à l'exposition.

L'établissement de Decazeville, fondé dans de si vastes proportions, jouit aujourd'hui d'une prospérité méritée après tant de mauvais jours. Il comprend six hauts-fourneaux contigus, une vaste fonderie, trois fours d'affinerie, cinquante fours à pudler ou à réchauffer, des marteaux pesant 4,000 kilog. et battant soixante coups par minute, des laminoirs pudleurs et étireurs, des laminoirs à tôle, etc. On estime que la force totale des machines à vapeur de l'usine est de 600 chevaux. La fabrication s'élève annuellement à 12 mille tonnes de fer, et incessamment on pourra la porter à 15 et même à 18 mille. Plus de deux mille ouvriers sont occupés aux divers travaux. Parmi les produits que cette usine a exposés, on remarque des plaques de tôle de 1 mètre 10 sur une longueur de 5 mètres, des fers en barre et des fers feuillards, et des échantillons des rails fournis aux chemins de fer de Paris à Orléans, de Paris à Rouen et de Paris à la frontière belge. Les premiers produits prouvent qu'on est parvenu à améliorer la qualité des fers. Néanmoins, le véritable emploi des fers de Decazeville, c'est la fabrication des rails. Ceux qu'elle fabrique se distinguent par leur ténacité et leur dureté.

Les vicissitudes par lesquelles a passé la production du fer dans le centre de fabrication de la Loire, et l'état de prospérité dans lequel elle se trouve aujourd'hui, sont un exemple de ce que peut la persévérance en matière d'industrie. Les premiers établissements créés dans la Loire pour la fabrication de la fonte au coke, furent fondés dans la prévision de la coexistence du carbonate et du minerai de fer carbonaté des houillères dans le même bassin. Mais la richesse des gîtes de ce minerai ne répondit pas aux espérances qu'on avait conçues, et il fallut recourir à des mines plus ou moins éloignées. La construction de chemin de fer de Saint-Étienne à Lyon, la meilleure fabrication du coke, les perfectionnements opérés dans le traitement du minerai et dans l'affinage de la fonte, la réduction des frais de la main-d'œuvre et des frais généraux ont permis à ces usines d'apporter des économies considérables dans leur production et d'arriver à un degré inouï de prospérité. La compagnie des forges et fonderies de la Loire, dont le centre est à Terre-Noire, a vu ses actions au capital de 5,000 francs monter à 40,000 francs. La seule usine à fer du département de la Loire qui ait envoyé des produits à l'exposition de l'industrie, est celle de Bérard-lès-Saint-Étienne, qui a exposé des fers laminés, des rails et des essieux. Nous retrouverons le département de la Loire en parlant de la taillanderie et des aciers.

De nouveaux fourneaux au coke, ceux de Montluçon (Allier), montrent des échantillons de leur production. Ils tirent leurs charbons du bassin de Commentry, et leurs minerais des excellentes mines du Berry, qui les expédient par le canal. Les fers et les fontes de Montluçon paraissent de bonne qualité. Le bassin houiller de Courmentry semble appelé à devenir un centre important de fabrication.

Le Creuzot est un des établissements métallurgiques les plus vastes et les plus complets. Il possède des riches houillères, dont il a extrait l'année dernière plus d'un million d'hectolitres ; quatre hauts fourneaux, dont trois marchent au coke et le quatrième au bois, pour fournir des fontes de première et de seconde fusion; un cinquième fourneau en construction; des forges qui produisent actuellement 8 mille tonnes au lieu de 5 qu'elles donnaient en 1839, et qui en produiront le double quand les nouveaux établissements en construction seront achevés; un atelier de construction comprenant une vaste fonderie, une grosse forge et une maréchalerie, une chaudronnerie, des ateliers spéciaux d'ajustage et de montage; enfin un chantier à Châlons, sur le bord de la Saône, spécialement destiné à la fabrication des bateaux à vapeur en fer et à l'installation des appareils moteurs. Ce qui distingue surtout cette usine, c'est que la matière première, extraite du sol, y subit toutes les transformations pour passer de l'état de minerai à celui des pièces de machines les plus compliquées. Nous retrouverons le Creuzot en traitant de l'exposition des machines.

L'industrie métallurgique du département du Nord, qui a pris un développement notable depuis quelques années et qui paraît appelée à en prendre encore davantage, n'est représentée que par l'établissement de Denain, qui est d'ailleurs le plus considérable. Le premier haut-fourneau à coke de ce département fut construit en 1830; les fourneaux de Denain datent de 1837; ils tirent leur minerai du Boulonnais et des environs d'Avesnes. Les forges du département du Nord sont au nombre de quatre; ce sont celles de Raismes, de Trith-Saint-Léger sur l'Escaut, de Denain et d'Anzin; cette dernière a été achetée par la Société de commerce de Bruxelles, qui lui donne une plus grande extension. Plusieurs autres forges sont en construction. La plupart de ces établissements sont destinés à traiter les fontes belges, dont l'importation s'accroît tous les ans dans une forte proportion. Les forges de Denain, outre des rails, ont exposé des fers ronds de 4 millim. de diamètre, des fers feuillards et des tôles, trois articles qui attestent à la fois la qualité du fer et la supériorité du travail [1].

Les hauts-fourneaux qui se sont établis à Marquise (Pas-de-Calais) pour traiter les minerais du Boulonnais, nous ont aussi montré leurs produits. Les pièces de ces usines moulées en première fusion, paraissent offrir plus de ténacité que les autres; cette propriété remarquable a été constatée par des épreuves qui ont été faites à l'occasion de la fabrication des coussinets destinés aux chemins de fer du Nord. Elles sont aussi avantageusement connues, et de plus en plus employées dans les fonderies de seconde fusion.

Les usines de la seconde classe sont nombreuses; ce sont celles qui fondent le minerai au charbon de bois, quelquefois au charbon de bois mélangé de coke, et qui traitent la fonte, au combustible minéral, en la corroyant et en l'étirant, soit au marteau, soit au laminoir. Nous avons expliqué plus haut comment la fabrication de la fonte au bois, et la fabrication du fer à la houille semblaient, en l'état actuel des choses, devoir se généraliser dans les groupes métallurgiques qui travaillent exclusivement au bois. Sur 263 mille tonnes de fer produites en 1841, il y en a 127 mille ou la moitié qui proviennent de ce traitement mixte.

Les principaux groupes métallurgiques où ce traitement est adopté, sont : le groupe du Nord-Est comprenant les Ardennes, la Moselle, le Bas-Rhin et la Meuse; le groupe de la Champagne et de la Bourgogne comprenant la Haute-Marne, la Côte-d'Or, l'Yonne, l'Aube et la Marne; le groupe du centre, comprenant la Nièvre, la Saône-et-Loire, le Cher et l'Allier.

Parmi les usines les plus considérables de cette classe, qui ont paru à l'exposition, il faut nommer Fourchambaut (Nièvre), Châtillon-sur-Seine (Côte-d'Or), Vierzon (Cher), Abainville (Meuse), etc., etc.

L'établissement de Fourchambaut est le plus important de tous. Douze hauts-fourneaux y sont annexés. La production en fonte est de 16 millions de kilogrammes; sa fabrication en fer, 10 millions, non compris 3 à 400,000 kilog. de fer forgé au bois, traité dans les forges de Grossouvre, Trézy et du Fournay, que cet établissement exploite dans le département du Cher. On y fait, à la fois, des fontes moulées, des fers laminés de tout échantillon et de toute qualité, et des fers au bois propres à la fabrication des cylindres cannelés pour filature, et de ces fils de fer très fins. Fourchambaut n'a exposé cette année qu'un petit nombre d'articles; une longue barre de fer à rebord pour locomotive, martelée et profilée simplement au laminoir; une barre de fer en T, de 11 mètres; quelques rouleaux de fer ronds pour tréfilerie, de 5 millimètres 1/2, du poids de 27 à 30 kilogrammes; des essieux d'une qualité telle que, sur quatre mille, soumis aux rudes épreuves que leur font subir les officiers d'artillerie, quatre seulement ont été refusés. On peut apprécier, en outre, la qualité du fer de Fourchambaut, par les fils de fer de M. Boucher, les cylindres cannelés pour filature, de MM. Bricard et Gauthier, par les vis à bois de MM. Rowcliffe et Cie, de Rouen, par les chaînes-cables de M. David, du Hâvre, produits fabriqués avec le fer de cet établissement. Nous reparlerons du fourneau de Torteron, dépendant de cet établissement, à l'article des fontes moulées.

La belle usine de Châtillon-sur-Seine, qui fabrique des fers de tout échantillon, depuis le gros jusqu'au petit fer pour la tréfilerie, a envoyé ses produits à l'Exposition sous le nom de MM. Bonguéret, Couvreux, Landel et Cie.

L'ancienne usine de Vierzon, qui acquit tant de célébrité sous la direction de M. Aubertot, a subi de nouvelles améliorations et de nouveaux agrandissements. MM. Grenouillet, Luzarches et Desvoyes, qui la dirigent aujourd'hui, nous montrent des fontes, des fers en barres et des essieux. Cette usine est placée dans d'excellentes conditions pour faire bien et à bon marché.

L'usine d'Abainville (Meuse) n'a pas perdu de sa réputation en passant des mains de M. Muel-Doublat, son ancien propriétaire, dans celles de M. Capitain et Cie. Cette usine se compose de trois hauts-fourneaux marchant au charbon de bois et de cinq trains de laminoirs. Elle fabrique les fers de formes et d'échantillons les plus variés, depuis les plus fortes pièces qu'on puisse produire au laminoir, jusqu'au fil de fer. La fabrication des fers creux y est également installée. On se loue, dans le commerce, de la bonne qualité de ses produits.

---

[1] La plaine de Denain n'était encore, après 1830, qu'un glorieux champ de bataille où l'on ne trouvait qu'un hameau. La découverte d'un gisement de houille abondant détermina la compagnie d'Anzin à y porter sa puissante industrie. Denain est maintenant un des centres d'extraction les plus importants. Le premier des puits qu'on y a foncés porte le nom de Villars, et on lit au-dessus, en grandes lettres, ces vers de la Henriade :

 Regardez dans Denain l'audacieux Villars
 Disputant le tonnerre à l'aigle des Césars.

Des établissements considérables sont venus se grouper à Denain depuis la mise en exploitation du gîte houiller. La compagnie des forges y étale aujourd'hui ses grands appareils, hauts-fourneaux, et laminoirs. La population de Denain s'élève aujourd'hui à 5 ou 6 mille âmes. C'est une création entièrement nouvelle.

PART. I.

M. Demimuid (Meuse) a aussi envoyé des fers de bonne apparence.

L'usine de Sionne (Vosges), qui a passé des mains de M. Gustave Muel dans celles de M. Bourgeois, a exposé des fers martelés et laminés de bonne qualité, des rails, des essieux. On a surtout remarqué de gros arbres de cinq à six mètres de long, dont l'un pèse 943 kil. Cette usine comprend un haut fourneau, quatre feux d'affinerie au charbon de bois, trois fours à pudler, deux fours à souder et un laminoir. Les fers, comme on voit, s'y fabriquent, partie au charbon de bois et partie à la houille.

MM. Festugières frères, qui ont exposé des fers laminés de divers échantillons et des fils de fer provenant de leur usine d'Eyzies, sont les premiers qui aient introduit dans la Dordogne, et sur une grande échelle, le système de fabrication à la houille.

Les deux forges du département de la Seine figurent à l'Exposition.

La forge de Saint-Maur, sous la raison de MM. Doë et Cie, quoique n'ayant encore qu'une dixaine d'années d'existence, a étendu sa fabrication ; on sait qu'elle traite les vieilles ferrailles, qu'elle tire des fontes de la Haute-Marne et qu'elle les affine à la houille ; son voisinage de la capitale la rend très utile aux consommateurs qui peuvent y obtenir très-promptement les fers d'échantillon dont ils ont besoin.

L'usine de Grenelle, qui fait surtout le traitement des vieilles ferrailles déjà corroyées, et qui a le mérite de rendre ainsi à la consommation d'une manière utile de vieux débris restés sans emploi, produit des fers d'excellente qualité ; elle a exposé cette année des pièces remarquables par leur grosseur et leur longueur ; elle offre l'avantage de permettre aux constructeurs de Paris d'y obtenir immédiatement les échantillons de détail qui leur sont nécessaires. Cette usine, qui appartenait à MM. Thoury et Cie, se présente cette année sous le nom de MM. Poli et Cie.

Les forges d'Athis (Seine-et-Oise), appartenant à M. Baudry, sont dans les mêmes conditions que les deux forges précédentes ; leurs fers sont d'excellente qualité ; ils trouvent presque tous leur emploi dans la carrosserie. Les forges d'Athis produisent également de bons aciers.

La dernière classe d'usines, qui emploie exclusivement le charbon de bois, est celle où les progrès sont les plus lents. La conservation de cette fabrication tient en général à la difficulté de se procurer de la houille à bon marché. Il est aussi des usines qui continueront à se servir uniquement du combustible végétal, parce que la nature de leur clientèle leur ordonne de rechercher la qualité plus que l'économie.

Les usines qui appartiennent à cette classe, se trouvent principalement dans le groupe de l'est, qui comprend la Haute-Saône, le Doubs, le Jura, le Haut-Rhin, la Meurthe et les Vosges ; dans le groupe de nord-ouest depuis l'Eure jusqu'à l'Ille-et-Vilaine ; dans les groupes de l'Indre, du Périgord et de l'Isère.

Les forges de la Haute-Saône, qui figurent à l'Exposition, sont celles de Fougerolles, à M. Girardot, et celle de Pont-du-Bois, à M. Falatieu jeune, qui ont envoyé des fers fins.

Les usines de Framont (Vosges), dont les chroniqueurs font remonter la création au treizième siècle, sont restées célèbres par la bonté de leurs produits. Ces usines se composent aujourd'hui de deux hauts-fourneaux, six feux d'affinerie et leurs marteaux, quatre martinets, un laminoir, etc. Elles livrent annuellement au commerce six mille quintaux métriques de fontes moulées, neuf mille de fer et de tôles dont la valeur s'élève à environ 1 million. Les produits qu'elles ont envoyés à l'Exposition consistent en morceaux de fer cassés et tordus à froid, remarquables par leur ténacité, en tôles et en essieux pour wagons et locomotives. Plusieurs de ces essieux ont été soumis à une expérience décisive ; après les avoir placés sur deux supports, on a laissé tomber sur leur milieu, d'une hauteur de 10 mètres, un mouton du poids de 700 kilog. ; les essieux ont plié sans même éprouver une gerçure. Le chemin de fer d'Alsace se sert de ces essieux.

Les fers d'Allevard (Isère) jouissent d'une juste faveur. Le rapport du jury départemental, fait par M. Gueymard, ingénieur en chef des mines, qui les a soumis à des essais, se termine par les conclusions suivantes : 1° que, dans leur état ordinaire, les fers d'Allevard n'ont pas de rivaux en France sous le rapport de la ténacité ; 2° que le choc, les vibrations, la chaleur, semblent moins influer sur leur état moléculaire que dans les autres fers du commerce ; 3° que les essieux, parés au rouge sombre ou noir, avec un filet d'eau, se réduisant en vapeur et produisant beaucoup d'électricité, ont conservé une ténacité au delà de ce qu'on pouvait imaginer. On paie les fers d'Allevard jusqu'à 60 francs à Grenoble, tandis que les fers à la houille ne se vendent guère que 29 à 30 francs à l'usine. L'établissement d'Allevard comprend deux hauts-fourneaux, un feu de forge et quatre taillanderies mus par un moteur hydraulique.

Les fers exposés par les usines de Ruffec (Charente) sont d'une qualité tout à fait supérieure. Ces usines ont été longtemps dirigées par M. Marsat père, qui avait commencé sa carrière industrielle avec des moyens pécuniaires très-bornés, et qui avait aussi graduellement accru ses établissements, qui se composent aujourd'hui de trois hauts-fourneaux au charbon de bois, de six feux d'affinerie et deux fonderies. Les produits exposés cette année prouvent que la bonne fabrication s'est soutenue entre les mains de M. Marsat fils.

Nous citerons encore parmi les fers de qualité supérieure, ceux qui sont exposés par la forge de Lagrénerie (Corrèze). Cette usine, appartenant à M. Barbazan, fournit depuis plus de quarante ans les fers employés à la fabrication des armes de guerre par la manufacture de Tulle. Ils sont employés sur tout pour les canons de fusil. Les fers exposés, remarquables par leur nervure et leur ductilité, ont été ployés et cassés à froid.

Trois maîtres de forge du Périgord, MM. Blanchon et Bois-Bertrand de la Chapelle Saint-Robert, Prévot aîné de Jumilhac, Ribeyrol de Javerlhac ; les forges de Paimpont (Ille-et-Vilaine) ; MM. Yvernaud frères, de l'Indre ; MM. Besquent et Cie du Morbihan ; M. Geoffroi des Landes ; M. Lacombe du Tarn, ont aussi envoyé des échantillons de leur fabrication.

Une quatrième classe d'usines dont nous n'avons pas parlé, est celle qui fabrique directement le fer sans passer par la fonte, exclusivement au charbon de bois. Cette méthode appelée Catalane est particulière à la Corse et aux départements qui avoisinent les Pyrénées. Elle est représentée à l'Exposition par deux usines de l'Arriège, celle de Saint-Paul-de-Jarrat, appartenant jadis à M. Garrigou, et aujourd'hui à M. Lamarque et Cie, et celle de Saint-Antoine, près Foix, appartenant à M. Ruffié. Ce dernier établissement a envoyé une énorme bande de roue avec une machine propre à la cambrer. A Saint-Antoine on applique le matériel perfectionné des forges modernes à donner une nouvelle façon aux fers nerveux et durs des forges catalanes ; ces fers péchaient par l'apparence, c'est par là qu'ils brillent aujourd'hui. Ces usines fabriquent également des aciers.

FONTE MOULÉE.

La propriété que présente la fonte de pouvoir prendre toutes les formes quand on l'introduit dans des moules remplis d'un mélange convenable de divers sables, la rend bien précieuse aux arts industriels. Le parti qu'on est parvenu à en tirer est immense. On l'emploie à une multitude d'usages auxquels on la croyait encore impropre il y a quelques années.

En Angleterre, près de la moitié de la fonte produite est employée en objets de moulage. Les immenses quantités et le bon marché des fontes obtenues dans les hauts-fourneaux alimentés au coke, ont permis de les faire servir, dans la Grande-Bretagne, à remplacer le bois et la pierre dans les constructions. Quoique d'un prix plus élevé en France, l'usage s'en répand aussi dans l'architecture et l'ornementation.

Sur les 3,771,000 quintaux métriques de fonte produits par nos fourneaux en 1841, plus de 959,000 étaient des fontes de moulage.

Ces 959,000 quintaux métriques provenaient, savoir :

Du travail au charbon de bois.	616,000
Du travail au bois seul ou mélangé de charbon de bois.	104,000
Du travail au charbon de bois et au coke mélangés.	74,000
Du travail au coke.	165,000
Total	959,000

Cette quantité a été produite par 162 hauts-fourneaux marchant au combustible végétal, et 28 au combustible minéral.

Il faut ajouter à cette quantité celle qui est importée de l'étranger, et l'on trouve alors une masse totale de 1,228,000 quintaux métriques de fonte employée au moulage, qui s'est réduite dans cette opération à 1,177,000 quintaux métriques de fonte moulée.

Sur cette masse, 591,000 quintaux métriques sont en fonte de première fusion, et représentent une valeur de près de 16 millions ; 586,000 sont en seconde fusion et représentent une valeur de 24 millions ; la valeur totale des 1,177,000 quintaux métriques de fontes moulées, s'élève donc à 50 millions.

La moulerie en première fusion est celle qui s'obtient en utilisant directement la fonte provenant des hauts-fourneaux ; elle ne s'applique en général qu'à des objets de grande dimension qui n'exigent pas un nouveau travail. La moulerie en seconde fusion s'obtient en refondant la fonte une seconde fois ; elle s'applique plutôt aux objets qui exigent plus de délicatesse, et qui doivent être travaillés ou retouchés à la lime et au burin.

Pour obtenir des pièces moulées susceptibles de se prêter à un travail ultérieur, les fontes, dit un praticien, doivent être douces, avoir de la ténacité et un peu d'élasticité, offrir peu de retrait, pouvoir prendre une fluidité parfaite et la conserver longtemps, enfin avoir un grain parfaitement égal afin qu'elles ne donnent au moulage ni soufflures ni cendrures. Cependant la réunion de tous ces caractères n'est pas toujours indispensable. Quand les pièces sont petites et doivent être tournées ou limées, il suffit que la fonte soit fluide, douce et saine, tandis que la ténacité et le peu de retrait sont les qualités à rechercher pour les pièces d'une grande dimension et d'une forme plus ou moins compliquée.

Il paraît que jusqu'ici les fontes anglaises ont encore de l'avantage sur celles qui proviennent de nos hauts-fourneaux, non par leurs qualités absolues, car on rencontre des fontes françaises qui leur sont au moins égales, mais par la continuité des caractères que les meilleures fontes françaises ne présentent pas toujours.

Nous avons importé, en 1842, près de cent quatre-vingt mille quintaux métriques de fontes anglaises qui ont été presque toutes employées au moulage. Elles ont été traitées principalement à Paris et dans les villes du littoral telles que le Hâvre, Rouen, Nantes, etc.

Parmi les fontes françaises les plus estimées pour le moulage sont celles de la Franche-Comté ; on les mélange souvent avec les fontes anglaises, et ce mélange donne de bons résultats. Après les fontes de Franche-Comté viennent celles du Périgord et du Nivernais. Les fontes à moulage en première fusion, de la Meuse, du Bas-Rhin et des Vosges, conviennent à un grand nombre d'usages : c'est dans cette partie de la France que l'on en fabrique la plus grande quantité ; c'est là principalement que se fait l'approvisionnement de Paris en tuyaux de conduite d'eau et de gaz, en objets courants pour les constructions.

Les départements qui produisent la plus grande quantité de fonte de première fusion sont, dans l'ordre de leur importance, les Ardennes, la Meuse, le Cher, la Haute-Marne, le Bas-Rhin, etc.

Les départements qui font le plus de moulages de seconde fusion, sont naturellement ceux qui renferment les villes les plus industrielles, parce que les fonderies ont dû aller se placer dans les centres de population qui se servent surtout de leurs produits.

C'est d'abord le département de la Seine et Paris. Le développement des fonderies y fut très-lent ; car il résulte des recherches statistiques entreprises en 1824 par ordre du préfet de la Seine, que le département en possédait seulement quatre à cette époque. C'est surtout depuis 1830 que le moulage en seconde fusion y a pris un développement extraordinaire. Le nombre des fonderies s'y élève aujourd'hui à trente-cinq ou quarante. Les fontes moulées qu'elles livrent au commerce représentent une valeur d'environ 6 millions. C'est le quart de ce que produisent toutes les usines de la France en moulages de seconde fusion.

Après le département de la Seine, se présentent ceux de la Seine-Inférieure, de la Charente, du Haut-Rhin, de la Nièvre, du Gard, etc.

L'Exposition de cette année témoigne d'un progrès considérable dans les moulages. Pour s'en rendre compte il ne faut pas seulement jeter les yeux sur les fontes d'ornementation qui sont exposées ; il faut surtout regarder les machines où la fonte industrielle se montre sous son aspect le plus intéressant. Les moulages en général sont parfaitement venus, les arêtes sont vives, et les plus grosses pièces présentent un corps parfaitement sain.

On sait que parmi les pièces de fontes dont la coulée offre le plus de difficulté, il faut placer les laminoirs, dont il est de la plus grande importance que toutes les parties soient bien saines. Or, l'Exposition nous a montré des cylindres de la plus grande dimension qui ne laissent rien à désirer sous ce rapport. Tels sont ceux de la machine à papier de M. Chapelle, et celui de la machine à carder les étoupes de M. Schlumberger.

Les machines à vapeur de MM. Cail et Derosne, Farcot, Bourdon, Meyer, présentent également des moulages d'une grande netteté.

Ces progrès font honneur à notre industrie. Ils résultent de l'habitude plus grande que nos fondeurs ont contractée dans le moulage, et des soins plus éclairés qu'ils apportent dans cette opération. Ils fabriquent aujourd'hui une quantité de fonte de moulage double de celle qui se fabriquait il y a quinze ou vingt ans. Ils ont amélioré leurs procédés en produisant davantage. L'expérience a été leur principale école. On voit qu'ils se servent de modèles mieux faits, qu'ils savent mieux employer la fonte, et qu'ils manient le sable avec plus de dextérité.

A la tête de nos fonderies, il faut citer celle de Garchizy, connue dans le commerce sous le nom de fonderie de Fourchambault, à cause de son voisinage de cet établissement, et qui a pris, sous la direction de M. Emile Martin, un immense développement. Elle peut fabriquer de 4 à 500 mille kilog. par mois en deuxième fusion, c'est-à-dire plus que ne peuvent produire les plus grandes fonderies de France et d'Angleterre. M. Emile Martin, qui la dirige, est le premier qui se soit mis, en France, à la tête des grands travaux qui se sont exécutés en fonte de fer. On lui doit les presses hydrauliques des ports militaires; les machineries des grandes usines de Decazeville; les arches à voussoir du pont du Carrousel, exécutées d'après les dessins de M. Polonceau; les combles en fonte de la cathédrale de Chartres; les piles en fonte du pont de Saint-André-de-Cubzac, le plus grand travail de ce genre qui ait jamais été entrepris; le montage d'une grande quantité d'usines; le matériel de construction des chemins de fer de Saint-Germain, de Versailles, d'Orléans, de Beaucaire, de la Teste, etc. M. Emile Martin s'occupe en ce moment de l'établissement d'un pont en fonte pour le chemin de fer de Lyon à la Mulatière, et de ponts également en fonte sur le Rhône et sur la Durance, pour le chemin de fer d'Avignon à Marseille.

Ce qui caractérise l'établissement dirigé par M. Emile Martin, ce sont les ateliers spéciaux qui y sont organisés pour la construction du matériel des chemins de fer. M. Emile Martin voudrait que l'on organisât le matériel des chemins de fer comme celui de l'artillerie, en créant des modèles uniformes pour les différentes pièces qui le composent. Il a posé les principes de ce travail dans un atlas étudié sur des bases d'uniformité analogues à celles des tables de Gribeauval pour l'artillerie. On comprend quelle est l'importance de l'idée de M. Emile Martin, au moment où l'on s'occupe d'exécuter les grandes lignes de chemins de fer.

Non loin de la fonderie de Garchizy se trouve le haut-fourneau de Torteron, qui appartient à la société de Fourchambault, et qui fait les moulages en première fusion. Nous avons déjà dit ailleurs que l'emploi de l'air chaud était surtout favorable dans les hauts-fourneaux qui produisent de la fonte de moulage. L'avantage de cet emploi a été constaté pour la première fois dans le haut-fourneau de Torteron, qui se sert d'un mélange de coke et de charbon de bois. Ce fourneau produit 3,000 tonnes, qui sont converties immédiatement en moulage de première fusion, et principalement en tuyaux pour gaz et aqueducs, coussinets de chemins de fer, projectiles pleins et creux pour la guerre et la marine, etc., etc. Torteron s'est borné, cette année, à exposer des boulets pleins, en fonte grise douce, dont on a pu remarquer la beauté des surfaces. Jusqu'à ce jour, les boulets pleins en première fusion étaient en fonte blanche et cassante. Pour la première fois, on les a obtenus, à Torteron, en fonte douce, comme les boulets anglais, avantage considérable quand on bat en brèche, parce que les boulets se logent sans se briser et ne reviennent pas à la face des assiégeants. Quant aux coussinets, il suffit de dire que ceux de Torteron placés au chemin de fer de Saint-Étienne à Lyon depuis quelques années, sur *des dés en pierres*, avec engagement de la part de l'usine de remplacer tous ceux qui viendraient à être brisés dans le délai de deux ans, n'ont donné lieu à aucun remplacement.

M. Calla se distingue par l'exécution la plus finie. L'établissement fondé par M. Calla père en 1806 était seulement un atelier de construction. En 1818, au retour d'un voyage dans la Grande-Bretagne, il y ajouta une fonderie de fer qui ne tarda pas à prendre les plus grands développements. M. Calla a le premier fabriqué en fonte, sur une grande échelle, des ornements pour les édifices publics et particuliers. Jusqu'à lui on avait cru la fonte impropre à cet usage. Le bon goût du dessin des objets fabriqués par M. Calla, et la netteté de leur exécution au moulage, les ont fait adopter pour remplacer le bronze dans beaucoup de circonstances. On admire ses escaliers, ses caisses à fleurs, ses candélabres, ses balcons, ses objets de construction et de décors au Palais-Royal, aux Tuileries, au Panthéon, à l'église de la Madeleine, de Notre-Dame-de-Lorette, etc. Les produits qu'il a exposés cette année prouvent que cet industriel n'a pas cessé de perfectionner le moulage de la fonte. Nous y voyons un des compartiments de la grande porte destinée à l'église de Saint-Vincent-de-Paule, représentant saint Simon et saint Jude en demi-relief, un bénitier destiné à la même église, et de petits bustes qu'on prendrait à la première vue pour des objets en bronze. Nous retrouverons M. Calla dans la section des machines.

M. Ducel, de Paris, a exposé une très-grande variété de modèles pour bâtiments, jardins, fontaines, chauffage, éclairage, mécanique, églises, etc. L'heureux choix et l'élégance des dessins prouvent que cet industriel joint aux connaissances pratiques de sa profession le bon goût et le sentiment éclairé

d'un artiste. Nous citerons entre autres objets sortis de la fonderie de M. Ducel, plusieurs christs de diverses dimensions, une porte gothique, une descente de croix en bas-relief, des vases et des coupes de formes gracieuses, un lion, un panneau avec animaux et fruits, très-élégant de composition et de dessin, des balcons, des balustres, etc. C'est un des assortiments les plus complets de fontes d'ornementation.

M. André, du Val d'Osne (Haute-Marne), dont le nom se retrouve à chaque pas sur les pièces de fonte qui garnissent la voie publique, a fait une exposition quasi artistique. Il nous montre des ornements de toutes sortes, des candélabres, un fort joli bénitier et jusqu'à des statues, la Vénus de Médicis et le faune jouant de la flûte. Mais ce qui nous a paru présenter le moulage le plus net et le plus heureux, c'est le petit groupe de figures placé au-dessus de son écriteau. M. André est le premier qui ait introduit dans le département de la Haute-Marne le moulage en sable en remplacement du moulage en terre, bien plus long et plus dispendieux. Son établissement est le plus important en son genre de tout ce district métallurgique. Il comprend deux hauts-fourneaux, produisant chacun environ 1500 tonnes; l'un, celui de Morley, ne fabriquant que des tuyaux de conduite pour le gaz, l'eau ou la vapeur; l'autre celui du Val d'Osne, produisant particulièrement des objets d'ornement, mais faisant aussi des pièces de mécanique, de grandes pièces de pont et des syphons pour aqueducs de la plus grande dimension. Il y a une fonderie dans chaque usine pour la fonte de deuxième fusion. M. André est peut-être celui de nos fondeurs qui a le plus contribué à faire baisser le prix des fontes moulées courantes, telles que conduites, pièces d'ornement, etc.

MM. Morel de Charleville (Ardennes) ont envoyé un assortiment très-varié et très-complet de fontes moulées. Leurs produits se distinguent par l'excellente qualité de la fonte, qui est très-douce et très-malléable, et par la modicité des prix.

MM. Guyon frères et M. Ménétrier de Dôle, MM. Rogeat frères et M. Villard de Lyon, ont exposé des fourneaux de fontes de toutes formes et à tous prix.

MM. de Diétrich de Niederbronn se sont fait remarquer par leurs fourneaux, leurs ornements, leurs meubles, leurs roues en fonte et en fer forgé. Nous avons remarqué avec intérêt un âtre à l'américaine, une mangeoire pour écurie, des fontes émaillées et étamées pour batteries de cuisine.

On doit citer encore les fontes de MM. Vivaux frères, de Dammarie (Meuse). Ils expédient surtout à Paris des marmites et des engrenages. La fonte en est tellement douce qu'on peut la scier, et qu'on peut même la parer au poinçon. On remarque à l'Exposition une de leurs marmites qui est percée de plus de deux cents petits trous, qui est sciée en plusieurs endroits, et qui a tenu bon à toutes ces épreuves. Cette qualité de fonte leur permet de fondre des ustensiles très-minces, ce qui présente le double avantage d'économiser la matière et de rendre les objets plus légers. Quoique payant leur bois fort cher, ils peuvent vendre en gros leurs marmites de dimension ordinaire, sur le pied de 90 centimes la pièce. Ces objets de cuisine en fonte sont étamés avec succès par M. Budy, qui a composé un alliage réunissant le double avantage de contracter une très-forte adhérence avec les fontes simplement passées au grès sans avoir été tournées, et d'être moins fusible, plus dur et sensiblement plus blanc que l'étain pur. La Société d'encouragement de l'Industrie a rendu justice à l'importance de ce nouvel étamage, en décernant une médaille à l'inventeur.

En Angleterre, où l'on se sert de ces pots en fonte pour remplacer les casseroles de cuivre qui sont surtout usitées chez nous, les pots sont vernis extérieurement.

En Alsace et en Lorraine on n'emploie que des marmites en fonte sans étamage.

En Allemagne, au lieu d'étamer l'intérieur des vases, on le recouvre d'un émail plus solide que l'étamage. On y livre au commerce une immense quantité de pots émaillés. Dans le Hartz, en Saxe, en Silésie, les fabriques trouvent dans cette fabrication la source de grands bénéfices. Le procédé, que l'on tient secret dans les usines, n'est connu que par la description incomplète qui en a été donnée par Karsten, dans la métallurgie du fer. On a fait en Angleterre, et notamment à Birmingham, des essais pour émailler la fonte; mais on n'a pas réussi, et l'on se borne encore aujourd'hui à étamer les vases culinaires. En France, les fonderies d'Alsace et de Franche-Comté ont fabriqué des pots émaillés; mais soit que l'émail ne fût pas solide, soit que le prix élevé empêchât de les vendre, ce genre de fabrication ne paraît pas avoir obtenu de grands succès.

Nous terminerons nos citations sur les exposants qui ont envoyé des fontes, en signalant les hauts-fourneaux au coke de Montluçon (Allier), dirigés par Ad. Guérin et C°, et de Marquise (Pas-de-Calais), dirigés par MM. Pinart frères, qui livrent de bonne fonte de moulage et d'affinage, et qui figurent à l'Exposition pour la première fois. L'usine de Montluçon, afin de prouver la qualité de ses fontes, a exposé de petites pièces, telles que porte-montres, médailles, etc. Mentionnons aussi M. Ogier de Luxeuil (Haute-Saône), qui a envoyé un foyer pour cuisine, de fonte et de façon à très-bas prix; M. Brisson fils aîné, de Rennes, pour ses marmites, chaudrons et casseroles en fonte, de bonne qualité; et MM. Besquent et C°, de Trédion (Ardennes), pour leurs pots, marmites, coquilles en fonte de fer, remarquables par leur bonne exécution et leurs prix peu élevés.

Quoique M. Lafarge n'ait pas exposé, nous ne finirons pas l'article des fontes sans citer ses produits, tels que ustensiles de ménage, fontes économiques et ornements dans les genres les plus variés.

RAILS.

La fabrication des rails pour les chemins de fer est acquise à la France; elle s'est concentrée dans les usines à la houille. Nous avons déjà onze grands établissements admis par le gouvernement aux adjudications publiques pour subvenir aux besoins des chemins en construction.

On a mis en doute que nos usines fussent en état de fournir en temps utile la quantité de rails nécessaires à notre grand réseau de chemins de fer. Cette objection n'est plus soutenable aujourd'hui qu'on voit se créer à chaque instant des établissements nouveaux qui viennent ajouter à la masse des produits versés annuellement sur le marché.

Depuis qu'on est convaincu en Belgique que le traité d'union douanière est impossible, il se manifeste une tendance à transporter de ce côté-ci de la frontière les usines qui manquaient d'aliment sur le territoire belge. C'est par suite de cette émigration industrielle que quatre nouvelles forges viennent de s'élever dans le nord de la France pour la fabrication du fer au coke.

Dans l'intérieur, l'activité n'est pas moins grande ; un établissement considérable est actuellement en construction sur les houillères de Commentry ; un autre vient de se fonder à Montluçon ; quatre hauts-fourneaux se dressent soit aux portes de Lyon, soit à Lavoulte sur les bords du Rhône.

Toutes ces usines nouvelles s'occuperont spécialement de la fabrication des rails, et c'est leur faire une part bien mince que d'évaluer à 25,000 tonnes le chiffre de leur production annuelle.

Il résulte des états publiés par l'administration des mines que les onze anciennes usines qui se sont adonnées jusqu'ici à ce genre de fabrication, sont en mesure de livrer, par suite des améliorations et additions qui ont été introduites dans leur outillage et leur matériel, 75,000 tonnes de rails par année.

La production annuelle de la France peut donc, dès ce moment, et sans efforts nouveaux, atteindre 100,000 tonnes.

Or, 100,000 tonnes de rails représentent *deux cents* lieues de chemins de fer.

Le grand réseau voté en 1842 par les Chambres n'embrasse que 4,000 kilomètres ou 1,000 lieues. D'où il suit que, sans surexciter la production actuelle des usines françaises, le réseau tout entier pourrait facilement être exécuté en *cinq ans*, au lieu de *dix ans* qu'on a assignés pour délai à la construction de toutes nos lignes.

On voit que la France est pleinement en mesure de se suffire à elle-même, qu'elle n'a nul besoin de recourir à l'étranger pour achever rapidement l'œuvre nationale qu'elle a entreprise, et que pour peu que le gouvernement et les Chambres veuillent s'y prêter par de suffisantes allocations de fonds, les besoins auxquels on a voulu pourvoir peuvent être satisfaits en un espace de temps moitié moins long que celui qui avait d'abord été jugé nécessaire.

Ont envoyé des rails à l'Exposition, M. Cabrol, des houillères de Decazeville, et MM. Simon-Vernay et Cⁱᵉ, de Bérard-lès-Saint-Étienne (Loire).

TÔLES.

La fabrication de la tôle n'avait que fort peu d'importance il y a trente ou quarante ans ; notre industrie la négligeait, et les usines françaises ne fournissaient pas le tiers de la tôle nécessaire à notre consommation.

Aujourd'hui nous n'en tirons plus une feuille de l'étranger ; c'est une fabrication courante et qui tend tous les jours à prendre plus d'accroissement.

La fabrication de la tôle est, en effet, une des branches de l'industrie du fer qui s'est le plus développée dans les derniers temps ; en 1834 elle ne produisait guère que 120,000 quintaux métriques, en 1841 elle en a livré 262,000, ou plus du double, représentant une valeur de 16 millions de francs.

Ce grand développement s'explique par les nombreuses applications qu'on a été conduit à faire de la tôle dans beaucoup de circonstances. Les machines, les générateurs de vapeur, les bateaux, les navires, les constructions civiles, en absorbent une grande quantité. Le procédé de galvanisation, dont nous parlerons plus loin, contribue encore à en augmenter l'emploi, en la soustrayant à l'action oxydante de l'air.

Il n'y a pas encore bien longtemps qu'on ne fabriquait la tôle qu'avec des fontes au bois ; on ne craint pas aujourd'hui d'en faire avec des fontes au coke : et si les premières ont toujours la préférence sous le rapport de la qualité, les secondes n'en sont pas moins bonnes pour les grands travaux de construction.

Les établissements de Decazeville, dirigés par M. Cabrol, et de Denain, dirigés par MM. Serret, Lelièvre et Cⁱᵉ, ont exposé des tôles fabriquées avec leurs fontes au coke ; ces derniers ont exposé en outre des formes à sucre faites avec ces tôles, et qui en prouvent la bonne qualité.

M. Capitain a envoyé des pièces de tôle pour la mécanique, fabriquées à l'usine d'Abainville.

M. Salin, de Valentigny (Doubs), a aussi exposé des feuilles de grosse tôle.

Les départements de la Haute-Saône et des Vosges sont toujours célèbres par leurs tôles de qualité supérieure. Le premier est représenté à l'Exposition par MM. Falatieu et Chavanne, de Mailleroncourt, et par M. de Buyer, d'Aillevilliers. Le second est représenté par la célèbre usine de Framont.

L'usine de Framont, dont nous avons déjà parlé précédemment à propos de ses fers, continue à jouir d'une juste réputation dans le commerce pour la fabrication des tôles. Elle a exposé une feuille de tôle repliée aux quatre angles, sans rupture, et qui est désignée ainsi : *tôle soudée au marteau*. Il est bon de dire succinctement en quoi consiste cette opération. Lorsque les tôles sont à la fois très-grandes et très-épaisses, comme les exigent les grands bouilleurs, on est conduit à réunir et à passer ensemble au laminoir deux, trois et même quatre *moellons* ou parallélipipèdes rectangles, qui, sous l'effort des cylindres, se soudent l'un à l'autre par leurs faces en contact, en s'étendant tous à la fois, jusqu'à la largeur et la longueur voulues, en diminuant énormément d'épaisseur. Il résulte de cette opération une feuille de tôle composée effectivement de plusieurs feuilles. Mais l'action du laminage étant très-peu *soudante*, il arrive souvent que la feuille de tôle ainsi faite et transformée en un bouilleur, exposée longtemps à un feu violent, se dédouble ; le bouilleur est ainsi réduit d'épaisseur en certains points, puis le feu continuant, un nouveau feuillet se détache, et ainsi de suite jusqu'au dernier, qui souvent s'ouvre par l'effet de la tension intérieure. M. T. Richard, qui dirige aujourd'hui l'usine de Framont, a eu l'idée de remplacer l'action du laminoir par l'action bien plus énergique et plus sûre du marteau, et les deux, trois ou quatre moellons fortement battus ensemble, se soudent par toute l'étendue de leurs faces. Ce n'est que lorsqu'ils font complètement corps et qu'ils sont, pour ainsi dire, transformés en un seul moellon, que ce moellon est passé au laminoir et étendu en une feuille. C'est par ce procédé, sûr, mais un peu coûteux, que M. Richard obtient des feuilles semblables à celles qui ont été exposées, et qui portent la suscription : *tôle soudée au marteau*.

M. Métairie, de l'usine de Pont-Saint-Ours (Nièvre), a également exposé des tôles qui nous ont paru de bonne qualité.

Nous aurons occasion de revenir sur les progrès qu'a faits l'emploi de la tôle en nous occupant des chaudières et de la navigation à vapeur. Nous nous contenterons de mentionner ici, parmi les objets en tôle confectionnés, les tuyaux envoyés par M. Blanc jeune, de Versailles ; ils sont remarquables par leur longueur, qui est de $1^m 80$, par leur diamètre, ainsi que par leur force. M. Blanc jeune les fabrique à l'aide d'un procédé mécanique de son invention, qui lui permet de faire en un jour l'ouvrage d'un mois, de se servir de feuilles de 10 à 25 kilogr. au lieu de 5 à 6, et de livrer ses tuyaux au prix de 100 francs les 100 kilog. Ses tuyaux offrent en outre l'avantage de présenter moins d'emboîtage, plus de durée et plus de solidité.

TUYAUX ÉTIRÉS.

La fabrication des tuyaux étirés en fer creux, qui paraît avoir pris une grande extension en Angleterre, commence à se développer également chez nous. On en fait notamment dans l'usine de La Briche, près Saint-Denis, et dans celle d'Abainville, dans la Meuse.

L'établissement fondé à La Briche, par M. Gandillot, qu'on peut considérer comme le véritable importateur de cette industrie, est consacré exclusivement à la production des fers creux étirés et soudés à chaud. Les premiers essais de cette usine ne purent paraître que quelques jours après la clôture de l'Exposition de 1839. Toutefois une commission du jury s'y transporta, et fut d'avis d'accorder dès lors une mention honorable à M. Gandillot. Depuis cette époque, M. Gandillot a considérablement développé son usine. Il s'est principalement appliqué à la fabrication des tuyaux pour la conduite du gaz, destinés à remplacer les tuyaux de plomb, qui présentent des fuites si fréquentes et si nombreuses. Il l'a étendue également aux conduites d'eau et de vapeur ainsi qu'aux calorifères à eau chaude à petits tuyaux, qu'il a le premier fait connaître en France en 1859. Les tubes employés pour ces calorifères sont tous éprouvés à 300 atmosphères. M. Duvoir Leblanc, qui a établi de nombreux calorifères à eau chaude, se sert également de ces tuyaux depuis l'année dernière, et M. Gandillot lui en a déjà fourni plus de 15,000 mètres qui ont été employés au chauffage du palais du Luxembourg, de l'institution des Jeunes Aveugles et autres grands établissements.

M. Gandillot, après s'être assuré un débouché courant pour la fabrication des tuyaux de petit diamètre pour le gaz, l'eau et la vapeur, s'est occupé de la fabrication des tuyaux d'un fort diamètre ; il en a exposé qui présentent jusqu'à 0,16 cent. de diamètre extérieur, sur des épaisseurs de 11 à 22 millim. et qu'il livre au prix de 1 fr. 50 le kilogr. Ces tubes sont, suivant leur épaisseur, employés pour pompes, tubes de chaudières, conduits de fluides à toute pression, sondages de puits artésiens, arbres de couche, essieux de wagons, colonnes, etc, et pour une foule d'autres usages auxquels ils sont indispensables en mécanique. On espère pouvoir les employer pour les essieux des locomotives et des wagons, parce que, d'après les expériences faites en Angleterre, ils possèdent l'avantage de ne pouvoir se rompre. La longueur de ces tubes peut atteindre de 4 à 6 mètres : un tube de cette dernière longueur est exposé. Quant au diamètre, M. Gandillot n'a pas encore eu occasion de dépasser celui de 0ᵐ 16 cent. qui est exposé, mais il croit pouvoir atteindre celui de 0ᵐ 25 cent. et même au delà, tandis qu'en Angleterre on n'a jamais pu dépasser le diamètre extérieur de 0ᵐ 12 cent.

L'emploi du fer creux dans les constructions tend à se généraliser. On l'emploie surtout pour grilles. M. Gandillot cite parmi les grilles qu'il a exécutées, celle de l'hôtel de la rue Lepelletier, occupé par la maison de banque Ganneron et Cⁱᵉ, qui a été posée en 1829, et qui est dans le plus parfait état de conservation ; les grilles de la poste aux chevaux de Paris, qui datent de 1830, et dans lesquelles chaque porte à deux ventaux ouvre de 9 mètres de largeur ; celles qui ferment les extrémités de la rue des Beaux-Arts, celles de la Manutention des vivres, quai de Billy, celles du Bazar Bonne-Nouvelle, celles du marché couvert de Genève, qui ont 10 mètres de hauteur, celles du parc d'artillerie de Vernon, de l'hôpital de la marine de Rochefort et de l'hôpital militaire de Lyon, etc.

Les expériences faites en 1830 par la Société d'encouragement ont démontré que la résistance des barreaux creux était à celle des barreaux massifs dans la proportion de 9 à 10. Or, on sait que dans les grilles massives les barreaux, quel que soit leur diamètre, s'ajustent dans la traverse au moyen d'un tenon de 4 à 5 lignes, en sorte que c'est la solidité de ce tenon qui donne la mesure de la résistance de ce barreau. Dans une grille en fer creux, au contraire, c'est le barreau lui-même qui s'engage de tout son diamètre dans la traverse, où il est fixé par une goupille transversale. On conçoit d'ailleurs qu'en raison de sa légèreté, une grille en fer creux pourra fonctionner indéfiniment et sans fatigue, tandis que le poids d'une grille en fer massif est pour elle une cause incessante de destruction.

Ce que nous venons de dire des grilles s'applique évidemment à tous les autres travaux, tels que rampes, balcons, balustrades, fenêtres, etc., où la solidité se trouve par conséquent jointe à l'économie et à la légèreté. — Nous reparlerons de M. Gandillot à l'article relatif aux meubles.

M. de Vinoy a exposé des tuyaux en fer qui diffèrent de ceux de M. Gandillot, en ce qu'ils ont été étirés à froid. Ces tuyaux sont éprouvés à une pression de dix atmosphères avant de sortir des ateliers. Ajoutons qu'ils sont galvanisés d'après le procédé de M. Sorel dont nous parlerons plus loin, ce qui les préserve de l'oxydation. On les emploie pour conduits de gaz ou de vapeur, pour conduits d'aspiration, d'ascension des pompes, et pour tous les conduits d'eau en général.

FILS DE FER.

L'art de fabriquer le fil de fer existait déjà en France dans la seconde moitié du dix-septième siècle ; mais restreinte par le manque de débouchés, cette industrie n'eut pendant longtemps qu'une faible importance. Un document officiel constate qu'en 1732, il n'existait en France qu'une seule tréflerie située dans les Vosges, et que cette usine, en portant son personnel à trente ouvriers, aurait pu suffire à la consommation de tout le royaume. Cette indication, si elle est exacte, permet d'estimer que la France ne consommait pas alors plus de 3,500 q. m. de fils de fer assortis.

C'est à cette même époque que des tréfileries commencèrent à s'établir en Franche-Comté, dans la dépendance des forges existant depuis plusieurs siècles dans la chaîne du Jura. Les excellents fers produits dans ces forges offraient des qualités si précieuses pour la fabrication du fil de fer, que cette élaboration ne tarda pas à devenir une spécialité importante pour la région méridionale du groupe des forges de l'Est.

La supériorité des fils de fer de Franche-Comté fut mieux appréciée de jour en jour, non-seulement en France, mais encore dans la plupart des pays étrangers. La production des tréfileries du Jura et des Vosges s'accrut dans une progression si rapide pendant la fin du dix-huitième siècle, sous l'Empire, et surtout à partir de 1822, qu'en 1850 elle avait atteint le chiffre de 100,000 quint. mét. Elle avait donc augmenté en un siècle dans le rapport de 1 à 28.

A dater de 1830, de profondes modifications s'introduisirent dans la situation des tréfileries françaises qui, jusque-là, s'étaient concentrées dans les départements du Jura, du Doubs et des Vosges. Ces établissements ressentirent en cela le contre-coup de la révolution produite par l'adoption de la houille comme élément de fabrication du fer. Les nouvelles méthodes de fabrication n'ont pas eu seulement pour résultat de livrer les produits à bon marché ; elles ont en outre conduit les consommateurs à constater qu'ils pouvaient employer avec avantage des qualités de fer inférieures et à bas prix dans beaucoup de cas où d'anciennes habitudes prescrivaient autrefois de recourir à des qualités supérieures.

Cette tendance des consommateurs a déterminé l'établissement de tréfileries très-importantes dans plusieurs groupes de forges où les fers préparés au charbon de bois et à la houille peuvent être obtenus à moindre prix qu'en Franche-Comté. Les anciennes tréfileries ont conservé le privilège de fournir, soit à la consommation intérieure, soit aux pays étrangers, les fils de fer qui doivent se distinguer par leur ténacité, tandis que les nouveaux établissements ont puissamment contribué, par l'attrait du bon marché, à propager l'emploi des sortes communes de fil de fer.

C'est dans ces conditions que de 1830 à 1841, la production des tréfileries françaises s'est accrue de 100 à 134,000 quint. métriques.

On peut apprécier la baisse de prix par les chiffres suivants. D'après les documents officiels, la tréfilerie produisait, en 1833, 111,000 quint. mét. valant 10 millions; en 1841, elle en produisait 134,000 valant 11 millions; c'est-à-dire qu'elle livrait moitié en sus des produits pour le même prix.

Nos exportations de fils de fer ont d'abord suivi la même progression que la production intérieure; mais elles tendent aujourd'hui à se restreindre. Les pays où fleurit l'art des forges fabriquent pour la plupart la majeure partie du fil de fer nécessaire à leur consommation. Le complément est fourni par la France pour les qualités de choix, et par l'Angleterre pour les qualités communes. C'est ainsi que l'Allemagne du nord, qui fabrique annuellement de 60 à 70,000 quint. mét. de fils de fer, importe en outre, chaque année, une certaine quantité de fils de fer français et anglais.

Nous avons exporté, en 1841, 4,401 quint. mét. de fils de fer, dont la moitié en Espagne. L'Angleterre elle-même a rendu hommage à la supériorité de nos fils en en important la somme minime, il est vrai, de 30 à 40 quint. mét.

L'Exposition ne représente que très-imparfaitement l'état de la tréfilerie en France; cinq ou six fabricants à peine y ont envoyé des produits; c'est bien peu pour cette partie importante de notre industrie métallurgique.

M. le baron Falatieu avait établi à Bains (Vosges) une tréfilerie dans sa fabrique de ferblanc dès 1789; ses fils de fer sont excellents, et il les prépare avec le fer qu'il obtient lui-même dans ses forges.

M. Falatieu jeune, près Bains (Vosges), MM. Festugières frères, aux Eyzies (Dordogne), et MM. d'Andelarre et de Lisa, de Treveray, ont également exposé des fils de fer de bonne qualité.

Parmi les exposants qui appartiennent à des départements où cette industrie est encore nouvelle, nous avons distingué MM. Sirodot, Mouchet et Cie, d'Oloron (Basses-Pyrénées), Bouillon jeune et Cie, de Limoges (Haute-Vienne), Labbé et Legendre, de Gorcy (Moselle).

L'emploi des câbles en fil de fer dans les ponts suspendus est une des plus heureuses applications qui aient été faites de cette industrie; mais ils sont et peuvent être employés à beaucoup d'autres usages; il est évident qu'ils ont un grand avenir devant eux.

L'usage du fil de fer pour la fabrication des cordages et des câbles date déjà de plusieurs années; mais la difficulté de la fabrication ayant obligé les auteurs des premiers essais à employer des fils de fer soumis préalablement au recuit, opération qui diminue de 2/5 au moins la ténacité des fils, les résultats ne furent pas complètement satisfaisants, et l'on éprouva même, dans quelques mines, des ruptures de câbles. Peu de temps après, on parvint à se servir de fils de fer non recuits; les câbles ne furent plus exposés aux ruptures, firent un service de plus longue durée et se trouvèrent, à résistance égale, être d'un poids beaucoup moindre que ceux de chanvre; aussi l'usage s'en est-il déjà propagé dans un grand nombre de houillères et de mines allemandes.

On a en outre trouvé depuis lors le moyen de diminuer la roideur de ces cordes, en plaçant à leur centre une *âme de chanvre goudronné* qui les rend presque aussi flexibles que celles de chanvre et les préserve de l'oxydation à l'intérieur.

Ces cordes, exécutées par des procédés mécaniques, sont à la fois solides et régulières, et peuvent être établies en fils de beaucoup plus gros que ceux dont on s'était servi jusqu'à présent, ce qui les rend beaucoup moins sujettes à l'oxydation. Leur force étant au moins trois fois plus grande que celle des cordes en chanvre, tandis que leur prix au kilogramme est à peu près égal, il en résulte sur le prix d'achat une économie considérable, augmentée encore par leur plus longue durée et par la valeur qu'elles conservent lorsqu'elles sont usées.

Ces cordes, avec ou sans âme en chanvre, ont été l'objet de plusieurs expériences faites en Angleterre par ordre de l'amirauté. M. Smith a fait un rapport sur ces expériences. Il a donné plusieurs tableaux relatifs à la charge de rupture des fils de fer simples de différents numéros, à la force respective des cordes de fer et de chanvre et à la comparaison des grosseurs, des poids et des prix, par chaque brasse des deux espèces. Le résultat général est que les manœuvres d'un navire, lorsque les cordes sont en fil de fer et possèdent la même force, n'occupent que le tiers de l'espace réclamé par les cordes de chanvre, pèsent moitié moins et ne coûtent que les deux tiers du prix de ces dernières. M. Smith a joint à son mémoire quelques documents statistiques desquels il résulte que les manœuvres dormantes de la marine britannique, telles qu'elles existent maintenant, présentent une superficie de plus de 74,300 mètres carrés, superficie égale à celle de toute la voilure de 24 frégates de premier rang, et qu'il serait par conséquent extrêmement utile de réduire. Il établit ensuite que 1 mètre de corde de chanvre ayant 0^m.076 de circonférence absorbe environ 0k.120 d'eau et celle de 0^m.013. L'ensemble des cordages d'un vaisseau de premier rang atteint approximativement une longueur de 54,870 mètres, et doit par conséquent éprouver un raccourcissement total de plus de 700 mètres, dû à l'absorption de près de 6,600 litres d'eau, qui nuit beaucoup à la conservation des agrès.

Il a fait aussi observer que les manœuvres étant moins pesantes lorsque les cordages sont en fer, le vaisseau tire moins d'eau, est plus stable et réclame moins de lest. Enfin, il a ajouté que le premier navire qui ait été ainsi gréé, le *Marshall*, a conservé pendant sept ans les mêmes cordages, dont l'état a été trouvé dernièrement, lors d'une inspection, sinon aussi bon, du moins presque aussi bon que quand le bâtiment a été équipé. Nous ne suivrons pas l'auteur dans les développements où il est entré sur les autres usages de ces cordes, parce qu'il suffit d'en apprécier les avantages dans le service de la marine pour se faire une idée suffisante de leur supériorité dans d'autres circonstances et surtout dans les mines.

M. Combes, ingénieur en chef des mines, a inséré dans les *Annales* une note sur les câbles de fil de fer appliqués à l'extraction de la houille, application qui, d'après ce savant ingénieur, est devenue générale dans la Saxe, la Prusse et presque toute l'Allemagne. Cependant les câbles allemands sont loin d'être parfaits, attendu que leur fabrication ayant lieu à la main, il est impossible de leur donner toute la régularité dont ils sont susceptibles, et qui est une des premières conditions d'un bon emploi.

Il résulte des détails fournis par M. Combes,

1° Que la dépense d'extraction en câbles peut être calculée, dans les mines allemandes, comme suit, par 1,000 kilog. de houille extraits :

En câbles de chanvre par entreprise 0,07077 fr. les 1,000 kil.
   dito   dito sans entreprise 0,05727 »
   dito de fil de fer recuit . . . . 0,02195 »
   dito   dito non recuit. . . 0,00599 »

indépendamment d'une durée au moins triple et même quadruple pour ce dernier système ;

2° Que les câbles de fil de fer ont beaucoup plus de durée, sont beaucoup plus légers et à meilleur marché à force égale que les câbles en chanvre.

Depuis que cette note a paru dans les *Annales des Mines* MM. Vegny et C¹ᵉ ont établi une fabrique mécanique de câbles en fil de fer non recuit de tous numéros. Leurs câbles sont supérieurs en beauté et en solidité aux câbles allemands qui sont fabriqués à la main, et ils peuvent, par conséquent, offrir à l'industrie minière, en France, des avantages supérieurs à ceux qu'énumère la note de M. Combes. Seulement on conçoit que pour des houillères de 3 à 400 mètres, comme nous en avons en France, les poids, grosseurs et prix diffèrent de ceux établis par M. Combes, pour des puits de 75 à 150 mètres mais les proportions ne changent pas, ou plutôt elles deviennent d'autant plus avantageuses pour l'extraction, que la profondeur des puits est plus grande.

MM. Vegny fabriquent également des câbles en fil recuit, dont la souplesse peut être comparée à celles des cordes de chanvre, et qui seront d'un excellent emploi dans les travaux à couvert. Leurs câbles vont être essayés pour la marine.

L'on peut également s'en servir sur les chemins de fers à machine fixe. Le chemin de fer de la Loire, d'Andrezieux à Roanne, en a déjà employé plus de 10,000 mètres en 5 longueurs. M. Vegni et C¹ᵉ ont fabriqué entre autres deux câbles de 2,720 mètres en fil non recuit, d'un seul bout, sans nœuds ni épissure; et, grâce à un procédé de soudure de eux particulier, chacun des fils composant le câble a la même longueur en un seul bout que le câble lui-même, ce qui n'occasionne aucune perte de force. Le premier câble en fer employé aux chemins de fer de la Loire fonctionne depuis vingt mois, et n'a subi aucune altération.

M. Pivert et M. Lacombe, d'Alby, ont aussi exposé des câbles en fil de fer, plats et ronds, pour agrès de navires, et M. Lebœuf des cordes de fil de fer pour paratonnerre.

Un nouvel emploi du fil de fer, c'est la fabrication des élastiques pour les sièges, les dossiers et les matelas. M. Boucher en a exposé qui ne laissent rien à désirer. Pour fabriquer ces élastiques, il a pris d'excellents fers provenant des usines de Fourchambault, et il les a fait passer plusieurs fois à la filière après les avoir plongés dans une dissolution de cuivre. De cette manière, non-seulement il a cuivré et rendu ainsi plus propres les fils de fer ; mais encore, en les passant plusieurs fois à la filière, il les a rendus plus durs et excellents pour faire des élastiques. Cette opération n'augmente point leur prix. Les paquets exposés sont très-considérables, et cependant d'un seul bout : c'est un signe évident de leur qualité. Mais M. Boucher ne s'est pas contenté de faire les fils de fer ; par un moyen nouveau et fort ingénieux de les agrafer, il est aujourd'hui parvenu à distinguer ses produits de tous les autres produits analogues. Cette industrie est toute nouvelle, et cependant la production de M. Boucher s'élève déjà à plus de 500,000 francs par an, et elle augmente tous les jours.

Un emploi du fil de fer qui ne laisse pas que d'avoir de l'importance par l'extension de ses applications utiles, c'est la fabrication des grillages, genre de serrurerie dont on ne s'occupait guère extérieurement en France, quand M. Tronchon a établi dans l'avenue de Saint-Cloud, près la barrière de l'Étoile, une usine dans laquelle il fabrique des grillages à la mécanique, et des treilles en fer de tous dessins.

Les grillages se livrent par pièces de hauteur et longueur déterminées par leur destination. Leur combinaison est telle, qu'ils peuvent être coupés par morceaux sans qu'ils perdent rien de leur tension, de leur solidité ni de leur durée : ce qui donne la facilité de les adopter facilement sur châssis de fer ou de bois pour toute sorte d'usages.

Les produits de l'usine Tronchon, remarquables sous le rapport de l'élégance, de la solidité et du peu de frais qu'ils occasionnent, sont utiles pour les parcs et jardins, grilles et clôtures, claies pour parcs à chevreuils ou à bestiaux, clôtures invincibles pour entourer les pièces d'eau, balustrades, chenils, faisanderies, poulaillers, volières, châssis, serres en fer, marquises vitrées et autres, tuteurs d'arbres et de fleurs grimpantes, spirales, palmiers et parasols en fil de fer, culs de lampe, étagères, jardinières, etc.

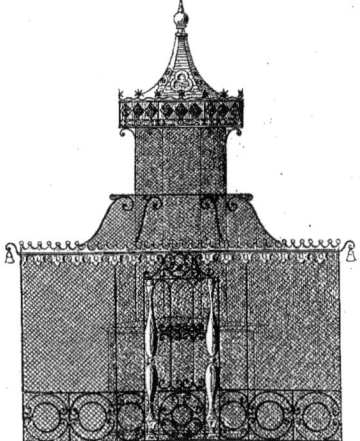

On a vu à l'Exposition quelques échantillons de sa nouvelle fabrication, qui se distinguaient par leur élégance, entre autres des tentes et une jolie volière dont nous reproduisons le dessin.

FER-BLANC.

La fabrication du fer-blanc, comme celle du fil de fer, a

commencé à s'établir dans la région métallurgique qui embrasse la Haute-Saône, le Doubs et les Vosges.

La première ferblanterie dont on retrouve l'origine dans les documents historiques, est celle de Chenecey (Doubs), qui fut construite en vertu d'une autorisation du roi, de l'année 1700. Celle de Chaudeau (Haute-Saône) fut établie en 1760. Les tôles étaient préparées entièrement au marteau. Ce ne fut guère qu'en 1808 qu'on commença à employer la houille et les laminoirs.

« Les nombreux échantillons de fer-blanc qu'a réunis l'Exposition, disait le jury de 1819, prouvent que cette industrie a fait de grands progrès. L'influence de la bonne qualité de la tôle sur celle du fer-blanc s'y manifeste d'une manière évidente. Les fers-blancs exposés ont été soumis à des examens comparatifs sous le rapport du brillant, et à des épreuves difficiles à soutenir sous le rapport de la ductilité. Il a été reconnu que sous tous ces rapports ils sont d'excellente qualité. Cette fabrication a pris un tel développement qu'elle paraît dès à présent suffire aux besoins de la France. »

Suivant les procédés généralement suivis, les feuilles de tôle coupées passent dans l'atelier du décapeur, qui les place dans un four à réverbère, après les avoir plongées dans un bain d'eau acidulée ; ainsi débarrassées de leur oxyde, bigarrées de bleu et de blanc, elles sont soumises à l'étamage, qui s'exécute en les trempant successivement dans un bain de graisse et dans un bain d'étain ; enfin elles subissent une dernière opération, celle du lavage, qui est destinée à leur enlever l'excédant d'étain qu'elles contiennent presque toujours. L'habileté des ouvriers entre pour beaucoup dans le succès de cette fabrication.

Cette industrie ne laisse plus rien à désirer, et nos fers-blancs peuvent entrer en concurrence avec ceux de fabrication anglaise.

Il résulte des documents officiels que la fabrication du fer-blanc s'est élevée en 1841 à 4,804 quint. mét. représentant une valeur de 4,918,000 francs.

Cette fabrication, concentrée d'abord comme celle du fil de fer dans la région de l'est, s'est développée comme elle dans les autres groupes métallurgiques, à mesure qu'on a reconnu la possibilité de se servir de fers de moindres qualités. Cependant les seuls départements de la Haute-Saône, du Doubs et des Vosges fournissent encore la moitié de la production totale du pays.

La ferblanterie de ces derniers départements est représentée par M. de Buyer (Haute-Saône), par M. Falatieu et M. Hildebrand (Vosges).

M. de Buyer est le propriétaire actuel de l'usine de Chaudeau, dont la fondation, ainsi que nous l'avons dit plus haut, remonte à 1760. La fabrication y a toujours été en se perfectionnant. En 1823, on commença à y utiliser la flamme des foyers d'affinerie ; on l'employa au décapage de la tôle et à l'étamage du fer-blanc. Cette usine s'est maintenue au premier rang.

L'usine de Bains, appartenant à M. Falatieu, est peut-être celle de toutes qui produit la plus grande quantité. Il en sortait en 1859 une masse de 13,000 caisses de fer-blanc, dont la valeur était estimée à plus de 500,000 francs. Les produits de cette usine continuent à se faire remarquer par leur excellente exécution.

L'usine de Semouse (Vosges), à M. Hildebrand, quoique déjà ancienne, ne s'est mise que depuis peu de temps à fabriquer du fer-blanc. La presque totalité des fers de cet établissement sont élaborés sur place. Les uns sont convertis en fer de petit échantillon ; les autres sont laminés pour être vendus à l'état de tôle ou de fer-blanc. A cet effet on y a créé, il y a deux ou trois ans, une étamerie avec neuf creusets. Les produits qu'elle a exposés montrent qu'elle a parfaitement réussi du premier coup.

On sait que la fabrication des ustensiles de cuisine est une des principales applications de l'industrie du fer-blanc. Ceux qui sont fabriqués à la main par les ferblantiers laissent beaucoup à désirer. Ils se composent de pièces diverses soudées ensemble qui n'offrent pas beaucoup de solidité ; ajoutons que le peu d'épaisseur du fer-blanc les expose à une prompte détérioration. On a imaginé de les fabriquer au balancier, et l'on compte en France plusieurs usines qui se servent de ce procédé et qui livrent une grande quantité d'ustensiles culinaires à la consommation.

De ce nombre est l'usine de Beaucourt, appartenant à MM. Japy frères, célèbre dans le monde industriel par son importance et par la variété des objets de quincaillerie qu'elle livre au commerce.

Les ustensiles qui sortent de cette usine sont d'une seule pièce, en tôle dont l'épaisseur varie suivant la dimension, perfectionnés à l'aide de petits martinets, et ne recevant l'étamage que lorsque la façon est complètement achevée.

C'est une fabrication intéressante à suivre. La première opération est celle du découpage de la tôle. Vient ensuite le travail du balancier, dans lequel la tôle découpée prend la forme des ustensiles qu'on veut produire. Ce sont des casseroles de toutes les formes et de toutes les dimensions, des plats, des assiettes, des tasses, etc. L'ustensile, en sortant des balanciers, présente une surface plus ou moins ridée ; il va se faire polir sous les martinets ; il passe ensuite des martinets sous les tours à planer, qui achèvent les contours ; puis il est bordé, équipé et monté, et va recevoir enfin l'étamage par des préparations analogues à celles qui sont employées pour le fer-blanc.

Le succès de cette fabrication dépend en grande partie de la disposition des matrices ; il n'en faut pas moins de six pour une casserole ; c'est en la faisant passer successivement sous ces six matrices qu'on parvient à lui donner la forme voulue sans que la tôle ait subi aucun déchirement.

Les ustensiles exécutés par ce procédé et fournis par MM. Japy coûtent un peu de moins que les ustensiles de cuivre et n'exigent pas comme eux un renouvellement d'étamage ; mais ils exigent plus de précautions quand on les met sur le feu.

Nous avons remarqué, dans les produits exposés cette année par MM. Japy frères, des cafetières et ustensiles à ventre, qu'ils ne fabriquaient pas il y a quelques années, et qui sont en deux pièces réunies par le milieu.

FER GALVANISÉ.

Nous voyons reparaître à l'Exposition actuelle le fer galvanisé, dont l'invention valut à l'Exposition de 1839 une médaille d'or à M. Sorel.

On sait que le fer galvanisé n'est autre chose que du fer que l'on a enduit d'une légère couche de zinc en la plongeant dans un bain de métal. L'opération est fondée sur le principe qu'en mettant en contact l'un avec l'autre, dans des circonstances convenables, deux métaux différents, le plus oxydable défend l'autre contre l'action des corps oxygénants, tels que l'air, l'eau et les dissolutions salines. C'est au célèbre chimiste Humphrey Davy qu'on doit la découverte de ce principe si fécond en conséquences utiles. Mais l'application en était difficile dans la pratique, et Davy lui-même n'a pas obtenu un plein succès dans les essais en grand qu'il a faits pour garantir le doublage en cuivre des vaisseaux par le moyen d'armatures en fer convenablement disposées. C'est le principe de Davy que M. Sorel est parvenu à appliquer en grand pour la préservation du fer en se servant du zinc.

Le procédé employé par M. Sorel, ainsi que nous venons de le dire, consiste à enduire le fer de zinc en le plongeant dans un bain de ce métal en fusion, tout comme on l'enduit d'étain pour fabriquer le fer-blanc. Mais il y a cette différence, que, dans le fer-blanc, les parties qui ont échappé à l'étamage se détruisent avec rapidité, tandis qu'au contraire, dans le fer zingué, le fer est protégé par le zinc, non-seulement partout où ce métal le recouvre, mais même dans les parties qui, par suite de l'imperfection de l'opération, ont pu rester à nu. C'est cette propriété précieuse qui le caractérise.

Depuis l'Exposition de 1839, la galvanisation du fer a fait de nouveaux progrès, de même qu'elle a subi de rudes épreuves : examen du conseil général des arts et manufactures, expériences et rapports par le conseil des bâtiments civils en 1842, commission nommée par le ministère de la guerre, commissions du ministère de la marine dont la dernière en 1843.

Tous les rapports ont reconnu l'efficacité de la galvanisation et sa grande utilité. Le conseil des bâtiments civils a conclu « qu'il serait utile et d'un intérêt général d'engager M. le préfet de police à prescrire l'emploi de la tôle galvanisée pour les exhaussements des tuyaux de cheminée, ainsi que des tuyaux de poêle, afin de prévenir la prompte destruction de ces tuyaux et les réparations et *accidents* qui en sont la suite. »

M. Dumas, lisant à l'Académie des Sciences le rapport du capitaine Born, évaluait, en adoptant ses chiffres, à 17 millions en vingt ans l'économie à faire dans les services de la guerre et de la marine, rien que par la seule *galvanisation des projectiles*.

A la suite des expériences faites par le conseil des fortifications, M. le ministre de la guerre recommande, par sa circulaire du 12 février 1844, à MM. les colonels du génie « de saisir toutes les occasions qui pourront s'offrir de faire une utile application du procédé de galvanisation, et d'appeler sur cet objet l'attention de MM. les chefs du génie sous leurs ordres. »

Enfin la seconde commission nommée pour le port de Brest par le ministre de la marine déclare, le 13 mai 1844, « que l'emploi du fer galvanisé devrait *être exclusif* dans la confection des pentures, serrures, cadenas, que l'on place non-seulement dans les établissements situés sur les côtes, mais encore à bord des navires; que l'opinion des ateliers, d'accord avec les remarques de la commission, *est unanime* pour constater que tous ces objets sont aujourd'hui, après plusieurs années de service, dans un état si parfait de conservation, que les serrures elles-mêmes se meuvent avec autant de facilité que le premier jour, » et conclut à l'emploi exclusif de la galvanisation pour un si grand nombre d'objets, que la marine croit désormais ne pouvoir satisfaire à des applications si diverses qu'en établissant elle-même des usines de galvanisation dans ses arsenaux ; faculté pour laquelle elle est en négociation avec la compagnie propriétaire du brevet.

En résumé, sept années d'expériences et d'applications sur une grande échelle, les arsenaux de Rochefort et Toulon, plusieurs théâtres, et notamment celui de l'Opéra-Comique, trois ou quatre cents bâtiments publics ou particuliers, et jusqu'à des usines à gaz, couverts en tôle galvanisée, sont les meilleures garanties qu'on puisse donner en faveur de la galvanisation du fer.

L'usine de galvanisation a reproduit à l'Exposition actuelle différents objets qu'elle avait exposés en 1839, qui n'étaient que par moitié recouverts de la couche préservatrice, et qui depuis lors avaient été constamment laissés en plein air dans les cours de l'établissement. On a pu remarquer l'aspect et les surfaces rongées et percées de rouille de la partie laissée à nu, en opposition avec l'état de conservation dans lequel se trouve la partie galvanisée.

Trois objets surtout attiraient l'attention : 1° Une feuille de toiture de l'usine enlevée après sept ans d'existence pour l'Exposition ; 2° une feuille de l'atelier de distillation de la Cie du Gaz français, feuille nettoyée par moitié seulement et offrant une surface aussi polie que lorsqu'elle avait été posée en 1838 en remplacement d'une toiture en *cuivre* qui n'avait pu résister aux exhalaisons acides du gaz; 3° une feuille de doublage d'un vaisseau resté quatorze mois en mer, sur laquelle n'apparaît pas une seule tache d'oxydation et qu'accompagnaient des certificats de capitaines attestant que non-seulement la tôle galvanisée ne s'oxyde pas dans l'eau de mer, mais qu'elle préserve les vaisseaux des nombreux coquillages et plantes marines qui s'y attachent.

On a vu également des cordes de fil de fer galvanisé en brins et fabriquées ensuite, des ustensiles de toutes sortes, une serrure, des vis, des gonds, tenus constamment dans l'eau depuis l'ouverture de l'Exposition, de larges feuilles de tôle galvanisée d'une grande souplesse, et de nombreux et légers modèles de couverture.

Des vases et un candélabre à gaz en *fonte* ont montré que la galvanisation, qu'on n'avait pu autrefois appliquer à la fonte, s'y adapte aujourd'hui; le directeur de l'usine assure même qu'elle lui donne la faculté de pouvoir se souder.

L'usine du fer galvanisé est aujourd'hui sous le nom de M. Saint-Pol et Cie.

ACIERS.

Limes, râpes, faux et faucilles, scies, etc.

L'acier est une des formes les plus importantes que revêt le fer. Il suffit d'un ou deux centièmes de plus ou de moins de carbone en combinaison avec le fer, pour qu'au lieu de fer malléable, ce soit de l'acier, ou au lieu d'acier, de la fonte. Quelle n'est pas cependant la différence de propriété de ces trois corps ! quelle diversité dans leurs usages !

Il y a de l'acier *naturel*, c'est-à-dire qui s'obtient en affinant la fonte, ou en réduisant directement le minerai comme dans les Pyrénées. Il y a de l'acier de *cémentation*, qui se produit en imbibant, pour ainsi dire, des barres de fer de carbone, au moyen d'un grand feu qui les chauffe dans des caisses où elles gisent au milieu de poussière de charbon. Il y a l'acier *fondu*, qui est le meilleur de tous incomparablement ; il résulte, comme son nom l'indique, de la fusion qu'on fait subir dans des creusets, au moyen d'une énorme température, à de l'acier de cémentation.

La France produit à la fois, dans des conditions fort complexes, ces différentes sortes d'acier [1].

---

[1] Les renseignements suivants sont extraits d'un travail remar-

Le forges à acier de l'Isère, alimentées par les minerais de fer spathique d'Allevard et de Saint-Georges-d'Heurtières, occupent le rang le plus important. Leur production, limitée par le manque de combustible végétal, varie peu d'une année à l'autre, et s'est élevée, en 1841, à 15,920 quintaux métriques.

Dans le nord-est du royaume, en Lorraine et en Alsace, près de la limite commune des départements de la Moselle et du Bas-Rhin, il existe plusieurs forges qui emploient pour matières premières les fontes à acier de l'autre côté du Rhin, en y associant seulement une faible portion de fontes et de ferrailles d'origine française. Ces forges, qui sont à vrai dire à l'extrémité méridionale du groupe des aciéries du Rhin, ont produit, en 1841, 5,479 quintaux métriques d'acier naturel.

Indépendamment de ces usines qui produisent des aciers de bonne qualité, il en existe un assez grand nombre où l'on prépare, soit régulièrement, soit accidentellement, au moyen de fontes françaises, des aciers qui, pour la plupart, n'offrent qu'une qualité commune, sont principalement employés pour la fabrication des instruments d'agriculture, et pour ce motif sont souvent désignés sous le nom d'aciers de terre. Six départements ont concouru, en 1841, à la production de ces sortes d'aciers, et ont produit 12,623 quintaux métriques, La Nièvre entre seule dans ce chiffre pour 7,690, les Vosges pour 2,068, la Haute-Saône pour 1,200, la Côte-d'Or, la Haute-Vienne et la Charente, pour le reste.

Le principal groupe d'aciéries de cémentation est situé au sud du royaume, dans la région des forges pyrénéennes; il emploie comme matière première les fers produits par ces dernières, et une faible quantité de fers suédois et russes importés par Bordeaux. La houille qui sert à chauffer les fourneaux est tirée en partie du bassin houiller de la Loire, en partie du bassin de Carmeaux (Tarn).

Les quatre départements dans lesquels sont établies ces usines sont : le Tarn, qui produit 8,600 quintaux métriques; l'Ariège, 7,199; la Haute-Garonne, 4,020; l'Aude, 1,485; en tout : 21,304.

Le deuxième groupe d'aciéries de cémentation est établi sur le bassin houiller de la Loire, qui lui fournit le combustible à bas prix. Les fers importés, pour la plupart, de Suède et de Russie, par le port de Marseille, parviennent aux usines par la voie du Rhône et par le chemin de fer de Saint-Étienne à Lyon. Ces aciéries emploient aussi une assez grande quantité de fer des forges pyrénéennes. Le groupe de la Loire a produit, en 1841, 9,155 quint. mét. d'acier brut.

Plusieurs usines assez importantes, qu'on pourrait nommer aciéries urbaines, ne sont point placées, comme les précédentes, à proximité de la matière première ou du combustible; on les a surtout établies en vue de profiter du débouché immédiat que leur offrent quelques grandes villes : telles sont les usines créées à la proximité de Paris, de Tours, d'Orléans, de Lyon. Les usines placées dans ces conditions ont produit, en 1841, 3,582 quintaux métriques.

Enfin quelques aciéries peu importantes sont annexées à diverses forges qui y trouvent un débouché pour une partie de leurs produits : ces usines, situées dans les départements des Vosges et de la Côte-d'Or, ont produit, en 1841, 2,797 quint. mét. d'acier brut.

quable sur la production de l'acier, inséré par M. Leplay dans les *Annales des Mines*.

En résumé les aciéries françaises ont produit en 1841 :

		Q. M.	Q. M.
1º Acier naturel.	Groupe de l'Isère........	15,920	
	De Lorraine et d'Alsace.....	5,479	32,022
	Aciéries diverses........	12,623	
2º Acier de cémentation.	Groupe des Pyrénées.......	21.304	
	De la Loire...........	9,155	36,858
	Aciéries urbaines.........	3,582	
	Diverses.............	2,797	
			68,860

L'industrie de l'acier est loin d'avoir suivi le progrès des autres branches de l'industrie du fer : la production de ces dernières a doublé depuis dix ans, tandis que dans le même intervalle la production des aciéries s'est accrue seulement dans la proportion qu'indique le tableau suivant.

Années.	Aciers de cémentation.	Aciers naturels.	Total.
	Q. M.	Q. M.	Q. M.
1831	24,122	26,673	53,795
1835	33,078	29,494	62,572
1840	38,589	35,459	74,048
1841	36,858	32,022	68,800

Il convient de remarquer que le progrès qui se manifeste depuis dix ans dans la production des aciers de cémentation est dû presque exclusivement au développement qu'ont reçu les fonderies d'acier. Celles-ci en effet, qui ne produisaient que 1,580 quint. mét. en 1831, en ont produit 9,628 en 1841.

Cette production est loin de suffire à la consommation intérieure, surtout en ce qui concerne les qualités supérieures, et la France importe chaque année des quantités considérables d'aciers en barres et ouvrés.

Les aciers corroyés ou fondus en barres entrent environ pour moitié dans le poids total des aciers importés : l'autre moitié se compose d'aciers ouvrés sous forme de faux et de faucilles, de limes et râpes, d'outils d'acier pur, de scies, de fils et tôles. Ces importations se sont accrues d'une manière rapide de 1831 à 1836; puis elles ont régulièrement diminué, tout en restant néanmoins supérieures de beaucoup à ce qu'elles étaient il y a dix ans. Les variations de l'importation annuelle depuis 1831 jusqu'à 1841 sont indiquées dans le tableau suivant.

Années.	Corroyés.	Fondus raffinés.	Faux et faucilles.	Limes et râpes.	Outils d'acier pur.	Scies.	Fils et tôles.	Total.
	Q. M.	Q. M.	Q. M.	Q. M.	Q. M.	Q. M.	Q. M.	Q. M.
1831	3,280	300	2,480	1,600	200	180	100	10,140
1835	7,570	700	2,850	4,050	400	240	330	16,140
1840	7,870	970	2,960	3,190	370	140	180	15,080
1841	7,550	950	2,510	3,130	380	120	400	15,040

Les quatre cinquièmes environ des aciers corroyés sont fournis par les forges du Rhin; l'autre cinquième provient du Yorkshire (Angleterre). Les aciers fondus proviennent exclusivement du Yorkshire. Les faux et faucilles proviennent surtout du groupe des Alpes centrales; les bords du Rhin et même le Yorkshire en importent aussi une faible quantité.

Les limes et râpes proviennent pour trois quarts des usines allemandes, pour un quart des usines anglaises. Enfin les scies et les autres outils d'acier pur ont encore la même origine; seulement les usines anglaises fournissent à peu près le tiers de l'importation totale.

Les objets d'acier, réputés de fabrique anglaise ou allemande, se consomment en France en plus grande quantité que ne l'indiquent les chiffres consignés sur le tableau précédent.

Cette circonstance tient à ce que certains fabricants français, lorsqu'ils sont parvenus à produire une qualité d'acier fournie jusqu'alors par les pays étrangers, s'empressent de placer ces produits sous la garantie d'une marque anglaise ou allemande, dans le but de les faire accepter plus promptement par les acheteurs. Il est à regretter que nos lois et nos usages tolèrent une pratique si contraire à la bonne foi, et qu'à cet égard nos usines suivent aujourd'hui l'exemple que donnèrent, pendant le siècle dernier, les aciéries anglaises lors de leur lutte avec les aciéries allemandes. Mais il est évident que la vérité ne peut tarder à se faire jour.

Le jury de 1839 s'exprimait ainsi à ce sujet après avoir constaté les progrès de notre fabrication :

« On peut conclure de cet accroissement que les aciers français de cette espèce, par suite des soins donnés à leur fabrication, sont mieux accueillis des consommateurs, dont les préventions (en 1859) *commencent* enfin à céder à l'évidence.

« Cependant il faut bien le dire, plusieurs marchands, intermédiaires entre le fabricant et le consommateur, *exigent encore, dans leur propre intérêt*, que le premier revête ses aciers d'une marque étrangère; cette exigence est très-fâcheuse; elle ne peut que tendre à maintenir l'engouement du consommateur pour les produits étrangers.

« Espérons que, bientôt, mieux éclairés sur les qualités de nos aciers, qu'ils *estiment sous la marque étrangère*, nos ouvriers ne s'attacheront plus qu'aux marques françaises qui leur donneront le plus de garanties de bonne fabrication et de bonne qualité. »

Même état de chose pour les limes.

« La France, disait le jury, serait maintenant en mesure de se soustraire entièrement au tribut qu'elle paie encore aux fabriques de limes d'Allemagne et d'Angleterre, *si les préventions accréditées par des intérêts particuliers* contre nos produits nationaux n'y mettaient constamment obstacle. En effet, si on fait la comparaison de la taille de nos limes, dites limes *en paquet* ou *en paille*, avec celles des limes allemandes de même espèce, il ne sera pas difficile de reconnaître que les nôtres sont supérieures; et cependant beaucoup de nos fabricants de limes *se trouvent dans la nécessité, par suite de l'obligation que leur imposent les marchands*, de mettre une marque allemande à la majeure partie de leurs produits pour en faciliter la vente...

La taille des limes *dites anglaises* est également très-soignée dans beaucoup de fabriques; et maintenant qu'on emploie presque généralement l'acier fondu pour la confection de ces espèces de limes, on peut affirmer que bon nombre de fabricants français sont en mesure de soutenir avec avantage la concurrence que leur fait l'Angleterre; mais malheureusement encore, *beaucoup sont forcés* de revêtir leurs limes des marques anglaises les plus accréditées.

« Si les consommateurs pouvaient se convaincre que de toutes les limes qu'ils achètent comme limes allemandes ou anglaises, les trois quarts, au moins, sont de fabrique française, ils finiraient par ne plus accepter que de ces dernières, et leurs préférences se porteraient seulement aux marques des fabricants français qui seraient réputés pour fournir les meilleures limes; il en résulterait nécessairement une heureuse rivalité, qui bientôt placerait la France au premier rang pour cette industrie. »

Les exportations d'aciers n'ont aucune importance commerciale; elles n'ont augmenté de 1831 à 1841, que de 740 à 950

quint. mét. : ces produits, composés principalement d'instruments nécessaires à l'agriculture et aux arts de construction, sont expédiés aux colonies françaises, dont la métropole a l'approvisionnement exclusif.

En négligeant toute les évaluations inférieures à 1,000 kil. et en ne tenant pas compte des exportations qui ne sont en quelque sorte qu'une extension du commerce intérieur, on trouve que la consommation des aciers a varié en France pendant les onze dernières années, ainsi que l'indique le tableau ci-après :

Consommation des aciers en France de 1831 à 1841.

Années.	Production. Q. M.	Importation. Q. M.	Consommation. Q. M.
1831	53,800	10,140	63,940
1835	62,570	16,140	78,710
1840	74,050	15,680	89,730
1841	68,860	15,040	83,900

La France est, de toutes les puissances continentales de l'Europe, celle qui consomme la plus grande quantité d'acier; on en peut conclure que les usines françaises, ayant déjà acquis l'expérience de tous les genres de fabrication, et disposant de débouchés considérables, peuvent en toute sécurité prétendre à accroître leur production. On pourrait les favoriser par des mesures dont nous parlerons plus loin.

La fabrication de l'Isère a deux représentants, M. Gourju de Beaupertuis, et MM. Tournier et Cie de Renage.

M. Gourju, qui a exposé des bottes et des barres d'acier de très-bonne qualité, fabriquées avec les fontes de l'Isère, est l'un des premiers qui ait substitué avec succès l'emploi de la houille à celui du charbon de bois, seul combustible employé jusqu'alors dans le département, pour l'étirage comme pour l'affinage de l'acier. Par cette innovation, dit le jury de 1839, sans nuire à la qualité de l'acier, on économise la moitié environ du combustible végétal précédemment consommé dans les aciéries. C'est un grand service rendu aux usines et aux aciéries d'un département où le bois devient de plus en plus rare et cher.

MM. Tournier et Cie ont envoyé de l'acier en barres et en feuilles. L'emploi qu'ils font des laminoirs pour l'étirage des aciers a l'avantage de donner plus de promptitude au travail, et de procurer plus d'économie, surtout pour la fabrication des aciers à ressorts de voiture qu'il est très-coûteux de confectionner au martinet.

C'est M. Coulaux, si célèbre par ses superbes fabriques d'armes et de quincaillerie, qui représente à l'Exposition, par ses nombreux et remarquables produits, dont nous parlerons plus loin, le groupe des aciéries du Bas-Rhin.

La fabrique de Sarralbe (Moselle), qui obtint la médaille d'or dès 1806, nous montre que sous la direction de M. Schmidborn, elle continue à se distinguer dans la production des aciers recherchés pour la coutellerie fine. Ses aciers se vendent dans tout le Centre, dans l'Est, le Nord et l'Ouest de la France, c'est-à-dire, à Bordeaux, à Limoges, à Clermont-Ferrand, à Lyon et à Strasbourg.

Le département de la Nièvre compte de nombreux exposants pour les aciers et pour les limes. Nous retrouvons d'abord le nom de M. Dequenne fils, qui est le seul représentant d'une famille depuis longtemps célèbre dans l'art de fabriquer l'acier; il emploie, pour la fabrication de ses aciers, presque toutes matières du pays et principalement les aciers de forge de la Nièvre; ses produits sont bien accueillis dans le commerce, où ils trouvent un facile écoulement. MM. Lemoine de Corbelin,

Grasset de Saint-Aubin, Lasné du Colombier de Narcy, et Ch. Paignon de Bizy ont envoyé des aciers naturels ou cémentés et des socs de charrue en aciers naturels.

Le groupe des Pyrénées (Ariège), si célèbre par ses excellents aciers, est représenté par trois industriels : M. Lamarque, qui dirige la grande usine de Saint-Antoine, M. Ruffié de Foix, M. Desserres et C⁰ de Saverdun.

L'usine de Saint-Antoine (Ariège), qui a établi, au centre même de la région métallurgique où le procédé catalan était seul pratiqué, le système anglais de l'échauffage à la houille et de l'étirage au laminoir pour la fabrication du fer [1], se livre également avec succès à la fabrication de l'acier. Elle produit annuellement jusqu'à 5,000 quintaux métriques d'acier, et elle pourrait au besoin doubler cette production. Cette usine est parfaitement dirigée par M. Lamarque. On y remarque l'emploi des feux voûtés, servant au corroyage, dont la chaleur perdue est utilisée pour réchauffer les masses d'acier placées au-dessus de la voûte.

M. Ruffié, dont l'établissement est à peu de distance de Foix, réunit à la fois, dans son usine, des feux de forge à la catalane avec des martinets pour la fabrication et le parage des fers, des fours de cémentation avec des martinets pour la fabrication et l'étirage de l'acier, des ateliers pour faire des limes et pour fabriquer des faulx. Il convertit en aciers ou en faulx la totalité des fers qui sortent de ses forges. Il obtint en 1819 la médaille d'argent, en 1823 la médaille d'or; et les produits exposés par lui prouvent qu'il perfectionne toujours sa fabrication.

MM. Desserres et C⁰ ont exposé des aciers, des faulx et des ressorts de voiture qui nous ont paru de bonne qualité.

La principale aciérie de cémentation de la Loire, celle de MM. Jackson frères, d'Assailly, près Saint-Étienne, a envoyé des produits. Ce sont MM. Jackson qui ont les premiers doté la France d'un établissement de quelque importance pour les aciers fondus. Ils ont annexé à leurs premières usines celle de la Berardière, fondée sur le Furens en 1818, par M. Beaunier, inspecteur-général au Corps royal des Mines. Les fers qu'ils emploient proviennent de la Suède, de l'Ariège et de l'Isère. Les produits qu'ils ont exposés se composent d'aciers fondus et d'aciers cémentés; ces derniers corroyés et étirés pour divers emplois. Tous sont dignes de la réputation acquise par MM. Jackson.

Parmi les autres fabricants d'acier qui ont envoyé des produits à l'Exposition, nous citerons encore M. Falatieu jeune, du Pont-de-Bois (Haute-Saône), M. Desprez d'Anor (Nord), M. Legoux de l'Aigle (Orne), MM. Granjon et C⁰, de Lyon, Chauwin et C⁰, de Paris.

M. Baudry mérite une mention à part pour les aciers qu'il fabrique dans son établissement d'Athys (Seine-et-Oise). Il n'emploie que des fers de Suède de première marque, qu'il prend encore la précaution de corroyer avant leur cémentation. Ses aciers fournissent d'excellents ressorts de voitures qui sont très-recherchés par la carrosserie de Paris.

Cette nouvelle Exposition prouve tous les efforts que fait l'industrie française pour chasser les aciers étrangers du marché national. Mais il est douteux qu'elle y parvienne, si on ne

---

[1] Ce grand établissement, dont le début date de 1838, dispose d'une force colossale de mille chevaux; il prend aux petites forges qui l'environnent les fers si excellents, mais si mal parés qu'elles fabriquent; il tire également des fontes du Périgord.

la place pas dans une meilleure position pour lutter. C'est au gouvernement à venir à son aide et à la seconder.

Il est évident que, si les usines françaises employaient les éléments convenables, elles pourraient subvenir à tous les besoins du marché intérieur. Ce qu'il leur faut, pour fabriquer de bons aciers de cémentation, ce sont de bons fers, ce sont surtout les fers de Suède. Deux obstacles se sont opposés jusqu'à ce jour à ce que nos aciéries aient pu s'approvisionner convenablement en fers du Nord : le premier, c'est que les Anglais, par des marchés à long terme, se sont attribué la réception exclusive des premières marques de Suède, en sorte que nos fabricants ne peuvent guère se procurer aujourd'hui que des fers classés sur le marché de Sheffield comme marques de 3ᵉ et 4ᵉ rang; le second, c'est l'élévation des droits qui frappent les fers à leur importation en France.

En maintenant une législation qui repousse l'emploi des fers de Suède, on condamnerait à une éternelle infériorité non-seulement les aciéries qui produisent la matière brute, mais encore, ce qui est plus grave, les nombreux ateliers qui élaborent cette matière sous tant de formes, et qui en décuplent ainsi la valeur. En Angleterre, le droit sur les fers du Nord a été encore réduit, il y a deux ans, et n'est aujourd'hui que de 2 fr. 60 c. par 100 kilogrammes. Il faudrait faire quelque chose de semblable chez nous pour les fers du Nord spécialement destinés à la fabrication de l'acier. Cette modification au tarif actuel, dit M. Leplay dans le Mémoire que nous avons déjà cité, pourrait être faite sans que le commerce général des fers en fût aucunement affecté; il suffirait d'appliquer aux aciéries de cémentation des dispositions analogues à celles qui sont en vigueur pour les fabriques de soude. La surveillance qui, dans ce système, devrait être exercée par l'administration, serait d'autant plus facile, que le travail de la cémentation, au lieu d'être continu, comme celui des fabriques de soude, est essentiellement intermittent.

Si la modification du tarif et les démarches persévérantes des négociants français et des agents consulaires mettaient fin au monopole qui, jusqu'à ce jour, a existé au profit des Anglais pour l'exportation des hautes marques des fers de Suède, la France serait, sans contredit, sur l'Europe continentale, le pays le mieux placé pour entrer dans la voie qui a fait la prospérité du Yorkshire. On y trouve à la fois les conditions d'une fabrication économique et les éléments d'une vaste consommation. Pourvue d'un approvisionnement convenable en fers du Nord, l'industrie française aurait même cet avantage sur l'industrie anglaise qu'elle pourrait employer en outre des aciers naturels indigènes et des fers pyrénéens qui conviennent parfaitement à la fabrication de certains objets de qualité commune.

La suppression des entraves permettrait à de nouvelles aciéries indigènes de s'élever à proximité de la mer du Nord, de l'Océan et de la Méditerranée, près de nos bassins houillers, dans des conditions comparables à celles du Yorkshire, de subvenir bientôt à tous les besoins des marchés français, et peut-être de prendre part, dans un avenir peu éloigné, à l'approvisionnement des pays étrangers.

Limes.

La fabrication des limes est une des fabrications les plus importantes qui se rattachent à celle de l'acier. Les limes sont nécessaires au forgeron, au serrurier, à tous les ouvriers qui se livrent à la manipulation des métaux. La consommation qui s'en fait dans les ateliers est immense; car les limes sont des outils qui, après avoir demandé beaucoup de peine et de soin pour être bien fabriqués, s'usent très-promptement. Dès qu'une lime a travaillé une heure, déjà elle est altérée, et il n'y a pas moyen de réparer le dommage. On a essayé de faire des limes qui offrissent la faculté de pouvoir se repasser; mais la complication de l'instrument était telle qu'elle en élevait le prix hors de proportion avec l'avantage qu'on pouvait en retirer; aussi ces tentatives sont-elles restées sans résultat.

Bien qu'on fasse des limes en fer, c'est principalement l'acier, comme nous venons de le dire, qui s'emploie à la fabrication des limes; pour les petites limes, c'est même l'acier fondu à l'exclusion de tout autre. L'acier employé à cette fabrication, différent de l'acier ordinaire, est connu sous le nom d'acier de lime. Il doit être très-dur pour avoir les qualités qui conviennent à cette fabrication.

Il n'y a pas longtemps que la fabrication des limes est établie en France. On les tirait jadis exclusivement de l'Angleterre et de l'Allemagne. Née à l'époque de la révolution, cette industrie n'a commencé à se développer que depuis trente ans. On vit quelques limes paraître à l'Exposition de l'an VII. Vers la même époque s'établissait à Paris la fabrique de Raoul, dont les limes acquirent une telle perfection que les ouvriers les payaient volontiers un prix à peu près double du taux ordinaire. Voici ce qu'on raconte au sujet de cet honorable industriel. C'est une anecdote qu'on nous saura gré de rapporter ici :

« Napoléon, n'étant encore que premier Consul, entendit parler avec le plus grand éloge de Raoul, qui, par un nouveau procédé de fabrication pour les limes, nous avait affranchis d'un impôt que nous avions jusque-là payé à l'industrie anglaise. Voulant constater par lui-même le mérite de l'inventeur et de l'invention, Napoléon mit dans sa poche une lime anglaise, et se rendit incognito chez Raoul.

Après quelques paroles fort brèves, le premier Consul pria M. Raoul de lui montrer quelques-unes de ses limes. Il les examina fort attentivement, et, à plusieurs reprises, exprima sa satisfaction; puis, tirant de sa poche la lime anglaise qu'il avait eu soin d'apporter, il exprima le désir de s'assurer par une épreuve de la supériorité du nouveau procédé de M. Raoul. Celui-ci y consentit avec le plus grand empressement. Le premier Consul introduisit successivement, dans une gaîne ou fourreau préparé pour ce genre d'épreuve, la lime anglaise et la lime française, et leur fit subir un assez long frottement.

La première, en sortant, n'offrit plus qu'une surface parfaitement unie; la seconde, celle de Raoul, reparut intacte. « Bien, monsieur, très-bien ! Voilà une belle conquête pour l'industrie française ! » Ensuite, s'approchant de lui, Napoléon ajouta : « Malheureusement vous avez affaire à un pays qui encourage peu les inventions utiles; qui désespère par son ingratitude ou son indifférence les hommes qui l'enrichissent du fruit de leurs méditations et de leurs travaux. Que n'allez-vous en Angleterre porter votre admirable invention ! c'est là que vous seriez encouragé, magnifiquement récompensé ! Ils comprennent cela bien mieux que nous. — Moi ! s'écria Raoul, que je vende mon secret aux Anglais ! Ah ! plutôt l'anéantir avec toutes ces limes que vous voyez là. »

Napoléon transporté contient ses sentiments. « Eh bien ! donc, monsieur Raoul, dit-il, permettez-moi au moins d'acheter deux ou trois de vos limes. » Après les avoir payées et avoir adressé quelques compliments à l'honorable industriel, il se retira.

Le lendemain, Raoul recevait 50,000 fr. et un local convenable pour l'exploitation de sa précieuse invention. »

Une fois l'impulsion donnée, le progrès se continue quoique lentement. La Société d'encouragement proclame, en 1811, la bonté des limes fabriquées par plusieurs industriels et notamment par la manufacture d'Amboise. En 1819, elle constate que les sieurs Monmouceau et Dequenne, d'Orléans, fabriquent, par an, 7,000 douzaines de limes façon anglaise, plus de 20,000 paquets façon d'Allemagne et 100 milliers d'acier pour leurs limes et pour le commerce. Leurs prix sont peu élevés; leurs limes sont bien droites, bien taillées et d'un bon usage. Ces artistes recommandables excitent d'autant plus l'intérêt que, sans fortune, par leur talent et leur esprit d'ordre, ils sont parvenus à monter leur fabrique avec *quinze cents francs* provenant de leurs économies.

Les jurys ont signalé, à chaque Exposition, les progrès que la fabrication des limes n'a cessé de faire; mais tous, ainsi que nous l'avons dit plus haut, ont été d'accord pour se plaindre des fraudes qui se faisaient sur les marques et qui contribuaient à entretenir des préjugés funestes à notre fabrication.

Peut-être, au reste, le bien naîtra-t-il de l'excès du mal. Il se peut que cette contrefaçon même des marques des limes anglaises finisse par les faire abandonner; car elles n'offrent plus aujourd'hui aucune garantie. La marque *Spencer* avec un z couché et un quartier de lune, qui est vivement recherchée, a été contrefaite elle-même plusieurs fois. Dans cet état de choses, on doit en venir à préférer les limes françaises dont les marques constatent au moins la certitude de l'origine.

Parmi les fabricants de limes qui ont une célébrité répandue et qui sont en possession de la confiance publique, la plupart ont envoyé des échantillons de leurs produits à l'Exposition.

MM. Montmouceau frères, d'Orléans, se sont montrés dignes de la médaille d'or qu'ils ont obtenue en 1823, et dont ils ont mérité le rappel dans toutes les Expositions suivantes pour la fabrication des limes de qualités courantes.

Au nombre des fabricants du département de la Nièvre, se distinguent M. Dequenne fils, dont nous avons déjà parlé à l'article précédent; M. Soyer, qui était, il n'y a pas encore longtemps, un simple ouvrier, travaillant dans les ateliers d'autrui, et qui a établi une fabrique qui va en augmentant; M. Gourjon fils, qui soutient la réputation acquise par son père.

M. Gérard maintient la fabrique de Brevannes (Haute-Marne) au premier rang; ses limes sont bien taillées et de bonne qualité.

M. Goldenberg de Zornhoff (Bas-Rhin) fabrique les seuls tiers-points de province qui rivalisent avec ceux de Paris; il commence à fabriquer les grandes limes et paraît bien réussir.

MM. Coulaux soutiennent la vieille et puissante renommée de l'établissement de Molsheim (Bas-Rhin), et MM. Peugeot aîné et Jackson frères dirigent toujours celui d'Hérimoncourt (Doubs) dans la voie de progrès où il est entré depuis longtemps.

Citons encore MM. Painchaut et Le Tessier, de Brest, Somborn et Cie, de Boulay (Moselle), Sibille et Cie, de Liancourt (Seine-et-Oise), pour les limes qu'ils ont envoyées à l'Exposition.

Paris est un des centres de la fabrication des limes; cela peut sembler bizarre au premier abord, car tout y est plus cher. Mais c'est à Paris qu'on trouve les meilleurs ouvriers;

la fabrication des limes exige d'excellents forgerons. Ce qui fait la supériorité de la Grande-Bretagne, c'est en très-grande partie la meilleure qualité des aciers, mais c'est aussi l'habileté de ses ouvriers. On en a vu qui forgeaient jusqu'à vingt-cinq douzaines de limes dans une journée ordinaire. Paris, réunissant les forgerons les plus adroits, se fait donc remarquer par la perfection de sa fabrication; et les limes qui sortent de ses ateliers peuvent être comparées à ce que l'Angleterre produit de meilleur en qualité.

Les grandes fabriques des départements ayant tous les éléments à meilleur marché font surtout les qualités communes; à Paris, où les matières sont plus chères, mais les ouvriers meilleurs, on fait les qualités fines et principalement les petites limes.

Les fabricants de Paris qui ont exposé des limes sont au nombre de dix, dont plusieurs jouissent d'une renommée bien établie. M. Schmidt a modifié le premier avec succès les limes appelées tiers-points qui sont principalement employées pour le limage des scies. M. Raoul, fils du fabricant célèbre dont nous avons parlé plus haut, a exposé des limes qui sont surtout appréciées par les armuriers et les fabricants d'instruments de précision. M. Pupil se distingue par la bonté de ses petites limes plates et de ses tiers-points. M. Deroland nous a montré des limes et outils pour la fabrication des limes; on lisait sur le tableau de son exposition l'inscription suivante : « Dans l'intérêt de l'industrie et pour le gouverne des consommateurs, qui souvent par préjugé donnent la préférence aux limes anglaises, le sieur Deroland défie toutes les fabriques étrangères de produire des limes de qualité supérieure aux siennes et qui puissent donner un meilleur résultat; il offre d'en faire l'essai avec ceux qui le désireront. » M. Lievaux, a exposé des limes et outils de graveurs; M. Froid, des limes pour les métaux, pour les cristaux et à l'usage des dentistes; M. Pichot, M. Bouland et M. Taborin des limes diverses. M. Roitin, qui a obtenu naguère une médaille d'or en compagnie avec M. Musseau, a également envoyé des limes, bien que sa fabrication paraisse s'être ralentie.

En résumé, la petite lime en acier fondu se fabrique supérieurement à Paris depuis trente ans. Aujourd'hui on la préfère généralement aux limes étrangères. Mais cette fabrication de petites limes, si importante qu'elle soit, n'approche pas de celle des grandes limes dont l'emploi est immense dans les usines, dans les ateliers de construction, et principalement dans ceux des mécaniciens. C'est dans ce commerce que nous luttons péniblement avec la concurrence anglaise. Puisqu'enfin, d'après les déclarations de tous les hommes compétents, nous pouvons nous affranchir du tribut que nous payons à l'étranger, il faudrait mettre en évidence ce double fait, que la lime française est au moins égale en qualité à la lime anglaise, et peut se livrer à des prix inférieurs. Une enquête, accompagnée d'essais publics exécutés devant un jury spécial, pourrait conduire à ce résultat et nous affranchir sans retour du tribut onéreux que nous payons à l'étranger.

Du reste, pour placer sans contestation la fabrication des limes en France tout à fait hors des atteintes de la concurrence étrangère, il faudrait qu'au moyen des mesures que nous avons expliquées, on mît d'abord les aciéries françaises à même de se servir des fers de Suède; en effet la différence qui pourrait exister entre les qualités des limes de France et d'Angleterre est moins le fait de la fabrication, que celui des matières employées; il y a de nos fabricants dont les limes ne laissent rien à désirer sous le rapport de la taille.

Scies.

La fabrication des scies a été longue à s'établir en France; mais nous en sommes aujourd'hui en possession. L'industrie française a prouvé dans cette nouvelle circonstance quelle était la fécondité de ses ressources et de ses moyens de production. Car, venue la dernière, elle a su dépasser les rivaux qui avaient pour eux l'antériorité de l'expérience et de la réputation.

Nous tirions autrefois toutes nos scies de l'Allemagne. Ces scies fabriquées au martinet étaient inégales dans leur épaisseur et d'un emploi difficile, surtout pour le placage. Quand l'industrie nationale a fait des efforts pour conquérir cette fabrication, elle a recouru à des moyens nouveaux et meilleurs. On fabriqua les scies au laminoir, et l'on obtint ainsi une fabrication plus uniforme, des surfaces plus unies, plus d'égalité dans l'épaisseur. Il est reconnu aujourd'hui que les scies de fabrique française sont supérieures à celles que produit l'Allemagne. Nos fabricants exécutent surtout avec le plus grand succès les scies circulaires, si favorables à l'économie, à la rapidité et à la précision des travaux de menuiserie et de charpente. Il paraît toutefois qu'on fait encore venir d'Angleterre des scies à la main et à crans.

Les fabriques de France les plus célèbres ont paru à l'Exposition; ce sont celles de Hérimoncourt, (Doubs), à MM. Peugeot aîné et Jackson frères; de Valentigny, (Doubs), à M. Salin; de Moldsheim, (Bas-Rhin), à M. Coulaux; de Zornoff, (Bas-Rhin), à M. Goldemberg et Cie.

Les lames de scies laminées se fabriquent par un procédé expéditif. Après avoir réduit la matière première en bande de largeur convenable, on découpe les aciers de longueur pour les tremper, et l'on apporte sous une machine destinée à exécuter d'un seul coup trois opérations différentes, le recuit, le dressage et l'aplatissage. Ce moyen, pour lequel MM. Peugeot et Salin avaient pris un brevet d'invention, se trouve expliqué dans la description des brevets.

Faulx.

C'était aussi de l'Allemagne et principalement de la Styrie que nous venaient autrefois toutes les faulx employées par notre agriculture. Maintenant, malgré la supériorité que l'on continue encore d'attribuer aux faulx de la Styrie, nous suffisons à peu près à nos besoins, et les produits étrangers n'entrent que pour un quart au plus dans la totalité de notre consommation.

La fabrication des faulx, dit M. Pelouze, est une opération délicate, et qui exige chez les ouvriers beaucoup d'habileté et une grande habitude de l'emploi de l'acier. En général, l'acier de cémentation convient peu dans la fabrication des faulx, et ne vaut pas pour cet emploi l'acier de forge ou acier naturel. La supériorité des produits styriens paraît principalement due à l'excellence de leur acier de forge.

La fabrique de faulx la plus considérable de la France est celle de Toulouse, qui n'a pas paru cette année à l'Exposition. Elle en livre annuellement au commerce plus de 200,000, qui sont faites avec l'acier qu'elle prépare elle-même. Ces faulx sont d'une bonne exécution; elles ont à la fois la dureté qui convient à leur destination et la ductilité nécessaire pour que le métal s'étende bien sous le marteau qui l'affile.

Depuis quelques années une fabrique de faulx s'est élevée près de Saint-Étienne. Ses produits, d'abord peu recherchés, sont très-appréciés aujourd'hui. Cette usine, qui a envoyé des échantillons fort beaux à l'Exposition, sous le nom de MM. Massenet-Gérin et Jackson frères, paraît devoir faire une rude concurrence à la fabrique de Toulouse.

La fabrication des faulx est en progrès dans l'Ariège; M. Ruffié, de Foix, et M. Desserres, de Saverdun, déjà cités pour leurs aciers, en ont envoyé des échantillons satisfaisants; M. Dombre, de Saint-Rambert, y réussit également. Les produits de ce centre de fabrication, qui n'étaient connus d'abord que dans le Midi, se répandent aujourd'hui dans toute la France.

On fait également des faulx dans plusieurs manufactures du département du Doubs. Il en a été envoyé par M. Pelletier de Lafferrière sous Jougne, MM. Pourchet frères, de la Maison des Bois, M. Bovillier de Gray. Ces produits sont principalement exportés en Suisse et en Savoie. A la célèbre manufacture de Molsheim (Bas-Rhin), on fabrique des faulx en acier fondu, avec verge rivée, façon anglaise, en acier de cémentation.

Il y a beaucoup d'autres fabriques où l'on confectionne des faulx, et qui n'en ont pas envoyé à l'Exposition.

Il est rare, d'ailleurs, qu'on établisse spécialement et uniquement une fabrique de faulx; ce travail accompagne souvent celui des limes et de beaucoup d'autres articles dont nous parlerons aux chapitres de la taillanderie et de la quincaillerie.

RÉSUMÉ STATISTIQUE DES PROGRÈS DE LA FABRICATION DU FER.

Quelques chiffres, extraits du dernier *Compte-rendu* de l'administration des mines qui vient de paraître, serviront à résumer les progrès de l'industrie du fer.

La production de la fonte, de 1819 à 1842, s'est élevée de 1,125 mille quintaux métriques à 3,994 mille, c'est-à-dire dans la proportion de 100 à 358.

La production du fer forgé s'est élevée, dans le même intervalle, de 742 mille quintaux métriques à 2,848 mille, c'est-à-dire dans la proportion de 100 à 384.

Bien qu'on ait commencé à fondre le minerai de fer au coke vers 1782 dans l'usine du Creuzot, ce n'est guère que vers 1822 que ce procédé se répandit; à partir de cette époque, la production de la fonte au coke s'est étendue, et l'on peut mesurer ses progrès par les chiffres suivants :

	Q. M.		
1819	20,000	1835	483,000
1825	44,000	1840	770,000
1830	271,000	1842	1,022,000

Pendant ce temps, la production de la fonte au charbon de bois n'a pas cessé de son côté de s'accroître et de constituer la principale ressource des forges françaises, ainsi que le prouve le tableau ci-dessous :

	Q. M.		
1819	1,105,000	1835	2,464,000
1825	1,941,000	1840	2,707,000
1830	1,972,000	1842	2,974,000

C'est vers 1835 qu'on a essayé de remplacer le charbon de bois par le bois vert ou torréfié; en 1839 on comptait 55 hauts-fourneaux marchant de cette manière; depuis lors, l'économie obtenue n'ayant pas sans doute balancé l'augmentation des frais de transport qui résultait de l'emploi de ce procédé, le nombre en a décru; il n'était plus que de 34 en 1842.

L'application du vent chaud pour souffler les hauts-fourneaux a été commencée en 1835. Cette méthode, qui a donné une grande économie de combustible en certains cas, ne s'est pas généralisée; on l'accuse d'altérer la ténacité de la fonte; elle n'est devenue un moyen essentiel que pour les hauts-fourneaux alimentés par le bois en nature ou par le combustible minéral. C'est ce qui résulte du tableau suivant des hauts-fourneaux en activité en 1842 :

Nombre de hauts-fourneaux			
	à l'air froid.	à l'air chaud.	Total.
Hauts-fourneaux au charbon de bois	352	32	384
— au bois seul ou mélangé de charbon.	8	26	34
— au combustible minéral.	12	39	51
	352	117	469

L'augmentation considérable qui a eu lieu depuis 25 ans dans la production de la fonte résulte de l'accroissement du nombre des hauts-fourneaux et de leur production journalière. Leur nombre était de 380 en 1819; il était, en 1842, de 469 dont 418 au charbon de bois et 51 au coke. La production moyenne d'un haut-fourneau au charbon de bois, qui était de 3,200 quint. mét. en 1819, s'élève aujourd'hui à 7,100. Les hauts-fourneaux alimentés au charbon de bois et au coke mélangé produisent moyennement 10,500 quint. mét.; ceux au combustible minéral seul 27 mille quint. mét.

Les conditions de la production du fer forgé ont été plus profondément modifiées depuis vingt-cinq ans que celles de la production de la fonte.

Avant 1818 le fer forgé était fabriqué presque exclusivement au moyen du combustible végétal. L'application du combustible minéral à la conversion de la fonte en fer commença de 1818 à 1820. Les procédés d'affinage à la houille furent importés d'Angleterre, mais modifiés. Beaucoup de forges, qui ne possédaient que des moteurs hydrauliques peu puissants, trouvèrent de l'avantage à conserver l'ancien mode d'étirage au marteau. C'est cette méthode qu'on désigne sous le nom de méthode champenoise. Elle atteignit son apogée en 1835, où elle produisit 469 mille quint. mét.; depuis lors elle a décru; elle ne produisait plus que 274 mille quint. mét. en 1842. Elle tend à disparaître à son tour par suite de la concurrence des forges où l'on emploie des procédés d'étirage plus économiques.

Entre les procédés d'affinage fondés sur l'emploi exclusif des combustibles végétaux ou des combustibles minéraux, il s'est établi un grand nombre de méthodes mixtes offrant des combinaisons très-variées dans les nuances de l'affinage, du réchauffage et de l'étirage. On a donné le nom de méthode comtoise modifiée à l'ensemble de ces méthodes, qui se sont propagées dans ces derniers temps, et dont la production s'est élevée de 32 mille quint. mét. en 1837, à 104 mille quint. mét. en 1842.

La méthode anglaise proprement dite, qui emploie le laminoir, a pris depuis 1834, et surtout depuis deux ans, un développement très-rapide sur les grands bassins houillers. Le progrès de la production des forges placées dans ces conditions est indiqué par les chiffres suivants :

	Q. M.		
1834	366,000	1840	1,046,000
1835	492,000	1841	1,174,000
1837	791,000	1842	1,426,000

Les seules forges employant la méthode anglaise produisent aujourd'hui le double du fer forgé que produisaient toutes les forges de la France en 1819.

En résumé, depuis vingt-cinq ans la production des fers forgés, préparés soit au charbon de bois, soit par l'emploi exclusif ou partiel de la houille, a suivi la progression suivante :

Années.	Fer au charbon de bois. Q. M.	Fer à la houille. Q. M.	Total. Q. M.
1819	732,000	10,000	742,000
1825	995,000	421,000	1,416,000
1830	1,016,000	468,000	1,484,000
1835	1,081,000	1,013,000	2,095,000
1840	1,033,000	1,340,000	2,373,000
1841	1,105,000	1,535,000	2,637,000
1842	1,097,000	1,750,000	2,848,000

Dans les conditions où se trouvent les forges françaises, la consommation des combustibles forme le principal élément des frais de fabrication. En 1842, pour une valeur totale de 148 millions de francs, créée par toutes les branches de l'industrie du fer, la valeur des combustibles employés s'est élevée à 60 millions, soit à environ 40 pour cent. Quoique l'industrie soit parvenue à réduire beaucoup la quantité de combustible employée pour fabriquer un poids donné de fer, cette proportion est encore à peu près la même aujourd'hui qu'elle était il y a quinze ans. Cela tient au renchérissement des bois. Ainsi, la valeur des bois ayant doublé depuis quinze ans, il s'ensuit qu'en réalité l'industrie a réduit de moitié sa consommation en combustible.

La fabrication des rails est une industrie complètement naturalisée en France, et les forges françaises peuvent fournir à des prix qui diminueront chaque jour tous les rails qu'exigera la construction des chemins de fer projetés.

Les usines qui ont pour objet de fabriquer l'acier brut n'ont pas reçu jusqu'à ce jour une impulsion comparable à celle qui a été imprimée aux autres ateliers de la métallurgie du fer. La France continue, en conséquence, à demander chaque année des quantités considérables d'aciers aux pays étrangers, savoir : les aciers naturels, aux forges allemandes des Alpes centrales et du Rhin, les aciers cémentés aux usines du Yorkshire en Grande-Bretagne.

Depuis longtemps les usines françaises produisent à la fois l'acier naturel et l'acier cémenté dans les mêmes conditions que les États-allemands et la Grande-Bretagne. Mais la fabrication de l'acier naturel reste stationnaire parce qu'elle est subordonnée au produit annuel des forêts, dans les localités où elle est établie (Ariège et Isère). De 1826 à 1842 elle a constamment flotté entre 30 et 35 mille quintaux métriques. Quant aux aciers cémentés et fondus, la fabrication en a été portée de 15 mille quintaux métriques en 1826, à 30 mille en 1842. Toutefois cela ne suffit pas. Plusieurs régions de notre territoire sont placées dans des conditions aussi favorables que le Yorkshire, pour tirer parti des précieuses qualités qu'offre à cette industrie l'emploi des premières marques de fer de Suède et de Russie. La production des aciers cémentés ne prendra le développement que comporte la nature des choses et ne dispensera l'industrie française de recourir aux aciers allemands et anglais, que lorsqu'on favorisera par des dispositions spéciales l'importation des sortes de fer qui sont indispensables à leur fabrication.

Enfin, pour terminer ce que nous avons à dire sur les fers, nous ajouterons que la baisse importante et graduelle qui se manifeste depuis plusieurs années dans les prix, est, avec l'accroissement de production, la circonstance qui témoigne le mieux du progrès de notre industrie métallurgique. Afin de donner la mesure de ce progrès, il suffit de citer pour exemple la qualité connue sous le nom de fers de Champagne, qui sont préparés par la méthode champenoise, et qui déterminent plus que toutes les autres sortes le prix courant des fers sur les divers marchés du royaume.

Prix moyen du fer forgé à Saint-Dizier (Haute-Marne).

1816	47	1830	42
1820	46	1835	38
1825	55	1844	32

Le prix des fers laminés, de qualité ordinaire, sur les grandes forges à la houille, varie de 28 à 30 francs, et le prix tend plutôt à baisser qu'à s'élever.

Il résulte de ces documents que depuis vingt ans le prix des sortes communes de fer forgé a baissé de 40 pour cent.

Le tableau suivant résume la valeur créée par la fabrication et les élaborations principales du gros fer et de la fonte dans l'année 1842.

Nature de la fabrication.	Valeur du produit, défalcation faite de la valeur de la matière première employée.
Extraction et préparation des minerais...	15,298,000 fr.
Fabrication de la fonte brute............	40,377,000
— du gros fer............	47,225,000
— du petit fer............	2,953,000
— du fer de fenderie........	1,217,000
— du fer de tirerie..........	1,036,000
— du fil de fer.............	2,332,000
— de la tôle..............	3,384,000
— du fer-blanc.............	1,463,000
Fonte moulée (première fusion).........	5,831,000
— (deuxième fusion)	11,725,000
Fabrication de l'acier de forge...........	1,085,000
— de l'acier de cémentation.........	737,000
— de l'acier corroyé..........	1,894,000
— de l'acier fondu..........	472,000
— des limes..............	1,572,000
— des faulx..............	647,000
Total.......	148,074,000

GROSSE QUINCAILLERIE.

Nous comprenons sous le nom de grosse quincaillerie les enclumes, les étaux et les gros outils de forge. Cette fabrication est représentée à l'Exposition par des objets envoyés de différentes parties de la France. Plusieurs des pièces se font remarquer par leur dimension considérable et leur bonne exécution. Les exposants qui se sont le plus distingués sont : MM. Chauffriat et Baron, de Saint-Étienne, qui nous ont montré une enclume colossale bien fabriquée et bien trempée ; M. Malespine, également de Saint-Étienne, dont les produits jouissent d'une faveur méritée dans le commerce ; M. Richard-Dorival, de Sédan ; M. Villemoite, de Metz ; Mme Batelot, de Blamont (Meurthe) ; M. Thomas, de la Nièvre ; M. Philippe, de Paris ; et enfin M. Chamouton, dont le nom est avantageusement connu dans tous les ateliers, et qui soutient la bonne et vieille renommée de sa maison.

TAILLANDERIE, FABRICATION D'OUTILS.

L'Exposition de 1839 avait déjà donné lieu de reconnaître les progrès de la quincaillerie, surtout dans l'immense et importante partie qui se rapporte à la taillanderie. Le cercle de ses applications s'étend chaque jour, et dans l'impossibilité de la suivre dans les détails, on est réduit à signaler l'amélioration générale d'une industrie qui concourt à l'amélioration de presque toutes les industries.

La taillanderie se distingue de la coutellerie en ce qu'elle fait ce qu'on appelle les grands taillants. Le taillandier emploie peu la lime : ce sont la forge et la meule qui sont ses principaux moyens d'action. La connaissance des propriétés des différentes sortes d'acier, l'art de souder l'acier avec le fer, l'art de tremper, font ce qu'on appelle un bon taillandier.

On conçoit, d'après cela, qu'il est assez difficile à la grande manufacture d'arriver au degré de perfection de l'exécution particulière. La valeur personnelle de l'ouvrier entre pour une trop grande part dans cette fabrication. Il existe cependant plusieurs vastes établissements de taillanderie dont les produits sont estimés et se placent facilement.

Les établissements qui ont le plus de célébrité et qui ont paru à l'Exposition, ont été déjà mentionnés par nous dans les chapitres précédents sur la fabrication et sur l'emploi de l'acier. Ce sont d'abord ceux du Bas-Rhin; la fabrique de Molsheim, appartenant à MM. Coulaux frères, celle de Zornhoff, à M. Goldenberg et Cie, celle de la Société des constructions mécaniques de Strasbourg ; les établissements du Doubs, ceux de MM. Peugeot aîné et Jackson frères, à Hérimoncourt; de M. Maillard-Salin, à Valentigny; de Mme Batelot, à Blamont (Meurthe), etc. Les articles de ce dernier établissement, destinés surtout au travail du bois et à celui du bâtiment, sont cotés très-bas.

M. Auguste Granger, de Saint-Étienne, a envoyé de bons outils de menuiserie et de taillanderie en acier raffiné et en acier fondu. Il possède deux usines hydrauliques placées sur le Furens, pourvues de trois roues à augets de 4 mètres de diamètre, pouvant conduire dix grandes meules de 2 mètres et vingt tournants de petites meules de polissoirs. La position de Saint-Étienne au milieu de la production de la houille, du fer et de l'acier, semble devoir être très-favorable au développement de cette industrie.

Paris est le centre du commerce de la taillanderie; il s'y trouve aussi des fabricants distingués, et ce sont eux qui figurent en plus grand nombre à l'Exposition. Ils font les outils les plus divers en variant la forme suivant les exigences des différentes applications industrielles.

Ainsi M. Mongin s'adonne spécialement à la fabrication des scies pour scieur de long; M. Gauthier fait les outils pour le charronnage, la charpente et diverses autres professions. M. Klein, M. Gérard, MM. Bernier aîné et frères, M. Levasseur, ont exposé des établis avec des collections d'outils ; M. Bresquignan applique à la fabrication des outils pour sellerie les habitudes de soin et de fini d'exécution qu'il a contractées dans la profession de coutelier qu'il a commencé par exercer. M. Dumay s'adonne au même genre de fabrication MM. Mercier, Blanchard, font également les outils pour selliers, bottiers, tailleurs, etc. M. Larenoncule a exposé des outils pour la ferblanterie ; M. Camus, des outils pour le piquage des meules employées pour la meunerie; M. Crousse, par d'intelligentes modifications apportées aux outils nécessaires à la fabrication des fleurs et feuillages artificiels, a perfectionné et pour ainsi dire renouvelé cette branche d'industrie ; M. Renard, des outils et des instruments pour la gravure. M. Chevalier a envoyé une collection de différents outils. M. Arhneiter, praticien habile, consacre surtout ses soins à la confection des instruments d'agriculture et de jardinage. Il en est de même de M. Lavaux.

On ne peut, dit un praticien, se faire une idée de l'avantage que donne à nos produits leur meilleure appropriation au travail, et combien il faut peu de chose pour la leur donner. Une courbure du taillant, une légère cambrure du corps de l'outil, un contre-biseau presque imperceptible, décident souvent de la bonté des outils. Faute de remplir ces conditions strictes, absolues, l'instrument n'est plus maniable ; le travail se fait longuement et avec peine, quoique, d'ailleurs, l'outil soit d'excellente qualité. C'est ce don de parfaite appropriation qui assure la préférence à la fabrication française, surtout à celle dite de façon.

En résumé, la taillanderie française a fait de grands progrès. Nos ouvriers entendent parfaitement l'emploi de l'acier; ils savent surtout très-bien approprier les formes aux divers usages des instruments. L'Angleterre n'a jamais eu dans la taillanderie la supériorité qu'elle a obtenue dans les autres branches de l'industrie du fer: c'est l'Allemagne qui a longtemps passé pour fabriquer la meilleure taillanderie; mais aujourd'hui la France l'emporte sur elle, principalement dans la taillanderie dite de façon. Si nous n'en exportons pas, cela tient uniquement à nos prix qui sont encore élevés. Si la valeur de la matière première pouvait baisser, nous ne tarderions pas à en placer à l'étranger où elle serait recherchée à cause de sa qualité et de la commodité de ses formes.

COUTELLERIE, INSTRUMENTS DE CHIRURGIE.

La fabrication de la coutellerie est une des branches les plus considérables de l'industrie métallurgique. Autrefois, quand la difficulté des communications forçait chaque localité à se suffire à elle-même, cette fabrication était très-divisée, et chaque village avait son coutelier qui faisait par lui-même toutes les parties de ses produits. A mesure que le commerce trouva des relations plus faciles, la fabrication se centralisa. Les grands centres de fabrication qui se sont formés sur les débris des petites industries locales, sont : Thiers, Châtellerault, Saint-Étienne, Langres, Nogent-le-Roi. Toutes ces villes font un commerce très-étendu.

La coutellerie peut se diviser en trois espèces, qu'on distingue par la nature des consommateurs auxquels elles s'adressent ; ce sont : 1° la coutellerie commune, la plus modeste et la plus utile, représentée par le couteau pliant, sans ressort, qui a rendu célèbre le nom d'Eustache ; 2° la coutellerie moyenne qui s'adresse aux consommateurs les plus nombreux; 3° la coutellerie de luxe qui est destinée aux riches et aux heureux du siècle.

La coutellerie commune et la coutellerie moyenne se fabriquent dans les grands centres que nous avons nommés plus haut; la coutellerie de luxe se fabrique à Paris.

Bien que les premières ne soient que faiblement représentées, c'est par elles que nous commencerons.

On se rappelle que l'illustre Fox, interrogé par le premier Consul pour savoir ce qu'il avait admiré le plus à l'Exposition des produits de l'industrie qui eut lieu en 1801, répondit que c'étaient les eustaches, à raison de leur bon marché. A cette époque l'eustache se vendait six liards; aujourd'hui Saint-Étienne, qui est le centre principal de cette fabrication, le livre à 3 et 2/5 c., et les consommateurs le dédaignent pour le couteau à ressort.

Le rapport du jury de 1834 présente sur la fabrication des eustaches des détails intéressants que nous croyons devoir reproduire ici.

Depuis le commencement du siècle actuel la fabrication des

eustaches ne comprend guère que les qualités dites, *petit*, *très-petit*, *passe-petit* et autres, bonnes seulement pour les enfants. Les gros eustaches pour homme ne se fabriquent presque plus; la faible quantité qu'on en fait passe en Espagne, en Portugal et quelque peu dans la Basse-Bretagne. Ils ont été remplacés graduellement par les couteaux de Thiers, mieux confectionnés, plus solides, et par conséquent un peu plus chers. Ainsi, le paysan qui se contentait, il y a quarante ans, d'eustache en bois de 6 liards, s'élève aux couteaux de corne à 4 sous; il doit en être de même pour les autres objets de consommation populaire; dans ce genre de besoin, tout marche de front.

Néanmoins la fabrication des eustaches n'a pas diminué sensiblement. Si les enfants en consomment seuls, ils en consomment beaucoup plus qu'autrefois; l'augmentation réunie de quantité et de qualité se trouve ainsi transportée dans la consommation des adultes.

Il est intéressant d'apprendre comment le prix de 3 et 2/3 c. d'un eustache se répartit entre les branches nombreuses de cette singulière fabrication.

Le manche est en bois; il arrive tout fait de Saint-Claude, dans le Jura, et coûte 1 franc la grosse de douze douzaines.

La lame est en acier de Rives, choisi pour cet emploi; elle est successivement étirée, forgée, percée, coupée, marquée, dressée, trempée, réchauffée, replanée, puis aiguisée, c'est-à-dire ébourrée, éfilée, rognée, polie, et enfin ajustée, clouée et rivée. Il y a là seize opérations sans compter celles qui sont relatives au manche et à l'emballage de l'eustache, qui est successivement empaqueté, ficelé, étiqueté et emballé: le total présente au moins vingt-huit opérations faites par une quinzaine d'ouvriers différents.

L'acier coûte. . . .	0,007
Travail de forge. . .	0,006
L'aiguisage	0,006
Le manche.	0,007
Le montage	0,004
Emballage, frais généraux, intérêts des capitaux et bénéfices. . . .	0,007
Total.	0,037

Le manche se fait à vil prix, parce qu'il est fabriqué par les habitants des montagnes pendant les longues soirées d'hiver. Les manches des couteaux de cuisine se vendent de même à très-bon marché dans Saint-Étienne; ils ne coûtent que 6 sous la grosse; mais ils sont en bois de sapin du pays. Les autres parties de la fabrication se paient passablement: le forgeur gagne de 28 à 30 sous par jour; il suit à peu près le prix de la journée pour les autres ouvriers.

Deux fabricants de Saint-Étienne, M. Renodier et MM. Chavanne Descos et Cie, ont envoyé des échantillons de cette coutellerie commune qui se distingue par son excessif bon marché.

La fabrique de coutellerie de Thiers est la plus considérable. Elle occupe de douze à quinze mille ouvriers, et fournit annuellement pour 5 millions de produits. La division du travail s'y trouve pratiquée dans sa plus grande extension. Chaque ouvrier fait sa pièce et ne fait qu'elle pendant toute sa vie. Le travail se paie à la façon. Les matières premières pour lames, ressorts ou manches, ne sont pas fournies par les maîtres, qui réunissent et font monter toutes les pièces comme on le fait dans une armurerie de guerre. Il sort de Thiers, en grande quantité, des couteaux imitant les couteaux anglais dits marins, et des couteaux de campagne fermants, à bon marché, de corne de couleur; il en sort aussi des couteaux de table qui se vendent de 1 fr. 80 c. à 4 fr. la douzaine. Thiers fabrique à un prix inférieur à celui de ses concurrents.

Les fabricants de Thiers qui avaient envoyé leurs produits de toutes sortes à l'Exposition étaient au nombre de huit. Ils représentaient un nombre de fabricants qu'on porte à près de six cents : c'étaient d'abord MM. Bost-Mambrun, oncle et neveu, qui jouissent d'une ancienne réputation, et qui font des efforts constants pour l'amélioration de leurs produits; M. Tixier-Goyon, qui s'était déjà distingué dans les Expositions précédentes; M. Prodon-Pouzet, qui fabrique très-bien les couteaux connus sous le nom de *catalans*; M. Navaron-Dumas, M. Beaujeu, MM. Chatelet et fils, Guillemot-Lagrolière, Verchère et Arthaud, qui ont exposé des couteaux et des rasoirs d'une bonne fabrication.

La coutellerie de Normandie, qui a quelque célébrité, nous a montré des échantillons de son industrie dans les cases de M. Hachette, de Rugles (Eure), et M. de Frestel, de Saint-Lô (Manche), qui a fait une exposition variée de rasoirs, couteaux garnis, serpettes, jardinières, ciseaux, exécutés avec soin. Rien de la fabrique de Caen.

Il y avait trois exposants de Limoges, MM. Manœuvrier père et fils, Manœuvrier jeune, Mayout; les premiers avaient envoyé des couteaux, des haches, des sécateurs, des scies à manches pliant; M. Mayout avait envoyé un tranchet mécanique pour redresser les souliers. M. Petit, de Montron (Dordogne), avait exposé des échantillons de couteaux connus sous le nom de *Montron*.

La coutellerie des départements de l'Est n'était pas suffisamment représentée. Les seuls fabricants de cette partie de la France qui avaient exposé des produits étaient MM. Jeanningros père et fils, du Doubs, dont on a remarqué les rasoirs perfectionnés, M. Larivière, de Nancy (Meurthe), et la commune de Saint-Jean-du-Marché (Vosges).

Il n'y avait qu'un exposant pour la fabrique de Langres, pourtant si renommée; c'était M. Guerre, dont le mérite avait été déjà récompensé à l'Exposition de 1823.

Rien de Cosne, de Châtellerault, de Moulins, de Nogent.

La fabrique de coutellerie la plus largement représentée était celle de Paris. Nous avons compté vingt-deux exposants. C'est à Paris que la coutellerie de table s'est surtout perfectionnée. Il n'y a pas encore soixante ans qu'on ne se servait que de couteaux fermants. On ne connaissait guère que le couteau dit *à la destin*, et le couteau long, mince et fin de tranchant, dit *de curé*, que chaque homme portait dans la poche de côté de la culotte. Dans ce temps, comme aujourd'hui encore, dans une partie de la France, une table était servie par un assortiment curieux de couteaux fermants de toute grandeur et de toute couleur. Le couteau de table n'a commencé à paraître que sous Louis XV et sous Louis XVI; et il est curieux de lire dans les Mémoires du temps l'importance qu'on y attachait alors à la cour, comme distinction de rang, comme objet d'art et de luxe. Aujourd'hui le couteau de table est devenu mobilier d'office, et occupe une place importante dans la fabrication. Cependant, malgré le grand nombre des exposants, il paraît que cette industrie, du moins dans ce qui concerne la partie élémentaire de la fabrication, tend à quitter Paris. Le prix élevé de la main-d'œuvre et l'exigence des ouvriers ont forcé plusieurs couteliers à faire venir les couteaux tout fabriqués, ou du moins les lames qu'ils font monter chez eux. Ainsi, nous ne garantirions pas que tous les objets exposés par les couteliers parisiens aient été faits entièrement par eux. Cet état de choses excite les plus vives réclamations de la part des fabricants qui possèdent la connaissance de leur art. Là se trouve la rivalité de la fabrication et du commerce dans ses divers degrés.

Un des principaux produits de la coutellerie fine, c'est le rasoir. Le rasoir est devenu un instrument de très-grande importance depuis que les peuples de la chrétienté ont laissé aux Juifs l'usage consacré par eux de se couper la barbe avec des ciseaux. La supériorité des rasoirs anglais est connue de longue date. D'où vient-elle? sans doute de l'excellence des aciers dont se servent les fabricants de Sheffield, et de la manière d'opérer la trempe. Quoi qu'il en soit, cette fabrication se perfectionne en France, et Paris a le droit de revendiquer sa part dans le progrès. C'est à M. Pradier qu'on doit surtout l'élan donné à la fabrication des rasoirs. Il a monté sur une grande échelle, en appliquant le principe fécond de la division du travail, une fabrique de rasoirs dont la qualité est supérieure et le prix peu élevé. Qui n'a usé de ses rasoirs vendus en détail à 1 fr. 50 c., et en gros à 12 fr. la douzaine? Il a fait une révolution dans cet article. L'un des premiers aussi, il a appliqué à la coutellerie de table la division du travail adoptée en partie à Langres pour ce genre de fabrication.

M. Gillet, de Paris, se fait également remarquer dans la fabrication des rasoirs; la fabrique à la tête de laquelle il se trouve a été fondée par son père, et compte déjà plus de soixante ans d'existence: c'est une vieille réputation.

Il faut aussi citer les rasoirs et les lancettes de M. Clerc qui a succédé à MM. Sirhenry, les rasoirs en acier fondu français de M. Chemelat, ceux de M. Lanne qui sont très-bien exécutés, les rasoirs à dos mobile de M. Mayet.

La coutellerie, et surtout la coutellerie de table, présentent dans les exhibitions de MM. Sabatier, Laporte, Parisot, Delacroix, Vauthier, Germinet et Cⁱᵉ, Languedocq, Dordet, Morize, Picault, tout ce que ce genre de fabrication peut offrir de variété dans les formes, d'élégance dans les ornements. On en voit en acier, en argent, en vermeil et en or. Depuis le bois noir jusqu'à l'or seul ou orné d'émaux et de peintures de goût, tout est employé pour décorer les manches. Les couteaux à manche de vermeil ou d'émail, ou d'or émaillé, sont armés de lames d'acier poli, fin, ou damasquinées, ou gravées à l'eau forte, et représentant une infinité de sujets. Ce genre a fait des progrès notables dans les dernières années sous le rapport du fini, de l'exécution et du goût des ornements.

Parmi les objets de coutellerie destinés à des usages plus spécialement industriels, nous avons distingué la serpette sécateur de M. Baudy, les greffoirs et sécateurs de M. Marmuse, les sécateurs et ciseaux à tondre de M. Bernard, les ciseaux de tailleur de M. Stoltz, les couteaux de chasse de MM. Dumonthier et Chartron, les taille-plumes de M. Leblais, les tranchets de M. Allard.

M. Leulliet avait exposé des cuirs et des pâtes pour repasser les rasoirs.

La fabrication des instruments de chirurgie est une des branches les plus importantes de la coutellerie. Londres, qui seule les fabrique en Angleterre, l'a emporté longtemps sur nous pour la rectitude du travail et du fini; on attribuait cette supériorité à la manière d'émoudre des Anglais; aujourd'hui nous leur faisons concurrence, et nos prix sont en général moins élevés.

La plus grande part de ce progrès doit être attribuée à M. Charrière, qui a commencé par n'être qu'un simple ouvrier, et qui

est aujourd'hui à la tête de cette industrie. Non-seulement il est parvenu à fabriquer des instruments d'une qualité supérieure, mais il a obtenu dans leur fabrication une économie qui lui a permis d'en réduire beaucoup le prix. Il a pu réunir dans ses vastes ateliers, des ouvriers spéciaux pour chaque genre d'article, la coutellerie en général, les instruments et les différentes sortes d'appareils de chirurgie dont il avait fait sa spécialité lors de la création de son établissement en 1820; c'était le plus sûr moyen d'atteindre le plus haut degré de perfection et d'économie dans la fabrication. Enfin, tout ce qui est nécessaire aux malades, comme les bandages, l'orthopédie, les appareils pour secours publics, ceux pour les asphyxiés et les blessés, forment autant de spécialités que M. Charrière a élevées au rang d'une fabrication méthodique et régulière. Il nous est impossible d'énumérer ici le grand nombre d'articles qui mériteraient d'intéresser nos lecteurs; mais nous citerons les ingénieux appareils de sauvetage, les nécessaires de chirurgie militaire, les caisses d'instruments pour le service des bâtiments de l'État, etc. Il est une autre partie qui a bien aussi son importance; c'est la chirurgie vétérinaire. On trouve, dans la fabrication de ce genre d'instruments, les mêmes améliorations que dans ceux de la chirurgie humaine. Les différentes branches dont se compose la fabrique de M. Charrière, se prêtant au secours mutuel, tendent à perfectionner sans cesse les détails de ce vaste ensemble.

On remarquait également à l'Exposition les instruments de M. Samson, qui a commencé, comme M. Charrière, par être simple ouvrier, et dont l'établissement est connu par la trempe excellente de ses bistouris.

M. Daran, de Paris, avait exposé divers instruments tels que forceps, brise-pierre, couteaux à amputation, scarificateur, lancettier; M. Arrault, des sacs chirurgicaux, des coffres de mer, etc. Il y avait aussi des échantillons de la fabrication de M. Sandoz et de M. Lüer.

Enfin la fabrique de Montpellier était représentée par quelques instruments de M. Bourdeaux aîné.

QUINCAILLERIE DE TOUTE SORTE. — ARTICLES DIVERS EN MÉTAL.

Nous serions bien embarrassés de présenter une classification tout à fait rationnelle des articles si divers qu'on fabrique en métal. Nous avons déjà parlé des limes, des articles de taillanderie, des outils, etc.: mais quelle variété d'objets renferme la boutique d'un quincailler! Une partie de son fonds consiste en outils, d'espèce ou d'autre, destinés à économiser le travail ou à le faciliter; une autre partie en ornements appropriés à tous les besoins du tapissier, du fabricant de meubles, etc.; une autre en une multitude d'objets usuels, objets de commodité et d'élégance, qui varient avec les modes, les usages, les caprices de la consommation. Comment se reconnaître au milieu de tout cela!

Voyez l'exhibition de MM. Japy. Que de choses! Des ébauches de montres, des mouvements de pendules et de lampes, des vis, des vilbrequins, des serrures, des articles de ménage, etc. MM. Japy frères sont la providence des quincailliers. C'est un des plus beaux noms en industrie par les souvenirs de persévérance, de travail et de succès qu'il rappelle. Frédéric Japy, Japy premier, vivait *ébauches de montre*, qu'il faisait à la main, comme tous les autres ouvriers. Ces ébauches, composant un assemblage de 85 pièces, se vendaient alors de 5 à 6 fr. chacune. Il imagina, vers 1780, de substituer les machines au travail manuel, et fonda l'établissement de Beaucourt (Haut-Rhin), avec l'aide de son beau-frère. Depuis lors cet établissement a toujours été en grandissant. MM. Japy, disait le jury de 1839, ont fabriqué pendant les douze derniers mois, 7,644,300 *grosses* de vis, gonds, pitons et outils de toute espèce, la vingtième partie passe à l'étranger ; 5,000 quintaux métriques de fer battu, étamé ou défité en objets de serrurerie et de quincaillerie ; 40,000 mouvements de pendules et de lampes ; 216,000 mouvements de montres, dont les neuf dixièmes sont exportés : cette immense fabrication employait 3,000 ouvriers de tout sexe et, pour ainsi dire, de tout âge, gagnant depuis 25 centimes jusqu'à 5 fr. par jour ; 6,225 quintaux métriques de fer ; 552 de fonte ; 528 de cuivre rouge et de laiton ; 123 d'acier ; 100 d'étain ; 16 de plomb. Elle consommait 2,600 stères de bois ; 10,000 hectolitres de houille ; 222 quintaux métriques d'huile et de suif.

Un autre du même nom, M. Japy de Berne, commune de Seloncourt (Doubs), avait également exposé un bel assortiment d'ustensiles de ménage en fer battu.

La consommation des vis à bois est immense, tant en France qu'à l'étranger. C'est à MM. Japy que revient l'honneur d'être parvenu à les fabriquer avec une grande régularité et à bas prix à l'aide du tour.

Il y avait aussi à l'Exposition des vis à bois de MM. Migeon et fils, de Morvillars (Haut-Rhin), qui possèdent une belle et grande fabrique, où ils ont introduit tous les perfectionnements, ainsi que de MM. Rowcliffe frères, de Rouen, dont les efforts récents ont déjà tourné au profit des consommateurs, en amenant une baisse de prix.

Nous avons vu des vis cylindriques bien faites, en bois, en fer, en cuivre, envoyées par M. Tussand, par M. Bottolier et M. Coqueret.

M. Prudhomme, de Bercy, est connu dans le commerce par ses boulons, qu'il fabrique dans toutes les variétés possibles, et à la confection desquels il emploie près de cent ouvriers.

Nous avons également remarqué des articles divers de quincaillerie de M. Gonord-Rosse, de Cintray (Eure) ; les piéges pour animaux, de M. Guyard, article que nous tirons encore en partie de l'Allemagne ; le garde-feu à cylindre de M. Herbommez ; les dés à coudre, bagues et œillets pour la marine, de M. Lebas, de L'Aigle (Orne) ; les cloches, sonnettes, grelots et timbres de M. Hildebrand, qui sont d'une grande sonorité.

La fabrication des boutons de métal, importée en France sous Louis XVI, qui fit venir d'Angleterre, à grand frais, tous les outils et ouvriers nécessaires pour monter une fabrique dans le faubourg Saint-Honoré, s'est développée pendant la Révolution. Paris est resté le principal centre de cette industrie. On a pu voir à l'Exposition des boutons unis et ciselés, pour le civil et pour la troupe, exposés par MM. Larrivé, Trelon et Langlois-Sauer, Vasserot.

TOILES MÉTALLIQUES.

La fabrication des toiles métalliques est une fabrication importante. Ces tissus, avec des fils de laiton, de fer ou d'acier, sont employés dans les manufactures de papier, dans les brasseries, dans la confection des cribles, des grilles, des treillis, des blutoirs, etc. La fabrication en est restée longtemps arriérée en France, et nos papeteries étaient obligées de tirer d'Allemagne ou d'Angleterre celles dont elles avaient besoin. Aujourd'hui, grâce surtout aux progrès obtenus dans l'art de la tréfilerie, nous les fabriquons très-bien.

Un de ceux qui ont le plus contribué à fixer cette industrie en France est M. Roswag, de Schlestadt. Il a exposé, cette année, parmi ses toiles métalliques, ses tôles piquées et découpées, des tissus d'une finesse incroyable et qui dépassent les plus fins tissus en soie de l'Exposition. On y compte 55,225 mailles ou trous dans un carré de 27 millimètres. On remarque encore une toile dite sans fin pour machine à papier, d'une largeur extraordinaire de 2 mètres 30 cent. M. Roswag père a doté la France de cette industrie qui s'est prodigieusement étendue avec la fabrication du papier, où elle est indispensable, de même que dans une infinité d'autres industries. C'est M. Roswag qui a donné, en 1808, au Conservatoire des Arts et Métiers, la première filière pour tirer les fils fins de tous les métaux et le premier métier pour tissus métalliques. Six fois de suite il a obtenu la médaille aux Expositions nationales : en 1806 et 1819, celle en argent de première classe ; en 1823, 1827, 1834 et 1839, celle en or.

Il est juste de citer aussi, comme ayant contribué à nous affranchir de la nécessité où nous étions de tirer cet article de l'étranger, M. Delâge ou Delâtre, de la Couronne, près Angoulème, qui se présente cette année comme associé à M. Laroche, et qui fournit les nombreuses papeteries du département de la Charente.

MM. Trousset fils et Catala, d'Angoulême, s'adonnent avec succès au même genre de fabrication.

MM. Gaillard frères et Mᵐᵉ St.-Paul, de Paris, fabriquent de fort bonnes toiles métalliques pour les blutoirs et les tamis.

L'Exposition nous montrait aussi en toiles métalliques des échantillons de la fabrication de M. Montagnac, de M. Tangre, de M. Tangre, aîné, de M. Kons, de M. Douchement, de M. Créda, de Paris, de M. Stammler, de Strasbourg.

MM. Callard, père et fils, avaient exposé des tôles percées en râpe, poudrier, crible et émottoir pour garnir les tarares, cylindres à blé, meules à orge et à décortication, etc.

AIGUILLES.

L'Allemagne et l'Angleterre nous fournissent encore la plus grande quantité des aiguilles que nous consommons. On a fait, à plusieurs époques, des efforts pour fixer cette fabrication en France ; mais ils n'ont réussi qu'imparfaitement. Dès le commencement de la révolution, l'attention du gouvernement se tourna vers cette branche de l'industrie ; le Directoire établit à Paris une fabrique d'aiguilles aux dépens de l'État ; mais cette fabrique ne subsista que peu de temps. Une nouvelle tentative, faite sous la Restauration par MM. Decazes et Delaborde, n'eut pas plus de succès. Il y a quelques années on établit une fabrique considérable à L'Aigle ; elle produisit de belles aiguilles ; M. Cadou-Taillefer, son fondateur, fut même récompensé à l'Exposition de 1839 par une médaille d'or ; mais elle n'a pas pu se soutenir et elle a cessé de travailler. La fabrication des aiguilles était représentée cette année par M. Vantillard, de Mironval, près L'Aigle, qui occupait 70 ouvriers en 1839 ; par MM. Massun et fils de Metz (Moselle) ; par Mᵐᵉ Dupuis, de Saint-Denis.

SERRURERIE.

La serrurerie comprend aujourd'hui à peu près tout ce qui concerne l'appropriation du fer aux différentes sortes de construction. La serrure, toutefois, est restée le principal objet de sa fabrication. Il faut beaucoup de soin pour faire une bonne serrure, pour bien monter les gardes, les ressorts, les pênes, etc. La serrurerie française est peut-être la plus estimée pour la confection et pour la solidité.

On fabrique en Picardie beaucoup de serrurerie destinée au bâtiment, et les produits en ce genre qu'elle expédie à Paris sont les plus remarquables dans les qualités supérieures et dans les qualités ordinaires. Escarbotin, dans le département de la Somme, est le centre principal de cette industrie. Elle était représentée par M. Boutté fils et par MM. Maquenneheu, dont le nom est bien connu dans le commerce de Paris.

On remarquait aussi les objets envoyés de l'est de la France, des fiches et charnières ds M. Camion-Pierron, de Vrignes-aux-Bois, et les articles de serrurerie de MM. Mansart frères, de Charleville (Ardennes); les tourne-broches et les ressorts de M. Lamy-Joz, de Morez (Jura); les différentes pièces envoyées par M. Serre, de Pont-à-Mousson (Meurthe).

Mais la plus grande fabrique de cette partie de la France et peut-être de la France entière, est celle de MM. Japy frères, de Beaumont (Haut-Rhin), dont nous avons déjà parlé au chapitre de la quincaillerie. Ses produits peuvent être cités au premier rang pour la serrurerie de bâtiment et, en général, pour la serrurerie courante. Tous les articles exposés pour MM. Japy sont très-bien exécutés, et il y en avait à l'Exposition qui étaient cotés à un incroyable bon marché.

L'Exposition nous montrait, au reste, des échantillons de la serrurerie d'un grand nombre de fabricants de divers départements; de M. Laporte-Loqueux, de Laon; de MM. Prévost fils, de Vervins (Aisne); de M. Martel (Pas-de-Calais), qui avait envoyé des serrures incrochetables; de M. Martin, de Rochefort (Charente-Inférieure); de M. Tourneux, de Vendôme (Loir-et-Cher); de M. Dubouché, de Limoges, qui avait exposé une forge à battre les faux; de M. Grandsire, de Ponts-et-Marais (Seine-Inférieure), qui avait envoyé une serrure dite à la Sabatier; de MM. Bohin père et fils, de L'Aigle; de M. Malle, d'Alençon (Orne); de M. Paillard, de Breteuil (Oise), qui exposait des serrures de sûreté; de MM. Morise, de Melun, Bournet, de Fontainebleau, Briest, de Fussy (Seine-et-Marne).

Paris est le principal siége de la fabrication de la serrurerie de luxe et de précision. La serrurerie de précision surtout y a fait de notables progrès dans ces dernières années. Depuis qu'on a démontré qu'il était possible d'ouvrir les serrures à combinaison, nos fabricants se sont livrés à de nouvelles recherches. Les serrures à combinaison ont été perfectionnées de manière à présenter plus de garantie. Les serrures Bramah, dites à pompe, offrent un fini, une justesse qu'elles n'avaient pas encore atteints. La serrure du système Chubb surtout a reçu d'heureuses modifications; on a fait une clef variable à l'infini, composée de pièces détachées qu'on change de forme et de dimension en un instant, sans difficulté et même sans outils; à une clef changeante on a donné une serrure plus changeante encore; ainsi autant de clefs nouvelles, autant de serrures nouvelles, et cela peut se renouveler à chaque espace de vingt secondes qui entrent dans l'ouverture d'une journée. Nous ne pourrions donner ici la description des innombrables serrures qu'on a récemment inventées ou perfectionnées. Nous nous contenterons d'appeler l'attention sur les fabricants qui ont le plus contribué à ces progrès.

M. Fichet, qui s'est fait un nom dans la serrurerie, avait exposé cette année des coffres-forts, des serrures et des grilles de sûreté dignes de sa réputation. Les serrures de M. Grangoir se recommandent par l'exécution la plus satisfaisante, par une étude et un fini consciencieux de chaque pièce; il nous a montré, cette année, un nouveau système de nomenclature propre à faire les gardes mobiles Bramah On remarque beaucoup d'invention dans les serrures Bramah que M. Le Paul avait exposées avec des caisses en fer, des crics, des balanciers, des découpoirs, etc. M. Paublan construit les serrures à combinaison, de manière à singulièrement atténuer les indications fournies au tact par la résistance du pêne ou du va-et-vient. M. Soisson exécute des serrures du système Bramah, munies d'un cache-entrée, à soupapes, qui ferment entièrement le passage destiné à la clef. Les serrures diverses et notamment celles du système de Chubb, exposées par M. Chapon, ne laissent rien à désirer. Les coffres-forts exposés par M. Doré offrent des panneaux composés de feuilles de tôle et de plaques de fonte destinées à résister aux moyens de perforation que peuvent employer les voleurs. M. Verstaen s'est surtout proposé de préserver les papiers précieux de l'incendie au moyen de coffres-forts dont les panneaux formés de deux fortes tôles, distantes l'une de l'autre, livrent passage à l'air. Il y avait aussi de bons coffres-forts de M. Leloutre, des coffres-forts et des serrures à combinaison de M. Lemoitre, des serrures à secret de M. Hue, des coffres de sûreté de M. Dorval; des serrures et des verroux de sûreté de M. Doyen, des coffres-forts de M. Meriet, des serrures à pompe et à gorge mobile de M. Bertier, des serrures, des verroux et des cadenas de différentes sortes, envoyés par MM. Jugier, Monestès, Trintzius et Vallet.

Parmi les objets divers de serrurerie, de l'exposition de Paris, les articles envoyés par MM. Bricard et Gauthier méritent une mention à part. Ce sont des serrures d'armoires, de voitures, des appareils de sûreté, des becs de cannes, des targettes, des espagnolettes, etc. C'est une des maisons de Paris qui font les affaires les plus étendues en ce genre et qui jouissent de la meilleure réputation M. Boutté fait très-bien aussi ce genre d'articles qui tient à la fois de la serrurerie et de la quincaillerie. Les pièces exposées par M. Delagrange nous ont également paru d'une bonne confection.

L'usage de faire des devantures de boutiques en châssis de verre a donné beaucoup d'occupation aux serruriers de Paris. L'Exposition nous montrait quelques modèles d'armatures pour cet usage; on remarquait surtout les modèles de M. Lacarrière, dont nous reparlerons au chapitre de la cuivrerie d'ornement. M. Baudrit et M. Boulanger fils avaient aussi exposé des armatures en fer. M. Gascoin s'adonne principalement à la fabrication des moulures en tôle pour vitraux et châssis.

Nous avons vu divers mécanismes employés pour fermer les fenêtres, des espagnolettes de M. Delacour, des crémones de M. Leblanc, d'autres modèles de crémones et une croisée montée de M. Charbonnier.

M. Melzessard, qui a obtenu en 1843 un brevet d'invention et de perfectionnement, avait exposé cette année de nouveaux modèles dont le mécanisme aussi simple qu'ingénieux présente des améliorations incontestables. C'étaient des fermetures de boutique, sans caissons, ni barres, ni boulons, ni clavettes, s'ouvrant ou se fermant en 30 secondes; des stores dont les conducteurs sont au-dessus du coutil; des persiennes fonctionnant sans ouvrir la fenêtre, en roulant sur des galets.

La pose des sonnettes rentre encore dans les fonctions du serrurier. La sonnette est une des inventions les plus utiles à l'économie domestique. Une sonnette que l'on tire dans une pièce et qui sonne dans une autre, et qui par conséquent établit une communication instantanée entre les parties les plus distantes d'une maison, économise bien du travail. Dans une famille nombreuse, l'absence totale de sonnettes augmenterait au moins d'un quart le travail des domestiques. Cependant on pourrait peut-être trouver mieux que les sonnettes. L'Exposition nous a montré des mécanismes indicateurs, destinés à perfectionner leurs indications ou à les remplacer. Il y en avait un de M. Barbou, un autre de M. Janin, pour le service des hôtels garnis, un troisième de M. Redarce. En rendant justice à ces mécanismes plus ou moins ingénieux, nous rappellerons que Walter-Scott, dans sa résidence, avait établi des cadrans dont l'un était dans la pièce où il se tenait le plus ordinairement, et l'autre dans l'office des domestiques. Les deux axes de ces cadrans communiquaient ensemble. Sur ces deux cadrans étaient les ordres qu'on a le plus souvent besoin de donner aux domestiques, par exemple, d'apporter du feu, de la lumière, de l'eau, etc. Walter-Scott voulait-il son déjeûner, il portait l'aiguille sur la ligne du cadran qui indiquait cet ordre et tirait la sonnette ; l'ordre était ainsi transmis au domestique sans déplacement.

CLOUTERIE.

On estime que la moitié des clous que l'on consomme en France s'y fait par le forgeage, et l'autre moitié avec du fer d'abord étiré en fil. Le jury de 1839 estimait que sur le nombre des clous faits avec du fer tréfilé, à peine il s'en préparait le sixième à l'aide de procédés mécaniques. Il est probable que cette proportion est beaucoup plus considérable aujourd'hui; les machines à faire les clous se sont beaucoup multipliées, et l'Exposition actuelle en a montré des modèles qui ne laissent rien à désirer.

On cite quatre villes en France qui sont les principaux centres de la fabrication des clous: ce sont Valenciennes (Nord), Charleville (Ardennes), Rugles (Eure), et L'Aigle (Orne); elles ne sont pas toutes représentées à l'Exposition.

Le département du Nord, et l'arrondissement de Valenciennes en particulier, produit annuellement 20 mille quintaux métriques de clous d'une valeur de 50 à 140 fr. le quintal. Un de ses principaux fabricants, M. Sirot père, de Trith-Saint-Léger, a envoyé des chevilles en fer et en cuivre pour cordonnier. Les produits de cet industriel sont justement estimés.

M. Gangloff, d'Ippling (Moselle), avait exposé des clous à monter; M. Poulot, de Gray (Haute-Saône), des clous à radouber, des clous pour roues, pour cheval, pour bœufs; M. Douillet, de Dinan (Côtes-du-Nord), des clous de diverses sortes.

M. Guimbal-Lhéritier, d'Issoire (Puy-de-Dôme), avait joint aux clous-becquets qu'il a envoyés, le plan de la machine avec laquelle il les fabrique; MM. Pareau et Cie, de Montbéliard (Doubs), avaient exposé la machine dont ils portaient le nom: nous reparlerons à l'article *machines-outils* de celles qui figuraient sous les noms de plusieurs constructeurs, MM. Frey, Stoltz, etc.

ARQUEBUSERIE.

La fabrication des armes à feu était amplement représentée à l'Exposition. Quarante armuriers au moins y figuraient. Les armes fabriquées à Paris occupent le premier rang, autant par leur précision, la beauté et le fini du travail que par la sûreté des canons employés; cependant, Saint-Étienne continue à bien faire les armes courantes, et quelques arquebusiers des départements ont envoyé des produits qui leur font honneur.

L'Exposition nous montre quelques dispositions nouvelles. Une des découvertes les plus importantes en arquebuserie est celle de M. Delvigne. Si jadis on avait parlé d'armes rayées pour la cavalerie et même pour l'infanterie, on aurait vu les refuser tout d'abord parce qu'en effet, pour faire pénétrer la balle jus-

qu'au fond du canon, il fallait un maillet comme celui des chasseurs tyroliens. Mais M. Delvigne résout le problème de forcer la balle par un procédé qui n'exige aucun attirail. On est étonné que cette solution n'ait pas été trouvée avant lui; mais elle n'en est pas moins ingénieuse. M. Delvigne place au fond du canon un épaulement. Il suffit alors d'un ou de deux coups de baguette pour que la balle devienne balle forcée et que le tir acquière une grande justesse.

M. Arago explique de la manière suivante les avantages du procédé de M. Delvigne : « Il est nécessaire, quand on veut avoir une grande portée, de diminuer autant que possible la résistance de l'air; la justesse exige que la balle ne tourne pas sur elle-même dans des directions faisant de grands angles avec le sens général de la trajectoire qu'elle parcourt. Si de pareils mouvements de rotation existent, non-seulement vous n'êtes pas sûr de toucher le but, mais la balle ne restera pas dans le plan où le tir s'est effectué; elle dévie dans tous les sens; elle parcourt dans l'espace une de ces courbes qu'on appelle à double courbure, et le plus habile tireur n'est pas sûr de son fait. Qu'arrive-t-il à la balle Delvigne ? Elle sort en tournant et elle touche toujours le but par la pointe; elle tourne sur elle-même autour de l'axe du cylindre ou du cône, ce qui est la même chose; elle tourne, qu'on me permette la comparaison, comme une vrille. »

Les résultats des expériences faites à Vincennes sur le fusil de M. Delvigne ont été extraordinaires. L'énorme portée de 900 mètres a été atteinte ; à cette distance, sur trois coups tirés par M. Delvigne, deux ont frappé les panneaux. On n'a pas obtenu des résultats moins inattendus dans les expériences qui ont eu lieu plus récemment avec le mousqueton. Ainsi la portée moyenne des mousquetons est de 150 à 200 mètres; avec le mousqueton de M. Delvigne, à la distance de 5 à 600 mètres, on met beaucoup plus souvent dans le but ; c'est là un fait considérable ; car jusqu'à présent le sabre avait été réellement la seule arme de la cavalerie, tandis que ce mousqueton vient lui donner une action et une puissance nouvelles.

L'arme de M. Delvigne, a dit M. Arago, changera complètement le système de la guerre, et peut-être celle de la chasse.

Les canons de fusil présentés par MM. Gastinne-Renette ont obtenu à l'Académie des Sciences un rapport satisfaisant de M. Seguier. Ces canons sont composés de deux rubans triangulaires roulés en hélice et superposés, de façon à ce que le sommet du triangle d'un des rubans coïncide avec la rencontre des arêtes de la base de l'autre. L'un de ces canons est long de 71 centimètres et du poids de 840 grammes ; il a subi successivement des charges de 20, 30, 40, 50 grammes de poudre et de 114, 171, 228, 285 grammes de plomb ; il a enfin résisté à la charge énorme de 60 grammes de poudre non tassée, et de 320 grammes de plomb de chasse n° 4, c'est-à-dire à quinze charges ordinaires. Un autre canon, de la même longueur et du même poids que le premier, après avoir supporté des charges composées de 20 et de 40 grammes de poudre, avec quatre et sept balles, a subi comme dernière épreuve une charge de 50 grammes de poudre et de huit balles de plomb. De telles charges, qui occupaient dans le premier canon 43 centimètres de hauteur et 54 dans le second, n'ont fait éprouver à ces deux canons que de légères ondulations et une minime courbure à l'extrémité de l'un d'eux.

M. Albert Bernard fabrique des canons d'acier fondu, d'acier corroyé, d'acier allié à 1/15 de fer. Un premier canon d'acier corroyé de 72 centimètres de long, du poids de 832 grammes, après avoir supporté des charges de 20, 30, 40 grammes de poudre, et de 120, 180 et 240 grammes de plomb, n'a cédé que sous une charge de 80 grammes de poudre et de 300 grammes de plomb, avec addition de 6 centimètres de terre au bout du canon. Un second canon de même longueur, du poids de 822 grammes, en acier fondu, n'a cédé, après des épreuves progressives, que sous une charge de 60 grammes de poudre et 300 grammes de plomb; cette charge occupait 57 centimètres de la longueur du canon. D'autres canons d'acier corroyé et d'acier allié de 1/15 de fer n'ont crevé que sous des charges de 40 grammes de poudre et de 240 grammes de plomb, avec addition de 12 centimètres de terre, laissant entre les charges et la terre un espace vide. Enfin, un canon double, du poids de 682 grammes, en acier corroyé, a résisté sans altération à des épreuves composées de 30 grammes de poudre et de 180 grammes de plomb, avec addition de une et deux balles, placées à distances, et éloignées des premières charges. Tels sont les résultats constatés par M. Seguier dans un rapport à l'Académie des Sciences.

M. Léopold Bernard a exposé des canons de fusil du même genre que ceux de son frère.

S'il faut en croire des réclamations que nous avons entendues, MM. Alkin et Goddet, autres exposants, seraient les premiers qui auraient fait des canons en acier.

Parmi les améliorations dont on s'occupe depuis quelque temps, se trouve la pensée de construire des fusils qui s'amorcent eux-mêmes. Il y avait à l'Exposition trois inventions de ce genre dues à MM. Beissière et Martin, Gastinne-Renette, le baron Heurteloup. Celui qui est employé par MM. Beissière et Martin est simple et ingénieux. Un conduit creusé dans la crosse reçoit un certain nombre d'amorces qui sont poussées en avant par un ressort à boudin. Une arme de guerre ou de chasse peut s'amorcer seule, la première pour 50 coups, et la seconde pour 100 coups, sans toucher aux capsules. En armant au deuxième cran, elles se placent d'elles-mêmes sur la cheminée. Les inventeurs assurent que leur système, aussi simple que solide, aurait encore le mérite de pouvoir s'adapter à peu de frais aux anciens fusils ou mousquetons de guerre à silex ou récemment transformés en fusils à percussion. L'amorçoir de M. Gastinne-Renette consiste en un conduit placé sous la queue de la bascule; une petite balle de plomb mise derrière les capsules les pousse par son poids lorsque l'arme est inclinée en avant et les amène sur la cheminée. Dans le fusil exposé M. le baron Heurteloup, les amorces sont placées dans un petit tube, qui se trouve dans un réservoir d'acier où il est roulé comme un ressort de montre, et disposé de manière que le bout de cette petite cartouche d'amorces se présente vis-à-vis de la lumière.

M. Murgue, de Saint-Étienne, a exposé un fusil dont chaque canon peut recevoir sept charges; les charges sont séparées par une rondelle en peau; un marteau va frapper successivement les sept amorces. M. Lepage avait également exposé une carabine à quatre coups dans deux canons.

Combien de mécanismes divers pour introduire la charge dans l'arme? Il y avait un fusil de M. Gosse dans lequel la culasse est mobile et s'écarte du canon pour recevoir la charge; une carabine de M. Dumoulin, de Rouen, dans la crosse de laquelle était un cylindre d'acier, présentant une chambre pour la charge, et susceptible de s'ouvrir et de se fermer comme un robinet; une paire de pistolets de M. Hilaire, de Sedan, dont le canon peut se mouvoir dans une rainure comme dans une coulisse, de telle sorte que pour mettre la charge on pousse le canon en avant, et que, lorsqu'elle est mise, on le ramène en arrière et on l'assujettit à l'aide d'un levier.

Un des inconvénients des fusils qui se chargent par la culasse, c'est le crachement. M. Pidaut prétend l'éviter par un agencement de pièces ingénieuses. Un culot d'acier, qui entre dans le canon auquel il sert de culasse, reçoit dans sa cavité l'extrémité d'une douille de métal qui double le tonnerre de l'arme. Lorsque l'explosion a lieu, la douille, pressée par la force du coup, vient s'appuyer fortement sur le rebord du culot et s'oppose ainsi à la fuite du gaz.

M. Pidaut avait également exposé une platine de guerre remarquable par son excessive simplicité; elle se compose uniquement du chien, de la gâchette, d'un grand ressort et d'une seule vis qui sert à fixer la platine au bois; c'est sans contredit une des conceptions les plus heureuses qui se soient produites à l'Exposition.

M. Devisme avait inventé une carabine sans platine. Un ressort fixé par l'une de ses extrémités sous le canon, le long duquel il vient battre, en constitue tout le mécanisme. Lorsqu'on bande ce ressort, en l'éloignant du canon, il s'accroche par l'extrémité qui est libre à un cran pratiqué sous la détente même; lorsqu'on tire la détente, le ressort retombe le long du canon, écrase la capsule et fait partir le coup.

M. Prélat, un des arquebusiers qui ont le plus contribué à répandre l'usage des armes à percussion, avait exposé cette année des fusils dont les canons sont renforcés au tonnerre.

Les accidents sont malheureusement trop fréquents à la chasse. M. Guérin, de Honfleur, a entrepris d'adapter au fusil un mécanisme qui pût les prévenir. Son mécanisme est placé dans la poignée de l'arme. Le chien ne peut s'abattre que lorsque la queue du pontet de sous-garde est fortement pressée par la main du chasseur. Une partie de son système est renfermée dans un conduit métallique qui évite les effets de l'humidité.

Nous avons dû citer d'abord les armes qui contenaient quelques dispositions nouvelles. Si elles ne sont pas nombreuses, il faut avouer d'un autre côté que les produits exposés présentaient en général une rare perfection de travail. Nos armes sont plus solides que celles qui sont fabriquées en Angleterre; elles leur sont bien supérieures pour la légèreté; elles ont en outre cette grande supériorité qu'à mérite égal elles coûtent moitié meilleur marché.

Les armes de luxe étaient magnifiques. C'étaient vraiment des objets d'art autant que des œuvres d'industrie. Elles rentraient dans le domaine de l'orfévrerie, de la gravure, de la ciselure, de la sculpture même. Tout n'était pas d'un égal bon goût. Nous aimons peu surtout les altérations apportées aux formes des pièces pour leur faire représenter des figures et des ornements plus ou moins contournés. Il faut respecter avant tout l'usage auquel ces pièces sont destinées.

Une des belles choses de l'exposition des armes, était une paire de pistolets de M. Gastinne-Renette. Les canons d'acier fondu sont richement ciselés; les angles formés par les pans du canon sont arrondis en colonnettes qui supportent une élégante ogive; les ornements sont de très-bon goût; la dorure est habilement ménagée, et se marie bien à la couleur grise donnée à l'acier. On n'admirait pas moins les boîtes de pistolets envoyées par M. Gastinne-Renette; elles sont en ébène et garnies en fer ciselé. En un mot, toutes les pièces qui avait exposées justifiaient la réputation de l'ancienne maison Renette, la seule à Paris, dit-on, où le fusil se fabrique entièrement.

M. Caron avait exposé un fusil très-riche et très-bien travaillé.

Nous en dirons autant du fusil de M. Jourjon, de Rennes, dont le bois représentait les travaux d'Hercule; dessin, sculpture, ciselure, tout est de la main de M. Jourjon, qui cependant est âgé, dit-on, de soixante ans. L'ancienne maison Houllier-Blanchard, à côté de plusieurs fusils d'un fini remarquable, avait placé une magnifique paire de pistolets avec des incrustations en relief, renfermée dans une boîte en bois sculpté d'une belle exécution.

L'exposition de M. Gauvain était d'un goût simple et sévère. Point d'argent ni d'or, mais des fusils dont les dispositions savamment raisonnées et l'exécution parfaite attestaient un fabricant expérimenté. Ses magnifiques pistolets genre gothique, étaient admirables par la pureté du style et des formes, les ciselures et sculptures. On ne savait ce qu'on devait louer le plus ou de leur élégance ou de leur excellente confection : les platines étaient surtout remarquables par la bonté de leurs mouvements, et les canons ont, dit-on, une admirable justesse de portée.

M. Devisme nous montrait une paire de pistolets en ivoire vert, et un superbe fusil dont le fût était en ébène incrusté d'arabesques d'argent, et le tonnerre damasquiné en or. M. Lepage-Moutier a tenté un retour vers les anciens modèles, et a exposé un fusil dont le fût est copié sur les formes du temps de François Ier. Il y avait également dans la case de M. Lefaure un fusil dont la crosse ornée de nervures parallèles descendant de la poignée de l'arme vers la plaque de couche, rappelait les fûts de quelques vieilles arquebuses.

Nous ajouterons que tout ce qui sort de chez M. Béringer, est toujours fabriqué avec soin et avec goût ; que MM. Lefaucheux, Claudin et Baucheron occupent toujours un rang distingué parmi les fabricants d'armes de la capitale ; qu'il est à regretter que M. Périn-Lepage n'ait pas eu le temps d'achever une énorme canardière à trois canons qu'il a exposée en blanc.

Nous mentionnerons encore parmi les fabricants de Paris, MM. Desnyau, Cordouan fils, Alix, Chaudun, Gosse, Viette, Martin, J. Javal et Cie.

Parmi les arquebusiers des départements, plusieurs se montrent dignes de rivaliser avec les maîtres de la capitale. MM. Bertonnet, de Senlis, Porquet, de Pontoise, Loron, de Versailles, imitent avec intelligence les meilleurs types. Dans les fusils envoyés de Saint-Étienne par MM. Delermoy fils et Lamouroux Flachat, Murgue, Jalabert-Lamotte, il y en avait de bien exécutés, mais en général chargés d'une trop grande profusion de gravures et d'ornements. Les plus dignes d'attirer l'attention étaient, suivant nous, ceux qui étaient cotés à 40 fr. On voyait différentes pièces exposées par M. Schmitt, de Châlons-sur-Marne, M. Tignères-Géraud, de Perpignan, MM. Nouvelle, de Limoges, et Chapouen, d'Avignon.

M. Givelot et M. Gaupillat, de Sèvres, sont célèbres par la fabrication de leurs amorces, qui sont répandues partout et qui sont recherchées et employées avec confiance par les chasseurs.

Il y avait des balles-cartouches exposées par M. Delaire.

Nous ne pouvons quitter le chapitre des armes sans signaler divers ustensiles de chasse qui les accompagnaient ; les poires à poudre à lunettes, de M. Boche, et surtout une charmante en corne blonde montée en argent ; les carniers, à la fois élégants, légers et solides, de M. Lebatard ; les pièges, de M. Guyard, de Noisy-le-Roi, qui nous ont paru bien confectionnés.

Nous dirons, en terminant, que M. Charoy avait exposé un appareil de pyrotechnie, une bombe à parachute, dont l'expérience seule peut faire connaître le mérite et l'utilité.

ARMES BLANCHES.

Les armes blanches d'Angleterre et d'Allemagne ont été longtemps meilleures et à plus bas prix que les nôtres ; mais, il y a déjà quelques années, les manufactures françaises ont amélioré leur fabrication et abaissé leurs prix, de telle manière qu'elles peuvent rivaliser maintenant sous le double rapport de la qualité et du bon marché. Les manufactures de Klingenthal et de Châtellerault ont acquis une juste réputation, et sont constamment en voie de progrès.

On a fait depuis un demi-siècle beaucoup de recherches pour arriver à la fabrication des damas par le moyen de la fusion, et non par celui du corroyage. Tous les ouvrages de métallurgie un peu modernes rendent compte de ces tentatives. Mais quel qu'en ait été le succès, personne n'avait obtenu d'aussi beaux résultats que M. le duc de Luynes. Ses damas ne le cèdent en rien pour la beauté à ceux que fournit l'Orient. Une de ces lames que tout le monde a remarquée, avait été montée dans les ateliers de M. Lepage-Moutier. Le fourreau, la garde et le pommeau sont ornés dans le meilleur goût. On y a représenté l'histoire de Judith. Le dessin et le modelé de ces ornements sont du style le plus pur. M. Lepage-Moutier avait fait une exhibition tout artistique. On doit des éloges à M. le duc de Luynes, qui emploie noblement sa grande fortune à encourager tous les arts, à MM. Klagmann, Feuchères, Léonard et Lapré, qui ont fourni de beaux dessins, et à M. Lepage-Moutier qui les a fort bien exécutés.

M. Delacour avait fait une exhibition très-brillante d'épées, de sabres, de glaives et de couteaux de chasse.

On a remarqué aussi une charmante armure d'enfant en acier damasquiné en or, faite pour S. A. R. M. le comte de Paris, qui avait été exposée par M. Granger, fabricant de bijouterie dorée ; le travail en était très-délicat, et les ornements de très-bon goût.

PLOMB.

La France possède plusieurs gisements de plomb argentifère qui ont été exploités jadis avec une certaine activité ; mais la plupart ont été abandonnés, soit à la suite de travaux mal dirigés, soit à cause de l'approfondissement des mines, soit aussi à cause de la baisse du prix des plombs. Ainsi les mines de Sainte-Marie, de Lacroix, de Giromagny, dans les Vosges, n'ont plus qu'une célébrité historique. Il est probable cependant qu'en appliquant des capitaux suffisants à la reprise des travaux, on pourrait, avec les moyens mécaniques dont on dispose aujourd'hui, les reprendre avec des chances de succès.

On compte actuellement, en France, treize concessions où s'exploite le minerai de plomb ; mais sur ce nombre, il n'y a réellement que trois centres d'exploitation qui donnent des produits notables ; ce sont Huelgoët et Poullaouën en Bretagne, Vialas et Villefort dans la Lozère, et Pontgibaud dans le Puy-de-Dôme. La valeur en plomb, litharge (oxyde de plomb), ou alquifoux (minerai de plomb employé surtout pour le vernis des poteries), que nos treize concessions fournissent au commerce, ne dépasse pas quelques centaines de mille francs, et nous en tirons pour une dizaine de millions de l'étranger. C'est des riches mines d'Adra, en Espagne, que nous vient la plus grande partie du plomb que nous importons.

Bien que le plomb ait rencontré un concurrent redoutable dans le zinc, découvert ou du moins acquis à l'industrie depuis un nombre d'années peu considérable, cependant il ne joue pas moins encore un rôle important, et s'il ne sert plus comme autrefois à recouvrir les toits aigus des châteaux et des tourelles, il est fréquemment employé surtout pour la conduite des liquides et des gaz.

Des trois grands centres d'exploitation que nous avons nommés plus haut, un seul, celui de Pontgibaud, avait envoyé des échantillons de ses produits à l'Exposition. Cette exploitation, dirigée par M. Pallu, est très-active en ce moment. On y compte quatre mines en extraction dans un rayon de 6 à 7 kilomètres autour de la fonderie. La fonderie est le siége administratif de la société. Trois fourneaux à réverbère à double sole, dont un en construction, trois fourneaux à manche, un fourneau de coupelle, un fourneau écossais et une soufflerie mue par une roue hydraulique, composent l'ensemble métallurgique de cette usine, auquel on a joint un vaste appareil de condensation, formé d'un ventilateur à force centrifuge, ayant 2 mètres de diamètre et une ouverture centrale de 1 mètre 30 centimètres. Les gaz de tous les fourneaux aspirés par ce ventilateur, au moyen de canaux souterrains dont il est le centre commun, sont soumis à l'action d'un filet d'eau qui arrive continuellement sur l'axe, pour être entraîné et broyé avec eux, et en précipiter toutes les parties condensables. Cet appareil a été établi pour suppléer à l'insuffisance des chambres de condensation; il est un précieux auxiliaire au traitement des métaux volatils, car il a toujours été difficile de concilier les meilleures méthodes de traitement avec les inconvénients d'une trop grande évaporation, ou d'un trop grand entraînement mécanique.

Si nous possédons peu de mines de plomb, nous avons du moins plusieurs usines importantes qui mettent en œuvre celui que nous tirons de l'étranger et qui le manufacturent pour les usages industriels.

Une des plus belles usines de ce genre est celle qui existe dans la rue de Bercy-Saint-Antoine, à Paris. Son établissement remonte à l'année 1729. Elle a passé des mains de M. Hamard dans celles de M. Simon. Une machine de quarante chevaux, une des meilleures qui soient sorties des anciens ateliers de Chaillot, y est employée au laminage et à l'étirage du plomb en tuyau. M. Simon expose cette année, entre autres objets, un tuyau, roulé, de 300,55 mètres de long, pesant 425 kilog. ou 0,85 kilog. par mètre et pouvant se prolonger indéfiniment, sans soudure; des tuyaux repoussés de 13 millimètres de diamètre : 0,0025 d'épaisseur, pesant 71,50 kilog. sur 3 mètres de longueur, ou 1,42 kilog. par mètre; de petits tuyaux de 2 à 3 millimètres de diamètre.

MM. Loysel et Hubin avaient également exposé des rouleaux de tuyaux, qu'on peut faire de la longueur qu'on veut, sans employer de soudure.

MM. Lagoutte et fils, ont aussi exposé des tuyaux de plomb. L'établissement de MM. Voisin et Cie, appartient aujourd'hui à MM. Dufour et Demalle, qui sont parvenus à couler des plaques de plomb de grande dimension. On en remarque une à l'Exposition, de 7 mètres 75 de long sur 4 mètres de large et 2 et 1/2 millimètres d'épaisseur. Ces grandes plaques, qui ne coûtent guère que 10 fr. de plus que le plomb brut par 100 kilog., sont employées avec grand avantage à faire des chaudières.

On remplace souvent, dans la ligature des arbustes surtout, le fil de fer, le laiton ou l'osier par des fils en plomb. M. Poulet avait exposé de ces fils de plomb qui nous ont paru de bonne qualité. Il y en avait aussi dans l'exhibition de M. Simon nommé plus haut.

M. Cavaillier, de Marseille, a beaucoup amélioré l'alliage du plomb et de l'arsenic pour fabriquer la grenaille. Il a rendu la fonte du plomb de chasse moins insalubre. Il avait également exposé des plaques et des tuyaux en plomb.

M. Mabire, du Hâvre, avait envoyé du plomb de différents numéros.

CUIVRE.

La France produit encore moins de cuivre que de plomb. Quelques concessions, exploitées plus ou moins irrégulièrement, en fournissent de 2 à 300 mille francs par an, tandis que nous en importons pour 25 millions. La mise en œuvre est donc le seul travail que nous fournisse ce métal.

L'usine de Romilly est la première qui ait laminé et martelé le cuivre en France. Elle a obtenu la médaille d'or dès l'Exposition de 1819. Son exhibition de cette année est très-remarquable. C'est :

En cuivres rouges : une planche de 2ᵐ sur 5ᵐ05 pesant kilo. 441
Un fond de chaudière forgé de 2ᵐ22ᶜ de diamètre et de 0ᵐ82ᶜ de profondeur. 343
Deux feuilles à doublage, en cuivre écroui.
Un foyer de locomotive, cuivre forgé, à partie renforcée, modèle des foyers du chemin de fer de Rouen. 174
Une barre ronde, cuivre forgé de 82ᵐ/ᵐ. 135
Clous forgés pour doublage et bordage de toutes longueurs.
Clous à doublage fondus.
En cuivre jaune : une planche de 1ᵐ68/2ᵐ70. . . 56
Enfin des épingles de divers numéros.

La planche de 2ᵐ/5ᵐ05 est une des plus grandes dimensions qui s'exécutent; le commerce et surtout la marine royale exigent souvent des planches de cette dimension.

Le fond de chaudière ou coupole est de la plus grande profondeur qui s'obtienne au marteau sans soudure; Romilly est le seul établissement qui arrive à cette profondeur. Les fonds de cette nature sont employés dans les appareils de sucrerie, comme on le voit dans celui qui est exposé par MM. Ch. Derosne et Cail, qui ont indiqué sur cet appareil que les cuivres proviennent des fonderies de Romilly.

Le foyer de locomotive est une pièce de difficile exécution, parce qu'il faut, au moyen du martelage, étirer dans une assez grande surface de cette pièce presque la moitié de son épaisseur.

La barre ronde, forgée pour tige de piston, est le plus gros diamètre obtenu jusqu'à ce jour; le port de la marine royale de Cherbourg emploie en ce moment ce genre de barres.

Les clous forgés pour le doublage se font à la machine, d'un seul coup, sans la main de l'homme; chaque machine fait 70 clous par minute; cette machine est brevetée et peut faire des clous de toutes longueurs.

Les clous fondus pour doublage sont en métal composé; 800 clous sont moulés simultanément dans une machine avec une grande célérité. Ce procédé offre le grand avantage que la pointe des clous est toujours très-aiguë.

La planche en cuivre jaune est très-remarquable par la grande largeur obtenue au laminage.

Un point essentiel, digne de remarque, c'est que, pour la première fois, tous les cuivres rouges mis par l'usine de Romilly à l'Exposition proviennent de minerais de l'Amérique méridionale épurés dans ses ateliers.

Les fonderies de Romilly exposent cette année un nouveau produit, ce sont des épingles d'une seule pièce, c'est-à-dire dont la tête est adhérente, faites à la machine. Ce procédé est breveté. La machine fait 60 à 70 épingles par minute, sans le secours de la main de l'homme : elle est, dit-on, très-simple, elle tire elle-même le fil de laiton roulé sur une bobine, le coupe à la longueur de l'épingle, refoule la tête et au même instant entraîne l'épingle sous des meules qui font la pointe. L'épingle ainsi faite est étamée par les procédés connus. Ces épingles, à têtes adhérentes, peuvent être établies au même prix que les épingles de première qualité, à têtes rapportées, fabriquées en France. Si l'on compare cette simplicité d'exécution à la complication de la fabrication des épingles à main d'homme, on comprendra quel pas immense les fonderies de Romilly ont fait faire à la fabrication des épingles en France. Dix machines emploient au plus la force d'un cheval.

Nous regrettons de ne pas voir représenté à l'Exposition le bel établissement d'Imphy (Nièvre), célèbre pour le laminage du cuivre et du bronze en feuilles de toute dimension; le fer-blanc de première qualité; les doublés de cuivre rouge et de cuivre jaune, et les doublés de cuivre rouge et de fer, dont les procédés sont de l'invention de M. A. Guérin. L'invention du laminage du bronze est due à M. Francfort, qui a cédé la propriété de son procédé à l'établissement d'Imphy. « Il est bien constaté aujourd'hui, disait le jury de 1839, que le bronze employé pour doublage des vaisseaux dure deux fois plus que le cuivre rouge, et qu'appliqué aux usages de la gravure il permet de tirer un beaucoup plus grand nombre d'exemplaires que les planches en cuivre rouge. » — L'établissement d'Imphy occupait en 1839 mille ouvriers; ce nombre a plutôt augmenté que diminué depuis cinq ans.

Un autre établissement considérable est celui de M. Frèrejean, à Vienne (Isère). Heureusement situé, à proximité des mines de houille de Rive-de-Gié, disposant d'une chute d'eau de la force de 150 chevaux, il peut expédier ses produits par le Rhône, dans tout le Midi et jusqu'à Marseille, qui est un de ses principaux débouchés. Il lamine à la fois le cuivre, le zinc et le fer. Il exposait cette année des bassines de 1 mètre 50 et 1 mètre 70 de diamètre, et pesant 108 et 135 kilogrammes.

M. Thiébaut fournit une grande partie des objets en cuivre rouge, en laiton ou en bronze, nécessaires à l'industrie de Paris. Ce sont des objets de toutes formes et de toutes dimensions ; des rouleaux à imprimer les étoffes et les papiers ; des robinets ; des cylindres qui servent au travail du lin ; des appareils pour machines à vapeur et pour pompe ; moulés tournés, forés et ajustés avec une grande précision. Outre ces objets industriels, M. Thiébaut a exposé des bronzes d'art ; ainsi que des bustes fondus sans retouche, qui montrent jusqu'à quel degré de perfection il a porté l'art du fondeur.

La confection des rouleaux à imprimer les étoffes présente de grandes difficultés. Jusqu'à présent nous tirons d'Angleterre la plus grande partie de ceux que nous employons. M. Thiébaut fait des efforts pour fixer cette fabrication chez nous. Ceux qu'il a exposés sont en cuivre légèrement allié. MM. Huguenin et Ducommun, (de Mulhouse), dont nous reparlerons à propos de leur belle machine à imprimer les étoffes, en ont envoyé à l'Exposition, dont les uns sont fabriqués en cuivre rouge comme ceux des Anglais, et les autres en cuivre-composition. Il y en avait aussi à l'Exposition qui avaient été envoyés par M. Aubias, de Rouen, et par MM. Pigné et Pigache, de Paris. Tout cela témoigne des tentatives qui se font pour enlever la fonte de ces rouleaux à l'étranger.

MM. Estivant frères, à Givet, ont présenté, comme à l'Exposition dernière, des planches de laiton et de tombac; une barre pesant 15 kilog. 75, de 2 mètres 8 de long sur 35 millimètres de diamètre ; des feuilles, dont 96, ayant 37 sur 45 centimètres, pèsent 2, 5 kilog. ; 150 autres feuilles, de 40 centimètres de long sur 25 de large, pèsent seulement 1 kilog. et demi.

Nous avons vu aussi de belles feuilles de cuivre de MM. Réveilhac et fils, dont l'usine est à Corbeil.

Les alliages de cuivre laminé, de maillechort et de plaqués, qui étaient exposés par MM. Hyon frères, étaient d'une perfection d'autant plus remarquable, que l'aigreur des alliages présentait de grandes difficultés.

Nous aurons à revenir, dans un autre endroit, sur l'exhibition de M. Pechiney aîné, qui se consacre surtout au laminage et à la mise en œuvre du plaqué en maillechort.

M. Grondard est le premier qui ait établi en France la fabrication des tubes en laiton étiré.

Citons enfin les planches et les feuilles de cuivre, ainsi que les fonds de chaudière de M. Mather, de Toulouse; les cylindres robinets et autres objets en cuivre de M. Voruz, de Nantes ; les feuilles de cuivre de M. Garnier; les anneaux creux sans soudure en cuivre rouge et en cuivre jaune, de M. Lacointa.

M. Robert, de la Villette, avait exposé divers métaux et lingots de cuivre affinés.

ZINC.

La consommation du zinc, à peine connu de nous il y a trente ans, va sans cesse en augmentant. Tout le zinc nous vient de l'étranger, principalement de la Belgique. Il en est entré en France 108 mille quintaux en 1843. Ce métal nouveau venu agit en véritable conquérant, et tend partout à détrôner les vieux métaux confiants dans les droits de leur antique légitimité. Il les attaque tantôt franchement, à visage découvert, tantôt en leur empruntant leur propre apparence extérieure, et toujours leur fait une guerre dangereuse. Soit comme couvertures de bâtiments, soit comme ustensiles de ménage, soit comme objets d'ornements, on le retrouve partout. Toutefois, nous ne savons pas encore bien le mouler ; les formes sont lourdes; les arêtes manquent de vivacité; on en tire beaucoup meilleur parti en Allemagne que chez nous.

On connaît la réputation des mines de la Vieille-Montagne qui avaient envoyé des zincs laminés, sous le nom de M. Larrabure. Les mines de la Vieille-Montagne sont situées en Belgique; mais les usines où la Société lamine le zinc sont établies l'une au Houy, près de Valognes (Manche), l'autre à Bray-la-sur-l'Ejot (Seine-et-Oise). Il n'y a plus rien à dire sur leurs produits qui sont d'une consommation si générale.

Un nouveau concurrent s'est présenté pour la Société de la Vieille-Montagne, c'est la Société des usines et fonderies de zinc de Stolberg, près Aix-la-Chapelle. Les produits de ces usines alimentent des usines de zinc brut en lingots les laminoirs et usines de Thierceville, près Gisors (Eure). La Compagnie a envoyé quelques-uns de ses produits à l'Exposition actuelle. L'établissement des usines et fonderies de Stolberg a été fondé en 1841, et porté au degré actuel de développement et d'importance par une Compagnie française dont le centre d'opérations est à Paris. Les fonderies de zinc de Stolberg sont alimentées en calamines ou minerais de zinc nécessaires à leur production par de vastes concessions situées dans la Prusse rhénane, près de la Vieille-Montagne, et reçoivent en outre les combustibles pour leur traitement métallurgique d'une houillère de charbon gras qui appartient à la même Société. Ces vastes établissements renferment cinquante-quatre fours de réduction du système Silésien, avec tous les ateliers, magasins et laminoirs qui s'y rattachent, et occupent un personnel de 1,000 ouvriers, tant dans les mines que dans les usines qui en forment l'ensemble. Les zincs laminés par cette Société, exposés sous le nom de M. Chauviteau, sont très-beaux tant sous le rapport de la finesse du métal, de sa malléabilité, que du poli du laminage.

Plusieurs des établissements que nous avons cités dans l'article précédent, comme laminant le plomb ou le zinc, laminent également le cuivre. Ainsi il y a à l'Exposition des feuilles de zinc de l'usine de la rue Bercy-Saint-Antoine. Les usines de Romilly, de Vienne, etc., laminent également le zinc.

M. Beissière montrait un modèle de couverture vitrée, recouverte en zinc.

M. Hubert fils avait exposé des lustres, des candélabres, des porte-lampes en zinc. Sous cette forme, le zinc trouve un grand débit chez cette classe d'acheteurs qui cherche à se donner à peu de frais l'apparence de la richesse; à elle sont destinés ces vases, ces candélabres, ces pendules couverts d'une peinture jaune en vigne et verte, imitant tant bien que mal le cuivre bronzé et doré.

Mais la forme sous laquelle le zinc se présentait surtout à l'Exposition, c'était en lettres et en enseignes pour boutiques. Il y en avait, sous les noms de MM. Gilliard et Gros, de M. Perrot, de M. Carpentier, de M. Besset.

M. Boucher a exposé un produit nouveau; il est parvenu à fabriquer des fils de zinc de toutes les finesses et de toutes les grosseurs, très-flexibles et en même temps d'une résistance à laquelle on était loin de s'attendre de la part d'un semblable métal. Le fil de zinc paraît devoir faire concurrence aux fils de fer, de plomb, de cuivre, etc. Nous ignorons par quel procédé M. Boucher est parvenu à tréfiler le zinc. Est-ce du zinc pur ou un alliage? c'est ce qu'on ne peut décider à la vue. Sa souplesse, sa solidité, son prix peu élevé, son aspect propre et surtout sa propriété d'être inoxydable, le font déjà employer pour les grillages, les toiles métalliques et autres usages analogues.

Nous avons parlé à l'article *Fer galvanisé* de l'emploi du zinc pour préserver le fer de l'oxydation.

ÉTAIN.

La France ne possède pas de mines d'étain; celui dont elle se sert est importé de l'Angleterre et des Indes ; on en consomme de 1 à 2 millions de kilogr. par an. On l'emploie principalement à l'étamage des ustensiles de cuisine, des glaces, et à la fabrication d'objets divers connus sous la dénomination de poterie d'étain.

Nous avons vu à l'Exposition des feuilles d'étain envoyées par M. Robert de Poigny (Seine-et-Oise). Ces feuilles, destinées à l'étamage des glaces, sont tellement bien préparées, que la manufacture de glace de Saint-Gobain a renoncé à fabriquer elle-même celles dont elle a besoin, et que les Anglais trouvent de l'avantage à les prendre en France, malgré les droits de douanes qu'ils ont à supporter à l'entrée dans leur pays. Pour réduire ces feuilles à l'état de minceur nécessaire, il faut en battre 1,000 à 1,500 à la fois. On juge par là de la difficulté que présente l'opération quand ces feuilles ont des dimensions de plusieurs mètres. Celles qu'a exposées M. Robert, successeur de M. Clancan, sont de grandes dimensions, bien égales, bien homogènes, tout à fait exemptes de ces défauts qui produisent des taches sur les glaces, quand le mercure pénètre dans l'étain.

M. Cornillard de Paris avait également envoyé des feuilles d'étain.

M. Dupré de la Roche d'Arcueil avait exposé, à côté de capsules en étain pour boucher les bouteilles, la machine ingénieuse avec laquelle il les fabrique. Ces capsules sont d'un très-bon usage pour conserver les liquides gazeux. On s'en sert aussi avec avantage pour les vins qu'on exporte en bouteilles à de grandes distances.

La poterie d'étain avait de nombreux représentants : M. Pieren fait des théières imitant parfaitement les théières anglaises ; M. Rousseville avait exposé des couverts en alliage et divers ustensiles ; M. Fauveau-Lorin nous montrait, entre autres objets, des vases en étain pour les églises ; M. Brouillet exposait des alambics pour la pharmacie et des serpentins propres à la distillation ; M. Moussier Fièvre, des objets pour le service de table ; M. Corbière, des bains-marie à infusion, des fontaines pour tisane et des réservoirs à destination des hôpitaux ; M. Ouvrier, un comptoir, cuvette et fontaine en étain pour marchand de vin ; M. Vaulot, une nappe en étain pur pour comptoir de marchand de vin, montée en bois et marbre ; M. Charbonnier, M. Chaventré et M. Lecouvey (il faut bien dire le mot), des seringues de toutes façons.

M. Mathey-Humbert, M. Claude-Aulon, M. Bergaire aîné avaient envoyé tous les trois des couverts étamés, fabriqués à Darney (Vosges), et qui étaient de bonne qualité.

OR, ARGENT, PLATINE.

M. Favrel a présenté une collection complète d'or, d'argent et de platine en feuilles, en poudre, en boules, en coquilles, etc. Une machine ingénieuse, inventée par M. Favrel et exposée à côté de ses produits, paraît devoir abaisser le prix de ces feuilles métalliques. Nous les fabriquons déjà à meilleur marché que l'Angleterre, et nous en exportons une quantité assez considérable.

M. Delahaye avait également exposé de l'or en feuilles et du bronze en poudre ; M. Ozier de Pont-Chéruy (Isère), de l'argent fin en feuille. Ce dernier venait-il des mines d'argent des Chalances, situées dans ce département, qui ont donné jadis de bons produits, et qu'on a essayé de reprendre depuis quelques années, mais sans grand succès?

C'est aux articles *Orfèvrerie, Bijouterie, Dorure*, que nous parlerons des emplois de l'or et de l'argent.

FIN DE LA PARTIE DES MÉTAUX.

TABLE DES ARTICLES

CONTENUS

DANS LA PARTIE DES MÉTAUX

ET DÉSIGNATION DES GRAVURES DE CETTE PARTIE.

SUBSTANCES MINÉRALES. — MÉTAUX. — ÉLABORATIONS DIVERSES DES MÉTAUX.

	Pages
SUBSTANCES MINÉRALES AUTRES QUE LES MÉTAUX	9
MARBRES	10
PIERRES LITHOGRAPHIQUES	11
ARDOISES	12
MEULES. (Vignette : plan d'une meule aérifère.)	id.
COMBUSTIBLES FOSSILES	13
BITUMES	15
MÉTAUX	16
FONTE ET FER	id.
FONTE MOULÉE (avec deux vignettes)	23
RAILS	25
TÔLES	26
TUYAUX ÉTIRÉS	27
FILS DE FER (vignette)	id.
FER-BLANC	29
FER GALVANISÉ	30
ACIERS, Limes, Râpes, Faulx et Faucilles, Scies, etc., etc.	34
LIMES	id.
SCIES	34
FAULX	36
RÉSUMÉ STATISTIQUE DES PROGRÈS DE LA FABRICATION DU FER	37
GROSSE QUINCAILLERIE	38
TAILLANDERIE. — FABRICATION D'OUTILS	id.

	Pages
COUTELLERIE. — INSTRUMENTS DE CHIRURGIE	39
QUINCAILLERIE DE TOUTE SORTE. — ARTICLES DIVERS EN MÉTAL.	41
TOILES MÉTALLIQUES	42
AIGUILLES	id.
SERRURERIE	id.
CLOUTERIE	44
ARQUEBUSERIE	id.
ARMES BLANCHES	46
PLOMB	id.
CUIVRE	47
ZINC	48
ÉTAIN	id.
OR, ARGENT, PLATINE	49

GRAVURES.

Forges de Fourchambault	21
Fermetures de boutiques de M. MELZESSARD	43
Pistolets et boîte de M. GASTINNE-RENETTE	45
Pistolet gothique de M. GAUVAIN	46
Armure d'enfant damasquinée or, panoplie, etc., de M. GRANGER	id.

Vignettes à combinaison de Derriey. — Exposition de 1844.

EXPOSITION DE L'INDUSTRIE DE 1844.

DEUXIÈME PARTIE. — MACHINES.

DES MACHINES

Les inventions mécaniques sont certainement celles qui ont exercé l'influence la plus énergique sur l'immense développement industriel qui caractérise notre époque. Avec leur secours on a conçu et exécuté des travaux jusqu'alors impraticables. On a plié les machines aux fonctions les plus diverses. On leur a demandé les moyens d'utiliser des forces naturelles dont naguère on ne soupçonnait même pas l'existence : on les a en quelque sorte assouplies de manière à en faire des bras de bois ou de métal, bras infatigables, et travaillant toujours avec une imperturbable régularité.

Les manufactures présentent en général les exemples les plus remarquables des combinaisons mécaniques. Ce sont pour ainsi dire de vastes automates, composés de nombreux organes, qui opèrent tous de concert et sans interruption pour produire un même objet, et qui obéissent au moteur dont ils tirent la vie et l'activité.

C'est l'emploi des moyens mécaniques qui a contribué le plus à étendre le cercle des jouissances de chacun de nous. L'amélioration qui en est résultée dans la fabrication a permis de livrer les produits à meilleur marché, et d'appeler une quantité d'individus beaucoup plus considérable à s'en servir. Elle a élevé la condition des classes inférieures, en ce qui concerne les aisances de la vie, au-dessus de la condition du riche telle qu'elle était il y a quatre ou cinq cents ans. Nos maisons sont mieux bâties; nos vêtements sont plus commodes, plus élégants et à plus bas prix. Nous avons un nombre infini d'ustensiles domestiques dont l'usage était même inconnu à nos ancêtres. Nous pouvons voyager à bon marché d'un endroit à un autre, et non pas seulement voyager à meilleur marché, mais voyager dix fois plus vite que l'homme le plus riche ne pouvait le faire il y a cent ans. C'est surtout aux sciences et aux applications mécaniques que nous devons ces immenses progrès effectués dans la carrière de la civilisation matérielle.

Bien que l'usage des machines ait servi au bonheur général de l'humanité en lui donnant les moyens de satisfaire plus facilement à ses besoins, elles ont cependant rencontré des détracteurs. On leur a reproché de supprimer le travail d'une grande quantité de bras, qui étaient employés avant leur application. Dans un pays industriel, dans une société portée au plus haut point de civilisation, tout ce qui est perfectionnement, amélioration, produit à chaque instant des changements dans la position des capitalistes et des ouvriers : s'ensuit-il qu'on doive entraver toute amélioration à cause des dommages partiels qu'elle entraîne ? Personne ne le pense. Si, par une étrange déviation du cours actuel des choses, on parvenait à arrêter toutes les machines, chaque ouvrier gagnerait peut-être davantage dans son métier; mais à quoi lui servirait cette augmentation, si tous les articles dont il fait usage étaient doublés, triplés de prix, si la plupart même étaient placés au-dessus de ses facultés ? Que l'on compare le sort actuel des classes ouvrières à ce qu'il était il y a un ou deux siècles et que l'on dise si ce n'est pas à elles surtout que l'introduction des machines a profité !

Si les machines privent quelquefois momentanément le travailleur d'ouvrage et de salaire, et causent ainsi de vives souffrances parmi les classes pauvres, ce résultat ne dérive pas essentiellement des machines même. Ce n'est pas en elles qu'il a sa raison d'être; c'est, pour employer la langue de la métaphysique, un effet contingent, non nécessaire. M. Michel Chevalier a prouvé très-bien dans son cours d'économie politique, que c'est un résultat contraire à la nature même des choses. Est-il, en effet, rien de moins naturel que de voir appauvrir une partie de la société par l'effet d'un progrès qui enrichit la société même? S'il en est ainsi quelquefois, ce n'est pas aux machines qu'il faut s'en prendre, mais à notre inhabileté à en régler l'usage. N'en accusons que notre inexpérience dans l'art difficile de gouverner au profit du bien-être de tout le monde toutes les forces qui nous ont été départies. Aussi bien l'industrie est une puissance née d'hier, et comme toutes les puissances qui s'élèvent, elle est encore mal assise, mal organisée; mais tous les jours elle affermit son empire et ajoute de nouveaux éléments à son organisation.

Les machines se distinguent naturellement en deux classes: les unes qui nous aident à mettre en usage les forces motrices que nous offre la nature; les autres qui, après avoir modifié la direction et la vitesse de l'action des agents moteurs, la transmettent à un assemblage de parties mobiles destinées à produire l'effet voulu. Les premières sont les machines motrices, les secondes les machines proprement dites.

Nous suivrons cette division en examinant les machines envoyées à l'exposition.

MACHINES MOTRICES.

Les moteurs sont l'âme de l'industrie. Ce sont eux qui forment le point central de tout système manufacturier. Le progrès industriel d'un pays se résume dans le développement des moteurs. Par eux, un peuple peut décupler ses forces productives; leur influence s'étend même sur le progrès intellectuel; car l'homme, affranchi de toutes les tâches mécaniques qu'il exécute, peut concentrer ses efforts et ses études sur des travaux plus nobles, où il réussira en raison de ses facultés morales. C'est ainsi qu'un économiste calculait qu'en Angleterre, le pays où les machines sont le plus multipliées, le travail intellectuel entrait pour les sept huitièmes dans l'ensemble de la production.

Il est quatre sources de forces, quatre espèces de moteurs dont l'industrie peut disposer, et dont le choix est subordonné soit à la nature du travail à exécuter, soit aux influences locales. Ce sont : 1° les moteurs animés; 2° le vent; 3° l'eau; 4° la vapeur.

Nous pourrions y ajouter même un cinquième moteur qui vient de naître, mais qui n'est pas encore passé à l'état manufacturier : nous voulons parler du moteur électrique. Le galvanisme, découvert il y a moins d'un siècle, soumis plus tard à des travaux sans but apparent et sans résultats, semble appelé à prendre un jour une grande importance dans l'industrie. Nous le retrouverons plus tard dans les merveilles de la galvanoplastie et de la dorure par immersion. En ce moment, son action se révèle à nous sous la forme d'un moteur. M. Froment a exposé un petit modèle d'appareil dans lequel, profitant du courant qui s'établit entre les deux pôles de la pile quand on les met en rapport, il a obtenu un mouvement de rotation rapide et continu. Nous nous rappelons avoir déjà vu, il y a trois ou quatre ans, une petite machine analogue construite par un Américain. Il faut espérer que le galvanisme finira par prendre place parmi les moteurs industriels.

Des quatre moteurs, que nous avons énumérés plus haut, il en est dont l'emploi, déjà extrêmement restreint, tend à diminuer encore davantage. Ce sont les moteurs animés. Leur force limitée et leur action intermittente, leur prix élevé, ne leur permet pas de soutenir la lutte avec les moteurs inanimés.

L'homme uniquement employé comme moteur, devient un cas assez rare en industrie. Son rôle, dans l'œuvre industrielle, tend à se conformer davantage à sa nature d'être pensant ; il cesse d'être le vassal et le serviteur de la matière, il se fait son surveillant ; au moyen des machines, ainsi que l'a dit un savant ecclésiastique, l'homme devient le contre-maître de la création, de simple manœuvre qu'il était auparavant.

Quant aux animaux, l'agriculture, les transports que les machines des bateaux à vapeur et des chemins de fer viennent cependant leur disputer, sont leur véritable domaine. S'ils en sortent quelquefois pour être attelés à des manèges, il faut que le travail à exécuter exige peu de force et peu de régularité. Il est presque impossible d'atteler utilement huit chevaux à un manège à moins que le diamètre ne soit d'une longueur démesurée.

Le vent est un moteur peu coûteux, et cette qualité est la seule qui puisse contrebalancer les graves inconvénients qu'il présente. Ces inconvénients résultent, en premier lieu, des variations qui se produisent dans l'intensité de la force développée d'un instant à l'autre; en second lieu des chômages fréquents occasionnés par le manque de vent, chômages qui ne suivent aucune règle et qu'on ne peut prévoir. On a calculé que le nombre des jours de travail ne s'élevait, terme moyen, qu'à cent cinquante par an pour les moulins le plus avantageusement situés. Il en résulte que les fabrications exécutées par les moulins, déjà limitées par les variations de vitesse, le sont encore plus par la nécessité de n'opérer que sur des matières dont les prix soient sujets à peu de variations, telles que les blés et les graines oléagineuses.

Les cours d'eau et la vapeur, tels sont les véritables moteurs de l'industrie, les seuls dont l'emploi puisse se généraliser et contribuer efficacement au progrès de la production.

MOTEURS HYDRAULIQUES.

L'emploi des moteurs hydrauliques, comparé à celui des machines à vapeur, offre des avantages et des inconvénients. Beaucoup de personnes croient que les frais d'acquisition et d'établissement d'un moteur hydraulique sont moindres que les frais de construction d'une machine à vapeur. Ce qui a contribué à répandre cette erreur, c'est que l'établissement des moteurs hydrauliques était fait généralement dans de si mauvaises conditions et dans un système si défectueux, que la dépense première en était diminuée aux dépens de la force qui n'était utilisée qu'au tiers ou au quart. Mais si l'on calcule, outre l'achat du cours d'eau et des terres environnantes, la construction des digues, tête d'eau, coursier et roue bien faite, on reconnaît qu'à égalité de force l'établissement d'une machine à vapeur est moins coûteux.

L'avantage des moteurs hydrauliques, c'est que si les frais d'établissement en sont plus considérables, l'entretien en est presque nul, et que l'usage se borne à l'intérêt de l'argent engagé.

Il est vrai que d'un autre côté ils sont exposés à toutes les variations, à tous les chômages résultant des sécheresses ou des inondations.

Ajoutons que, consacrés dans les plaines à la navigation, ils ne sont guères livrés à l'industrie que dans des pays montagneux où la production se trouve dans des conditions de travail difficiles, et loin des lieux de consommation, ce qui la grève de frais de transport souvent très-élevés.

On calcule qu'en France les moteurs hydrauliques employés

dans nos usines, représentent une force de plus de vingt mille chevaux ; c'est une puissance considérable ; mais d'après la mauvaise construction des coursiers et des roues, on peut supposer sans crainte d'exagération que les cours d'eau représentent en réalité une force utile double de celle qui est utilisée.

Aussi les perfectionnements que l'on peut apporter dans la construction des roues hydrauliques, ont-ils appelé depuis longtemps les études des plus grands physiciens, et sont-ils encore recherchés avec ardeur, malgré les développements qu'a pris la construction des machines à vapeur.

Des modifications nombreuses ont été les résultats de ces investigations actives, et nous serions entraînés trop loin si nous voulions suivre pas à pas les améliorations que les roues hydrauliques ont successivement reçues depuis l'époque où elles ont commencé à devenir l'objet d'une attention sérieuse.

C'est d'abord par le choc du fluide contre les aubes que l'on a imaginé d'employer l'eau pour mouvoir des roues hydrauliques, et même il ne paraît pas douteux que les roues à aubes plongées dans un courant indéfini n'aient été les premières mises en usage. L'idée de renfermer le fluide entre des bajoyers ne se sera sans doute présentée que plus tard, et de nouvelles réflexions auront ensuite conduit les mécaniciens à la construction des roues à augets dans lesquelles il agit par le poids.

L'introduction dans la mécanique pratique de ces dernières roues, désignée le plus ordinairement sous le nom impropre de roues de côté, a fourni une ressource précieuse aux constructeurs ; elle leur a permis d'obtenir un effet utile beaucoup plus considérable ; cependant plusieurs considérations obligent encore souvent d'adopter une autre forme de roues, et même de conserver l'ancien mode de faire arriver l'eau par dessous la vanne.

Il était donc important de trouver un moyen de se soustraire, dans ces circonstances, à la perte du travail dynamique occasionnée par le choc. M. Poncelet s'est imposé cette tâche, et il l'a heureusement remplie en inventant la roue à aubes courbes à laquelle la reconnaissance publique a donné son nom. La roue Poncelet, décrite par l'auteur dans un mémoire, qui en 1824 a obtenu, à l'Académie des Sciences, le prix de mécanique Monthyon, est une excellente machine qui rend les plus importants services aux usines que des obstacles administratifs, légaux ou conventionnels empêchent de relever leur seuil ou d'élargir leur coursier.

La roue Poncelet repose sur le principe des forces vives que l'on trouve aujourd'hui expliqué dans tous les traités élémentaires. M. Poncelet a reconnu que, pour que l'eau motrice produise tout son effet sur une roue hydraulique, il faut qu'elle arrive et qu'elle agisse sans choc sur la roue, et ensuite qu'elle la quitte sans vitesse. Afin de satisfaire à cette condition, M. Poncelet a donc imaginé de donner à ses aubes une courbure telle que, lorsque la veine liquide, supposée réduite à un simple filet, arrive sur l'aube, le mouvement puisse s'effectuer sans choc par des changements insensibles de direction et de vitesse.

La roue à aubes courbes présente l'avantage de pouvoir marcher avec une vitesse beaucoup plus considérable que les roues à aubes planes et les roues à augets sans que son effet utile s'éloigne du maximum. Sa largeur, celle de l'orifice et celle du coursier, sont bien moindres à force égale. Elle peut marcher noyée jusqu'à une hauteur égale à celle du tiers de la chute totale. Elle est particulièrement d'un bon emploi pour les petites chutes avec forte dépense d'eau.

L'attention s'est principalement portée dans ces derniers temps sur les turbines.

On comprend sous le nom général de turbines des roues hydrauliques qui sont fondées sur des principes très-différents, et qui n'ont guère de commun entre elles que de tourner les unes et les autres autour d'un axe vertical.

On se sert depuis longtemps dans certaines parties du midi de la France, où les chutes d'eau consacrées à la mouture rustique n'ont encore pris qu'une très-faible valeur, et où l'on cherche moins l'utilisation de la puissance dynamique que l'économie des frais de construction, de roues horizontales, dont les unes sont appelées roues à trompe, et les autres roues à cuves. Dans les roues à trompe, l'eau est lancée sur les aubes en veine isolée au moyen d'une buse de forme pyramidale ; elle y parvient avec une grande vitesse et agit entièrement par choc. Les roues à cuve, employées lorsqu'on n'a pas assez de chute pour se servir de roues à trompe, sont enfoncées dans une espèce de cuve en maçonnerie, reçoivent l'eau tangentiellement à la circonférence, et prennent ainsi un mouvement rapide. Les roues à trompe utilisent le tiers et les roues à cuve le quart seulement du travail absolu du moteur.

Les roues que M. Burdin, ingénieur des mines, imagina et fit connaître le premier sous le nom de turbines, reçoivent l'eau à la base supérieure d'un cylindre ou tambour vertical et la rejettent à la base opposée. L'eau entre et sort près de la circonférence extérieure suivant des canaux pliés en hélice à la surface du tambour, qui doit avoir une hauteur égale à la moitié de la hauteur entière de la chute d'eau disponible.

M. Fourneyron s'est beaucoup occupé des turbines, et l'on a pu voir à l'exposition le modèle d'une de celles qu'il a exécutées pour les moulins de Saint-Maur, près Paris.

Dans la turbine de M. Fourneyron, le tambour n'a jamais qu'une petite épaisseur, quelques décimètres, par exemple. L'eau s'élance obliquement en jets horizontaux de tout le contour d'un cylindre intérieur vertical, pénètre de tous côtés dans les compartiments de la roue qui, en tournant, effleure ce cylindre ; suit en les pressant des aubes courbes renfermées entre les deux bases horizontales, et s'échappe horizontalement par la tranche verticale du tambour extérieur.

On aura une idée de la turbine de M. Fourneyron en concevant qu'on pose à plat une roue ordinaire à palettes courbes, et que l'eau, arrivant sur les palettes par le centre, sorte à la circonférence.

La construction des turbines présente les problèmes d'hydraulique les plus compliqués. La théorie n'est pas encore assez éclairée pour donner le moyen de les résoudre à priori. Il faut en chercher la solution dans l'expérience.

Les difficultés les plus graves des turbines se présentent dans les détails d'exécution. L'eau, pour satisfaire aux meilleures conditions d'effet, devrait entrer sans choc et sortir sans vitesse. Comment donner aux jets liquides lancés dans la roue la direction la plus avantageuse ? Comment faire en sorte qu'après avoir épuisé leur action sur les aubes, ils les abandonnent sans difficulté ? Comment, avec des dispositions simples, obtenir des effets peu variables, et toutefois permettre à la roue de prendre au besoin des vitesses différentes ? Telles sont les principales questions que l'expérience devait résoudre, et que, suivant le rapport de M. Savary à l'Académie des Sciences, M. Fourneyron a résolues par l'étude des faits patiemment et habilement étudiés.

M. Fourneyron a construit des moteurs; mais il n'a rien fait connaître des proportions qu'il leur donne. On n'en sait donc que les résultats, et ces résultats paraissent très-avantageux.

Des expériences faites sur trois turbines de M. Fourneyron, et constatées dans le rapport de M. Savary, établissent que partout, et sous des chutes qui ont varié depuis la plus faible hauteur de 3 décimètres (1 pied), jusqu'à 1, 3, 5 et 7 mètres, le travail disponible transmis par les turbines a pu atteindre jusqu'aux 7 et 8 dixièmes du travail moteur.

Les turbines offrent en outre d'autres avantages par rapport aux applications et aux circonstances variables où un moteur peut se trouver placé. Elles sont, de toutes les roues hydrauliques, celles qui, sous le plus petit volume, utilisent la plus grande quantité d'eau. L'eau qui les pousse ne pèse point sur leur axe. Les énormes vitesses, les vitesses variables qu'on peut leur laisser prendre sans rien sacrifier de leur action, permettent de supprimer, dans beaucoup d'usines, ces engrenages, ces axes pesants destinés à transmettre avec accélération, mais aussi avec perte d'effet, le mouvement si peu rapide, lorsqu'il est le plus avantageux, des grandes roues à augets. Une autre propriété des turbines, et peut-être la plus importante, c'est celle d'utiliser, lorsqu'elle est complètement immergée dans l'eau d'aval, une fraction du travail absolu au moins aussi grande que quand elle marche en dessus. Cette propriété donne le moyen de profiter en tout temps de la chute entière du cours d'eau.

On sait que cette propriété des turbines de ne rien perdre pour être plongées, d'engloutir et d'utiliser, sous un volume médiocre, de grandes masses d'eau dans un petit cours d'eau, a inspiré à M. Arago le projet d'établir un système complet de turbines Fourneyron sur la Seine afin de pourvoir à la consommation d'eau de la ville de Paris.

La turbine de 18 chevaux que M. Fontaine-Baron a envoyée à l'Exposition, se rapproche beaucoup de celle de M. Fourneyron. Elle en diffère par certaines dispositions de détail et principalement par la direction donnée aux aubes. M. Fontaine, de Chartres, en a déjà construit trente ou quarante dans cette partie de la France dont la meunerie est une des industries principales. Ce succès prouve en faveur de la construction de son appareil. M. Taffe, professeur à l'École de Châlons, a plusieurs fois appliqué le frein sur une turbine de M. Fontaine construite près de cette ville. Il a constaté un effet utile de 79 pour 0/0.

Dans la construction de la turbine, pour laquelle M. A. Kœchlin s'est fait breveter, il s'est basé sur le principe suivant : En mettant en communication deux biefs superposés au moyen d'un tuyau dont on resserre la section par un rupteur placé à un point quelconque pris dans la hauteur de la chute, la vitesse de la veine fluide à l'endroit ainsi resserré sera celle qui est due à la différence de hauteur des deux niveaux ; de sorte que ce rupteur convenablement disposé sera capable de transmettre toute l'action à lui imprimée par le passage de la veine fluide. Cette application permet à M. Kœchlin de placer son récepteur ou turbine à un point quelconque pris dans la hauteur de la chute, suivant les convenances ; la colonne inférieure peut être prolongée à volonté. Ainsi l'action de l'eau se produit simultanément par la pression de la colonne qui lui est inférieure, et de cette combinaison l'inventeur en a tiré la dénomination de turbine à double effet.

Ce système de construction offre des avantages que sauront apprécier tous ceux qui s'occupent de travaux hydrauliques, qui savent de quelle importance sont généralement les travaux des fondations, et combien les prévisions de ces frais de premier établissement dépassent souvent toutes les prévisions.

Il suffit, pour ces turbines, de faire plonger au-dessous du niveau d'aval le conduit descendant qui porte à son extrémité la vanne régulatrice, et de fixer la crapaudine qui reçoit le pivot de l'arbre vertical dans l'intérieur de ce conduit à la hauteur la plus convenable prise entre les deux niveaux ; de cette façon, il sera toujours facile de mettre la roue instantanément à sec, et de l'avoir sous la main.

Cette turbine est munie de vannes pour son alimentation ; lorsqu'on veut mettre la turbine en mouvement, on les ouvre pour donner passage à l'eau, et on laisse emplir entièrement le récepteur jusqu'au-dessus de la turbine. Alors on ouvre la vanne de fuite, et on laisse s'écouler l'eau en quantité et en rapport avec celle d'alimentation, de manière que la colonne se trouve toujours entière dans le récepteur.

Les turbines de M. Passot sont des roues à réaction fondées sur l'effet de la force centrifuge. Elles se composent de vases cylindriques animés d'un mouvement de rotation autour d'arbres verticaux et munis à leur circonférence d'orifices destinés soit à l'évacuation, soit à l'introduction de l'eau. La modification que M. Passot a introduite dans les anciennes roues à réaction et qui constitue l'invention qui lui est propre, consiste à avoir supprimé les cloisons intérieures, et réduit les anciennes roues à leurs seuls éléments vraiment essentiels : un cylindre moteur pour contenir le liquide moteur, les surfaces destinées à recevoir son action et les orifices correspondants d'écoulement. *Les surfaces et les orifices sont exactement compris entre deux circonférences concentriques*, c'est-à-dire qu'il retranche soigneusement toute autre surface ou saillie capable d'imprimer à l'eau le mouvement angulaire de la roue avant d'avoir atteint les parties destinées à recevoir son action ainsi que les orifices d'écoulement.

« Je compose, dit M. Passot, tout simplement la nouvelle roue en plaçant soit à l'intérieur soit à l'extérieur d'un tambour cylindrique, suivant que je veux faire agir la pression du liquide à l'intérieur ou à l'extérieur, des corps courbés en arc de cercle, tels que $a\,b\,c\,d$ fig. 1 et 2; puis je pratique des

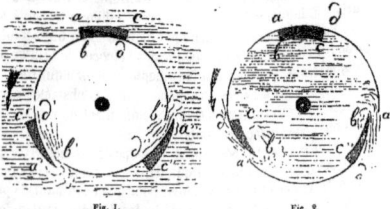

Fig. 1.   Fig. 2.

orifices d'écoulement en enlevant de ces corps et du cylindre la partie en forme de coin $a\,b\,d$, et le mouvement s'opère en vertu de la pression sur les faces $c\,d$, $c'\,d'$, $c''\,d''$ des parties de même forme restantes pour constituer l'aubage de la machine.

« Si, comme la seule inspection des figures suffirait pour en convaincre, l'appareil est fondamentalement d'une extrême simplicité, les lois de mouvement ou propriétés qui répondent exclusivement à sa composition particulière ne sont pas moins remarquables. Lorsque la roue tourne sans charge sous une différence de niveau ou chute donnée, *ses aubes prennent exactement la vitesse théorique due à la chute*, et avec charge, le travail s'est toujours sensiblement opéré, pour le plus grand effet, *en tournant avec la moitié de cette même vitesse*.

« Il n'en est plus ainsi lorsque d'une manière quelconque on altère la forme de la nouvelle roue pour la rapprocher de celles anciennement connues. Toutes cloisons, saillies et aspérités un peu considérables qui se trouvent en dedans ou en dehors des deux circonférences concentriques, ont pour résultat de diminuer sensiblement la vitesse de rotation théorique due à la chute, à raison du choc continuel de ces corps en mouvement contre l'eau en repos. Dès lors, il n'est pas étonnant que l'effet utile des roues à réaction essayées n'ait jamais pu s'élever à plus de 50 pour 0/0, c'est-à-dire au rendement des roues verticales de côté, tant à choc qu'à pression les plus ordinaires.

« Relativement à la dépense en liquide faite par les orifices mobiles, on sait, depuis les premiers rapports de M. Coriolis, combien elle s'éloigne aussi des indications de l'ancienne théorie. Pour le cas où l'on fait agir, comme dans la fig. 2, le liquide à l'intérieur, *la dépense est sensiblement indépendante de la vitesse plus ou moins grande de rotation de la roue.* Pour le cas où on le fait agir à l'extérieur comme dans la fig. 1, il ne peut en être ainsi, à cause de la contre-pression déterminée par la formation d'un tourbillon à l'intérieur; mais cette contre-pression est encore beaucoup plus faible qu'on ne pouvait le supposer. J'ai démontré que lorsqu'un liquide tourbillonne dans l'intérieur d'un cylindre, les effets de la force centrifuge se font sentir différemment suivant les diverses inclinaisons des ajutages ou orifices pratiqués à la circonférence. Eh bien! tout ce qui se passe dans l'intérieur de la roue figurée en plan au n° 1 ci-dessus, dépend de ce mode d'action, et les orifices y sont précisément disposés dans le sens où la force centrifuge peut le moins influer sur la dépense. Aussi, le coefficient de la dépense théorique due à la charge, pendant les expériences faites sur la turbine que j'ai construite à Bourges, a-t-il été trouvé très-peu différent de celui qui convient à des ouvertures de vannes ordinaires disposées de manière à éviter la contraction sur trois des côtés. La roue tournait en travaillant, c'est-à-dire avec environ la moitié de la vitesse due à la chute, et le coefficient a été de 0,78 à 0,79. »

M. Passot, après plusieurs procès, après une polémique avec l'Académie des sciences, a enfin obtenu justice pour sa turbine dont les propriétés ont été admises. Le rapport, lu en 1845 à l'Institut par M. Lamé, reconnaît l'originalité de son invention et signale les résultats de l'expertise faite sur la turbine de Bourges pour constater son effet utile. La turbine de Bourges se rapporte à la fig. 2, c'est-à-dire à la disposition dans laquelle l'eau afflue de l'extérieur vers l'intérieur.

« On doit reconnaître que les roues à réaction de M. Passot se présentent sous un caractère nouveau, et l'on ne saurait contester à son dernier appareil l'*originalité* que réclame son inventeur. La construction de cet appareil est évidemment d'une grande simplicité; et, s'il pouvait être constaté que son rendement est supérieur à celui qu'ont pu réaliser les autres roues horizontales, on aurait un nouvel exemple pour proclamer comme une vérité que les machines les plus avantageuses sont souvent les plus simples.

« Quant à l'appréciation de l'effet utile produit par la roue de M. Passot, nous nous appuierons sur le rapport des experts qui ont examiné la turbine de Bourges, et dont il ne nous paraît pas possible de récuser l'autorité, tant à cause de la contexture même de ce rapport, de la marche consciencieuse et minutieusement motivée des expériences qu'il décrit, que, surtout, à cause de la présence parmi les experts de deux ingénieurs en chef des ponts et chaussées. Il s'agissait dans le procès, non pas de déterminer le rendement exact du récepteur de la force motrice, mais son minimum. Si le rendement n'était pas pour le moins de 60 pour 0/0, le propriétaire demandait l'enlèvement immédiat de la roue. Les experts ont choisi, pour mesure du travail à effectuer, la quantité d'une bonne mouture à l'anglaise ou par pression, en adoptant trois chevaux d'effet utile pour vingt hectolitres moulus en vingt-quatre heures. En partant de ces bases, les experts ont définitivement conclu que dans les circonstances plus ou moins défavorables où ils l'ont expérimentée, la turbine de M. Passot ne rend pas moins de 60 pour 0/0 du travail dépensé. »

M. Poncelet, adoptant une disposition inverse de celle qui est admise par M. Fourneyron, a proposé un système de turbine du genre des roues horizontales employées dans le centre et dans le midi; l'eau entre par une buse placée à l'extérieur, frappe les aubes et sort par deux ouvertures pratiquées vers le centre.

M. Cardeilhac construit à Toulouse des turbines dans ce système.

MM. Mellet frères et Sarrus de Lodève, en ont exposé une qui présente cette même disposition.

La partie principale de leur turbine consiste dans une enveloppe d'une forme particulière, pourvue de trois ouvertures, dont l'une pour laisser entrer l'eau, et les deux autres pour la laisser échapper après son action sur le rouet; par suite de la forme en spirale de cette enveloppe, l'eau arrive sur le rouet placé dans l'intérieur sans aucun choc, sans bouillonnements et avec une vitesse due à la moitié de la hauteur de la chute. Chacun des filets d'eau agit à la même distance de l'axe, comme s'il était isolé et indépendant des autres; sa vitesse se transforme en pression par degrés insensibles et sans aucune déperdition de force.

MM. Mellet et Sarrus ont déjà établi dans le midi plusieurs de ces turbines qui donnent de bons résultats. Leurs prix sont peu élevés; ainsi un de leurs rouets en bois avec son enveloppe en bois et tôle, pour un moulin à blé ordinaire, revient à 1,000 fr.; ces prix augmentent suivant l'importance de l'usine; mais pour un rouet construit avec toute la solidité possible et en employant la fonte, le prix ne dépasse pas la somme de 3,000 fr. pour une force de douze à vingt chevaux.

Il y avait encore à l'Exposition un autre moteur hydraulique, que l'auteur, M. de Lamolère, appelle roue à piston. Ce moteur reçoit l'eau comme les roues dites de côté. L'eau, amenée au moyen d'une vanne plongeante, tombe dans une auge, où elle frappe sur un piston en bois garni de cuir. Elle entraîne ainsi ce piston, qui est suivi d'un second entraîné à son tour. Ces pistons successifs font tourner des arbres horizontaux qui donnent ensuite le mouvement à l'usine.

Légende pour le dessin de la Turbine-Passot.

a b c   Plan de la roue.
ABC   Base fixe de fonte.
MN   Vanne servant à régler la dépense de l'eau.
p q   Pièce de bois portant le boitard ou collier de l'arbre.
EV   Ecrou et vis servant à manœuvrer la vanne au moyen de la tige T t passant par l'arbre creux.
L l   Levier servant à soulever tout le système du moteur par l'intermédiaire du pivot.

EXPOSITION DE L'INDUSTRIE DE 1844.

Description des figures représentant la turbine de MM. A. Kœchlin et Cie.

Fig. 1. Élévation latérale de la turbine coupée verticalement suivant AB.
Fig. 2. Élévation transversale coupée sur CD.
Fig. 3. Projection horizontale vue en coupe suivant EF.

(Les mêmes lettres indiquent les mêmes pièces dans les trois figures.)

a   Roue d'eau (dite turbine).
b   Axe de la turbine.
c   Crapaudine et support de l'axe b.
d   Guide ou *turbine fixe*, garni de courbes en hélices, qui servent à donner à la veine fluide la direction convenable.
e   Enveloppe de la turbine.
f   Canal supérieur.
g   Canal inférieur.
h   Vanne du canal f.
i   Vanne du canal g.
k   Flotteur.
l   Palier du haut de l'arbre b.
m   Support du palier l.
n   Arbre de transmission supporté par un autre palier, qui, comme le premier, se trouve assujetti au support m.

La figure 1 représente l'eau du canal supérieur f en communication avec le canal du bas g, en passant au travers du guide d, de la turbine a et de l'enveloppe e *que l'on pourrait plus justement appeler canal de jonction*. C'est en passant au travers de la turbine a que l'eau lui imprime un mouvement de rotation dans la direction indiquée par la flèche a', fig. 3, direction qui pourrait être inverse si les guides ainsi que les ailes de la turbine, étaient inclinés dans un sens tout opposé.

MACHINES A VAPEUR.

La vapeur, voilà le véritable moteur industriel, le plus admirable par sa régularité, par la force illimitée de son action, par le peu d'emplacement qu'il exige, par la facilité avec laquelle il se prête à toutes les exigences.

C'est lui qui a mis à la disposition de l'homme le moyen de production le plus économique et le plus puissant. On peut même dire, qu'en créant une force artificielle, il a, en quelque sorte, entraîné une révolution politique et sociale; car la puissance relative des pays divers a cessé d'être en rapport avec l'état numérique des habitants : La vapeur peut fournir des forces égales à la somme des forces physiques de toute une population.

Mais ce qui distingue surtout la machine à vapeur, c'est son caractère de généralité : elle a pu être employée en tous lieux, en toutes saisons, dans toutes les branches de l'industrie et à tous les degrés de force réclamés par les besoins si divers de la production. Avec son secours, on a conçu et exécuté des travaux auparavant impraticables; l'exploitation des mines les plus profondes s'est faite avec facilité, et les machines à vapeur, en élevant l'eau du fond de la terre, a fourni les moyens de pourvoir à leur entretien. Par la vapeur, les travaux métallurgiques, fondements de tous les arts, ont pris une extension prodigieuse. C'est elle enfin qui a permis d'organiser ces grandes manufactures, ces puissantes factoreries où le principe de la division du travail se trouve appliqué d'une manière si heureuse, et qui fabriquent en si grande abondance et à des prix si modérés, tous les articles nécessaires aux premiers besoins et au bien-être de la vie.

Ainsi, dit un économiste anglais, ce n'est pas seulement dans les grands travaux de l'ingénieur et du manufacturier que l'homme appelle la vapeur à son aide. Pour tout travail, qui, considéré isolément, exigerait peu de force, mais dont l'exécution doit se répéter indéfiniment, il faut une force proportionnée à cette immense répétition, et cette force, c'est la vapeur qui la fournit. C'est le même bras de géant qui tord ensemble les tenons des câbles les plus pesants, et qui métamorphose le duvet du cotonnier en un fil léger et continu.

Docile à la main qui dirige sa force irrésistible, la vapeur lutte avec la mer et la tempête, et marche triomphante au milieu de dangers et d'obstacles insurmontables aux anciens modes de navigation.

L'application la plus remarquable des machines à vapeur, celle qui fixe davantage en ce moment l'attention publique, c'est la circulation des locomoteurs sur les chemins de fer. Quel imposant spectacle, dit M. de Pambourg, dans son traité, que celui d'un locomoteur se mouvant sans effort apparent, et tirant, derrière lui, un train de quarante ou cinquante voitures chargées. Que sont les plus lourds fardeaux avec des machines qui peuvent mouvoir des poids si énormes? Que sont les distances, avec des moteurs qui franchissent journellement un intervalle de huit à dix lieues à l'heure? le sol disparaît en quelque sorte sous vos yeux; les arbres, les maisons, les montagnes sont entraînés derrière vous avec la rapidité d'un trait, et lorsque vous croisez un autre train avec une vitesse relative de dix lieues à l'heure, vous l'apercevez en un moment poindre, grandir, et vous toucher; et à peine l'avez-vous vu passer, que déjà il est emporté loin de vous devenu un point, et disparu de nouveau dans le lointain !

On sait, aujourd'hui, par les intéressantes recherches de M Arago, que l'invention de la machine à vapeur est d'origine française, ce fut Denis Papin qui en eut la première idée vers la fin du dix-septième siècle; il proposa, à cette époque, de faire remonter un piston dans un cylindre, au moyen de la vapeur d'eau, et de le faire redescendre ensuite, au moyen de la pression de l'air en la condensant. Mais il en fut de cette découverte comme de beaucoup d'autres que l'on a pas su apprécier. Les premières machines à vapeur furent construites en Angleterre; c'est là qu'elles sont nées; c'est là qu'elles se sont perfectionnées pièce à pièce; c'est là enfin qu'elles se sont répandues, et qu'elles ont donné lieu de si nombreuses applications. Newcomen, Watt, Woolf, Trévithick, ne rappellent que des noms anglais.

Si l'industrie anglaise ne se fût emparée de la machine à vapeur, le prix exorbitant de la force motrice l'eût retenue en arrière des autres nations; elle eût depuis longtemps rencontré, dans le taux élevé des salaires, dans le prix d'achat et d'entretien des chevaux, dans la rareté des chutes d'eau, une barrière insurmontable à tout progrès manufacturier. C'est par les machines à vapeur qu'elle est parvenue à se procurer 6 à 8 millions de travailleurs artificiels, et comme l'a fait remarquer M. Arago, de travailleurs infatigables et assidus, parmi lesquels l'autorité n'aura jamais à réprimer ni coalition, ni émeute de travailleurs et qui ne coûtent que quelques centimes par jour.

La première machine à vapeur qui ait fonctionné en France, est celle qui a été établie à Chaillot. Elle fut importée par les frères Perrier, qui l'avaient achetée en 1779 de Watt et de Bolton, son associé, au nom d'une compagnie chargée de fournir, moyennant une rétribution, de l'eau à la consommation de Paris. Cette machine resta longtemps la seule qui existât en France. On la vit avec indifférence. En 1820, nous ne possédions encore que cinquante-sept machines à vapeur d'une force totale de neuf cent soixante chevaux. Dans les années suivantes, sous la Restauration, on en établit environ une cinquantaine par année. Leur nombre s'est augmenté beaucoup plus rapidement depuis 1830, et les documents officiels nous apprennent que nous étions, en 1841, en possession de 2,807 machines fixes d'une force totale de 37,296 chevaux [1].

Le tableau suivant indique quelles sont les industries qui, sur ces 2,807 machines à vapeur, en emploient le plus grand nombre :

	Machines.	Chevaux.
Filatures.	625	7,813
Exploitations minérales.	422	10,573
Sucreries.	181	1,884
Fonderies.	134	2,191
Ateliers de machines.	127	1,456
Minoterie.	93	1,275
Impressions sur étoffes.	84	872
Fabriques de draps.	78	761
Scieries.	78	625
Forges.	70	2,106
Huileries.	67	882
Hauts-fourneaux.	45	726

Les machines à vapeur sont en plus grand nombre cette année, qu'à aucune des expositions précédentes; les formes en sont excessivement variées, de manière à démontrer moins un progrès qu'une grande divergence de vues sur les conditions de leur établissement. Constatons d'abord que le nombre des ateliers constructeurs s'est considérablement accru, et que l'importation des machines (sauf celle des machines locomotives des chemins de fer) est aujourd'hui très-réduite. Mais, après avoir approuvé cette extension de notre puissance productrice, nous devons nous étonner de l'anarchie d'idées qui semble exister dans tous ces ateliers et de l'absence complète de règles et de principes, alors que cependant aucune industrie n'en a un besoin plus absolu. C'est encore un progrès dans lequel l'Angleterre nous précède, car les constructeurs de ce pays n'ont, nullement comme les nôtres, cette monomanie d'invention qui les porte sans cesse à chercher des dispositions nouvelles, et à innover dans la forme beaucoup plus que dans le fond, alors que, parmi ces formes, il en est cependant si peu qui répondent à la fois aux exigences de l'art et de l'industrie. A défaut des constructeurs, il est étonnant que les manufacturiers n'aient pas eux-mêmes établi ces règles de construction, convenables à leurs spécialités.

L'étude des machines exposées est d'une importance telle, que nous croyons utile de la faire précéder de quelques réflexions sur les conditions de la construction actuelle.

Une machine à vapeur est un système de vases, au moyen desquels un volume donné de vapeur est produit et transmet à des organes mécaniques l'effort qui résulte de sa tension.

[1] Nous rappelons que dans l'évaluation de la force des machines à vapeur on prend, par unité, la force capable d'élever en une seconde, à 1 mètre, une force de 75 kilogrammes. Cette force, que l'on nomme cheval-vapeur, est, en réalité, bien supérieure à celle d'un cheval de trait.

Ces vases sont : 1° la chaudière ou générateur qui produit le volume de vapeur dont on a besoin ; 2° le cylindre moteur où la vapeur agit soit en dessus, soit en dessous d'un piston, qui reçoit ainsi par le fait de cette distribution un mouvement alternatif; 3° le condenseur où la vapeur reprend son état primitif au moyen d'un refroidissement qui la condense en y produisant le vide.

Cette définition démontre immédiatement que les parties essentielles d'une machine à vapeur sont celles de la production, de la distribution et de l'action de la vapeur; les conditions de construction de ces appareils déterminent celles de la marche qui sera coûteuse ou économique. Quant aux organes mécaniques qui reçoivent le mouvement alternatif du piston et le transforment en mouvement circulaire, ils n'ont qu'une importance très-secondaire, et pourtant ce sont eux qui déterminent l'apparence de la machine. Aussi, cette importance des dispositions mécaniques secondaire pour l'économie de la marche est-elle en première ligne sous le rapport du dessin de la machine, de sa solidité, de sa durée et de la facilité de son entretien.

Peu de constructeurs ont présenté des modifications notables des parties essentielles. MM. Cail et Derosne, Farcot et Meyer, sont ceux que nous devons citer en première ligne. La plupart des autres ont exposé des artifices de disposition mécanique, dont nous chercherons à analyser les avantages et les inconvénients après avoir étudié tout ce qui est relatif à l'emploi de la vapeur. La vapeur peut être employée : 1° à haute pression (c'est-à-dire à une pression qui surpassera toujours de plus d'une atmosphère la pression atmosphérique) et sans condensation; 2° à haute pression et détente, sans condensation; 3° à haute pression et condensation; 4° à haute pression, détente et condensation; 5° à basse pression (c'est-à-dire à une pression qui ne doit jamais dépasser l'atmosphère au-dessus de la pression atmosphérique) et dès lors forcément avec condensation, quelquefois avec détente.

La machine à basse pression, dans des conditions peu différentes de celles où l'a établie Watt, est toujours la machine type en Angleterre; elle consomme, en moyenne, cinq kil. de bonne houille par heure et par force de cheval, et si l'on a cru dans ces derniers temps constater une réduction considérable de cette dépense dans les machines très-fortes, cela nous paraît uniquement résulter de ce que ces machines ne travaillent pas à leur force. En France, où la houille est généralement d'un prix plus élevé qu'en Angleterre, le type a changé; et, d'un accord général, on donne aujourd'hui, pour les machines d'usines, la préférence aux machines de moyenne pression (trois et demi à quatre atmosphères), détente et condensation ; machines qui, dans de bonnes conditions, ne consomment que trois à trois et demi kil. de houille par heure et par force de cheval. Quant aux machines à moyenne ou haute pression sans condensation, elles consomment de six à dix kilog., et sont réservées uniquement pour les cas où il y a un manque d'eau pour condenser, ou pour ceux où le bon marché du prix d'acquisition de la machine doit passer avant toute autre considération.

Le calcul des effets obtenus dans ces divers systèmes de machines serait bien simple, s'il n'existait pour la vapeur de nombreuses déperditions de force. Car l'effet, dans un temps donné, est égal à la somme des pressions exercées sur le piston, multipliée par la somme des espaces parcourus. Mais les pressions exercées ne sont pas constantes, et ne sont dans aucun instant égales à la pression existant dans la chaudière, de telle sorte que pour obtenir la force réelle, il faut appliquer aux éléments du calcul un coefficient qui exprime les déperditions d'action.

Les déperditions résultent des résistances de toute espèce qu'éprouvent les machines, soit par les frottements des organes mécaniques les uns contre les autres, soit par ceux du passage de la vapeur dans les tuyaux de conduite et d'échappement, dans les lumières et conduites de distribution, soit par la condensation qui a lieu dans le trajet de la chaudière au cylindre et sur les parois mêmes de ce dernier, condensation qui se joint à l'étirage dans les orifices rétrécis, pour établir une différence très-notable de la pression de la vapeur dans la chaudière ou dans le cylindre. Elle tient en second lieu à ce qu'on est obligé, pour surmonter la résistance opposée à la machine, d'adopter un cylindre avec une force supérieure à celle qui serait nécessaire, en supposant les orifices d'introduction tout grands ouverts, car, s'il en était autrement, outre que la mise en train serait toujours très-pénible, on n'aurait aucun moyen de surmonter les irrégularités que présente nécessairement la résistance dans la plupart des travaux industriels.

Le moyen ordinairement adopté de régler l'arrivée de vapeur par un pendule conique mis en communication avec le robinet de mise en train, détermine une déperdition de force considérable. En effet, dans la transformation du mouvement rectiligne en mouvement circulaire, la manivelle se trouve dans des positions très-différentes, relativement à la résistance qui lui est opposée. Lorsqu'elle est horizontale, elle a évidemment un levier puissant pour surmonter cette résistance, mais, lorsqu'elle est verticale, le levier est nul, et l'introduction de vapeur n'ayant plus lieu, la machine ne passe, ce point mort, qu'en vertu de la vitesse acquise par le volant, dans des instants où la force est en excès. Il résulte de ces variations de la force, des variations dans la vitesse, qui, lors même qu'elles ne sont pas appréciables à l'œil, n'en existent pas moins d'une manière très-sensible, surtout si on prend pour terme de comparaison la vitesse de la vapeur dans les tuyaux et les lumières de distribution. Dès lors le mouvement se trouvant ralenti vers les positions verticales de la manivelle, il en résulte que dans la première partie d'une oscillation du piston, la vapeur afflue utilement vers le lieu de l'oscillation, la manivelle est précipitée, de manière que la vapeur ne suit pas en quelque sorte le piston, et qu'il n'y a pas remplissage complet du vide laissé par le piston, mais que, lorsque le piston arrive au terme de cette oscillation, il y a ralentissement et le cylindre se remplit en pure perte.

La détente a pour but de remédier aux inconvénients de cette marche, en ne permettant l'introduction de la vapeur que pendant une partie de la course du piston; elle utilise, en outre, la force expansive de cette vapeur, de sorte que le piston, poussé d'abord avec toute l'énergie de la pression, l'est ensuite par une série d'efforts décroissants dont la somme est considérable.

Ainsi, que l'on suppose le piston d'une machine directement chargé d'un poids, et soulevé par une quantité donnée de vapeur à une tension suffisante pour maintenir l'équilibre; si l'on vient alors à enlever une partie du poids, il est évident que le piston s'élèvera d'une quantité proportionnelle à la diminution de sa charge. Une nouvelle diminution de charge sera suivie d'un nouvel exhaussement du piston, jusqu'à ce que le volume de la vapeur soit devenu tel que sa tension soit à peu près égale à la pression atmosphérique. Ainsi donc, par l'effet de la détente on aura élevé une série décroissante de poids, dont la somme exprime le travail de cette détente. On arrive à ce résultat en n'introduisant la vapeur que pendant une partie de l'oscillation du piston, et le laissant achever son mouvement sous l'influence de la force expansive.

Cette augmentation de travail, soumise au calcul, donne pour un mètre cube de vapeur pris à $0^m,76$ de pression, le travail sans détente étant de 10,333 kil., pour une détente au double 17,490 kil., au triple 21,679 kil., c'est-à-dire plus du double de l'effort obtenu sans détente; au volume de sept fois le volume primitif, l'effort est triplé (30,431 kil.).

La détente et la condensation, telles sont les bases d'une machine économique; assurer une marche simple et assurée aux appareils qui doivent exécuter ces deux opérations, est le perfectionnement réel et actuel des machines à vapeur, et nous devons nous élever contre la tendance déjà signalée des constructeurs à faire abstraction de ces conditions essentielles.

En donnant du développement à la détente, on introduit un élément d'irrégularité dans le jeu des machines, et comme certaines industries, telles que celle des filatures, ne comportent pas cette irrégularité, on s'est servi de deux cylindres inégaux, dont le plus grand reçoit et détend la vapeur qui a agi dans le plus petit. Les machines à deux cylindres ne sont donc que des machines à détente fixe. M. Edwards qui les a importées en France, et qui en a amené la construction à une perfection remarquable, a appliqué la détente variable, réglée par le modérateur, au petit cylindre, entre la détente fixe du grand cylindre; il est arrivé ainsi à détendre un volume de vapeur jusqu'à dix et douze fois son volume primitif. Nous avons trouvé plusieurs applications de la détente variable, plus ou moins modifiée, qui prouvent que les idées ingénieuses, laissées par cet habile ingénieur, ont été appréciées et suivies avec fruit.

L'ensemble des principes que nous venons d'exposer rapidement se trouve démontré par ce fait pratique, que parmi tous les divers systèmes de machine celui qui consomme le moins de combustible est aussi celui qui emploie à la fois la vapeur à haute pression, la condensation et la détente la plus développée avec les orifices les plus grands, fermés et ouverts instantanément et sans rétrécissement graduel : ces machines sont celles du Cornwall.

Dans cette contrée, l'exploitation de nombreux gisements métallifères a donné lieu à un grand développement de forces mécaniques; les machines à vapeur ont été poussées à une perfection remarquable. La cherté du combustible et l'importance des moindres économies sur l'énorme consommation qui a lieu, a provoqué les expériences les plus délicates et les plus suivies, et, par suite, l'appréciation la plus exacte des moyens de tirer le plus grand parti possible d'un volume donné de vapeur.

Les machines perfectionnées du Cornwall sont à simple effet, et comme la régularité du mouvement n'est point une chose essentielle dans l'élévation des eaux, on a pu pousser l'emploi de la détente à son maximum pratique, sans qu'il en résulte d'inconvénients. En outre, ce genre de travail se prête parfaitement à l'emploi de la détente, puisque la masse des eaux, étant une fois mise en mouvement dans la colonne ascensionnelle, reçoit une première impulsion par l'arrivée subite d'un grand volume de vapeur qui diminue beaucoup l'effet à surmonter, dans le temps où le condenseur et la détente agissent seuls sur le piston. Dans ces machines, la détente a lieu pendant les 6[7 de la course, c'est-à-dire que l'effet utile d'un volume donné de vapeur se trouve augmenté de 10,333 à 30,430 ou triplé. Aussi la consommation de ces machines est-elle tombée au-dessous d'un kil. par heure et par force de cheval (travail effectif), résultat uniquement dû aux efforts réunis de la détente et de la condensation, et que l'on aurait peine à croire s'il n'était attesté par les appréciations les plus authentiques.

— Nous suivrons dans l'examen des machines à vapeur exposées l'ordre naturel des choses, en parlant successivement des grilles, des chaudières, des appareils de sûreté, des distributions de vapeur et des dispositions mécaniques.

Appareils de combustion.

Des améliorations importantes ont été réalisées dans la manière de brûler la houille. Ainsi l'emploi des charbons maigres anthraciteux est resté longtemps restreint par la difficulté d'en obtenir un feu assez actif; aujourd'hui on brûle ces charbons en fermant complétement le foyer, et, en déterminant un courant d'air forcé par l'action d'un ventilateur, ou plutôt d'un jet de vapeur.

L'intervention du jet de vapeur comme moyen d'accélérer le tirage, soit en injectant l'air dans un foyer clos, soit en appelant l'air brûlé dans une cheminée, prend tous les jours plus d'extension. Il suffit, par exemple d'un jet de vapeur à quatre atmosphères ayant cinq millimètres de diamètre, placé à l'entrée d'un canal de cinq à six centimètres de diamètre, pour appeler et refouler dans ce canal l'air nécessaire à la combustion d'un foyer de seize chevaux. M. Arnoux a établi des foyers d'une disposition analogue, aux ateliers des messageries générales, et il brûle ainsi avec avantage les charbons les plus maigres du Nord. Sur les bateaux de la Haute Seine, M. Cochot a singulièrement accéléré le tirage de la chaudière, et, par conséquent, la production de vapeur dans un temps donné, au moyen de jets disposés dans les cheminées.

On a encore obtenu de bons résultats dans les foyers en modifiant la forme des grilles, et ce qui a été fait de mieux en ce genre consiste dans l'adoption de barreaux creux dits à *talus*. Ces barreaux creux sont fendus à la partie supérieure du talus, de manière à créer un plan de combustion supérieur de dix à quinze centimètres à celui qui résulte des vides laissés entre les barreaux eux-mêmes. Cette arrivée de l'air à deux niveaux différents rend plus facile la combustion des menus, et celle des charbons en morceaux plus complète.

M. Wissocq, ingénieur civil, a exposé une grille de ce genre qui présente de plus un double fond disposé de manière à renvoyer dans l'intérieur du foyer toute la chaleur qui se perdrait dans le cendrier.

MM. Galy-Cazalat, Martres et Montaigut ont aussi exposé un système de grilles particulier, qui réalise de grandes économies et présente des avantages qui l'ont fait adopter par un grand nombre de constructeurs de machines à vapeur.

M. Sorel a exposé, sous le nom de dégage-grille, un appareil destiné à être adapté au-dessous des grilles des foyers de générateurs, afin de les nettoyer instantanément. Cet appareil est une véritable herse en fer, qui, avec des dents droites, laboure, par dessous, les grilles des générateurs. Pour obtenir les mouvements de droite et de gauche, d'avant et d'arrière, M. Sorel a suspendu l'appareil, et au moyen d'un simple levier, avec un pas d'un côté et de l'autre, un ouvrier le manœuvre comme il veut. Les dents de cette herse, en passant entre les barreaux des grilles, remuent le combustible, font tomber les cendres et dégagent les intervalles des barreaux. Suivant M. Sorel, l'emploi de cet instrument active le feu et permet d'augmenter l'épaisseur de la couche du combustible, ce qui empêche que beaucoup d'air n'échappe à la combustion en entraînant du calorique; il donne la faculté de brûler facilement des anthracites et des houilles sèches. M. le ministre de la marine vient d'ordonner des essais de l'appareil de M. Sorel à bord des bateaux à vapeur de l'État.

Chaudières et appareils de sûreté.

La chaudronnerie, cette partie importante de la fabrication des machines, est représentée par une magnifique chaudière locomotive sortie des ateliers de M. Durenne. Les rivures de cette chaudière, les ploiements de la tôle, les applications de cornières, sont faits avec la perfection et le goût que M. Durenne a toujours apportés dans sa spécialité. Il est impossible de manier la tôle avec plus de facilité, d'en mieux assembler les diverses parties sans en altérer nulle part la solidité. Le tender et le petit bateau, exposé par le même constructeur, pour rappeler sans doute qu'il s'est placé à la tête de la fabrication des coques en fer pour la navigation fluviale, sont traités avec la même supériorité pour l'emploi de la matière et la perfection du travail. L'art de la chaudronnerie s'est beaucoup amélioré depuis cinq ans en France, et il ne pouvait être mieux représenté que par celui qui est le premier a introduit, il y a trente années environ, l'emploi des bouilleurs en tôle. Grâce à cette supériorité, il y a aujourd'hui beaucoup de constructeurs de machines qui ne font pas leur chaudronnerie eux-mêmes, et préfèrent la faire exécuter dans les ateliers spéciaux.

Cette division du travail a permis, en effet, d'introduire les outils pour toutes les opérations que doivent subir les tôles. Elles sont coupées d'équerre, cintrées, percées par des machines, et voici venir les machines à river, qui permettent de baisser encore les prix de fabrication. Les chaudières qui coûtaient, il y a cinq ans, 140 fr. le quintal, se côutent déjà plus que 80 à 100 fr., et, de plus, le travail en est supérieur.

M. Lemaitre a exposé une petite chaudière rivée mécaniquement et simplifiée par la suppression des chanfreins et du mattage. Les tôles de ce spécimen paraissent bien approchées et bien serrées; la construction amène une économie importante, et l'exécution n'en laisse rien à désirer.

On rencontre à l'Exposition un bien grand nombre de mécanismes de sûreté destinés à prévenir les explosions dans les machines à vapeur; ce sont, en général, des flotteurs qui descendent en même temps que le niveau de l'eau dans la chaudière. Cet abaissement de l'eau pouvant donner lieu à une explosion si le feu atteint une paroi non couverte de liquide, il faut en être averti. Pour cela, à mesure que le flotteur descend, la vapeur pénètre, à travers une ouverture, dans un tuyau où elle produit le son d'un sifflet ordinaire. Ce sifflet donne l'éveil au chauffeur et lui indique que la chaudière manque d'eau.

L'exposition la plus remarquable en ce genre est celle de M. Chaussenot. Ses appareils ont cet mérite, qu'inventés et appliqués dans quelques établissements industriels avant l'élaboration de la nouvelle ordonnance sur les appareils de sûreté, ils y répondent entièrement et s'appliquent avec exactitude aux prescriptions de cette ordonnance. On trouve en effet, dans les appareils de M. Chaussenot aîné, 1° les soupapes à mince surface de contact, obligatoires après l'ordonnance, qui veut que la largeur de l'anneau de contact ne soit pas de plus du trentième du diamètre de la soupape ; 2° le flotteur indicateur du niveau d'eau, recommandé pour ses indications précises et sa mobilité parfaite ; 3° le flotteur d'alarme, avertissant infailliblement au loin de l'abaissement du niveau de l'eau dans la chaudière.

Ces appareils ont passé plusieurs fois sous les yeux de la commission, pendant le cours de ses travaux sur les moyens de sûreté. La Société d'encouragement pour l'industrie nationale a décerné à M. Chaussenot une médaille d'or. Un ukase impérial de S. M. l'empereur de Russie a ordonné l'application exclusive de ces appareils de sûreté dans tout l'empire russe.

On doit à M. Daliot deux flotteurs d'alarme : le premier est un flotteur extérieur à sifflet, propre à s'adapter sur les chaudières de trop faible contenance pour avoir un flotteur en pierre ; le second se place sous le poids d'un flotteur ordinaire : c'est une soupape à tige fixée au poids par une corde qui enlève le poids en se tendant et donne ainsi passage à la vapeur.

MM. Sorel et Cordier ont exposé : 1° une nouvelle soupape de sûreté sifflante, qui, en même temps qu'elle donne l'éveil, arrête la combustion en fermant le registre ; 2° un robinet de sûreté à alliage fusible, au moyen duquel on peut remplacer en un instant la rondelle fondue ou brisée ; 3° un obturateur de sûreté tenu en place au moyen d'un fil de métal ; 4° une soupape sifflante à surface croissante thermo-manomètre, et 5° un nouveau flotteur d'alarme en pierre, sans levier ni contrepoids, conforme à celui qui a été prescrit par l'ordonnance du 2 mai 1843.

M. Bourdon a exposé des appareils de sûreté de divers genres. Nous en donnons ici quatre figures.

Fig. 1.

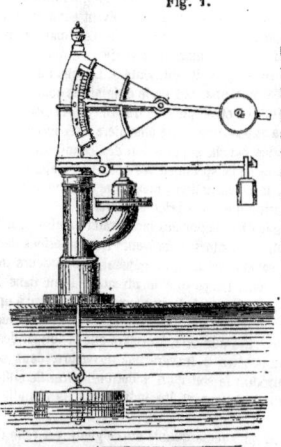

1° Un indicateur de niveau avec sifflet d'alarme, élevé sur une petite colonne qui sert en même temps à supporter la soupape de sûreté. Cet appareil se compose d'une boîte plate en fonte de forme triangulaire, dont les parois sont renforcées par des nervures. Dans l'intérieur, se meut un levier à l'extrémité duquel est accrochée la tringle de suspension du flotteur. L'autre extrémité de ce levier est ajustée sur un axe en acier à rodage conique, maintenu en contact avec la partie rodée au moyen d'une vis de pression, et qui, traversant l'une des parois de la boîte en fonte, vient se fixer par un carré à l'aiguille qui indique le niveau de l'eau sur un quart de cercle divisé ; un sifflet, placé au sommet de l'appareil, donne l'éveil dès que l'eau s'abaisse au-dessous de la hauteur de régime.

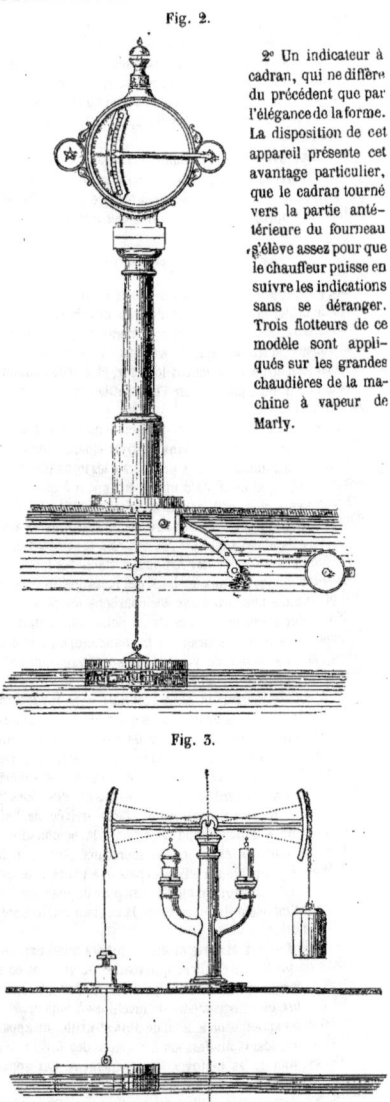

Fig. 2.

2° Un indicateur à cadran, qui ne diffère du précédent que par l'élégance de la forme. La disposition de cet appareil présente cet avantage particulier, que le cadran tourné vers la partie antérieure du fourneau s'élève assez pour que le chauffeur puisse en suivre les indications sans se déranger. Trois flotteurs de ce modèle sont appliqués sur les grandes chaudières de la machine à vapeur de Marly.

Fig. 3.

3° Un flotteur à balancier servant à indiquer l'excès et le manque d'eau par deux avertisseurs différents. Il se compose d'une colonne creuse en fonte, à double embranchement, qui communique par la base avec l'intérieur de la chaudière. D'un côté est vissé un sifflet, de l'autre une pièce en cuivre renfermant une anche métallique, apte à produire un bruit sonore, lorsque la vapeur la fait vibrer.

Quand le balancier s'incline d'un côté, il appuie sur un bouton dont la tige en s'abaissant ouvre une soupape qui livre passage à la vapeur, ce qui donne lieu soit au sifflement, soit à la vibration métallique, suivant le manque ou l'excès d'eau.

Fig. 4.

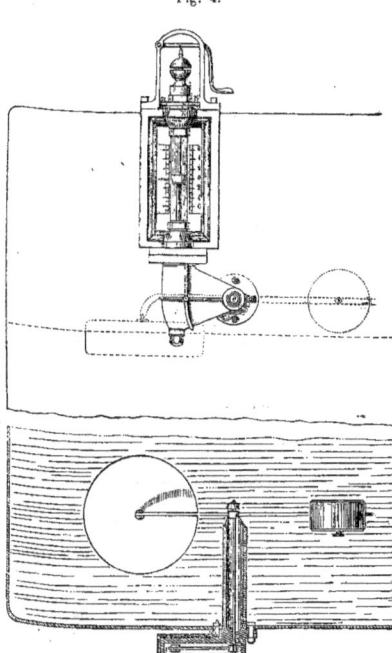

4° Un flotteur en pierre équilibré par un contrepoids placé dans l'intérieur de la chaudière. A l'extrémité de l'axe qui porte le flotteur, est fixé un petit levier qui transmet les mouvements du flotteur à un index bien visible qui se meut librement dans un tube de verre placé dans un cadre. Un sifflet, placé au-dessus du cadre, sert à la fois à avertir lorsque le niveau de l'eau est descendu au-dessous de sa hauteur de régime, et à donner les signaux de départ. Dans le cas où le tube de verre viendrait à se briser, il pourrait être remplacé tout de suite et sans difficulté, et une disposition fort simple empêche qu'il n'y ait perte de vapeur, pendant qu'on procède au remplacement du tube de verre.

On doit à MM. Destigny et Langlois le modèle d'un régulateur à horloge, dont ils sont brevetés, qui a aussi l'avantage de donner sur un cadran des indications faciles à saisir, et qui, en cas d'alarme, donne le signal au moyen d'une sonnerie.

Le régulateur de pompe à feu de M. Bernard, horloger à Rouen, est dans le même système que celui de MM. Destigny et Langlois.

MM. Saint-Martin et Ferrier ont exposé le régulateur-Molinié, qui a obtenu une médaille d'or de la Société d'encouragement, d'après le rapport fait par M. Combes, et que le gouvernement vient d'acheter comme appareil de démonstration pour le Conservatoire. Son application aux machines hydrauliques a jusqu'à présent obtenu les résultats les plus satisfaisants. Ce régulateur règle instantanément les machines à vapeur, au moyen de vannes. C'est pour cette différence que MM. Saint-Martin et Ferrier se sont fait breveter.

M. Berendorf a exposé des appareils de sûreté de l'invention de M. de Meaupou. MM. Baudelot, Bézault, de Canson, Février, Tamisier, Kawleck, Desbordes, Savaresse, de Paris, et Boisse, de Rodez, ont également exposé des sifflets d'alarmes, des manomètres, etc.

Appareils à détente.

L'emploi de la détente a donné lieu à des améliorations que nous devons constater, après avoir rappelé les dispositions diverses auxquelles il a donné lieu.

L'idée d'employer la détente de la vapeur n'est pas nouvelle. Watt l'avait appliquée, et d'autres constructeurs anglais l'ont appliquée après lui. Toutefois, en Angleterre, les ingénieurs ont en général reculé devant les divers systèmes connus pour l'emploi de la vapeur avec détente, qu'ils regardent comme trop compliqué. Ils se sont bornés à modifier les tiroirs de manière à arrêter l'introduction de la vapeur aux trois quarts de la course du piston, ce qui procure déjà une économie sensible dans la consommation de la vapeur, en réduisant très-peu la force des machines; car, en supposant l'élasticité de la vapeur proportionnée à sa densité, ce qui est vrai si l'on suppose la température constante, une machine ne perd qu'environ 4 pour 0/0 de sa force, lorsqu'on n'admet la vapeur que pendant les trois quarts de la course du piston, tandis qu'on économise pour 25 pour 0/0 de la quantité de vapeur qui serait employée si on l'admettait jusqu'à la fin de la course. Ce principe est aujourd'hui appliqué avec succès, et plusieurs bateaux à vapeur construits dans ces conditions ont parfaitement réussi. On peut consulter un Mémoire de M. Ræch, ingénieur de la marine, publié en 1839, dans lequel il consigne les résultats obtenus en Angleterre par l'application de ce principe, et dans lequel il démontre que par un simple déplacement du toc qui fixe la position de l'excentrique sur l'arbre de la manivelle, en arrêtant l'introduction de la vapeur aux 0,834 de la course, on obtient le maximum absolu de puissance. Nous parlerons, à l'article relatif aux locomotives, des applications qui y ont été faites de ce principe, et des recherches de M. Clapeyron à ce sujet.

Quelque importante que soit cette manière d'employer la détente de la vapeur, il y avait un grand perfectionnement à y ajouter, celui de pouvoir faire varier la force de la machine, et d'utiliser la quantité de vapeur nécessaire, quelle que fût cette quantité. C'est ce que fit M. Edwards au moyen d'un système de détente variable, pour lequel il prit un brevet en 1833. Cette détente est réglée par le régulateur à force centrifuge, ce qui a nécessité dans la transmission du mouvement une disposition particulière que nous décrirons en peu de mots.

En supposant que la manivelle d'une machine à vapeur marche avec une vitesse angulaire constante, il en résulte :
1° que le piston parcourt le cylindre avec une vitesse croissante jusqu'à ce qu'il arrive au milieu de sa course, et que sa

vitesse décroît à partir de ce point; 2° que l'excentrique transmet au tiroir de distribution de la vapeur un mouvement dont la vitesse varie autant que celle du piston, mais avec cette différence qu'à partir du point mort, le piston commence à se mouvoir lentement pour arriver au milieu de sa course avec une vitesse accélérée, tandis que le tiroir suit une marche opposée ; c'est-à-dire qu'à partir du point mort du piston, il marche rapidement pour finir lentement sa course au moment où le piston acquiert sa plus grande vitesse. Cette différence résulte de la position relative de la manivelle et de l'excentrique qui sont fixés sur le même arbre perpendiculairement l'un à l'autre.

Fig. 1.   Fig. 2.

Fig. 3.   Fig. 4.

Il suit de là que la détente doit être réglée dans sa marche de manière à correspondre avec celle du tiroir. M. Edwards a résolu le problème par l'appareil dont nous donnerons le détail, et que l'on comprendra facilement après avoir étudié la figure 4, dans laquelle OABC indique le cylindre de la machine; le quart de cercle 0,10 l'action de la manivelle pendant la première moitié de la course du piston ; les chiffres 0 à 10 la vitesse angulaire de la manivelle ; les chiffres 0' à 10' la vitesse relative du piston ; les lettres a jusqu'à k celle du tiroir. Pendant que la manivelle décrit le demi-cercle 0 à 1, le piston parcourra la flèche 0 à 1', et le mouvement du tiroir sera représenté par la demi-corde 1'1, égale à oa, même arc, et ainsi de suite. En faisant varier le mouvement de la détente des quantités ab, cd, etc., on fait varier l'introduction de la quantité de vapeur. Cette variation dans le mouvement de la détente est obtenue par le petit bras du levier B, qui doit être vertical quand le régulateur est fermé, et horizontal quand la machine, tendant à marcher trop vite, écarte le bout du régulateur.

Explication des figures de la détente Edwards.

Fig. 1. Élévation du tiroir.
Fig. 2. Élévation latérale du même. Dans la position indiquée des leviers, la vapeur n'est admise dans le cylindre que pendant la vingtième partie de la course du piston, ainsi que l'indique l'aiguille sur le cadran, 5, p. 100.
Fig. 3. Coupe verticale.

A   Grand bras du levier mû par le régulateur.
B   Petit bras du levier.
C   Secteur fixe portant des divisions sur son limbe.
D   Aiguille attachée au levier B, marquant la position du tiroir et la durée de l'admission de la vapeur dans le cylindre sur le limbe du secteur.
E   Bielle attachée au petit bras du levier B, et articulée avec un levier F qui fait marcher les deux secteurs dentés GG, engrenant l'un dans l'autre.
H   Tiroir de distribution de vapeur.
I   Disque au moyen duquel la détente s'opère en lui donnant plus ou moins de course, au moyen du rapprochement et de l'écartement des taquets aa.
J   Petit ressort pour presser le disque sur le dos du tiroir.
K   Jalon fixe pour déterminer l'extrême limite de la course du disque, et servant quand la machine doit marcher sans détente, ce qui se fait à volonté en tournant assez les deux secteurs dentés pour que les taquets aa ne puissent plus toucher le disque I dans sa course. Celui-ci se tient alors au milieu du tiroir, qui agit ainsi comme un tiroir ordinaire sans détente.
aa Taquets qui serrent le disque quand le levier B est horizontal.
bb Vis au moyen desquelles on règle les taquets de manière à augmenter ou diminuer à volonté l'admission de la vapeur de l'un ou de l'autre côté du piston, ce qui est nécessaire dans les machines sans balancier ou s'il y a une pompe à eau d'un côté du balancier d'une machine, et permet de renoncer au contrepoids qu'il faut quelquefois faire dans le cercle du volant.

Observations. — Quand la manivelle de la machine est au point mort, les taquets aa serrant le disque I, la distance x entre le talon fixe K et les bords saillants du disque doit être invariablement égale à la moitié de la course du tiroir.

La manière de déterminer le mouvement du disque I peut varier.

M. Farcot a perfectionné l'appareil de détente de M. Edwards. La principale amélioration qu'il y a apportée consiste principalement à se servir de deux glissières au lieu d'une. Voici la description de ce système de distribution à détente variable :

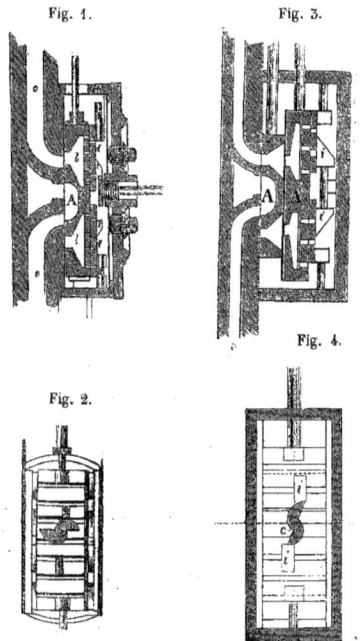

Fig. 1. Fig. 3.
Fig. 4.
Fig. 2.

L'organe principal de la distribution est un tiroir A, sur lequel se placent deux glissières $d\,d$, percées de plusieurs ouvertures pouvant correspondre avec d'autres ouvertures pratiquées sur le dos du tiroir et communiquant dans des cabinets $b\,b$. Lorsque les ouvertures des glissières sont mises en regard avec les ouvertures du dos du tiroir, la vapeur entre dans les cabinets $b\,b$, et peut arriver aux cheminées $o\,o$, qui conduisent au piston quand elles sont découvertes par le mouvement alternatif du tiroir A. Les glissières $d\,d$ sont entraînées avec le tiroir tant qu'elles ne sont pas arrêtées, soit par les goujons $f\,f$, qui touchent les extrémités de la boîte à vapeur B, soit par les talons $i\,i$ lorsqu'ils rencontrent la touche c.

La longueur des goujons $f\,f$ est calculée pour remplacer les ouvertures des glissières en face de celles du tiroir chaque fois que ce dernier, dans son mouvement alternatif, arrive à la fin de sa course. La touche c, fig. 2, est une double came qui, suivant sa position angulaire, touche plus tôt ou plus tard les talons $i\,i$, et conséquemment intercepte plus tôt ou plus tard la communication des cabinets $b\,b$ avec la boîte à vapeur et aussi avec le cylindre à vapeur ; c'est donc en variant la position de la double came que l'on varie la durée de la détente. Pour que les longueurs d'introduction soient égales de

chaque côté du piston indépendamment de l'obliquité des bielles qui transmettent son mouvement, les courbures des deux côtés de la double came ne sont pas semblables ; elles ont un tracé spécial pour chaque côté du piston.

Lorsque le piston à vapeur est prêt à commencer sa course, le tiroir est arrivé aux cinq dixièmes de sa course et ne peut plus continuer à porter l'un des talons $i\,i$ de la glissière $d\,d$ vers la double came c que pendant les cinq derniers dixièmes, lesquels correspondent aux cinq premiers dixièmes de la course du piston à vapeur.

Si donc les ouvertures des cabinets $b\,b$ ne sont pas fermées aux cinq dixièmes de la course du piston, la vapeur entrera pendant tout le temps, et la machine marchera sans détente. Ce n'est donc que de cinq dixièmes qu'au moyen du tiroir représenté fig. 1 on peut varier la détente. Cette latitude est bien suffisante pour le plus grand nombre des machines lorsque l'on veut qu'elles fonctionnent avec économie de combustible.

Pour varier la détente pendant toute la durée de la course du piston, il faut aussi que ce soit pendant toute la durée de la course du piston, que les talons $i\,i$ marchent vers la double came c, et conséquemment le tiroir qui les porte. Ce résultat est obtenu par la disposition fig. 3, où la détente se fait à deux tiroirs. Le tiroir A' commence sa course en même temps que le piston, au moyen d'un excentrique placé à 90 de l'excentrique qui commande le premier tiroir A, comme le tiroir de la fig. 1. Les branches de la came double c sont configurées de manière à produire des introductions égales de chaque côté du piston. Les deux glissières et les deux cocardes à plusieurs ouvertures laissent facilement passer la vapeur, qui peut ainsi arriver sur le piston à une pression voisine de celle des générateurs ; elles interceptent rapidement le passage au moment où l'on veut commencer la détente ; elles permettent de faire varier à la main, ou par le modérateur, la détente pendant la marche de la machine. Les longueurs d'introduction qu'elle procure sont à volonté égales de chaque côté du piston, ou inégales, si on veut avoir égard à la surface perdue par la tige du piston. Enfin, au moyen des deux tiroirs superposés, fig. 2, les deux glissières, ou les cocardes, peuvent introduire depuis 0 jusqu'à 19/20, et si l'on veut avoir des fermetures plus rapides que celle que donne l'excentrique circulaire, on les obtient au moyen des excentriques à bosses.

La distribution à deux glissières et cocardes de M. Farcot a été employée par lui avec succès. Le brevet qu'il a pris en 1854 étant expiré, elle est aujourd'hui employée par plusieurs constructeurs.

M. Farcot a exposé en outre, cette année, sous le nom de modérateur à compensation, un appareil pour lequel il a pris un brevet, et dont nous allons donner également le dessin et la description.

a. Arbre du modérateur. Il est formé d'un tube en fer.

b. Tige unie à une douille mobile commandée par le modérateur.

d. Longue virole ayant un renflement vers son milieu. Elle est montée sur l'arbre du modérateur.

Aux extrémités de cette virole il y a des embases rapportées par des vis.

e. Boîte portant un réservoir d'huile. Elle est réunie à la virole d par les mêmes vis qui fixent l'embase c.

o. Virole renfermée dans la boîte c. Elle est liée par une clavette à la tige b.

$f\,f$. Freins pouvant tourner librement sur la virole d.

$g\,g$. Roues d'angles fixées sur les freins précédents.

h h. Cônes liés à l'arbre *a* par les clavettes *ii'* et tournant avec lui. Ils peuvent s'écarter l'un de l'autre, les mortaises des clavettes étant assez allongées pour leur permettre ce mouvement.

Les cônes *h h* ne peuvent se rapprocher l'un de l'autre qu'autant que le permettent les rainures de l'arbre et les clavettes qui traversent les moyeux. C'est pour avoir la facilité de varier ce maximum de rapprochement des cônes, que le moyen de l'un d'eux porte une douille mobile munie de vis de rappel.

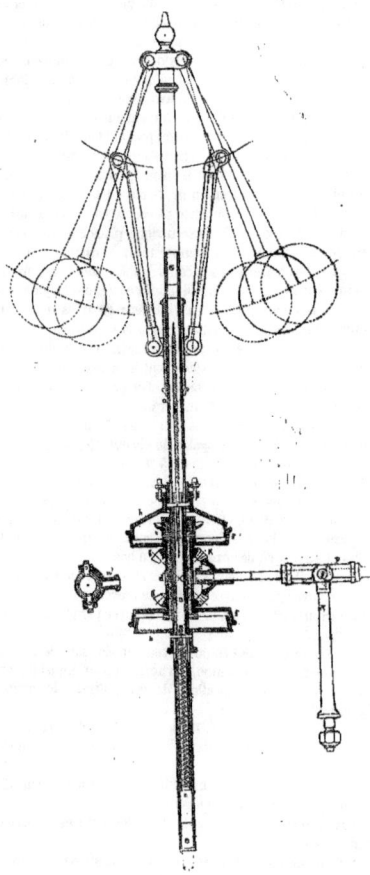

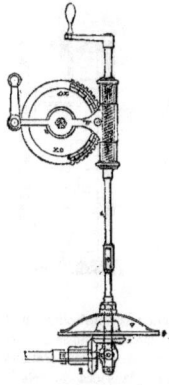

n. Tube placé dans l'intérieur de *a*. Il est fermé à la partie inférieure et contient un ressort à boudin tendu entre le fond du tube et le goujon *m*, traversé par la clavette *ii'*.

k. Roue d'angle engrenant à la fois les deux roues *g g*.

l. Arbre de la roue précédente. Il forme en même temps un levier dont le centre de mouvement est en *j*.

m'. Fourchette emmanchée à frottements doux sur l'arbre *l*. Les deux branches de cette fourchette sont liées par des goujons au renflement de la virole *d*.

p. Longue virole servant de coussinet à l'arbre *l*.

q. Autre roue d'angle fixée sur l'arbre *l*.

r. Fourchette dont la tige entre dans un trou pratiqué à l'extrémité de l'arbre *l*.

r' Roue d'angle engrenant avec la précédente.

s. Disque lié à cette roue.

t. Tige portant une vis sans fin.

u. Roue commandée par la vis sans fin. Elle est fixée sur l'arbre de la double came de la détente ou sur l'axe d'une vulve.

v. Frein élastique qui permet à la roue *r'* de tourner sans entraîner la tige quand les goujons *xx* buttent contre le support *w* pour limiter le mouvement de la double came.

On a pu voir par la légende précédente, que le modérateur agit à la manière ordinaire sur le levier *l* qui soulève la tige *t*. La vis sans fin agit comme crémaillère sur la roue *u*. En même temps que la la virole *d* fait articuler le levier, elle porte les cônes vers l'un ou l'autre des freins, et par le frottement que produit la pression l'un des cônes se trouve entraîné et tourne avec l'arbre *l*, au moyen des trois roues d'angle *ggk*; quand le frein supérieur est embrayé, l'arbre tourne dans un sens, et quand le frein inférieur est embrayé, cet arbre tourne dans un sens opposé.

Un ressort a pour objet de laisser reculer les cônes *hh* autant que le demande le mouvement du levier; le même ressort agit pour les deux cônes.

Pour le cône inférieur, le tube qui porte le ressort s'appuie par la clavette *i* dans le bout de la rainure, et le ressort se comprime sur le fond au moyen du goujon *m*. Si le cône supérieur s'élève, le tube s'élève avec lui, et il comprime le ressort contre le goujon *m*, qui devient point d'appui en s'arrêtant par la clavette dans le fond de la rainure.

Les viroles *d* et *o*, ainsi que la boîte *e*, sont montées avec un jeu sensible sur l'arbre du modérateur; pour éviter le frottement, le mouvement de rotation est empêché par la fourchette *m*.

Les dents des roues coniques sont en développante pour être toujours bien engrenées, nonobstant les articulations de l'arbre *l*.

Dans les circonstances où les articulations du levier *l* ne sont pas utiles, le régulateur est simplifié par la suppression du ressort à boudin, du tube *u*, de la virole *o*, de la boîte *e* et du support *y*; dans ce cas, la tige *b* est prolongée et réunie par deux clavettes aux cônes *hh*.

Un constructeur de Saint-Quentin, M. Trésel, objecte contre l'emploi du système de détente de M. Farcot, que le passage à la condensation n'est pas assez longtemps entièrement ouvert. Suivant M. Farcot, cette objection disparaîtra si l'on considère que dans une machine bien construite, la vapeur, à la fin de la course du piston, doit avoir une pression presque nulle, et que cette pression se trouve subitement détruite dès que la vapeur commence à communiquer avec le condenseur. Il faut aussi remarquer, dit M. Farcot, que l'excentrique est à sa plus grande vitesse quand les ouvertures se découvrent, et qu'alors le piston est à ses points morts, et marche lentement. Enfin, si on a besoin dans quelques cas particuliers d'ouvrir encore plus promptement les passages et de donner aux tiroirs des temps de repos, on obtiendra ces effets au moyen des excentriques à bosses combinées, que lui a conseillés M. le baron Séguier.

Quoi qu'il en soit, dans l'appareil de démonstration exposé par M. Trésel et reproduit dans notre ouvrage, on remarquera : 1° Que la vapeur est introduite sur le piston par une seule ouverture, et pour ainsi dire à la même tension qu'elle possède dans le générateur, le plus directement possible, sans avance au tiroir de distribution, sans division des ouvertures d'entrée, comme sans contraction ni rétrécissement de ces ouvertures, et par conséquent sans détente préalable à son action sur le piston ; 2° que l'on peut admettre la vapeur à volonté pendant toute la course, et produire la détente depuis les 14/100 jusqu'aux 78/100 de la course du piston, ou en d'autres termes au 1/8, 1/7, 1/6, 1/5, 1/4, 1/3, 1/2, 2/3, 3/4, etc., en introduisant exactement le même volume de vapeur d'un côté comme de l'autre du piston, et en compensant la différence de surface par rapport à la section de la tige.

« Ces avantages, dit M. Trésel, sont obtenus par un mécanisme extrêmement simple, au moyen de deux tiroirs dont les dispositions sont telles, qu'on n'a besoin ni de ressorts ni de touche d'arrêt pour les maintenir. L'un de ces tiroirs est pour la distribution, et l'autre, que je nomme tiroir d'arrêt, pour intercepter les passages. Ces deux tiroirs sont juxta-posés et mis en mouvement par deux excentriques indépendants l'un de l'autre, de formes semblables, mais de courses différentes. Le premier se meut dans un cadre rectangulaire, et le second dans un cadre formé de quatre courbes, dont une supérieure, et trois inférieures, toutes géométriques et symétriques. Ces courbes varient suivant trois causes caractéristiques à chaque machine, qui sont, d'une part l'épaisseur du piston, de l'autre la longueur de la bielle, et enfin la longueur de la manivelle. La disposition de distribution a cela de particulier que les ouvertures d'entrée sont complètement ouvertes lorsque la manivelle a parcouru un angle de 37°, et le piston les 7/100 de sa course, quelle que soit la détente que l'on veuille obtenir, ce qui n'a pas lieu avec des excentriques ronds qui n'ouvrent complètement les orifices que lorsque la manivelle a parcouru un angle de 93°, et le piston les 45/100 de sa course.

« Les courbes qui constituent la forme du cadre pour l'excentrique qui mène le tiroir d'arrêt, sont nécessaires pour racheter une différence de position du piston que l'on observe par rapport à sa course dans la marche descendante et ascendante, lorsqu'on fait faire une révolution à la manivelle. Cette différence importante est variable suivant la longueur de la bielle. En effet, si la bielle pouvait se mouvoir parallèlement à elle-même, on n'aurait pas de différence pour la position du piston pour un angle quelconque parcouru par la manivelle, soit du mouvement ascensionnel ou descensionnel. Ainsi, dans l'appareil exposé et qui est fait sur les dimensions d'une machine à vapeur de dix chevaux qui fonctionne dans mes ateliers, ces différences sont telles, que dans le mouvement descensionnel, lorsque la manivelle a parcouru un angle de 90°, le piston est aux 41/100 de sa course, tandis que dans le mouvement ascensionnel, en faisant parcourir le même angle à la manivelle, le piston est aux 56/100 de sa course, et dans des rapports analogues pour des angles différents. On doit concevoir qu'avec une forme quelconque d'excentrique, on ne peut compenser cette différence avec un seul tiroir d'arrêt, ni la condition que cet excentrique ait deux génératrices en contact, et diamétralement opposées avec le cadre, quelle que soit d'ailleurs sa position dans son mouvement de rotation, parce que l'excentrique ayant un mouvement circulaire continu, ne peut donner que des mouvements alternativement égaux pour ses points opposés.

« Les conséquences des courbes sont telles, qu'elles modifient la différence de surface de l'un et de l'autre côté du piston, par rapport à la section de la tige, ainsi qu'il est facile de le voir en jetant un coup d'œil sur le dessin.

« On comprendra facilement que, plus la vapeur arrivera avec facilité sur le piston, et plus elle produira d'effet utile ; qu'il était donc de la plus grande importance, pour profiter de sa propriété expansible, de chercher à la faire arriver dans le cylindre, de manière à ce qu'elle perde le moins possible de la tension qu'elle possède dans le générateur. Dans la plupart des machines, le tiroir de distribution ne découvre les orifices qu'avec lenteur, et le passage de la vapeur est intercepté avant que l'orifice soit complétement ouvert. Dans plusieurs, le volume de vapeur n'est pas égal en dessus comme en dessous du piston, ce qui donne une irrégularité dans la marche. Dans quelques-unes, la vapeur est obligée, par des dispositions particulières et compliquées, de circuler à travers plusieurs ouvertures avant son action sur le piston. Dans d'autres enfin, la vapeur n'est admise que par des ouvertures plus ou moins rétrécies, sans lui donner une libre entrée. Ces dispositions font subir à la vapeur un laminage, une division ou un allongement qui n'est autre chose qu'une détente préalable à son action sur le piston, ce qui nécessairement détruit une grande partie de son expansibilité. Il en résulte que, de la vapeur que l'on aura élevée dans un générateur à 4 ou 5 atmosphères, n'arrivera plus sur le piston qu'à 3 ou 4. Ce sont ces graves inconvénients que j'ai cherché à faire disparaître par mon appareil.

« En résumé, au moyen d'un mécanisme extrêmement simple, je réunis les avantages suivants :

« 1° D'admettre la vapeur à volonté pendant toute la course ;

« 2° De pouvoir obtenir la détente à tous les points du cylindre, en rapport avec des effets utiles ;

« 3° D'admettre la vapeur sur le piston par une seule ouverture complètement ouverte aux 7/100 de sa course, quelle que soit la détente ;

« 4° De faire arriver la vapeur dans le cylindre par le plus court chemin, sans avance au tiroir, sans déviation ni division, comme sans rétrécissement des ouvertures, et, par conséquent, sans détente préalable à son action primitive ;

« 5° D'admettre le même volume de vapeur en dessus comme en dessous du piston, en égalisant la surface du piston par rapport à la section de sa tige ;

« 6° De laisser échapper la vapeur après l'effet utile avant la fin de sa course ;

« 7° De laisser un recouvrement suffisant aux tiroirs, pour qu'une usure, même sensible, ne nuise pas à la marche de la machine ;

« 8° De pouvoir adapter cette détente aux machines à cylindre fixe existantes comme aux nouvelles, et de remplacer ou modifier avantageusement avec un seul cylindre les machines à deux cylindres du système de Woolf, en faisant remplir à la vapeur les mêmes conditions, et en pouvant faire marcher, avec ou sans condensation, à volonté, pour utiliser la vapeur après l'effet mécanique, au chauffage des ateliers pendant l'hiver;

« 9° De pouvoir enfin varier la détente, pendant la marche même de la machine. »

MM. Cail et Derosne emploient un mode de distribution qui se fait par un mouvement circulaire, et qui permet de faire varier la détente de manière à régler la dépense de vapeur proportionnellement à la résistance. En voici les figures et la légende.

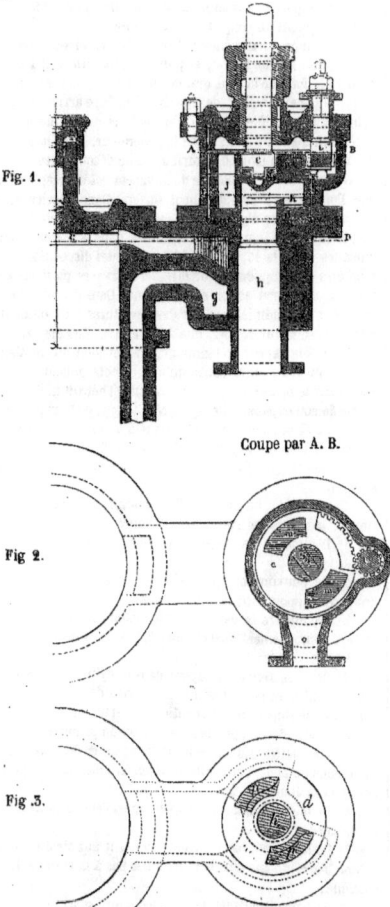

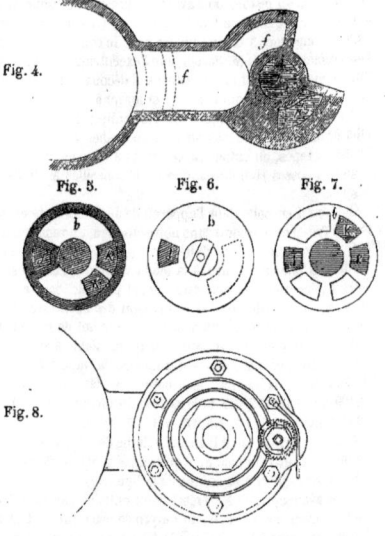

Légende de la détente Derosne et Cail.

Fig. 1. Coupe verticale du cylindre et de la soupape tournante.
  a Disque de la soupape tournante servant à diminuer ou augmenter l'entrée de vapeur dans le cylindre.
  b Soupape tournante, F conduit de vapeur, K orifice qui fait passer la vapeur d'échappement du canal *f* ou *g* dans le conduit *h*.
  c Arbre vertical qui entraîne la soupape tournante.
  d Siége de la soupape tournante.
  e Boîte de la soupape tournante.
  f Canal de vapeur pour le haut du cylindre.
  g Canal de vapeur pour le bas du cylindre.
  h Échappement de vapeur.
  i Orifice pour l'introduction de la vapeur dans le cylindre.
  j Petit axe ayant à sa partie inférieure une denture formant pignon pour engrener avec la partie dentée du disque.

Fig. 2. Coupe de la boîte de la soupape tournante suivant AB.
  mm Trous orifices d'entrée de vapeur, communiquant avec ceux du siége.
  o Tubulure d'arrivée de vapeur.

Fig. 3. Vue en plan du siége de la soupape tournante.
  p Orifice d'introduction de vapeur communiquant avec le canal *f*.
  p' Orifice d'introduction de vapeur communiquant avec le canal *g*. Les deux orifices *p p'* sont exactement de même grandeur que ceux *mm* du disque.

Fig. 4. Coupe horizontale suivant CD.
Fig. 5. Coupe horizontale de la soupape tournante EF.
Fig. 6. Vue en dessus de la soupape tournante.
Fig. 7. Vue en dessous de la soupape tournante.
Fig. 8. Vue en plan de la boîte de la soupape tournante.

Dans la boîte de la soupape tournante, la soupape se trouve placée entre le disque et le siége. Les orifices MM du disque étant égaux aux orifices PP' du siége, ces orifices étant superposés, lorsque l'orifice J de la soupape coïncidera avec l'un des orifices du siége, il coïncidera également avec l'un des orifices du disque et introduira de cette manière la vapeur dans le cylindre pendant le temps que le petit orifice J de la soupape mettra à parcourir la longueur de l'orifice M, plus une distance égale à la longueur du petit orifice J; ce serait alors le cas de la petite détente; mais si l'on voulait donner moins de vapeur, et avoir par conséquent une plus grande détente, à l'aide du petit pignon on fait marcher le disque A, et de cette manière on diminue la durée d'admission de vapeur parce qu'alors les orifices du siége et ceux du disque ne coïncident plus dans toute leur longueur.

La détente variable de M. E. Bourdon diffère de celles qui précèdent par la disposition des pièces qui ferment les orifices d'introduction de vapeur, au moment où son passage dans le cylindre doit être intercepté.

Il suffira de jeter un coup d'œil sur le dessin que nous en donnons ici pour apprécier cette différence.

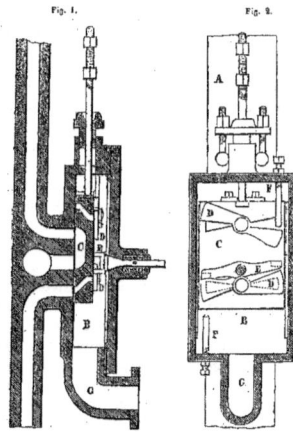

Fig. 1. Vue latérale en coupe par le milieu du tiroir.
Fig. 2. Vue de face du tiroir, la plaque de fermeture étant enlevée.

A Partie antérieure du cylindre avec les orifices d'introduction et d'échappement de la vapeur.
B Boîte de recouvrement du tiroir surmontée de sa boîte à étoupe.
C Tiroir. Il est percé de 4 orifices, accouplés 2 à 2.
DD Petites plaques de fermeture pivotant sur des axes en acier.
E Bascule, dont les extrémités sont terminées par des palettes. Elle oscille sur un axe à rodage conique, dont le bout sort en dehors de la boîte à vapeur et est mû par un petit levier qui peut à volonté être manœuvré à la main ou être lié avec le mécanisme régulateur, dont il sera parlé plus loin.
FF Butoirs, dont la longueur est réglée de manière à ou-

vrir entièrement les orifices d'introduction à chaque oscillation du tiroir.
G Tuyau d'admission de la vapeur.

Le jeu de cet appareil est extrêmement simple. Si on incline la bascule E de façon que ses palettes ne rencontrent pas les talons des plaques mobiles DD, la vapeur entrera pendant toute la course du piston. Si on l'incline en sens inverse, la fermeture des orifices aura lieu d'autant plus promptement que les palettes viendront rencontrer plus tôt les talons des plaques DD.

Par ce moyen bien simple, on peut faire varier la détente dans telle proportion que l'on veut, depuis 1/20 jusqu'à 5/10 de la course du piston.

Lorsqu'on veut pousser la détente au delà des 5/10 aux 7/10 par exemple, il suffit d'employer un excentrique à courbes combinées qui permet de prolonger la durée de l'introduction de la vapeur jusqu'à cette limite.

Il n'est d'aucun intérêt de la prolonger au delà, car la détente, passé ce point, ne produit plus qu'une économie insignifiante dans la consommation du combustible, et du moment que pour faciliter la mise en train ou pour donner, pendant quelques instants, un peu plus de puissance à la machine, on peut supprimer complètement l'effet de la détente et laisser entrer la vapeur à plein cylindre, le but qu'on se propose doit être suffisamment atteint.

Indépendamment des avantages qui sont propres aux autres systèmes et que celui-ci possède également, il a, de plus, d'après M. Bourdon, les suivants :

1° La construction des pièces qui le composent est plus simple et moins coûteuse;

2° Les plaques de fermeture, étant maintenues sur le tiroir par un axe qui se trouve justement au milieu de leur longueur, restent constamment dans la position que leur fait prendre la petite bascule et n'ont par conséquent besoin ni de coulisseaux ni de ressorts pour les empêcher de se déranger pendant la marche du tiroir;

3° La détente variable jusqu'au 7/10 de la course du piston est obtenue avec un seul excentrique et un seul tiroir.

M. E. Bourdon a aussi exposé un régulateur auquel il a ajouté un nouveau mécanisme de son invention, qui a pour but d'obtenir une vitesse constante dans la marche des machines à vapeur et de réaliser une très-grande économie dans l'emploi du combustible, en mettant la dépense de vapeur toujours en proportion exacte avec la résistance appliquée à la machine.

Voici en quoi consiste ce mécanisme :

Sur l'arbre du régulateur sont fixés deux manchons en fer CC, dont l'un porte un pas de vis à droite, l'autre un pas de vis à gauche. 2 petits bras DD, terminés par des arcs de cercle dentés et articulés avec 2 petits leviers EE, forment un parallélogramme brisé aux quatre angles.

B Support en fonte qui se fixe au bâtis de la machine.
b Axe sur lequel oscille le levier E qui sert à porter le parallélogramme.
gg Galets en fer.
d Point d'attache de la tringle e. L'extrémité inférieure de cette tringle est liée au levier f de la détente, dont on peut faire varier la position au moyen des deux écrous de rappel ii.
F Canne mobile liée par l'axe c au levier G, qui se trouve placé derrière le support B.

L'autre extrémité de ce levier est articulée avec

une petite bielle H, que l'on voit en lignes ponctuées derrière l'arbre du régulateur.

Cette bielle est attachée par l'autre bout au collier I qui tourne librement sur la douille du régulateur, de façon qu'il suit tous ses mouvements d'oscillation, sans tourner avec lui.

La bielle H porte aussi un petit bras h, destiné à faire mouvoir la soupape tournante K.

i Pignon d'angle commandé par l'arbre de la machine.

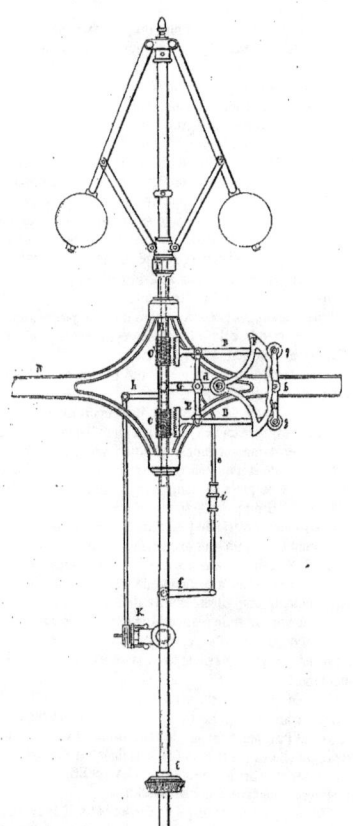

L'appareil fonctionne de la manière suivante :

Lorsque, par suite d'une accélération dans le mouvement de la machine, les boules du régulateur obéissant à la force centrifuge s'écartent l'une de l'autre, la canne F qui est liée à la douille I par les pièces GH, s'abaisse, et par la disposition des bosses qui y sont ménagées pousse le galet g.

Le peigne du bas vient engrener avec le manchon C.

Celui-ci en tournant entraîne le peigne de bas en haut et déplace par ce mouvement le levier de la détente, jusqu'à ce que l'admission de la vapeur ayant été suffisamment diminuée, la machine reprenne sa vitesse normale.

Alors le modérateur est ramené naturellement à sa position moyenne, et les deux peignes restent entièrement dégrenés jusqu'à ce qu'un nouveau changement survenant dans la résistance appliquée au moteur, l'un des deux peignes vienne engrener de nouveau, soit pour augmenter, soit pour diminuer la durée de l'introduction de la vapeur. On comprend que si, par suite d'un ralentissement dans la marche de la machine, les boules du régulateur se rapprochent, les mêmes effets se produiront en sens inverse, et dans l'un et l'autre cas la détente sera toujours modifiée exactement dans la proportion convenable pour que la quantité de vapeur admise dans le cylindre soit parfaitement en rapport avec la résistance que la machine aura à vaincre.

Il est à remarquer que, par la disposition que M. E. Bourdon a donnée à son appareil, le régulateur ne sert plus qu'à produire un effet d'embrayage et de débrayage qui n'exige presque pas de force, et que la résistance que peut présenter le déplacement du levier de la détente est surmontée par la machine elle-même, mais non par le régulateur.

On pourrait dans quelques circonstances supprimer la soupape tournante qui est figurée ici; mais lorsqu'il s'agit de régulariser complétement le mouvement d'une machine à vapeur dont l'effort doit varier fréquemment dans des limites très-étendues, il devient nécessaire de faire usage de cette soupape, parce qu'elle sert à modérer l'accélération de vitesse que la machine pourrait prendre, pendant l'instant très-court que la détente emploie à revenir à sa position normale.

M. Mayer se sert d'un mode de détente particulier, et le fait mouvoir par des artifices ingénieux au moyen du pendule conique; nous regrettons de ne pouvoir pas le reproduire à la suite des descriptions précédentes, déjà si nombreuses.

Dispositions des Machines.

Le grand nombre des machines exposées prouve que le nombre des ateliers s'est accru, et que la fabrication des machines à vapeur est devenue une chose courante. Mais il s'en faut que toutes les dispositions qu'elles nous montrent soient également heureuses. Plusieurs, en effet, sont entachées de formes défectueuses et sans harmonie. Quelques constructeurs semblent n'avoir eu d'autre but que de condenser la force dans le moindre espace possible et dans la moins grande quantité de matières. Ce principe est utile dans certaines circonstances où l'on doit ménager l'espace et le poids, la navigation, par exemple; mais dans les machines d'atelier, on doit, au contraire, chercher à développer les formes logiques adoptées par Watt, Woolf, Edwards, en les perfectionnant, s'il est possible, sous le rapport des proportions et du dessin, et non pas les tronquer sans but et sans autre motif que celui de faire croire au public qu'on a trouvé quelque chose en adoptant une disposition bizarre.

C'est à cette maladie d'invention qu'il faut attribuer le retour constant aux diverses méthodes de faire osciller les cylindres. Ce reproche, qui avait été déjà adressé à nos mécaniciens en 1839, est aggravé cette fois par l'adoption de distributions défectueuses et souvent placées dans les tourillons. Toutes ces dispositions de cylindres oscillants, les uns sur le milieu, d'autres sur la base, ne valent pas celle qui a été depuis si longtemps adoptée par M. Cavé. Nous en dirons autant de toutes ces machines à bâtis carrés, avec bielle en dessus ou en dessous, imitations variées de la disposition adoptée pareillement par Maudslay et par Barns. Pourquoi donc ne s'ingénier qu'à varier la forme des organes, en laissant de côté l'effet utile? Pourquoi cet abandon presque général du condenseur sans lequel il n'y a point de marche économique et rationnelle? L'économie du combustible ne doit-elle pas être le but principal de l'étude des constructeurs? n'est-ce pas en France, plus qu'en Angleterre, la condition essentielle à remplir?

Il est bien entendu que nous ne prétendons pas envelopper les exposants dans ce reproche général. Nous venons de voir plus haut que l'emploi de la détente a donné lieu à des dispositions ingénieuses. M. Farcot, par l'adoption de la détente d'Edwards, perfectionnée; MM. Cail et Derosne, par leur distribution circulaire à détente variable; M. Mayer, par son application du pendule conique au mouvement de la détente; M. Trésel, par son nouveau modèle; M. Bourdon, par l'appareil de détente dont il a exposé l'ingénieux mécanisme; MM. Antiq et Casalis, par l'emploi des deux cylindres, ont prouvé que nos bons mécaniciens mettent encore la question de consommation de combustible avant toutes les autres.

On doit citer, parmi les machines les plus remarquables, celles qui sont exposées par M. Farcot. L'une est une machine avec bâtis en A qui se développe suivant de belles proportions; l'autre est une machine à colonne creuse qui réunit les conditions de simplicité et de solidité. Ce bâtis creux, d'une seule pièce, donne à tout le système une fixité que ne présentent jamais les bâtis à quatre colonnes; c'est le meilleur système pour avoir des axes en haut, et nous le croyons susceptible de beaucoup d'applications, surtout pour les petites forces. Cependant il serait peut-être bon d'adopter, pour le mouvement des distributions, une disposition plus accessible; c'est une partie à laquelle on a souvent à toucher, et les interruptions doivent être rendues aussi courtes que possible par la facilité du démontage.

M. Farcot construit également des machines à vapeur d'autres modèles. Elles sont toutes établies avec son système de détente à double glissière. Elles sont encore munies de l'appareil à compensation que nous avons décrit, et qui en régularise constamment la vitesse.

Mais ce qui caractérise le plus particulièrement les machines qu'il a exposées cette année, c'est l'emploi de doubles enveloppes. La première est formée par la vapeur qui arrive de la chaudière, avant de parvenir à la boîte de distribution; la seconde enveloppe est composée d'air stagnant, ou de poussier de charbon, retenu par un entourage en fonte; les fonds des cylindres et les couvercles sont dans les mêmes conditions; tous les conduits, tant pour l'arrivée de vapeur que pour l'échappement, sont pratiqués dans la fonte même du cylindre; le cylindre à vapeur et sa première enveloppe sont fondus d'une seule pièce.

Les enveloppes prirent en quelque sorte naissance avec les machines à vapeur; on ne les supprima que lorsqu'on fut amené à en simplifier autant que possible la construction, afin d'en diminuer le prix. Mais des expériences récentes ont démontré toute l'importance des enveloppes sous le rapport d'un emploi économique de la vapeur. Il paraît en effet, d'après les recherches de MM. Thomas et Laurens, qu'il se dépose sur les parois intérieures des cylindres des gouttes d'eau condensée, que ces gouttes d'eau, soumises à une pression considérable pendant l'action du piston, repassent en partie à l'état de vapeur lorsque le cylindre se trouve en communication avec la vapeur, de telle sorte qu'elles empruntent au cylindre lui-même et à l'air ambiant le calorique nécessaire à ce changement d'état. Il se produit donc un effet continuel de refroidissement et de condensation du cylindre, effet qui amène nécessairement une déperdition considérable de vapeur. La double enveloppe adoptée dans le cylindre est évidemment le moyen le plus énergique à opposer à cet effet.

M. Combes a lu, il n'y a pas longtemps, à l'Académie des Sciences, un mémoire sur les enveloppes. « Je désirais depuis longtemps, dit M. Combes, vérifier, par des expériences précises et comparables entre elles, l'exactitude des aperçus que je viens de rappeler. Une occasion favorable pour cela m'a été offerte dernièrement par l'obligeance extrême de M. Albinet, fabricant de couvertures, rue de la Vieille-Estrapade, n. 12, dont les ateliers ont pour moteur une machine à détente de M. Farcot, munie d'une enveloppe. M. Farcot, l'un de nos plus habiles constructeurs, a adapté depuis quelques années, d'après les conseils de M. Thomas, professeur à l'École centrale des Arts et Manufactures, des enveloppes à toutes les machines qui sortent de ses ateliers. La vapeur est admise librement de la chaudière dans l'espace compris entre l'enveloppe et le cylindre, et passe de là dans la boîte du tiroir de distribution. La machine placée dans la manufacture de M. Albinet est disposée ainsi. J'avais appris que l'enveloppe de cette machine ayant éprouvé une avarie accidentelle, on fut obligé de conduire la vapeur directement dans la boîte de distribution, et de marcher ainsi pendant plusieurs jours consécutifs. Le résultat avait été une augmentation de combustible dans le rapport de 6 à 10. Un fait analogue avait été observé sur une machine du même constructeur, placée dans les environs de Sédan. »

M. Combes a voulu constater ces faits par des observations directes plus complètes. Pour cela, il a fait marcher pendant quatre jours consécutifs la machine de M. Albinet dans les circonstances où elle est habituellement, c'est à dire la vapeur de la chaudière passant par l'enveloppe pour arriver à la boîte de distribution. M. Farcot a conduit ensuite la vapeur directement de la chaudière à la boîte de distribution, l'enveloppe ne fonctionnant plus et n'agissant que comme obstacle au contact direct du cylindre avec l'atmosphère ambiante. Le changement de tuyau a été opéré dans la nuit, et la machine a marché ainsi pendant trois jours de suite sans enveloppe. Enfin, dans une dernière série d'observations qui ont été continuées aussi pendant trois jours, la vapeur arrivait encore directement de la chambre à la boîte de distribution; mais l'enveloppe était mise en communication avec la chaudière, et par conséquent le cylindre était entouré de vapeur.

Il résulte des observations faites par M. Combes, dans ces diverses conditions, qu'en supposant que la charge moyenne de la machine ait été la même dans les trois séries d'expériences, ce qui est certainement à peu près exact, les consommations moyennes d'eau, par heure de travail, et par conséquent pour un même effet dynamique, ont été :

Dans la première série, de 87 kil. 95, dont le dixième au moins n'est point arrivé dans le cylindre, parce qu'il a été condensé dans l'enveloppe, recueilli et mesuré à part, ce qui réduit la quantité d'eau réellement admise dans le cylindre à 79 kil. 16;

Dans la deuxième série, de 150 kil. 34, qui ont été entièrement admis dans le cylindre;

Dans la troisième série, de 109 k. 16, dont la dixième partie environ n'est point entrée dans le cylindre, puisqu'elle a été condensée dans l'enveloppe et recueillie, ce qui réduit à 98.25 le poids de l'eau réellement admis.

Les consommations de houille ont été, dans les deux premières séries d'expériences, sensiblement proportionnelles aux quantités d'eau injectées dans la chaudière. Ainsi, 1 kilogramme de houille a évaporé moyennement, dans la première série, 5 k. 66, et dans la seconde, 5 k., 61 d'eau. La dernière série d'expériences fournit des résultats intermédiaires entre ceux des deux premières séries pour les quantités d'eau et de houille consommées : chaque kilogramme de houille n'a évaporé en moyenne que 5 k., 32 d'eau : cela tient vraisemblablement à ce que l'on a changé de chaudière en passant de la deuxième à la troisième série d'expériences.

L'excès de dépense de combustible que M. Farcot avait remarqué dans sa pratique, lorsque l'enveloppe ne fonctionnait pas, est donc, dit M. Combes, un fait bien positif, et qui doit être attribué à l'économie d'eau considérable résultant de ce que, lorsque le cylindre est exposé à une source de chaleur extérieure, la liquéfaction de vapeur qui se produit au moment de l'admission est, ou nulle, ou beaucoup moins considérable que lorsque le cylindre n'est pas réchauffé. Il ne suffirait pas de protéger celui-ci contre le refroidissement dû au rayonnement ou au contact du milieu environnant. L'enveloppe sert à réparer les pertes provenant du refroidissement qui est la suite de la mise en communication avec le condenseur, ou plutôt à prévenir les causes de ce refroidissement.

Depuis la dernière exposition, M. Farcot a construit 48 machines, dont 27 à enveloppe, pour 400 chevaux de force, et 21 sans enveloppe pour 160 de force, ce qui forme un total de 560 chevaux.

MM. Cail et Derosne ont construit, depuis quelques années, de vastes ateliers à Chaillot, où ils emploient plus de cinq cents ouvriers, et qui sont destinés par leur étendue et la perfection de leur outillage à succéder, dans l'estime publique, aux anciennes fonderies de MM. Perrier et Edwards. Ils ont exposé, cette année, cinq machines à vapeur, dont trois avec leurs applications aux divers travaux de la fabrication du sucre. Parmi ces machines, nous en citerons trois comme remarquables par leurs dispositions.

La machine à bielle articulée et à détente variable pendant la marche se fait remarquer par une grande simplicité de construction, tout en conservant les meilleures conditions de stabilité et celles d'un entretien facile. La distribution de cette machine que nous avons décrite plus haut est nouvelle; elle se fait par un mouvement circulaire, et permet de faire varier la détente de manière à régler la dépense de vapeur, proportionnellement à la résistance. Cette distribution, dont les avantages sont actuellement constatés par une assez longue pratique, rendra des services dans tous les établissements où l'effort à exercer est variable, tels que les ateliers de construction, de filature, tissage, etc.

La machine à cylindre horizontal, présentée par les mêmes constructeurs, est également d'un bon système, les dispositions de détail, telles que les guides, les robinets de mise en train, le régulateur, attestent une pratique bien entendue des machines.

La machine à balancier se recommande par ses proportions, ses formes et son exécution. Elle fonctionne à détente variable pendant la marche, tout en n'employant qu'un seul tiroir. On peut remarquer, sous le rapport des détails d'exécution, le presse-étoupe du cylindre à vapeur, qui est entièrement circulaire, et ne présente pas de boulons apparents, ce qui facilite le nettoyage; le cylindre à vapeur, débarrassé de tuyau d'échappement, au moyen d'un renflement symétrique parallèle à son axe; on peut aussi remarquer les courbes de la bielle et du balancier, qui ont paru heureusement réussies.

Parmi les pièces exposées sous les noms d'auteurs, et sorties des ateliers de MM. Cail et Derosne, on distingue l'exécution des pièces de chaudronnerie des pompes Letestu et Cie; mais surtout l'exécution de la presse de M. Thonnellier, que l'on peut voir tous les jours fonctionner à la Monnaie de Paris.

Nous reparlerons de MM. Cail et Derosne, à propos des beaux appareils qu'ils ont exposés pour la fabrication du sucre.

Parmi les machines à balancier exposées par les autres constructeurs, on remarque :

La machine de MM. Casalis et Cordier de Saint-Quentin, machine à deux cylindres, dans le système de Woolf, donnant une détente fixe, bien exécutée, dont les formes sont un peu anciennes, et à laquelle on reproche de présenter un trop grand luxe de colonnes;

La machine de M. Nillus avec bâtis en A;

Une des machines de M. Gallafent, qui emploie un système de détente variable par des tiroirs superposés, que meuvent des excentriques ronds.

Bien que les machines à balancier soient toujours celles qui présentent les proportions les plus belles, les mouvements les plus larges et les plus réguliers, les machines à bielle oscillante et à cylindre fixe sont également employées avec succès. Nous avons vu que M. Farcot et MM. Cail et Derosne se servent des deux systèmes, suivant les circonstances auxquelles ils doivent pourvoir.

La machine exposée par M. Meyer appartient au dernier de ces deux systèmes. Elle se distingue surtout par son mode de détente variable, par le régulateur centrifuge, au moyen d'un mécanisme fort simple. Si l'on peut trouver quelque chose à redire à la disposition générale, en revanche l'exécution en est parfaite. C'est peut-être la machine finie avec le plus de soin.

M. H. Hubert a exposé une machine hydraulique destinée à faire partie du système général de distribution d'eau, en exécution dans la ville de Chartres : elle est composée d'une machine à vapeur à moyenne pression, détente variable, condensation, et cylindre vapeur, qui met en mouvement un système de cinq pompes dont une aspirante et quatre foulantes. Le tout est monté sur une même plaque de fondation, surmontée de quatre colonnes qui supportent un entablement sur lequel sont disposées les transmissions de mouvement. La disposition de cette machine est fort ingénieuse, et l'exécution, due à M. Bourdon, est digne des autres ouvrages de cet habile constructeur. Une machine semblable fonctionne depuis un an à Granville, où M. Hubert a aussi établi une distribution d'eau.

C'est aussi M. Hubert qui a établi les distributions d'eau dans les villes de Saint-Germain-en-Laye, Pontoise et Vitry-le-Français.

La machine de M. Mazeline, munie d'un moulin à sucre, plaît par l'ensemble de ses proportions; les dispositions en sont heureuses; les quatre vis, sur lesquelles repose le bâtis, donnent la facilité d'en régler le niveau; et les avantages qu'elle présente sous le rapport de la facilité du montage seront surtout appréciés dans les Colonies, auxquelles elle est destinée. Ce qu'on peut craindre, ce sont les difficultés de réparations en cas d'accident.

Deux machines à vapeur sorties des ateliers de M. Gallafent

figuraient à l'Exposition. La première est une machine à balancier à haute pression, dont nous avons déjà parlé, de la force de 15 chevaux. La détente, variable à volonté, avec deux tiroirs superposés, détermine une grande économie de combustible, puisque les machines qui en sont pourvues ne consomment, d'après sa déclaration, que 3 kil. 1/2 de houille par heure, pour la force de chaque cheval. La deuxième machine, de la force de 3 chevaux, à haute pression, et à détente variable comme celle ci-dessus, est construite de manière à supprimer les tuyaux apparents. La vapeur, en sortant de la chaudière, passe par les deux jambes de devant qui supportent le cylindre et sort par celles de derrière.

M. Lotz fils a exposé une machine à pistons superposés, marchant à simple effet pour chacun des cylindres, au moyen de la disposition des cylindres et des tiroirs.

En ce genre, nous avons remarqué la machine de M. E. Duval, qui est d'une grande simplicité. On la voit fonctionner dans un modèle réduit au quart, complet et bien exécuté.

Ce constructeur a exposé un autre appareil dans le système Maudslay, à moyenne pression, détente variable et condensation, qui se distingue par l'enveloppe de son cylindre et sa bonne exécution.

Nous citerons encore, dans le même système, celui de M. Giraudon, dont la détente est également réglée par deux tiroirs ; celui de M. Antiq, dans le système adopté par Jackson pour la navigation de la Saône ; celui de M. Huck qu'on remarque à cause de son dispositif très-ramassé.

L'Exposition nous montre beaucoup de machines oscillantes par le milieu, avec ou sans distribution de vapeur dans le tourillon. Telles sont celles de MM. Stoltz, Kientzy, Hermann, Tamizier, Mariotte, Leloup, Cart, etc. Nous n'avons pas beaucoup de penchant pour les machines oscillantes en général. Mais il est certain que ce sont les machines qui coûtent le moins de frais d'établissement, et comme celles qui ont été exposées sont dans de petites forces, elles présentent moins d'inconvénient et peuvent être employées avec avantage dans beaucoup de cas.

La machine exposée par M. Stoltz fils a le mérite d'être d'une grande simplicité ; elle n'a ni robinets, ni tiroirs, ni plaques tournantes. La distribution de vapeur se fait par l'oscillation de l'axe et peut marcher avec ou sans détente.

Dans la machine oscillante de M. Kientzy, le tiroir est horizontal, la distribution de vapeur se fait par un arc de cercle, et il y a une détente variable jusqu'au huitième par le chauffeur sans interruption de travail.

La machine oscillante de M. Hermann présente des dispositions harmonieuses et une belle simplicité. Nous parlerons longuement de M. Hermann à l'article des machines-outils.

Le mécanisme de celle de M. Tamizier est également très-simplifié, en ce qu'au lieu de deux, trois ou quatre tiroirs superposés, il n'en emploie qu'un seul, muni d'un excentrique à corne qui permet de varier l'entrée de la vapeur dans le cylindre et de l'introduire à 1/4, 1/3, 1/2, 2/3, 3/4 de la course du piston, et par conséquent d'utiliser la force expansive de la vapeur.

M. Mariotte a produit une machine à vapeur à haute et basse pression, construite dans ses ateliers, d'après les plans de M. Cart aîné. Elle se distingue par sa simplicité et le peu d'embarras qu'occasionne son emplacement.

M. Frey a exposé une machine très-simple de construction et pouvant tenir dans un espace de quatre mètres carrés. Nous en donnons la gravure. Cette machine est établie sur le système

oscillant, le point fixe étant situé à sa partie inférieure. L'arbre à manivelle est porté sur un bâtis à colonnes en fonte tournées, et, par son élévation, évite toute complication pour la transmission de la force motrice.

Légende

A Came fixe sur l'arbre moteur, ouvrant et fermant la soupape d'entrée de vapeur B, suivant les différents points de la course du piston.
B Galet mis en mouvement par le régulateur à force concentrifuge et parcourant la longueur de la came A, suivant les variations de vitesse.
C C' Leviers de commande du galet B.
D Point d'appui de l'équerre qui supporte le galet B.
D' Équerre en fonte manœuvrant la soupape B.

M. Frey emploie un mode de détente variable inventée pa lui : une came, fixée sur l'arbre moteur A, fait ouvrir et fermer une soupape d'entrée de vapeur située en B. La commande est donnée au moyen d'un galet en acier, monté lui-même sur une équerre en fonte, dont le bras opposé porte la tringle de la soupape d'entrée. Lorsque les boules du modérateur s'ouvrent par la force centrifuge, le galet marchant sur une partie extérieure à la came qui est très-courte, la vapeur se trouve interceptée plus tôt sur le piston. Dans le cas contraire, les boules venant à se rapprocher, c'est-à-dire, la machine perdant sa vitesse de régime, le galet se trouve porté sur une partie extérieure à la came beaucoup plus longue, et l'introduction de la vapeur dans le cylindre moteur est plus considérable. On doit observer que le galet fait deux mouvements, celui de translation dans le sens horizontal, et celui de va-et-vient pour l'entrée et la fermeture de la vapeur.

M. Frey livre annuellement à l'industrie de 25 à 30 machines dans ce système. Il annonce une consommation moyenne de 4 kilogrammes de houille par heure et par force de cheval.

La petite machine de 3 chevaux de M. Carillion mérite une mention à part. Elle est composée de deux cylindres moteurs, donnant le mouvement à deux manivelles perpendiculaires, comme dans les machines de bateaux. Chaque cylindre est muni d'une distribution et d'une détente cylindriques. Le volant porte une poulie sur laquelle doit être placée une courroie afin de communiquer son mouvement, et ce volant n'a que la puissance d'un cheval et demi, à cause de la position perpendiculaire des manivelles, puisqu'avec cette disposition il n'y a pas de points morts, et qu'alors, pour régulariser le mouvement, il faut en effet un volant moins lourd. M. Carillion a mis deux cylindres, parce que dans les machines à détente, la pression sur le piston étant plus considérable au commencement de la course qu'à la fin, il y a un ralentissement progressif, et cet inconvénient est nécessairement moins grand avec deux pistons sur des manivelles perpendiculaires, surtout lorsque la vapeur est admise pendant presque la moitié de la course, comme cela a lieu dans la petite machine dont il est question. D'un autre côté, il est vrai, ce mécanisme est plus compliqué.

On remarque que la pompe alimentaire adaptée à cette machine est très-forte ; c'est qu'elle ne doit pas alimenter cette machine seulement. En effet, la machine de M. Carillion, destinée à la fabrique d'appareils mécaniques, est construite pour correspondre à d'autres machines qui mettent en mouvement les divers mécanismes de l'usine. On sait que la force motrice, difficile à transmettre par arbre de couches, peut se transporter à de très-grandes distances et avec facilité, à l'état de vapeur dans des tuyaux. M. Carillion suppose donc, si l'on a besoin de 30 chevaux dans un établissement, qu'on emploie une chaudière de 30 chevaux; un tuyau serait placé sur cette chaudière, et s'élèverait jusqu'à l'étage supérieur, et à chaque étage on placerait une ou plusieurs machines; la machine exposée est celle qui doit être placée le plus près de la chaudière.

Nous parlerons plus loin de cette disposition, adoptée avec avantage dans les ateliers de construction, consistant à établir des machines séparées pour chaque outil et de les alimenter par une source commune de vapeur.

La machine exposée par M. Legendre présente un système nouveau; au lieu de faire osciller le cylindre, c'est la tige qu'il fait osciller sur le piston. C'est une disposition d'une grande simplicité.

En 1836, Francis Humphry et Hall firent l'application d'un nouveau système de transmission de mouvement à la manivelle qu'ils appliquèrent sur le paquebot le *Dartford*. La tige du piston oscillait librement dans un gros tube ouvert à sa partie supérieure. Mais comme ce tube faisait corps avec le piston, il en occupait en grande partie la face supérieure, et il en résultait une inégalité de pression sur les deux faces, ce qui occasionnait des irrégularités de mouvement qui firent abandonner ce système.

Pendant que ces essais se faisaient en Angleterre à l'insu de M. Legendre, celui-ci s'occupait de transformer une simple pompe alimentaire en machine à vapeur *à tige oscillante sans bielle ni guides*, transformant directement le mouvement rectiligne en mouvement rotatif, par la tige seulement. C'était en quelque sorte réduire la machine à vapeur à sa plus simple expression.

Voici en quoi consiste ce nouveau mécanisme.

La tige du piston est articulée d'un bout à la manivelle, de l'autre au centre du piston, ce qui lui permet de faire l'office de bielle, et de transmettre directement l'action que reçoit le piston au bouton de la manivelle. Le couvercle du cylindre est ouvert pour permettre à la tige d'osciller librement autour de la manivelle. Mais cette ouverture se trouve sans cesse bouchée par la tige elle-même qui entraîne un tiroir transversal fixé dans l'épaisseur du couvercle.

Pour qu'il n'y ait pas de raideur dans le mouvement du tiroir par l'action que lui imprime la tige, le stuffinbox est à rotule et se prête lui-même à l'inclinaison que prend la tige; et pour que son mouvement d'inclinaison se fasse toujours dans le même sens, deux petits axes en acier, fixés dans le tiroir même, et qui pénètrent de quelques centimètres dans la rotule, ne lui permettent de se mouvoir que dans le sens convenable.

La rotule est munie d'un presse-étoupe pour empêcher la vapeur de fuir par suite d'usure.

D'après ce qu'on nous rapporte, diverses expériences sur la première des machines construites l'année dernière dans ce système ont prouvé qu'il ne s'échappe pas un seul atome de vapeur par le tiroir transversal ni par le presse-étoupe de la rotule, quoiqu'on ait marché à toutes les tensions de un à cinq atmosphères. Quand on produit le vide sous le piston, la pression de la vapeur contre le tiroir suffit pour le faire joindre au couvercle. Quand on produit le vide sur le piston, l'adhérence des étoupes du stuffinbox contre la tige tient le tiroir dans un contact parfait avec le dessous du couvercle.

La machine exposée a été construite dans les ateliers de M. Averly à Lyon.

Légende. — Coupe, fig. 1re et 2e.

A représente la tige du piston.
B Le stuffinbox à rotule garni de son presse-étoupe F'.
C Tiroir transversal glissant sous le couvercle appuyé sur une coulisse ou double-fond I et I'.
C C' Petite plaque de bronze recouvrant l'ouverture du couvercle pour empêcher la poussière de tomber sur le couvercle.
H H' Coupe du piston avec ses garnitures métalliques
J Boîte de distribution.
L Tiroir de distribution.

Toutes les autres pièces sont assez intelligibles et n'exigent qu'un coup d'œil pour être saisies.

Cette machine est de la force de dix à douze chevaux; sa légèreté et le peu de place qu'elle occupe la rendent applicable pour les bateaux à vapeur aussi bien que pour tous les autres usages manufacturiers.

M. Legendre a pris un brevet, le 3 janvier 1842, pour ce système; mais ayant apporté différents changements importants, il les fit breveter le 23 janvier 1844, laissant tomber son premier privilège dans le domaine public. Son principe vient d'être appliqué dans les ateliers de la Ciotat sur un bateau à vapeur de la force de deux cent vingt chevaux, construit pour le roi de Naples. M. Parkin en Amérique, et M. John Harvey en Angleterre, viennent aussi de prendre des patentes pour appliquer exclusivement ce nouveau genre de machines.

M. E. Bourdon a aussi exposé une machine à vapeur à haute pression et à détente, d'une disposition fort simple, et qui nous a paru réunir les conditions d'élégance, de solidité et de bonne exécution qui font généralement rechercher les machines de ce constructeur.

Cette machine est à cylindre fixe.

La tige du piston est maintenue dans la direction verticale au moyen d'un parallélogramme, composé de trois pièces seulement, qui remplace avec avantage les galets ou les glissières habituellement employées dans les machines de forme analogue.

L'arbre moteur se trouvant placé à hauteur convenable pour être lié directement à l'arbre de couche, on évite par cette disposition la perte de force qui résulte toujours de l'emploi des engrenages et des courroies, et on réduit notablement les frais d'installation du moteur.

Le tiroir est mû par une excentrique à courbes, combinées de telle façon que l'on peut faire varier la détente suivant la quantité de force dont on a besoin, et réduire ainsi la dépense de combustible proportionnellement à la puissance développée par la machine.

La détente et la distribution s'opérant à l'aide d'un seul tiroir, la machine est réduite à une très-grande simplicité dans tous ses organes.

Ces avantages seront particulièrement appréciés des manufacturiers qui, dans certaines localités éloignées des villes de fabrique, sont souvent obligés de confier la réparation de leurs machines à vapeur à des ouvriers étrangers à ce genre de construction.

M. Coursier a exposé une petite machine locomobile dans laquelle la machine est placée sur la chaudière.

L'emploi des machines à vapeur présente en ce moment un fait assez remarquable. Il semblait autrefois constant que dans les ateliers où la vapeur sert de moteur, il fallait concentrer toute la force sur un seul point, c'est-à-dire en une seule machine, qui, par des transmissions de mouvements, la distribuait à toutes les parties du service. Lorsque M. Gingembre organisa les ateliers d'Indret, il procéda d'après un autre point de vue; il fallait, disait-il, créer autant de machines que de groupes d'outils, afin d'avoir plus d'indépendance dans ses distributions, et de ne pas être exposé à faire mouvoir une machine d'une force considérable pour un effort de peu d'importance. Cette manière d'opérer de M. Gingembre fut vivement critiquée; il semblait illogique de diviser ainsi la force en multipliant outre mesure les organes mécaniques et les frottements, en augmentant le nombre des feux et des chaudières, ce qui augmentait les déperditions de calorique, de vapeur et de main-d'œuvre. Ces reproches pouvaient être fondés à cette époque, ils ne le sont plus aujourd'hui. On est arrivé, en effet, à faire parcourir à la vapeur des espaces considérables sans la refroidir sensiblement. Il y a plus, on a transmis à des distances non moins grandes l'action du vide, et l'on a reconnu qu'à l'aide de précautions faciles, on arrivait à transmettre ainsi la force d'une manière plus simple et d'un entretien plus économique que par des arbres et des engrenages. Ce grand principe d'une génération de vapeur unique ainsi que d'un seul appareil pour la production du vide, afin d'arriver à une transmission facile de leur action à de grandes distances, a tranché la question et amené le fractionnement des forces.

Dès lors, chaque outil important, chaque groupe d'outils est pourvu de son moteur, et la simple ouverture d'un robinet est substituée aux embrayages sur des arbres de transmission. Un exemple récent prouvera les avantages de cette méthode.

Tous ceux qui ont visité des forges à laminoir, dites forges anglaises, ont pu être frappés des énormes proportions des communications de mouvement. Ces engrenages multipliés sont destinés à transformer la vitesse unique de la machine dans les vitesses très-diverses qu'exigent les divers trains de laminoir; de là leur complication. Quant à leurs dimensions, elles résultent des variations de la résistance, résistance qui, se trouvant en rapport avec la totalité des forces dont l'usine dispose, ne peut arrêter le moteur, et se trouve quelquefois assez forte pour déterminer la rupture de pièces énormes. Les chocs qui résultent des réactions complexes, produisent ainsi des ruptures souvent inexplicables, ruptures qui ont toujours pour résultat des chômages forcés très-préjudiciables. Aussi doit-on regarder comme une grande amélioration l'idée de M. Thomas, de faire mouvoir chaque train du laminoir par une machine spéciale dont la vitesse peut être portée à celle des locomotives, c'est-à-dire à soixante coups de piston par minute et au delà. L'économie mécanique d'une forge subit ainsi une transformation complète. Un assemblage de chaudières sert à produire la vapeur pour toutes les machines motrices, et une de ces machines peut alimenter et entretenir le vide dans un vaste condenseur mis en communication avec toutes, de telle sorte que chacune est réduite aux organes les plus simples.

À ce système se lient encore divers perfectionnements dans la production de la vapeur. Ainsi, pour obtenir une tension aussi uniforme et aussi énergique que possible, malgré la complication des conduites, et pour éviter en même temps la condensation d'une partie notable de cette vapeur pendant son trajet, on la surchauffe, en la faisant passer à sa sortie des chaudières dans des tuyaux chauffés par un foyer spécial ou par les derniers carneaux des générateurs. On obtient ainsi ce que l'on appelle de la vapeur rouge, dont les effets mécaniques sont d'autant plus avantageux qu'on diminue la condensation qui a toujours lieu dans les conduits et soupapes de distribution, ainsi que dans le cylindre moteur.

Ces applications directes d'un cylindre moteur à un travail déterminé ont donné naissance à deux machines très-remarquables exposées par MM. Schneider, du Creuzot. La première est une machine à river les chaudières, et la seconde un marteau pour les grosses pièces de forge. Nous y reviendrons en traitant des machines-outils.

La fabrique des machines à vapeur est maintenant une industrie toute française. En 1818 il y avait en France environ 180 ou 200 machines à vapeur, sur lesquelles 50 à peine étaient françaises. Douze ans après cette époque, en 1830, il y en avait 572 dont 106 seulement étrangères. En 1841, il y en avait 2,807 dont 253 étrangères. De ces dernières il faut déduire 77 machines locomotives. De sorte que la proportion actuelle des machines étrangères aux machines françaises est actuellement de 1 à 11 ou 12. En 1841, sur 251 machines, d'une force de plus de 3,000 chevaux, qui avaient été établies dans le cours de l'année, il n'y en avait que 10, d'une force de 737 chevaux, importées de l'étranger.

APPAREILS DE NAVIGATION. — BATEAUX A VAPEUR.

Pascal admirait les rivières, ces chemins qui marchent et qui portent où l'on veut aller.

Les rivières n'ont pas cependant tous les avantages que leur attribuait l'illustre et savant écrivain; si elles marchent, ce n'est pas régulièrement : tantôt elles se précipitent d'une manière torrentielle; tantôt, par le manque d'eau, elles se refusent à toute navigation ; et puis, par cela seul qu'elles marchent dans un sens, elles offrent une résistance d'autant plus grande quand on veut les parcourir dans l'autre sens.

Aussi, loin de se servir de ces chemins qui marchent, les ingénieurs ont presque toujours eu pour but, dans leurs constructions, de les empêcher de marcher.

L'ingénieur Brindley, qui partagea avec le duc de Bridgewater l'honneur de donner l'impulsion à la canalisation de l'Angleterre, poussa l'hyperbole jusqu'à dire que Dieu n'avait fait les rivières que pour alimenter les canaux.

Cette opinion avait même prévalu jusque dans ces derniers temps, et pour assurer la navigation dans la direction d'un fleuve on admettait en général qu'il n'y avait rien de mieux à faire que de creuser un canal qui le suivît latéralement.

De là le canal latéral à la Loire, de Roanne à Briare, le canal latéral qui s'exécute le long de la Garonne, et tous les projets de canaux latéraux qui avaient été faits pour la Loire de Briare à son embouchure, pour la Seine et pour le Rhône.

Aujourd'hui on est un peu revenu de cette méthode qui dédaigne les créations de la nature, et qui veut tout refaire, tout remodeler. On pense qu'au lieu de créer à grands frais une sorte de fleuve artificiel à côté de chaque fleuve naturel, il serait plus sage, plus économique de rechercher quelles sont les conditions essentielles des fleuves les plus commodes, et des parties toujours nombreuses sur chaque fleuve, dont le régime est tolérable, afin d'essayer de reproduire ces conditions dans les endroits où leur absence se fait sentir.

L'établissement des canaux latéraux est une dernière ressource, une *ultima ratio* pour les cas où l'on désespère des cours d'eau naturels.

L'opinion en faveur des travaux en lit de rivières a surtout pris du crédit depuis que la navigation à vapeur s'est installée sur nos fleuves. Maintenant, grâce au bateau à vapeur, les rivières défient toutes les routes de terre macadamisées ou pavées, et c'est à peine si elles baissent pavillon devant les chemins de fer. Or, jusqu'à présent, la navigation à vapeur n'a pu être installée sur les canaux.

Il y a d'ailleurs beaucoup d'autres raisons décisives pour donner la préférence aux travaux de rivières toutes les fois que ces travaux sont possibles.

Une opération fort simple et quelquefois suffisante pour rendre une rivière navigable, c'est de la déblayer des obstacles qui l'embarrassent, d'en creuser le lit et d'y pratiquer des passes pour les bateaux. M. Borrel, ingénieur des Ponts-et-Chaussées, a exposé une machine qu'il a employée pour cet objet dans la Garonne. L'appareil ne coûte que 1,100 fr., il se manœuvre très-facilement, et M. Borrel déclare qu'avec ce moyen chaque mètre cube enlevé ne lui est revenu qu'à 27 c. Ce qu'il y a de certain, c'est que M. Borrel est parvenu à changer totalement la navigation de la Garonne depuis quelques années, et qu'on en est aujourd'hui à regretter d'avoir sacrifié des sommes considérables à l'établissement d'un canal latéral, qui deviendra inutile sur une bonne partie de son parcours.

Mais ce moyen n'est pas toujours praticable et ne suffit pas toujours pour assurer un tirant d'eau suffisant à la navigation. Il faut alors recourir aux barrages. L'effet des barrages est très-facile à saisir ; on comprend, par exemple, que si l'on établissait en face d'Auteuil, en travers de la Seine, un barrage continu, haut de deux mètres au-dessus du niveau de la rivière, l'eau ne commencerait à se déverser par-dessus la crête de ce barrage qu'après avoir monté de deux mètres, et que cet exhaussement se ferait sentir jusque dans Paris. Un barrage semblable exécuté entre le Pont-des-Arts et le Pont-Neuf élèverait le niveau de la rivière jusqu'à Bercy, et ainsi de suite. En espaçant ces constructions d'une manière convenable, on aurait sur la rivière une série de nappes liquides échelonnées où des bateaux d'un bon tirant d'eau pourraient naviguer en temps de sécheresse. Le passage d'une nappe à l'autre se ferait simplement par l'intermédiaire d'écluses à sas.

Tels sont les premiers barrages qu'on a commencé à construire. Mais ces barrages ont un inconvénient. En surélevant les eaux, ils causent, dans le moment des crues, des débordements qui ravagent les campagnes riveraines. Pour remédier à cet inconvénient, on a été conduit à l'idée d'établir, non plus des barrages fixes, mais des barrages mobiles, susceptibles d'être facilement enlevés, de façon qu'on puisse s'en servir dans les temps des basses eaux, et les faire disparaître au moment des crues.

Nous connaissons trois systèmes de barrage mobile, l'un dû à M. Poirée, et qui lui a valu une récompense à l'Exposition de 1839 ; l'autre, exposé cette année par M. Thénard ; le troisième, inventé par M. Fourneyron.

Le barrage de M. Poirée se compose de fermettes ou de cadres en fer, qu'un homme peut soutenir, et qui sont fixées par une charnière sur un radier en maçonnerie qu'on a préalablement établi au fond de la rivière. Les fermettes étant, par exemple, couchées au fond de la rivière sur le radier, on les redresse avec un crochet ; elles se tiennent alors dans une position verticale et parallèle au fil de l'eau. Pour qu'elles restent ainsi debout, il suffit de les relier les unes aux autres par des barres de fer de forme convenable qui sont préparées d'avance et qui font partie intégrante du barrage. On les recouvre d'un revêtement en petites planches ou aiguilles qu'un homme peut placer sans efforts. En peu d'heures quatre hommes organisent le barrage tout entier. Il leur faut moins de temps encore pour le faire disparaître en enlevant les aiguilles et en abaissant les fermettes. On peut d'ailleurs l'installer seulement à moitié, ou aux trois quarts, plus ou moins, selon que l'on veut modifier peu ou beaucoup le régime de la rivière. Ce barrage a été établi en plusieurs endroits sur l'Yonne, et sur la Seine à Marly.

Voici maintenant en quoi consiste le système qui a été exposé par M. Thénard, et sur lequel M. Arago a fait un rapport très-favorable à l'Académie des Sciences.

Concevons que la Seine soit barrée d'une rive à l'autre à l'aide d'une porte en bois verticale de 2 mètres de haut, liée par des charnières en métal à des longrines placées les unes à la suite des autres au fond de la rivière. Les longrines seront fixées au radier en maçonnerie dont il faut supposer que le fond de la rivière est recouvert. La porte, d'après la disposition des charnières, ne peut s'abattre que d'amont en aval. Pour la maintenir verticale contre le choc de l'eau, il faudra la soutenir vers l'aval par des arcs-boutants prenant leur point d'appui sur le radier. On se fera une idée suffisante de ce que peuvent être ces arcs-boutants en se rappelant le petit mécanisme dont les ébénistes font usage pour soutenir certains miroirs de toilette et certains pupitres sous des inclinaisons variées.

Veut-on que le barrage disparaisse ? il suffira de soulever un peu les jambes de force, d'ôter leurs extrémités inférieures des entailles au fond desquelles elles arc-boutaient. La pression du liquide fera tourner la porte d'amont en aval et la couchera sur le radier.

Rien de plus simple, ce semble ; mais les difficultés apparaissent quand on songe à l'obligation d'aller soulever une à une toutes les jambes de force, et surtout de redresser la porte en surmontant par les efforts d'un seul homme la poussée de toute la rivière sur cette immense palette.

Supposons maintenant que la porte tourne en sens contraire, les difficultés de manœuvres seront l'inverse de celles que nous venons d'indiquer. La porte se relèverait d'elle-même, et une fois amenée à la position verticale, elle s'y maintiendrait sous l'impulsion de l'eau. C'est pour la rabattre contre l'action du courant qu'il faudrait employer l'effort.

M. Thénard a tiré ingénieusement parti de ces propriétés inverses en accouplant les deux systèmes : c'est en plaçant sur deux lignes parallèles, à quelques centimètres de distance, les portes susceptibles de se rabattre en aval et les portes susceptibles de se rabattre en amont, qu'il a vaincu les difficultés inhérentes à chacun de ces systèmes pris isolément.

Le barrage est entièrement effacé ; l'éclusier, à l'arrivée d'une crue, a couché toutes les portes. La crue passée, il faut relever les portes d'aval, celles qui, pendant la sécheresse, doivent exhausser le niveau de la rivière.

Écartons le mécanisme qui fixe les portes d'amont au radier. Le courant les soulève et les amène à la position verticale, position qu'elles ne peuvent pas dépasser. Quand cette première série de portes barre entièrement la rivière, les portes d'aval peuvent être soulevées une à une sans des tractions trop considérables, car de ce côté et à ce moment le courant est supprimé. Le gardien, armé d'une gaffe, exécute cette seconde opération, en se transportant le long d'un pont de service qui couronne les sommités des portes d'amont.

Ceci fait, le moment est venu d'abattre les portes d'amont, qui ne devaient servir qu'à rendre la manœuvre des portes d'aval exécutable. Le gardien introduit l'eau par des ventalles entre les deux séries de portes. Elle s'y trouve bientôt aussi élevée qu'en amont. Or, dans le liquide devenu à peu près stagnant, il suffit d'un effort médiocre pour faire tourner les portes d'amont autour de leurs charnières horizontales.

Chaque arc-boutant est monté à charnière sur la porte; il peut ainsi être soulevé en recevant un petit mouvement giratoire latéral. Ce mouvement latéral, l'éclusier le donne à l'aide d'une sorte de crémaillère en fer, glissant sur le radier en amont des pieds des arcs-boutants, et pouvant être manœuvrée du rivage. Les dents sont espacées de telle sorte qu'elles ne dévient des extrémités des jambes que les unes après les autres. Les portes s'abattent donc successivement.

Chaque porte d'amont est retenue au fond de l'eau, à l'aide d'un loquet à ressort fixé à sa partie inférieure, et s'accrochant à un mentonnet en fer attaché à une des longrines du radier. Le *déloquetage* de ces portes s'effectue avec une barre de fer glissante, armée de dents et manœuvrée du rivage. Chaque porte, soulevée à son tour par le courant, va prendre la position verticale.

Tel est le système de M. Thénard, qui d'ailleurs fonctionne aujourd'hui régulièrement sur la rivière de l'Isle dans les départements de la Dordogne et de la Gironde.

M. Fourneyron a imaginé un autre système de barrage qui est applicable aux arches de pont. L'auteur ne l'a pas exposé; mais il en a été également rendu un compte très-favorable à l'Académie des Sciences, et il nous a paru utile de le faire connaître ici afin de montrer où en est la question des barrages.

Supposons qu'on veuille barrer la Seine au Pont-Neuf dans le double but de faciliter la navigation en amont et de créer une chute qu'on utiliserait pour distribuer de l'eau dans Paris. C'est en effet le projet qui a été mis en avant par M. Arago. Comment exécuter ce barrage? Comment établir un système facile à manœuvrer sous ces grandes arches et contre un volume d'eau si considérable, surtout après les pluies? C'était là la question posée par le conseil municipal à M. Fourneyron. L'habile ingénieur l'a résolue d'une manière aussi heureuse qu'imprévue. C'est l'eau elle-même qui se formera ici et qui s'ouvrira son propre passage, à la volonté d'un seul homme, qui n'a guère plus de force à dépenser que pour tourner le robinet d'une borne-fontaine.

Essayons de faire comprendre le procédé ; en s'engageant sous l'arche, le liquide se ramasse, se gonfle, et forme ensuite une véritable chute. C'est de cette disposition que M. Fourneyron a tiré parti. Supposez comme une grande porte cochère placée vers la fin de ce courant incliné, qu'elle intercepte avec ses deux battants, susceptibles de s'ouvrir en aval en s'appliquant chacun contre la pile correspondante.

Voici le mécanisme qui les tient fermés : dans toute la hauteur du leur bord libre, ils s'articulent avec une cloison verticale composée de deux pièces articulées elles-mêmes entre elles, et dont l'autre extrémité dirigée vers l'aval se rend obliquement à la pile et s'y fixe par une troisième articulation. En sorte qu'il y a derrière chaque battant ainsi fermé un prisme creux, triangulaire, vertical, dont le côté d'amont est constitué par le battant lui-même, celui d'aval par la cloison, et le latéral par la pile. Si ce prisme était vide, ou si seulement l'eau n'y était qu'au même niveau qu'en amont des battants, ils céderaient au courant et s'ouvriraient en repliant la cloison contre le mur; mais un canal pratiqué dans la pile prend l'eau à l'entrée de l'arche, au-dessus de la porte, et l'amène dans le prisme, où elle s'élève plus haut qu'en avant du battant. La porte est ainsi maintenue fermée par la différence de pression qui résulte de celle du niveau.

Veut-on ouvrir le barrage? il suffit d'obturer l'orifice du canal latéral qui conduit l'eau dans le prisme, et de déboucher une ouverture d'écoulement pratiquée dans la paroi articulée : l'inégalité du niveau s'efface, et la force du courant ouvre la porte.

Le jeu de ce système est d'une remarquable facilité; un petit mécanisme à manivelle, en faisant mouvoir deux vannes en sens inverse, ouvre ou ferme tour à tour l'orifice d'admission du prisme, en même temps qu'il ferme ou qu'il ouvre l'orifice d'émission. Nous avons vu la porte fermée : nous l'avons vue s'ouvrir. Voici comme elle se ferme : un petit mouvement de droite à gauche (ce serait de gauche à droite pour l'ouvrir) de la manivelle qui gouverne les vannes permet l'entrée de l'eau dans le prisme, et empêche la sortie; à mesure que le niveau y dépasse celui du dehors, la partie mobile du prisme, c'est-à-dire le battant et la cloison articulée, obéissant à cette pression excentrique, se développe vers le ventre du courant et applique les deux battants l'un contre l'autre.

Avec ce procédé qui oppose ainsi l'eau à elle-même, un seul homme saura ouvrir et fermer, presque aussi aisément que la porte de sa maison, un barrage qui, dans les conditions ordinaires, aurait souvent exigé la force de 200 chevaux. En lui donnant seulement une hauteur de six mètres, les courants d'amont s'effaceront, et la Seine n'offrira plus qu'une eau tranquille, presque stagnante, comme celle d'un lac, sur laquelle les bateaux de toute espèce monteront avec leur charge jusqu'à Bercy.

Outre ce service rendu à la navigation, l'invention de M. Fourneyron en promet encore un autre qui n'est pas moins important. On utilisera la chute qui se fera du haut du barrage à l'action de turbines destinées à distribuer l'eau filtrée dans tout Paris, avec une force de deux mille chevaux, qui, suivant l'expression de M. Arago, ne coûteront rien à nourrir et ne seront jamais malades.

Ce n'est pas là un simple projet théorique qui ait encore à redouter les chances de l'application; non-seulement M. Fourneyron a présenté un modèle de son barrage à l'Académie, mais il l'a déjà exécuté en grand à une usine de Gisors, où les juges les plus compétents, MM. Arago, Ch. Dupin et Poncelet, l'ont vu fonctionner avec une admirable précision. L'auteur a soumis au calcul tous les éléments de son appareil, et a donné les formules analytiques qui permettent de le reproduire.

Il y a des cas où les canaux seront toujours nécessaires pour établir des communications navigables, c'est lorsqu'on veut passer d'un bassin à un autre. On pratique alors ce qu'on appelle des canaux à point de partage. Un réservoir supérieur fournit les eaux qu'on fait descendre sur chacun des deux bassins au moyen d'écluses.

Mais l'établissement de ces canaux n'est pas toujours possible ni facile. Ainsi l'application des écluses cesse d'être utile quand la pente devient assez forte pour que les retards résultant de leur nombre et de leur rapprochement enlèvent à la navigation ses avantages sur les voies ordinaires de terre. On peut alors employer un système de plan incliné.

M. Montet, ingénieur en chef des Ponts-et-Chaussées, a exposé le modèle d'un plan incliné qui, substitué aux écluses sur les canaux, permettrait de gravir des pentes rapides et de franchir des faîtes élevés avec promptitude et économie.

De nombreux essais ont été faits en France, en Angleterre et tout récemment aux États-Unis pour substituer les plans inclinés aux écluses, dans le but d'une triple économie de temps, d'argent et d'eau.

Les plans inclinés américains ont seuls résisté à une épreuve durable, les autres essais n'existent déjà plus. M. Michel Chevalier, dans son grand ouvrage sur les voies de communication aux États-Unis, donne une description précise et détaillée du système américain; voici en quoi il consiste :

Un plan incliné portant une double voie de chemin de fer est établi entre les deux têtes des biefs à mettre en communication. Deux chariots à mouvement dépendant et alternatif sont posés chacun sur une des voies, ils sont attachés aux extrémités d'un même câble de va-et-vient qui passe sur une roue de renvoi établie sous la tête du bief supérieur.

Les chariots sont disposés sous la forme de berceaux destinés à recevoir les bateaux échoués.

Deux écluses à sas placées côte à côte forment à la fois la tête du bief supérieur et celle du plan incliné; elles correspondent chacune à une des voies de fer qui se prolongent dans l'intérieur et sur le radier des sas, de manière que les écluses, selon qu'elles communiquent avec le bief supérieur ou avec le plan incliné, c'est-à-dire selon qu'elles sont ou pleines ou vides, peuvent recevoir les bateaux flottant sur les eaux du canal ou échoués sur les chariots du plan incliné.

Avec cette disposition l'échouage des bateaux sur les chariots ou leur remise à flot se fait avec la plus grande facilité : il suffit de vider ou de remplir les écluses.

A l'aval, la manœuvre est plus simple encore : les chariots descendant sur le plan incliné s'enfoncent au-dessous du plafond du canal, de sorte que les bateaux à la descente se soulèvent dès qu'ils trouvent au-dessus des chariots assez d'eau pour leur flottaison, et à la remonte, étant entraînés par le câble remorqueur avec les chariots, ils s'y échouent dès que l'eau vient à leur manquer.

Une roue à augets alimentée par les eaux du bief supérieur complète le système en lui donnant le mouvement; son action s'exerce à l'aide d'engrenages sur la roue de renvoi sur laquelle passe le câble qui relie les deux chariots.

Les plans inclinés américains fonctionnent sur le canal Morris depuis plus de dix ans sans interruption; l'expérience en est faite, leur succès est assuré. Toutefois les ingénieurs appelés à ouvrir de nouveaux canaux dans les États de l'Union n'ont pas cru devoir les adopter, et ils sont revenus aux écluses ordinaires, même alors qu'ils avaient, comme sur le canal Morris, de fortes pentes à racheter; parce que, tout en reconnaissant que les plans inclinés dans cette condition remplissaient parfaitement leur but, ils pensèrent qu'ils n'étaient pas susceptibles d'être employés à des bateaux d'un fort tonnage.

Tel était l'état de la question des plans inclinés appliqués aux canaux lorsque M. Montet fut chargé par M. Legrand, sous-secrétaire d'État des Travaux publics, de l'étude d'une vaste disposition d'eau, dont M. Legrand avait conçu la pensée en visitant, en 1838, les départements pyrénéens [1], et dans laquelle la hauteur des points culminants parut trop considé-

rable pour qu'il fût possible d'y arriver à l'aide des écluses ordinaires.

Comme les Américains, M. Montet emploie l'eau pour moteur des chariots; mais au lieu de la recevoir sur une roue à augets, dont le diamètre, toujours borné et bien inférieur à la chute totale à franchir, ne permet d'utiliser qu'une faible portion de la force de l'eau dépensée, M. Montet la fait glisser le long du plan incliné sur le chariot descendant, de manière à ne rien perdre de sa puissance et à pouvoir l'augmenter selon les besoins, à volonté, et pour ainsi dire sans limites.

Un autre changement plus notable encore apporté au système américain consiste à substituer au berceau sur lequel les bateaux viennent s'échouer une caisse en sas mobile toujours remplie d'eau, dans laquelle les bateaux sont reçus à flot, sans sortir par conséquent de l'élément pour lequel ils sont construits, et sans avoir à supporter ces épreuves et les causes de destruction qu'entraîne l'échouage.

Ces modifications au système américain ont exigé un mécanisme et des dispositions qui diffèrent essentiellement de celles adoptées sur le canal Morris; elles font du travail de M. Montet une étude toute nouvelle et d'autant plus complète que son auteur a voulu que le modèle qu'il a présenté à l'Exposition fonctionnât comme s'il était dans sa grandeur naturelle, c'est-à-dire avec de l'eau et sans l'emploi d'autre force que celle qu'elle lui fournit.

Voici la description de ce nouveau système.

Que l'on se représente deux biefs, l'un supérieur et l'autre inférieur, aboutissant le premier à la crête du talus, au revers qui borde une vallée, l'autre au pied de ce même talus, et terminés chacun par deux demi-écluses placées côte à côte, se correspondant de l'amont à l'aval, c'est-à-dire ayant deux à deux leur axe commun.

Le talus qui sépare les deux biefs en regard qu'il s'agit de faire communiquer est réglé suivant un plan incliné rectiligne, dont la pente supposée de dix centimètres par mètre devra être uniforme dans l'étendue d'un même plan incliné, mais pourra varier d'un plan à l'autre entre des limites que l'expérience déterminera.

Sur ce plan incliné sont établies deux voies en fer parallèles, correspondant chacune à une demi-écluse supérieure et à une demi-écluse inférieure.

Un chariot est posé sur chacune des deux voies; les deux chariots sont attachés aux extrémités d'un même câble de va-et-vient qui passe sur une roue de renvoi horizontale, établie sous les écluses supérieures; un massif de maçonnerie formant culée retient la roue de renvoi qui doit résister à l'action du câble que sollicite la masse des deux chariots.

Les chariots se composent de deux parties distinctes :

1° D'une caisse supérieure destinée à recevoir les bateaux à flot dont elle est toujours remplie ; cette caisse demeure horizontale dans toutes les positions du chariot, et les choses sont disposées pour qu'elle vienne s'appliquer contre les écluses correspondantes, lorsque le chariot a atteint l'extrémité supérieure ou inférieure de sa course ;

---

[1] L'étude dont il est ici question a pour but l'emploi en temps utile des eaux des Pyrénées centrales superflues aux besoins des rives qu'elles arrosent. Ces eaux surabondantes, qui non-seulement s'écoulent perdues pour tous, mais qui le plus souvent, sortant de leur lit, portent le ravage et le trouble sur les terres qu'en un autre temps elles pourront si puissamment fertiliser, seront retenues dans de nombreux et vastes bassins dont la nature, toujours prévoyante, a déjà fait les principaux frais. Amenées de là sur un plateau posé aux pieds des montagnes, entre la Garonne et l'Adour, ces eaux pourront être répandues et distribuées à volonté, selon les besoins de la navigation, de l'irrigation et des usines, triple but du projet, sur l'immense contrée qui, entre les deux fleuves, s'étend des Pyrénées jusqu'à la mer.

2° D'une caisse inférieure qui doit donner le mouvement au système des deux chariots, par le poids de l'eau dont elle est remplie, alors seulement qu'elle descend ; elle est vide quand elle remonte.

Cette seconde caisse se remplit lorsque le sas au-dessous duquel elle est placée est en communication avec le bief supérieur, et elle se vide quand le chariot est arrivé au bas de sa course, par un aqueduc qui va se décharger dans le cours d'eau qui suit le fond de la vallée.

La communication entre les sas et les biefs s'établit en ouvrant les portes qui ferment les écluses, et en levant à l'aide de grues et de cabestans, les vannes qui ferment les sas.

Tel est, avec des détails ingénieux qui rendent la manœuvre simple et facile, mais dans lesquels nous n'entrerons point ici, le système des plans inclinés proposés par M. Montet.

Les contrées auxquelles les plans inclinés pourraient s'appliquer, qui s'élèvent assez rapidement pour que la pente n'en puisse être rachetée par des écluses ordinaires, comprennent une grande partie de la France, et, on peut le dire, la partie la plus intéressante, si on la considère sous le rapport des progrès et des richesses que la main protectrice du gouvernement peut y développer. Ces contrées élevées, d'un abord difficile, sont demeurées comme isolées au milieu du progrès général; la civilisation a marché autour d'elles, la richesse industrielle et territoriale s'est développée sans qu'elles aient pu suivre le mouvement qui depuis un demi-siècle a si puissamment augmenté toutes les ressources de la France. Traverser ces contrées que la nature a pourvues d'abondantes richesses, par des voies de communication faciles et économiques, peut être le moyen le plus sûr de faire cesser les causes qui les tiennent en arrière du progrès général. C'est à ce point de vue surtout que les plans inclinés appliqués aux canaux peuvent rendre de très-grands et de très-utiles services.

Puisque nous parlons d'écluses, nous devons signaler le modèle d'une porte d'écluse qui a été exposé par M. Thénard, que nous avons déjà cité. Cette porte, exécutée sur le canal latéral à la Garonne, est en barres de fer laminé. Elle est beaucoup moins lourde que les écluses en bois ; elle est plus légère que les écluses en fer déjà connues, et elle est d'un entretien et d'une manœuvre faciles.

Quelques mots maintenant sur les bateaux à vapeur.

La navigation à vapeur s'est d'abord établie en France sur les voies fluviales, et les machines françaises n'ont pas tardé à acquérir la supériorité dans cet emploi.

Sur la Seine, sur le Rhône, sur le Rhin, sur la Garonne et la Loire, les constructeurs anglais les plus expérimentés ont construit pour les compagnies de navigation des bateaux à vapeur dont les conditions de travail, calquées d'ailleurs sur ce qui convient à la Tamise, à la Mersey et autres rivières d'Angleterre, semblaient un gage de succès ; partout, sans exception, ces constructions ont été la cause d'énormes pertes de capitaux.

Le remorquage qui s'est organisé sur la Seine maritime est une des plus remarquables entreprises du génie français ; dès les premiers pas, l'application de puissants appareils à haute pression a résolu la question en faveur de nos ateliers. Les opérations commerciales du port du Hâvre avec l'intérieur du pays ont été simplifiées très-heureusement, par l'établissement de ces énormes chalands portant de 400 à 600 tonneaux, et que nos remorqueurs conduisent en quelques heures au port de Rouen.

Entre Rouen et Paris, et en amont de Paris, les bateaux à vapeur ont réalisé des conditions de légèreté et de vitesse qui ont triomphé des difficultés que leur offrait le fâcheux état du fleuve.

Sur le Rhône il s'accomplit depuis quelques années un fait analogue à celui qui a eu lieu sur la Seine maritime.

Les ateliers étrangers étaient en possession exclusive de la construction des bateaux à vapeur pour le transport, sur le Rhône, des voyageurs et des marchandises. Cependant ce n'était qu'à grand peine que les bateaux pouvaient remonter le fleuve avec un faible chargement. Aujourd'hui les bateaux français franchissent la distance entre Arles et Lyon en 34 heures, malgré la violence du courant, avec des chargements de 100 à 120,000 kilog. Les voyageurs remontent désormais par les bateaux, et le prix du transport des marchandises a éprouvé une baisse considérable. Le roulage a été entièrement remplacé par la navigation.

Sur le Haut Rhin, où les bateaux construits à l'étranger arrivent sans payer de droits, les bateaux français ont prouvé la supériorité de leur construction. Les parties les plus difficiles du fleuve sont restées inaccessibles aux constructeurs étrangers ; les seuls bateaux français ont pu y maintenir un service régulier et rapide.

Ainsi les travaux des ateliers français, dans cette lutte difficile, ont été tout à l'avantage du pays.

En 1840 les machines sur bateaux du commerce représentaient une force de 11,422. En 1841, de 11,856.

Les bateaux à vapeur étaient au nombre de 227, dont 82 ayant des machines étrangères, et 145 munis de machines françaises.

Les constructeurs français dont les bateaux sont indiqués dans les états de l'administration des mines, sont : MM. Cavé, 17 bateaux ; Gâche, 24 ; Schneider, 7 ; Pauwels, 7 ; Jollet, 5 ; Arnous-Rivière, 6 ; Cochot, 4 ; Thomson, 4 ; Mazeline, Benet, André Kœchlin, Nillus, Lacroix, Lawday, Atkins, Hallette Dietz, Peyruc, Rocher, Dangeau, Drouot, Alliau, Babonneau, Chaigneau, Miacourt, Verpillieux, Fal, Festugières, Raymond, etc., etc.

Mais la navigation à vapeur ne s'est pas arrêtée aux fleuves ; elle a gagné la mer, et maintenant même elle ne craint pas de traverser l'Atlantique.

On commença d'abord par demander les machines des bâtiments maritimes à l'Angleterre, qui possédait de vastes ateliers de construction : mais bientôt on s'organisa en France pour les construire, et nos mécaniciens réussirent sur mer comme ils avaient réussi sur nos fleuves.

Le bateau à vapeur qui servit longtemps de type dans la marine est représenté à l'Exposition par le modèle du bateau le *Sphinx*, que M. Philippe a reproduit dans de petites proportions.

Mais l'application de la vapeur aux voyages transatlantiques vint ouvrir un nouveau champ à nos constructeurs. Quand le gouvernement obtint des Chambres les facultés nécessaires pour établir ces gigantesques steamers, l'industrie nationale s'organisa aussitôt pour répondre à ces besoins nouveaux. La construction rapide et parfaite de ces nouveaux paquebots de 450 chevaux est un des progrès les plus remarquables qui aient été réalisés par nos ateliers.

La machine de 450 est représentée à l'Exposition par une seule pièce, qui n'en est même pas la plus grosse, à parler seulement des pièces en fer forgé. La chaudière, en effet, est grande comme une maison ; et le cylindre, qui est en fonte, est assez spacieux pour qu'un homme puisse s'y loger à l'aise ; il a six pieds de diamètre et sept de haut. L'arbre de couche, en fer forgé, sur lequel sont fixées les roues à aubes qui battent l'eau et font avancer le navire, a quarante cinq centimètres de diamètre ; il pèse 9,500 kilogrammes. Les cyclopes de Vulcain eussent reculé d'effroi si on leur eût proposé de cingler une masse pareille. La pièce qui figure à l'Exposition est l'une des bielles ou bras qui transmettent à l'arbre de couche, porteur des roues, le mouvement que le balancier lui-même a reçu de la vapeur par l'intermédiaire de la tige fixée au piston montant et descendant alternativement dans le cylindre.

Cette pièce, d'une belle exécution, sort des ateliers du Creuzot.

Les bateaux maritimes construits depuis cinq ans, et dont les appareils ont été exécutés en France, sont : 1° parmi les appareils de 450, l'*Albatros*, le *Canada*, le *Caraïbe*, le *Labrador* et l'*Orénoque*, par les ateliers du Creuzot ; 2° le *Christophe Colomb*, le *Dacien*, le *Magellan* et l'*Ulloa*, par ceux de MM. Cavé et Cie, de Paris ; 3° le *Groënland*, le *Montézuma*, le *Monge* et le *Panama*, par M. Halette, d'Arras ; 4° le *Cacique*, l'*Eldorado*, l'*Infernal* et le *Sané*, par les ateliers d'Indret. Ainsi il existe actuellement en France quatre ateliers capables d'exécuter rapidement et avec perfection ces grandes et utiles machines. Ces divers ateliers ont en outre exécuté des appareils d'une moindre force savoir : au Creuzot, l'*Archimède*, le *Cassini* et le *Pluton*, de la force de 220 chevaux ; aux ateliers de M. Cavé, le *Chaptal* et le *Titan* de 220 ; dans ceux d'Indret, le *Lavoisier* et le *Platon*, de 320 chevaux, l'*Ardent*, le *Caméléon* et l'*Élan*. de 220, plus sept appareils de 160 chevaux. Les ateliers de Stehelin et Hubert, à Bischwiller, de Mazeline, au Hâvre, de Pauwels, à Paris, de Benet, à la Ciotat, ont en outre exécuté diverses machines de la force de 220 et de 160.

On voit que la fabrication des grandes machines de navigation est établie actuellement sur de larges bases.

Ajoutons que les procès-verbaux des commissaires de la marine ont constaté que sous le rapport des dispositions générales, comme sous celui des effets obtenus, ces appareils sont égaux et même supérieurs à ceux d'Angleterre.

Une modification qu'on tente d'apporter dans la navigation maritime était représentée à l'Exposition par une hélice en bronze, envoyée par M. Nillus, du Hâvre

L'hélice, dite improprement vis d'Archimède, n'est en réalité autre chose que la vis ordinaire, celle que nous voyons employer tous les jours sous nos yeux.

L'idée d'appliquer la vis à la navigation paraît être d'origine française ; mais les Anglais s'en sont emparés. Depuis 1840, on l'expérimente en Angleterre, à bord du navire l'*Archimède*. et les commissions d'officiers et d'ingénieurs qui ont éprouvé ce navire dans toutes les circonstances de temps et de mer où il peut se trouver, ont été d'accord pour attribuer à l'hélice, considérée comme moyen de propulsion, au moins l'égalité et souvent la supériorité sur tout ce qui a été produit jusqu'ici. Elles ont été unanimes à reconnaître que, surtout pour les navires destinés à de longues navigations ou à un service de guerre, l'emploi de l'hélice présentait, dans l'installation et l'arrimage de l'appareil, des avantages décisifs. En effet, la machine n'ayant plus à faire mouvoir qu'une vis adaptée à l'arrière du bâtiment, et toujours submergée, il en résulte la faculté de conserver désormais aux navires à vapeur toutes les formes des navires à voiles. Un bâtiment à vapeur à hélice peut donc recevoir une mâture puissante et une voilure considérable qui lui permettent d'utiliser la puissance du vent pendant la partie de la traversée où il sera favorable. Nous devons dire toutefois que, dans la plupart des essais qui ont été faits, l'avantage, sous le rapport de la vitesse, n'a pas été du côté de l'hélice. Ajoutons qu'au dire de plusieurs constructeurs, la vitesse qu'on est obligé de donner à l'hélice détermine des conditions de détérioration rapide des machines et des difficultés d'entretien qui paraissent devoir en empêcher l'adoption générale.

M. Nillus a publié sur l'hélice qu'il a exposée une Note que nous nous bornons à reproduire sans discuter la question de priorité :

« Cette pièce a été faite d'après le système de celle pour laquelle j'ai pris, en 1840, un brevet d'importation et de perfectionnement ; elle a été construite dans mes ateliers, ainsi qu'une autre de même métal que j'ai envoyée à Marseille pour le bateau de l'État le *Napoléon*, auquel celle-ci est également destinée. Je suis parvenu à exécuter cette hélice sans modèle, par des moyens mécaniques et combinés de manière à conserver aux quatre ailes les proportions voulues par la marche, et à les rendre parfaitement exactes entre elles, ce qu'on ne pourrait obtenir avec un modèle qui, fût-il parfaitement exécuté, varierait toujours dans les sables et ne formerait qu'une pièce inexacte. J'en avais déjà fondu d'autres de différents systèmes pour les essais faits à bord du *Napoléon*, mais la préférence est restée à celle à quatre ailes. Je ne doute pas qu'avec les machines légères que l'on fait aujourd'hui, munies de chaudières à tubes, ce propulseur ne soit avant longtemps généralement adopté pour la marine marchande, surtout si, comme il y a tout lieu de l'espérer, on trouve le moyen de pouvoir le démonter et remonter facilement à la mer. Avec cet auxiliaire, on demandera pour les navires à voiles deux tiers moins de force, moins de place, et consommera beaucoup moins de combustible que les machines employées pour la navigation à vapeur proprement dite, on aura bientôt abandonné cette dernière qui ne se soutient sur les grandes lignes qu'au moyen de grands sacrifices. Pour les navires à voiles munis de ce propulseur, il n'y aura plus de calmes ni de vents contraires à redouter ; ils se retrouveront, dans la rapidité avec laquelle ils accompliront leurs voyages, au delà des frais que leur occasionnera le moteur. Les premières hélices du *Napoléon* ont été faites par moi sur les plans de M. Barns, constructeur de la machine ; mais les moyens d'exécution que j'ai employés lui sont entièrement étrangers, ainsi que le système de la dernière vis à quatre ailes. On peut aisément voir les procédés que j'ai employés dans le recueil publié dernièrement par M. Armengaud (tome III). »

L'Exposition nous a montré aussi une modification apportée aux roues à aubes qui ne sont pas encore proscrites. Ce perfectionnement consiste à avoir rendu les aubes mobiles autour d'axes fixés sur les deux faces latérales des roues. Dans cette disposition, les aubes tendent toujours à utiliser contre l'eau, pour faire avancer le navire, toute la force donnée par la machine à vapeur.

Un autre progrès, que nous n'avons pas vu représenté à l'Exposition, est celui de la substitution du fer au bois dans la construction des bateaux à vapeur.

L'emploi des coques en fer, borné jusqu'à présent à la navigation fluviale, tend à s'établir dans les ports. Quelques essais ont été faits en France et beaucoup en Angleterre, et ils ont démontré que sous le rapport de la légèreté, de la durée et de l'entretien, les coques en fer avaient un avantage notable. L'objection principale à leur faire est la conséquence grave et rapide d'un choc de la carène, les voies d'eau qui peuvent résulter d'un accident de ce genre étant plus soudaines et plus difficiles à combattre que dans une coque de bois qui a plus d'épaisseur et de soutien. Mais la combinaison des deux modes de construction, c'est-à-dire de la tôle soutenue par une membrure en bois et un vaigrage épais, a un avenir d'autant plus évident que les bois de construction tendent constamment à se raréfier, tandis que la tôle façonnée diminue constamment de prix. En ce moment le prix des ouvrages en forte tôle, en Angleterre et en Belgique, n'est plus que de 400 fr. le tonneau.

L'expérience a appris, car les ingénieurs anglais ont déjà construit un nombre très-considérable de navires en fer, que, dans les constructions ordinaires, c'est-à-dire pour les bâtiments de 500 à 600 tonneaux de charge, l'emploi du fer comparé à celui du bois présente, à force de résistance égale, un avantage de légèreté exprimé par le rapport de 3 à 5, avantage qui va toujours croissant avec la grandeur des navires.

En terminant ce que nous avons dit sur la navigation à vapeur, nous signalerons l'idée hardie de M. Selligue d'employer comme force motrice, propre à donner l'impulsion aux bateaux et aux navires, l'explosion subite et répétée d'un mélange détonnant de gaz hydrogène et d'air. M. Selligue a soumis à l'Académie un appareil qui régularise l'emploi de cette force, de telle sorte qu'il ne peut plus rester de doute sur la possibilité d'en faire usage dans les applications à la marine et peut-être même à d'autres mouvements.

Dans cet appareil, un mélange explosif d'air pris à l'atmosphère et de gaz hydrogène, produit par la combustion de la vapeur d'eau sur du fer rouge, est enflammé dans un tube au moyen du jeu intermittent d'un bec de gaz; l'explosion et la dilatation des gaz qui en résultent, refoulent violemment un piston contenu dans le tube, lequel frappe à son tour sur l'eau avec laquelle il est en contact. Ce choc fait l'effet d'un vigoureux coup de palette qui imprime l'impulsion au bâtiment.

Il s'agit de savoir maintenant si l'on pourra réellement parvenir à un résultat pratique, c'est-à-dire si l'on pourra gouverner à son gré cette force prodigieuse et en apparence si brutale.

CHEMINS DE FER. — MACHINES LOCOMOTIVES.

Les chemins de fer constituent une des plus belles inventions modernes. On s'accorde généralement à en faire honneur au génie anglais, mais il résulte des recherches de M. Arago que, si la machine à vapeur est d'invention française, l'idée d'employer cette machine comme moteur d'une voiture est également née dans notre pays. Or, qu'est-ce que le chemin de fer sans la locomotive?

Ce fut en 1778 que fut construite en France la première voiture à vapeur. Malheureusement son auteur, M. Cugnot, officier du génie, la destinait aux chemins ordinaires, et ce fut là peut-être l'unique cause de l'insuccès. La machine (on la conserve dans la grande salle du Conservatoire des arts et métiers) était loin de manquer de puissance, elle en avait même trop. Dans un essai fait à l'Arsenal on ne sut pas la modérer; la machine se précipita contre un mur et le renversa.

De 1778 à 1802 il ne se fit rien d'utile sur la locomotion à la vapeur. En 1802, un ingénieur anglais, dont le nom occupe une place assez considérable dans l'histoire des machines à vapeur, Trevithick exécuta une véritable locomotive, mais en partant d'une idée fausse qui eut une influence fatale sur les progrès de l'art. Trevithick croyait qu'une roue unie ne pourrait pas monter sur des rails unis. Il plaça donc des clous sur les jantes, et il fit des rainures sur les rails plats dont il se servait. Les rails se détérioraient dans un temps fort court, aussi bien que les jantes. La machine fut abandonnée.

Dans la préoccupation de cette idée qu'une roue lisse ne réussirait pas, on recourut aux engrenages. En 1811, nous voyons un ingénieur, Blenkinson, placer une crémaillère intérieure sur le bord du rail, et marcher à l'aide d'une roue dentée que la machine mettait en mouvement. Le moindre glissement rendait l'engrenage vicieux dans les grandes vitesses. Ce fut encore une idée avortée.

Chapman plaça, sans plus de succès, une chaîne dans le milieu de la voie. Brunton, en 1813, construisit une voiture qui portait à l'arrière des mécanismes semblables aux jambes du cheval et qui agissaient comme elles.

Enfin, en 1814, Blackett imagina qu'il pouvait y avoir erreur dans l'idée que des corps unis ne peuvent pas prendre leur point d'appui l'un sur l'autre; il fit une expérience, et il découvrit qu'il y a un véritable engrenage, plus intense qu'on ne le croyait, entre les corps que nous appelons unis; que ces corps sont couverts d'aspérités et de cavités qui s'emboîtent et qui produisent ce qu'on a appelé depuis un engrenage naturel, un engrenage à l'aide duquel on pourrait faire marcher une voiture à jantes lisses sur un rail non denté.

Voilà le point capital d'où l'on est parti pour arriver aux admirables locomotives que tout le monde connaît.

Le père du très-célèbre ingénieur Robert Stephenson est le premier qui ait exécuté avec succès des machines en profitant des expériences de Blackett. Ces machines traînaient ainsi des poids considérables; l'engrenage naturel suffisait pour cela; mais on ne pouvait pas en beaucoup de manière obtenir de grandes vitesses.

Lorsqu'en 1825, à l'époque où l'on s'occupait du chemin de Liverpool à Manchester, chemin qui, par parenthèse, n'était projeté que pour transporter des marchandises; lorsque le président de la commission d'enquête de la chambre des communes demanda à Georges Stephenson s'il espérait qu'on pourrait exécuter une machine locomotive marchant avec la vitesse de deux lieues à l'heure, il imaginait avoir posé une question extraordinaire; le mécanicien répondit affirmativement. Le président, enhardi, répéta la question, mais en parlant, cette fois, d'une vitesse de quatre lieues à l'heure. Stephenson répondit encore que oui, mais de manière à dégoûter d'aller plus loin. Quatre lieues à l'heure semblaient les limites de l'art.

Quelle était donc la circonstance qui déterminait Georges Stephenson à fixer si bas la vitesse maximum des locomotives? C'est qu'en marchant avec beaucoup de rapidité, il devenait nécessaire d'avoir une chaudière énorme pour suffire à la consommation considérable de vapeur que la machine faisait.

On ne connaissait pas de chaudière appropriée à un mouvement rapide; je me trompe, on en connaissait une, mais quand on l'avait exécutée, elle avait de telles dimensions que, marcher, c'était tout ce que la machine pouvait faire; se transporter elle-même était le maximum d'effet; elle ne pouvait entraîner à sa suite ni voyageurs, ni marchandises: le problème de la locomotion rapide n'était pas résolu.

Soyons scrupuleusement fidèles à la vérité dans cet aperçu historique; ne laissons pas nos voisins s'attribuer la chose peut-être la plus capitale que renferment les locomotives, au détriment des Français: l'invention dont je veux parler appartient à M. Séguin.

Le fait est parfaitement reconnu aujourd'hui; un brevet est

d'ailleurs là pour le prouver sans réplique ; c'est M. Séguin qui le premier a très-ingénieusement trouvé le moyen de construire des chaudières d'un poids et d'une dimension médiocres, à l'aide desquelles cependant on pût fournir à la consommation énorme de vapeur qu'exigent les locomotives rapides.

Ce moyen, le voici en deux mots. On avait, avant M. Séguin, imaginé des chaudières tubulaires, des chaudières composées d'un très-grand nombre de cylindres remplis d'eau et autour desquels circulait la flamme provenant du foyer. M. Séguin, sans changer matériellement la forme de l'appareil, lui a donné de nouvelles propriétés ; il a placé l'eau où jadis était la flamme, et la flamme dans les tubes qu'occupait l'eau. Tel est l'artifice qui a rendu la locomotion rapide et avantageuse.

Souffler le feu était aussi un moyen d'augmenter la production de vapeur. Deux moyens se présentaient : on pouvait mettre derrière la machine un véritable soufflet ; mais cela eût absorbé une portion notable de la force motrice, ou bien déterminer un fort tirage dans la cheminée. C'est M. Pelletan, notre compatriote, qui, le premier, a pensé à produire ce tirage, en lançant dans la cheminée la vapeur qui vient de produire son effet dans les cylindres.

Tel est l'historique tracé par M. Arago pour restituer à la France une invention qu'on s'est habitué à attribuer à Robert Stephenson, qui n'a eu d'autre mérite, mérite assez grand, d'ailleurs, que de rendre pratiques des combinaisons imaginées par des Français.

La construction actuelle des chemins de fer et du matériel de transport qui les parcourt donne lieu à plusieurs inconvénients auxquels on a cherché à remédier dans ces derniers temps.

Dans le dispositif actuel, au lieu de laisser aux roues la liberté et la facilité de mouvement qu'on donne aux voitures sur les routes ordinaires, on a été conduit, afin de donner plus de solidité, plus de fixité au système, afin surtout d'éviter les déraillements, à fixer les axes des wagons dans un parallélisme rigoureux et invariable, et à caler les roues elles-mêmes d'une manière rigoureuse et invariable sur les essieux.

Il en est résulté deux inconvénients : le premier provient de ce que les roues étant assujetties aux essieux, l'une des deux roues portées sur le même essieu, obligée de faire le même nombre de tours que l'autre, doit nécessairement glisser pour compenser la différence des chemins que l'une et l'autre doivent nécessairement parcourir dans les courbes ; le second inconvénient provient de la fixité des essieux, qui les empêche de converger vers le centre de la courbe, comme ils le feraient s'ils étaient libres.

De là la nécessité où l'on s'est trouvé pour les chemins de fer à grande vitesse, de n'admettre que des courbes à grands rayons (800 ou 1000 mètres au minimum), nécessité qui a augmenté considérablement les difficultés des tracés et les frais d'établissement des chemins.

Les premiers moyens qui aient été proposés pour remédier à ces inconvénients, avaient surtout pour but de contre-balancer l'effet produit par la fixité des roues sur les essieux.

On a d'abord imaginé d'abaisser, dans les parties courbes, le niveau supérieur du rail intérieur par rapport à celui du rail extérieur. Ensuite on a essayé de donner aux jantes des roues une forme conique dont la pente, dirigée du dehors vers le dedans, devait, lors du parcours des lignes courbes, contraindre les roues opposées au centre à rouler sur la plus grande des circonférences de la jante, et les roues les plus voisines du centre à rouler, au contraire, sur la plus petite de ces circonférences. Cette différence de rayons des parties agissantes des roues produisait l'effet d'une véritable contre-pente dirigée du dehors vers le dedans du cercle parcouru.

M. Laignel a imaginé un moyen beaucoup meilleur. Il a inventé un dispositif ingénieux, qui permet, dans les tournants, d'agrandir momentanément le rayon du cercle du contact des roues extérieures au centre de courbure en les faisant rouler sur le rebord en saillie dont elles sont accompagnées. Ce simple changement lui a permis de faire parcourir aux voitures de son système des courbes qui n'ont pas plus de 25 ou 30 mètres, avec une vitesse de six à sept lieues à l'heure, quand les rails ne sont pas munis d'accotoirs ; et de douze à treize lieues quand ils en sont munis. On remarque seulement que, par ce moyen, on ne peut parcourir que des courbes d'un rayon égal à celui d'après lequel le mode particulier de construction de la roue a été calculé. Ce rayon peut, d'ailleurs, descendre jusqu'à 30 et même 20 mètres seulement.

Ces divers moyens ne remédient pas aux inconvénients résultant du parallélisme invariable des essieux. Ici une nouvelle carrière était ouverte aux inventeurs. Diverses solutions ont été proposées.

M. Serveille a exposé un système de trains articulés, spécialement destiné au transport des bois, qui lui a valu une médaille de la Société d'encouragement.

Lorsque l'on emploie sur un chemin de fer des wagons dont les essieux sont parallèles, il est indispensable, pour que l'on puisse cheminer avec facilité sur les courbes, que la distance entre les deux essieux soit assez petite, ou, en d'autres termes, il faut que les essieux soient très-rapprochés l'un de l'autre.

On peut donc employer de semblables wagons dans l'exploitation des carrières, puisque la matière à transporter a un poids considérable sous un petit volume.

Mais, si l'on voulait se servir d'un chemin de fer dans l'exploitation d'une forêt, on ne pourrait plus employer avec avantage le même système de wagons ; et M. Serveille, ayant reconnu les difficultés qu'il y avait à surmonter dans ce cas, a imaginé un nouveau système de wagons pour le transport des longues pièces de bois.

Ce système est composé de deux trains séparés, indépendants l'un de l'autre, sur lesquels repose la pièce de charpente à charrier sur le chemin de fer ; dans chaque train l'essieu, solidaire avec les deux roues coniques qu'il porte, peut tourner autour d'une cheville ouvrière verticale, pendant qu'il tourne lui-même sur ses coussinets horizontaux.

Dès lors, quand chaque train arrive dans une courbe, l'essieu se place dans la direction du rayon de la courbe, et cela avec facilité, et il conserve cette direction pendant tout le temps que le train auquel il appartient chemine sur la courbe.

Cet effet se produisant presque instantanément sous une petite vitesse de deux à trois lieues à l'heure, on peut parcourir des courbes de très-petits rayons, en sorte que l'établissement d'un chemin n'offre aucun travail dispendieux, puisque l'on peut suivre toutes les sinuosités du terrain, transporter des pièces de charpente de toute longueur, et que les deux trains peuvent être éloignés l'un de l'autre à volonté et autant que cela est nécessaire.

La disposition des deux châssis superposés dont l'inférieur porte les coussinets de l'essieu, et dont le supérieur porte la cheville ouvrière, est très-ingénieuse, et montre que M. Serveille entend très-bien l'art des assemblages dans les constructions en bois.

Tel est le rapport favorable qui a été fait à la Société d'encouragement sur ce système.

M. Sermet de Tournefort a cherché à remédier aux inconvénients du non-parallélisme au moyen d'un bâtis à essieux convergents.

Le dispositif présenté par M. Sermet de Tournefort se compose de trois trains à essieux tournant avec les roues, comme dans le système actuel; mais l'essieu de devant et celui de derrière, au lieu d'être fixés au châssis, sont assujettis chacun à une pièce nommée *porte-essieu*, qui tourne autour d'une cheville ouvrière placée à égale distance de son essieu et de celui du milieu de la voiture. Chaque porte-essieu peut être fixé au châssis dans trois positions différentes, suivant qu'un verrou, placé verticalement, s'engage dans l'une ou l'autre des trois ouvertures qu'il présente. Dans l'une des positions, l'essieu est parallèle à celui du milieu; dans les deux autres, il rencontre ce dernier à 100 mètres à droite ou à 100 mètres à gauche. Pour le passage d'une position à une autre, le verrou est soulevé par un rail saillant placé au milieu de la voie, à tous les raccordements de lignes droites et de lignes courbes, sur une longueur égale à trois fois celle de la locomotive; la liberté étant rendue aux trains à mesure qu'ils s'engagent sur cette détente, ils prennent, d'après l'auteur, la direction qui leur convient : à leur sortie, les verroux n'étant plus soulevés, descendent ou se referment en fixant successivement chacun d'eux dans la nouvelle position.

Comme il est nécessaire que les roues accouplées sur le même essieu aient des rayons tantôt égaux, pour parcourir les lignes droites, tantôt inégaux dans le rapport des longueurs des rails sur lesquels elles reposent respectivement dans les tracés en ligne courbe, l'auteur hésite entre deux moyens qu'il peut adopter : la forme conique donnée ordinairement aux roues, ou la double jante qui leur permet de rouler successivement sur deux circonférences de diamètres différents; l'une et l'autre de ces dispositions ont leurs avantages et leurs inconvénients.

Comme on le voit, l'auteur n'est pas fixé sur le mode d'exécution de cette partie importante du système; il en est de même pour d'autres parties de son projet. On remarquera d'ailleurs qu'il ne permet de parcourir que des voies rectilignes ou des courbes de 100 mètres de rayon. Cependant l'Académie des Sciences l'a accueilli favorablement en engageant M. Sermet de Tournefort à faire de nouveaux essais.

M. Chesneau s'est occupé aussi des moyens de guider les wagons dans les courbes, en faisant des wagons dont les deux trains suivent toujours exactement la voie de fer. Ils se meuvent parallèlement quand le convoi est sur le rail rectiligne. Dans les courbes, les trains dont les roues sont indépendantes se placent de telle sorte que le convoi prend la courbure du chemin parcouru. Pour cela, à l'entrée et à la sortie de la courbe, un rail placé au milieu de la voie s'engage dans une espèce de poulie qui, par un levier, soulève l'arrière-train, et détruit son parallélisme avec l'avant-train, en le plaçant dans la position exigée par la courbure. Le rail intermédiaire cessant bientôt sa fonction, l'arrière-train se trouve fixé dans sa nouvelle position par une espèce de crémaillère, jusqu'à la fin de la courbe où un nouveau rail médial rétablit les choses dans leur premier état.

Mais le dispositif, qui a le mieux répondu à toutes les conditions du problème, est celui de M. Arnoux, qui se plie à toutes les formes de tracé, à toutes les inflexions, à tous les changements de courbure. M. Arnoux renonce entièrement au parallélisme et à la fixité des essieux à roues accouplées. Il adopte le système des trains de voitures ordinaires, unis par une flèche à fourche ou à trois branches, et auxquels il conserve de plus la facilité de tourner sur des chevilles ouvrières fixées aux lisoirs supérieurs qui supportent la caisse par l'intermédiaire des ressorts. Mais, comme une indépendance aussi complète entre les mouvements de rotation propres des essieux pourrait nuire à l'exactitude de la direction des roues sur les rails, qui n'est qu'imparfaitement assurée par les rebords dont elles sont armées intérieurement, M. Arnoux a imaginé de rendre ces mouvements solidaires par le moyen de tringles en fer qui se croisent sous la flèche et sont terminées par des bouts de chaînes, dont une partie vient s'enrouler sur les contours extérieurs de deux anneaux circulaires ou couronnes directrices en bois de même rayon, montées sur les essieux et qui se meuvent avec eux autour des chevilles ouvrières. D'une voiture à l'autre, la traction s'opère par un procédé analogue, c'est-à-dire par un système de tringles et de chaînes, si ce n'est que la couronne de la seconde voiture est d'un diamètre double de la couronne de la première, proportion indiquée par le calcul. Et ainsi de suite d'essieu à essieu et de voiture à voiture. L'essieu d'avant-train de la première voiture reçoit la direction du chemin lui-même au moyen d'une fourche, dont les branches, descendant à la hauteur du chemin, sont armées de quatre galets, qui viennent s'appliquer contre les rebords intérieurs des rails, et impriment ainsi au premier essieu une direction normale au chemin.

M. Arnoux a déjà fait un essai en grand de son système. Dans un vaste enclos voisin de Saint-Mandé, il a établi une voie de fer de plus d'un quart de lieue de long (1,142 mètres). Cette voie formait un circuit fermé, ce qui permettait de revenir au point de départ sans s'y arrêter, et donnait la facilité de parcourir en un seul jour 120 kilom. et plus. Elle présentait des difficultés inusitées. On y voyait, dans un espace resserré, des pentes et des contre-pentes, des croisements de voies, des lignes droites raccordées par des courbes, des lignes courbes situées dans des sens opposés et se succédant sans intermédiaire. Un petit cercle de 18 mètres de rayon, complètement fermé, se rattachait au chemin principal par deux branches de courbes de 30 mètres de rayon. Une fois entré dans le cercle, le convoi pouvait le parcourir indéfiniment et le parcourait souvent à la vitesse de trois à quatre lieues à l'heure.

Dans les essais (ils ont duré plusieurs années et occasionné une dépense de 280,000 fr.), le chemin parcouru sur la voie de Saint-Mandé, s'est élevé en somme, à plus de 2,000 kilomètres.

Pendant les expériences, exécutées sur une si vaste échelle, toutes les difficultés qui s'étaient d'abord élevées contre le système de M. Arnoux s'évanouirent successivement. Le système fut approuvé catégoriquement par l'Académie des Sciences et par une commission composée d'ingénieurs des ponts-et-chaussées.

Les Chambres viennent de concéder à M. Arnoux le chemin de fer de Paris à Sceaux sur lequel il doit faire l'expérience de son système. Non-seulement il évitera tous les obstacles, toutes les propriétés bâties en les contournant. Mais, la pente moyenne de Paris à Sceaux étant en moyenne de 15 millim., M. Arnoux doit racheter cette différence de niveau, en faisant, comme dans les routes ordinaires, autant de zig-zags, autant de lacets qu'il en faudra. On verra ainsi, qu'il est possible de porter des voies de fer sur les régions les plus élevées du territoire.

On sait que M. le marquis de Jouffroy a proposé un système

qui change la plupart des éléments des chemins de fer tels qu'ils sont construits aujourd'hui. Trois choses constituent l'essence de ce système : 1° une roue motrice unique, d'un très-grand diamètre, pouvant faire plus ou moins de tours pour un nombre donné de coups de piston, adhérente à un rail central strié ; 2° une série de trains formés de deux grandes roues libres, articulés ou liés les uns aux autres, de telle sorte qu'ils puissent, dans le plan horizontal, suivre tous les contours de la voie ; 3° des rails latéraux à ornière, hauts de 12 centimètres, ou du moins des rails avec gardes en bois de même hauteur. On comprend que, si aucun inconvénient ne s'opposait à l'adoption de ce système, il permettrait de parcourir de petites courbes et de gravir des pentes rapides. Cela résulte de l'adoption d'une roue motrice unique.

Bien que le système atmosphérique n'ait pas non plus figuré à l'Exposition, il nous est impossible de ne pas parler, dans cette revue des progrès industriels, de ce nouveau système, tel qu'il a été appliqué par MM. Clegg et Samuda, sur le chemin de Dalkey à Kingstown en Irlande, et tel que M. Hallette, d'Arras, propose de le modifier.

L'appareil atmosphérique consiste en un cylindre, dans lequel est placé un piston de la forme la plus simple, la moins susceptible d'altération par l'usage. Une machine à vapeur pompant incessamment l'air du cylindre par l'une de ses extrémités, tout comme une pompe à feu ordinaire soutire l'eau d'un réservoir, détermine dans cette portion du cylindre une raréfaction de l'air en vertu de laquelle le piston, cédant à la pression atmosphérique qui agit sur son autre face, le précipite du côté par lequel l'air est soustrait. Les voitures sont sur des rails ordinaires posés à droite et à gauche de ce cylindre indéfini. Une tige en fer, invariablement liée au piston, sort par la partie supérieure du cylindre à la faveur d'une ouverture ménagée tout le long, et par laquelle cependant, grâce à un ensemble de dispositions fort ingénieuses, l'air extérieur ne peut s'introduire pour troubler la raréfaction qui a été opérée. Le convoi des voitures s'attache à cette tige en fer.

On se demande naturellement comment on peut maintenir le vide dans le cylindre propulseur, puisque ce cylindre est fendu dans sa partie supérieure. C'est ici la partie délicate de l'appareil.

La soupape longitudinale de M. Samuda, destinée à fermer la fente du tube, est formée d'une lanière indéfinie en cuir, fortifiée en dessus et en dessous par une série de plaques de fer de 30 centimètres de long, et ne laissant guère entre elles qu'un centimètre d'intervalle. On donne ainsi du poids à la soupape sans anéantir sa flexibilité. Le cuir est attaché intimement, hermétiquement, par l'un de ses bords, à l'un des deux côtés de la fente. L'autre bord reste libre, mobile, et, lorsque la soupape est fermée, il repose simplement sur la seconde lèvre du tube, recouverte d'avance, dans toute sa longueur, d'une composition de cire et de suif. Quand la soupape s'entrouvre, la bordure en cuir, fixée adhérente au tuyau, se fléchit et fait ainsi l'office d'une véritable charnière.

On concevra assez d'exactitude, dit M. Arago, la manière dont est disposée et fonctionne la *lanière soupape* de M. Samuda, en étendant sur une table un long ruban de drap, en lui faisant subir une tension modérée et en le collant ensuite à la table par l'un de ses bords. Le doigt, en se promenant entre le drap et la table le long du bord libre du ruban, produit une inflexion locale, un soulèvement du drap partout où il se transporte. A quelque distance de là le soulèvement n'a pas lieu, ou, du moins, il est insensible.

L'invention de M. Hallette consiste dans la modification de la soupape longitudinale. Dans son système, le tube de propulsion, comme celui de M. Samuda, est ouvert longitudinalement dans sa partie supérieure. La fente est comprise, sur toute son étendue, entre deux demi-cylindres métalliques creux, faisant corps avec le tube principal, coulés d'un seul jet avec lui, et se présentant l'un à l'autre par leurs concavités. Dans chacune de ces concavités longitudinales, M. Hallette loge un tuyau en tissu épais et serré, rendu imperméable par les moyens connus ; il y comprime l'air à l'aide des machines fixes, qui, en agissant d'une autre manière, opèrent le vide dans le grand tube de propulsion. En se gonflant vers l'extérieur, ces boyaux vont remplir exactement les demi-cylindres métalliques ; en se gonflant vers le centre du tube, ils arrivent à se toucher, disons mieux, à se presser l'un contre l'autre de manière à former, là aussi, une fermeture hermétique.

Dans ce système ingénieux ce n'est pas, comme on le voit, sur *les bords mêmes* de la rainure longitudinale que se ferme le tuyau de propulsion. Cette rainure reste ouverte et libre, mais les deux boyaux gonflés empêchent l'air d'y arriver : en dessus, par leur contact mutuel ; latéralement, parce qu'ils s'appuient très-exactement sur la surface intérieure des deux oreilles demi-cylindriques, situées à droite et à gauche de la rainure.

Ici, la tige motrice n'a pas de soupape à soulever. Dans sa marche, elle s'insinue entre les deux boyaux gonflés et les écarte un moment l'un de l'autre. Ici, point de rouleau compresseur, point de composition à fondre. L'élasticité de l'air injecté dans les boyaux suffit à tout ; après le passage de la tige, cette élasticité replace exactement les choses dans l'état primitif.

Voici maintenant les avantages que les partisans du système atmosphérique lui attribuent sur le système actuel. D'abord la dépense de premier établissement serait diminuée, car on ne serait plus astreint à des pentes infiniment faibles. On pourrait suivre les pentes habituelles des routes, et en France, où les routes royales ont une largeur excessive, il serait facile, dans la plupart des cas, d'établir le chemin de fer sur l'un des bas côtés ou sur les deux, si l'on tenait à avoir deux voies, ce qui deviendrait beaucoup moins nécessaire. Actuellement, avec l'emploi des locomotives, une pente de un centième est réputée extrême. Avec le système atmosphérique pratiqué dans les conditions adoptées en Angleterre, de Kingstown à Dalkey, c'est-à-dire avec un cylindre de 46 centimètres et une raréfaction des trois cinquièmes, en élevant la pente non-seulement à deux, mais à trois centièmes, on transporterait encore le tiers du convoi avec la même vitesse. On pourrait même, dans ce système, avec les conditions que nous venons d'indiquer, admettre des rampes de cinq centièmes et transporter des convois d'un poids de 16,000 kilogrammes. Or, une rampe de cinq centièmes est énorme, et aujourd'hui sur les routes ordinaires nos ingénieurs n'en veulent pas qui dépasse quatre.

Sous le rapport de l'entretien et de l'exploitation, la théorie indique une grande supériorité pour le chemin de fer atmosphérique. Des machines à vapeur fixes coûtent bien moins à alimenter et à entretenir que des machines locomotives. Selon les inventeurs du système atmosphérique, la détérioration et l'usure représentent avec celles-ci une dépense *dix-huit* fois plus forte qu'avec celles-là. La voie n'ayant plus à porter des masses de 14 à 15,000 kilogrammes, car les locomotives aujourd'hui ne pèsent pas moins, serait aussi beaucoup moins fatiguée. Enfin, une partie notable de la force des locomotives est aujourd'hui consommée en pure perte pour les transporter elles-mêmes avec leur *tender* ; une bonne machine et son *tender* ne pèsent pas moins de 20,000 kilogrammes.

D'après les inventeurs, l'économie offerte par le système atmosphérique étant, quant à la construction, des deux cinquièmes, serait de trois cinquièmes pour le service et l'entretien. Dès lors les chemins de fer pourraient être établis presque aux mêmes frais que les canaux, et le transport s'y effectuerait à aussi bas prix.

Toutefois, pour avoir une opinion arrêtée, il faut attendre qu'une expérience ait été faite sur une plus grande échelle. Le petit chemin de Dalkey à Kingstown n'a pas encore complétement résolu le problème. Il est question d'établir en Angleterre plusieurs chemins d'après ce système. En France, les Chambres ont voté des fonds pour construire un chemin dans lequel on emploiera le mode de fermeture proposé par M. Hallette.

Après le chemin de fer atmosphérique, il convient de citer le chemin à air comprimé proposé par M. Pecqueur. Ce nouveau système est facile à comprendre. Nous en empruntons la description à un rapport fait par M. Arago à la chambre des députés.

La locomotive ordinaire, comme on le sait, marche par l'action de la vapeur d'eau, portée à quatre ou cinq atmosphères de pression. Cette vapeur lui est fournie par une chaudière tubulaire d'un volume nécessairement considérable, car la machine consomme beaucoup. L'eau et le charbon du tender sont destinés à fournir à cette consommation.

De l'air très-élastique ferait dans la machine de la locomotive le même effet que la vapeur. De là l'idée de substituer à la chaudière une caisse en fer où, avant le départ de la gare, on aurait comprimé l'air à un très-haut degré. Cette caisse, déjà presque vidée, devait être remplacée, à la station du convoi, par une seconde caisse à air comprimé, et ainsi de suite.

L'idée était assurément très-plausible. Cependant, jusqu'ici elle n'a pas réussi. De l'air énormément comprimé ferait naître des dangers d'explosion. Il fallait donc employer des caisses d'une très-grande épaisseur, et alors, du côté de la légèreté, l'avantage qu'on avait espéré n'existe réellement pas. Nous laissons à l'écart d'autres difficultés qui ont aussi leur importance.

A ces caisses lourdes, dangereuses et qui seraient inévitablement des causes de retard à toutes les stations, M. Pecqueur substitue un tube indéfini, placé sur le sol entre les rails, et dans lequel il *comprime* l'air, à l'aide de machines à vapeur fixes établies de distance en distance le long de la voie, comme cela est aussi nécessaire dans le système atmosphérique. La locomotive de M. Pecqueur, portant sur les rails par ses roues à la manière des locomotives ordinaires, puise dans le tube intermédiaire, au fur et à mesure de sa marche, tout l'air dont elle a besoin pour fonctionner. Cet air, il est à peine nécessaire de le dire, n'a subi ici, dans le tube indéfini, qu'une compression très-limitée, une compression de quatre à cinq atmosphères, si c'est ces degrés d'élasticité qu'on désire marcher.

Voilà l'idée générale ; mais c'est par les détails surtout que brille la machine de M. Pecqueur. Rien de plus ingénieux, de mieux entendu, de plus complet que les dispositions des tuyaux, des soupapes, à l'aide desquels la machine s'alimente en marchant. Sous ce point de vue, l'œuvre a répondu à tout ce qu'on devait attendre de l'inventeur.

Reste maintenant à attendre également que l'expérience consacre ce système ingénieux qui doit être essayé ainsi que le système atmosphérique pour monter sur le plateau de Saint-Germain.

L'utilité des chemins de fer ne se borne pas aux voies de grande communication ; ils ont été créés et se sont développés dans les transports des mines, et la construction de ces chemins spéciaux présente des particularités remarquables. Parmi les créations de ce genre les plus récentes, nous citerons le chemin de fer construit par M. Communeau pour le service des mines de Decize, chemin dans lequel il a racheté les pentes par un système d'*écluses sèches*. Quelques détails sont nécessaires pour comprendre cette ingénieuse construction et les circonstances qui rendent son application avantageuse.

Les mines de Decize, situées à 6 kilomètres du canal du Nivernais, produisent par 24 heures environ 200 mille kilog. de houille destinés à y être embarqués.

Précédemment, par la route ordinaire, ce transport occupait 100 chevaux ; aujourd'hui, par le chemin de fer que la compagnie des mines a fait construire, il ne faut plus que 6 chevaux pour conduire, en 10 heures, les 200 mille kil. de houille à 6 kilomètres de distance.

Le profil du terrain sur lequel le chemin de fer est établi se divise en deux sections bien distinctes : la première, en partant de la mine, est longue de 1,900 mètres, et sa pente moyenne est de 3 pour 100 ; la pente moyenne de la deuxième section est de 3 ½ pour mille sur une longueur de 4,300 mètres.

Cette deuxième section n'offrait aucune difficulté à l'établissement de la voie en fer ; mais la première en présentait au contraire beaucoup, car elle devait racheter une hauteur de 57 mètres sur moins de 2 kilomètres de longueur.

En pareil cas, le seul moyen dont on se soit servi jusqu'à présent a été l'emploi de plans inclinés : ainsi, au chemin belge, près de Liége, pour descendre dans la vallée de la Meuse on a construit deux plans inclinés, rachetant chacun 55 mètres de hauteur avec une pente moyenne de 3 pour 100.

C'est précisément un plan incliné de cette dimension qu'il aurait fallu établir au chemin de Decize ; mais les plans inclinés de Liége, quoique construits avec beaucoup d'économie, ont cependant coûté, sans les machines, environ 1,750,000 fr. Ce haut prix était inabordable pour un petit chemin de fer destiné au transport limité d'une entreprise particulière. Il a donc été nécessaire de rechercher s'il n'y aurait pas un moyen moins coûteux de racheter les niveaux, et M. Communeau a pensé qu'il serait beaucoup plus économique de faire cette opération verticalement.

En conséquence le profil de la première section du chemin de fer a été divisé, comme l'aurait été le profil d'un canal, en paliers horizontaux ou presque horizontaux et en parties verticales. Nous nommerons celles-ci *chutes* ou *écluses sèches*.

Les écluses sèches sont formées de deux puits verticaux, dans chacun desquels se meut un plateau de balance ou *cage*, destinée à faire passer les wagons du niveau supérieur au niveau inférieur, et réciproquement.

Les cages sont attachées aux extrémités d'une même chaîne, laquelle est supportée par deux poulies dont l'une engrène avec elle.

Lorsqu'une cage est en haut affleurant bien le chemin supérieur, l'autre cage doit être en bas affleurant également la voie inférieure ; dans cette position les cages sont réellement des prolongations de la voie ; et, pour qu'elles puissent recevoir les wagons, il suffit de leur ôter la faculté de se mouvoir ; on obtient ce résultat au moyen d'un frein puissant qui sert aussi à modérer et à arrêter le mouvement quand cela est nécessaire.

Le frein se compose 1° d'une grande roue dentée placée à l'extrémité de l'arbre qui porte la poulie à engrenage; 2° d'un pignon engrenant avec la roue dentée; 3° d'une roue non dentée placée sur l'arbre du pignon; 4° enfin d'une poutre frottant à la circonférence de la roue non dentée.

La résistance due au frottement de la poutre multipliée par les engrenages produit une force capable d'arrêter tout mouvement, même lorsqu'une seule des cages est chargée.

Un levier léger permet qu'un ouvrier seul manœuvre le frein avec facilité; et pour empêcher qu'une négligence de cet ouvrier n'occasionne des accidents, le frein est disposé de manière à tout arrêter lorsqu'on l'abandonne à lui-même.

Les deux cages étant garnies de chacune un wagon, si le poids du wagon qui doit descendre est plus fort que le poids de celui qui doit monter, comme cela a toujours lieu aux mines de Decize et dans beaucoup d'autres exploitations, il suffit alors de desserrer le frein pour que le mécanisme fonctionne par l'effet seul de la différence de poids dans les chargements. Au moment où le wagon du haut arrive en bas et celui du bas en haut, on serre le frein; les wagons sont retirés; on en place d'autres et l'opération recommence.

Pour le passage en sens contraire de deux wagons à une chute de 15 à 18 mètres, il faut deux minutes, savoir: une minute pour placer les wagons sur les cages et les retirer, une autre minute pour le trajet vertical qui se fait avec une vitesse de 0^{m}3 par seconde.

Les wagons des mines de Decize sont toujours chargés de 2,000 kil. à la descente, et peuvent l'être de 1,000 kil. à la remonte; et comme l'échange des wagons a lieu simultanément à toutes les chutes, il en résulte que le maximum de tonnage possible pour le chemin de fer est égal à la quantité de tonnes qui peuvent passer par la plus haute des écluses, c'est-à-dire 90 tonnes par heure, ce qui est bien supérieur aux besoins présumés.

Si le tonnage avait été de plus de 90 tonnes à l'heure, on aurait pu charger les wagons de 3,000 kil. au lieu de 2,000, ou bien on aurait fait les écluses assez larges pour placer deux wagons à la fois sur chaque cage.

Le prix coûtant des cinq écluses construites au chemin de fer des mines de Decize a été, savoir: 1° terrassements, 20,000 fr.; 2° maçonnerie, 22,000 fr.; 3° charpente, 15,000 fr.; 4° mécanismes, 30,000 fr.; total 87,000 fr.; et comme la hauteur rachetée est de 57 mètres, il en résulte que les écluses coûtent 1,526 fr. par mètre de hauteur, tandis que les plans inclinés de Liége ont coûté 31,000 fr. pour la même unité.

Les écluses du chemin de fer des mines de Decize ont été mises en activité le 1er octobre 1843; elles fonctionnent depuis cette époque sans aucune interruption. Le mécanisme est facile à manœuvrer; il n'est point sujet à être dérangé, et l'usure des parties frottantes est insensible.

Voici, d'après les six premiers mois d'activité, comment on a pu établir le prix coûtant du passage d'une tonne aux cinq écluses: 1° intérêt du capital d'établissement, 0,07; 2° entretien et surveillance, 0,032; 3° usure des câbles, 0,020; 4° usure des freins, 0,010; 5° graissage, 0,005; 6° main-d'œuvre à l'entreprise, 0,063; total 0,20.

Ce prix de 0,20 est affecté au poids qui descend; et si les wagons remontent avec demi-charge, comme il est probable que cela aura lieu, le prix du passage d'une tonne par une hauteur verticale de 57 mètres serait réduit à 0,14, soit par mètre 0,0024.

Si l'on voulait employer les écluses à des chemins de fer dont le tonnage, à la descente, ne serait pas plus fort que le tonnage à la remonte, on ajouterait au mécanisme décrit une machine à vapeur pour remplacer l'effet de la gravité.

Les écluses sèches employées au rachat des niveaux sur les chemins de fer à petite vitesse ont plusieurs avantages notables sur les plans inclinés:

1° Elles rachètent de grandes hauteurs par de très-petites longueurs.

2° Elles admettent des courbes comme les autres parties du chemin.

3° Elles permettent aux routes ordinaires de passer au niveau de la voie.

4° Elles réduisent la longueur d'un câble de 4,300 mètres, par exemple, à une longueur de 160 mètres environ.

5° Elles suppriment entièrement les appareils pour les signaux.

6° Elles ne forcent point à l'allongement du parcours, et permettent de franchir en ligne droite les montagnes les plus hautes et les plus escarpées.

7° Elles ont moins de chances d'accidents.

8° Enfin elles sont plus économiques de construction, d'entretien et de réparation.

On s'est beaucoup occupé dans ces derniers temps d'appareils propres à éviter les accidents.

M. Laignel a exposé, outre son modèle pour passer les courbes, deux appareils que nous signalerons:

1° Frein pour arrêter les convois. Ce frein est facile à comprendre. Voici en quoi il consiste. Si par un moyen quelconque vous soulevez les roues de dessus la voie, et que la charge, au lieu de porter sur les roues, porte sur un système de barres rigides, le convoi ne roulera pas, il glissera. C'est ce qui a lieu dans le système exposé par M. Laignel. Au moyen d'une manivelle que l'on peut commander de dix manières différentes, l'on fait tourner une vis; cette vis, en tournant une fois ou une fois et demie, fait descendre l'armature destinée à glisser. Ce frein paraît très-bon. Il a suffi dernièrement pour arrêter le convoi sur le plan incliné de Liége où la corde venait de se rompre.

2° Moyen de diminuer les accidents amenés par la rencontre de deux convois. Voici sur quel principe repose le système de M. Laignel. Si un corps, une pierre, frappe un corps mou, un corps qui résiste aussi peu et autant qu'on le veut, il n'y a pas de choc, ou l'on peut rendre le choc aussi peu considérable qu'on le désire. Dominé par cette pensée, M. Laignel attache à la tête ou à la queue des convois un appareil composé surtout de cordes tendues. Ces cordes, placées les unes après les autres, ne peuvent pas, quel que soit le choc, être rompues toutes à la fois, mais les unes après les autres, selon leur position, ce qui amortit le choc des convois.

M. Noiret avait exposé un appareil destiné à remédier à la rupture des essieux.

Quelques mots maintenant sur les locomotives, car le système atmosphérique ne les a pas encore renvoyées sous la remise. Elles se sont bien modifiées depuis le jour où elles parurent pour la première fois sur le chemin de Liverpool à Manchester. Les premières machines ne pesaient que cinq tonnes; on en a fait qui en pesaient dix-huit. On regardait une vitesse de quatre lieues à l'heure comme un maximum; on est parvenu à en faire jusqu'à vingt-quatre; et celle de douze lieues à l'heure sans temps d'arrêt est obtenue facilement.

Une des améliorations les plus importantes introduites récemment dans les locomotives est l'emploi de la détente. Les premières tentatives, qui furent dirigées dans ce but, ont été faites, à notre connaissance, par M. Edwards, sur des machines qu'il avait fait construire pour le chemin de fer de Saint-Germain. Depuis lors la détente a été appliquée par plusieurs ingénieurs, notamment par M. Clapeyron, sur les machines des chemins de Saint-Germain et de Versailles, et par M. Meyer, sur les machines du chemin de Strasbourg, et par plusieurs constructeurs en Angleterre. L'amélioration obtenue roule sur une modification du règlement des tiroirs. M. Clapeyron s'est guidé surtout dans ses études par des considérations théoriques. Les constructeurs anglais n'interceptent pas la vapeur avant les 0,7 de la course ; M. Clapeyron a adopté la limite de 0,63. Les premiers, dans toutes leurs machines, suppriment complétement le recouvrement intérieur, tandis que M. Clapeyron regarde les deux recouvrements comme étant indispensables.

Dans le matériel des chemins de fer de Saint-Germain et de Versailles (rive droite), le nombre des locomotives modifiées d'après cette théorie monte actuellement à treize. Le diamètre des cylindres a été porté de 13 pouces à 15 pour sept de ces machines, et de 11 pouces à 13 pour les six autres. Dans toutes l'effet utile s'est accru de 40 à 50 p. 100. La consommation a été réduite, mais cette diminution doit être attribuée en partie à d'autres causes que l'emploi de la détente. Le mode de distribution ou de *détente fixe*, inventé par M. Clapeyron, s'est introduit, depuis plus de deux ans, dans la plupart des ateliers où l'on construit et répare les locomotives.

Avant ce perfectionnement, les fortes locomotives du chemin de fer de Versailles (rive droite) ne pouvaient franchir la rampe de 1/200, qui existe sur 18 kilomètres du parcours total, qu'avec un convoi de huit wagons. Aujourd'hui les mêmes machines, modifiées d'après la théorie actuelle, sans consommer une plus grande quantité de vapeur, conservent la vitesse normale de 4 myriamètres à l'heure, en tête d'un convoi de douze wagons, ou d'un poids total de 75 tonnes, et cela sur une rampe ascendante que son inclinaison et surtout sa longueur rendaient très-difficile.

Ainsi, un résultat aussi important que celui d'augmenter de 40 à 50 p. 100 le travail utile d'une même quantité de vapeur a été obtenu par quelques millimètres de plus donnés aux recouvrements du tiroir, appareil qui occupe une si petite place dans une locomotive.

M. Meyer a contribué puissamment à l'adoption de la détente variable dans les locomotives qui peuvent évidemment en tirer plus de profit que toute autre. Dans aucun cas l'effort n'est en effet sujet à des variations plus considérables ; il doit être très-considérable au départ pour vaincre l'inertie d'un convoi ; et lorsque ce convoi est lancé et que la pente est dans le sens du mouvement, il se réduit et souvent est presque nul.

Une seule locomotive figurait à l'Exposition ; elle était destinée au chemin de Paris à Rouen. Cette compagnie a facilité l'importation d'un atelier complet d'Angleterre aux Chartreux (Rouen), en traitant avec cet atelier de toutes les fournitures et de leur entretien. MM. Alcard et Budicom, qui sont à la tête de cet atelier, en ont pris en quelque sorte l'acte de naturalisation en exposant une machine locomotive complète avec son tender.

Les proportions de cette machine sont larges ; les pièces bien membrées et d'une parfaite exécution font honneur à ces nouveaux ateliers et prouvent qu'ils sont déjà établis sur de bonnes bases.

L'Exposition nous a offert en outre, présenté par M. Cornu, un dessin des locomotives américaines, système Norris, qui fonctionnent aux États-Unis et qui sont employées maintenant sur plusieurs chemins de fer d'Europe, en Autriche, en Prusse et même en Angleterre. Ces locomotives sont assises sur six roues, dont deux motrices ; l'essieu des deux roues motrices est droit et placé sous la chaudière, près de la boîte à feu ; les quatre autres roues, plus petites, sont reliées entre elles par un cadre formant avant-train à articulation indépendante, se mouvant librement autour d'un pivot placé à peu près sous la cheminée et immédiatement en dessous des cylindres.

La chaudière diffère peu des chaudières ordinaires ; quant à la boîte à feu, elle est presque circulaire, et son enveloppe également cylindrique présente un sommet qui se termine en coupole, formant le réservoir à vapeur au-dessus du foyer.

Les cylindres, dont les joints sont formés par le contact des surfaces métalliques raudées, sont appliqués à l'extérieur de la boîte à fumée, dans une position oblique dont l'axe forme avec l'horizontale un angle d'environ 15 degrés. Les pistons transmettent ainsi directement le mouvement aux roues motrices par une bielle ordinaire agissant sur un pivot enchâssé dans le moyeu des roues et remplaçant les manivelles de l'essieu coudé qui se trouve ainsi supprimé.

Cette disposition a pour résultat de mettre tout à fait en évidence le mécanisme du mouvement des pistons, des tiroirs et des pompes, qui ne présentent plus de difficultés pour les réparations et le graissage. Le châssis extérieur qui entoure les locomotives ordinaires est remplacé par un châssis intérieur, de sorte que les roues motrices font saillie. Le diamètre des cylindres varie de 0,226 à 0,317, sur 0,455 à 0,505 de course, celui des roues motrices ne dépasse jamais 1,220.

La locomotive dont nous venons de donner sommairement la description est spécialement affectée au transport des voyageurs ; on en construit d'autres plus fortes, d'après le même système pour servir au transport des marchandises. Elles diffèrent des premières en ce que, indépendamment de l'augmentation de diamètre et de course de cylindre, elles ont au lieu de deux, quatre roues motrices qui sont accouplées par un système remarquable de bielles à double articulation. M. William Norris a exposé à cet effet un système de train mobile en tous sens.

Ce système de train, qui s'applique aux locomotives à huit roues, réunit l'attelage de quatre roues motrices au lieu de deux : ce qui donne quatre points de contact sur les rails, et diminue ainsi le rapport de dégradation de la route de moitié.

Son principal caractère distinctif est d'être mobile en tous sens, pour franchir, sans sortir de la voie, tous les obstacles et inégalités de la route.

L'adhésion des quatre roues motrices se partageant également le poids de la machine sur les rails, et reliées ensemble par des bielles à rotule, permet de monter des pentes plus rapides qu'avec les locomotives ordinaires, et de traîner de plus fortes charges.

Cette disposition de train est telle, que lorsque l'une des quatre roues se trouve élevée ou abaissée du niveau du rail par un obstacle imprévu, les trois autres roues y posent d'aplomb et ne peuvent jamais en sortir. Ce train étant à pivot, comme celui de devant (voir la gravure), permet à la locomotive de parcourir des courbes à petit rayon. Ce train s'applique de même aux machines à six roues motrices reliées aussi par des bielles flexibles en tous sens, et donne l'avantage de pouvoir partager également, ou dans un rapport donné, tout le poids de la locomotive sur les trois essieux, qui possèdent ainsi toute l'adhérence de la machine.

M. Norris qui a pris plusieurs brevets de perfectionnement en France a déjà construit, d'après ce système, 229 locomotives réparties à peu près comme il suit, savoir : 135 aux États-Unis, Canada et Havane : 39 en Autriche, 23 en Prusse, 13 en Angleterre, 19 pour la Belgique, l'Italie, le Wurtemberg (Stuttgard), et une seule en France sur le chemin de fer de Montpellier à Nîmes.

Tels sont, d'après M. Poncelet, ingénieur belge, dans son rapport au gouvernement, les avantages réalisés par les locomotives Norris :

1° Par la mobilité de l'avant-train, elles sont parfaitement disposées pour le parcours des courbes à petit rayon. 2° Elles possèdent une grande force de traction, parce que le diamètre des roues motrices est très-petit, et que c'est sur elles que reposent plus des deux tiers du poids total de la machine. 3° Par la même raison, ces machines ont une très-grande puissance d'action sur les rampes et sur les rails rendus glissants par le verglas, la neige, etc. 4° Elles se meuvent et s'arrêtent avec facilité, d'où il résulte une économie considérable de temps sur les lignes où les stations sont placées à de courtes distances l'une de l'autre, et surtout où elles sont établies sur des parties en rampes. 5° L'essieu coudé, si coûteux et si exposé à des ruptures, est remplacé par un essieu droit. 6° Le mécanisme étant placé à l'extérieur, peut être surveillé facilement. Le machiniste pouvant embrasser d'un seul coup d'œil toutes les pièces, le mouvement des glissières, des tiroirs, des pompes, des leviers, etc., est en état de remarquer immédiatement la moindre irrégularité. 7° Il est essentiel de constater un autre avantage, c'est que, par suite du petit diamètre des roues et la suppression des manivelles au milieu de l'essieu moteur et de la chaudière, le centre de gravité de la machine se trouve considérablement descendu. Après d'autres considérations favorables au système Norris, M. Poncelet ajoute que ses machines exigent fort peu de réparations, et qu'elles fonctionnent plusieurs mois consécutifs sans être mises un seul jour hors de service.

La fabrication des machines locomotives est aujourd'hui acquise à nos ateliers; presque tous s'y sont essayés, et la plupart y ont réussi. Néanmoins cette fabrication est entravée par le peu de demandes, et par l'insuffisance de la protection. Mais les débuts de plusieurs ateliers dans cette fabrication, et notamment de ceux du Creuzot, ont démontré que la même perfection pouvait être atteinte en France aussi bien qu'en Angleterre, dès que les demandes pourraient les mettre à même de s'organiser. Les adjudications publiques qui ont eu lieu ont démontré en outre que nous pouvions fournir ces machines à des prix égaux au prix de revient des provenances anglaises.

Parmi les chemins de fer qui ont fait les premiers efforts pour s'affranchir de l'étranger pour leurs constructions, nous devons citer en première ligne le chemin de Saint-Étienne à Lyon. Avec des moyens plus que modestes, mais guidé par une expérience éclairée, ce chemin a construit plusieurs excellentes machines qui ont permis de donner aux convois plus de vitesse et de les conduire plus haut qu'on ne l'avait fait précédemment. N'oublions pas d'ailleurs que ce chemin de Saint-Étienne à Lyon construisait dès l'année 1830 ses premières machines dont plusieurs existent encore aujourd'hui, et que c'est à l'ingénieur Seguin que sont dues les premières chaudières tubulaires. Ce sont des titres qu'on est trop disposé à méconnaître par suite d'une tendance malheureuse à préconiser les étrangers. Ce chemin, le premier qui ait été établi en France, a eu trop de difficultés industrielles et financières à surmonter, pour qu'on ne sache pas gré à son fondateur de son génie persévérant, et pour qu'on ne doive pas le citer parmi ceux qui ont le plus fait pour cette industrie, ainsi que son habile successeur, Léon Coste, enlevé il y a quatre ans à l'estime et à l'affection de tous les ingénieurs.

Les chemins de fer de Saint-Germain et de Versailles tirent aujourd'hui leurs locomotives du Creuzot.

Les chemins de Lille et de Valenciennes à la frontière belge ont organisé leur service avec des locomotives françaises.

Celui de Bâle à Strasbourg s'est adressé aussi à l'industrie nationale pour la construction de ses machines, qui ont été faites en Alsace par MM. Kœchlin de Mulhouse, Stehelin et Hubert de Bitchwiller, Meyer de Mulhouse.

Mais cette industrie a été arrêtée par la loi de 1840 qui a réduit de moitié les droits sur les locomotives étrangères. Depuis cette époque, les ateliers français n'ont pas livré une seule machine aux compagnies, si ce n'est l'atelier construit spécialement pour les chemins de Paris à Rouen et de Rouen au Hâvre. Pendant cet intervalle il est entré 60 locomotives étrangères.

En résumé, 262 machines locomotives composaient le matériel des chemins de fer à la fin de 1843. Sur ce nombre, 86 étaient françaises; mais elles avaient été commandées avant une diminution de droits dont les conséquences ont été funestes.

MACHINES-OUTILS.

Après les machines motrices, les *machines-outils*, qui sont généralement mises en mouvement par les premières afin d'exécuter un travail déterminé, viennent naturellement se présenter à notre examen.

Le nombre de ces machines-outils est très-considérable, leur but étant des plus variés; nous les classerons en divers groupes suivant leurs divers usages manufacturiers, en commençant par les machines-outils des ateliers, c'est-à-dire celles qui sont employées par les constructeurs pour travailler les métaux.

Parmi ces machines d'ateliers, nous citerons d'abord celles qui sont directement liées au moteur, de telle sorte que l'un et l'autre ne font en quelque sorte qu'un même appareil. Lorsque l'action à exercer est très-simple, on a pu en effet mettre à profit l'effort immédiat de la vapeur: ainsi, par exemple, pour percer des tôles, on a employé depuis longtemps l'action directe d'un piston, qui, recevant l'action de la vapeur, transmet à la tige ou à un levier en rapport avec elle la puissance nécessaire. Cette action directe de la vapeur a été mise à profit dans deux outils exposés par le Creuzot et déjà connus sous la dénomination de *marteau-pilon* et de *machine à river*.

Le marteau à vapeur, pour lequel MM. Schneider, du Creusot, ont pris un brevet d'invention en 1841, se compose d'un cylindre à vapeur à simple effet, avec un piston dont la tige traverse le fond du cylindre pour être fixée à un mouton auquel on peut adapter différents marteaux ou étampes. Ce cylindre est monté sur une charpente en fonte qui sert de coulisse au mouton. Un tiroir sur deux ouvertures, une manette et des tasseaux déterminent la vitesse et la hauteur de levée; un rochet sur l'un des côtés du mouton sert à le tenir suspendu. Dans l'appareil qui est soumis à l'Exposition, le mouton pèse 1,000 kilogrammes, et la levée maximum est de 1ᵐ 80.

Plusieurs autres marteaux semblables ont été construits au Creuzot avec des poids et des hauteurs différents. Ainsi, dans les ateliers de cette usine, un mouton de 1,500 kil. et de 1 mètre 50 centimètres de levée, a été substitué, à raison des avantages qu'il présente, à un ancien marteau frontal pour le forgeage des fers de quatre feux d'affinerie au bois et des plaques pour grosses tôles, et un autre marteau du poids de 5,000 kil. et de 2 mètres de levée est employé depuis plus de trois ans d'une manière continue pour la confection des grosses pièces de forge.

La marine royale a fait construire pour Rochefort et vient de commander pour Guérigny des marteaux de même puissance que ce dernier.

Les avantages de ce marteau, comparés aux divers systèmes précédemment employés, sont les suivants:

1° Il frappe toujours verticalement, ce qui est d'une importance capitale, surtout pour les pièces larges, d'une épaisseur proportionnellement faible, et permet d'étamper facilement toute espèce de formes et de percer aisément des trous de toutes dimensions; ainsi dans les manivelles de quatre cent cinquante chevaux, des trous de 0ᵐ36 de diamètre sur 0ᵐ40 d'épaisseur ont été percés en douze chaudes seulement.

2° On peut instantanément et à volonté étendre ou limiter l'action de ce marteau, le laisser tomber brusquement de toute sa hauteur et de tout son poids, ou réduire la levée, modérer sa chute, l'interrompre même subitement, et tenir le marteau suspendu; en un mot, le machiniste est maître de ce puissant instrument autant qu'il le serait du poids le plus léger manié à la main.

3° L'approche et le maniement des pièces est plus facile que sous tout autre marteau, et ne présente plus aucun danger pour les ouvriers.

4° Avec ce système, le poids et la puissance du choc ne sont plus limités, et dès lors on peut obtenir un effet suffisant pour forger et souder à cœur les plus grosses masses. C'est ainsi que les manivelles des appareils de quatre cent cinquante chevaux, prises dans des paquets carrés de 0ᵐ90 de côté, reçoivent sous le choc une empreinte égale du côté de l'enclume et du marteau, en sorte que le forgeage des grosses pièces ayant été jusque-là le plus grand obstacle à la construction des plus grands appareils, on peut dire aujourd'hui qu'il n'y a plus de limites d'exécution pour la puissance des machines à vapeur.

Sous ces divers rapports, l'établissement de ce nouveau marteau, dont l'idée paraît fort simple, mais dont l'application a présenté d'immenses difficultés, a été *un immense service rendu à l'industrie.*

L'invention en est due à M. Bourdon, ingénieur en chef des ateliers de construction du Creuzot. Dix mois après son établissement, un ingénieur anglais, M. Naysmith, l'ayant vu fonctionner au Creuzot en 1842, s'est empressé de prendre un brevet pour l'Angleterre et plusieurs autres pays où l'usage s'en généralise.

Machine à percer et river les tôles. — Cette machine est destinée à réunir les tôles et fers d'angle par des rivets ordinaires ou des rivets de fer rond, à chaud ou à froid.

Elle agit par compression et remplace le procédé long et dispendieux du martelage des rivets. Elle se compose d'un socle en fonte à l'extrémité duquel est implanté verticalement un fort poteau en fer forgé qui porte une matrice sur laquelle devra reposer une des extrémités du rivet à fixer; vis-à-vis, et à quelques centimètres, est placé le *tas* correspondant, porté par une pièce de fonte articulée dans le socle. A l'arrière est une autre pièce en fonte solidement maintenue dans une position verticale par deux tirants qui se rattachent au pied du poteau de fer. Entre ces deux pièces est établi un cylindre à vapeur à simple effet, dont le piston est réuni par une tige à deux leviers à charnières qui relient les sommets des deux montants de fonte. Lorsque la vapeur est admise sous le piston, au moyen d'un petit levier mû à la main, la tige de ce piston s'élève et tend à ramener en ligne droite les deux leviers supérieurs, en forçant le montant articulé de se rapprocher du poteau de fer. La pression exercée par ce mouvement dépend du diamètre du piston, comme aussi de la pression de la vapeur et de la grandeur et durée de l'ouverture d'admission donnée par le tiroir, pressions et ouvertures qu'on peut modifier à volonté suivant les besoins du travail.

L'idée principale de cette machine, qui est due à M. Bourdon, consiste en une distribution de vapeur analogue à celle du marteau vertical, et son application directe pour la pression des rivets, comme aussi dans la disposition de l'ensemble, et en particulier des leviers.

La machine agit sans choc, par mouvements réglés à volonté par le riveur, avec une puissance variable suivant les besoins, et surtout avec la faculté de contenir la pression exercée sur le rivet aussi longtemps qu'il peut être utile.

L'effet exercé pour serrer le rivet peut ainsi dépasser la limite que l'on obtient au marteau à main, et avec plus de régularité de travail on obtient une économie et une promptitude de main-d'œuvre considérable, dans une spécialité dont l'outillage jusqu'ici n'avait pas reçu de perfectionnements en rapport avec ceux introduits dans les autres parties des ateliers de construction.

La même machine peut être employée à des usages différents, tels que dresser des rails, étamper les fers, fabriquer les boulons et écrous, en changeant seulement les outils de rapport adoptés au poteau en fer et au montant articulé; et ses services, ainsi généralisés, deviendront, pour diverses applications, d'une haute importance.

Les ateliers de construction n'avaient encore, il y a quinze ans, un outillage très-simple: cet outillage se composait de tours à pointes, pour tourner toutes pièces cylindriques; de tours à plateaux pour les roues d'engrenage et les diverses pièces telles que coussinets, soupapes, etc., tours employés également à dresser certaines surfaces; enfin les alésoirs pour les cylindres à vapeur, corps de pompes, etc. C'est à peine si quelques ateliers joignaient à ce matériel quelques outils spéciaux, tels que machines à tarauder, à fileter, à diviser.

La première introduction de quelques machines-outils eut lieu en 1833, dans les ateliers de Chaillot; c'étaient des machines à planer et à buriner des tours automoteurs, c'est-à-dire dans lesquels l'outil travaillant reçoit le mouvement de la machine elle-même, de sorte que le travail, commencé dans une certaine direction, se continue de lui-même et sans l'intervention de l'ouvrier qui n'exerce plus qu'un travail de règlement et de surveillance. L'usage de ces outils de précision s'est tellement répandu en France qu'il n'est possible ni de bien construire ni de construire économiquement sans leur intervention. Ainsi les ateliers qui consommaient annuellement un très-grand nombre de limes, ont substitué à cette dépense coûteuse l'emploi des outils-burins dont les machines-outils sont généralement armées et dont l'entretien est très-peu coûteux. Aujourd'hui notre industrie est heureusement arrivée non-seulement à employer ces outils, mais à les construire à des prix accessibles à tous, et souvent même à améliorer eurs formes comparativement aux modèles anglais, qui ont ervi de types.

Les machines à planer sont sans contredit les plus importants de ces outils. Leur but est de dresser toute la surface, soit isolée, soit dans une position déterminée relativement à d'autres; et pour l'atteindre on attache la pièce à travailler sur une table mobile qui reçoit ensuite un mouvement de va-et-vient à l'aide duquel un outil en acier entame et burine le métal soumis à son action. Un mécanisme particulier détermine et règle l'*avancement latéral et la course* de cet outil.

Les dimensions des machines à planer sont très-variables; il y en a qui se manœuvrent à la main et servent à planer les très-petites pièces qui se travaillaient exclusivement à la lime.

Viennent ensuite les machines à mortaiser et à parer, dont l'outil revirant un mouvement de va-et-vient vertical agit sur la pièce qui lui est présentée, fixée sur un plateau horizontal, lequel reçoit lui-même divers mouvements de manière à déterminer des tailles droites ou courbes.

Ces machines et beaucoup d'autres, dont le but est également de travailler les métaux à froid, ont été portées à des dimensions énormes pour la confection des grands appareils de navigation. La fabrication des locomotives et des métiers à filer le lin est également un des mobiles qui développent le plus aujourd'hui l'usage de l'outillage perfectionné.

M. Calla a exposé plusieurs machines-outils de grande dimension; nous citerons un tour parallèle de 5 mètres 50 centimètres de longueur, de formes simples et très-solides, combiné pour former les filets des vis et écrous, et qui se recommande par des dispositions très-remarquables dans le porte-outil à glissière;

Une machine à planer à deux outils mobiles, mue par un double système de chaînes, dans laquelle tous les grands mouvements s'opèrent sans le secours de la main de l'homme; de telle sorte qu'une table en fonte de 5 mètres de longueur et de 1 mètre 50 centimètres de largeur, étant convenablement assujettie sur cette machine, et les outils en acier qui doivent enlever l'excédant du métal étant une fois convenablement réglés par l'ouvrier qui dirige l'appareil, tout le travail s'effectue par l'action du moteur mécanique, et ne cesse que lorsque la surface de la table offre un plan parfait.

La plate-forme de cette machine à planer est divisée en plusieurs parties indépendantes l'une de l'autre. Les deux divisions principales sont disposées de manière à n'offrir qu'un seul et même plan, ou bien, si le travail l'exige, deux plans parallèles, mais à des hauteurs différentes.

Deux autres machines à planer, du même constructeur, mais de petites dimensions, ont été aussi placées dans les salles de l'Exposition; l'une d'elles est disposée pour être mue à bras, et sera d'un grand secours pour les petits ateliers.

M. Calla expose aussi deux machines à percer et couper les tôles, dont l'une est de très-forte dimension, et peut percer à froid, et d'un seul coup de poinçon, des trous de 4 centimètres de diamètre dans des tôles de 2 centimètres d'épaisseur. Ces deux machines présentent une disposition toute nouvelle, très-simple et très-importante; cette disposition consiste en une cale mobile qui, s'introduisant entre le porte-poinçon et l'appareil moteur, à la volonté de l'ouvrier, permet de conserver constamment en mouvement tous les organes moteurs de la machine, et notamment le volant, véritable magasin de force, à la disposition constante de l'opération, tandis que l'action du poinçon, suspendue ou rétablie, à la volonté de l'ouvrier, lui donne tout le temps nécessaire pour bien présenter la feuille de tôle sous le poinçon ou entre les lames de la cisaille.

L'objet capital de l'exposition de M. Calla est un grand tour à plateau de grande dimension. Dans ce tour, des pièces de 2 mètres de diamètre peuvent être admises, non par l'effet d'une grande élévation de l'axe du tour au-dessus de son banc, mais au moyen d'un plus grand écartement des jumelles de ce banc; de sorte que l'angle supérieur du triangle formé par l'axe et les deux arêtes du banc est très-obtus : on conçoit combien cette disposition présente de stabilité et de résistance à toute vibration. Ce tour est destiné à tourner les grandes et petites roues de locomotives, soit séparément, soit montées sur leur essieu; mais il peut être appliqué à tous les grands travaux de la construction des machines.

Nous donnons les dessins de la machine à couper et percer les tôles, ainsi que d'une petite machine à planer.

M. Pihet a produit une exposition non moins brillante d'outils: c'est d'abord un tour de dix mètres de longueur; nous en donnons aussi le dessin. M. Pihet a déjà fourni plusieurs tours semblables aux ateliers de la marine royale. Ils sont destinés à tourner les plus grands arbres des machines à vapeur transatlantiques, de quatre cent cinquante chevaux et plus. C'est la pièce la plus considérable de l'Exposition. Nos constructeurs n'auraient pas cru, il y a quelques années, faire une pièce semblable. Le poids du banc est de 10,000 kilogrammes, celui des autres pièces de 9,800. Ainsi, ce tour pèse 19,800 kilogrammes. Il a été fait par un outil encore plus grand. M. Pihet a dans ses ateliers une machine à raboter de 14 mètres de longueur et trois mètres de largeur.

Viennent ensuite : une machine à diviser et tailler les grands engrenages, destinée aux ateliers de la marine de Brest, pour tailler des roues droites et d'angle jusqu'à cinq mètres de diamètre sur trois de largeur de dents au moyen de fraises. La perfection et surtout l'économie apportée à la taille des engrenages doivent en généraliser l'emploi, la marche régulière de ces roues exigeant moins de force motrice que les roues à dents brutes de fonte.

Une machine à tailler les têtes de boulons et écrous employée dans les ateliers de M. Pihet, et fonctionnant chez d'autres constructeurs. Les résultats qu'on en obtient la rendent indispensable dans les ateliers de construction.

Deux machines à tarauder les boulons et écrous.— Ces machines procurent une économie notable sur les taraudages à la main, et les produits qu'on en obtient sont d'une grande régularité.

Légende du tour parallèle de Pihet.

Fig. 1re. Élévation latérale donnant l'ensemble de la machine.
2e. Plan général.
3e. Vue en bout de la poupée et coupe du banc.
4e. Vue en bout de la contrepointe ou poupée mobile et du banc.

A. Banc du tour d'un seul morceau de 10 mètres de longueur. Les deux parties supérieures dressées bien parallèlement l'une à l'autre.

B. Poupée fixe montée à l'extrémité du banc et tenue par 4 boulons.

C. Contrepoupée portant la vis de butée de l'arbre D.

D. Arbre en fer portant le mandrin ou plateau du tour E.

Ce mandrin porte un cercle intérieur denté qui reçoit la commande du pignon F, monté sur l'arbre G; cet arbre porte une roue H, commandée par le pignon I, fixé sur la même douille J que les poulies K' et K, recevant le mouvement du moteur.

L'arbre G porte en outre trois pignons L L' L", engrenant avec la roue M, qui servent à varier la vitesse; quand on veut commander par l'arbre du tour, alors on dégrène le pignon F pour pouvoir se servir des trois pignons. L'arbre G est monté sur un châssis en fonte M, pivotant sur le boulon O du support P : ce châssis se fixe après la poupée par les deux tirants Q.

Quand on veut faire marcher le tour sans le concours des engrenages, on se sert des deux poulies R R montées sur l'arbre du tour.

Mouvement du chariot.

Sur l'arbre du tour D est fixé un pignon S commandant une roue T; cette roue est fixée sur une douille U montée sur un tourillon; sur cette douille sont montées les deux poulies V V commandant les deux poulies V' et V'; ces deux poulies sont calées sur la douille *d*, la roue d'angle X qui commande X' commandant elle-même X". Au milieu de ces deux roues est un manchon Y qui, embrayé avec la roue d'angle X, fait tourner l'arbre Z d'un sens, et, embrayé avec la roue X", le fait tourner de l'autre, ce qui donne un mouvement de va-et-vient au chariot (*a*), au moyen de la vis sans fin (*b*) qui commande la roue de vis sans fin (*c*) montée sur l'arbre (*d*). Cet arbre porte un pignon (*e*) qui commande la roue (*f*) montée sur l'arbre (*g*) portant un pignon qui s'engrène avec les crémaillères (*i*).

(*j*) Supports du bout de l'arbre portant les trois roues d'angle.

(*j'*) Support de l'extrémité du bout de l'arbre.

(*h*) Support de la vis sans fin.

Contrepointe.

(*l*) Contrepointe.

(*m*) Support de ladite.

(*n*) Arbre de la contrepointe.

(*o*) Vis de la contrepointe.

(*p*) Volant.

Le support de la contrepointe porte un arbre (*q*) sur lequel est monté un pignon engrenant avec les crémaillères. En tournant la manivelle (*r*) on fera donc avancer ou reculer la contrepointe.

(*s*) Semelle servant à fixer la contrepointe après le banc au moyen des boulons *tt'*.

Les ateliers de M. Decoster ne jouissent pas d'une réputation moins méritée pour la construction des machines-outils. Celles qui sortent de ses ateliers obtiennent une grande faveur. Beaucoup de nos établissements de construction en sont munis. On peut citer principalement ceux de l'administration royale des diligences à Paris, de la fonderie de Ruelle, près Angoulême, et du ministère du commerce pour l'école d'Aix, ceux de MM. Derosne et Cail, Perrot, Mullot, Pauwells, Chapelle, Sthehelin et Hubert, Mazeline, du Hâvre, Bainée, Bruneaux, de Réthel, de la Ciotat, etc.

M. Decoster a exécuté plus de quarante machines à planer pour dresser des plateaux de toutes les dimensions justifiées à sept mètres de long sur deux de large. La machine à percer qui est à l'Exposition a été exécutée plus de cent fois pour des ateliers divers. Tous ces outils ont été plus ou moins modifiés et perfectionnés par lui. M. Decoster s'est surtout attaché à les rendre simples, commodes, en multipliant leur service. Il n'a cessé de perfectionner sa machine à percer depuis qu'il la construite pour la première fois. On peut dire qu'elle n'a aujourd'hui de rivale nulle part pour les commodités et les facilités qu'elle offre dans le travail. Elle peut servir à aléser comme à percer. M. Decoster a aussi imaginé un alésoir propre à aléser plusieurs trous de divers diamètres sans déranger la pièce, de manière à conserver rigoureusement le parallélisme des trous. Il a exposé en outre une machine à mortaiser d'un système entièrement nouveau. Enfin il faut citer le diviseur universel qui figure à l'Exposition sur sa machine à diviser les engrenages. Il ne forme, comme on peut le voir, qu'un certain nombre de coins, placés sur une même ligne que l'on peut allonger ou resserrer à volonté de manière à diviser régulièrement une longueur quelconque en tel nombre de parties que l'on voudra. Ce système a pour objet de remédier à l'imperfection ordinaire et presque inévitable qui se rencontre malgré tous les soins qu'on peut y mettre dans la division des plates-formes pointées qui servent sur les machines ordinaires à guider les engrenages que l'on veut diviser. Ceux qui savent combien la division régulière des plates-formes offre de difficultés pour certaines dentures d'engrenage, apprécieront l'utilité de cette invention. Sur la machine exposée par M. Decoster, les coins sont disposés en ligne droite. M. Decoster s'occupe en ce moment de la construction d'une autre machine où ils seront disposés sur une ligne circulaire de manière à offrir plus de facilités dans l'exécution.

Ajoutons que, soit en simplifiant les outils, soit en les construisant par des procédés meilleurs, M. Decoster est parvenu à les livrer à des prix de plus en plus réduits.

M. Bainée, de Paris, expose une cisaille à chariot qu'il a perfectionnée.

Une expérience de vingt-cinq années prouve que cette cisaille est indispensable aux fabricants de serrurerie, aux marchands de métaux, aux quincailliers, pour couper de la tôle, du cuivre ou du zinc. Elle peut couper jusqu'à 7 millimètres d'épaisseur de tôle dans toute la largeur de la feuille, ou 14 millimètres de cuivre. Ce précieux outil peut être mû par un homme seul, et même par un apprenti.

Il y avait à l'Exposition plusieurs machines pour fabriquer les clous. Les machines exposées par M. Frey fils, de Belleville pour fabriquer les clous d'épingle, rivets et becquets, ont servi de modèle à un grand nombre des grandes fabriques de France, notamment à la fabrique d'Angoulême et à celle de la Société anonyme de la Dordogne, sous la direction de MM. Festugières frères. M. Frey en a déjà livré une soixantaine au commerce.

A la simplicité du mécanisme se joint la bonne exécution des pièces qui toutes exigent beaucoup de solidité pour ne pas se déranger dans un travail aussi compliqué. M. Butt et M. Vaché, de Paris, avaient également exposé des machines à clous d'épingles. M. Guimbal-Lhéritier, d'Issoire (Puy-de-Dôme), avait joint aux clous-becquets qu'il a envoyés le plan de la machine avec laquelle il les fabrique.

M. Rouffet, de Paris, qui entend parfaitement la disposition des machines-outils, a exposé un tour et des machines à percer qui se font remarquer par l'heureux agencement des pièces; M. Margoz, de Paris, des tours d'une bonne disposition; M. Lemarchand, de Paris, des tours avec leurs accessoires, tels que chariot-support et mandrins; M. Garnache-Barthod, aux Seignes des Gras (Doubs), un tour universel, une machine à tondre, un outil à tailler, un outil à justifier, etc.; M. Gloriod, aux Seignes des Gras (Doubs), un tour universel, une machine à tailler, un compas aux engrenages, un tour à roue, etc.; M. Bodin, de Metz, des tours, filières, rabots, et autres instruments de mécanique; M. Darbo, de Paris, des tours en cuivre; M. Armand Clerc, directeur de l'École d'enseignement pratique destinée aux orphelins pauvres pour l'exécution des outils d'horlogerie, des petits tours, filières, tarauds et outils de précision; M. Britz, de Paris, un tour et ses accessoires; M. Jolliot, de Paris, des tours et meules marchant au pied et à la main; M. Roignot, de Belan-sur-Ource (Côte-d'Or), un foret vertical pour la perforation des métaux; M. Mollard, de Vienne, une machine à fileter, tourner, percer et aléser le fer; M. Gonet, aux Thernes, près Paris, des découpoirs à levier concentrique d'une grande force; M. Larcin, de Paris, une machine à percer; M. Mariotte, de Paris, diverses machines-outils, telles que machines à planer, à tailler les écrous, scie circulaire; M. Montillier, de Paris, des presses et des filières; M. Cheret, de Paris, des filières; M. Pladis, de Paris, une bonne machine à cintrer le fer; M. Viguié, des plans de machines propres à la coutellerie, et une machine à forger l'acier des lames à froid; M. Minier, de Rouen, une machine servant à dresser les métaux; M. Bourdeaud, d'Excideuil, un appareil à battre les faux; M. Binder, un cric d'un nouveau système.

MACHINES POUR LA FILATURE ET LE TISSAGE.

Le système automatique pour la filature et le tissage des étoffes a produit une véritable révolution dans l'industrie. Rien de plus admirable, sous le rapport mécanique, que ces doigts et ces bras de fer qui préparent les matières textiles et les tordent en fil continu, obéissant dans leurs mouvements variés au moteur artificiel qui semble leur communiquer la vie et l'intelligence. Maintenant encore nous voyons ces machines complexes et multiformes, qui semblaient parfaites, se perfectionner chaque jour dans leurs détails infinis.

Les machines relatives à la mise en œuvre des différentes matières textiles étaient en effet assez nombreuses à l'Exposition.

Commençons, pour procéder par ordre, par les cardes et les peignes, qui ne sont que les outils du système. La fabrication des cardes avait déjà, en 1806, une grande importance dans le département du Nord; les fabriques de Lille fournissaient alors toutes les garnitures des machines de Mather et de Cockerill, que l'on établissait en France pour le cardage du coton et des laines. Tout le travail se faisait à la main, lorsqu'en 1821 la maison Scrive frères importa d'Angleterre la machine ingénieuse à bouter, qui devint bientôt d'un usage général en France. Lille possède plusieurs fabriques de cardes: celle de MM. Scrive frères est la plus importante du royaume et occupe cent vingt-cinq métiers; celle de M. Malmazet aîné occupe vingt métiers; celle de M. Decarnier en occupe quinze; les autres ont pris moins de développement. Le produit annuel de la fabrication des cardes dans le département du Nord est d'environ 1 million.

La fabrication des cardes n'est pas moins répandue dans les départements de la Seine-Inférieure et de l'Eure. M. Hache-Bourgeois, de Louviers, s'est dès longtemps placé au premier rang dans la fabrication des cardes; non-seulement il a introduit dans son vaste établissement toutes les inventions étrangères, mais il a contribué lui-même à perfectionner les procédés connus. Il en faut dire autant de M. Miroude, de Rouen, dont la fabrication a pris une extension considérable, et dans les ateliers duquel une machine à vapeur fait marcher un grand nombre de machines à plaques et à rubans qu'il fait exécuter lui-même avec des soins particuliers. MM. Papavoine et Châtel, et M. Michel, également de Rouen, avaient exposé des machines ingénieuses; les premiers pour égaliser les cuirs des cardes, pour égaliser et aiguiser les dentures des rubans de cardes; le second pour bouter les plaques de cardes. Nous avons distingué aussi des cardes de M. Fumière, de M. Foucher, de Rouen, et de M. Mercier, de Louviers.

MM. de Bergue, Desfrièches et Gillotin possèdent à Lisieux un des établissements les plus considérables pour la fabrication des peignes à tisser; ils font usage des procédés les plus ingénieux dans ce travail qui exige tant de précision; ils fabriquent également des maillons métalliques pour le tissage des étoffes.

Les peignes en acier de MM. Chatelard et Perrin, de Lyon, pour la soie, jouissent d'une juste réputation, et s'exportent en Italie; ces industriels sont arrivés à introduire jusqu'à deux cent dix dents aux pouce linéaire, ce qui permet, dit-on, pour la fabrication des soies destinées à la bluterie, une finesse de quarante-quatre mille orifices au pouce carré.

Parmi les fabricants des autres départements, M. Espinasse, de Toulouse, M. Sehet, de Soubès (Hérault), M. Wehrlin, de Nancy, MM. Perot et Poitevin, de Liancourt, avaient exposé des cardes bien exécutées.

M. Joly, de Saint-Étienne, avait envoyé un peigne pour la fabrication de la soie; M. Havé, de Paris, un peigne pour la filature de coton; M. Lesage, également de Paris, deux peignes à carde.

Venons maintenant aux machines proprement dites, à celles qui font partie du système automatique de la manufacture du lin, de la laine ou du coton.

Il ne paraît plus contestable que la filature mécanique de lin soit d'origine française: cela résulte de l'ouvrage sur l'industrie française, publié par Chaptal au commencement de la Restauration. Voici ce qu'on y lit: « Pour appliquer la mécanique à la filature du lin, il fallait commencer par dissoudre le *gluten* qui lie les brins qui forment un filament; et je ne connais que M. Ph. de Girard qui s'en soit utilement occupé. Cette opération préliminaire est indispensable pour la filature fine, et elle est avantageuse pour la grossière. Un établissement fondé sur ce principe avait été formé à Paris, sous la direction de M. Girard; mais le gouvernement d'Autriche a enlevé cet habile artiste à la France, et il vient d'établir cette industrie en Allemagne, près de Vienne; les produits qu'il avait obtenus chez nous jouissaient déjà d'un grand crédit dans nos fabriques; il filait à volonté depuis le plus gros *numéro* jusqu'au fil de dentelle. » Malheureusement nous n'avons pas su accueillir cette première invention. Les Anglais se mirent à l'œuvre, et, en peu de temps, fabriquèrent des machines perfectionnées et revendiquèrent l'honneur d'avoir résolu le problème de la filature du lin. Plus tard enfin, plusieurs manufacturiers français, parmi lesquels nous pouvons citer M. Feray, d'Essonne, près Paris, et MM. Scrive, de Lille, firent des voyages en Angleterre, et parvinrent, non sans peine, à rapporter en France, et pièce à pièce, les métiers anglais destinés à filer le lin. La filature du lin par machines fut donc de nouveau réintégrée dans son ancienne patrie. Telle est, en peu de mots, l'histoire de la filature du lin par machines [1].

L'Exposition nous a montré plusieurs machines destinées à la filature du lin. Le système a été, depuis 1839, sinon changé dans son principe, au moins modifié assez profondément pour que la plupart des établissements aient été obligés de renouveler leur matériel.

Mais, avant de parler de ces nouvelles machines, il nous faut citer, dans l'ordre naturel du travail, une machine à teiller le lin et le chanvre. Cette machine, imitée, croyons-nous, d'une machine polonaise, est d'une grande importance. Elle a été exposée par M. C. Martens, de Paris. Son prix modique, la quantité d'ouvrage qu'elle fait sans déchet en n'exigeant que la force d'un homme, la distinguent des machines et des essais qu'on a tentés jusqu'à ce jour. Son système consiste en deux plateaux en fonte garnis de lames; chaque plateau est monté sur un arbre en fer, tournant en sens contraire l'un de l'autre; les lames, de forme triangulaire, se croisent et fouettent le lin en lui faisant décrire un serpentage continuel. Cette disposition s'applique au chanvre comme au lin. On le teille dans toute sa longueur sans le couper. Il faut espérer que ce système s'introduira en France. On commence à s'en servir en Irlande : on sait que, dans ce pays, le teillage ne se fait que mécaniquement; les agriculteurs font teiller leur lin dans des établissements spéciaux, de même qu'ailleurs on fait moudre les grains.

Le lin dans cette machine est serré dans des pinces par des enfants : ces pinces, au nombre de trois ou quatre, s'ôtent et se remettent avec la plus grande facilité, et rendent le travail de la machine continu.

Parmi les machines destinées à la filature du lin, on remarquait surtout celles de MM. Nicolas Schlumberger, de Guebwiller (Haut-Rhin), qui avaient déjà exposé en 1839 les premières machines à filer le lin. Ces nouvelles machines sont au nombre de deux, une grande carde circulaire pour carder les étoupes, et un banc à broches pour préparer à la filature l'étoupe ou le lin.

La carde de M. Nicolas Schlumberger est la réunion de quatre cardes. Elle est circulaire, avec tambour en fonte. Ces quatre cardes, bien combinées, classées avec méthode et construites très-solidement, séparent les filaments en trois qualités différentes de finesse, travaillent avec plus de régularité que les cardes anciennes, et préparent 500 kil. d'étoupes par jour, au lieu de 90 comme les cardes d'autrefois. Ces résultats remarquables sont surtout dus à deux dispositions de la machine, qui, sans la compliquer, la rendent plus précise et plus puissante, et permettent d'obtenir des produits beaucoup plus réguliers.

Le banc à broches pour préparer à la filature l'étoupe ou le lin renferme 60 broches. Il présente toutes les dernières améliorations faites en Angleterre, combinées avec des perfectionnements nombreux introduits par les exposants eux-mêmes. Cette machine réunit la bonté et la solidité de la construction à l'élégance; elle contient des dispositions dans le mouvement du laminage qui permettent de produire une mèche plus parfaite qu'il n'a été possible de le faire jusqu'à présent, et avec plus d'économie.

Ajoutons que, grâce aux perfectionnements, la broche qui coûtait autrefois 430 fr. de premier établissement, n'en coûte plus que 140 aujourd'hui.

Ces deux machines contiennent en substance toutes les améliorations introduites dans la filature de lin depuis cinq ans, le changement qu'a éprouvé la construction des machines préparatoires dites *étaleur* et *étirage* se trouvant compris dans les diverses parties de ces deux machines exposées. On peut donc dire avec raison que ces deux machines démontrent tout le nouveau système de la filature de lin.

MM. Nicolas Schlumberger et Cie construisent aussi les machines pour filature de coton; ils ont monté de nombreuses et belles filatures tant en France qu'à l'étranger; ils ont occupé jusqu'à 500 ouvriers dans leurs ateliers.

Il est triste d'apprendre, en voyant des machines aussi bien faites, que les ateliers qui les produisent sont aujourd'hui ou fermés ou sur le point de l'être faute de commandes; les filateurs préfèrent encore s'adresser en Angleterre; il faut que la protection vienne à l'aide de nos constructeurs dans l'intérêt de l'industrie nationale.

A côté des machines de M. Nicolas Schlumberger, se faisaient également remarquer celles de M. Decoster, dont nous avons cité plus haut les machines-outils. Le premier peigneur exécutée d'après le système de M. de Girard, et qui paraît généralement remplacée aujourd'hui par la peigneuse Taylor, M. Decoster avait exposé deux belles machines : la première une grande carde imitée des cardes anglaises, comme celle de M. Nicolas Schlumberger, et différant de cette dernière en ce que le tambour est en bois au lieu d'être en fonte; la seconde, un banc à broches. La principale modification faite au banc à broches consiste dans le changement de mouvement de va-et-vient du porte-bobines sur tous les bancs à broches du système différentiel, soit pour lin, soit pour coton ou pour laine. Ce mouvement a été obtenu jusqu'ici au moyen d'une serre à échelle sur laquelle un pignon engrène alternativement en dehors et en dedans. Ce système présente cela de fâcheux, qu'à

---

[1] Il faut lire dans le mémoire de M. de Girard la relation de ses malheurs et la note de ses travaux. Élève de l'école centrale des Alpes maritimes, en 1798, M. Girard obtenait à l'exposition de 1806 une médaille d'argent pour ses tôles vernies, pour l'invention d'une lunette achromatique où le verre était remplacé par un liquide, et pour celle des lampes hydrostatiques. Plus tard, ingénieur en chef des mines de Pologne, il améliora la fabrique de zinc de Dombrowa, tout en suivant le développement de son œuvre de prédilection, la filature du lin, ce qui ne l'empêchait pas d'imaginer ses machines à fabriquer les bois de fusil, des appareils pour l'extraction du sucre de betterave, un grenier mobile pour la conservation des grains, le chrono-thermomètre de la banque de Varsovie, indiquant à chaque instant, sur un seul tableau, les températures des vingt-quatre heures précédentes, et le météorographe de l'observatoire de Varsovie, qui note, pour chaque instant du jour et de la nuit, sur une feuille de papier, l'état du thermomètre, du baromètre, de l'hydromètre, du pluviomètre, la direction du vent et sa vitesse en mètres par seconde. Ces deux derniers instruments sont dans ce moment soumis à l'examen d'une commission de l'Académie des sciences, composée de MM. Arago, Savary et Boussingault.

M. de Girard avait exposé quelques inventions nouvelles.

chaque retour du pignon, lorsqu'il passe du dehors au dedans de la roue, il y a nécessairement un temps d'arrêt, un point mort, ce qui, dans les machines de ce genre, est un défaut grave, puisque le système à mouvement différentiel ne peut être d'un bon effet qu'autant que le mouvement des bobines se proportionne sans interruption au progrès de leur envidage. M. Decoster a supprimé tout le système de la roue à échelle, et l'a remplacé par un autre, qui donne au porte-bobines un mouvement non interrompu et un retour instantané. On ne trouve quelque chose de semblable à ce système que sur le banc à broches pour coton exposé par M. Pihet.

M. Decoster est un des constructeurs qui ont le plus contribué à l'importation de la filature mécanique du lin en France. Sur les filatures qui existent actuellement en France, il y en a 36 qui ont été montées par lui, dont 25 en totalité.

Il y avait un autre métier à filer le lin qui dénotait aussi une bonne construction; il sortait des ateliers de M. Grünn, de Guebwiller, qui avait aussi présenté une collection de pièces détachées, des roues avec des dents en bois de fil, et une petite machine intéressante pour vérifier la rondeur des broches.

On voyait, à l'Exposition, quelques machines à la main qui avaient encore la prétention de rivaliser avec la filature mécanique, entre autres, une machine de MM. Dujet et Josselin, de Dinant (Côtes-du-Nord), des rouets de M. Pavie, de Vernouillet (Eure-et-Loir).

Bien que la filature du coton et de la laine présentât un intérêt de nouveauté moins grand que la filature du lin, les mécanismes exposés méritaient cependant l'attention par des dispositions de détail ingénieuses qui témoignent de l'esprit progressif de nos constructeurs.

Nous parlons à l'article *laine peignée* de la peigneuse Collier. M. Peltier avait exposé une machine à carder, ancien système de Cockerill, qui a toujours ses partisans. M. Pihet, que nous avons déjà cité pour ses belles machines-outils, nous montrait une carde fileuse pour la laine grasse. Cette machine, construite sur des modèles d'une grande solidité, est appelée fileuse, parce qu'on y a appliqué des cylindres peigneurs garnis de rubans de cardes en forme de bagues, et à distances égales, pour pouvoir détacher sur chacun des peigneurs trente mèches qui, à leur sortie, passent dans des tubes qui leur donnent assez de consistance pour s'enrouler sur un cylindre que l'on porte ensuite au métier à filer. L'emploi de cette carde est devenu assez étendu : elle remplace les enfants qui, dans l'ancien système, réunissaient des mèches d'un mètre de longueur, appelées loquettes; ces jonctions se faisaient généralement mal et produisaient des irrégularités dans les fils. On distinguait aussi les réunisseurs de M. Bruneaux de Rethel qui représentait à lui seul, pour les machines, l'industrie de la Champagne.

M. André Kœchlin, dont la maison est une des gloires de l'Alsace, que nous avons déjà cité pour sa turbine, qui construit des métiers pour les filatures de laine, de coton et de lin, qui file lui-même, avait exposé une série de bancs à broches pour la laine et le coton. Nous devons signaler d'abord le banc à broches pour la laine peignée. Ses broches et ses bobines sont mues par des roues coniques taillées légèrement en hélices, dont les axes, situés dans des plans différents de ceux des pignons pour les bobines et les broches, permettent à ces dernières d'avoir une longueur plus grande qu'avec les roues dont les axes se rencontrent, ce qui en facilite le graissage, et rend leur extrémité supérieure moins sujette à osciller lorsque le chariot de la machine est au bas de sa course. Il diffère des bancs à broches ordinaires pour le coton, en ce qu'il est muni de cinq rangs de cylindres, dont l'écartement peut être réglé isolément pour chaque rang; il en est de même pour les chapeaux. En outre, la pression, qui d'ordinaire reste suspendue sur les cylindres pendant les heures d'inaction et a l'inconvénient de retirer à ceux-ci leur élasticité, peut en être isolée facilement et en quelques minutes sur toute la longueur de la machine, au moyen de leviers à tiges excentriques qui viennent s'interposer entre le porte-cylindre et la pression. Enfin, on remarque dans ce banc une pièce de peu d'importance au premier abord, c'est le coin en fonte qui commande les bobines et qui est tourné à l'intérieur et au dehors; cette innovation a cela de bon pour la vitesse que l'on donne à cette pièce, que l'excentricité n'est plus à craindre, comme cela a lieu avec les sortes de cônes tournés seulement à l'extérieur. Du reste, presque tous les constructeurs ont imité le mouvement brisé qui existait déjà au banc exposé par M. A. Kœchlin en 1839, et qui annule l'effet de rotation que causait le changement de place du chariot dans les anciens bancs; il en a été de même à l'égard du mouvement différentiel que les constructeurs exploitent depuis nombre d'années.

Quant à la filature de coton, M. André Kœchlin avait envoyé un métier continu pour les fils de coton, mais susceptible d'être appliqué aussi à la laine, au lin, ainsi qu'aux fils retors. D'après M. André Kœchlin, les avantages caractéristiques de ce métier sont de donner au fil une élasticité que n'ont pas d'ordinaire les fils continus, et de bien fonctionner à une vitesse de 5,500 tours d'ailettes par minute. Cette élasticité doit être due au peu de tension qu'a le fil au sortir du cylindre, retenu comme il l'est par une molette à encoches qui marche en sens inverse du fil. Cette molette reporte le tors jusque sous les cylindres, et ne laisse la tension au fil que de l'ailette à la bobine, c'est-à-dire une fois qu'il est tordu, ce qui permet à la machine de marcher à une vitesse beaucoup plus grande qu'avec les systèmes ordinaires. Une autre particularité de ce métier continu, c'est d'avoir ses broches fixées et ses ailettes redressées, ce qui fait qu'on peut lever les bobines sans retirer les ailettes, et par là gagner du temps, tout en rendant les ailettes plus solides.

Un banc à broche pour coton, exposé par M. Pihet, et construit sur un nouveau modèle perfectionné, est remarquable par la solidité et l'entente de sa construction. Elle donne aux produits une grande régularité qu'on ne pouvait obtenir avec les bancs à broches à cordes. Les broches en acier fondu étant commandées par engrenages d'angles inclinés, on peut leur imprimer une grande vitesse, et par ce moyen obtenir plus de produits.

MM. Stamm et Cie, constructeurs à Thann, ont exposé un banc à broches et une carde à coton, qui se font remarquer par le fini et la disposition bien entendue des mouvements, et qui offrent quelques dispositions nouvelles. Le banc à broches, dans sa transmission entre l'arbre principal et les bobines, a son cône rendu fixe au moyen d'un chariot à poulies de tension et de renvoi, qui permettent à la courroie de s'allonger et se raccourcir, suivant les diamètres différents du cône qui la commande, ce qui contribue à rendre l'envidage plus régulier. La carde présente cette modification, qu'au moyen d'un mécanisme simple on peut arrêter spontanément les cylindres alimentaires et les hérissons débourreurs, sans arrêter le grand tambour; on évite ainsi le déchet que d'ordinaire on fait chaque fois que, pour l'arrêter, on est forcé d'attendre que la force de volée acquise par le grand tambour soit absorbée par les frottements.

Citons encore les machines envoyées par MM. Scheibel et Loos, de Thann (Haut-Rhin) : le batteur-étaleur pour coton, bien exécuté et modifié par M. Lagoguée, de Macomme (Seine-Inférieure), et le rota-frotteur de M. Fourcroy, de Rouen. Le rota-frotteur, pour préparer le coton sortant du banc d'étirage, n'est guère en usage qu'à Rouen où l'on s'en sert pour les gros numéros et les qualités communes. M. Grünn de Guebwiller (Haut-Rhin), déjà cité plus haut, a exposé un mécanisme pour mener le tambour de Mull Jenny par engrenage. Enfin, M. André, de Thann (Haut-Rhin), a envoyé un manchon à débrayer à friction et à dents, inventé en 1837, et qui est employé généralement dans les filatures, pour transmettre le mouvement du moteur aux cardes à couloirs. Ce manchon a l'avantage sur les débrayages ordinaires à dents, d'éviter les secousses de la mise en train des machines. Il offre en outre cela de particulier, qu'il n'utilise la friction que pour mettre en marche seulement, c'est-à-dire jusqu'au moment où les machines commandées ont atteint leur vitesse normale, et qu'ensuite il rentre dans les conditions des débrayages à dents. C'est la conséquence de sa disposition. En effet, indépendamment de la friction, le débrayage est armé de plusieurs dents, qui viennent s'engrener pour éviter tout glissement, quand, par une raison quelconque, le nombre des machines qu'il doit mener vient d'être augmenté.

M. Duranton (d'Aubusson) avait exposé des volets en fer et régulateurs pour métiers à filer

Il y avait aussi plusieurs machines pour la filature de la soie un tour, une éprouvette, et un croiseur de MM. Millet et Robinet, de Poitiers ; un croiseur mécanique de M. Granad fils, de Trèbes; (Aude) ; un métier à doubler la soie, de M. Robert, de Privas, un moulin à filer la soie, de M. Michel, de Saint-Hippolyte, (Gard) ; une mécanique à dévider la soie, de M. Gand, de Paris; une mécanique à bobiner la soie et le coton, de M. Reymondon, de Paris. Le tour à filer la soie, de M. Michel, mécanicien à Saint-Hippolyte, Gard, résume tous les perfectionnements connus et plusieurs qui sont de son invention. La croisure a pour objet d'exercer une pression réciproque de deux fils l'un sur l'autre, ce qui fait adhérer les brins qui composent chaque fil, pendant que la gomme est encore molle. Cette opération qui donne le nerf, la *tenaison* au fil, qui le rend plus rond, plus homogène, plus régulier, est une des plus délicates et se fait, à la main, d'une manière fort difficile et souvent incomplète, insuffisante. M. Michel adapte à son tour un croiseur mécanique peu coûteux, d'une grande simplicité, qui rend l'opération sûre et l'exécute presque instantanément à tous les degrés. Le va-et-vient, mis en mouvement par un excentrique, fonctionne très-doux, dit le jury départemental, et avec une grande régularité. Il est disposé de manière à faire disparaître le bourrelet qui se forme ordinairement au bord de l'écheveau, et qui est, au devidage, une difficulté et une cause de déchet. L'aspic présente aussi des détails satisfaisants par sa légèreté ; il est dans les meilleures conditions de rotation. Des nervures placées à angle droit sous les rayons lui donnent, de moyens de résistance contre le rétrécissement de l'écheveau, suite de la dessiccation. On a remarqué aussi une machine à ourdir, inventée par M Buffard, de Lyon, ouvrier intelligent, qui a apporté de très-grands perfectionnements dans les opérations les plus importantes de la fabrication des soieries.

Nous signalerons les pièces exposées par MM. Peugeot et Cie, d'Audincourt (Doubs). Ils ont eu l'idée de fonder un établissement spécial pour les objets divers, que l'usage appelle accessoires, et qui entrent dans la composition des métiers à filer la laine, le lin et le coton. Ce sont les broches, leurs supports, les cylindres étireurs, et toutes les autres pièces mobiles qui agissent sur le fil. Tous les objets qui sortent de leurs ateliers sont remarquables par le fini parfait de leur exécution.

M. Cerisiaux, de Paris, M. Lesaye-Castellain, de Lille et M. Briez, de Fréville (Somme), avaient également exposé des cylindres cannelés pour filature.

Nous avons aussi remarqué les cylindres en tôle étamée, exposés par MM. Mesnage et Chapsal, pour les préparations des métiers à filer le lin et le coton; ces cylindres, qui remplacent les tubes en fer-blanc anciennement employés, ont été adoptés par la plupart des grands établissements.

Après les machines pour la filature se présentent naturellement celles pour le tissage. M. André Kœchlin et M. Henri Debergue, ont exposé chacun un nouveau métier. Celui de M. André Kœchlin est un métier à tisser mécanique, à deux coups de battant, destiné à tisser les étoffes serrées de toute largeur, avec encliquetages compensateurs, sans denture sur l'envidage de la toile et le dévidage de la chaîne. Ce métier, par la disposition des agents moteurs du battant, peut être appliqué à toute largeur de toile, par la raison que les bielles brisées, employées à cet effet, ne dépassant jamais la hauteur de la chaîne, permettent qu'on les multiplie à volonté sur toute la longueur du métier. L'envidage de la toile se fait ici d'une manière uniforme, mais toutefois dépendante de la trame, quel que soit le diamètre du rouleau envideur, soit au commencement de la toile, soit à la fin de la pièce. Cet envidage se produit au moyen d'un encliquetage sans denture, à effet instantané, mû par un poids qui toujours se trouve placé, par rapport à la toile, comme s'il y était appendu. Ce poids, qui dans tous les cas doit être proportionné au nombre de fils que l'on veut obtenir sur une longueur donnée de toile, ne suffit jamais pour entraîner la chaîne sans l'aide de la trame, de sorte que toutes les fois que la trame vient à casser, la toile s'arrête. Quant à l'ensouple de la chaîne dont les diamètres varient dans le sens inverse de ceux de la toile, c'est-à-dire qu'elle se vide à mesure que l'ensouple de la toile se charge, sa marche étant réglée par la tension même de la chaîne, son dévidage reste toujours assujetti aux besoins de la toile. Ce dévidage a lieu aussi au moyen d'un encliquetage sans denture, mais qui est ici commandé par l'axe de l'arbre moteur, dont l'effet est limité par le plus ou moins grand tirage de la chaîne; ou si, l'on veut, le moteur aurait la faculté de donner à l'encliquetage son maximum de course, si la chaîne le lui permettait. Un point indicateur de la tension de la chaîne, suivant qu'il se trouve plus ou moins haut placé, interpose entre l'encliquetage et l'agent moteur un plan incliné qui modifie la marche de l'encliquetage, sans cependant que la tension de la chaîne en souffre.

Il y a des étoffes qui, lorsqu'elles sont tissées, exigent encore certaines préparations avant d'être livrées à la consommation. Tels sont les draps. M. Pauilhac, de Montauban, a exposé un nouveau système de tondeuse longitudinale pour les draps. Le drap est maintenu dans un plan horizontal par l'effet d'une tringle placée au derrière de la mâchoire, entre la partie pratiquée dans le porte-lame et la lame femelle. Deux cônes mobiles en bois font obtenir la tonte parfaite des bords sans les couper, lors même qu'ils sont *floches*. Au-dessous de l'appareil tondeur est une brosse fouetteuse qui nettoie le drap à mesure qu'il est tondu, et, faisant tomber le rebut par terre, ne nécessite pas un dérangement continuel pour cette opération indispensable, tandis qu'un rouleau de panne fait le nettoyage de l'envers. Une seconde brosse évasée placée au-dessus du drap replace le poil du drap, et le dispose sans cesse à passer sous la lame pour la tonte continue.

On remarquait plusieurs foulons à drap. Les étoffes de laine exigent, comme on sait, pour être terminées, une opération particulière qui consiste à les comprimer et battre plus ou moins, à l'aide de pilons et de maillets, dans des auges où l'on met de l'eau de savon, des terres argileuses, de l'urine, etc. On cherche à remplacer ce travail par un autre plus logique et plus précis. Il consiste à faire passer le drap entre des cylindres qui tournent avec des vitesses différentes. Non-seulement, dans ce système, le drap est également dans toutes ses parties, mais encore, ce qui est probablement fort recherché des fabricants, on peut obtenir de l'étoffe la plus grande longueur possible. Ces machines sont aujourd'hui très-bien construites par quelques fabricants. Cinq foulons mécaniques figurent à l'Exposition : ceux de MM. Hall, Powel et Scott, de M. Lacroix, de Rouen, qui présentent de bonnes combinaisons, ceux de M. Malteau, d'Elbeuf, de M. André, de Lodève, et enfin celui de M. Benoit, de Montpellier, qui a entrepris, dans son foulon à percussion pondérable, de réunir les avantages de la percussion et de la pression.

Nous avons à nous occuper maintenant des métiers à la Jacquart et de tous les métiers analogues qui servent à la fabrication des brochés de toute espèce, des châles, des rubans, etc., des métiers circulaires à faire les tricots, etc.

Il s'est produit quelques idées nouvelles dans le travail du Jacquart. M. Pascal, de Paris a imaginé de remplacer par une toile métallique convenablement enduite, ces milliers de cartons qui sont vraiment le mauvais côté de cette admirable invention de l'illustre canut. L'idée de M. Pascal nous paraît heureuse; espérons qu'elle sera sanctionnée par la pratique. Mais on parle d'un autre inventeur qui tisse sans cartons, en se servant du cylindre de la serinette. Cette idée n'est pas neuve; mais l'application aux petits dessins en est assez rationnelle. M. Pauly, de Rouen, a exposé une machine dite armure sans cartons, adaptée au Jacquart.

M. Dioudonnat, de Paris, disait le jury de 1839, a peut-être contribué plus que personne à répandre le Jacquart. Il exécute, au moyen d'une machine à vapeur et de mécanismes ingénieux, toutes les parties de ce métier. M. Dioudonnat avait exposé trois machines, divers échantillons de maillons, et un échantillon de fils d'arcade, pour le montage des métiers. La première de ces machines est une petite machine système-clavier, pour lire et percer les cartons des métiers à la Jacquart. Elle a été importée d'Allemagne. M. Dioudonnat l'a perfectionnée. Aujourd'hui on peut percer les repères et les enlaçages en même temps, ce qui évite l'emploi d'une seconde plaque. De plus, il n'est pas du tout nécessaire de se déplacer pour mettre et retirer les cartons à mesure du travail. C'est la meilleure machine de ce genre. Elle rendra de grands services là où les liseurs sont rares, c'est-à-dire presque dans tous les départements manufacturiers. La seconde machine exposée par M. Dioudonnat est un grand *lisage et recopiage*. C'est la machine des grands ateliers. Elle est de l'invention de M. Dioudonnat. Les emporte-pièces sont toujours libres et ne peuvent jamais sortir des plaques. Les poinçons s'arrêtent à volonté. Lorsqu'on veut percer, on tire les cordes du sambic, ou bien par le moyen de la mécanique qu'on fait lever. Telle que M. Dioudonnat l'a faite, cette machine peut aujourd'hui percer huit mille cartons par jour. La troisième machine est un métier du système à la barre pour la fabrication des rubans, des galons et de toute espèce de passementeries. Le battant est mé-

canique; c'est celui-là même qu'on estime tant à Saint-Étienne, et qu'il est si difficile de se procurer.

Il y avait dans la case des successeurs de M. Deneirouse des châles sans envers qui annonçaient une modification dans le travail. Malheureusement l'honorable fabricant n'a point exposé son métier perfectionné.

MM. Boas frères, marchant sur les traces de l'illustre Ternaux, sont parvenus à tisser deux châles à la fois, économisant ainsi la main-d'œuvre d'un châle, et utilisant la laine du découpage. Ils sont de plus, et c'est ce qui féconde leur découverte, parvenus à refendre un châle double et à résoudre ainsi cette partie du problème que cherchait le grand industriel dont nous venons de rappeler le nom. MM. Boas, comme M. Deneirouse, n'ont cru devoir exposer ni leur métier à tisser ni leur machine à refendre.

Le public a été plus heureux avec MM. Barbé-Proyart et Bosquet. Ces fabricants, en présentant aussi des châles doubles dans la galerie des tissus, ont eu le soin d'apporter dans la salle des machines le jacquart adapté à leur nouveau travail et la découpeuse avec laquelle ils séparent les deux châles. Cette découpeuse est d'une grande simplicité. Le châle se présente de champ, si l'on peut ainsi dire, sur des couteaux circulaires qui, tournant avec rapidité, pratiquent la fente sur l'épaisseur des deux châles, en passant mathématiquement sur le plan de juxtaposition.

MM. Barbé-Proyart et Bosquet, dont la fabrique est à Vaux et Andigny (Aisne), ont obtenu les deux brochés doubles avec une seule mécanique, une seule mise en cartes, un seul jeu de cartons, et, de plus, les deux tissus sont pareils de coloris et de dessin sur les deux faces. La fabrication du tissu broché double est tombée dans le domaine public, il est vrai; mais jusqu'à présent on n'y était parvenu qu'à l'aide de deux mécaniques, de deux métiers, de deux jeux de carton, et même de deux dessins différents, ou de deux dessins pareils, mais dont les ombres, comme dans la fabrication de MM. Boas, étaient substituées les unes aux autres, ce qui ne permettait pas à la fabrication de se plier à toutes les exigences du commerce. Cette découverte récente, qui s'éloigne et se rapproche en certains points de celle de MM. Boas, dont il ne nous a été possible de juger qu'indirectement par les résultats, doit encore aider la maison Barbé-Proyart et Bosquet à baisser ses prix, qui sont déjà à un taux fort remarquable : ces messieurs sont les premiers qui ont livré au commerce des châles à trois couleurs et 180 centimètres à 25 fr.

On n'a peut-être pas oublié le retentissement qu'eut jadis la tricoteuse de Ternaux. La voici qui renaît. M. Gillet et M. Jacques, de Troyes, ont tous deux un métier circulaire avec des modifications spéciales ; les aiguilles sont, comme dans la première tricoteuse, accompagnées d'un assez grand nombre de rouages ; mais un serrurier de Paris, M. Lepoitevin, est parvenu à mettre les aiguilles en dedans du métier, et à simplifier de beaucoup l'ensemble du mécanisme. Cet inventeur a voulu construire un métier propre à faire le drap, et l'on s'aperçoit tout de suite que ce genre de travail économise tous les préparatifs de la chaîne. En Angleterre on se sert, depuis plusieurs années, du métier circulaire pour faire des draps ; mais le métier anglais a ses aiguilles en dehors, et présente, par conséquent, un ensemble de rouages qui compliquent le jeu des aiguilles et les empêchent d'aller aussi vite. M. Lepoitevin annonce qu'un ouvrier avec son métier pourra faire 30 mètres. Il se propose, en outre, de disposer des séries qui marcheront par un moteur et sous la surveillance d'une seule personne intelligente, comme cela se pratique dans certaines usines anglaises où quinze ou vingt métiers marchent ainsi de concert. Le drap présenté par M. Lepoitevin se feutre parfaitement; il peut être de qualité supérieure; il est élastique et semble dès à présent remplir toutes les conditions d'une bonne étoffe.

Il faut également citer l'ingénieux battant brocheur et brodeur de M. Richard Félix, de Lyon, pour châles, étoffes de soie ou laine, avec chemins mobiles et nombre de lots indéterminé; le battant mécanique à bouts de rotation pour la fabrication des châles, de M. Dubos, de Paris ; les métiers à la Jacquart, de M. Mary; le métier de MM. Picard et Guiraud,; la mécanique à tisser, de M. Lanéry, les mécaniques à faire les cordons, de M. Laneuville, le métier à tisser les chaussons, de M. Foucher; les machines pour fabriquer les bourses, de M. Deshays, qui exécutent les opérations les plus délicates, les plus compliquées avec autant de rapidité que de précision ; la mécanique à broder les dessins pour meubles, de M. Aubry, les métiers de diverses formes pour ouvrages à l'aiguille, de Mlle C....., enfin le métier dit taille-mèche, de MM. Benoist, de Rouen, qui a beaucoup perfectionné la fabrication des mèches de coton destinées aux chandelles. M. Stoltz, de Paris, avait exposé une machine à plier et métrer les étoffes.

L'art des impressions a contribué plus qu'aucun autre à l'immense développement de l'industrie des tissus; c'est en grande partie parce qu'on est parvenu à imprimer de beaux dessins à bas prix que l'on peut aujourd'hui filer et tisser à bon marché. Cet art est représenté à l'Exposition par quelques machines qui méritent d'attirer l'attention.

Les machines à imprimer les étoffes au moyen des rouleaux de cuivre gravés en creux occupent le premier rang parmi celles qui ont rendu les plus éminents services dans l'art d'imprimer les couleurs sur toiles de coton; leur usage est devenu général dans toutes les contrées où l'on s'occupe de la fabrication des toiles peintes, surtout depuis qu'on les a rendues propres à imprimer à la fois toutes les couleurs qui peuvent s'allier ensemble. Il est vrai que depuis leur invention elles ont subi beaucoup de perfectionnements.

C'est vers l'année 1802 que M. Lefebvre, de Paris, livra à l'industrie les premières machines à imprimer les toiles avec des rouleaux gravés; ces machines, construites principalement en bois, étaient très-volumineuses; les leviers placés à la hauteur du cylindre-presseur obstruaient le passage de circulation autour de la machine; le mouvement de ces leviers était pénible et même dangereux ; néanmoins, elles livraient de bons produits. Cependant on introduisit successivement en France le système de machines anglaises construites en fer, et par conséquent beaucoup plus réduites que les premières. Elles étaient munies de doubles et triples leviers, et on avait cru, par cette raison, devoir leur donner la préférence; mais l'expérience a prouvé dès lors que le jugement qu'on avait porté était prématuré, car de l'aveu des fabricants et des ouvriers qui ont conservé ces deux systèmes de machines dans leurs établissements, celle de M. Lefebvre resta constamment préférée par rapport aux résultats qu'on en obtenait.

« En 1841, disent MM. Huguenin et Ducommun dans une notice qu'ils ont publiée, nous fûmes appelés par la maison Dollfus, Mieg et Cie à leur construire deux machines à imprimer à une couleur, qui devaient réunir les avantages de l'un et de l'autre de ces deux systèmes. Ayant examiné attentivement celui de M. Lefebvre, nous trouvâmes en faveur de ce système que des leviers simples chargés de *beaucoup de poids* valaient beaucoup mieux que de doubles et triples leviers, étant beaucoup plus sensibles à la pression et *vibrant moins* ; cet avantage donne une impression plus égale. La position de la racle a été aussi très-bien calculée par M. Lefebvre, en ce qu'elle se présente toujours bien au rouleau quel que soit son diamètre, et lors même qu'il tourne excentriquement. Cette machine étant très-large entre ses bâtis, laisse plus de place aux ouvriers pour la manœuvre. En adoptant le principe des machines Lefebvre, et en ne perdant pas de vue le petit volume des machines anglaises, nous parvînmes, au bout de peu de mois, à construire ces machines à la grande satisfaction de MM. Dollfus, Mieg et Cie; non-seulement l'impression qui en sort est très-belle et la couleur bien imprimée dans la toile, mais la quantité de pièces qu'on peut imprimer dans une journée a dépassé l'attente de cette maison : aussi, ces heureux résultats nous ont valu dès lors plusieurs autres commandes, et entre autres une troisième machine pour ces mêmes fabricants. »

Après ces premiers succès, MM. Huguenin et Ducommun entreprirent de construire des machines à plusieurs couleurs, tout en conservant le même système. Il se présentait de grandes difficultés. Il s'agissait, dans ce problème, de maintenir la pression au moyen de *simples leviers*, quoique au nombre de cinq paires, chargés de très-gros poids. Il fallait pour cela faire aboutir de chaque côté de la machine cinq points de pression sur la même ligne, sans gêner le maniement et sans encombrer la machine. MM. Huguenin et Ducommun y parvinrent en plaçant tous ces leviers *sous la machine*, comme dans celle à une couleur, ce qui n'avait pas encore été fait. C'est ainsi qu'est disposée la machine qu'ils ont exposée ; elle n'est montée que pour quatre couleurs, mais la disposition fait voir qu'elle est combinée pour en donner cinq au même.

Cette machine est la seconde de ce système qui sort de leurs ateliers ; une première fonctionne depuis quelques mois dans un établissement des environs de Mulhouse ; celle qui figure à l'Exposition lui est encore supérieure par les divers perfectionnements qu'elle a subis ; elle a été commandée pour Zaréwa, près de Moscou, qui est la manufacture la plus importante de la Russie.

Les principaux avantages de cette machine sont, que le cylindre-presseur *est invariable dans sa hauteur*, tandis que pour les autres machines de ce genre, on est obligé de le monter et de le redescendre, chaque fois que l'on cesse d'imprimer. Cette nouvelle disposition permet, de plus, de placer facilement des draps sans fin, au lieu d'enveloppes qui se dérangent à chaque instant et qui font perdre beaucoup de temps et gâter beaucoup de marchandise.

Les quatre rouleaux qui figuraient sur cette machine à imprimer, deux en cuivre *rouge pur*, et les deux autres en cuivre-composition, avaient été fondus et entièrement confectionnés dans les ateliers de MM. Huguenin et Ducommun. Leur établissement pour la fusion et le confectionnement des rouleaux en cuivre rouge pur est presque le seul que nous ayons en France.

M. Feldtrappe, de Paris, est l'inventeur de machines propres à graver les rouleaux ; les rouleaux gravés qu'il a exposés sont très-bien exécutés ; on peut dire avec le jury de 1839 que son atelier est un modèle de précision et qu'on y exécute avec une rare intelligence et par des moyens sûrs les gravures les plus délicates et les plus difficiles.

M. Krafft, de Paris, M. Clicquot, de Paris, et M. Laverdin, de Rouen, ont également exposé des cylindres gravés.

Les cylindres pour gravure, envoyés par MM. Pigné et Pigache de Paris, et par M. Aubin, de Rouen, paraissent témoigner d'heureux efforts pour doter la France de la fabrication de ces rouleaux, dont nous tirons encore la plus grande partie de l'étranger.

Quelque ingénieux, quelque fécond que soit le procédé d'impression au rouleau, il n'est cependant pas de nature à répondre à tous les goûts et à tous les besoins du commerce. L'impression à la main, quoique dispendieuse, continue à s'exercer pour une foule de produits qui lui semblent réservés. M. Perrot a entrepris de construire une machine qui permet d'exécuter mécaniquement la plupart des impressions qui se font à la main. Il a résolu le problème qu'il s'était posé, et il l'a résolu au moyen des combinaisons les plus ingénieuses. Sa machine marche avec une précision admirable. Un des grands avantages qu'elle présente, c'est de substituer aux rouleaux les planches qui coûtent infiniment moins à graver.

La Perrotine a eu, comme la plupart des inventions, de la peine à se faire jour.

Voici ce que disait la Société industrielle de Mulhouse dans le Rapport du jury départemental du Haut-Rhin pour l'Exposition de 1839 : « L'impression la Perrotine a été introduite en Alsace depuis 1834 (elle avait été inventée en 1821) ; mais il n'y a guère que quatre à cinq machines en activité, ce genre d'impression convenant peu à la nature de nos dessins. »

La même Société, deux ans après, en 1841, dans le rapport général sur l'Exposition alsacienne, s'exprimait en ces termes : « On a pu remarquer dans quelques-uns de ces articles (toiles imprimées) une netteté d'impression à laquelle on n'avait pas été habitué, depuis que la quantité de production a été un élément de prospérité indispensable pour nos manufactures ; car où aurait-on pu trouver un assez grand nombre de bons imprimeurs pour atteindre une égale perfection dans l'impression de toutes les pièces ? Ce perfectionnement est dû sans doute à une machine appelée Perrotine, dont l'usage s'est beaucoup répandu dans les fabriques du pays depuis quelques années. Cette machine, d'une conception admirable, satisfait à toutes les conditions d'une belle impression à la main, et a en outre l'avantage de produire la quantité. » On le voit, ce n'est qu'après dix ans, que la Société industrielle de Mulhouse, la première société industrielle de France, reconnut le mérite de la Perrotine. Voyons maintenant les résultats qu'on en a retirés : « En 1843, il y avait à Mulhouse 14 établissements d'étoffes imprimées, qui occupaient 5,996 ouvriers, et produisaient 44,520 pièces de 275,670,000 mètres. — Il y avait à Mulhouse, en 1827, 16 fabriques d'indiennes. Ces fabriques employaient 6,860 ouvriers, et produisaient 96,480,550 mètres d'étoffes imprimées, toutes en coton. Ainsi, pendant que les ouvriers ont diminué de 12,58 pour cent, les produits en étoffes imprimées de toutes sortes ont presque triplé.

« Travail moyen annuel par ouvrier, { en 1827, 1391,84 m. { en 1842, 4397,76 id.

« Cette grande augmentation du travail moyen annuel est due à l'emploi du rouleau et de la Perrotine. »

M. Perrot a exposé cette année deux perrotines ; l'une à quatre couleurs, l'autre à six, qui présentent des améliorations de détail. Cette dernière, munie d'un appareil accélérateur, de six tireurs mécaniques et de leurs brosses, d'un mécanisme pour le réapplicage des couleurs, peut frapper 280 coups de planche à la minute et imprimer à six couleurs 250 mètres de tissus par heure.

Enfin M. Perrot, inventeur infatigable, veut révolutionner un autre art, comme il a fait pour l'industrie des toiles peintes ; il applique le principe de la Perrotine à l'impression lithographique ; les épreuves qu'il a jointes à cette nouvelle machine sont tout à fait remarquables.

M. Élie, de Saint-Denis, avait exposé des planches pour imprimer des foulards à la main.

Il nous reste à parler des appareils pour sécher. MM. Penzoldt et Rohlfs, de Paris, ont exposé sous le nom de hydro-extracteur un appareil à dessécher les laines fondé sur l'emploi de la force centrifuge ; les étoffes à sécher sont placées dans un tambour qui doit être animé d'une vitesse de 1,500 tours par minute ; sept minutes, suivant les inventeurs, suffisent pour sécher une charge de laine. L'appareil exposé par MM. Laubereau et Gaulet, de Paris, est destiné à essorer toutes espèces de laines, drap, mérinos, indiennes, etc. ; il réunit l'emploi combiné de la ventilation et de la force centrifuge ; il est employé par un grand nombre de marchands de laine, de fabricants de drap, de fabricants d'indiennes et d'imprimeurs sur étoffes. Les appareils exposés par M. Blerzy, d'Elbeuf, consistent en un dessiccateur pour laine, fondé sur la transition rapide du chaud au froid, ce qu'on obtient au moyen d'un fourneau placé au milieu de la boîte circulaire, et en un dessiccateur pour drap, composé d'une grande rame circulaire verticale, mobile autour de son axe. M. Brosson, du Puy-de-Dôme, avait également exposé une machine à dessécher.

MACHINES TYPOGRAPHIQUES.

La mécanique jusqu'à présent n'avait songé à l'art typographique que pour lui fournir des presses. C'était sans doute un grand progrès que de pouvoir, avec leur aide, faire en une heure le travail qui demandait une journée. Mais la distribution des caractères, la composition, la justification, qui semblaient demander l'emploi de l'intelligence, avaient échappé au génie des machines. Le voici, aujourd'hui, qui se présente pour remplir les fonctions du compositeur typographe.

Plusieurs machines étaient exposées concurremment.

La machine de MM. Young et Delcambre, présentée à l'Exposition de cette année, a extérieurement la forme d'un piano droit. Elle se compose essentiellement de cassetins contenant les caractères, d'un clavier, d'un plan incliné et d'un composteur. Chaque touche du clavier correspond à l'un des cassetins, de sorte que si l'on applique le doigt sur l'une d'elles, aussitôt une lettre sort de l'un de ces cassetins, descend le long de rigoles pratiquées dans le plan incliné, et va se placer dans le composteur. Cette ingénieuse machine remplit donc le travail de la composition, et ses auteurs estiment qu'elle produit une économie des trois quarts du temps ordinairement employé. Elle remplace le travail si fatigant du compositeur par une opération simple, facile, élégante même que remplit une femme ou un enfant assis devant le clavier sur lequel il promène ses doigts comme sur les touches d'un piano.

Cette machine laisse complétement à part le travail de la distribution des caractères. C'est cette opération que M. Gaubert a prétendu accomplir en ajoutant à la machine à composer une *machine à distribuer*. Voici en quoi consiste ce curieux mécanisme. Les caractères qu'il s'agit de distribuer sont jetés pêle-mêle sur un plan incliné, creusé de petits canaux dans le sens de sa longueur. Un léger mouvement de sassement imprimé à ce plan sépare les caractères et les fait tomber dans ces canaux. Ils descendent rangés en file, se poussant les uns les autres. Ils entrent un à un dans un premier compartiment où chacun est palpé par des aiguilles verticales. Chaque caractère porte sur ses flancs certaines encoches diversement placées suivant son espèce et son type. A chaque encoche, une aiguille particulière correspond ; celle-ci y entre et fait pénétrer le caractère qu'elle a saisi dans un canal mobile qui le conduit de ce premier compartiment à la case qui lui appartient. Afin de simplifier notre description, nous avons supposé que les caractères se présentaient constamment dans une position normale ; mais il n'en est pas toujours ainsi. Alors, suivant que les caractères se placent en travers, les uns sur les autres, ou dans une position qui les empêche de s'engager longitudinalement dans le canal qui conduit au compartiment, des artifices ingénieux les forcent à se redresser.

M. Chaix, prote de l'imprimerie de M. Paul Dupont, à également exposé une machine à distribuer. Il y avait joint un laveur typographique.

Depuis l'invention de l'Imprimerie, on s'est toujours servi des brosses et de la lessive ou potasse pour laver les caractères. L'expérience a démontré qu'un seul lavage par ce procédé use beaucoup plus le caractère qu'un tirage à 2,000 exemplaires, parce que, en effet, le frottement énergique et à vif qu'exerce l'ouvrier avec la brosse arrondit et détruit très-promptement les vives arêtes et les déliés des lettres, ainsi que les parties délicates des gravures, tandis que la pression produite au tirage par la platine ou les cylindres garnis d'étoffes souples ne fait qu'effleurer la surface. La formation par l'encre d'imprimerie du carbonate de plomb qui s'interpose entre le caractère et la brosse, et qui produit sur l'œil de la lettre le même effet que l'émeri, est un inconvénient non moins grave qui vient s'ajouter au premier. L'appareil proposé par M. Chaix, pour cette opération, est simple. Il suffit de tourner la manivelle pour que le lavage des formes ait lieu parfaitement et sans confusion ni mélange de liquide. Lorsque la forme est lavée, on tire la tringle, et, simultanément, la pompe de la potasse cesse d'aspirer, l'injecteur s'arrête, l'égout se ferme, celui de l'eau s'ouvre, la pompe de l'eau aspire, et l'injection va à reculons, s'arrête, ou avance à volonté. L'aiguille indique à l'ouvrier la marche des injecteurs, et lui permet de l'arrêter à l'extrémité des formes, ou dans les endroits qui ont besoin d'un lavage plus énergique. Suivant M. Chaix, son procédé doublerait la durée des caractères.

MM. Dezairs et Mirault, de Blois, avaient exposé une machine dite toucheur mécanique pour encrer les formes d'imprimerie.

L'Exposition nous montrait une presse de M. Normand, pour le tirage des journaux, fort bien construite, et susceptible de donner 4,000 exemplaires à l'heure. Nous avons aussi remarqué une presse lithographique de M. Thuvien. M. Perrot, l'auteur de la belle machine à imprimer les étoffes, avait également exposé une presse mécanique pour la lithographie ; cette machine convient surtout aux impressions lithographiques du commerce ; elle présente une économie notable et une grande rapidité dans le tirage. Quelques épreuves qui étaient exposées à côté d'elle, prouvent qu'on pourrait s'en servir même pour les dessins.

Parmi les autres presses, nous citerons les presses pour l'impression en relief, à l'usage des aveugles, de M. Gaveaux ; les presses typographiques et lithographiques de M. Dutartre ; la presse typographique, dite Guttembergeoise, avec toucheur mécanique, de M. Giroudot fils ; une presse lithographique avec rouleau de M. Bouyonnet Dupuy ; les presses autographiques et la machine à faire les fonds, de M. Brisset père ; la presse à copier les lettres, de M. Guillaume ; les appareils autographiques simplifiés de M. Gaud-Bovy ; les presses lithographiques de M. Kocher et de M. Roussin ; les rouleaux typographiques de MM. Royol et Depierris ; les presses autographiques et lithographiques de M. Pierron ; les presses autozincographiques de M. Poirier ; la presse à timbre humide de M. Le Saulnier ; les poinçons pour la gravure héraldique de M. Numa Louvet.

MÉCANISMES DIVERS.

Plusieurs modèles de scieries mécaniques figuraient à l'Exposition. Le mode préféré le plus généralement aujourd'hui, est celui des scies circulaires. La disposition générale est de la plus grande simplicité ; c'est une table ou établi en fonte ou en bois ; sur l'un des côtés ou au milieu, est ménagé un vide dans lequel se meut la scie qui tourne avec une grande vitesse ; l'établi est muni de deux supports qui tiennent les bois, et qui sont entraînés par le mouvement du chariot. La manière de faire mouvoir le chariot varie suivant les constructions.

Nous avons vu, en ce genre, une machine à scier le bois de placage, de M. Cart ; un modèle de scierie, de M. Charpentier ; des mécaniques à cylindre et à rouleaux pour scier le placage, envoyées par M. Baudat, qui jouit d'une bonne réputation comme constructeur de scierie.

Mais ce que nous avons le plus remarqué, c'est le système de tonnellerie mécanique de M. le chevalier de Manneville, de Gonneville-sur-Honfleur, qui s'est déjà fait un nom par ses inventions pour le travail du bois. Son système se compose de quatre machines fort simples et fort précises dont le journal des *Connaissances Utiles* donne ainsi la description :

« La première machine de M. de Manneville est destinée à préparer le bois, à réduire un arbre en planches *de fil*, propres aux tonneaux. Cette machine est composée de trois scies circulaires, placées en sens inverse, qui, au lieu de prendre le bois équarri comme les scies ordinaires, le prennent selon telle inclinaison qu'on veut. Cette machine fait partie du système mécanique de M. de Manneville, mais elle n'est essentielle que pour ceux qui veulent faire eux-mêmes leur merrain.

« La deuxième machine, véritable chef-d'œuvre mécanique, fait sur chaque pièce de merrain, sur chaque planche qu'on lui présente, huit opérations à la fois. En effet, elle coupe de longueur, jable, pare et sous-rogne aux deux extrémités les douves ou planches qu'on lui présente.

« Cette machine, d'une précision mathématique, n'est pas du tout compliquée. Figurez-vous un arbre en fer ; supposez sur cet arbre, à deux points différents, cinq outils : deux petits morceaux de scies et trois couteaux, tous disposés de manière à couper aux deux extrémités les douves ou planches, peu ou beaucoup, selon les besoins. Cet arbre ainsi armé, c'est la partie capitale de la machine ; tout le reste de la machine n'est destiné qu'à porter d'une manière convenable les douves ou planches sous les outils de cet arbre. L'arbre tourne avec une grande vitesse. A mesure qu'il tourne, un chariot fait avancer peu à peu et retient avec force, sous les outils, les douves ou planches. Aussitôt que celles-ci sont travaillées, elles sont rejetées par la machine elle-même, et d'autres prennent leur place instantanément. L'arbre est éloigné des douves de la longueur même du rayon des tonneaux à faire, c'est-à-dire, les opérations aux extrémités des douves sont d'une précision rigoureuse. Il y a plus, comme tous les outils peuvent non-seulement avancer et reculer à volonté sur l'arbre, mais même coulisser dans tous les sens, on peut faire des tonneaux de toutes les dimensions, et même affûter très-facilement les outils à proportion qu'ils s'usent.

« Il n'est pas nécessaire de creuser les douves à l'intérieur; mais quand on veut les creuser, il suffit d'ajouter un outil à l'arbre qui, sans gêner la marche des autres outils, donne toute la profondeur désirée.

« Cette machine qui n'exige pas au delà de la force d'un homme, expédie cinq à six douves par minute, quatre mille par jour ; et le travail n'est pas ébauché, il est fini, irréprochable, de nature à satisfaire les plus exigeants.

« En sortant de cette machine, les douves ne sont pas finies, elles n'ont encore subi que les coupes *en travers* du bois.

« La troisième machine du système de M. de Manneville est destinée à arrondir les douves à l'extérieur et à les joindre, c'est-à-dire à leur donner le bouge et le biseau convenables. La première de ces opérations, celle qui consiste à arrondir les douves à l'extérieur, n'est pas très-importante; elle est cependant très-bien faite par la troisième machine de M. de Manneville. Reste l'opération de la *jonction*. C'est la plus importante et la plus délicate de la tonnellerie. Elle s'effectue au moyen d'un gabari en dos d'âne, sur lequel la douve est retenue courbée, tant et si peu que l'exige la composition du tonneau auquel on la destine. Momentanément fixée sur ce chariot, la douve avance droit entre deux scies circulaires ou alternatives. Ces deux scies sont penchées par leurs parties inférieures l'une vers l'autre, de manière à former mathématiquement les lignes qui, partant du centre du tonneau à faire, devront passer par les côtés de ses douves. Si l'on se rappelle que ces scies coupent les douves pendant qu'elles sont courbées en dos d'âne, avec l'inclinaison qu'elles doivent avoir dans le tonneau, il sera évident que dans ce système elles doivent être mieux *jointes* que dans tous les autres systèmes connus. En effet, il y a cette fois presque impossibilité de ne pas obtenir une précision parfaite.

« La quatrième machine est destinée à faire les fonds. Les pièces de ces fonds une fois rassemblées, on les place et on les presse entre des plateaux tournants à l'aide de poulies. A peine sont-elles en mouvement, qu'on fait avancer à la main et au moyen d'une vis, avec un pas à droite et avec un pas à gauche, les outils qui viennent couper circulairement, entre les deux plateaux, là où l'on veut et comme on le veut. En un clin d'œil un fond est coupé, chanfreiné et arrondi. Une seule machine peut faire de 100 à 120 fonds par heure. »

On conçoit aisément les avantages immenses de ce système sur le mode d'exécution employé jusqu'ici. — Il y avait plusieurs machines à broyer; moulin à broyer les cendres et les minerais de M. Lebon; machine à broyer les couleurs de M. Desaulle jeune; égrappoir pour le minerai de fer de M. Lemonnier-Jully, de Chatillon-sur-Seine; machines en fer et en fonte pour broyer, de M. Courtenot. M. Hermann s'est fait une réputation dans ce genre de machines. Primitivement destinées au broyage des couleurs, du savon, etc., ses machines à cylindre en granit embrassent depuis quelques années la fabrication du chocolat, et grâce à elles cette industrie a fait de grands progrès. M. Hermann en a exposé deux, une d'une grande dimension, pouvant produire jusqu'à 300 kilog. de chocolat par jour à l'aide de la vapeur ; l'autre à cylindres plus petits, pouvant être mise en mouvement par un ou deux hommes, selon la quantité qu'on veut obtenir. Cette dernière est destinée à de petites maisons. Pour compléter la fabrication du chocolat, M. Hermann a en outre exposé une machine à pulvériser le sucre blanc et brut, qui conserve au sucre en poudre sa qualité primitive, ne le réduisant pas en gomme, comme cela arrive avec le pilon. Nous avons aussi remarqué ses machines à vapeur d'un système tout à fait applicable à la fabrication du chocolat, et une machine destinée au broyage du blanc de céruse, dans laquelle il a remplacé les cylindres en granit par des cylindres en pierre lithographique française, qu'il est parvenu à tourner avec un poli qui permet de les employer pour broyer les couleurs les plus fines, telles que la cochenille.

Nous citerons la machine à graver combinée avec un tour universel, de M. Neuber; une machine à moirer et à gaufrer, un balancier-découpoir et un laminoir de bijoutier de M. Kurtz; une machine à hacher la viande, de M. Douai ; etc.

APPAREILS POUR LES CONSTRUCTIONS CIVILES.

Ce qui attire surtout l'attention dans les constructions civiles, c'est la combinaison judicieuse de la fonte et du fer avec le bois ; les ponts et les combles offrent l'application la plus fréquente de ce genre de constructions ; ils préoccupent à juste titre les recherches du génie civil.

Le nombre de systèmes de ponts déjà connu est bien nombreux. Les Romains employèrent la maçonnerie pour construire des ponts gigantesques, témoin le pont du Gard, au triple rang d'arcades. On fut longtemps à n'employer que la pierre; ce n'est que plus récemment qu'on a employé le bois, la fonte et le fer.

M. Michel Chevalier nous a fait connaître, dans son beau travail sur les voies de communication aux États-Unis, tout le parti que les Américains ont tiré des ponts en bois.

En 1806 fut construit le pont d'Austerlitz, dans la construction duquel on employa la fonte sous forme de voussoirs comme on aurait employé la pierre.

De 1820 à 1830, le système des ponts suspendus prévalut ; ce fut à cette époque que furent faits les ponts de Brunel pour l'île Bourbon; M Séguin aîné contribua à doter la France de ces constructions nouvelles qui ont pris tant d'extension.

En 1832 M. Polonceau imagina un système qui montra tout le parti qu'on pouvait tirer de l'emploi de la fonte dans la construction des ponts. Ce système a été appliqué au pont du Carrousel. On a fait remarquer avec raison, que tout en appliquant le système des voussoirs, M. Polonceau a su donner à l'ensemble de la construction l'aspect d'une charpente élégante et dans laquelle la fonte est dans les meilleures conditions de résistance.

Parmi les modèles de ponts exposés cette année, on distinguait le système de M. Neville. Ce système se compose de fermes destinées à porter le tablier, et formées de barres de fer diagonales qui présentent une suite de VVV.

Les fermes du système Neville sont établies d'après les deux principes suivants :

1° La ferme est en prisme plat, posé de champ et évidé, c'est-à-dire formé de deux bandes parallèles reliées entre elles d'une manière complète et invariable par un système de triangles consécutifs, en sorte que la matière se trouve dans ce prisme placée aux points où elle agit avec le plus d'efficacité pour la résistance.

2° La ferme est composée dans ses parties essentielles de deux substances, le fer forgé et le fer fondu, qui agissent l'une et l'autre dans les circonstances les plus favorables à leur emploi, le fer résistant à la traction, et la fonte à la compression.

Ces fermes reposent librement par leurs extrémités sans produire aucune poussée ou traction sur leurs points d'appui; la dilatation du métal est permise, et chaque travée est indépendante de la travée voisine, avantage qui n'appartient ni aux ponts en arcs, ni aux ponts suspendus qui exercent des poussées ou des tractions sur leurs points d'appui.

La ferme reposant par ses deux extrémités sur deux supports, et étant chargée de poids, tend à prendre une flexion en vertu de laquelle sa partie supérieure est comprimée et sa partie inférieure étendue; de là vient l'emploi des *cales* en fonte supérieures et des plates-bandes en fer inférieures qui sont les pièces essentielles de ferme, et qui résistent, les premières à la compression, et les autres à l'extension. On ne doit compter sur les bandes horizontales ou *moises* intermédiaires que pour maintenir les barres en fer ou *diagonales* qui forment les triangles. Les moises sont toutes établies suivant le même système, savoir: une cale en fonte qui s'intercale entre deux diagonales consécutives, et qui est munie de rebords entre lesquels s'incruste de chaque côté une platebande en fer qui règne sur toute la longueur de la ferme, en embrassant les cales et les diagonales; cet assemblage est maintenu au moyen de boulons qui serrent les plates-bandes contre les cales et pénètrent dans le joint formé entre les têtes des deux diagonales voisines.

La ferme ne présente de résistance qu'autant qu'on a assuré sa rigidité dans le sens horizontal par l'emploi de contre-forts, ou d'entre-toises et de contre-vents, dans le sens vertical que dans le sens horizontal (croix de Saint-André). L'expérience a prouvé qu'on obtenait ainsi de la ferme toute la résistance à des poids ou chocs verticaux dont elle est capable. L'emploi du fer dans ces fermes les rend plus propres à résister aux chocs que tout autre système de ferme en fonte, considération importante surtout dans les viaducs des chemins de fer.

Une passerelle de 7 mètres de portée et 1m50 de large formée de deux fermes disposées en parapet et pesant ensemble 650 kil. a été éprouvée par MM. Poncelet et Piobert, membres de l'Institut, délégués par M. le maréchal ministre de la guerre: ils ont constaté qu'une charge de 9,000 kil. placée au milieu du pont a produit une flèche de 6 millimètres; que le pont s'est relevé entièrement lorsque la charge a été enlevée, et qu'il n'est résulté aucune altération des fermes.

D'autres expériences sur plus grande échelle ont été exécutées à Paris en 1842 sur une travée de pont de 21m60 d'ouverture formée de quatre fermes disposées en parapet doubles et pesant 17,500 kil.

Enfin de nouvelles épreuves ont encore eu lieu dans les ateliers de MM. Alcard, Budicom et Cie, aux Chartreux, près de Rouen, en présence de M. Locke, ingénieur en chef du chemin de fer de Paris à Rouen et au Hâvre, et d'autres ingénieurs. Le tablier du pont portait une voie de rails, et on avait disposé à la suite un plan incliné de 50 mètres de longueur et 1 cent. par mètre de pente, sur lequel étaient six wagons pesant chacun 10,000 kil. Ces wagons, abandonnés à eux-mêmes sur le plan incliné, arrivaient sur le pont avec une vitesse capable de faire franchir au premier wagon de ses deux roues de devant, une traverse de 0m,25 fixée à l'extrémité du pont. Sous cette charge la flèche était au milieu de 25 millimètres, et malgré la violence du choc les fermes ne furent nullement altérées.

Il ressort de ces diverses épreuves et expériences, que les fermes de ce système présentent sous des poids peu considérables toute la rigidité et la résistance nécessaires, soit comme fermes de ponts et de viaducs, soit comme poutres de grande portée dans les constructions civiles.

Parmi les ponts exécutés d'après ce système, on cite celui d'Aubervilliers qui traverse le canal Saint-Denis en faisant avec son axe un angle de 66°. Le poids des fermes, contrevents, etc., est de 12,000 kilogrammes La charge d'épreuve a été de 26,000 kil., et la flèche au milieu de 2 centimètres (16 mars 1844).

M. Girault, de Paris, a exposé le modèle d'un assemblage particulier de demi-poulies en fonte de fer ou en toute autre matière qu'il nomme voussoirs. Il place bout à bout ces voussoirs demi-circulaires ou demi-elliptiques et en compose les rangées comprises entre deux plans parallèles verticaux, distants de l'épaisseur des pièces. Il place à côté les unes des autres plusieurs rangées de voussoirs, de façon que les bouts de voussoirs d'une rangée correspondent au milieu ou au centre de la rangée contiguë. Il enveloppe chaque voussoir d'un lien de fer formé d'une bande unique ou d'un nombre convenable de lamelles ou de fils de fer; les bouts de lien sont terminés par un œil de bride ou par une boucle. La disposition alternative des rangées juxtaposées de voussoirs fait que les boucles des liens de deux voussoirs consécutifs répondent aux voussoirs de la rangée latérale. On place sur ces points des brides en fer croisant les rangées de voussoirs et qui traversent les liens dont les boucles surgissent, et l'on chasse dans les boucles des deux voussoirs qui se suivent des clefs à moutonnet. Il naît de ces assemblages une poutre armée et rigide. On imagine facilement les moyens à mettre en usage pour relier entre elles à des distances fixes autant de poutres qu'on voudra afin de composer un plancher de pont. Dans le système de M. Girault, tout le fer forgé est employé à résister aux efforts de traction, et toute la fonte est employée à résister à la pression ou à l'écrasement. Ce système a obtenu des rapports favorables à la Société d'encouragement, à l'Institut et au conseil des ponts et chaussées. Son application a été ordonnée par l'administration des ponts et chaussées pour un pont de 20 mètres d'ouverture sur le canal de la Marne au Rhin.

M. Jomeau, de Paris, a exposé un système de pont qui est également calculé sur la force de compression de la fonte et sur la force de traction du fer. Le principe d'après lequel M. Jomeau a conçu son système, c'est que deux barres de fer, attachées bout à bout, également tendues et placées l'une au-dessous de l'autre, résisteront mieux à un poids si on les disjoint au milieu par une barre de fer que si on les assemblait. Ce principe une fois adopté, M. Jomeau compose ses ponts de plusieurs systèmes de deux barres de fer, les unes plus fortes que les autres, mais placées comme il vient d'être dit. M. Jomeau applique le même système aux combles.

Le modèle de pont exposé par M. Prévault, de Bordeaux, repose sur cette donnée, que si une barre de fer est placée au-dessus de plusieurs ressorts, comme les ressorts des voitures, la charge ne porte pas seulement sur le ressort qui est au-dessous, mais, si elle est un peu forte, sur les deux ressorts, sur les quatre ressorts, sur les six ressorts, etc., qui se trouvent à la droite et à la gauche du ressort sur lequel porte la charge. De cette manière les effets des chocs sont diminués et les poids se distribuent aussi bien que possible.

La passerelle, exposée par M. Mort, de Paris, construite d'après les conseils de M. Arnoux, l'inventeur du système du chemin de fer à voitures articulées, est à la fois ingénieuse, simple et très-économique. Sa longueur est de 18 mètres 60 centimètres, sa largeur de 1 mètre, et la flèche a 0,95. Elle se compose principalement :

1° De trois madriers de sapin (plats bords);

2° De deux semelles en bois de chêne recevant les extrémités des madriers ;

3° De deux tirants en fer qui, au moyen d'écrous et de barres de fer, pressent les semelles et maintiennent la courbure;

4° De quatre pièces de champ qui, deux à deux, sont placées dans le prolongement l'une de l'autre, et au-dessous de un des madriers extrêmes.

Chaque tirant est composé de deux barres de fer semblables s'assemblant à l'aide de boulons dans une chape forgée de 5 mètres en 5 mètres ; des bandes de fer recourbées à angle droit de 0^m,05 à leurs extrémités sont placées au-dessous des plats bords et réunies à eux avec quelques boulons; elles ont pour but de prévenir l'écartement de ces madriers dans le sens horizontal résultant du travail du bois. Deux tiges en fer, et mieux encore deux colonnettes en fonte, sont ajustées d'une part à la bande du milieu de la passerelle, de l'autre aux chapes des tirants. On diminue ainsi les oscillations du tablier. Une boîte en fonte reçoit les extrémités des deux madriers de champ placés dans le prolongement l'un de l'autre, et empêche que les fibres de ces deux pièces de bois ne se pénètrent sous l'action d'arbutée résultant d'une surcharge.

L'inventeur a observé les règles à suivre dans les constructions : le fer est employé ici pour résister à la traction ; et de la disposition des pièces de champ il résulte que les efforts verticaux exercés sur le tablier excitent dans les bois surtout une résistance à la compression.

Cinquante-quatre hommes marchant au pas sur cette passerelle n'ont produit des oscillations que de 0^m,15 seulement.

Cette passerelle d'un prix peu élevé, dans laquelle il n'est pas une pièce qu'un ouvrier de village ne puisse faire, a l'avantage de n'exiger aucun ouvrage important, soit pour contrebuter la poussée comme dans les ponts en pierre, soit pour résister à la traction comme les ponts suspendus.

Ajoutons qu'elle est facilement portative. Pour la transporter d'un endroit à un autre, il suffit de lier chacune des semelles à un avant-train muni de son timon ; un cheval peut traîner ce pont, et un homme placé à l'autre extrémité guide l'arrière-train au moyen de son timon. Sous ce rapport, elle serait utile dans les cales des ports de mer où il faut à chaque instant établir des communications d'un pont à un autre et les enlever ; dans l'art militaire, où il faut des équipages de pont légers, faciles à transporter et à renouveler, mais surtout aux particuliers, pour desservir des sentiers, des routes communales, des routes d'exploitation rurale, etc., etc., et là où les torrents de l'hiver emportent les ponts, elle pourrait être facilement remisée durant la mauvaise saison.

Passons à d'autres appareils.

MM. George père et fils, construisent des grues-balances très-utiles au service des ports, des chemins de fer et des ateliers. Ces appareils, employés notamment au chemin de fer d'Orléans, offrent cet avantage que l'enlèvement et le pesage des fardeaux s'exécutent par deux opérations presque simultanées, avec une grande économie de temps, facilité et sécurité.

MM. Lasseron et Legrand, de Niort, avaient aussi exposé une grue dynamométrique.

M. Nepveu nous montrait un modèle de grues avec des moufles; M. Doens, une machine à soulever les fardeaux ; M. Anger, des treuils et cabestans; M. Charpentier fils, une balance-bascule à ponts.

M. Bonniot, ingénieur à la Rochelle, a exposé une machine pour enlever les déblais des excavations.

On voyait encore une machine à scier les pierres de M. Pognart, de Chermizy (Aisne) ; une louve pour soulever et mettre en place les pièces d'appareil de MM. Cotton frères, à la Rochelle ; une machine à mélanger le béton et à broyer le mortier, de M. Roger.

Nous parlons à l'article *briques* des machines destinées à les fabriquer.

MACHINES A ÉLEVER L'EAU.

L'Exposition nous montrait un certain nombre de pompes ; ce n'est pas qu'elles présentassent rien de bien remarquable sous le rapport de l'invention ; mais quelques-unes offraient d'ingénieuses dispositions.

La pompe qui a le plus fixé l'attention, est celle de M. Letestu qui montre une application nouvelle et heureuse du cuir embouti si ingénieusement appliqué par Bramah à la presse hydrostatique.

M. Letestu emploie un piston de cuir conique, fixé uniquement par le sommet et soutenu par un cône semblable parallèle, d'un diamètre et d'une hauteur un peu moindres, formé d'une planche de cuivre percée de nombreux trous par lesquels passe l'eau aspirée. L'ensemble des deux cônes est fixé sur la tige de la pompe par un écrou placé au sommet. Une soupape formée également d'un disque de cuivre, percé de trous et recouvert d'une rondelle de cuir épais, ferme l'entrée du tuyau d'aspiration. La rondelle est fixée au centre du disque. Le jeu de la machine est facile à comprendre; quand le piston s'élève, le cône de cuir s'aplatit sur le cône métallique, et le vide se produit au-dessous ; alors la rondelle de cuir se soulève, et l'eau se précipite dans le corps de pompe. Si l'on abaisse le piston, la soupape inférieure se ferme, et l'eau passe à travers les trous du cône métallique, en soulevant le cuir.

Nous venons de supposer le cône avec la pointe en bas dans le cylindre. Si la pointe est en haut, on aura une pompe foulante. Si enfin on place deux cônes semblables sur la même tige, se regardant pointe à pointe, on aura une pompe à la fois aspirante et foulante.

Le système de M. Letestu, essayé dans plusieurs ports de mer, a donné lieu aux rapports les plus favorables qui s'accordent à reconnaître la simplicité de ses dispositions, la facilité de sa manœuvre, et l'avantage qu'il offre pour le nettoyage.

Les pompes, exposées sous le nom de pompes hydrobalistiques, par MM. Estlimbaum et Vasselle, consistent en deux ailes munies de soupapes, mues par un mouvement alternatif dans un corps de pompe cylindrique. Il y a quelques-unes de ces pompes dans lesquelles les deux ailes formant piston sont fondues dans le cylindre même, préalablement alésé, au moyen d'un alliage particulier qui prend, en se refroidissant, un retrait suffisant pour permettre à ce piston de se mouvoir. Il y en a d'autres qui se distinguent des précédentes en ce que le cylindre, au lieu d'offrir une circonférence complète, est fortement échancré à sa partie supérieure, et offre en outre une certaine flexibilité qui permet aux corps étrangers de petit volume de passer dans la partie échancrée qu'on peut nettoyer facilement. Ces pompes paraissent bien fonctionner.

Nous devons citer encore les pompes rotatives de M. Stoltz, qui sont d'un bon emploi; celles de M. Savaresse, qui avait aussi exposé des manomètres et divers modèles de vases sphoïdes; les pompes à mouvement horizontal de M. Budan, de Tours; la pompe foulante et aspirante de M. Turquois, de Lons-le-Saulnier; la pompe puisante et refoulante de M. Ropert, de Vannes; la pompe horizontale à double effet de M. Boursaut, de Lyon; la pompe refoulante de M. Gérin, également de Lyon; la pompe foulante et aspirante à soupapes sphériques, de M. Jolyot, de Vesoul.

Les pompes à incendie exposées par MM. Guérin ont pour elles les résultats de l'expérience puisqu'elles fournissent les sapeurs pompiers de Paris. On distinguait celles qu'avait envoyées M. Kress, de Colmar, et qui étaient montées sur chariot. Il en avait été aussi exposé par MM. Fland et Bonnefin, Mme Gaillard, MM. Jacomy et Rigal, MM. Lemaire et Chiffarat, M. Thirion, de Paris, M. Debaussau, d'Amiens, M. André-Lavoy, de Saumur, M. Féquant, de Chaumont.

M. Kermarec, de Brest, avait exposé une trousse de pompier. On voyait aussi à l'Exposition beaucoup de seaux en toile dont les pompiers se servent aujourd'hui. Ceux de M. Nion, de M. Guérin, etc., étaient très-bien confectionnés. Un seau de cette espèce ne coûte que 2 fr. 50 c.

A propos des machines destinées à élever l'eau, citons une Notice sur un système pour les irrigations et les épuisements, qui avait été exposée par M. Gâteau, de Bercy. On remarquait aussi une machine envoyée par M. Quénard; elle se compose d'une bande de drap sans fin, qui s'enroule sur deux cylindres en bois, dont l'un est immergé et l'autre au-dessus de la bâche de dégorgement. Si l'on fait mouvoir le cylindre supérieur, le drap entraîné arrive à la bâche tout imbibé d'eau qu'il abandonne en se laminant. Une machine d'un autre genre était exposée par M. de Travanet. C'est simplement un manège qui fait mouvoir, au lieu d'un tambour, une charpente triangulaire, dont les trois angles sont munis de cordes, qui, par le moyen de poulies de renvoi, font descendre ou monter autant de seaux suivant la position de l'arbre.

Après les pompes, il est naturel de parler des filtres. Parmi ceux qui étaient exposés, il faut signaler les appareils de M. Tard. Ces filtres se distinguent principalement des filtres connus par la nature de la matière filtrante, qui se compose, en principe, de pâte à papier mélangée en plus ou moins grande quantité, suivant la rapidité du filtrage qu'on veut obtenir, de matières diverses qui varient d'après la nature du liquide à filtrer, mais où il entre notamment du noir animal. On s'en sert non-seulement pour filtrer l'eau, mais aussi pour clarifier les vins, la bière, etc. L'épuration des eaux pour l'usage domestique s'opère avec succès, dans les fontaines filtrantes de M. Ducommun, qui se sert du charbon; dans celles de MM. Jaminet et Cornet, réunissant à l'épuration par le charbon, contenu dans l'encaissement formé par les pierres filtrantes, le filtrage par ascension; dans celles de M. Lelogé, qui le premier appliqué le filtrage par ascension qui a trouvé de nombreux imitateurs.

Finissons cet article par les garde-robes hydrauliques dont les habitudes de propreté répandent de plus en plus l'usage. M. Feuillâtre est un des fabricants qui ont le plus perfectionné la construction de ces appareils en s'y adonnant presque exclusivement. MM. Guinier, Havard et neveu, Durand fils aîné, Lamotte, Leprince en ont aussi exposé qui étaient exécutés avec un grand soin. M. Bourg, de Bercy, a imaginé de faire des sièges secrets, en les faisant tourner autour du canal cylindrique qui communique avec la fosse, ce qui permet de les dissimuler dans la profondeur d'un meuble ou dans l'épaisseur d'un mur. Il y avait aussi divers appareils de ce genre envoyés par MM. Bélicard et Chesneaux, Dieudonné, Leroy, Parrizot, Raguet, Ramachard, Verreaux, Tirmarche, Siret.

APPAREILS DE SONDAGE.

Les appareils de sondage se sont beaucoup perfectionnés depuis quelques années. On ne les emploie plus seulement pour la recherche des mines. La recherche des eaux jaillissantes a offert un nouveau champ à l'art du sondeur.

Il n'entre pas dans notre plan de parler des conditions géologiques qui président à la réussite des puits artésiens. Les eaux, comme on sait, s'infiltrent dans les couches perméables des terrains, et circulent souterrainement. Si par un trou de sonde on ouvre artificiellement une issue à ces eaux souterraines, et si l'endroit où l'on a pratiqué le sondage se trouve à un niveau inférieur à celui de leur point de départ, on verra ces eaux monter comme dans la branche d'un siphon, et se répandre à la surface. L'appréciation des circonstances dans lesquelles ces recherches peuvent être tentées avec succès est du domaine de la géologie.

Deux exposants nous montraient des appareils de sondage; l'un, M. Mulot, à la persévérance duquel on doit le puits jaillissant de l'abattoir de Grenelle; l'autre, M. Degousée, qui ne cesse d'apporter les perfectionnements les plus heureux dans la pratique de son art.

Lors de l'Exposition de 1839, M. Degousée remit au jury le relevé de 164 forages exécutés par lui dans les onze années précédentes; le résultat était que 11,697 mètres de forage avaient coûté, les fournitures de tuyaux compris, 853,331 fr., ou, en moyenne, 79 fr. 96 le mètre. Les forages exécutés depuis la dernière Exposition sont au nombre de 168, et forment une profondeur totale de 7,317 mètres, ayant coûté la somme totale de 410,937 fr., ou, en moyenne, 56 fr. 16 le mètre. La totalité des forages exécutés par M. Degousée, depuis 1828 jusqu'en mai 1844, est de 332, formant une profondeur totale de 19,014 mètres, ayant coûté une somme totale de 1,246,288 fr., ou en moyenne, 65 fr. 60 le mètre (tubages compris). Ces forages ont été exécutés : pour recherches d'eaux jaillissantes, d'eaux ascendantes, pour absorption ou dessèchements, pour exploration de terrains pour constructions, pour enfoncements de pilotis, puits d'amarres, pour recherche de mines. Les résultats obtenus sont : 75 fontaines jaillissantes; 49 puits intarissables; 24 exploitations de mines, 54 sans résultats cherchés; 10 puits absorbants; 20 puits d'amarres pour ponts suspendus; 111 pour explorations de terrains et études de coupes; 9 en cours d'exécution; total : 332.

M. Degousée exposait : 7 tiges de sonde du n° 1 au n° 6, et une tige en bois de sapin ferré; 7 paires d'emmanchements correspondants auxdites tiges de sonde; 2 treuils à engrenages; l'un à came et à coussinets mobiles; l'autre à débrayage; 1 coupe-tuyaux excentrique pour tous les diamètres; une coulisse ou pièce de désarticulation, permettant de conserver à la partie de sonde agissante un poids constant, quelle que soit la profondeur du sondage; 1 modèle au 1/15 d'un équipage de sonde ayant le levier romaine, la coulisse et les tiges en bois : un tube en verre représentant un trou de sonde, permet de bien observer le jeu de la coulisse; 1 atlas géologique contenant outre l'historique et les coupes de 300 sondages exécutés par

M. Degousée depuis 16 ans, et qui forment, réunis, une longueur de plus de 20 kilom., les coupes des principaux sondages faits par d'autres entrepreneurs. Les outils exposés se font remarquer par leur légèreté, comparativement à ce qui a été fait jusqu'à présent; cet allégement ne nuit en rien à la solidité.

Un dessin lavé représentait la coupe d'un atelier de sondage en activité dans le département des Ardennes; nous l'avons reproduit; en voici la légende :

Explication des détails.

Une chèvre quadrangulaire de 12 mètres de hauteur et de 4 mètres de base reçoit les efforts de traction communiqués à la sonde à l'aide de trois machines agissant alternativement dans des buts différents. La première est un treuil double muni d'un système à débrayage, fig. 9, pour la percussion dans les terrains tendres. Sur son tambour en fonte s'enroule une chaîne passant sur une poulie simple et destinée à l'enlèvement des tiges.

La deuxième machine, établie au-dessus du sol, communique à la sonde un mouvement régulier de percussion pour le percement des roches dures ; la sonde est équilibrée en partie par un levier de 10 mètres de longueur à l'extrémité duquel est suspendu un plateau chargé de poids variables. A l'aide de ce système, la pesanteur des tiges ne présente aucun inconvénient à l'approfondissement illimité du sondage.

La troisième machine est un treuil simple dont le tambour de 1 mètre de diamètre reçoit un câble en fil de fer pour le nettoyage du trou de sonde.

Plusieurs faisceaux de tiges sont disposés dans la chèvre de manière à ce que le chef de sonde puisse de suite prendre celles qui conviennent à la nature du terrain à perforer. Pour les terrains maigres et les rochers il emploie les tiges en bois 32 et des petites tiges en fer 34 dont la longueur totale est séparée de quelques tiges fortes, 33 occupant la partie inférieure par la coulisse 23.

Fig. 1. Outil propre à détacher un échantillon de terrain stratifié que l'on ramène au sol dans sa position de gisement à l'aide des Alidades et Boussoles, fig. 18.
2. Alezoire pour tuyaux endommagés par la sonde.
3. Caracole.
4. Cloche à galets.
5. Cloche à vis.
10. Pince à vis.
11. Cloche oblique pour dégager un trépan d'une fissure.
12. Coupe-tuyaux à ressorts servant aussi comme vérificateur de couches.
13. Coupe-tuyaux universel avec lequel la résistance est constante.
14. Arrache-tuyaux à branches flexibles.
15. Coupe-tuyaux pour des épaisseurs de bois et de tôle quelconque.
16. Frette entaillée à baïonnettes pour colonne perdue.
17. Outil propre à pousser par percussion la colonne perdue.
20. Trépan-élargisseur à vis.
21. Alezoire-élargisseur à vis.
19. Trépan à segments circulaires.
22. Tirebourre pour nodules et galets.
23. Coulisse à vis de rappel.
24. Langue de serpent pour le percement des argiles et marnes.
25. Tarière ouverte.
26. Trépan à lames flexibles.
27. Vérificateur pour reconnaître les couches de minerais.
28. Cuillère à tringle pour le nettoyage du trou de sonde.
29. Cuillère à boulet pour le retrait des salles.
30. Mandrin à coin pour l'assemblage de tuyaux avec rivets.
31. Equarrissoir à branches acérées.
32.
33. Tiges de sonde.
34.
35. Coffre Héxagonal de 0m,40 de diamètre intérieur.
37. Tuyau en tôle de 0m,38.
38. Id. de 0m,25.
39. Id. de 0m,09.
36. Tuyau en bois de 0m,16.
40. — en fonte de 0m,14.
41. — en cuivre de 0m,15.
42. — en tôle bitumée de 0m,10.
6.
7. Outils accessoires.
8.

MACHINES ET APPAREILS AGRICOLES.

La mécanique agricole est loin d'avoir marché du même pas que la mécanique industrielle ; il y a bien des progrès à faire sous ce rapport. Nous avons beaucoup de gens qui cherchent, qui inventent; mais ce sont presque toujours des agriculteurs de cabinet.

La charrue par excellence est encore à trouver. Il y en a cependant qui ont déjà donné des résultats satisfaisants, et l'Exposition en présente plusieurs qui se font remarquer par des améliorations.

La charrue de M. Le Bachellé, de Livry, a été construite par M. Olin fils, serrurier, conformément aux indications données par M. Moll. Elle est munie d'un véritable versoir mathématique qui amène la répartition uniforme du frottement, et fait que la bande de terre se trouve retournée avec la plus petite force possible. Dans des terrains où l'emploi de trois chevaux était nécessaire, un seul suffit avec cette charrue, dont les directrices varient à l'infini. La terre ne rencontre nulle part de creux où elle puisse se plaquer, ni de convexité où elle puisse butter. Cette charrue nous a paru construite sur un excellent principe ; mais elle coûte 150 fr. : c'est un peu cher pour nos agriculteurs. La charrue de M. André-Jean, de Château-de-Saint-Selve (Gironde), se tient fixe dans la raie, sans que le conducteur soit obligé de la diriger ; elle n'a même qu'un mancheron extrêmement bas, et qui n'est destiné qu'à soulever la charrue au bout du champ. La charrue de MM. Paris et Bocquet est double ; elle reproduit la charrue norique, en usage dans les montagnes de Styrie ; son poids et son prix balancent l'avantage que le constructeur s'est promis de sa combinaison ; on peut arriver au même but par un moyen plus simple. On vante beaucoup la charrue de M. Lébert, de Pont (Eure-et-Loir), qui a su conserver le caractère de la charrue beauceronne, et qui a déjà reçu des prix dans les concours de Seine-et-Oise ; elle est armée à l'arrière d'un petit soc qui fouille la raie ; elle convient surtout pour les labours profonds. Le jury du département du Nord donne de grands éloges à l'araire pour labourer à plat, en revenant dans la même raie, de M. Willocquet, maréchal à Orchies (Nord). Le perfectionnement apporté par ce modeste industriel est déjà passé dans la pratique de quelques exploitations rurales ; il a reçu l'approbation de la Société d'agriculture de Lille.

On remarquait encore les charrues exposées par M. Cambray, de Paris, savoir : une charrue à creuser les fossés, une charrue à un cheval, une charrue dite Cambray, deux charrues Dombasle ; la charrue à soc tournant, à deux versoirs, de M. Allier, de Gap (Hautes-Alpes) ; une charrue de M. Beléguic, de Douarnenez (Finistère), labourant à deux profondeurs différentes ; une charrue araire de M. Lentilhac, directeur de l'École d'agriculture de Salleronde, près de Périgueux ; les charrues américaines, à versoir mobile, de M. Maurin, de Saint-Médard (Charente) ; la charrue vigneronne de M. Lacaze, de Nîmes, qui fait un excellent service et qui ne coûte que 43 fr. ; la charrue-semoir, à quatre socs, de M. Midy, de Saint-Quentin, dont nous reparlerons plus loin à propos des machines à battre ; la charrue omnibus de M. Trochu, de Bellisle-en-Mer ; la charrue-herse, tout en fer, de M. Godin, de Grandvilliers (Oise), ayant des roues élevées à l'arrière et une seule roue à l'avant, avec flèche pour deux chevaux ; la charrue-herse de MM. Calland et Pasquier, de Laferté-sous-Jouare (Seine-et-Marne), instrument d'une grande énergie ; la herse de MM. Masson-Michelson, instrument de l'invention de M. Bataille, qui se distingue toujours par la simplicité et la solidité de sa construction ; l'extirpateur à trois socs, de M. Colombel, de Claville (Eure) ; la houe à cheval, de M. Bailly, de Château-Renard

(Loiret); le granhumateur de M. Valla, de Nîmes, dont les socs sont disposés en biais, et qui est destiné à recouvrir les semailles; l'extirpateur tétracycle, de M. Gratien-Desavoye, à Vieux-Hamel (Oise), instrument en usage dans plusieurs exploitations du rayon de Paris; les charrues et herses de l'École d'agriculture de Rennes; le soc dentelé de M. Hubert de Marolles (Loir-et-Cher), pour défricher les prairies artificielles; l'extirpateur et l'araire-buttoir, de M. Llanta-Saturnin, de Perpignan.

Enfin, nous mentionnerons les charrues, herses ou extirpateurs de M. Denis, à Crécy-sur-Serres (Aisne), de M. Rivaud, au petit Rochefort (Charente), de MM. Brigaudeau et Guénin, à Lucenay (Côte-d'Or), de M. André (Jean), à Saint-Aubin-sur-Gaillon (Eure), de M. Estampes, de Toulouse, de M. Boutet et de M. Chabrolle, de Maray (Loir-et-Cher), de M. Thomas-Marait, de la Charité, et de M. Ducrot, de Fourchambault (Nièvre), de M. Lemaire, de Fresnes-lès-Montauban (Pas-de-Calais), de M. Piret, de Neauphle-le-Château (Oise), de M. Baillet, de Fouillon (Somme).

Un bon semoir pour le blé, en plaçant régulièrement le grain et épargnant ainsi en France la moitié de la semence et la nourriture de trois millions d'hommes, mettrait désormais le pays hors des atteintes de la disette, fournirait l'aliment d'un commerce extérieur, étendrait ses moyens d'échange, détruirait à la fois les insectes destructeurs qui soutiennent leur population de l'excédant du grain répandu et les plantes parasites, en faisant passer la culture du blé au rang des cultures sarclées. Parmi les semoirs qui figuraient à l'Exposition, on s'accordait à louer celui de M. Savoye père, de Berlaimont (Nord), pour toutes graines. M. Collard, de Chenier (Marne), avait envoyé un semoir mécanique. Celui de M. Hugues, de Bordeaux, continue à réunir les suffrages.

Il n'y a aujourd'hui, dans le mécanisme du semoir de M. Hugues, ni engrenage, ni rouages, ni chaînes, ni courroies, ni ressorts. Deux cylindres en fonte, l'un à alvéoles plus ou moins grands pour les diverses semences, et l'autre cannelé pour l'engrais, sont mis en mouvement par une bielle en fer, au moyen d'une grande roue en bois, placée au-devant, et servant de moteur à la machine. Deux roues plus petites soutiennent le train de derrière surmonté de la botte à cylindres et de deux trémies, l'une pour la semence et l'autre pour l'engrais. Au-dessous se trouvent les tuyaux conducteurs, transmettant la semence et l'engrais aux socs fixés à un madrier inférieur, lesquels socs se lèvent et se baissent à volonté pour enterrer plus ou moins le grain et l'engrais, que recouvrent immédiatement les griffes fixées à ces mêmes socs. Toute espèce de grains et de graines se sèment plus ou moins épais, à volonté, au moyen d'une coulisse en cuivre qui en glissant sur le cylindre découvre successivement chaque numéro des alvéoles, depuis le plus petit qui est pour le colza, la cameline, etc., jusqu'au plus gros qui donne les fèves, les haricots, etc.. etc. On répand plus ou moins d'engrais en découvrant plus ou moins les cylindres cannelés au moyen des plaques en fer à coulisses qui les couvrent. Enfin, un levier sert à élever l'arrière-train et à placer la machine en équilibre, de manière à ce que la roue moteur ne touche plus le sol, et que la machine ne se trouve plus que sur deux roues; dans cette situation l'écoulement n'a plus lieu; de plus la machine tourne sans difficulté au bout du champ pour reprendre la raie qui lui est indiquée par un sillon, qu'a fait au tour précédent un trace-sentier fixé au madrier inférieur, rayonnant aux distances voulues pour les divers espacements des lignes. On le voit, cet appareil est très-simple, et la manœuvre en est on ne peut plus facile. Avec ce semoir, tout le grain du sac est véritablement employé pour la semence : tout le grain est placé là où il doit être placé; tout le grain est recouvert comme il doit être recouvert, et cela forcément, constamment, sur toutes les terres, malgré le vent et même malgré la pluie. Nous devons ajouter qu'avec ce mode d'ensemencer, la culture est forcément en lignes, c'est-à-dire très-susceptible de soins importants qui n'entraînent pas les dommages considérables du système ordinaire.

Quelques machines à irriger les prairies se trouvaient disséminées à l'Exposition. M. Escure en avait envoyé une de Sérandon (Corrèze). MM. Tollay et Martin, de Paris, avaient exposé les irrigateurs en cuivre, en étain, etc. M. Mesnil, de Nantes, nous montrait un arrosoir souterrain; ce nouvel instrument, auquel l'inventeur, M. Philippe Beaulieux, a donné le nom d'*arrosoir nantais*, représente, d'un côté, la forme d'un fer de lance, et, de l'autre, un tube qui, large à la hampe, s'étend en s'amincissant jusqu'à l'extrémité du fer. Une douille surmonte la hampe et reçoit un manche qui permet d'enfoncer perpendiculairement cet instrument dans le sol, à la profondeur nécessaire pour atteindre les racines sans remuer ni soulever la terre au pied de l'arbre. On verse l'eau dans le tube d'où elle s'écoule sans éperdition jusqu'aux racines.

Nous avons vu plusieurs machines pour faire les moissons. Le moissonneur de M. Lamy est une grande paire de ciseaux sur des roulettes : jusqu'ici cette invention n'aurait rien d'extraordinaire; mais comme le blé et d'autres céréales doivent être coupés avec symétrie, l'auteur de la machine a placé sur les lames de ciseaux deux tringles en fer dont l'une est plus élevée que l'autre, afin de déterminer comme il convient d'une manière régulière le renversement du blé. Voici en quoi consiste le faucheur mécanique de M. Gargau : trois roues sont adaptées à une brouette; le mouvement que lui imprime la rotation détermine le développement de deux faulx placées très-près de terre, et qui fonctionnent pendant que la brouette tourne; on conçoit que ce mécanisme est adhérent à l'essieu sur lequel les roues reposent. M. Parpaite ainé a exposé un râleur mécanique destiné à récolter d'une manière prompte les têtes de trèfle ou d'autres herbes dont on veut réserver les graines; cette machine consiste principalement en une espèce de peigne à dents d'acier, placé horizontalement sur le devant d'un chariot qu'un jeune homme peut traîner aisément pendant qu'un autre dirige et manœuvre constamment un couteau disposé au-dessus, en lui imprimant un mouvement alternatif par un grand levier qui est à sa disposition. De sorte qu'à mesure que l'appareil avance, les têtes de trèfle ou d'autres fourrages sont successivement saisies par les dents du peigne et tranchées immédiatement par le couteau, qui, tout en les faisant tomber, les amène en même temps dans une caisse portée par le chariot ou le train de la voiture. Nous avons vu aussi un cueille-trèfle de M. Rey, d'Autun (Saône-et-Loire).

Une bonne machine à battre est encore un besoin de l'agriculture. On sait que le Midi, en foulant sur une aire avec les pieds des animaux, perd une partie de sa paille et salit son grain; que le Nord, en faisant battre à bras et au fléau, perd une partie du grain, et manque d'hommes robustes pour faire ce métier de galérien. La machine à battre est donc attendue avec impatience. Il y en avait plusieurs à l'Exposition. Reste à savoir si elles résoudront le problème. MM. Mothes, de Bordeaux, avaient exposé deux machines à battre ; l'une de grande dimension, pouvant battre 70 à 80 gerbes à l'heure; force de 2 chevaux, prix : 2,000 fr. rendue à Paris ; l'autre, dite machine à bras, mais pouvant être utilisée avec un petit cheval, et pouvant battre 30 à 35 gerbes à l'heure, prix : 900 fr. Les praticiens regardaient avec intérêt la machine à battre de M. Mittelette, de Soissons, très-soignée, battant la paille en travers, et la rendant presque intacte ; cette machine était cotée 1,800 fr. M. Midy, de Saint-Quentin, nous montrait une machine à battre des deux côtés ; la machine ne bat que l'épi, et la paille se retire ensuite sans que la gerbe ait été frappée dans le milieu ou à son extrémité. Le batteur de M. Pâris était très-simple, et ne coûtait que 450 fr. On voyait aussi une machine à battre à bras, du prix de 200 fr., envoyée par MM. Naud, Bourgeois et Ysard, de Nantes. Une batteuse de M. Boulet, du Pas-de-Calais, avec charpente frappant à plat sur le blé, nous a paru d'un mécanisme un peu arriéré. M. Legrand, mécanicien modeleur, avait exposé une machine à battre, perfectionnée en ce qui concerne la transmission des mouvements. Il y avait aussi une machine à battre de M. Rosé, qui soutient dignement sa réputation de constructeur. D'autres étaient exposées par M. Lequin, du Châtelet (Vosges), et par M. Lagrange, de Paris. M. Hudde, de Villiers-le-Bel (Seine-et-Oise), avait envoyé un secoueur destiné à être adapté à un batteur pour blé.

L'Exposition nous montrait diverses machines pour couper et hacher les substances végétales destinées à l'alimentation des animaux. M. Cambray avait exposé une machine à couper et à pulvériser l'ajonc épineux pour la nourriture du cheval, du prix de 400 fr. ; un hache-paille à double effet, avec machine à concasser ; un coupe-racine à disques, faisant en même temps office de hache-paille ; une machine à couper les racines en tranches minces et allongées pour les moutons. M. Quentin-Durand nous montrait une collection de ses divers instruments, coupe-racine, hache-paille, baratte, etc. M. Rosé, un hache-paille et un coupe-racine à lames courbes, forme de faucille. Il y avait aussi des instruments de ce genre exposés par M. Clerc, de Paris, par M. Converset, de Châtillon-sur-Seine, par M. Descottes, de Saint-Malo. M. Nel, d'Avignon, avait envoyé un coupe-feuilles de mûriers pour les vers à soie.

Les cultivateurs, désireux de s'affranchir de l'impôt direct et indirect prélevé par les meuniers, cherchent depuis longtemps un instrument qui leur permette de convertir chez eux le blé en farine. Les mécaniciens, à la piste, pour ainsi dire, de toutes les nécessités agricoles, ont donné l'essor à leur génie inventif, et plusieurs moulins figurent à l'Exposition. Un des plus remarquables est, sans contredit, celui de M. Nodier. Ses meules sont placées verticalement, contrairement à l'usage ; elles sont en granit, à l'abri, par conséquent, et par leur position et par leur nature, du repiquage et du rhabillage, opérations coûteuses, difficiles, et qui emploient beaucoup de temps. Le prix de ces moulins est un peu élevé, 3,000 fr., et il faut deux chevaux pour les mouvoir. Le moulin exposé par M. Bouchon, de La Ferté-sous-Jouarre, est une pyramide tronquée, portative, garnie à l'intérieur d'une bluterie et de deux petites meules en grès, qui fabrique, à en juger par les échantillons, d'excellente farine de ménage. La simplicité de l'appareil doit en rendre les réparations faciles au serrurier de village. Son prix, de 125 fr., le met à la portée des plus petits exploitants, d'autant mieux qu'un homme seul suffit à son maniement, et que ce moulin peut concasser et moudre toute espèce de grains. M. Bouchon fabrique pour 250 fr. des moulins construits dans ce système, mais qui, plus grands, produisent beaucoup plus ; ils peuvent s'adapter facilement à un manège ou à tout autre moteur. MM. Cambray et Quentin-Durand ont, eux aussi, exposé ce que nous appellerons des moulins de ménage ; ils ont suivi à peu près le même système : ils se servent de cylindres en fonte ; celui de M. Quentin-Durand, avec ses bluteries, est du prix de 110 fr. ; celui de M. Cambray, un peu plus cher, est aussi un peu plus soigné. Les cylindres en fonte conviennent mieux à l'écrasement de graines oléagineuses, qu'à la trituration du blé. M. Callaud, de Nantes, avait envoyé un moulin à cette destination ; M. Deffry, de Bourgogne (Marne), un concasseur ; M. Bouyot, de Paris, un moulin à pulvériser.

Nous n'avons pas à revenir sur les meules et sur les machines à rhabiller dont nous avons parlé à l'article Meules dans la section des substances minérales. Mais nous ne pouvons quitter la meunerie sans signaler les appareils à nettoyer les grains, le décortiqueur et le balancier-brosse de M. David, le crible-batteur de M. Godard. Ce dernier se compose : 1° d'une trémie d'engrenage ; 2° d'un émotteur, qui retient les pierres, les mottes de terre et autres impuretés assez volumineuses pour ne pas passer à travers le fond de cet émotteur ; 3° d'un sasseur placé immédiatement au-dessous de l'émotteur ; le petit blé et les petites graines traversent ce sasseur, et le bon blé tombe à l'extrémité dans un conduit qui amène les blés au cylindre-batteur ; 4° d'une toile sans fin qui conduit les criblures et petits blés à l'une des extrémités de l'appareil, où ils sont remis dans un sac ou une boîte ; 5° d'un cylindre batteur qui consiste en une enveloppe en tôle piquée, tournant à 50 tours par minute, et traversée par un arbre garni de 40 palettes en fer piquées faisant râpe et faisant 250 tours à la minute en sens inverse du cylindre. Au moyen de l'émotteur et du sasseur tous les corps hétérogènes plus gros et plus petits que le blé sont séparés du bon grain. L'énergie du cylindre est telle, dit M. Godard, que toutes les petites pierres qui ont échappé à l'action de l'émotteur sont brisées et mises en poussière. La moucheture du blé disparaît complètement ; l'épiderme du grain est enlevé, et la ventilation des 40 batteurs fait sortir la poussière du cylindre, qui est parfaitement clos, au moyen de deux portes placées sur les encadrements. M. Uhler, de Dijon, avait envoyé une bluterie à châssis et à ailes. Signalons aussi les cribles et passoirs pour le nettoyage des grains exposés par MM. Collard père et fils.

Nous avons déjà parlé à l'article Fabrication du pain, du pétrin mécanique de M. A. Moret ; nous en donnons ici la description.

Ce pétrin, en fonte, imite exactement le travail du geindre : la pâte est soulevée par le corps même du pétrin qui tourne autour d'un axe fixe, et relevée par des bâtons en fer creux fixés après le cylindre et faisant fonctions de mains ; ils font passer la pâte au travers d'autres bâtons posés sur l'arbre fixe en fer, et la pâte se trouve parfaitement travaillée.

La force d'un cheval suffit pour leur transmettre le mouvement et leur donner une vitesse de huit tours par minute.

Pour faire 100 kilog. de pâte, il faut 40 kilog. de pâte en fermentation, 22 kilog. d'eau, et 38 de farine.

La fermeture en est telle que les mélanges ne peuvent jamais varier, et les gaz qui se développent en se dilatant font que le travail de la pâte s'opère sous pression, ce qui a été reconnu très-avantageux.

Des treuils placés au-dessus du pétrin et adhérents aux chaises, permettent à un seul homme de lever ou de baisser le couvercle à sa volonté.

L'imprévoyance de l'ouvrier est prévenue par un compteur qui marque tous les tours que fait le pétrin. Lorsqu'il en a fait trente, la sonnette sonne pour prévenir qu'il faut arrêter pour gratter la farine qui s'est attachée aux parois et qui n'a pas été travaillée par les bras. On doit aussi vérifier si le mélange est bien opéré, car il varie selon que les farines demandent plus ou moins. On remet alors ce qui manque, on referme le pétrin, on lui communique le mouvement, et trente autres tours suffisent pour que la pâte soit parfaitement travaillée. Ce travail se fait en dix-huit ou vingt minutes, et cinq hommes font de vingt à vingt-deux fournées en douze heures e travail, c'est-à-dire de quatorze à quinze sacs de farine ; ce qui ne pouvait se faire par le travail ordinaire dans le même temps qu'avec dix à douze hommes.

Par ce moyen mécanique, la production est d'un vingtième en plus.

Il faut remarquer en outre que dans les cinq hommes employés, il y a deux ouvriers seulement et trois aides.

La propreté qu'apporte ce pétrin dans la fabrication de la pâte est incontestable ; l'homme n'y met les mains que pour donner aux pains la forme ordinaire.

Ces pétrins se construisent aussi bien dans les petites que dans les grandes proportions et donnent les mêmes avantages. Ils fonctionnent depuis plus d'un an chez MM. Mouchot frères, boulangers à Montrouge, au séminaire de Brulé, près Beauvais ; à l'abbaye de Citeaux ; à Avignon, à la grande boulangerie de M. Roland et Cie ; aux Antilles espagnoles, etc.

M. Arsène Moret, en apportant des changements dans leur construction, les a rendus propre à la fabrication de la pâte du *biscuit de mer*.

Dans l'établissement de MM. Henry Thébaud et frères, à Nantes, où l'on fait usage de ce pétrin mécanique pour fabriquer la pâte à biscuit de mer, on met 100 kilog. de farine blutée à 25 ou 30 p. 0/0, on y ajoute 40 litres d'eau à la température de 48°, et l'appareil est mis en mouvement avec une vitesse de dix tours par minute. Au bout de huit minutes on arrête le pétrin pour gratter la farine qui s'est attachée aux parois et qui n'a pas été travaillée par les bras ; cette opération dure quatre minutes ; on remet en marche, et après avoir fait tourner 40 tours on arrête ; il faut cinq minutes pour retirer la pâte du pétrin.

Ainsi l'opération dure 24 minutes pendant lesquelles l'appareil a fait 120 tours en 12 minutes.

Le pétrin contient 200 kilog. de pâte. Pour fabriquer cette quantité dans cet espace de temps on emploie deux hommes et un enfant.

Par le travail des bras, pour faire cette même quantité, il faut quatre hommes et deux aides, et le temps est double.

M. Championnière, ingénieur civil, qui a monté chez MM. Henry Thébaud et frères, de Nantes, un de ces pétrins à biscuits de mer, a reconnu que le frasage à la mécanique produit une pâte beaucoup plus blanche et plus légère que ne le donne le frasage à bras.

Il faut aussi remarquer que cet appareil permet de mettre dans la pâte un cinquième d'eau de moins que par les procédés dont on se servait ; et l'on sait que dans ce travail, il est important de mettre très-peu d'eau, sans quoi on obtient des pâtes trop molles qui se referment après avoir été piquées. La vapeur ne trouvant plus alors d'issue, fait ouvrir la galette et nuit à sa qualité.

La féculerie, cette industrie accessoire de l'agriculture, qui a pris tant de développement, était représentée par plusieurs exposants dont nous parlons à l'article *Féculerie* dans notre cinquième section.

La fabrication du vin comptait de nombreux pressoirs, au milieu desquels nous avons surtout distingué le pressoir-troyen, de M. Benoît, qui fonctionne d'une manière horizontale, et le pressoir vertical de MM. Martin-Perret et Delacroix-Duvoisin, de Jargeau (Loiret). Ce dernier est portatif, monté sur deux roues, d'une dimension moyenne, et peut être facilement déplacé ; il coûte 800 francs ; mais vu son utilité et son transport peu dispendieux, plusieurs cultivateurs peuvent se réunir et s'associer pour l'acheter et s'en servir en commun. Il y avait aussi des modèles de pressoir envoyés par M. le comte de Perrochel, de la Sarthe, par M. Bouard, de Joigny. M. Villesèque, de Perpignan, avait exposé une machine à égrapper et à fouler le raisin. M. Robert, de Colmar, avait aussi joint à un pressoir un égrappoir pour le raisin. Un pressoir et cassoir à bras, exposé par M. Daune, d'Essonne, était destiné à la fabrication du cidre.

M. Desormes s'occupe depuis longtemps de tout ce qui concerne les abeilles, leur éducation et les moyens d'obtenir le miel ; ses modèles de ruche méritent d'être cités.

M. Travers fils a exposé des modèles de serre-chaude et d'orangerie, M. Payen des châssis de jardin, M. Étard des pièges pour les animaux nuisibles, M. Bon, de Courbevoie, des boîtes à incubation.

HORLOGERIE.

L'horloge, la pendule ou la montre, se compose en principe d'une force motrice, poids ou ressort agissant sur une série de roues et de pignons. Pour ralentir le mouvement, on oppose au dernier mobile un obstacle périodique, qui, pour les pièces fixes, est le pendule inventé par Huyghens, et pour les pièces portatives le balancier circulaire. Entre l'obstacle périodique et le dernier mobile se trouve l'échappement qui restitue la perte du mouvement qu'il fait à chaque oscillation.

Ce sont ces deux pièces, le pendule et l'échappement, surtout, qui occupent les experts et sur lesquelles on fait encore chaque jour tant de recherches et de travaux.

Pour le pendule, le grand point c'est que sa longueur une fois déterminée reste invariable, car s'il augmente, la période des oscillations sera plus longue ; s'il diminue, elle sera plus courte. Il était donc important de soustraire le pendule aux effets de dilatation qui l'auraient allongé ou raccourci suivant les variations de température. De là les pendules à compensateur composées de barres de métal différemment dilatables et disposées de manière que si l'allongement des unes tend à abaisser le centre d'oscillation du pendule, ce même changement chez les autres ait pour résultat de le remonter de la même quantité. Nous indiquons les dispositions nouvelles proposées dans le but d'obtenir les mêmes résultats.

Pour l'échappement la question est plus compliquée. L'échappement doit restituer de la force au pendule ou au balancier circulaire qui sans cela s'arrêterait bientôt par l'effet du frottement et de la résistance de l'air. Mais il faut que cette restitution soit rigoureusement la même à chaque instant, sous peine de faire varier l'horloge. On peut distinguer trois espèces d'échappements : l'échappement à repos, l'échappement à recul, et l'échappement libre, qui peuvent encore se diviser en échappement à chevilles, à ancre, à cylindre, à palettes, etc., mécanismes divers que nous ne pouvons décrire ici et dont les exposants nous offraient quelques modifications.

Cela dit, commençons notre revue par la grosse horlogerie.

Après avoir cité M. Henri Lepaute, qui soutient dignement la réputation de l'un des plus anciens établissements de Paris, reconnaissons que c'est M. Henri Wagner qui a surtout contribué à répandre les horloges publiques en en perfectionnant l'exécution et en les exécutant à bon marché. M. Henri Wagner a donné à la rue dans laquelle est situé son établissement (la rue du Cadran) le nom qu'elle porte aujourd'hui. Il n'a cessé d'apporter des améliorations nouvelles aux nombreuses horloges dont il a couvert la France; il en a simplifié le mécanisme de manière à pouvoir les mettre à la portée des communes les plus pauvres.

M. J. Wagner, neveu du fondateur de l'établissement dont nous venons de parler, en adoptant un plan général tel, que la même base peut recevoir toutes les modifications que peut comporter ce genre d'horlogerie, a pu établir une fabrication véritablement manufacturière; il a appliqué au mécanisme de la sonnerie, des engrenages en fonte qui marchent régulièrement; il a exposé plusieurs nouveaux remontoirs, mécanisme intermédiaire entre le dernier mobile et le reste du rouage, dont la fonction consiste à remonter un poids qui, à son tour, agit sur le dernier mobile et détermine son mouvement dans des conditions moins variables. La compensation du pendule et les échappements ont également subi d'importantes améliorations entre les mains de M. J. Wagner. Nous signalerons encore, parmi les objets qu'il a exposés, une pendule dite contrôleur, disposée de manière à constater la visite d'un surveillant à une heure donnée, dans les différentes parties d'un établissement, et une autre qui avait pour but de constater le passage successif de cinq ou six surveillants, ainsi que leur ordre de ronde. Pendant les derniers jours de l'Exposition, M. J. Wagner a présenté un appareil désigné sous le nom de *maréographe*, destiné à constater graphiquement les variations de la marée. Un instrument de Maelzel était là pour rappeler que c'est à M. J. Wagner qu'on doit également la grande baisse de prix de cet instrument devenu si populaire et qu'on trouve partout aujourd'hui.

M. Vérité, de Beauvais, avait exposé une horloge très-compliquée, dans laquelle se trouvait un nouvel échappement qui semblait la soustraire entièrement aux irrégularités de la force motrice; il serait trop long de le décrire ici; contentons-nous de dire qu'il a rencontré de nombreux approbateurs.

M. Peupin, renommé pour la perfection à laquelle il a porté le fendage des roues en cuivre et en acier, a exposé des régulateurs à la fois simplifiés et perfectionnés. A la compensation du pendule par les grils de cuivre et d'acier, il a substitué une tige de sapin, bois fort peu hygrométrique, qu'il revêt d'une gaine de laiton, et au bout de laquelle est ajustée la lentille. Ses beaux mouvements sont réduits à la plus simple expression, ce qui lui permet de livrer pour 350 fr. des régulateurs qu'on paierait 1,200 fr. ailleurs, et pour 650 fr. des régulateurs à un mois qu'on paierait 1,500 fr. On remarquait surtout un régulateur, dit de cheminée, à remontoir, donnant le temps vrai et le temps moyen.

M. Houdin, se distingue également par le fini des dentures de ses pignons et de ses roues d'échappement, exposait aussi un régulateur dont le pendule compensé se compose d'un tube en laiton, traversé dans sa longueur par une tige d'acier qui porte la lentille.

L'exposition de M. Deshays, inventeur d'une ingénieuse machine à fendre les engrenages héliçoïdes, nous montrait des pièces d'horlogerie qui ne le cédaient pas en perfection à celles des précédents. L'attention se portait principalement sur un régulateur marchant quarante jours, indiquant le quantième annuel, l'équation par différence, et marquant les jours de la semaine par la descente des poids. Le pendule à grille présentait une modification qui consiste en deux barrettes ou traverses que l'on peut monter ou descendre pour atteindre le point de compensation en éprouvant le pendule.

L'exhibition de M. Bocquet offrait un grand régulateur d'un système nouveau, inventé par M. Pescheloche, horloger à Épernay. Dans ce mécanisme la force du grand ressort moteur est équilibrée par elle-même en modifiant proportionnellement ses inégalités, et l'addition d'un poids à l'extrémité d'un levier transmet au rouage l'effet de sa puissance constante pour le mettre en action, en sorte que les inégalités d'élasticité dans l'étendue du ressort, l'inertie de ses bandes collées par suite de l'épaississement des huiles, se trouvent naturellement corrigées, résultat qu'on n'obtient pas avec la fusée, que M. Pescheloche, par sa belle invention, a peut-être fini par détrôner.

M. Paul Garnier est auteur d'un nouveau pendule compensateur et qui diffère des compensateurs dits à levier, jusqu'alors en usage. Dans ces derniers, les barres du métal le plus dilatable, agissant sur des leviers convenablement disposés, permettent le soulèvement ou l'abaissement de la lentille, pour maintenir à la même distance du point de suspension le point qu'on est convenu d'appeler, en horlogerie, centre d'oscillation. Dans celui de M. Garnier, la lentille ne se déplace pas; les deux leviers portent sur leur grande branche chacun une boule métallique, dont l'une descend tandis que l'autre monte par l'effet de la dilatation, ce qui maintient au même point le centre d'oscillation de tout le système. M. P. Garnier est aussi l'inventeur d'un échappement à repos dont les dispositions simples sont seules employées aujourd'hui dans les pendules de voyage, qui, grâce à lui, sont devenues une branche d'industrie considérable. Une superbe pendule en marbre blanc, qu'il avait exposée, présentait un mouvement d'horlogerie à secondes fixes, obtenu par un nouveau moyen. Son exhibition présentait encore des compteurs très-ingénieux, applicables aux machines.

Les produits de la maison Breguet sont dignes d'une illustre et ancienne renommée. Une pendule de voyage à grande et petite sonnerie, des montres et des chronomètres de poche se faisaient remarquer par leur parfaite exécution. On voyait à côté d'eux quelques instruments destinés à servir d'utiles auxiliaires à la science. L'un d'eux entre autres devant mesurer la vitesse de la lumière, produit des évolutions d'une rapidité étonnante; chaque volant accomplit dans une seconde 2,400 à 3,000 tours. Une autre machine, en construction dans les ateliers de M. Breguet, a pour but de constater la vitesse initiale des projectiles.

M. Winnerl est un artiste d'une grande habileté; il exécute lui-même toutes ses pièces; la marche de ses chronomètres est connue par une parfaite régularité.

M. Berthoud, autre héritier d'un nom célèbre dans l'horlogerie de précision, a exposé plusieurs chronomètres d'un travail très-soigné et d'autant plus remarquable qu'ils sont l'œuvre des élèves que le gouvernement lui a confiés; ces élèves sont MM. Louis Berthoud, Lecoq, Dumas et Leprieur. Les preuves de leur talent naissant sont d'un bon augure pour l'avenir. On apercevait dans une de ces montres marines démontée un barillet denté, qui permet de supprimer la fusée.

M. Robert, dit-on, applique aussi avec succès le barillet denté à ses chronomètres.

MM. Brocot père et fils, qui font surtout l'horlogerie du commerce, la fabriquent de manière à lui donner au meilleur marché le plus possible des qualités de l'horlogerie de précision. Ils ont cherché et trouvé les moyens d'appliquer leurs excellents mouvements dans la plupart des cages exécutées par les bronziers, qui se préoccupent peu des conditions d'une bonne pendule, et dans les modèles desquels il est impossible, par exemple, de placer un pendule compensé. Ils obvient à ces inconvénients au moyen d'un avance-retard à suspension à ressort qui peut toujours être mû par un petit carré placé au-dessus du midi du cadran. Si cette disposition n'est pas nouvelle, elle n'en est pas moins très-commode. L'échappement, dont se servent MM. Brocot, se compose en principe de conditions qui participent de l'échappement à ancre et de l'échappement à chevilles. Il a été imité par plusieurs horlogers.

M. Brosse, de Bordeaux, a imaginé un échappement libre et à force constante, dont les dispositions mécaniques sont nouvelles et en dehors des moyens auxquels l'horlogerie a ordinairement recours.

M. Vallet, qui s'est particulièrement voué à instruire dans son art des sourds et muets, a exposé des instruments très-délicats destinés à apprécier et à constater les défauts de certaines pièces des montres.

M. Benoît, directeur de la fabrique d'horlogerie de Versailles, a exposé des montres d'une exécution distinguée. Il a introduit dans sa fabrication l'emploi du platine allié, agréable pour l'aspect, utile par sa ténacité et la douceur de ses frottements. Il est bien à désirer que cette fabrique puisse se soutenir et se développer dans l'intérêt de l'industrie nationale.

M. Philippe présente des montres tout établies et finies à Paris. Son ancien associé, M. Capt, a fait une exposition pareille, et ces deux artistes, de bonne foi dans leur exhibition toute française, ont droit à des encouragements mérités.

M. Noblet, de Besançon, expose ses montres en nickel allié.

M. Fongy, de la même ville, nous en offre aussi de fabrique vraiment française, parmi lesquelles nous distinguons un beau mouvement de montre à échappement libre, ayant dix trous avec contre-pivot en rubis, et, par exception, ce fabricant en annonce le prix qui est de 68 fr. Enfin M. Rodanet fournit son contingent tout en montres fabriquées chez lui.

Rien de plus curieux que le *Quantième*, espèce d'almanach mécanique, exposé par M. Bienaymé, de Dieppe. Le quantième donne les noms des mois, leur quantième et le nom des jours de la semaine. Il tient compte non-seulement des mois de 30 et de 31 jours, mais des différences qu'apportent les années bissextiles au mois de février, qui a tous les quatre ans 29 jours et 28 les autres années. Bien plus, comme tous les siècles il y a une année bissextile de moins, le mécanisme de M. Bienaymé en tient aussi compte, et embrasse avec toutes les corrections nécessaires la période grégorienne de 3,000 ans.

Il nous faut encore parler de M. Robert-Houdin, dont les pendules mystérieuses et surtout les jolis automates attiraient constamment la foule. Ces pendules mystérieuses se composaient d'un cadran de verre, monté lui-même sur des colonnes de verre, et sans communication apparente avec le rouage d'horlogerie qui était dans le socle. On ne s'étonnera pas de l'intérêt de curiosité que produisait chez les horlogers comme chez le vulgaire cette espèce d'énigme mécanique. Comment se transmettait le mouvement? on a présenté bien des solutions; reste à savoir quelle est la bonne; M. Robert-Houdin a gardé

son secret. Il avait également exposé de charmants réveille-matin qu'il fabrique en quantités considérables, et dont quelques-uns, après vous avoir averti à temps, allument une bougie à l'instant. Je ne parle pas de ces petits chefs-d'œuvre de combinaisons qu'il nous montrait, de son joueur de gobelets, de son danseur de cordes, de son oiseau qui répétait l'air que sa maîtresse lui joue sur la serinette, ni de son écrivain qui transcrivait réellement sur un morceau de papier une réponse pertinente à l'une des six questions qu'on pouvait indifféremment lui adresser.

On sait que les horlogers, en général, ne fabriquent pas eux-mêmes les pièces courantes dont ils se servent pour faire les montres et les pendules; ces pièces sont fabriquées en masse dans des manufactures; le travail des horlogers consiste ensuite à les perfectionner, à les ajuster d'une manière précise: ce sont eux aussi qui se chargent de l'exécution de l'échappement.

Parmi les fabriques qui se livrent en grand à la confection des pièces courantes, la plus considérable est celle de Beaucourt (Haut-Rhin), qui appartient à MM. Japy frères et dont nous avons déjà parlé à l'article *Quincaillerie*. Elle occupe, dans les divers établissements dont elle est le chef-lieu, plus de sept mille personnes. Elle livre annuellement deux cent cinquante mille mouvements bruts de montres nommés *ébauches*, formant la presque totalité des pièces nécessaires à la confection d'une montre, et quarante-deux mille mouvements de pendule. En France, le principal débouché des mouvements de montre de MM. Japy frères est à Besançon, dont le sixième à peu près de la population de cette ville s'occupe à terminer ces mouvements. Ce sont eux aussi qui alimentent l'horlogerie suisse dont les produits s'exportent au loin.

La fabrique de Saint-Nicolas d'Alliermont (Seine-Inférieure), dirigée par M. Pons, livre également à bas prix des pièces bien exécutées; d'ingénieuses machines ont remplacé un travail qui se faisait autrefois à la main; M. Pons, d'ailleurs, a inventé un grand nombre d'échappements dont plusieurs sont très-ingénieux.

Besançon et Montbéliard étaient représentés par MM. Vincenti et Cie, Bona, Beucler fils, Dubois, Fongy, Marti et Cie, Troullier, qui avaient envoyé des mouvements, des roues, des échappements, des montres, etc.

Morez, petite ville dans les montagnes du Jura et sur la route de Paris à Genève, doit à la fabrication de l'horlogerie dite *comtoise* son origine et sa prospérité croissante. Cette industrie, la seule de ce genre en France, fait vivre plus de vingt mille personnes dans cette partie élevée du Jura, couverte de neiges pendant sept mois de l'année, et dont le sol ne pourrait nourrir ses habitants pendant six semaines. Elle a peuplé les montagnes stériles, et y a amené une population laborieuse et aisée qui augmente tous les jours ainsi que le nombre de pièces qu'on y fabrique. Morez livre au commerce cinquante mille horloges de différentes grandeurs et autant de cabinets en sapin vernis pour y placer ces horloges, six mille tourne-broches, sans parler d'un grand nombre d'horloges de tours et châteaux, de régulateurs et de pendules de voyage et à réveil, le tout formant une valeur de près de trois millions de francs. Cependant une industrie aussi importante n'a reçu aucun encouragement du gouvernement. Il n'a jamais ouvert de nouveaux débouchés à ses produits chez les nations étrangères avec lesquelles il a négocié des traités de commerce, et dans les précédentes Expositions de l'industrie française, jamais la moindre mention honorable n'est venue stimuler et encourager le zèle de ces fabricants. Ce n'est pas, il est vrai, une horlogerie de luxe, ornant les salons du riche et brillant par la variété et l'élégance de ses formes; mais sa bonne qualité et son bas prix la mettent à la portée de la plus modeste fortune; et bientôt ces meubles utiles et peu coûteux chasseront de la moindre chaumière les horloges de bois que l'Allemagne fournit encore au détriment de l'industrie nationale.

Après l'horlogerie, la branche la plus importante de fabrication de Morez est celle des montures de lunettes. Ce genre d'industrie, quoique récent dans le pays, a déjà pris un développement considérable. Il occupe deux à trois mille ouvriers, et il mérite d'autant plus d'être encouragé que la majeure partie de ses produits sont expédiés à l'étranger. On peut évaluer à six cent mille paires de lunettes la fabrication annuelle.

Les représentants de Morez étaient MM. Bailly-Comte père et fils aîné, qui avaient envoyé une horloge de cloison; Chavin frères, un assortiment de pièces d'horlogerie; Fumy, deux tourne-broches et un miroir d'alouettes; Jacquemin père et fils, un assortiment de cadrans en émail; Jacquemin frères et Bérard, des montures de lunettes; Lamy et Lacroix, des montures de lunettes, tourne-broches et pendules; Lamy-Joz, des tourne-broches et ressorts. Ce sont sept exposants sur dix-huit du département du Jura. Parmi les pièces de MM. Chavin frères, qui avaient fait l'exposition la plus complète, nous signalerons : 1° horloge à réveil, à huit jours, sonnant les heures et à répétition; prix moyen, 25 fr.; cabinet en sapin verni, 7 fr., et poids 3 fr.; l'horloge complète, 35 fr.; 2° régulateur à sonnerie avec sa caisse, 100 fr.; 3° horloge d'un mois sans caisse, 35 fr.; 4° horloge à quart, 65 fr.; 5° pendule de voyage à réveil, échappement libre, 230 fr.; 6° pendule à musique, à six airs, 130 fr.; 7° régulateur balançant, montrant de deux côtés, 120 fr.; 8° tourne-broche à ressort, 20 fr. C'est un assortiment des pièces qui se fabriquent à Morez.

Il faut nous borner à citer les autres exposants en horlogerie, dont plusieurs avaient envoyé des pièces remarquables à divers titres, savoir:

MM. Allier, Bally, Baromé-Delépine, Baron, Basché Raullier et frères, Berrolla frères, Bourdin, Bourlier, Boursier, Cacheux, Callaud, Calmels, Callier Dervaux, Carl Hirt, Chatain, Chatelain, Chavineau, César, Déjardin, Delépine, Ducret, Dussault, Fatoux, Flaust-Cornet, Fraigneau, Garnache Barthod, Gauthier père et fils, Gloriod, Grandvoinnet, Goutmaker, Jacob, Jacquin, Jéhanno, Leduc, Lefebvre, Leroy (Louis), Lézé, Lory, Loubatières frères et Lafont, Maxe, Montandon frères, Muzey, Nédellec, Neumann, Rieussec, Robert (Henri), Rozé, Saunie, Thier, Thomas, Thouret, Vallangin (Louis), etc.

INSTRUMENTS DE PHYSIQUE ET DE MATHÉMATIQUES.

La construction des instruments de physique et de mathématiques est en progrès constant. C'est Paris qui est le centre de cette fabrication. Il n'est aujourd'hui aucune ville en Europe où elle se soit élevée à un tel degré d'importance et de perfection. L'Angleterre, qui nous fournissait jadis, doit nous céder le pas. C'est que nulle part on ne rencontre un aussi grand nombre de savants, un aussi grand nombre d'artistes habiles et dévoués pour exécuter les appareils d'expérimentation.

A la tête de ceux qui ont le plus contribué aux progrès de cette industrie, il faut citer M. Gambey, auquel son mérite a ouvert les portes de l'Institut, et qui, pour montrer qu'il ne s'était pas retiré de la lice, avait exposé un cercle mural pour mesurer la déclinaison des astres.

M. Lerebours fils, digne successeur de son père, est un de ces hommes qui apportent à la fois tant d'habileté et de dévouement dans leur industrie que la science les trouve toujours prêts. Parmi les instruments qu'il a exposés, les uns sont nouveaux, les autres ont reçu d'importantes modifications. La partie capitale de son exposition est une série d'objectifs de différentes dimensions depuis 11 jusqu'à 38 centimètres d'ouverture. Ce dernier est le plus grand qui existe actuellement en Europe. Celui de Pulkova, qui a été construit dans les ateliers de Munich et qui était jusqu'à présent le plus grand objectif connu, n'a que 14 pouces *anglais* d'ouverture. Celui de M. Lerebours présente une ouverture de 14 pouces *français*, ce qui fait une augmentation de plus d'un pouce sur le diamètre, et, par suite, une augmentation de plus d'un huitième sur la surface. Il a ouvert un nouveau champ aux observations astronomiques. M. Arago, dans une des dernières séances de l'Académie, s'exprimait ainsi sur les observations faites avec cette lunette de 38 centimètres :

« L'étoile verdâtre du groupe G d'Andromède a été nettement dédoublée comme à Pulkova. De temps à autre on a vu Saturne d'une manière très-satisfaisante, même avec un grossissement de plus de 1000 fois. Enfin ce même grossissement appliqué à l'observation de la lune, a fait voir que tout n'est pas dit, tant s'en faut, touchant la constitution de notre satellite. Les astronomes de Paris attendent avec impatience le moment où ce grand objectif sera établi sur un pied pouvant suivre le mouvement diurne à l'aide de rouages convenables. »

On remarquait encore, parmi les nombreux appareils exposés par M. Lerebours, un chercheur de comètes, monté parallactiquement et donnant les minutes sur les deux sens; un pied avec arc en fonte d'une extrême simplicité, adopté pour l'Observatoire.

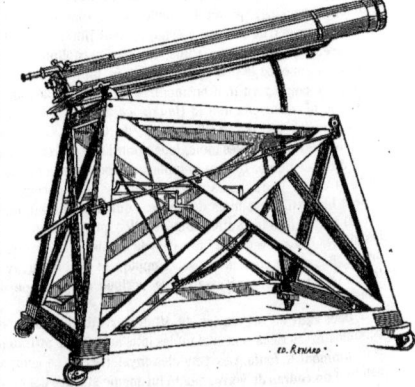

Ce pied convient surtout par son extrême stabilité aux lunettes de 4 à 9 pouces de diamètre. Les mouvements en sont extrêmement doux et réguliers; de même qu'avec les pieds à chaîne Vaucanson employés depuis quelque temps par les astronomes, on peut remarquer que l'observateur peut explorer toutes les parties du ciel sans changer de place.

On remarquait en outre un porte-lumière universel qui, avec un petit nombre de pièces, permet de répéter toutes les expériences fondamentales de l'optique, et qui, vendu au prix de 900 fr., remplace de nombreux appareils dont le prix s'élèverait à 1800 fr.; des microscopes achromatiques simplifiés, qui ont valu à M. Lerebours les félicitations de MM. Arago, Turpin et Oersted ; des lentilles Stanhope, dont il a vendu plus de 3,000 depuis qu'il les a importées en France en 1840.

Nous reproduisons des dessins de ses microscopes achromatiques perfectionnés, et de ses appareils de daguerréotypes qu'il fabrique en si grande quantité. Nous donnons également le dessin d'un nouvel instrument, le dipléidoscope, ou nouveau méridien.

Voici les légendes de ces dessins.

Les microscopes ont 3 lentilles achromatiques et 2 oculaires fig. 4 et 5; mais par une très-heureuse combinaison, ils sont susceptibles de donner 18 grossissements variables et progressifs depuis 25 fois, qui permettent d'observer des insectes entiers, jusqu'à 480 fois, amplification plus que suffisante pour la plupart des recherches.

Les fig. 1 et 2 représentent les microscopes tout montés, le n° 1, au lieu d'une crémaillère M pour mettre au foyer, porte une vis estampée à plusieurs filets contenus dans le tube C, D, dont le mouvement lent et moelleux permet de mettre au point avec la plus grande facilité.

La platine EF, fig. 1 et 2, est assez grande pour pouvoir y pratiquer le travail des manipulations.

La pièce GH est le miroir concave; en dessous se trouve un second miroir, plan.

I bouton pour donner au miroir l'inclinaison convenable.

K diaphragmes variables pour observer les corps transparents. (Ils sont aussi représentés fig. 6.)

L fig. 2 loupe à lumière, destinée à éclairer les corps opaques.

Fig. 7. Petite cuve, pour la circulation de la sève et celle du sang.

Fig. 8. Pièce pour observer les animalcules et servant aussi de compresseur.

Outre ces pièces, la boîte en acajou renferme une pièce pour les corps opaques, une pince, un scalpel et deux aiguilles pour les dissections.

Les accessoires suivants peuvent être joints au microscope; ce sont :

Fig. 9. La chambre claire.

La fig. 10 représente le même appareil en place avec la glace ab qui sert à réfléchir l'image du crayon.

Le micromètre à pointes est représenté fig. 11. Cet appareil, joint à celui qui vient après, permet d'apprécier de suite avec une extrême exactitude les dimensions de tous les corps soumis à l'examen.

La fig. 12 est un micromètre sur verre; le millimètre est divisé en 100, 200 ou 500 parties.

On voit par cette description succincte que les microscopes achromatiques de M. Lerebours, malgré leur prix modeste, sont des instruments propres à toute espèce de recherche. Aussi ne sommes-nous pas surpris du grand nombre d'instruments qu'il vend aux jeunes savants.

Nos lecteurs reconnaîtront facilement dans la planche ci-jointe la plupart des pièces qui composent un daguerréotype. Nous n'en donnerons donc pas la description, et nous nous contenterons de renvoyer au *Traité de Photographie* publié par M. Lerebours; on y trouvera le détail de tous les perfectionnements apportés au daguerréotype jusqu'à ce jour.

Le dipléidoscope ou nouveau méridien est un petit instrument importé d'Angleterre par M. Lerebours. Il sert à obtenir le temps vrai par l'observation des étoiles ou du soleil à leur passage au méridien. Il est d'un usage facile et est beaucoup plus exact qu'une méridienne ordinaire, car on obtient le temps vrai, à une fraction de seconde près. Aussi cet instrument sera d'un grand secours aux ingénieurs, aux horlogers, aux astronomes même privés de lunettes méridiennes, en un mot à tous ceux qui ont intérêt à connaître exactement l'heure vraie ou qui veulent régler des instruments propres à mesurer le temps. L'appareil fort simple se compose d'un massif de bronze (voir la fig.) dans lequel on a inséré deux miroirs rectangulaires égaux. Ils se joignent par un de leurs bords, et au-devant de l'ouverture angulaire qu'ils laissent est placée une glace non étamée parallèle à l'arête formée par le rapprochement de ces deux miroirs. La position de l'instrument n'offre aucune difficulté. On peut faire ses observations sans sortir de chez soi, en le plaçant sur l'appui d'une fenêtre ou en plein air sur un piédestal. Nous renvoyons à la brochure publiée par M. Lerebours, pour bien faire comprendre les conditions d'après lesquelles l'instrument est construit.

M. Lerebours, en important le dipléidoscope, a donc réussi à offrir au public un instrument méridien, bon marché, simple, exact, ne demandant pour son usage aucune connaissance scientifique et étant peu susceptible de s'abîmer ou de se déranger.

M. Buron possède une fabrique d'instruments d'optique très-considérable; ses produits se placent partout, en Europe et en Amérique; il fait la guerre à l'Angleterre jusque dans ses propres colonies. Malheureusement il y a encore dans la marine, en général, des préjugés en faveur des Anglais. Il en résulte qu'on achète souvent comme lunettes de fabrique anglaise des lunettes de M. Buron.

Sa fabrique est devenue une véritable manufacture. Une machine à vapeur y donne le mouvement à tous les grands outils, et 70 à 80 ouvriers concourent journellement à la fabrication des instruments. Les ateliers sont divisés en plusieurs sections distinctes placées sous la direction de contre-maîtres spéciaux. L'une est spécialement affectée aux travaux de l'optique proprement dite, c'est-à-dire des verres qui sont confectionnés avec des procédés d'une extrême précision. Les autres sont destinées au travail des métaux, confié aux limeurs, etc.

Parmi les produits courants, exposés par M. Buron, l'on distinguait une série de lunettes à tirage, des lunettes télégraphiques et de marine, une série de lunettes sur pied en cuivre, terrestres et astronomiques, des lorgnettes de spectacle de toute espèce, divers modèles de microscopes à lentilles achromatiques, un microscope à gaz de nouvelle forme, des objectifs de daguerréotype simples et composés, des instruments d'arpentage et de géodésie divisés dans son établissement. Tous ces instruments étaient très-bien exécutés.

M. Buron a construit une grande lunette qui a 8 mètres de longueur, et dont l'objectif, formé d'un flint de M. Guinand et d'un crown de M. Bontemps, a 36 centimètres d'ouverture efficace. L'emplacement qui lui a été accordé dans les salles de l'Exposition ne lui ayant pas permis d'y placer ce grand appareil qui, tout monté, eût occupé une surface de 9 mètres de long sur 2 mètres de largeur, il n'a exposé que l'objectif monté, et la pièce destinée à recevoir les oculaires. Cette dernière pièce est disposée de manière à corriger toute espèce de déviation dans l'axe optique de l'instrument.

M. Buron avait exposé en outre différents goniomètres, un diasporamètre composé par lui, et un pied de lunette en fonte d'une grande stabilité qui permet d'observer l'astre sans éprouver aucune oscillation.

Les regards se portaient avec d'autant plus d'intérêt sur l'exhibition de M. Ch. Chevallier qu'il est un des plus utiles promoteurs des perfectionnements apportés au microscope achromatique.

C'est à M. Soleil fils que s'adressent les savants quand ils veulent faire construire les appareils délicats destinés aux expériences d'optique. C'est lui qui a rendu sensible le phénomène des interférences, qui a servi de base à la théorie de la lumière fondée sur les ondes. Il a enrichi une autre branche de l'optique, la polarisation, d'appareils qu'il est le seul à construire jusqu'à présent. Il a exécuté, sous la direction de M. Silbermann, un instrument nommé *héliostat* qui a pour but de maintenir le rayon sur lequel on expérimente dans la direction assignée, malgré la marche du soleil qui tend à le déplacer.

Un autre exposant, M. Brunner, nous montrait, au milieu de pièces d'une exécution parfaite, un cercle répétiteur concentrique, doublement remarquable par le fini de la confection et par une disposition ingénieuse, qui consiste à placer sur le cercle intérieur, auquel la lunette est fixée, quatre verniers armés chacun d'un microscope grossissant vingt fois.

La collection de cercles répétiteurs, de sextants, exposée par M. Legey, était fort belle. On doit louer principalement son cercle astronomique, qui, par la modération du prix, met à la portée des amateurs un appareil réunissant la plupart des propriétés qu'on ne trouve que dans les instruments spéciaux placés dans les observatoires.

M. Deleuil est particulièrement connu pour la bonne exécution de ses balances, qui sont sa spécialité, et pour ses excellentes machines pneumatiques.

M. Ruhmcorff s'occupe surtout de l'électricité et du magnétisme. C'est un artiste habile, toujours prêt à seconder les expérimentateurs. C'est lui qui construit les galvanomètres les plus sensibles. Il a été chargé par l'illustre savant italien, M. Melloni, de construire l'appareil destiné à donner la démonstration de toutes ses découvertes sur le calorique rayonnant.

Le diagraphe de M. Gavard est maintenant un instrument bien connu. Il consiste, comme on sait, à faire suivre les contours d'un objet visé, par un crayon qui trace sur le papier des contours réduits semblables à ceux qu'on fait parcourir à l'index. Parmi ceux que M. Gavard avait exposés cette année, s'en faisaient remarquer de nouveaux, dans lesquels le viseur, ordinairement formé d'une plaque portant un petit trou, est remplacé par un microscope qui permet de dessiner en grand de très-petits objets.

Deux petits instruments, fort ingénieux, destinés à faciliter la reproduction des dessins, étaient présentés par M. Guenet.

Nous signalerons les microscopes de M. Nachet, auquel on doit les plus petites lentilles achromatiques, et les miroirs paraboliques de M. Bourbouze.

M. Beyerlé avait exposé des verres d'optique à surface de cylindre, fabriqués d'après les procédés de l'ingénieur Chamblant, dont il est l'élève et le successeur. Les verres sphériques lenticulaires, employés pour les lunettes, exigent un effort constant de l'œil pour chercher l'image de l'objet au centre du verre; les verres à surface de cylindre n'ont pas cet inconvénient. Tous les points du verre cylindrique se trouvent placés dans le même rapport d'angle à l'axe; ils forment donc autant de foyers particuliers, dont la puissance est constamment la même; dès lors, il n'y a plus de déformation d'image. L'exécution mécanique de ces verres présente de grandes difficultés, à cause de la régularité mathématique qu'ils exigent; ceux qu'avait exposés M. Beyerlé étaient parfaitement réussis.

M. Bodeur et M. Bunten se sont fait un nom par les nombreux perfectionnements qu'ils ont apportés aux instruments en verre. M. Bodeur avait exposé des thermomètres dont la lecture est rendue plus facile par une petite bande d'émail incorporée au tube de verre; des aréomètres, dont l'échelle, au lieu d'être exécutée sur un papier roulé dans le tube, est tracée sur une feuille de métal mince; un instrument à deux fins sous le nom de thermo-baromètre. M. Bunten avait présenté sous le nom de sympiézomètre un instrument qui a le même but que le thermo-baromètre et qui a été perfectionné d'après les conseils de M. Silbermann aîné.

Nous devons une mention à part aux machines à compter du docteur Roth, dont nous reproduisons le dessin, et dont nous allons donner la description.

La figure 1. Représente l'*additionneur et soustractionneur* extérieurement.

La fig. 2 représente le *compteur* extérieurement.

Fig. 3. Les mêmes, la platine supérieure étant enlevée pour montrer l'intérieur.

Fig. 4. L'une des roues dentées, vue de face supérieure, garnie de son cadran couvert de deux séries de chiffres doubles, chacune de 0—9 supérieurs, imprimées en noir et de 9—0 inférieurs, imprimées en rouge.

Fig. 5. La même, vue de face inférieure avec a, la came excentrique et b, sa pièce d'arrêt.

Fig. 6. Portée qui sépare la double came excentrique de la pièce d'arrêt vue en plat et profil.

Fig. 7. Roue montée de toutes ses pièces, vue de profil.

Fig. 8. Rondelle vissée au-dessous de la platine inférieure et portant la broche sur laquelle s'enfile le canon de la roue, vue en plat et profil.

Fig. 9. Détente de forme rectangulaire, placée entre chaque cadran, vue de face et de profil.

Fig. 10. Broche qui reçoit le canon de cette détente.

Fig. 11. Sautoir, vu de face et de profil.

Fig. 12. Levier, vu en face et profil, servant à faire tourner la première roue de droite du compteur.

Fig. 13. Style à pointe mobile qu'on engage entre les dents des roues pour amener les chiffres des cadrans sous les lunettes.

Les mêmes lettres indiquent les mêmes objets dans toutes les figures.

L'instrument, renfermé dans une boîte oblongue en acajou, se compose d'une platine supérieure en cuivre A, percée de rainures ou fentes curvilignes B, correspondant aux roues, et des fenêtres ou lunettes C, sous lesquelles on amène les chiffres. Les diverses pièces du mécanisme que nous allons décrire successivement sont montées sur la platine inférieure D; ces deux platines qui forment la cage de l'instrument sont séparées par des piliers.

Les roues E, fig. 4, 5, 7, sont au nombre de huit pour une machine à huit chiffres; elles portent sur leur circonférence vingt dents, correspondant à un pareil nombre de chiffres marqués sur un cadran, fig. 4. Au centre de cette roue est fixé un canon, F, sur lequel s'appuie une double came, a; cette pièce

MACHINES.   61

est séparée par une portée c, fig. 6 de la pièce d'arrêt, b, fig. 5 et 6, qui y est attachée par deux vis; de cette manière toutes les pièces sont solidement réunies à la roue comme on le voit fig. 7.

La roue s'adapte par son canon sur une broche implantée dans la platine inférieure et consolidée par une rondelle L, fig. 8 de cette platine. Cette broche forme l'axe autour duquel se meuvent librement la roue et ses cames. Des sautoirs M, qui s'engagent dans les intervalles des vingt dents des roues, arrêtent leur mouvement à chaque dent. Ces sautoirs, représentés séparément fig. 11, et composés d'une lame de ressort mince, d, sont montés par leur axe e sur la platine inférieure.

Entre chaque paire de roues se trouve une détente rectangulaire N qu'on voit séparément fig. 9. Sa longue branche porte une petite goupille f; l'autre branche, munie en dessous d'une goupille plus longue g, est terminée par une pièce en équerre, h, portant deux goupilles, 1, 2, entre lesquelles est prise l'extrémité d'une petite lame de ressort i, dont l'autre bout est fixé sur la pièce k. La détente tourne librement par son canon k, sur une broche à vis l, fixée dans la platine inférieure, et qu'on voit en élévation, fig. 10.

Pour arrêter le mouvement de la détente, un ressort o, pris dans une petite pelote implantée dans la platine inférieure, s'appuie par son extrémité contre la goupille inférieure g.

Après avoir décrit les principales pièces de l'instrument, nous allons en faire connaître les fonctions. La goupille f de la détente est constamment en contact avec la double came a; lorsque cette détente se trouve au point le plus rapproché de l'axe de la roue, si l'on fait tourner cette roue à gauche, à chaque dent qui passera la goupille s'éloignera d'un dixième du centre de l'axe ; au neuvième temps elle sera le plus éloignée ; alors en faisant avancer une nouvelle dent, le ressort o, qui s'appuyait contre la goupille g, ne trouvant plus de résistance, par l'effet de la came excentrique, échappe et reprend sa première position. Pendant ce temps, le ressort i de la détente est tendu; la roue étant parvenue à la dixième dent, cette tension cesse, et le ressort reprend sa première position. La roue décrit la moitié de sa circonférence, la détente sera en prise pendant neuf temps, et s'échappera au dixième, en poussant la roue suivante d'un dixième. C'est l'imitation de la marche ordinaire du calcul où l'excédant des unités est transporté sur la colonne des dizaines, celui des dizaines sur les centaines, et ainsi de suite. Pour commencer une opération, toutes les roues doivent être amenées à zéro; pour cela on place les goupilles f des détentes N le plus près possible du centre de l'axe de la roue ; mais comme cette opération serait trop longue si l'on agissait sur chaque roue successivement, l'auteur a imaginé un mécanisme qui l'abrège. Ce mécanisme se compose des pièces suivantes:

La platine inférieure est entaillée de trois rainures curvilignes P, sur lesquelles passe une tringle plate q. Des vis à tête, traversant les rainures, unissent la tringle à la platine inférieure, de manière qu'elle peut se mouvoir en suivant la courbe que décrivent les rainures. Sur cette tringle sont fixées, à des intervalles équidistants, des goupilles qui, lorsqu'on fait mouvoir cette tringle, agissent sur les pièces d'arrêt b, et placent simultanément toutes les roues à q; en ajoutant alors une unité à la première roue de droite, c'est-à-dire en faisant tourner cette roue d'un vingtième de sa circonférence, on amène toutes les roues successivement à zéro, et cela avec tant de rapidité que l'œil ne peut suivre ce mouvement.

Pour diriger la tringle q dans son mouvement curviligne

PART. II.

dans les rainures, elle est unie à une autre tringle plate, R, adaptée derrière la platine inférieure où elle est retenue par une bride n; cette tringle est munie d'un bouton et porte un petit cran qui la retient dans la bride; en dégageant la tringle de la bride et la tirant par son bouton, elle entraîne la tringle q avec laquelle elle est solidaire. Comme dans un mouvement rapide les roues pourraient faire volant, ce qui ferait manquer l'opération, on a disposé pour chaque roue un ressort butoir S, qui rend cet accident impossible. Dès que la roue arrive à q, ce ressort s'appuie contre la pièce d'arrêt b, et interdit tout mouvement à la main ; mais aussitôt qu'on a fait rentrer la tringle R, les goupilles m écartent les ressorts butoirs et rendent à la roue la liberté de ses mouvements.

Instruction pour l'usage du calculateur-automate, addition et soustraction.

Fig. 13. A l'une des extrémités de la boîte est placé un style à pointe mobile destiné à *écrire* les nombres.

La plaque est divisée en huit cadrans ou entailles semi-circulaires ; les six premiers, de gauche à droite, servent à poser les nombres depuis la centaine de mille jusqu'à l'unité; les deux derniers sont consacrés aux fractions décimales du nombre à poser.

Autour de chaque cadran sont gravées deux séries de chiffres : les *noirs* servent pour l'addition, les *rouges* pour la soustraction, et dans les entailles semi-circulaires existent des dents dont les intervalles correspondent aux chiffres.

Au-dessous des cadrans règnent deux rangées de trous destinés à présenter sur une ligne horizontale le nombre que l'on pose ; nous leur donnerons le nom de *tableau*. Le *tableau rouge* supérieur est destiné à la *soustraction*; le *tableau noir* à l'*addition*. Ces tableaux doivent être mis à zéro avant de commencer une opération.

Lorsque vous voudrez faire une addition et poser un nombre quelconque, dégagez le style placé à l'extrémité de la boîte, enfoncez-en verticalement la pointe dans l'entaille, au cran correspondant au chiffre que vous voulez poser, et conduisez ce cran de *droite à gauche* jusqu'à l'extrémité du cadran, où vous vous sentirez arrêté ; le chiffre se produira aussitôt dans le trou placé immédiatement au-dessous du cadran sur lequel vous aurez opéré; procédez de la même manière, jusqu'au dernier, pour les chiffres suivants du nombre que vous aurez à poser, en observant que s'il se rencontre un zéro, vous n'avez point à le marquer.

Supposons que vous vouliez écrire le nombre

1,650 francs 23 centimes.

Placez le style dans le cran correspondant au chiffre 1 noir sur le cadran des *mille*, et amenez la dent jusqu'à l'extrémité gauche; écrivez de même le chiffre 6 sur le cadran des *cents*, 5 sur celui des *dizaines*, et rien sur celui des *unités*, puisque vous avez zéro pour chiffre des unités ; puis, aux cadrans des fractions, 2 sur celui des *dizaines*, et 3 sur celui des *unités*; vous aurez pour résultat de cette opération le nombre
. . . . 1,650 23 écrit au tableau noir.

Si vous voulez ajouter à ce
nombre celui de . . . . . . 29,837 55 par exemple, vous opérez comme pour le premier
nombre, et l'addition, soit 31,467 78, se trouve produite au tableau noir. Vous pouvez de cette manière ajouter à un premier nombre tous ceux que vous voudrez jusqu'à un million,

16

et toujours l'addition exacte se fera en même temps que vous écrirez.

Lorsque, ayant terminé une addition, vous voulez en commencer une autre, vous ramenez tous les trous ronds du tableau noir à zéro, en procédant de la manière suivante : vous attirez d'abord à vous le bouton de cuivre placé à l'extrémité de la boîte, et qui termine une tige cachée dans l'intérieur; par ce mouvement, la tige est dégagée d'un crochet qui la retient; vous la faites sortir alors *doucement* et horizontalement, en tirant le bouton jusqu'à ce que vous sentiez de la résistance, et par ce moyen vous amenez au tableau une succession de 9 représentant 999,999 francs 99 centimes. Si, après avoir repoussé la tige dans l'intérieur jusqu'à ce qu'elle soit de nouveau saisie par le crochet (*ceci est une précaution indispensable*), vous ajoutez 1 centime, vous obtenez instantanément des zéros sur toute la ligne, et vous pouvez dès-lors commencer une nouvelle addition.

Pour faire une soustraction, on mettra avant de commencer l'opération, les chiffres du tableau à zéro ; les chiffres rouges seront alors à 9.

On écrira le nombre le plus grand avec les chiffres rouges, en ne marquant pas les 9 s'il s'en présente.

Pour soustraire, on écrira le plus petit nombre avec les chiffres noirs, et on lira la différence dans le tableau rouge de la soustraction. Pour éviter toute confusion, les cadrans non employés pour écrire un plus grand nombre avec les chiffres rouges seront mis à zéro sur le tableau rouge.

On voit par cette description tout l'intérêt que présente cette ingénieuse machine.

M. Schwartz, qui s'est adonné à la confection des instruments de marine, avait exposé des sextants, des octants, des horizons, des longues-vues marines, dignes de l'appréciation des connaisseurs.

Les instruments de précision exposés par MM. Vande et Jeanray prouvent le travail consciencieux et les soins qu'apportent à leur confection ces honorables fabricants. La commodité, la solidité, la justesse irréprochable de ces instruments employés partout, leur ont acquis une réputation européenne. Nous avons surtout remarqué le trousquin à marbre, le trousquin à coulisse, le triangle ou double décimètre, une mesure à tirage à bec, indispensable aux mécaniciens; une équerre de tourneur, indiquant la profondeur des rainures; enfin, une mesure de cordonnier, à coulisse. Ils avaient aussi exposé un châssis à répérer, pour l'impression des lithographies à plusieurs teintes, des pesons, des ressorts à Loudins, des composteurs, etc., etc.

M. Trésel avait aussi exposé des mesures linéaires et des instruments de précision bien exécutés.

Avaient encore exposé des instruments de précision : MM. Ailevy frères, André-Michaux, Bardin , Bléry, Blondeau, Breton, Ciechanski, Collardeau, Delamarche, Dericquehem, Gravet, Hamann et Hempel, Joffrin, Lecoëntre, Lecomte et Bianki, Leroy, Maillier, Martel, Mauduit, Molteni et Cie, Neuber, Neumann, Poitrat, Poquet, Redier, Reymondon Martin, Rigolet, Rouvet, Salleron et Wagner, de Saulcy, Tachet, Wallet, Biet, Deshassayns, le chevalier de Girard, Grosse, Froment, Lanier, Leydecker, Loiseau, Schweig, Sédille, Tavernier, Winckelmann, etc., etc.

APPAREIL POUR FABRIQUER LES EAUX GAZEUSES.

M. Berjot, de Caen, avait exposé une machine destinée à fabriquer les eaux gazeuses, construite d'après le système de M. Vernault. Cet appareil, qui est de très-petite dimension, peut, avec un homme pour boucher et emplir les bouteilles et un enfant pour ficeler et capsuler, produire de 5 à 600 bouteilles par jour. Il ne dépense que 25 kil. d'acide sulfurique et 35 kil. de carbonate de chaux par 1000 bouteilles d'eau gazeuse, chargée à 5 volumes. Une pompe alimentaire permet, après chaque opération, de remplir d'eau le cylindre de saturation sans perdre le gaz acide carbonique qu'il contient. M. Berjot a remplacé les robinets ordinaires, qui sous la pression de 5 atmosphères se désajustaient rapidement, par des robinets à pression qui, au contraire, s'ajustent en servant.

La machine à boucher et emplir les bouteilles, qui est le complément de l'appareil, se recommande par sa simplicité et la facilité avec laquelle tout le monde peut la faire fonctionner.

CARROSSERIE, SELLERIE ET BOURRELERIE.

La carrosserie est une industrie qui se développe à mesure que la richesse publique s'accroît. C'est à Paris qu'elle a son siége principal. Travaillant sans cesse entre les conditions rigoureuses de la plus grande résistance, du moindre poids et du plus petit volume, cette industrie est parvenue, tantôt par tâtonnement, tantôt par calcul, à des résultats vraiment remarquables.

L'Exposition de 1839 est la première qui ait vu figurer les produits de la carrosserie ; ils ont également paru à l'Exposition de 1844, et plusieurs présentaient de nouveaux perfectionnements.

Une des voitures qui attiraient le plus l'attention était le cabriolet-char-à-bancs-calèche de M. Waidèle. C'est une élégante et ingénieuse conception. Parti en cabriolet de ville, on peut à tout instant, en route même, sans le secours de personne, sans pièces de rapport et en quelques minutes, le convertir en un char-à-bancs-calèche à six places et deux d'enfant; le cabriolet devient ainsi la véritable calèche de famille. Le cabriolet-Waidèle peut encore se transformer en une voiture de voyage. Ainsi on aura un petit cabriolet de ville très-léger, une grande calèche de famille à six places et deux d'enfant, une voiture de voyage très-spacieuse, trois voitures très-jolies, solides et commodes pour le prix d'une seule ; d'où résulte économie d'entretien, d'acquisition et de logement. Longtemps l'on avait désespéré de ce problème, qui présentait de nombreuses difficultés. Au mérite de les avoir vaincues, M. Waidèle a joint celui d'une confection irréprochable : on a surtout remarqué l'avant-train qui est, comme pièce de forge, admirable d'élégance et d'exécution, et la caisse, dont l'ingénieuse combinaison est le résultat de savants calculs.

M. Waidèle s'est placé au nombre des premiers fabricants de voitures de Paris, par l'importance de sa fabrication, l'excellence, la commodité, l'élégance, et aussi par le bon marché de ses voitures.

Les voitures exposées par M. Perret se faisaient remarquer à la fois par leur élégance et leur comfortable. C'est un fabricant artiste, qui dessine et exécute de charmants modèles dont la mode s'empare rapidement.

M. Fusz est l'inventeur des ressorts qu'il appelle à *double pincette*, et qui ont l'avantage de diminuer les frottements qui se développent dans les feuilles superposées des ressorts ordinaires.

M. Lelieure de l'Aubépin a exposé un char-à-bancs à six roues qu'il présente sous le nom de voiture de sûreté; M. Spinau une voiture de fantaisie; M. Dameron un coupé de ville:

M. Millioz de Grenoble un avant-train particulier; M. Longueville une voiture-nacelle; M. Callier Dervaux une voiture parachute.

La sellerie n'a pas fait en France moins de progrès que la carrosserie. Nos produits, jadis médiocres, l'emportent aujourd'hui sur ceux des Anglais et des Allemands par la modicité des prix. Aussi obtenons-nous la préférence pour cet article dans presque toute l'Amérique et notamment au Brésil, à Cuba et Porto-Ricco. Paris est le centre de la fabrication de la sellerie comme de la carrosserie. Parmi les représentants de cette industrie, il faut citer MM. Liégard frères, qui ont établi de grands ateliers et qui établissent avec la même perfection les articles les plus simples et les articles de luxe. M. Amiard a perfectionné d'une manière notable les objets de bourrelerie et notamment les colliers de chevaux qui sont encore quelquefois d'une lourdeur ridicule. M. Roux-Duremère avait exposé un collier de cabriolet en cuir verni rempli d'air. On remarquait encore les colliers de MM. Hermet, Lepron, de Nevers, Maldant, les colliers mécaniques de M. Touzet, de la Charente, les colliers avec attelles en fer à l'usage des chevaux de diligence ou de roulage, de M. Bozon, de Môsnes (Indre-et-Loire); les selles, les harnais et les brides de MM. d'Hennin, Dufaure, Ernoul, les divers objets de sellerie de MM. Niepce et Étoffe. En fait de mors, nous citerons celui de M. Pellier, déjà bien connu pour arrêter les chevaux, ceux qui étaient exposés par MM. Allier, Camuzat-Guyon, d'Auxerre. Il y avait des cravaches, des manches de fouet, envoyés par MM. Paturel, Marmin, Ferrer, de Perpignan.

FIN DE LA PARTIE DES MACHINES.

TABLE DES ARTICLES

CONTENUS

DANS LA PARTIE DES MACHINES

ET DÉSIGNATION DES GRAVURES DE CETTE PARTIE.

	Pages
DES MACHINES	1
MACHINES MOTRICES	2
MOTEURS HYDRAULIQUES (avec vignette)	id.
MACHINES A VAPEUR	6
Appareils de combustion	9
Chaudières et appareils de sûreté (avec 4 vignettes)	id.
Appareils à détente (avec 21 vignettes: détente Edwards, détente et régulateur Farcot, détente Derosne et Cail, détente et régulateur Bourdon)	11
Dispositions des machines	18
APPAREILS DE NAVIGATION — BATEAUX A VAPEUR	23
CHEMINS DE FER. — MACHINES LOCOMOTIVES	29
MACHINES-OUTILS (avec vignette)	36
MACHINES POUR LA FILATURE ET LE TISSAGE	40
MACHINES TYPOGRAPHIQUES	46
MÉCANISMES DIVERS	47
APPAREILS POUR LES CONSTRUCTIONS CIVILES	48
MACHINES A ÉLEVER L'EAU	50
APPAREILS DE SONDAGE	51
MACHINES ET APPAREILS AGRICOLES	52
HORLOGERIE	55
INSTRUMENTS DE PHYSIQUE ET DE MATHÉMATIQUES (avec vignette)	58
APPAREIL POUR FABRIQUER LES EAUX GAZEUSES	62
CARROSSERIE ET SELLERIE	id.

GRAVURES.

Turbines KŒCHLIN et PASSOT	6
Détente TRÉSEL	15

	Pages
Machines à vapeur de FARCOT	19
Machines DEROSNE et CAIL	20
Machine à vapeur, détente variable ou modérateur, machines à clous d'épingles de FREY	21
Machine à vapeur à tige oscillante à double effet de LEGENDRE *et* AVERLY	22
*Machine à vapeur à haute pression et à détente d'*E. BOURDON	id.
*Appareil de la force de 450 chevaux pour la frégate l'*Albatros, *par* SCHNEIDER FRÈRES, *du Creuzot*	28
Locomotive NORRIS	35
Machines à forger et à river de SCHNEIDER FRÈRES, *du Creuzot*	37
Débouchoir, machine à percer et à couper la tôle, petite machine à planer de CALLA	38
Tour parallèle de PIHET	id.
Quatre machines à fabriquer les tonneaux par le chevalier de MANNEVILLE	47
Machine à vapeur, machines à broyer le chocolat et les couleurs à l'huile par HERMANN	50
Perspective d'un atelier de sondage de J. DEGOUSÉE	52
Pétrin mécanique en fonte pour la fabrication du pain par A. MORET	54
Microscopes achromatiques simplifiés de N. LEREBOURS	59
Appareils et accessoires de Daguerréotype, du même	id.
Le Dépleidoscope, instrument méridien, du même	id.
Lunettes astronomiques, appareils de polarisation, etc., de BURON	id.
Microscopes, appareils de daguerréotype, hygromètres, du même.	id.
Instruments de marine et d'arpentage, boussoles, niveaux, etc., du même.	id.
Machine à addition et à soustraction, compteur mécanique du docteur ROTH	60
Cabriolet-char-à-bancs-calèche, par Th. WAIDELE	62
Calèche-Wourst et coupé de cérémonie par PERRET	id.

EXPOSITION DE L'INDUSTRIE DE 1844

TROISIÈME PARTIE. — TISSUS.

Fonderie de Poitibon. — Exposition de 1844.

DES TISSUS.

Un des premiers besoins que l'homme ait cherché à satisfaire est celui de se vêtir selon les exigences des climats. On commence par se couvrir de la peau des animaux; bientôt on dépouille les moutons de leur laine, les chèvres de leur duvet; on prépare ces matières moelleuses, on les carde, on les file, on en forme des tissus. On emploie la soie et les matières textiles et végétales comme on avait employé la laine. Les tissus sont teints de diverses couleurs. L'or et même les pierreries enrichissent des robes de pourpre et d'azur. L'industrie redouble d'efforts, et les désirs se multiplient autant que les moyens de jouir.

La France s'est toujours montrée supérieure dans l'art de mettre en œuvre les tissus riches et précieux. Il y a plusieurs siècles que l'Europe élégante reçoit ses modes et ses manières. Sous les Valois, Montaigne remarquait déjà cette espèce de domination du goût français sur les autres nations; il la signalait comme un empire exercé depuis longtemps, même aux époques du moyen âge.

Rien n'égalait en beauté les soieries, les brocarts et les broderies de Lyon, les batistes et les linons de Valenciennes et de Cambrai; les dentelles, les blondes, les gazes de la Flandre, de la Normandie et de l'Ile-de-France; les draperies superfines d'Abbeville, de Louviers, de Sedan, etc.

La révolution de 1789 donna une nouvelle direction à l'industrie des tissus. Le tiers-état avait triomphé. Les habits somptueux de la cour disparurent; l'industrie dut se conformer aux besoins et aux goûts de la classe la plus nombreuse qui voulait prendre part aux jouissances de civilisation; il fallut une plus grande quantité de tissus, mais de tissus à meilleur marché, pour vêtir cette masse de nouveaux consommateurs. La laine vint en aide à la soie, et le coton s'offrit en concurrence avec le lin.

La première Exposition, celle de 1798, signala le changement radical opéré dans la manière de se vêtir, et par suite dans l'industrie des tissus. Au lieu des brocarts, des satins et des dentelles, le tissu qui fixa l'attention et obtint la médaille d'or, fut la coiffure domestique du tiers-état, le bonnet de coton, tel qu'on le faisait avec des fils préparés près de l'Épine, à Arpajon.

Ainsi nos fabricants, nos ouvriers, ne trouvant plus les consommations luxueuses qu'ils alimentaient jadis, appliquaient leurs talents à des fabrications plus communes. On redoublait d'efforts pour satisfaire aux besoins des nouvelles classes qui venaient de faire leur avénement politique et social. La guerre même, avec ses réquisitions immenses de vêtements, qu'il fallait fabriquer avec une rapidité révolutionnaire, contribuait aux progrès dont profitaient surtout les petits consommateurs.

Cependant, si tous les arts qui travaillaient à satisfaire le luxe furent proscrits un instant, ils ne tardèrent pas à reparaître bientôt dans d'autres conditions. Le peuple français, célèbre en tout temps par son imagination, demandait des tissus en rapport avec la délicatesse de son goût. Il fallut trouver des combinaisons nouvelles dans l'emploi de la laine, de la soie et du coton; il fallut perfectionner les teintures; il fallut relever les tissus unis par l'éclat des impressions. En un mot, l'art multiplia ses ressources, pour se prêter à toutes les fortunes, pour se plier à toutes les exigences d'une civilisation qui avait gagné tous les rangs de la société.

Ainsi telle fut la marche des arts vestiaires depuis cinquante ans. On se contenta d'abord des vêtements les plus simples; mais le goût se développa avec la richesse; la consommation devint plus exigeante, et l'industrie dut s'ingénier à trouver des combinaisons qui, sans élever notablement le prix des tissus, satisfît à ce besoin d'élégance, à ce sentiment de la forme et de la couleur qui est dans le génie national.

PART. III.

Pendant qu'une révolution politique et sociale s'accomplissait en France, y déplaçait la richesse, appelait la masse de la nation à prendre sa part de bénéfice dans les progrès de la civilisation, une autre révolution, non moins importante, non moins considérable, s'opérait dans les moyens de production : le système des manufactures venait de s'établir.

La Grande-Bretagne, on le sait, a été appelée la dernière sur le terrain de l'industrie. Il y eut un temps où les nations du continent disaient en forme de proverbe : « L'étranger achète d'un Anglais la peau d'un renard pour six blancs, et lui revend la queue pour un schelling, » voulant dire par là que les Anglais ne savaient pas même tirer parti des matières premières qu'ils produisaient. C'est aujourd'hui la Grande-Bretagne qui va chercher les matières premières dans les autres pays et qui les leur renvoie sous forme de produits fabriqués. Deux inventions lui ont surtout donné cette puissance : celle de la Mule-Jenny, par Samuel Crompton, simple tisserand ; celle de la machine à vapeur, par Watt[1], fabricant d'instruments de mathématiques. C'est par ces deux inventions qu'il s'est opéré dans l'industrie une révolution immense, pareille à celle qu'avait produite l'invention de la poudre dans l'art militaire, celle de l'imprimerie dans les sciences et dans les lettres.

Lorsque les premiers moulins à eau pour la filature du coton furent établis à Cromfort, dans la vallée romantique du Darwent, il y a plus de soixante ans, le monde, dit le docteur Ure, ne s'attendait guère à la grande révolution que ce nouveau système industriel devait bientôt opérer dans les destinées de l'univers entier. Arkwright eut seul la sagacité de discerner, et la hardiesse de prédire les immenses progrès que devait faire l'industrie productive, lorsque les résultats n'en seraient plus proportionnés aux efforts musculaires naturellement irréguliers et capricieux, mais qu'on la ferait consister dans l'art de diriger le travail de doigts et de bras mécaniques, mus régulièrement et avec une grande vélocité par un pouvoir physique infatigable. Il réunit le premier les mécanismes imaginés avant lui, il leur donna un corps et en forma dès 1782 la manufacture de coton. En 1792, appliquant à une de ses filatures la belle découverte de Watt, il substitua au moteur hydraulique un agent nouveau, une force sans limite, la vapeur.

La difficulté consistait peut-être moins encore dans l'invention d'un mécanisme propre à préparer la matière textile, à l'étirer, à la tordre en un fil continu, que dans la distribution des différents membres de cette machine, pour en former un ensemble dont toutes les parties agissent de concert suivant l'impulsion donnée à chaque organe, avec la délicatesse et la célérité qui conviennent. La difficulté consistait encore dans l'établissement de la discipline nécessaire pour faire renoncer les ouvriers à leurs habitudes de travail irrégulières, et pour les identifier avec la régularité invariable du grand automate. C'est en effet un spectacle admirable que celui de ces vastes ateliers dans lesquels le pouvoir de la vapeur appelle autour de lui ses myriades de sujets, et assigne à chacun sa tâche obligée, substituant l'énergie de son bras gigantesque à leurs pénibles efforts, et ne leur demandant qu'une attention soutenue pour rectifier les erreurs légères qui se glissent parfois dans son ouvrage.

[1] Nous avons dit en parlant des machines que, si Denys Papin, notre compatriote, doit être considéré comme le véritable inventeur de la machine à vapeur, à Watt appartient l'honneur de l'avoir rendue pratique et d'en avoir facilité l'emploi.

Ce tableau admirable présente, il est vrai, quelques coins rembrunis. On s'afflige, on se plaint des désordres qui se manifestent dans les agglomérations industrielles. Ces désordres sont-ils, comme on l'a prétendu, la conséquence nécessaire du système manufacturier ? Faut-il les regarder comme un accident ou comme un phénomène régulier de la production ? Ne peut-on filer et tisser le coton, la laine, le lin ou la soie par grandes masses et à bon marché, en développant toute la puissance de ces machines, qu'au prix de cette démoralisation des classes ouvrières ? Où bien n'y a-t-il là que les inévitables douleurs qui accompagnent, dans les sociétés, l'enfantement de toute révolution ?

Nous nous plaisons à croire avec un publiciste distingué, M. Léon Faucher, que cet état de choses est transitoire, qu'il ne sera que passager. Quand la pensée de l'homme s'élève par un effort de génie jusqu'aux grandes combinaisons de la mécanique et de la vapeur, quand il devient en quelque sorte le maître des éléments, il ne se peut pas que ces découvertes ajoutent naturellement à sa faiblesse. Jusqu'à ce jour, les pas faits par la civilisation ont accru le bien-être ainsi que les lumières ; c'est la destinée du monde que nous habitons, et cette destinée ne se démentira pas. Seulement, il y a pour les peuples, il y a pour les institutions d'un pays des époques de transition qui sont traversées par bien des misères. Le système manufacturier est dans cette période d'épreuve, qui est d'ailleurs encore moins douloureuse en France qu'en Angleterre.

La rapidité de sa croissance, l'énormité de ses proportions, tout, jusqu'à l'énergie même qu'il lui a fallu déployer pour s'établir, prouve qu'il n'est pas encore parvenu à son état normal. Les forces nouvellement créées, hommes et choses, ont à prendre leur équilibre. La manufacture animée par une concurrence sans frein est semblable aux soldats que Cadmus fit naître en semant les dents du dragon, et qui, à peine nés, s'entre-tuèrent. Il faut que l'harmonie troublée par ces efforts extraordinaires se rétablisse dans la production.

Si l'industrie manufacturière qui met les matières textiles en œuvre n'a pas acquis en France l'immense développement qu'elle a pris en Angleterre, elle a cependant réalisé des progrès remarquables, et elle en fait encore tous les jours. Il suffit de jeter un regard sur les produits de l'Exposition, pour reconnaître tous les efforts que font nos fabricants afin de lutter avec l'industrie anglaise, et d'arriver au bon marché tout en conservant la qualité. Ils vont au-devant des procédés nouveaux, et rivalisent d'esprit d'invention et de perfectionnement.

Nous gagnons chaque année du terrain dans la production de la laine et de la soie. On remarque à l'Exposition les beaux échantillons de laine mérinos provenant de plusieurs troupeaux fins. La production de la soie continue de s'étendre ; elle ne reste pas renfermée dans les contrées méridionales, elle s'établit dans nos départements du centre, et fait d'heureuses tentatives jusque dans le Nord. Il y a pour nous un intérêt à la fois agricole et manufacturier à tirer de notre propre pays les laines et les soies que nous importons encore de l'étranger.

La filature est en progrès. L'industrie nationale est déjà en possession de fournir la moitié au moins des fils fins de coton que notre fabrication de mousselines légères et de tulles demandait naguère presque exclusivement à la Grande-Bretagne. Si nous avons encore quelques pas à faire pour atteindre l'industrie anglaise dans les numéros élevés de la filature de coton, en revanche nous avons une supériorité évidente dans la fabrication des fils fins de laine peignée. La filature de lin, malgré l'avilissement des prix, commence à se développer ; de 15 à 20 mille broches seulement, que nous possédions lors de la dernière Exposition, le chiffre s'est élevé à 120 mille, répartis entre cinquante-cinq établissements, et cette industrie nouvelle ne demande qu'une protection efficace pour prendre de nouveaux développements.

L'Angleterre, malgré les plus grands efforts, n'a pu conserver les débouchés ouverts à ses tissus ; mais en revanche, elle a beaucoup augmenté l'exportation de ses filés, et elle en inonde les deux continents. En sept années, de 1836 à 1842, le progrès de ses exportations en filés a été : pour les filés de coton, de 6,120,000 liv. sterl. à 7,771,000, soit de 26 p. 100 ; pour les filés de laine, de 358,000 liv. sterl. à 637,000, soit de 80 p. 100 ; pour les filés de lin, de 318,000 liv. sterl. à 1,025,000, soit de plus de 300 p. 100. On conçoit en effet que la France et les autres états de l'Europe puissent lutter avec l'Angleterre dans le bas prix des tissus ; car, quelque progrès qu'ait fait la fabrication avec les métiers mécaniques, la valeur des tissus dépend encore surtout de la main-d'œuvre, et la main-d'œuvre est meilleur marché sur le continent qu'en Angleterre, soit parce que la vie y est moins chère, soit parce que les ouvriers ont moins de besoins. Mais dans la filature, comme la supériorité industrielle repose principalement sur le génie mécanique, l'économie des moteurs, l'audace de la spéculation et la puissance des capitaux, l'Angleterre conserve en général l'avantage sur les autres peuples qui cherchent à se défendre par les prohibitions et les droits protecteurs.

Les pavillons des tissus ont présenté cette année l'exposition la plus satisfaisante. Ils ont montré toute la fécondité des ressources que possède l'industrie nationale. Les matières textiles s'y présentent dans les combinaisons les plus diverses, avec les mélanges les plus variés, les couleurs les plus belles, les impressions du meilleur goût. On y trouve des tissus pour toutes les fortunes ; toutes les classes ont à se féliciter d'obtenir des vêtements plus élégants et à des prix plus bas.

Vous voyez à côté des mousselines et des organdis de Tarare, des calicots à 35 cent. le mètre ; à côté des plus belles toiles peintes de Mulhouse, des indiennes foncées à 40 ou 50 cent.

Dans les tissus de laine, au-dessous des draps fins de Louviers et de Sedan, vous apercevez, à l'autre extrémité de l'échelle, des droguets de Limoges dont le prix descend jusqu'à 1 fr. 25 c. le mètre ; dans le droguet la trame n'est pas en laine ; voici des fabricants de Rodez qui livrent d'épais tissus pure laine à 1 fr. 60 ; d'autres vous offrent des draps et des molletons de 2 fr. 50 à 4 fr.

Les châles venus de l'Inde ont pour voisins des châles imprimés à 20 fr. la douzaine et des écharpes gracieuses dont on peut se passer la fantaisie pour 3 fr. 50 c.

Si vous ne pouvez mettre le prix à ces dentelles et à ces blondes magnifiques, voici des tulles brodés qui ne sont pas moins élégants et que vous obtiendrez aux plus bas prix.

Les élégants tapis d'Aubusson, d'Abbeville, de Nîmes, où la laine se pare des plus riches couleurs et se relève de l'éclat de l'or, s'étalent orgueilleusement à côté du modeste tapis feutré qui convie l'ouvrier à se donner ce comfort, réservé jusqu'ici aux classes aisées.

La nation qui possède les fabriques de Paris, de Lyon, de Louviers, de Sedan, de Tarare pour les jouissances du luxe, et celles d'Elbeuf, de Nîmes, de Rouen, de Saint-Quentin pour les besoins des classes moyennes et des classes inférieures, cette nation présente une industrie assez satisfaisante. Nous ne devons pas désespérer d'atteindre au bon marché des Anglais, et les Anglais n'acquierront peut-être jamais ce bon goût, ce sentiment du dessin et de la couleur qui caractérisent notre nation.

LAINES.

L'éducation des moutons et la production de la laine sont une des branches les plus importantes de l'agriculture. Elles servent de base à une de nos industries manufacturières les plus considérables. Tout ce qui doit contribuer à les améliorer augmente la richesse du pays.

Si l'on considère la laine comme matière première, on voit qu'elle se distingue naturellement en espèces distinctes : en laine commune qui ne sert qu'à la confection des matelas, des tapis, des couvertures ; en laine de carde qui est employée à la confection des étoffes foulées ; en laine de peigne qui est plus particulièrement destinée à la fabrication des tissus ras.

Le commerce ne paraît solliciter aucune amélioration essentielle dans les laines employées exclusivement à la confection des matelas, à la fabrication des tapis, des articles de bonneterie et de passementerie. Il ne demande que le bon conditionnement. Si on lui faisait cette sorte de laine moins grossière, plus douce, plus soyeuse, elle ne serait plus propre à la plupart des emplois auxquels il la destine. La laine superfine, par exemple, ferait de très-mauvais matelas.

Mais, il n'en est pas de même de la laine employée à la confection des tissus dont l'homme a besoin pour se vêtir. C'est ici que le champ de l'amélioration est vaste. Dans la fabrication de l'étoffe grossière que porte le pauvre, aussi bien que dans celle des draps les plus fins et les plus moelleux dont se pare l'opulence, on doit rechercher dans les laines des qualités de douceur et d'élasticité qui rendent les tissus meilleurs. Le but à atteindre, c'est d'obtenir au meilleur marché possible la réunion de toutes ces qualités désirables pour satisfaire non-seulement aux exigences de la classe riche, mais encore au bien-être de la classe pauvre.

M. Charles Dupin, dans son introduction historique à l'Exposition de 1834, a raconté d'une manière à la fois intéressante et instructive, l'introduction de la race des moutons mérinos en France. Il est curieux de le suivre dans cet exposé. Ce sera, en outre, un utile enseignement.

Quelques années avant la révolution, sur les instances éclairées de M. Tessier, Louis XVI avait obtenu, comme objet de pur agrément, un troupeau de mérinos, qui fut placé dans la terre royale de Rambouillet : c'est de là que sont sortis les premiers animaux livrés à l'économie particulière. Chose étrange ! pour propager avec plus de rapidité les élèves de ce troupeau, l'on proposait aux agriculteurs de leur confier sans rétribution les plus beaux béliers ; mais les agriculteurs ne mettaient aucune importance à ce qu'on leur offrait sans exiger un prix. On résolut enfin de vendre les animaux disponibles ; dès cet instant, ils furent recherchés, et la valeur s'en accrut avec rapidité.

Sous le Directoire exécutif, en vertu du traité de Bâle, Gilbert passe en Espagne, afin d'y choisir les bêtes à laine concédées par ce traité. Il meurt de fatigue, après des preuves de constance, de désintéressement, de générosité : les déserts de la Sierra-Morena furent son champ d'honneur. Ici la patrie ne doit à Gilbert que son admiration et ses regrets : elle doit à Daubenton une reconnaissance impérissable pour des services, non-seulement tentés, mais accomplis.

De 1768 à 1801, l'illustre collaborateur de Buffon se délasse, en quelque sorte, de ses grands travaux d'anatomie comparée, en se livrant à l'élève des bêtes à laine de race espagnole. Il en étudie l'hygiène, la nourriture, le parcage, la propagation et le croisement avec nos brebis indigènes; il découvre l'affinement des toisons par la continuité des soins les plus éclairés, appliqués aux races pures; il invente un micromètre pour mesurer les proportions de finesse des toisons les plus délicates : voilà les travaux du savant.

Il s'adresse aux propriétaires, il leur ouvre sa bergerie de Montbard, qui devient une école de bergers, ayant pour maître un professeur de génie. Il présente ses produits aux plus habiles fabricants de tissus, afin de leur prouver, comme premier succès, que les laines espagnoles ne dégénèrent pas pour être produites sur le sol français. Il faut dix-sept ans; à lui, à Daubenton! avant qu'il obtienne de nos manufacturiers une simple expérience, en 1783, pour démontrer ce fait si précieux à la France, mais que repoussaient des préjugés opiniâtres.

Le savant va plus loin; il affirme que par ses méthodes, les bêtes à laine de race mérinos procurent des toisons plus fines et plus égales que les plus beaux produits de race léonaise : il faudra quarante ans encore avant que l'industrie française, admette cette vérité comme un fait incontestable.

L'infatigable Daubenton ne suspend ses études les plus profondes qu'afin d'écrire, en faveur de l'agriculture, des instructions populaires qui démontrent tous les avantages qu'offre l'élève des mérinos purs ou métis, soit pour leurs produits directs, soit pour aider aux assolements d'une culture perfectionnée. Il rédige des manuels élémentaires en faveur des simples bergers, de ces hommes dont l'intelligence et les soins exercent tant d'influence sur la prospérité des troupeaux[1].

La grande et importante opération de l'amélioration des laines présenta de beaux résultats dès l'Exposition de 1806. Le jury de cette Exposition remarqua que la laine des mérinos établis en France depuis plusieurs générations égalait en finesse et en beauté celle des mérinos nés en Espagne; il n'osa pas dire qu'il la surpassait. Le jury de 1819 alla plus loin : il déclara que la laine des mérinos gagnait de la finesse par le séjour de cette race en France. La laine française était dès lors employée de préférence dans la fabrication des draps du premier degré de finesse; et la laine espagnole n'était plus admise que dans ceux du second degré.

Depuis lors, chaque Exposition nous a montré de beaux échantillons de laines mérinos provenant de plusieurs troupeaux fins. Il est maintenant incontestable que dans le Jura, en Bourgogne, en Champagne, en Picardie, dans le Dauphiné, le Berri et la Touraine, comme dans le Languedoc et le Béarn, on peut créer d'aussi belles laines que sur les bords de l'Elbe et du Danube. C'est une vérité que l'expérience a mise désormais hors de toute contestation.

Il s'en faut, toutefois, que l'amélioration des laines ait généralement suivi cette impulsion. Nous pouvons citer, et les Expositions signalent à l'attention publique de grands propriétaires, disséminés çà et là, qui possèdent de beaux et de nombreux troupeaux. Mais combien ne reste-t-il pas à faire dans nos campagnes, dans nos communes rurales!

L'amélioration des laines est encore une industrie exceptionnelle concentrée entre les mains de quelques grands propriétaires. Parcourez nos départements : dans presque toutes nos campagnes, vous trouverez de petites et mauvaises races, les mêmes qu'on y a toujours vues et qui, faute de soins, se détériorent au lieu de s'améliorer. Sans pâturages suffisants pour les troupeaux pendant l'été, nous manquons de fourrage pour les nourrir dans l'étable pendant l'hiver. Or, de mauvaises et de petites races ne peuvent produire que des laines de qualité inférieure et en quantité insuffisante; elles sont incapables de fournir à nos fabriques les qualités et les quantités de laines qu'elles réclament et qu'elles sont forcées de tirer de l'étranger.

Un pays voisin, l'Allemagne, nous offre un exemple des progrès rapides que peut faire l'amélioration des moutons. Après être demeurée longtemps bornée à quelques parties de la Saxe et de la Silésie, cette industrie s'étend aujourd'hui dans tous les états de l'Union, non-seulement chez les grands propriétaires, mais jusque dans les moindres exploitations. Le croisement surtout prend tous les ans plus de développement et se généralise dans tous les cantons par les soins éclairés des gouvernements et des sociétés d'agriculture, aussi bien que par le zèle des cultivateurs. Les bergeries de mérinos, et plus encore celles des races croisées sont fort nombreuses et ne cessent de se multiplier.

C'est une erreur, dit M. Émile Jacquemin dans son ouvrage sur l'Agriculture allemande, de croire que notre climat soit moins favorable que celui de l'Allemagne à l'élève des moutons. On peut dire, au contraire, et avec toute raison, que notre climat, plus doux, plus rapproché de celui de l'Espagne, où les laines sont si belles, plus sec même dans un grand nombre de contrées que celui de l'Allemagne, convient mieux au développement des moutons, qui de leur nature craignent l'humidité, recherchent les pâturages secs et aromatiques, et aiment une chaleur tempérée, telle que celle qui règne en France sur les trois quarts de son territoire. La nature nous a généreusement traités, et nous n'avons qu'à profiter de ses dons.

Nous avons principalement cité l'Allemagne, parce que l'amélioration des races y procède de la même origine qu'en France. Ce sont également les moutons tirés de l'Espagne et habilement croisés avec l'espèce indigène, qui ont donné à la laine d'Allemagne, depuis une trentaine d'années surtout, la perfection qu'on s'accorde à lui reconnaître aujourd'hui. Or, les choses ont tellement marché de l'autre côté du Rhin, que l'Allemagne vient nous faire concurrence aujourd'hui sur notre propre marché. Déjà nos fabriques commencent à donner la préférence aux laines allemandes, qu'elles n'employaient il y a peu de temps encore qu'en très-petite quantité, parce qu'elles ne savaient pas les traiter. Déjà l'importation est considérable; elle tendra à augmenter indéfiniment si notre agriculture ne se défend pas par la qualité de ses propres produits.

L'importation des laines en France s'est augmentée dans des proportions notables, vers ces dernières années. Elle s'élevait à 9 millions de kilog. en 1822, lorsque le droit d'entrée fut porté à 33 0/0 de la valeur; elle tomba à 5 millions l'année suivante, et de 1822 à 1827 elle resta entre 4 et 5 millions. Elle s'éleva à près de 8 millions en 1830, et à 19 millions en 1833. Depuis lors, sous l'influence du droit de 22 0/0, elle se maintint, de 1833 à 1840, à 12 millions en terme moyen. Enfin

---

[1] Sous la Convention nationale, lorsque Daubenton, le plus utile des citoyens, eut besoin d'une carte de sûreté pour rester en paix, il l'obtint à titre de berger. Sept ans plus tard, lorsque le premier Consul voulut composer un sénat conservateur, où l'on devait entrer sans autres droits que ceux des grands services rendus à la patrie, il alla chercher Daubenton à sa bergerie pour le placer à côté des généraux, des magistrats et des savants les plus illustres de cette époque.

elle est montée en 1841 à 24 millions, dont 20 millions ont été pris en consommation. C'est sur les laines d'Allemagne qu'a principalement porté l'accroissement des importations dans ces derniers temps.

Cet état de choses doit appeler l'attention de nos hommes d'état. On fait partout des efforts autour de nous. Depuis quarante à cinquante ans la production de la laine a au moins triplé en Allemagne. Dans ces derniers temps, on l'a vue portée au double dans le midi et dans l'ouest de la Russie d'Europe. En Espagne, elle va incessamment reprendre son ancien cours; car ce pays ne saurait être éternellement en proie aux guerres intestines, et tout annonce qu'une nouvelle ère de prospérité ne tardera pas à s'ouvrir pour lui. L'Angleterre a, sous ce rapport, suivi et peut-être dépassé l'Allemagne. Enfin toute l'Europe produit aujourd'hui quatre à cinq fois plus de laine qu'il y a un demi-siècle. Si nous ne participons pas avec plus d'énergie à ce mouvement général, nous serons débordés et bientôt envahis.

Ce qui est surtout redoutable pour nous, on ne saurait trop le répéter, c'est la rivalité des laines allemandes. Il faut arriver à pouvoir lutter avec elles. Or, c'est là une œuvre laborieuse, et si l'amélioration se réalise assez promptement et par les soins des cultivateurs intelligents, elle marche avec une lenteur et une difficulté extrêmes, lorsqu'il s'agit des troupeaux de nos communes rurales, de ceux de nos petits et moyens cultivateurs, c'est-à-dire de la majeure partie de nos laines. L'intervention du gouvernement est ici nécessaire, indispensable; sans elle, tout restera à peu près dans le même état de stagnation.

Nous avons plus particulièrement parlé dans tout ce qui précède de la laine dite de carde, c'est-à-dire de la laine plus ou moins affinée ou améliorée par l'effet de l'introduction et de la multiplication des mérinos, et destinée surtout à la fabrication des étoffes foulées, ou de la draperie proprement dite. Il nous reste à parler de la laine qui est plus spécialement destinée, comme propre au peigne, à la fabrication des étoffes rases.

La laine de peigne voit son emploi prendre chaque jour plus d'importance. Reims, Roubaix, Amiens, etc., confectionnent avec cette laine des étoffes qui ont toute la légèreté des étoffes de coton, et qui présentent en même temps plus de solidité dans l'usage, plus de richesse et de brillant dans les couleurs. Mêlée de mille façons diverses à la soie, au cachemire, au coton, elle donne lieu à une foule de combinaisons diverses, d'articles nouveaux. Tous les peuples d'Europe et d'Amérique ont reconnu l'avantage de ces étoffes légères, et nous en demandent des quantités toujours croissantes. C'est une industrie qui s'annonce par les plus brillants débuts.

Nous ne produisons pas encore, du moins en quantité notable, la laine de peigne, c'est-à-dire cette laine lisse, lustrée, fine, soyeuse et à longue mèche, qui convient surtout à l'opération du peigne. Tout se borne jusqu'à présent pour cette production à quelques essais tentés pour l'élève des moutons anglais et aux résultats spéciaux obtenus par un cultivateur dont nous parlerons plus loin, M. Graux. Faute de recevoir de l'agriculture ou du commerce une assez grande quantité de laines lisses et lustrées, nos fabricants d'étoffes rases emploient des laines mérinos ou métis plus ou moins fines. Les beaux tissus qu'ils exposent montrent assez tout le parti qu'ils savent en tirer. Mais il est probable qu'ils préféreraient des laines moins élastiques, moins feutrantes, et par conséquent donnant moins de déchet au peignage, telles que celles qui existent en Angleterre.

PART. III.

Il y a longtemps qu'on poursuit des tentatives pour l'introduction des races anglaises. Les essais faits par l'administration prouvent qu'elles ne peuvent nous convenir dans leur état de pureté. Mais les béliers anglais accouplés avec nos brebis indigènes donnent des animaux très-profitables en France.

Si l'on considère, dit un agronome distingué, que beaucoup de localités ne conviennent pas à l'élève des mérinos, que les mérinos valent peu pour l'engraissement; que c'est la laine longue qui commence à être recherchée de préférence; que les moutons anglais se reproduisent promptement, et qu'ils fournissent à la fois beaucoup de viande et de laine; si l'on considère tout cela, on conviendra que ces races méritent une grande attention et qu'on ne saurait faire trop d'efforts pour les introduire et les développer sur notre sol.

De nouvelles tentatives sont dirigées aujourd'hui, par ordre du gouvernement, sous la direction de M. Yvart, dans les bergeries royales, et l'on doit espérer qu'elles ne resteront pas sans succès.

Après ces considérations générales, avant de signaler les échantillons de laine de différentes qualités qui sont exposées aujourd'hui, il nous reste à faire remarquer avec le jury de 1839 qu'il est assez difficile d'émettre un avis motivé sur la vue de simples échantillons. On ne peut apprécier que le degré de finesse, de douceur, d'élasticité et d'égalité d'une toison. Mais pour ce qui concerne la quantité de laine produite et l'économie relative de production, il faudrait d'autres éléments pour pouvoir se prononcer en parfaite connaissance de cause.

A la tête des exposants de laine fine, il faut citer en première ligne les directeurs de l'association de Naz. Déjà les bergeries de Naz comptent près de cinquante ans d'existence. Ce sont elles qui ont montré les premières que la France pouvait produire des laines comparables à celles de Saxe, dites électorales. Leur troupeau, toujours reproduit par lui-même, possède aujourd'hui cette ancienneté, cette constance de sang si précieuse aux éleveurs les plus éclairés. Il présente un des types d'amélioration les plus parfaits. Il a fourni non-seulement les sujets primitifs de la plupart des troupeaux français, mais aussi ceux des colonies au Wurtemberg, à l'Autriche, à la Suède, à la Crimée et jusqu'aux possessions britanniques de la Nouvelle-Galles.

M. Joseph Maitre a exposé des échantillons de son troupeau de Villotte, et M. Godin des échantillons de son troupeau de Châtillon (Côte-d'Or). Ces deux troupeaux, qui dans l'origine n'en formaient qu'un seul, sont originaires de Saxe. Quoique la France possédât dans les belles races françaises des qualités au moins égales à celles de la race si célèbre de la Saxe, une importation nombreuse de cette espèce n'en était pas moins un service important rendu à l'agriculture et à l'industrie française. Les toisons que nous a montrées M. Joseph Maitre prouvent que, loin de dégénérer sur le sol français, le type de la race saxonne s'est plutôt perfectionné par les soins éclairés qu'il a su apporter à l'éducation de son troupeau. M. Godin aîné possède aujourd'hui un troupeau de 1200 têtes, et ses toisons sont remarquables par leur grande finesse et leur égalité dans les différentes parties.

M. Paul Bouchu a produit des échantillons d'un troupeau qu'il a formé à Longuay (Haute-Marne), avec des élèves du troupeau de Villotte et de celui de Naz, et qui compte déjà 300 têtes de béliers et brebis.

M. Monnot-Leroy, par les laines d'excellente qualité qu'il a exposées cette année, nous a montré de nouveau que son troupeau de Pontru, amélioré par l'emploi du bélier de Naz, peut être considéré comme l'un des plus fins qui soient en France.

M. Auberger, à Malassis (Seine et Marne), possède un troupeau qui jouit d'une réputation justifiée par les toisons mérinos qu'il a exposées.

Des bergeries du midi, qui, jusqu'à présent, n'avaient pas paru à l'Exposition, ont envoyé cette année quelques échantillons, entre autres celles de M. Portal de Moux (Aude), qui possède un troupeau mérinos.

M. Terrasson de Monteau a exposé des toisons de son troupeau superfin des Andreaux (Charente); ce troupeau, formé en 1811, doit son origine à des animaux issus des races léonaises, achetés sur la route d'Espagne pendant la guerre que nous faisions alors dans ce pays. Ce noyau a été conservé avec soin et croisé avec des bêtes de Naz. Le troupeau des Andreaux est surtout dirigé vers un but de haute finesse. Les toisons en sont remarquables par leur parfaite égalité. Le poids moyen des béliers de ce troupeau est de 35 à 40 kilog.; celui des brebis de 25 à 30.

Mais ce qui appelle le plus l'attention parmi les laines exposées, ce sont celles qui proviennent des tentatives faites pour l'introduction et le croisement de la race anglaise à longue laine.

M. Pluchet, de Trappes (Seine-et-Oise), a exposé des laines obtenues par le croisement de la race Dishley avec les races mérinos; M. Adolphe Marsan, de Salperwick (Pas-de-Calais), des laines provenant de croisements de béliers anglais pur sang avec des brebis de race artésienne et de mérinos; M. Frédéric Lequin, de Boinville, près Neufchâteau (Vosges), des laines provenant de croisements de béliers anglais avec des brebis suisses. La race des moutons suisses, suivant M. Lequin, se distingue par une propension extraordinaire à la reproduction; les brebis font très-souvent de deux à trois agneaux; il en cite une qui a élevé jusqu'à sept agneaux dans une année. Ces animaux sont bons à la fois pour fournir de la laine et de la viande.

M. Duffour-Bazin a exposé à la fois des toisons mérinos pur sang New-Kent, Kent-mérinos, et Dishley pur sang.

M. Basse, maire de Floirac, près Bordeaux, a exposé des laines diverses, et entre autres celle d'un bélier de Sydney.

M. Graux, de Mauchamps (Aisne), dont les tentatives sont encouragées par le ministre de l'agriculture, a exposé, non-seulement des laines d'une qualité spéciale, qu'il désigne sous le nom de laine-soie, mais aussi deux des animaux qui produisent cette espèce de laine. Ce cultivateur s'occupe à propager une variété de type remarquable qu'il obtient peu à peu de la nature. Il possède aujourd'hui un troupeau de plus de 400 bêtes offrant de même caractère. La laine qu'il obtient présente, ainsi que l'indique son nom, une apparence soyeuse, lisse et lustrée qui la rend éminemment propre aux tissus des plus belles étoffes rases. On distingue surtout à l'Exposition un beau châle de la fabrique de M. Fortier exécuté avec les laines du troupeau de M. Graux, filées par un habile industriel, M. Biétry.

Un excellent juge, M. le professeur Herman, de Munich, dit dans son compte rendu de l'Exposition de 1839 : « Si le petit troupeau de M. Graux s'étend, il promet pour la laine de peigne une révolution pareille à celle que le type électoral a réalisée dans la laine de carde. » Nous ne saurions rien ajouter à ces paroles d'un des plus célèbres économistes de l'Allemagne.

Nous devons dire, après cette revue, que la plupart des échantillons exposés nous montrent seulement les progrès opérés dans la production des laines superfines. Certainement, ces progrès méritent un grand intérêt. Il n'y a pas de doute que les beaux troupeaux dont elles proviennent, élevés avec des soins minutieux, rendront d'éminents services à l'agriculture en conservant les races qui pourraient finir par se perdre dans les croisements. Mais il n'en est pas moins vrai que la production de ces laines surfines, extra-fines, etc., constitue une production en quelque sorte exceptionnelle. On en fait des draps à 40 ou 50 francs le mètre, et combien peu de personnes portent aujourd'hui des draps d'un prix aussi élevé. La production courante, celle qui doit s'attacher à obtenir des laines moins fines, mais plus abondantes et moins chères, celle qui ne doit pas demander à la laine seule le remboursement de la nourriture et de l'entretien des troupeaux, mais qui doit se reporter sur les trois produits réels de l'éducation agricole, la laine, la viande et les engrais, celle-là n'est réellement représentée à l'Exposition que d'une manière incomplète. Nous rangeons dans le petit nombre des cultivateurs qui suivent cette direction, dont l'exemple commence à être donné dans les bergeries expérimentales de l'État, M. Pluchet, de Trappes; M. Ladrey, de la Nièvre, et M. Monnot-Leroy, propriétaire d'un troupeau superfin, mais qui n'en fait pas moins des essais de croisement avec les béliers anglais, et qui a présenté des toisons anglo-mérinos à l'Exposition.

Quelques mots sur les opérations que doit subir la laine avant d'être mise en œuvre. La laine ne peut être employée par le manufacturier qu'après avoir été dégraissée à fond, et c'est toujours en fabrique que se fait cette opération. Mais auparavant la laine a subi plusieurs opérations, soit chez le producteur, soit chez le marchand, diverses sortes de travail préparatoire. Dans certaines contrées, le producteur lave ses toisons à l'eau froide sur le dos même des moutons. C'est une pratique qui n'est chez nous qu'exceptionnelle, mais qui, en Allemagne, est à peu près générale. En France, le producteur les livre au marchand dans leur état de suint. Le marchand qui sert d'intermédiaire entre l'agriculteur et le fabricant, reçoit la laine soit en suint, soit lavée à dos; il préside aux opérations du triage et de l'assortissage et soumet ensuite la laine à un lavage chaud, connu sous le nom de lavage marchand. Ce n'est qu'après ce lavage qu'il vient offrir au manufacturier les diverses qualités que celui-ci recherche pour tel ou tel genre de fabrication. Toutefois, cela n'empêche pas que les laines ne doivent encore être lavées à chaud par le fabricant. L'emploi réitéré d'un lavage à chaud durcit la laine. La souplesse des laines d'Allemagne tient en partie à ce qu'elles nous arrivent lavées à froid sur le dos des animaux.

M. Desplanques jeune, laveur à Lisy-sur-Ourcq (Seine-et-Marne), a exposé une machine dans un système nouveau qui paraît très-simple et très-ingénieux et qui doit remplacer le lavage allemand. La toison grasse, marchant sur une toile sans fin, reçoit l'eau d'un réservoir élevé, subit la pression successive de batteries à claire-voie, et sort bien lavée sans qu'il y ait de dérangement dans la mèche. Les avantages qui en résultent sont nombreux. Le principal, dit-on, est que plusieurs laines employées jusqu'ici à la carde, deviendront propres au peigne. Il est à espérer que si ces moyens se généralisant, on donnera aux laines françaises des qualités qui leur manquent. M. Desplanques, dans sa manière de laver, ne brise pas les toisons, conserve au brins de laine leur parallélisme et leur maintien, conséquemment, les caractères qui rendent les toisons plus faciles à être peignées. De grandes maisons de Reims ont déjà donné leurs suffrages aux produits obtenus à l'aide de cette nouvelle méthode.

M. Malteau, d'Elbeuf, a exposé une machine du même genre.

Composée de cylindres armés d'aiguilles et de pelles armées de dents, elle doit parfaitement déchirer les toisons et les mettre en pièces. Elle paraît convenir surtout aux laines destinées à la carde. Elle introduit dans le lavage de la laine une grande économie de temps.

ÉTOFFES DE LAINE.

Les tissus de laine présentent trois classes distinctes :

1° Les étoffes foulées ou drapées, c'est-à-dire, la draperie fine, moyenne ou commune, catie ou à poil, ainsi que les couvertures ;

2° Les tissus légèrement foulés sans être drapés ;

3° Les tissus non-foulés en laine douce ou sèche, cardée ou peignée, pure ou mélangée de coton, laine et soie, servant à l'ameublement ou à l'habillement.

Les produits feutrés diffèrent essentiellement des produits ras par le foulage. Si l'on examine un drap avant de le soumettre à l'opération du foulage, on s'aperçoit qu'il a un tissu tellement clair et lâche que la lumière pénètre facilement à travers. Le drap est sans consistance et sans nerf ; on pourrait compter le nombre des fils qui le composent, comme dans une grosse toile où les fils ne sont pas croisés. Après l'opération du foulage, tout est changé, le drap a pris du corps, le tissu est tellement serré que le jour ne peut plus passer au travers et qu'il est impossible de distinguer les fils. Mais, ces changements n'ont eu lieu qu'au détriment des dimensions, et le drap s'est rétréci dans cette opération. Cela provient de la liaison intime qui s'est produite entre les fils et du retrait qui s'en est suivi.

Les étoffes rases conservent au contraire l'apparence du tissage comme les étoffes de lin ou de coton.

Entre les étoffes drapées et les tissus ras, se place une autre classe de tissus qui sont légèrement foulés, mais non drapés. Telles sont les flanelles, les petits draps pour impression, les étoffes à gilets en laine cardée, et quelquefois les napolitaines. Dans ces tissus, l'opération du foulonnage ne change pas sensiblement la largeur ni l'aspect du tissu.

Nous suivrons la classification que nous venons d'indiquer en examinant les étoffes de laine qui figurent à l'Exposition.

Mais il faut d'abord parler du cardage, du peignage et filage de la laine.

Cardage et peignage.

La laine doit être cardée ou peignée, suivant qu'on veut l'employer à la fabrication des étoffes feutrées ou des tissus ras.

L'opération qu'on fait subir à la laine destinée à la fabrication des draps consiste dans le battage, qui a pour but de la déchirer, de l'ouvrir le plus possible et d'en rejeter tous les corps étrangers ; dans le passage au loup, dont l'appareil ne diffère de la batterie que par un plus grand nombre de dents ; enfin dans le cardage proprement dit.

L'action de la carde est d'ouvrir encore la laine ; elle sépare les brins, les raccourcit et les dirige en sens inverse, les étend, les lie entre eux et fait disparaître tous les nœuds pour obtenir des nappes de laine bien homogène et tout à fait débarrassée de matière étrangère. On parvient à ce but en opérant progressivement, et en faisant passer la laine successivement dans trois cardes, qui composent ce qu'on appelle un assortiment. Ces cardes portent des noms différents qui désignent assez bien leur destination ; la première se nomme la brodeuse, la deuxième la repasseuse, et la troisième la finisseuse, ou carde à loquettes ; elles ne diffèrent entre elles que par la finesse des dents et que par un cylindre cannelé que possède la finisseuse et qui fait qu'au lieu d'enlever la laine en nappe, comme les deux premières, elle la rend en cylindres roulés ou loquettes.

Nous avons signalé, dans l'article où nous avons traité des machines, les cardes qui avaient été envoyées à l'Exposition, les machines à bouter les rubans de cardes, etc. Les progrès apportés dans le cardage ont beaucoup contribué à l'amélioration des fils de laine cardée. On en a pu ainsi filer mieux et plus économiquement.

Quelques beaux échantillons de laine cardée ont été envoyés à l'Exposition par MM. Lucas frères, de Bazancourt, Henriot frères, de Reims (Marne), Duvillier frères, de Turcoing (Nord).

La laine peignée s'obtient par un système tout à fait opposé à celui de la laine cardée. Celle-ci, comme nous l'avons dit, a besoin d'être divisée par des cardes et d'être mêlée le plus possible pour que les fils de la laine aient de l'élasticité et puissent se réduire au foulage. La laine peignée, au contraire, n'est bien élaborée qu'autant que les brins de laine sont plus allongés, plus dépouillés des laines courtes qui les accompagnent ordinairement.

La laine destinée au peigne doit d'abord être triée, assortie, de telle sorte que chaque lot présente le même degré de finesse et forme une même qualité ; elle est ensuite égalisée avec des efforces ou ciseaux, puis battue, et enfin lavée dans un bain d'eau de savon ; après avoir subi ces opérations, elle est soumise au peignage, qui s'exécute avec des peignes préalablement chauffés dans un petit fourneau, le peigneur en tenant un sur sa cuisse gauche et faisant mouvoir l'autre avec sa main droite ; le peigne, n'ayant plus de laine longue, reste chargé de la laine courte, qui est mise à part. La laine longue passe ensuite par un nouveau lavage à l'eau de savon.

On calcule qu'à la suite de ces opérations, la laine ne produit que la moitié de son poids en laine peignée ; un quart est en blousse ; un quart est alloué comme déchet.

On a proposé divers systèmes pour exécuter le peignage de la laine à la mécanique. La machine qui a eu le plus de célébrité jusqu'à ce jour est la peigneuse circulaire de M. John Collier. Elle a paru pour la première fois à l'Exposition de 1827. Elle consistait en deux peignes circulaires placés près l'un de l'autre, et de telle sorte que les broches de chacun de ces peignes se présentaient en sens opposé. Elle pouvait être soignée par deux enfants lorsqu'un moteur y était appliqué, et produisait l'effet de cinq peignes à la main. Le jury déclarait que le peignage opéré mécaniquement n'occasionnait pas un déchet aussi considérable que le peignage à la main, qu'il n'exigeait qu'une petite quantité d'huile et un degré modéré de chaleur, de sorte qu'il n'altérait que très-peu la blancheur et l'éclat de la laine.

Depuis lors, la peigneuse Collier a paru à chaque Exposition avec de nouveaux perfectionnements. On constata en 1834 l'amélioration résultant de ce que le pied des peignes était chauffé avec de la vapeur introduite dans un canal circulaire inhérent à la roue, ce qui permettait de maintenir la laine toujours à la même température pendant la durée du peignage. La peigneuse exposée en 1839 se distinguait par un perfectionnement qui avait pour but d'enlever les boutons qui pouvaient rester dans les rubans peignés. Celle qui a été exposée cette année est d'une dimension moyenne et se fait surtout remarquer par une grande simplicité.

Toutefois il paraît certain que, même aujourd'hui, malgré les louables efforts de Mme Ve Collier, bien que plusieurs établissements aient été fondés sur le modèle du sien, la majeure partie des laines employées à la filature des fils fins est obtenue par le peignage à la main, par conséquent avec l'énorme déchet et la cherté relative de la main-d'œuvre que comporte un tel procédé.

M. Bruneaux, de Rhétel, a exposé une nouvelle et grande peigneuse à trois peignes circulaires, ainsi qu'un assortiment de métiers comprenant les préparations et la filature de la laine peignée.

M. Vayson, d'Abbeville, a présenté des laines qu'il déclare avoir été peignées par un nouveau procédé mécanique conforme au peignage à la main.

MM. Gaigneau frères ont exposé des laines qui sont peignées par un procédé particulier, et dont ils se servent pour la confection des fils dans tous les numéros et qualités propres à la bonneterie, passementerie, etc.

On a également remarqué les laines peignées par procédés mécaniques qui ont été envoyées par M. Rister Schwartz, de Mulhouse, et M. Daniel, de Pont-Favarger (Marne).

Mais ce qui a frappé surtout notre attention dans l'examen auquel nous nous sommes livrés sur les laines peignées, ce sont les échantillons exposés par MM. Laborde, Dezeimeris et Lafont, dont l'établissement est à Trugey, près Bordeaux. Le peignage s'y exécute par de nouveaux procédés, qu'ils ont inventés, et qui paraissent devoir faire une révolution dans cette industrie. Avec une force motrice de six chevaux-vapeur, une machine à battre, une machine à laver, leur appareil de peignage et un personnel de quatre hommes (chauffeur y compris) et de huit femmes ou enfants, ils déclarent pouvoir livrer chaque jour 130 à 150 kilog. de laine peignée avec un déchet sur le poids de la laine lavée à fond variant de 2 à 8 pour 0/0, seulement, suivant la nature de la laine mise en œuvre.

« Lorsque je me suis sérieusement occupé du peignage de la laine, dit M. Dezeimeris dans une note qu'il a bien voulu nous communiquer, j'ai d'abord été frappé de l'énorme quantité de blousse qu'on faisait avec des laines franches et de bonne qualité. J'ai surtout remarqué ce fait important que, lorsqu'on soumettait une seconde fois à l'action du peigne cette laine déjà peignée et si chèrement obtenue, elle laissait encore dans les dents de l'instrument une quantité assez considérable de blousse, et que si l'opération était renouvelée un certain nombre de fois, la partie peignée disparaissait presque entièrement, la blousse augmentant dans une proportion à peu près égale.

« L'observation de ce fait étrange m'a naturellement conduit à en rechercher les causes.

« J'ai d'abord examiné à la loupe des laines prises sur l'animal, et je me suis assuré que tous les brins pris dans une certaine étendue de la toison étaient à très-peu de chose près semblables. Je n'ai point reconnu que dans leur constitution, bien qu'il y en ait qui fussent un peu plus fins, et par suite plus susceptibles d'être cassés par le peigne, rien s'opposât à ce qu'ils entrassent tous avec avantage dans la composition d'un même fil.

« Il existe bien des différences marquées entre certains brins de la toison; ainsi les brins de l'épaule sont plus fins et moins longs que ceux du dos; ceux des cuisses sont plus longs et moins fins que ceux des flancs, etc. Mais comme il n'est pas dans l'usage de peigner les toisons entières, et qu'il faut au préalable qu'un triage ou classement ait été fait, nous pouvons dire que les brins de parties semblables sont identiques et peuvent être peignés ensemble. Puisque les brins des mêmes parties sont identiques, pourquoi le travail du peignage donne-t-il deux tiers au plus de peigné et un tiers environ de blousse? C'est évidemment à l'instrument dont on se sert qu'il faut s'en prendre; on brise la laine dans le battage des peignes, on brise la laine en tirant le trait, et parfois on brûle la laine en chauffant les dents des peignes.

« Ces faits acquis, j'ai longtemps cherché, et enfin j'ai trouvé le moyen de peigner la laine sans la briser. Ma machine dispose les brins de telle sorte que, placés par elle à la suite les uns des autres, ils arrivent à former un ruban d'une certaine grosseur qui représente à peu de chose près le poids de la laine mise en œuvre après le lavage à fond.

« Ces résultats sont constatés par le jury de la Gironde dans son rapport du 28 mars 1844.

« Ils sont confirmés par une lettre de M. le duc Decazes, qui a bien voulu visiter mes ateliers : cette lettre a été déposée entre les mains du président de la commission des tissus.

« Pour dissiper tous les doutes, je puis dire que j'ai pris l'engagement avec plusieurs filateurs, de leur donner, sur la laine en suint qu'ils m'ont livrée, de 25 à 30 et 40 pour 0/0 de plus de laine peignée, selon la qualité, qu'on ne leur en donnerait par les moyens ordinaires qui produisent ce qu'on appelle de beau peigné.

« J'ajoute que mon prix de façon est inférieur à celui de Paris et des localités environnantes. »

Voici maintenant l'extrait du rapport du jury de la Gironde sur les expériences auxquelles s'est livrée une sous-commission qui fut envoyée dans l'usine de Trugey pour constater les résultats annoncés.

« Le 11 février dernier votre sous-commission se transporta à Trugey à une heure et demie; la peigneuse fut mise immédiatement en mouvement afin de la débarrasser de la laine qui y restait adhérente. L'atelier fut parfaitement déblayé de toutes marchandises ou débris, et dans un magasin voisin furent pris 24 kil. de laine de Poitou, de qualité médiocre, qui, après pesage rigoureusement exact, furent remis au laveur en deux lots distincts, l'un de 8 kil., l'autre de 16 kil.

« Ces 8 kil., lavés séparément, furent ensuite exposés au soleil et séchés, afin de servir de base à l'évaluation du déchet que supporteraient au lavage les 16 kil. réservés pour être peignés. Le déchet, sur les 8 kil., fut de 0,680 grammes, soit 8 1/2 p. 0/0 environ.

« Les 16 kil., lavés par le même procédé (procédé mécanique), furent immédiatement livrés à la peigneuse, à deux heures et huit minutes. Ils étaient complètement peignés à trois heures et seize minutes. Le produit pesé sec, parfaitement propre, d'un aspect satisfaisant, fut reconnu être de 14 kil. 0,25 grammes.

« Le déchet total du peignage et lavage sur les 16 kil. était donc de 1 kil. 975 grammes, mais le déchet du lavage ayant été reconnu devoir être compté pour 1 kil. 360 grammes (le double du déchet des 8 kil. lavés pour servir de base à cette évaluation), il restait pour déchet du peignage seulement 0,615 grammes, soit relativement au poids de la laine après lavage, 4 1/5 p. 0/0 environ.

« Le même travail, continué pendant douze heures, aurait produit dans la même proportion 147 kil.

« Après cette opération, votre sous-commission a cru intéressant de vérifier quel serait le résultat d'un peignage à la main de la même laine. Un ouvrier, qui nous a paru habile, auquel il a été remis 250 grammes (pris sur les 8 kil., mis à part dès le commencement), travaillant sous nos yeux, nous a remis, après une heure sept minutes :

	Grammes.			
Laine peignée...	0,172	soit	68 1/2	p. 0/0
Blousse........	67		27	
Évaporation....	11		4 1/2	31 1/2 déchet.
	250			

« Ces résultats concordaient avec les assertions de MM. Laborde, Dezeimeris et Lafont.

« Il nous a paru convenable de leur faire à ce moment cette objection que nous avions entendue de plusieurs personnes ; que la différence, si considérable entre les déchets reconnus après chacune de ces deux opérations, pouvait n'être qu'apparente, et que probablement leur laine, livrée à la filature, perdrait la majeure portion des brins courts dont le peignage à la main débarrasse ses produits, et que les peignures mécaniques conservent dans l'ensemble des leurs.

« Ils nous ont répondu que l'expérience faite par plusieurs filateurs démontrait que cette appréhension n'était pas fondée, que la laine courte constituait précisément le déchet qu'ils éprouvaient, et que la différence entre ce déchet et celui résultant des autres procédés avait pour cause la différence des procédés mêmes, attendu que la leur conservait à la laine toute sa longueur, sans rupture possible, tandis que le peignage à la main, opérant par une traction forte et peu mesurée, brisait tous les brins mêlés et particulièrement les brins les plus fins, et, par suite, les moins résistants à l'action du peigne. En preuve de leur première assertion, ils nous ont présenté un certificat de MM. Falguière et Cotelle, filateurs de notre ville, qui déclarent que les diverses parties de laine peignée qui leur ont été vendues par MM. Laborde, Dezeimeris et Lafont, et travaillées d'après leur système mécanique, ont été aussi bien filées que les laines peignées à la main, et n'ont pas donné plus de déchet. Ils nous ont en outre remis et examen leur livre d'ordres sur lequel nous avons vu sous les mêmes noms, se représentant à des époques assez distantes pour qu'on en puisse induire l'approbation des procédés, des consignations plus ou moins importantes de laines brutes à laver et à peigner. »

Une autre exhibition, qui ne présente pas moins d'intérêt, est celle de M. Crétenier, filateur à Épernay. Lui aussi, il a voulu réformer le mode actuel de peignage qui produit une quantité de blousses aussi considérable et donne lieu à tant de déchet. Il y a quelques années MM. Potier et Crétenier eurent l'idée de se servir de la vapeur et de la chaleur pour le démêlage des laines. L'essai qu'ils firent leur réussit. Après plusieurs autres expériences et quelques perfectionnements dus à M. Crétenier, le résultat cherché ne fut pas douteux. La laine chauffée et imbibée de vapeur à son entrée dans les machines, qui étaient elles-mêmes quelquefois chauffées d'après des procédés particuliers à l'inventeur, en sortait souple, sans boutons et parfaitement démêlée. Cela ne suffisait pas : il fallait encore trouver le moyen de dresser les filaments, de les amener dans un même parallélisme afin de pouvoir faire du fil qu'on pût appeler fil peigné, c'est-à-dire du fil lisse, uni, convenable pour les étoffes rases. M. Crétenier se mit à l'œuvre avec une ardeur et une persévérance qui ne se sont pas démenties ; il est parvenu, non seulement à dresser les filaments, mais encore à les filer aussi bien que s'ils avaient été peignés par les procédés ordinaires. Il obtient avec sa méthode plus de neuf dixièmes en fils peignés d'une laine parfaitement dégraissée, ce qui représente une économie de 15 à 25 p. 100 sur le mode de peignage actuellement suivi.

Ce n'est pas que le peignage sans blousse donne des qualités égales au peignage à la main ; mais en raison de l'économie et de l'emploi qu'on peut faire des produits obtenus, il est probable que ce procédé trouvera des imitateurs et qu'il remplacera dans beaucoup de cas le peignage mécanique avec lequel il a beaucoup de rapports. Tandis que le peignage à la mécanique donne lieu à une grande main-d'œuvre et emploie une grande force motrice (cinq à sept personnes et deux chevaux de force pour 15 à 20 kilogr. par jour), la méthode de M. Crétenier peut produire, suivant lui, 25 à 30 kilogr. avec une seule personne et un demi-cheval vapeur. Tandis que le peignage à la mécanique ne rend que 55 à 60 p. 100 de cœur, la méthode de M. Crétenier en rend, suivant la déclaration, 92 à 96 p. 100.

Ainsi démêler la laine sans la briser, en redresser les filaments sans produire des blousses, tel est le problème résolu par M. Crétenier. Bien que M. Crétenier ait découvert son procédé dès 1838, ce n'est qu'en 1840 et 1841 qu'il l'a perfectionné et qu'il l'a appliqué sur une grande échelle. Il faut donc invoquer aujourd'hui l'expérience de plusieurs années. Il peigne et file aujourd'hui 30,000 kilogr. par année, et ses produits jusqu'ici se sont élevés à plus de 100,000 kilogr., qui sont tous entrés en concurrence avec les fils peignés proprement dits dans la consommation.

Tourcoing (Nord) est un des principaux centres de peignage de la laine. Il est entré, en 1843, dans cette ville 4,700,800 kilogrammes de laines étrangères, et 700,000 kilogrammes environ de laines françaises des localités plus ou moins voisines ; en tout 5,400,800 kilogrammes, qui ont donné, en laine peignée et en déchet, une valeur de près de 25 millions. Les trois quarts de ces laines peignées sont consommées par les fabriques de Tourcoing et de Roubaix ; l'autre quart sert à l'approvisionnement des filatures de la Picardie et en particulier d'Amiens. L'industrie du peignage occupe à Tourcoing 3,000 ouvriers et donne une très-grande activité au commerce de cette ville.

Les échantillons de laine peignée, filée ou non filée, étaient du reste très-nombreux à l'Exposition. Il en a été envoyé de toutes les parties de la France, du midi aussi bien que du nord où cette industrie était autrefois concentrée. Ainsi, à côté des producteurs qui représentaient les départements septentrionaux, MM. Lucas frères, de Bazancourt, Daniel de Pontfavergier, et Henriot frères et Cie, de Reims (Marne), Vendran, de Crépy, et Roger frères, de Trie le-Château (Oise), Tranchart-Froment, de la Neuville-lès-Wasigny (Ardennes), Vulliamy, de Nonancourt (Eure), Erhmann et Cie, de Bischwiller (Bas-Rhin), on voyait figurer MM. Callandre, de Gap (Hautes-Alpes), M. Vincent, de Meyrueis (Lozère), M. Aubanel-Delpon, de Sommières (Gard), Planque et Cie, de Saint-Jean-de-Luz (Basses-Pyrénées), Morin et Cie de Dieu-le-Fit (Drôme), Laroque frères et Jaquemet, Burgade père et fils, de Bordeaux (Gironde), Oriolle fils, d'Angers (Maine-et-Loire).

En résumé, l'Exposition actuelle témoigne des grands efforts qui se tentent pour perfectionner le peignage de la laine. Tous ceux qui, par leurs soins, pourront faire faire quelques progrès à cette production, encore imparfaite, doivent être encouragés. L'industrie du filage de la laine peignée est vivement intéressée à ce que le peignage mécanique soit perfectionné de manière à pouvoir satisfaire à des besoins qui s'accroissent tous les jours ; car les tissus légers de laine prennent une place de plus en plus importante dans le vêtement des femmes. Il nous paraît évident que la mécanique prépare une révolution d'autant plus heureuse dans le peignage qu'elle permettra d'obtenir sur les étoffes de laine légère une diminution de prix qui en répandra l'usage en servant les exigences de la consommation.

Filage de la laine.

Quand la laine a subi les opérations précédentes, il faut la filer.

Le filage de la laine offre deux arts distincts par leurs procédés et par les difficultés qu'ils ont à vaincre. L'objet du premier est de filer la laine cardée pour fabriquer des étoffes garnies et fortifiées ensuite par le feutrage. L'objet du second est de filer la laine peignée pour fabriquer des tissus ras où la chaîne et la trame doivent conserver leur apparence.

Le filage, pour les étoffes feutrées, doit s'exercer sur des laines qui présentent beaucoup d'élasticité, dont les fils soient lisses et fins pour que la corde puisse disparaître facilement, et dont les brins soient courts pour faciliter le mélange intime que l'opération du foulage doit effectuer.

Le filage des laines à carde était le plus facile à pratiquer par des procédés mécaniques. C'est aussi le premier qui ait été mis en usage. Il fut introduit vers le commencement du siècle, par MM. Douglas et Cockerill, dans les ateliers français et belges, par des moyens qui présentent beaucoup d'analogie avec le filage du coton.

On n'a pas apporté depuis lors beaucoup de changements aux métiers à filer; on en a cependant fait quelques-uns; mais c'est plutôt dans le détail de construction que dans le système. Ainsi on fait maintenant les principales pièces du chariot en fonte et en fer. Ainsi encore, par suite de la légèreté que cet emploi de la fonte a introduit dans l'appareil, on fait des métiers d'un plus grand nombre de broches; on en fait de deux cents broches, et même de deux cent soixante. Naguères ils étaient de soixante broches seulement.

Il est résulté de ces améliorations non-seulement une baisse de prix, mais des produits beaucoup meilleurs. On a employé les fils de laine cardée à des étoffes légères. A mesure que le filage s'est mieux opéré, on a vu paraître de nouvelles étoffes. Les circassiennes, les napolitaines surtout sont venues offrir un aliment inépuisable aux établissements de filature qui se montaient successivement. On s'en est servi pour les châles tartans, kabyles, etc. On les a substitués, en certains cas, aux fils de laine cachemire dans les étoffes brochées, en d'autres cas, aux fils de coton.

Le filage des laines peignées réclamait des procédés entièrement nouveaux. La laine peignée, en effet, s'obtient par un système tout à fait opposé à la laine cardée. Celle-ci a besoin d'être divisée et d'être mêlée le plus possible pour que les fils de la laine aient de l'élasticité et puissent se réduire au foulage en se mélangeant. La laine peignée, au contraire, n'est bien élaborée qu'autant que les brins de laine sont plus allongés, plus dépouillés des laines courtes qui les accompagnent ordinairement.

Nous avons dit plus haut que nous ne produisions pas de laine de peigne proprement dite; c'est la laine mérinos que nous employons comme laine de peigne; or on comprend qu'il est incomparablement plus difficile de filer le mérinos peigné que la laine longue et lisse telle que la fournissent les beaux troupeaux d'Angleterre; il a donc fallu que notre industrie fit de grands efforts pour surmonter cette difficulté.

La laine peignée avant 1800 avait un emploi borné aux chaînes des étoffes de buratines, aux franges de la passementerie et à la confection des bas. A cette date, MM. Ternaux frères obtinrent un brevet pour la fabrication des châles ou tissus qui ont porté leur cachet ou leur nom. Alors on croyait avoir beaucoup fait en obtenant de la laine cachemire jusqu'à quarante écheveaux de cinq cent vingt tours d'une aune un quart de longueur au lieu de vingt écheveaux. Cette filature était l'occupation des femmes du pays situé entre Reims et Réthel. Les besoins de la laine peignée s'étant accrus, les machines vinrent au secours de la fabrication.

Lors de l'exposition de 1819, le jury déclarait qu'on ne connaissait alors d'une manière certaine aucune machine qui eût exécuté le peignage en grand, et que la laine peignée était encore remise à des fileuses au rouet qui la convertissaient en fil.

Cependant, dès 1811, M. Dobo avait mis en activité dans la fabrique de M. Ternaux, à Bazancourt, la machine à filer la laine peignée qui a remporté le prix de la Société d'encouragement en 1815 et la médaille d'argent en 1819.

De 1819 à 1823, cette industrie fit des progrès sensibles. Des médailles d'or furent décernées à MM. Dautremont et Doyen, qui présentaient déjà le numéro 60 pour la chaîne et le numéro 100 pour la trame, obtenus dans la grande filature de Villepreux (Seine-et-Oise), ainsi qu'à MM. Lemoine-Desmazy à Sedan, et Poupard de Neuflize à Mouzon, Angecourt et Neuflize, département des Ardennes.

Le jury de 1827, tout en constatant que la filature de laine peignée ne s'était point ralentie dans la voie du perfectionnement, reconnaissait toutefois que, malgré ces résultats satisfaisants, la majeure partie des laines peignées dont nos fabriques faisaient usage était encore filée à la main.

Le grand développement du filage mécanique eut lieu surtout à partir de 1827. On évaluait qu'en 1834, les progrès du filage avaient décuplé la consommation des laines peignées en France. Le filage atteignait dès lors facilement les numéros 110 à 120. Une plus longue expérience, une aptitude plus exercée avaient permis à nos ouvriers de produire davantage dans un temps donné; il en était résulté une baisse graduelle dans le prix de la main-d'œuvre; cette baisse de 1827 à 1834 avait été jusqu'à trente pour cent.

L'Exposition de 1839 montra que le mouvement imprimé à cette industrie n'avait fait que s'accélérer, que la production avait pris un accroissement encore plus considérable, que les prix avaient subi une nouvelle diminution.

Les frais de production, qui avaient diminué de 30 p. % de 1827 à 1834, avaient subi une nouvelle réduction de 15 à 20 p. % pendant la période de 1827 à 1834.

Pour simplifier l'emploi de la laine, éviter des pertes de matière et de coût de main-d'œuvre, on commençait à confectionner, soit par le renvidage ordinaire, soit par le renvidage mécanique, des bobines appelées canettes, qui peuvent au sortir du métier Mull-Jenny, se placer immédiatement dans la navette du tisserand.

L'emploi des tissus légers, en se généralisant, a encore augmenté les débouchés de la filature depuis l'Exposition de 1839. On peut estimer à 550 mille le nombre des broches qui filent aujourd'hui la laine peignée. Nous sommes loin d'ailleurs d'être au terme des progrès.

Les filatures de mélanges de laine peignée avec la fantaisie en trame, vulgairement appelé Thibets, ont aussi pris un notable accroissement.

Si la filature de coton anglaise a la supériorité sur la nôtre pour les numéros élevés, il n'en est pas de même pour ce qui concerne la filature de la laine fine. « Pour les fils de laine fine peignée, dit le docteur Ure, les Français ont une grande supériorité sur les Anglais. Ils n'ont à craindre, à l'étranger, que la concurrence des filateurs saxons; cependant, on file plus fin et mieux en France; ils n'arrivent qu'aux numéros 45 et 50 avec des qualités de laine que les manufacturiers français filent jusqu'au numéro 80. Les mérinos, les chalis, bombasines, alépines fines, et autres étoffes à chaîne soie et trame laine fine, fabriquées en France, se vendent très-bien en Angleterre, ainsi que les mérinos, mousselines de laine et divers tissus faits avec les fils dits *Thibets*. Ces produits sont frappés, à l'entrée dans la Grande-Bretagne, d'un droit de 15 p. %. On les voit annoncés partout chez les détaillants, *french mérinos*, *french chalis*, parce que les Français sont supérieurs pour toutes les étoffes légères où la laine fine est employée. » Il est vrai qu'en revanche, pour les gros numéros, les Anglais font à meilleur marché que nous.

Le filage de la laine cardée se fait en deux fois, d'abord sur un métier à filer en gros de 60 broches environ, et sur un métier à filer en fin ou Mull-Jenny qui a jusqu'à 200 broches. Le métier à filer en gros suffit pour les fils qui doivent être employés à la fabrication des couvertures, de la grosse bonneterie et des tapis. Mais la double opération est nécessaire pour les fils employés dans la draperie.

Deux systèmes de filature sont appliqués au filage des laines peignées comme au filage du coton, le système dit continu et le système Mull-Jenny. Le système continu est employé le plus ordinairement pour faire les chaînes qui ont besoin de plus de torsion. On s'en sert également pour trames dans la fabrication des étoffes rases et luisantes, telles que stoffs, lastings, etc.

Le bon filage des laines peignées dépend beaucoup des opérations préparatoires, lesquelles consistent en un défeutreur et en machines à étirage et à réunion, qui sont combinés d'après les qualités de la laine et les numéros qu'elle peut supporter, soit en trame, soit en chaîne. Ces diverses machines reçoivent tous les jours des améliorations et des perfectionnements nouveaux.

On a remarqué surtout, parmi les machines de ce genre, celles qui étaient exposées par M. Bruneaux, de Réthel, un défeutreur à deux peignes; un défeutreur réunisseur à 8 peignes avec deux étirages successifs; un réunisseur à 5 peignes formant une forte canette; un réunisseur de 12 en 6 canettes; un bobinier de 24 canettes à frottoirs qui offre l'avantage de former la bobine sans torsion, en donnant cependant une consistance suffisante aux filaments; enfin un métier à filer.

M. André Kœchlin a également exposé un banc à broche pour la laine peignée en laine cachemire qui a paru très-bien construit. (Voir la section des machines.)

Les principaux établissements qui filent la laine en France sont situés à Paris, à Reims, à Rhétel, à Tourcoing, à Essonne, à Amiens, au Cateau-Cambresis (Nord), à Ambérieux (Ain), à Gravigny, à Louviers et à Nonancourt (Eure), etc. Presque tous ont envoyé des échantillons de leurs produits à l'Exposition.

La filature de la laine, quoique peu ancienne à Paris, constitue maintenant une de ses industries les plus importantes. En 1827, il y avait sept établissements ayant 10 mille broches environ. En 1834 on n'en comptait encore que sept, mais ils faisaient déjà tourner 20 mille broches. Leur nombre était, en 1839, de dix, possédant 60 mille broches ou trois fois plus que cinq années auparavant. Ce nombre s'est encore beaucoup augmenté depuis la dernière exposition.

Parmi les filateurs il faut citer MM. Griolet père et fils, qui marchent à la tête de cette industrie, qui n'ont cessé de faire faire des progrès à la filature de la laine peignée, et dont les produits se distinguent à la fois par leur régularité, leur finesse et leur beauté.

M. Prévost, de Paris, qui possède un établissement de quinze mille broches, produit d'une manière courante les numéros les plus élevés, et ses fils sont toujours recherchés à cause de leur perfection.

Nous nommerons encore, parmi les fabricants de Paris, M. Gimbert qui file à la fois la laine et le cachemire pour la fabrication des châles, des tissus et des articles de nouveautés, et MM. Vallès et Bouchard, qui ont exposé des laines peignées en bobines, des fils simples en chaîne et trame pour la fabrication des tissus, des fils retordus en deux, trois et quatre brins pour la bonneterie et la broderie, et divers produits pour nouveautés.

A côté des fabriques de Paris, il faut citer celles des environs qui nous ont montré des échantillons de leur industrie. MM. Gaigneau frères, d'Essonne (Seine-et-Oise), ont exposé des produits variés, des fils de laine blancs ou teints; des fils doublés, retordus et grillés, dits cordonnets, pour lisses de peigne et étoffes chaînes de soie; des fils de poils de chèvre, de la bourre de soie filée longue; ils ont inventé une machine à débourrer les chapeaux de cardes à coton et une machine à égratteronner et nettoyer les laines brutes. M. Biétry de Villepreux (Seine-et-Oise) qui, grâce à son esprit d'ordre et à son génie industriel, s'est élevé du rang de simple ouvrier au premier rang parmi les filateurs de cachemire, s'adonne également à la filature de la laine peignée avec succès. MM. Rousseau, de Tremerolles (Seine-et-Oise), M. Descoins, de Mouy (Oise), MM. Roger frères, de Trie-le-Château (Oise), ont envoyé des laines filées qui ont paru d'une bonne fabrication.

La filature si renommée du département de la Marne est représentée par des exposants dont les noms sont connus depuis longtemps.

MM. Camu fils et T. Croutelle neveu, qui ont fondé, à Pont-Givart (Marne), un établissement aujourd'hui le plus considérable du département de la Marne et l'un des plus importants de France, ont exposé une grande variété de fils dont l'excellente confection a permis au tissage mécanique de produire plusieurs étoffes nouvelles. M. Croutelle est à la veille de faire, dans le tissage, une véritable révolution. Jusqu'à présent, la faiblesse de la chaîne s'opposait à l'application vraiment manufacturière du tissage mécanique. M. Croutelle neveu a résolu le problème en faisant sur la chaîne un encollage qu'il ne faut plus dessécher par la ventilation, et qui donne à la chaîne la plus délicate une force et une élasticité capables de résister aux efforts du travail. On avait renoncé au tissage mécanique qui ne donnait pas d'avantages; grâce à M. Croutelle, on va le reprendre, car on peut tisser 20 mètres au lieu de 5 en un jour. L'ouvrier même, avec son métier, gagnera le double en travaillant avec la chaîne ainsi préparée. M. Croutelle a exposé des tissus de différentes qualités à côté de ses fils préparés, pour montrer qu'il pouvait aborder toutes les finesses. Tout porte à croire donc que, dans cinq ans, nous aurons à constater sur ce point de grands résultats [1].

[1] MM. Camu fils et T. Croutelle, dit le rapport de 1839, se sont occupés avec une sollicitude toute paternelle du bien-être de leurs nombreux ouvriers. Ils ont appelé et encouragé à s'établir autour de leur fabrique, en leur garantissant le paiement de leurs avances,

MM. Lucas frères, propriétaires d'un des plus anciens établissements de filature de laine peignée, fondé en 1811, à Bazancourt, par M. Ternaux, avec le concours de MM. Jobert et Lucas pères, ont joint la filature de la laine cardée à celle de la laine peignée; ils ont exposé un assortiment varié de fils, tous d'une netteté, d'une régularité et d'une perfection remarquables.

MM. Henriot, frères et sœur, de Reims, dont nous avons parlé à l'article des laines cardées et peignées et dont nous reparlerons encore à l'article des tissus légers de laine, possèdent trois établissements distincts dans lesquels s'exécutent toutes les opérations que subit la laine pour passer de l'état de suint à celui d'étoffe prête à être consommée; c'est, sous ce rapport, la fabrique la plus complète dans son genre.

Les autres filateurs exposants du département de la Marne sont M. Daniel, de Pont-Favarger, MM. Lachapelle et Levarlet, M. Berthrand Sutaine, qui a envoyé des fils de laine double, et M. Gaillet-Baronnet, de Somme-Py, qui a exposé des fils filés à la main.

Deux filateurs du département des Ardennes ont figuré à l'Exposition, M. Parpaite aîné, de Carignan, et M. Tranchart-Froment qui emploie, dit-on, dans son vaste et bel établissement de La Neuville-lès-Wasigny, 24,000 broches.

C'est surtout dans le département du nord que la filature de la laine, et de la laine peignée surtout, a pris dans ces derniers temps une grande extension. On compte à Tourcoing 27 filatures de laine peignée, contenant 378 métiers, et donnant 1,225,300 kilogrammes, valant 11,600,000 francs. La filature de la laine cardée y occupe 18 établissements qui produit 1,270,000 kilogrammes de fil d'une valeur de 7,620,000 fr. Roubaix, pour satisfaire aux besoins de la production des étoffes légères en laine ou mélangées de laine, dont la mode s'était emparée et à la fabrication desquelles la filature de Tourcoing ne pouvait suffire, a créé aussi des établissements dans son sein. Cette ville a monté plusieurs filatures de laine, et transformé en filatures de laine plusieurs de ses filatures de coton. La quantité de laine filée à Roubaix a été en 1842 de 112,000 kilogrammes valant plus d'un million. Quelques filatures de laine cardée ont été également établies à Roubaix et ont permis d'y développer la fabrication des flanelles et des napolitaines. Il s'est aussi monté récemment à Roubaix des ateliers assez nombreux pour filer l'alpaga, ce qui a servi à la fabrication des tissus alpaga qui ont donné lieu vers la fin de 1845 à des ventes assez importantes. Lille, Fourmies, Wignehies et surtout Le Cateau s'occupent de la filature de la laine en vue principale de la fabrication des mérinos et mousselines de laine. D'après un relevé, fait au commencement de 1843, l'importance du matériel de la filature de laine dans le département du nord, était de 250,000 broches en laine peignée et de 30,000 broches en laine cardée; ensemble 280,000 sur les 800,000 qui existent en France, c'est-à-dire de plus du tiers.

Les filateurs de Tourcoing et de Roubaix, qui avaient envoyé à l'Exposition, sont MM. E. Grimonprez, Ernoult-Bayard, Carlos-Florin, Lejeune, Leblanc, Duvillier frères, Caulliez-Petillon, Derrevaux, Screpel, Delattre, Delepoulle, Screpel Lefebvre. MM. Duvillier frères avaient exposé des fils de laine cardée; M. Delepoulle des fils d'alpaga.

La filature du département de l'Eure était représentée par MM. Dubois et Cie, de Louviers, qui filent la laine cardée, blanche ou teinte, avec une rare perfection; M. Vulliamy, de Nonancourt, qui fabrique à la fois des fils simples en chaîne d'une grande solidité, servant à confectionner des étoffes genre anglais, et des fils doublés et retordus pour la confection de la broderie, passementerie, bonneterie, etc.; M. Plet-Largeais, de Verneuil.

On comptait trois filateurs du département de la Vendée: M. Cheguillaume, de Cugand, qui fabrique également des étoffes et dont l'établissement, un des plus beaux que nous possédions, occupe quatre cents ouvriers; M. Seguin, aussi de Cugand; MM. Thuyau et Turpault, de Mortagne.

M. Risler Schwarts, de Mulhouse (Haut-Rhin), a envoyé des fils que l'industrie de l'Alsace emploie à la fabrication de ses mousselines de laine.

Il faut citer encore les fils de M. Morin, de Dieu-le-Fit (Drôme).

La filature du département de l'Ain s'adonne spécialement aux fils Thibets (laine et soie) qui alimentent la fabrique de Lyon et des environs. L'établissement de MM. Dobler et fils est célèbre par l'étendue de sa fabrication aussi bien que par la qualité de ses produits. On n'estime pas moins les fils de MM. Sourd frères pour leur netteté, leur brillant et la modération de leur prix. MM. Franc père et fils et Martelin, de Saint-Rambert, méritent également d'être cités.

On calcule que la production des fils de laine destinés aux tissus de laine pure ou mélangés, occupe 800,000 broches qui seraient répartis de la manière suivante:

Villes.	Broches pour laine cardée	Broches pour laine peignée.	
Reims.	165,000	55,000	
Amiens.	10,000	90,000	
Le Santerre.		50,000	
Saint-Quentin.		9,000	
Pas-de-Calais.		18,000	
Nord.	30,000	250,000	
	205,000	452,000 ci.	657,000
Paris, la Meurthe, les Ardennes, l'Eure et autres filatures isolées occupent.			143,000
		Total.	800,000

C'est avec ces fils qu'on fabrique les mérinos, les alépines, les bombasines, ces mille étoffes légères qui ont pris naissance depuis quelques années, et surtout la mousseline laine et le barège dont la production est si importante aujourd'hui, à cause du nombre immense de consommateurs à la portée desquels les mettent leurs prix peu élevés.

des fournisseurs de toute espèce de denrées de première nécessité. Ils surveillent avec soin les qualités et les prix des fournitures faites aux ouvriers, de manière à les faire jouir des prix les plus modérés. Ils ont fait construire de petites maisons avec des jardins y attenant pour le logement de chaque famille. Ils ont vendu à des prix modérés ces petites propriétés à leurs ouvriers qui les acquittent au moyen d'une retenue hebdomadaire sur leur salaire. Cette espèce de caisse d'épargne territoriale exerce la plus heureuse influence sur la moralité des ouvriers, qui se trouvent ainsi excités et encouragés à l'ordre et à l'économie par la perspective de devenir propriétaires fonciers dans un délai assez rapproché. Le hameau de Pont-Givard, qui en 1824 était composé de cinq maisons et d'une vingtaine d'habitants, grâce à la formation de ce bel établissement hydraulique, compte aujourd'hui quatre-vingts maisons et environ six cents habitants. Un pareil exemple ne saurait être trop publié et encouragé.

ÉTOFFES DRAPÉES ET FOULÉES.

L'importance de nos fabriques de lainage, dit M. A. Costaz dans son histoire de l'administration en France, date de plusieurs siècles. Sous Philippe-Auguste, elle avait déjà pris un grand développement. C'est ce qu'apprend une décision de 1185, par laquelle il cède aux drapiers de Paris, moyennant une redevance annuelle de cent livres parisis, vingt-quatre maisons dont ils avaient besoin, et qui étaient du nombre de celles qui avaient été confisquées aux juifs bannis du royaume.

La fabrique d'Elbeuf est l'une des plus anciennes de France. Des vitraux gothiques, représentant des métiers à tisser et des hommes occupés à y travailler, se trouvent dans l'église de Saint-Étienne de cette ville, bâtie en 1248.

Froissard mentionne la fabrique de Louviers comme remontant à une époque assez éloignée.

La manufacture de Sédan, qui existait déjà quand cette ville et son territoire formaient une principauté indépendante appartenant à la maison de Bouillon, ne produisait que des draps dans les petites largeurs; ce n'est qu'en 1648 qu'il en fut fabriqué dans les grandes largeurs, par Nicolas Cadeau qui obtint un privilége moyennant lequel il s'obligeait à n'employer, dans les draps en noir et en couleur, que la laine la plus fine d'Espagne.

Les manufactures du Languedoc durent en grande partie leur prospérité aux états de cette province, qui, à toutes les époques, n'ont cessé de s'occuper des moyens de les améliorer et de leur ouvrir des débouchés.

Toutefois, c'est surtout sous Colbert que la manufacture de drap prit une grande extension. Ce fut lui qui, en 1665, fit venir Josse de Van-Robais de Hollande pour en perfectionner la fabrication. Celui-ci lui donna en effet une direction nouvelle couronnée par les succès les plus heureux.

Après la mort de Colbert, la prospérité de nos fabriques ne cessa d'augmenter. Plusieurs entre autres, celles d'Elbeuf, de Castres, de Darnetal, de Vienne, etc., acquirent une importance qu'elles étaient loin d'avoir dans les années qui suivirent leur création.

En 1793 et 1794, toutes furent abîmées par les réquisitions, le maximum, le papier-monnaie, de sorte qu'au moment de l'avénement du Directoire elles étaient presque anéanties. L'administration comprit alors la nécessité de leur rendre la vie, et pour atteindre ce but elle s'appliqua particulièrement à encourager l'introduction dans les établissements des moyens de travail nouvellement inventés.

Ce fut Chaptal qui contribua le plus à la révolution qui s'opérait dans la fabrication des draps. Ministre sous le Consulat, à l'exemple de Colbert qui avait attiré Van-Robais de la Hollande, il fit venir d'Angleterre, pour le filage et le tissage de la laine, le mécanicien Douglas, qu'il établit à Paris. En deux années, cet artiste fournit à seize départements plus de 340 machines propres à ces fabrications. Il construisit aussi des métiers pour tisser à la navette volante, etc. Ces métiers, ces machines furent exposés au Conservatoire des arts et métiers, manœuvrés publiquement par des ouvriers habiles, et en quelque sorte vulgarisés par ce moyen.

Aussi, dès l'Exposition de l'an X, vit-on paraître des fils et des tissus fabriqués par les procédés mécaniques établis grâce aux encouragements de l'illustre ministre.

La grande révolution de l'introduction des machines dans la fabrication des draps était déjà effectuée à la fin de l'Empire.

« L'adoption des machines est devenue si générale, disait le Jury de 1819, que le petit nombre d'établissements qui sont demeurés en arrière ne pourront bientôt plus soutenir la concurrence des autres fabriques; ils sont obligés d'adopter les mêmes moyens ou de cesser leurs travaux; on reconnaît déjà ces établissements à la cherté de leurs produits. »

On constata également que l'usage des machines avait introduit plus d'égalité dans la fabrication, de sorte que la qualité des draps ne dépendait plus autant des fabricants en ce qui concerne la partie mécanique du travail.

Le Jury déclarait en 1823 que les fabricants apportaient plus de soin dans le choix et la préparation des laines, dans l'application des couleurs et dans l'apprêt des étoffes, qu'ils avaient presque tous perfectionné leurs procédés en adoptant les machines, et que les tondeuses ou machines à tondre étaient adoptées dans un grand nombre d'ateliers.

Celui de 1827 nous révéla encore de nouveaux procédés, notamment l'épuration et le décatissage des draps opérés à la vapeur, qui donnaient au tissu plus de douceur et de moelleux, à la couleur plus d'éclat et de pureté.

Le rapport de l'Exposition de 1834 déclarait que malgré la crise survenue en 1830, l'industrie des draps n'avait pas cessé de perfectionner sa fabrication. A qualités égales, disait-il, les draps sont à meilleur marché qu'en 1827, et cette réduction de prix a d'autant plus de mérite qu'à l'époque de l'Exposition de 1827, les matières premières coûtaient moitié moins. Pour obtenir de pareils résultats, il avait fallu un emploi plus intelligent des forces motrices; l'adoption de machines mieux conçues et moins dispendieuses, manœuvrées avec plus d'habileté, appropriées en plus grand nombre à des usages variés; l'application de la vapeur dans les différents apprêts; une production plus considérable, qui avait permis de diminuer la proportion relative des frais généraux.

Enfin M. Legentil, dans son rapport sur l'Exposition des étoffes de laine en 1839, énumérait de la manière suivante les causes diverses des progrès effectués dans la fabrication des draps:

1° La filature qui a beaucoup gagné en finesse et en régularité et a offert plus de nerf et plus de prise au garnissage;

2° Une plus grande intelligence des apprêts et surtout l'emploi de plus en plus général de l'apprêt à vapeur;

3° L'usage qui se répand de plus en plus d'avoir des foulons dans l'intérieur des ateliers et de pouvoir ainsi surveiller soi-même l'une des plus difficiles et des plus influentes opérations de la fabrication;

4° Une entente et une expérience plus approfondies des moyens et des agents mécaniques.

« Si nous étions obligés d'apprécier en chiffres le résultat de ces améliorations, ajoutait M. Legentil, nous croirions, de l'avis des hommes les plus experts, être dans le vrai en l'évaluant au moins à 15 pour cent de diminution, à qualités égales, comparativement au coût de 1834, bien qu'alors les laines dans les prix moyens surtout fussent à un prix moins élevé que celui de l'année courante. »

L'Exposition actuelle a donné lieu de signaler encore de nouveaux progrès dans la qualité et dans la baisse des prix. L'amélioration de la qualité nous paraît certaine. Le progrès incessant de la filature se reproduit dans le tissage. Le feutrage par les cylindres s'est généralisé depuis cinq ans. Nous avons vu dans la section des machines que cinq foulons mécaniques figuraient à l'Exposition. On se sert presque partout de ces nouveaux procédés pour la draperie fine et intermédiaire. On ne foule plus guère au maillet que les petits draps de fantaisie, qui par leur destination doivent être élastiques dans tous les sens. La chimie perfectionne chaque jour les teintures qui ne durcissent plus autant les laines, et les apprêts mieux entendus par une longue expérience leur donnent plus de souplesse et de douceur.

Quant à l'amélioration dans les prix, nous avons entendu estimer à 10 pour cent la nouvelle baisse qui s'est opérée depuis 1839. Le maximum de prix pour les extra-fins, à l'exception de pièces extraordinaires, ne dépasse que très-rarement en fabrique le prix de 25 francs. Ce qu'on appelle aujourd'hui drap fin ne vaut plus de 20 à 22 francs le mètre. On a d'excellent drap à 15 francs. L'Exposition nous en a montré de très-remarquables à 10 et même 8 francs. Enfin, nous avons vu des prix de 1 franc 50 sur des étoffes de laine, appelées cadis, qui conviennent à la consommation des classes les plus nombreuses.

Nous suivrons, dans l'examen des draps envoyés à l'Exposition, l'ordre des localités dont ils proviennent. La fabrication des draps n'est pas, comme la plupart des industries, concentrée dans la circonférence d'un ou de deux grands foyers de production; elle est au contraire répandue sur toute la surface de la France; mais les plus recommandables, autant par la masse que par la perfection de leurs produits, sont:

	Sedan.		Châteauroux.
	Louviers.	Au Centre	Romorantin.
	Elbeuf.		Vienne.
Au Nord	Beauvais.		Castres.
	Mouy.		Lodève.
	Andelys.		Limoux.
	Abbeville.	Au Midi	Bedarieux.
	Nancy.		Chalabre.
A l'Est	Bulh.		Carcassone.
	Bischwiller.		Mazamet.
A l'Ouest	Vire.		Montauban.

Sedan soutient sa vieille réputation pour les beaux draps noirs. Ceux qui ont été exposés cette année étaient d'un éclat incomparable. En Belgique, en Angleterre, en Prusse, il y a également des fabriques qui font exclusivement les draps noirs; mais ces fabriques n'ont pas des couleurs aussi solides et aussi belles que les nôtres, et les marchands étrangers sont obligés d'avoir des draps de Sedan dans leurs magasins comme assortiment. Sedan n'a pas moins de supériorité dans ce qu'on appelle les couleurs fortes, c'est-à-dire les écarlates, cramoisis, jaunes, bleus clairs pour l'armée. MM. Cunin-Gridaine, Paul Bacot, Bacot et fils, Bertèche-Bonjean et Chesnon, sont à la tête de cette ville laborieuse. MM. Leroy-Picard, Rousselet, de Montagnac, Blanpain frères, Lagny-Pastor, Marius-Paret et Renard, avaient également envoyé de beaux produits. On a remarqué de charmantes étoffes à pantalon dans les cases de MM. Bertèche-Bonjean. M. de Montagnac, jeune manufacturier qui marche déjà au premier rang, et M. Rousselet avaient aussi exposé des draps pour nouveautés. Citons encore les beaux casimirs blancs de M. Leroy-Picard. Ainsi Sedan, tout en conservant sa supériorité pour les draps de couleur noire et de couleurs fortes, sait cependant se plier aux variations de la mode et aux exigences de la consommation.

Ajoutons à la louange de la fabrique de Sedan, qu'elle s'est élevée et qu'elle se maintient sans avoir imposé de sacrifices à ses classes ouvrières. Les chefs d'industrie se conduisent envers leurs ouvriers en bons pères de famille. Les classes laborieuses y ont des mœurs douces et y jouissent d'une certaine aisance. C'est un état de choses qu'on apprécie surtout quand on vient de visiter les fabriques de lainage de la Belgique. L'ouvrier de Sedan est bien vêtu, bien nourri, bien logé; il a gagné sous tous les rapports, sous le rapport moral comme sous le rapport hygiénique.

Louviers fait encore des draps fins. Témoin celui que nous avons vu dans la case de M. Dannet, qui était coté 40 francs le mètre. Mais il est probable qu'un pareil produit rencontrera peu de demandeurs. Aussi, Louviers, entraîné par l'exemple d'Elbeuf, se jette hardiment dans la fabrication des draps intermédiaires et même très-bon marché. On a reproché à cette ville de s'être longtemps endormie sur une pièce de drap fin. L'art pur, la poésie du drap fin l'avait quasi-ruinée au profit d'une voisine active et remuante; elle s'est réveillée et n'a pas craint d'entrer en concurrence avec son entreprenante rivale. Une circonstance a servi la nouvelle ardeur de Louviers, c'est la fin des contestations interminables qu'elle avait à soutenir pour ses cours d'eau; tout est réglé, et son industrie peut disposer des eaux superbes qui sont un de ses éléments de succès.

A côté de M. Dannet, qui est resté fidèle au culte du beau et que sa cécité n'empêche pas de diriger fort bien un grand établissement, brille M. Jourdain, qui ne se contente pas de faire encore de beaux draps, de véritables Louviers, dans le sens historique du mot, mais qui a exposé des draps noirs très-satisfaisants au prix de 8 fr. 50 c. le mètre. M. Ribouleau, qui porte un nom si honorable, a également exposé à côté de draps fins magnifiques, des tissus à bon marché et d'une bonne confection. L'établissement complet de MM. Poitevin frères est encore un de ceux qui contribuent le plus à soutenir l'ancienne réputation de Louviers. Les draps de M. Louis Marcel prouvaient une bonne fabrication courante. Mais le fabricant qui paraît avoir fait le plus d'efforts pour mettre la production de Louviers au niveau du régime plus démocratique de la consommation, nous a paru être M. Delphis Chennevière, qui a fait l'exhibition la plus variée de draps lisses et de draps pour nouveautés. L'établissement de M. Chennevière est l'un des plus importants de Louviers; il réunit toutes les opérations de la fabrication, y compris le foulonnage et la teinture.

Nous répétons que si Louviers a dû, afin de conserver du travail à sa population ouvrière, soutenir son activité en profitant des ressources de son heureuse situation pour se livrer à la fabrication des draps de qualités ordinaires, cependant elle maintient toujours sa supériorité pour le drap fin. La beauté de sa filature, la grande réduction de son tissu, les soins et le fini de ses apprêts, donnent à ses premières qualités une apparence et un toucher qui les mettent hors ligne. Mais cette consommation, qui peut atteindre à des prix très-considérables, est nécessairement fort limitée, et l'on doit voir avec satisfaction les fabricants de cette ville entreprendre avec Elbeuf une lutte honorable qui tourne en définitive au profit de l'industrie et de l'intérêt général.

La fabrique qui a pris le développement le plus remarquable est sans contredit celle d'Elbeuf. Si la manufacture de draps y est ancienne, c'est surtout depuis un demi-siècle qu'elle s'est accrue avec une rapidité prodigieuse. Jusqu'aux règlements de 1669, il ne s'était fabriqué à Elbeuf que de gros draps blancs qu'on faisait teindre en diverses couleurs pour faire des manteaux pour la pluie et des casaques de campagne. A cette épo-

TISSUS.

que la fabrique de draps fins, stimulée par les encouragements que Colbert donna à cette industrie, s'y établit avec succès. En 1787 les fabriques d'Elbeuf tissaient environ 18 mille pièces de draps. En 1814, elles en produisaient 20 à 25 mille. Aujourd'hui il s'en confectionne 70 ou 80 mille. La fabrication a donc quadruplé depuis cinquante ans.

Ce qui caractérise la fabrique d'Elbeuf, c'est son esprit entreprenant, son génie actif. Napoléon, visitant cette ville, avait dit : « Elbeuf est une ruche où tout le monde travaille », et la ville a inscrit avec raison cette devise dans ses armes. La fabrique d'Elbeuf rappelle la hardiesse et l'intelligence commerciale de l'Américain du Nord, habile à saisir toutes les occasions, à profiter du vent qui souffle, du bateau qui passe, de la moindre découverte qui se fait dans les régions industrielles. A la mort de Louis XVIII, la mode décida que toute la France se couvrirait de deuil ; on se rua sur le noir ; Elbeuf, qui n'en avait jamais fait deux pièces, se jeta sur cette fabrication, elle y réussit, et par cette conquête augmenta de 15 millions le chiffre de ses affaires annuelles. L'école elbeuvienne est toujours à la recherche de quelque disposition nouvelle ; elle innove à chaque instant dans les étoffes de pantalon, d'amazone, de robe de chambre ; elle est inépuisable dans ses combinaisons.

C'est encore la fabrique d'Elbeuf qui a cherché la première à ouvrir des débouchés à nos draps dans l'Amérique du Sud et jusqu'en Chine. Si ces expéditions n'ont pas été toujours heureuses, au moins font-elles honneur à ces manufacturiers qui n'ont pas craint d'aller affronter la concurrence anglaise sur les marchés lointains.

Elbeuf a surtout sa clientèle dans les consommations courantes. Son empire, ce sont principalement les draps de 15 à 18 francs le mètre et les nouveautés. Le grand perfectionnement qu'elle a introduit dans la fabrication a consisté à donner beaucoup plus d'apparence aux draps de qualité médiocre, de sorte qu'elle livre aujourd'hui, au prix de 15 francs, des draps plus beaux que ceux qui se payaient 30 francs vers 1826. Son débouché est dans les classes moyennes dont elle satisfait toutes les exigences sous le rapport des qualités, des variations de la mode, aussi bien que sous le rapport des prix.

L'exhibition qui a le plus contribué à montrer les ressources si variées de la fabrique d'Elbeuf, est celle de M. Théodore Chennevière, le père de la nouveauté, qu'il traite en grand. Doué d'un esprit actif et novateur, il excelle dans la fabrication des articles de fantaisie. Il occupe dans sa belle manufacture plus de cent métiers à la Jacquart, à l'aide desquels il varie les combinaisons à l'infini. La collection d'étoffes qu'il a exposée est des plus curieuses ; on y trouve des étoffes de tout genre pour pantalon, des mélanges pour paletot, des tartans pour robes de chambre cotés à 4 fr. 50 c. seulement, des marquisiennes, des otaïtiennes, toutes fantaisies qui se distinguent par la perfection et le goût.

M. Durécu la nouveauté riche ; c'est la seconde fois qu'il se montre aux expositions, et ses débuts sont ceux d'un maître consommé.

MM. Grandin et Rollin, qui réunissent dans leur établissement le lavage et le dégraissage de la laine, la teinturerie, la filature, le tissage, la foulonnerie, les apprêts de toute espèce, le chauffage à la vapeur, sont célèbres depuis longtemps par l'étendue et la hardiesse de leurs entreprises commerciales autant que par l'importance de leur fabrication.

MM. Louis et Charles Flavigny, continuant les traditions de leur père dont ils soutiennent la bonne réputation, excellent dans les mélanges de goût.

MM. Chefdrue et Chauvreulx n'ont vu, dans les distinctions éclatantes qu'ils ont méritées à chaque Exposition, qu'un nouveau motif d'émulation pour bien faire, et les bons produits qu'ils exposent attestent à la fois la constance de leurs efforts, la variété de leur industrie et la science de leur fabrication.

M. Félix Aroux, connu par son esprit d'innovation, M. Charvet, M. V. Barbier, MM. Sevaistre et Legris, M. Beer-Morel, M. Ch. Fouré exploitent également le genre des nouveautés avec succès.

Nous avons distingué les beaux draps fins de M. Touzé, qui le disputaient à ceux de Louviers, ceux de M. Dumor qui étaient aussi d'une grande finesse, les draps d'officier de M. Flamand, les draps noirs de MM. Vimont frères et Regnault-Pellier, les draps de billard de MM. Delarue et Bois-Guillaume.

Nous citerons encore, pour compléter la phalange d'Elbeuf, les noms de MM. Javal et May, Decaux, Thillard, Cauprée, Rastier fils, Osmond et Boismard, Brisson, qui ont exposé des draps remarquables à différents titres.

Parmi les fabriques excentriques du Nord qui figuraient à l'Exposition, se distinguaient celle de M. Randoing, d'Abbeville, qui dirige, à titre de successeur et de propriétaire, l'ancienne grande manufacture, fondée en 1665 par les Hollandais Van-Robais, appelé par Colbert pour donner à la France la fabrication des draps fins façon de Hollande ; celle de M. Briche-Van-Bavinchove, de Saint-Omer, (Pas-de-Calais), qui fait les draps communs ; celle de MM. Monborgne fils et Leroy, de Mouy (Oise), où l'on tisse en blanc des draps destinés à être teints en pièces et notamment en noir, qui joignent au mérite du bon marché celui d'une bonne confection ; enfin celle de M. Cavrel-Bourgeois, de Beauvais (Oise), qui fait, outre de la grosse draperie, des draps genre d'Elbeuf, qui en approchent beaucoup.

Les manufacturiers des départements de l'Est avaient plusieurs représentants. MM. Gaudchaux-Picard et fils, de Nancy, avaient exposé des draps de bonne qualité, à des prix modérés. Il y avait des étoffes à bon marché envoyées par quelques fabricants de Metz, qui s'adonnent plutôt à la flanelle, notamment par MM. Ferry et Zeder. La fabrique de Bischwiller, connue par ses draps teints en pièce, étalait les exhibitions de MM. Goulden et Cie, et de M. Kunzer, qui s'attachent surtout à faire des tissus solides, de M. Ruef et Bicard, de MM. Bourguignon, Schmidt et Schwebel qui ont exposé des draps teints en noir et en écarlate. M. Mieg et fils, M. Schmalzer-Weiss nous ont montré qu'on continuait à fabriquer à Mulhouse avec une supériorité incontestable les draps blancs pour les rouleaux et les tables d'impression. M. Mieg a envoyé en outre un excellent drap noir coté à 13 fr. seulement. MM. Beuck et Cie, de Bulh (Haut-Rhin), ont exposé des étoffes très-fortes et d'autres traitées dans le genre et les procédés de la fabrication d'Elbeuf.

A l'Ouest, la fabrique du Calvados, qui n'était connue dans l'origine que par ses draps en pièce, s'est mise aussi à fabriquer des draps en laine, et les produits exposés par M. Lenormand, de Vire, et Juhel-Desmares, de Pont-ès-Retour, prouvent qu'elle y réussit bien. M. Juhel-Desmares avait placé les prix de 11 et 12 fr. sur des draps souples et nerveux. Les draps de castorine de M. Cheguillaume, de Cugand (Vendée), ont paru de bonne qualité.

Peu de fabriques du Centre ont envoyé des produits. M. Hazard père, d'Orléans, a exposé des draps bleus et noirs. Les produits de M. Muret de Bord, de Châteauroux (Indre), se distinguent par le choix judicieux de la laine, la beauté des nuances, la souplesse et le nerf du tissu et le fini des apprêts. Ce fabricant, sans négliger la consommation courante, travaille spécialement pour les officiers de l'armée et les employés des douanes. Son usine présente un ensemble complet de toutes les machines les plus propres au travail de la laine dans toutes ses transformations. Nous avons aussi vu des draps envoyés par M. Fromentault, de Poitiers (Vienne).

Les fabriques du Midi, qui sont les plus importantes, travaillent en général pour la consommation moyenne ou pauvre. Aussi font-elles peu de draps lisses, et presque tous draps croisés. Pour le genre de consommateurs auxquels elles s'adressent, elles recherchent et doivent rechercher plutôt l'épaisseur et la solidité du tissu que la finesse et la perfection de l'apprêt. Elles sont bien secondées dans leur but économique par le bas prix des salaires et le bon marché des laines du pays. C'est à ce double avantage qu'elles doivent d'avoir conservé la fabrication de la draperie à poil.

Ces fabriques n'ont pas pris aux perfectionnements une part moins active que les manufactures du Nord. Elles ont amélioré leurs produits. Le dégraissage des draps qui s'y faisait jadis très-incomplétement ne laisse plus aujourd'hui rien à désirer. Les apprêts sont moins rudes, accusent moins la carte et sont généralement bien appropriés au genre de draperie forte sur laquelle ils s'appliquent.

Le Midi a d'ailleurs suivi l'impulsion générale dans la fabrication des étoffes de nouveautés; il ne s'est pas contenté du modeste rôle de la fabrication des articles de fond; il est entré à son tour dans le domaine de la fantaisie, et il a aussi varié ses combinaisons avec succès.

La fabrique de Vienne (Isère) est une des principales fabriques du Midi. Elle a fait beaucoup de progrès. Elle n'avait produit pendant longtemps que des draps croisés, épais, communs et souvent mal dégraissés. Elle a singulièrement amélioré sa fabrication tout en continuant à tisser presque exclusivement des draps croisés. Si ses produits ne sont pas tout-à-fait aussi beaux que ceux des manufactures du Nord, en revanche ils sont meilleur marché. A la tête de cette fabrique, on place d'un commun accord la maison Badin et Lambert, qui existe depuis quatre-vingt-dix ans de père en fils. Cette maison, qui a constamment adopté toutes les améliorations, excelle dans le genre du cuir-laine à 10 ou 15 francs; elles exploite aussi avec succès les nouveautés pour redingotes et pantalons. Les autres exposants de Vienne méritent également d'être remarqués. Ce sont MM. Gabert frères, qui ont introduit les premiers la fabrication des draps de fantaisie à Vienne, et dont l'exhibition prouve qu'ils traitent le façonné aussi bien que l'uni; MM. Berthaud et Pertus frères, qui font également bien les deux genres; MM. Boussu, Patouliad, Pouchon fils aîné, Thiolier, Maniguet, Rigat.

Le département de l'Hérault contient plusieurs fabriques célèbres qui avaient exposé leurs produits, et qui étaient représentées par MM. Vitalis frères, pour Lodève; Fourcade frères, pour Saint-Chinian; Vernazobres jeune, pour Bédariex; Barthès, pour Saint-Pons. Ces fabriques sont renommées depuis longtemps pour leurs draps teints en pièces, qui sont remarquables par leur légèreté, leurs couleurs brillantes et leur bon marché, et qui sont principalement destinés à l'exportation dans les Échelles du Levant. Les fabriques de l'Hérault sont aussi connues pour la fabrication des draps de troupes.

Les fabriques du département de l'Aude sont considérables et jouissent d'une réputation méritée pour les draps lisses et surtout pour les cuirs de laine, teints en laine, dont une partie est apprêtée en castorines, c'est-à-dire tirée à poil et lustrée au lieu d'être tondue et catie. Carcassonne, représenté par quatre exposants, MM. Doux jeune, Barbe père, Urbain Roch et Lignières, nous a montré de bons draps lisses et croisés. MM. Gabarron et fils, Mouisse et Cie, ont envoyé des produits de leur fabrique de Limoux; M. Mouisse, en habile industriel, a su se conformer aux exigences de la consommation et installer la fabrication des étoffes de fantaisie dans ses ateliers. On a remarqué aussi les draps de M. Roger aîné, de Lastours, Daidé-Gary et Sompairac aîné, de Cenne-Monestiès; ce dernier, qui travaille surtout pour les petites bourses, s'adonne à la fabrication des draps solides et bon marché.

Les deux villes de Mazamet, dans le Tarn, et de Montauban, dans Tarn-et-Garonne, qui exploitent presque exclusivement la draperie à poil, blanche et de couleurs, étaient représentées à l'Exposition, l'une par MM. Houlès père et fils et Colmouls, l'autre par MM. Garrisson oncle et neveu et Portal père et fils. Mazamet fait pour 12 ou 15 millions d'affaires par an. MM. Houlès père et fils et Colmouls, qui possèdent, ce qui est assez rare dans le Midi, un ensemble complet de toutes les machines servant à la filature, au tissage, à la teinture et aux apprêts, fabriquent les produits les plus variés, des royales, des draps légers pour impression, des tartans, des castorines, des alpagas à bas prix, des draps pour les troupes, etc. Ils ont exposé en outre des toiles de laine pour faire des draps de lit; c'est une invention nouvelle qui peut réussir.

Les deux exposants de Montauban représentent une fabrique importante qui excelle dans les laines à poil, ratine, bergop-zoom, algérienne, molleton, etc.

M. Morin, de Dieu-le-Fit (Drôme), dont la famille est connue depuis plus de cent cinquante ans dans le commerce de la draperie, possède sept établissements, dans lesquels s'exécutent toutes les opérations, et d'où sortent toutes espèces d'étoffes, les molletons, les flanelles, les draps amazones et les cuirs-laine.

Des Hautes-Alpes, MM. Troupel Favre et Gide, entrepreneurs de la maison centrale d'Embrun, ont envoyé de la draperie commune, ratine, cadis, serge; MM. Ferrary, Florimont et Albert, de la castorine bleu de roi.

MM. Fouard et Blancq, de Nay (Basses-Pyrénées), ont exposé des draps de différentes couleurs.

La fabrique de Limoges, célèbre par ses cadis et ses droguets, aussi bien que ses flanelles pour jupes, ne compte pas moins de vingt fabricants dont quatre ont paru à l'Exposition, MM. Boyer frères, M. Boyer aîné, M. Boudet fils aîné, Mme veuve Laporte et Cie. Nous avons vu dans leur exposition des droguets, étoffes dont la trame, il est vrai, n'est pas en laine, au prix de 1 fr. 25 c. le mètre.

MM. Carcenac frères, de Rodez, ont trouvé moyen de livrer au prix de 1 fr. 60 c. d'épais tissus tout en laine. M. Courtey, de Périgueux, a exposé de petites castorines qu'il ne vend que 1 fr. 50 c. le mètre. Tout cela forme de bons vêtements bien chauds, pour nos ouvriers de la campagne.

En fait d'étoffes bon marché, nous n'allions oublier les espagnolettes de M. Talbot, d'Amboise (Indre-et-Loire), qui étaient cotées 2 fr. 50 c. le mètre; les molletons bronze et à poil mélangé, de M. Bordeaux-Fournet, de Lisieux (Calvados), marqués 3 fr.; enfin les serges croisées de M. Bonin et de M. Mouillé, de Cugand (Vendée), marquées à 5 fr.

Un mot ici, en terminant notre revue de l'exposition des draps, sur des plaintes qui se reproduisent généralement et avec raison, ce nous semble. Le prix des draps va sans cesse en se réduisant; c'est un fait incontestable et qui ressort du tableau que nous venons de tracer. On s'étonne cependant que, malgré cette baisse dans les prix des draps, nos vêtements nous content toujours aussi cher. Puisqu'on a de beaux et bons draps à 15 et 20 fr., un habit, en y comprenant la façon, les fournitures et 20 p. % pour le tailleur, ne devrait pas coûter plus de 60 ou 70 fr. Nous payons cependant cet habit de 100 à 120 fr. Il y a évidemment là *quelque chose à faire*, suivant le terme qui est consacré; car il est trop vrai que jusqu'ici le consommateur n'a pas pu s'apercevoir des baisses de prix sur les draps qui sont constatées à chaque exposition.

Les espérances qu'avait fait naître la fabrication du *drap-feutre* ne se sont pas toutes réalisées; ce mode de fabrication débarrasse des opérations du filage et du tissage, en faisant passer l'espèce de toison détachée de la carde, sous une machine appelée *hardener*, formée de cylindres plus ou moins lourds; c'est la pression de ces cylindres, leur frottement, joint à la vapeur humectant la laine en même temps, qui commence le feutrage; une seconde machine, le *flanker*, où le frottement des cylindres agit en sens opposé à ceux du hardener, achève l'opération du feutrage. Ce travail expéditif n'a donné jusqu'à présent que des draps épais fort bons pour l'hiver, mais pas assez minces pour l'été. Le meilleur parti qu'on ait tiré jusqu'à ce jour de cette invention c'est en tapis de pied bon marché. M. Depouilly-Gomin s'adonne à ce genre de fabrication auquel l'impression ajoute du mérite et de la variété.

MM. Charles et Édouard Stéhelin de Bischwiller font également de feutre pour tapis et pour couverture de chaudière à vapeur. Ils ont imaginé un procédé pour dédoubler le feutre et faire deux pièces avec une seule.

Un des principaux emplois du feutre est dans les fabriques de papier. M. Vallier de Paris exploite avec succès le feutre pour papeterie. Il a non-seulement contribué un des premiers à affranchir le pays de la nécessité de le tirer de l'étranger, mais il en exporte aujourd'hui pour les pays voisins. Trois fabricants du département de la Charente, où la production du papier occupe une place si importante, ont également envoyé des feutres pour cette destination; ce sont MM. Trarieux d'Aubeterre, Desbouchaud et Phillippier, Chrétien fils, de Mersac.

Les couvertures de laine se fabriquent par les mêmes procédés que les draps; elles se tissent de même; après avoir été passées au foulon, elles sont cardées avec soin sur les deux côtés, de manière à faire reporter les poils aussi également que possible; elles sont ensuite soumises au blanchiment.

C'est une fabrication qui, toute simple qu'elle est, n'en a pas moins une grande importance. On en évalue la production annuelle à plus de dix millions: elle occupe dix mille ouvriers. Paris fabrique surtout les couvertures fines et de luxe. On fait aussi des couvertures et des molletons dans le Nord; mais c'est le Midi qui prend la plus large part dans cette fabrication, soit pour l'intérieur, soit pour l'exportation. C'est un avantage que cette partie de la France doit au meilleur marché de la matière première et de la main-d'œuvre.

A la tête des manufacturiers de Paris marche M. Poupinel, pour l'empressement éclairé qu'il montre à essayer toutes les innovations susceptibles d'amener de bons résultats; il est renommé pour la fabrication de belles couvertures, soit en laine, soit en coton. Nous citerons aussi MM. Buffault-Truchon et Devy, qui ont succédé à M. Bacot et qui soutiennent dignement sa réputation, et MM. Levasseur frères.

M. Dormoy a exposé des couvertures en laine et en coton à des prix peu élevés; M. Pasola des couvre-pieds en barège.

Trois fabricants de Patay (Loiret) avaient envoyé de beaux produits; M. Marchand Lecomte, MM. Léger jeune et Paré, M. Léger-Francolin qui a toute la manutention de la laine réunie dans sa fabrique et dont les couvertures prouvent un grand soin dans la confection.

MM. Fourché et Salmon ont envoyé des couvertures du Mans (Sarthe) à bon marché.

Les manufacturiers du Midi sont les plus nombreux, comme cela devait être. Ce sont M. Bouillier et Cie, de Condamine-la-Doye, et M. Accary, de Montluel (Ain), qui exposent des couvertures d'une bonne fabrication à des prix modérés; M. Giroud, de Serezin (Isère), qui fait des couvertures en laine et en mérinos; M. Parent aîné, de Lyon, qui fabrique des couvertures mérinos et qui en a exposé une couleur orange avec rosace et encadrement, au prix de 25 francs; MM. Chaspot Ferrand et Cie, de Lyon; MM. Fort et Cie, de Saint-Jean-Pied-de-Port (Basses-Pyrénées).

On a regretté de ne voir à cette Exposition aucun envoi de la fabrique de Montpellier, où la production des couvertures de laine est très-importante, et qui travaille beaucoup pour l'exportation.

ÉTOFFES LÉGÈREMENT FOULÉES, TISSUS DE LAINE NON FOULÉS, PURS OU MÉLANGÉS.

Les tissus en laine cardée sont depuis longtemps en possession d'une part relative assez grande dans la consommation; ils comprennent surtout les flanelles et les napolitaines de Reims.

Les tissus en laine peignée n'étaient jusqu'à ces derniers temps qu'à l'usage des classes aisées; notre agriculture s'était principalement portée vers la production des laines fines et courtes, et l'emploi de ces laines avait produit les châles, les mérinos et les bombasines qui rendent l'Europe aristocratique tributaire de nos manufactures.

C'est à Paris, à Reims, au Cateau que ces fabrications de luxe ont établi leur principal siége.

Les habitudes d'aisance, le désir et le besoin du bien-être ont fait appel dans ces derniers temps à l'industrie de la laine et lui ont demandé de nouveaux tissus, dont les progrès de la filature ont bientôt favorisé et développé la fabrication.

Ainsi, on a voulu pour les ameublements des étoffes de laine ou mélangées de laine et de soie, qui n'ayant pas le haut prix de la soie, n'eussent pas non plus le toucher glacial de la perse et convinssent mieux aux nécessités de notre climat.

On a voulu au vêtement de coton, qui était, il y a vingt ans, le seul connu de presque toutes les femmes dans les classes moyennes et inférieures, substituer un vêtement de laine plus chaud, sans cependant être lourd à porter.

D'une part, le tissu mérinos était à la fois trop peu consistant et d'un prix trop élevé pour l'usage journalier des classes moyennes et la parure des classes inférieures; d'autre part, l'escot d'Amiens n'avait rien qui séduisît, qui pût satisfaire la vanité et déterminer un changement dans les modes et dans les habitudes.

C'est alors, vers 1832, que plusieurs fabriques de Paris, de Rouen et de Roubaix introduisirent pour l'ameublement la fabrication des damas laine, laine et soie, laine et coton, tandis que pour le vêtement s'établissait le tissage des stoffs depuis longtemps connus en Angleterre. Vers le même temps, Saint-Quentin montrait ses mousselines de laine pure et de laine et coton, et Reims en variant ses flanelles les rendait propres à une foule d'usages auxquels jusqu'alors elles n'avaient pu satisfaire. Paris, de son côté, apportait dans ces mélanges le concours heureux de son expérience et de son goût.

L'accroissement qu'ont pris ces tissus de laine est immense. Le stoff a obtenu en peu de temps un des premiers rangs dans la consommation. On a créé, à son imitation, des genres plus riches sur fond satin pour robes et pour manteaux. Le goût des ameublements de luxe qui s'est répandu a donné une impulsion extraordinaire à la fabrication des damas de laine pure et mélangée. On a marié, nuancé la laine et la soie avec le plus vif éclat en reproduisant, dans une grande proportion et sur des tissus de grande largeur, les dessins consacrés par le goût du jour.

Les mousselines de laine pure ou en chaîne coton ont offert un nouvel aliment aux nombreuses usines d'impressions qui se sont établies dans les environs de Paris et dans quelques départements voisins. L'Alsace a aussi appliqué son industrie à l'impression sur ce tissu qu'on peut appeler le calicot de la laine. Ce genre d'étoffe par son tissage se prête aux combinaisons les plus variées, soit qu'on emploie la laine seule, soit qu'on la mélange à la soie ou au coton. On lui fait produire à la teinture ou à l'impression les effets les plus recherchés par la mode et par le luxe.

Dans ces derniers temps, une partie de la mousseline laine s'est transformée en barège, pour produire un délicieux tissu d'été, auquel l'impression est venue prêter le charme de ses couleurs vaporeuses et de ses riantes compositions.

Commençons notre revue par les tissus légèrement foulés et non drapés, c'est-à-dire par les flanelles et les napolitaines, bien que ces dernières ne soient pas toujours soumises à l'opération du foulonnage.

C'est à Reims qu'est le principal foyer de la fabrication de ces étoffes. L'industrie de Reims a déjà plusieurs fois changé de face, suivant les exigences de la consommation. Il y a des articles qu'elle fabriquait il y a trente ans, et qui ont disparu ou du moins qu'on ne cite plus que pour mémoire. Mais, grâce à l'activité qui l'anime, au fur et à mesure qu'un genre de tissus est abandonné, d'autres viennent le remplacer, et toujours avec avantage et en accroissant le chiffre des opérations. Ainsi, du temps où la Belgique faisait partie intégrante de la France, Reims faisait des casimirs mêlés, des draps de Silésie. Le bon marché des draps d'Elbeuf ayant fait disparaître les draps de Silésie, son industrie s'est portée alors sur les flanelles, les napolitaines et les mérinos. Lorsque le stoff vint faire concurrence à la napolitaine, celle-ci se transforma et devint toile de laine pour recevoir l'impression. Les circassiennes et les satins laine et coton, ayant cédé la place à des étoffes rivales, Reims trouva une heureuse compensation et s'ouvrit un nouvel avenir par la fabrication des châles tartans et kabyles et des étoffes à poil pour manteaux de dames. L'Exposition actuelle prouve que Reims le dispute à Roubaix dans la fabrication des étoffes de nouveauté pour pantalons et gilets. C'est à cette habileté, à ces heureux efforts pour se transformer et varier ses produits, que Reims doit cette prospérité remarquable qui s'est accrue sous les influences mêmes qui semblaient devoir la compromettre et l'arrêter.

La fabrication de Reims ne compte pas un nombre d'exposants proportionné à l'importance d'une industrie qui produit pour 70 millions d'étoffes par an et qui emploie plus de cent mille ouvriers ; mais leurs noms rappellent des services rendus et une juste réputation.

MM. Henriot frères, Sœur et Cie exercent leur fabrication sur toutes les variétés d'articles qui se tissent à Reims ; ils font également bien les flanelles de tout genre, les mérinos, les nouveautés pour gilets et pantalons, les châles tartans, etc. On a surtout admiré dans leur exhibition de magnifiques flanelles relevées par les apprêts et les teintures de M. Boutarel.

MM. Henriot fils et Drien sont des fabricants actifs, intelligents, qui connaissent bien les ressources de leur fabrication et qui ont fait faire de grands progrès à l'industrie rémoise.

Rien de plus beau que les flanelles exposées par MM. Leclerc-Allart et fils, qui s'adonnent surtout à cette fabrication et qui conservent une supériorité marquée par le talent et le soin avec lesquels ils traitent cet article.

Les flanelles de M. Pierquin-Grandin étaient remarquables par leur assortiment varié, leur bonne confection et leurs prix modérés.

Les mérinos envoyés par M. Dauphinot-Pérard sont dignes de la renommée qu'il a su acquérir depuis longtemps dans la fabrication des belles qualités. Personne n'apporte plus de soin que lui dans le choix des matières et la régularité des tissus. Les mérinos de M. Caillet-Franqueville nous ont également paru fort beaux, et les regards s'arrêtaient sur une pièce d'un rose charmant.

L'attention publique s'est surtout portée sur une mousseline laine tissée à la mécanique, exposée par M. Croutelle neveu. Nous avons parlé, à l'article de la filature, de la révolution que cet habile industriel doit produire dans le tissage mécanique. En faisant sur la chaîne un encollage particulier, il lui donne une force et une élasticité qui la rendent propre au tissage mécanique auquel elle ne pouvait résister auparavant. Le tissage mécanique, s'il se généralise, promet d'agrandir encore la consommation des étoffes légères de laine. Les tissus exposés par M. Croutelle étaient d'une remarquable perfection.

Les étoffes de fantaisie pour gilets, pantalons, manteaux, s'étalaient harmonieusement dans les cases de M. Buffet-Périn qui a trouvé des dispositions charmantes et qui a traitées de main de maître ; de M. Benoist-Malot qui entreprend les articles les plus variés et qui les exploite tous avec succès ; de M. Patriau qui a exposé des nouveautés d'un goût exquis et des piqués blancs parfaitement exécutés ; de M. Chaffner-Guyotin qui nous a montré des étoffes où le cachemire, la laine et le coton se marient avec bonheur et qui présentent de belles rayures satinées, unies ou brochées ; enfin de M. Leclerc-Boisseau et de M. Nazet-Buirette, dont les produits font également honneur à la fabrique de Reims.

MM. Fortel et Larbre ont envoyé des tissus divers en laine et coton, laine et soie, des articles pour gilets et manteaux, qui montrent à la fois de l'imagination et du goût.

D'autres fabriques que celles de Reims ont envoyé des flanelles. Nous citerons MM. Champigneulles jeune, de Warize, Ferry et Zeder, Émile Barthelemy de Metz, (Moselle). Nous avons vu également des flanelles de MM. Bonraisin Tillaut et Cie, de Nantes ; de M. Chéguillaume, de Cugand (Vendée) ; de M. Dubois, de Fougères (Ille-et-Vilaine) ; de MM. Houlès, Cormouls, Rives et Cie, de Mazamet ; de MM. Boyer aîné, Boyer frères, Boudet fils, Laporte, de Limoges, qui fabriquent les qualités communes et dont nous avons parlé au chapitre des étoffes foulées. Citons encore les flanelles, les escots noirs, blancs ou façonnés, et les tissus divers de M. Second Fortoul et Cie et de M. J. Charpal, de Mende (Lozère). Nous avons déjà mentionné la plupart de ces fabricants au chapitre des étoffes foulées.

Toutes ces flanelles ne se ressemblent pas et ne se prêtent

pas aux mêmes usages. Il y a trois genres de flanelles, les flanelles croisées, les flanelles de Galles et les flanelles Bolivar. Le premier et le plus ancien genre est la flanelle croisée qui se produit en grande quantité, dont la fabrication peut d'ailleurs beaucoup varier. Ainsi les flanelles croisées, qui se fabriquent dans le Midi, et principalement à Mazamet, n'ont aucun rapport avec les flanelles croisées de Reims, mais n'en sont pas moins d'une incontestable qualité. La flanelle de Galles est un tissu lisse, bien serré, un peu drapé par la foulerie dont la chaîne et la trame sont, l'une en laine peignée, l'autre en laine cardée. Il s'en fabrique beaucoup moins que de flanelle Bolivar dont la trame et la chaîne sont l'une et l'autre en laine cardée. C'est à ce dernier procédé qu'il faut attribuer la grande baisse sur le prix des flanelles. La flanelle Bolivar, d'un tissu plus spongieux, convient mieux, par cela même, à sa destination.

Les flanelles qui se fabriquent à Reims servent généralement et indistinctement à faire des gilets pour la peau. Nos départements méridionaux sont ceux où les flanelles croisées se consomment en plus grande quantité, et même presque exclusivement. Le Nord consomme, au contraire, au moins les trois quarts des flanelles de Galles et les neuf dixièmes des flanelles Bolivar.

Les flanelles de Reims diffèrent des flanelles anglaises; les premières ont un tissu plus fin et plus serré, les secondes sont d'un lainage plus nerveux, mais d'un usage moins agréable; les nôtres l'emportent de beaucoup dans les qualités fines et surfines.

Amiens s'adonne surtout à la fabrication de l'alépine (chaîne en soie et trame en laine). L'alépine de couleur, après avoir fait pendant quelque temps sa prospérité, a éprouvé en France l'inconstance de la mode, en même temps que la crise américaine restreignait ses débouchés ordinaires. La société industrielle qui venait de se former dans cette ville, dit le rapport de l'Exposition de 1839, y appela un homme qui connaissait à fond le mécanisme du métier à la Jacquart; il forma des ouvriers dont il dirigea les premiers essais; l'alépine prit bientôt une vie nouvelle qu'elle dut aux dessins de goût dont elle reparut brochée; avec cette parure elle fut bien accueillie, notamment de l'étranger; elle occupait douze cents métiers en 1839.

Les fabricants d'Amiens, qui ont envoyé des étoffes où entrent la laine, la soie et même le coton, sont MM. Fevez-Destré, qui ont le plus contribué à la transformation de l'alépine unie en un article nouveauté broché par le métier Jacquart, et qui ont exposé un assortiment de tissus gracieux et de châles goûtés dans le commerce, surtout pour l'exportation; MM. Mollet-Warmé frères et M. Henriot fils et Cie, qui ont montré, dans les différents genres qu'ils traitent, à la fois du goût et du talent d'exécution.

On fabrique aussi à Amiens des velours d'Utrecht et les velours de coton. Nous ne devons parler ici que des velours d'Utrecht dont la chaîne et la trame sont en fils et dont le velouté est en poil de chèvre. Cette belle étoffe, long-temps négligée a repris faveur dans nos ameublements; on la fait unie, rayée ou brochée. MM. Laurent père et fils, Berly et Cie, Dufau et Dupontrué en ont exposé de fort belles pièces.

C'est à Roubaix qu'il faut aller pour voir tout le parti que l'industrie est parvenue à tirer de la laine dans la fabrication des tissus légers. Roubaix n'est à vrai dire qu'une immense fabrique, car tous les habitants sont exclusivement livrés aux travaux manufacturiers d'une manière surprenante. En 1839, la population de cette ville improvisée s'élevait déjà à 19,400 habitants, et aujourd'hui elle a atteint le chiffre de 24,800. La production industrielle a suivi une progression plus grande encore.

Les affaires sont généralement prospères à Roubaix; mais, comme dans tous les grands centres industriels, elles y éprouvent des fluctuations, et pendant les cinq années qui viennent de s'écouler il y eut des moments pénibles à traverser. Lors de la dernière Exposition, on touchait à une de ces périodes heureuses qui n'arrivent que trop rarement : la marchandise avait manqué pendant deux campagnes et avait augmenté de prix; on avait confiance dans l'avenir, et jamais la production n'avait été si considérable; mais cette production dépassa bientôt les besoins, et il s'ensuivit d'énormes baisses de prix, puis des faillites. Roubaix plus que toute autre ville de fabrique, ressent l'influence des saisons; la plupart de ses étoffes sont légères, et le beau temps seul détermine leur consommation, qu'arrêtent subitement quelques semaines de pluie.

Jusqu'en 1825 la fabrication de Roubaix s'était bornée à des étoffes de coton de peu de valeur; c'est en 1833 qu'elle se dirigea vers le tissage des étoffes de laine, et bientôt le métier à la Jacquart y devint d'un usage général. C'est à vrai dire de cette époque que datent le grand développement industriel de Roubaix et la fondation de ses plus belles manufactures, consacrées aux produits où le mérite de l'exécution se joint à celui de la conception. C'est ainsi qu'aux étoffes pour pantalon, dans la fabrication desquelles on fit entrer successivement la laine et le fil, se joignit le stoff. Vinrent ensuite les manteaux, les satins-laine, les pékins, les damas pour meubles et tentures, etc.

En 1839, Roubaix comptait 165 fabricants entrepreneurs de tissage. Le tissage et ses accessoires y occupaient 27,569 ouvriers, la plupart disséminés dans les campagnes environnantes. On livrait au commerce 260,679 pièces d'étoffes d'une valeur totale de 35,226,526 francs [1].

Tout en augmentant la quantité de ses produits, Roubaix s'est appliqué à en améliorer la qualité : il a abandonné certaines fabrications imparfaites, et a livré les produits les plus irréprochables en qualité à des prix très-modérés. L'on en trouve une preuve dans l'exemple suivant : la même qualité de stoff qui se vendait, en 1839, 3 fr. 50 l'aune, se vend maintenant 1 fr. 80 cent. le mètre.

La fabrique de Roubaix s'applique particulièrement à varier ses produits; elle a démontré qu'elle était à même d'entre-

---

[1] Production de Roubaix en 1843 (d'après le rapport du jury du département du Nord auquel nous avons emprunté la plupart des détails ci-dessus).

Sortes d'étoffes.	Mètres.	Prix. fr. c.	Sommes.
Laine et coton....	6,000,540	1 65	9,900,891
Lin et coton......	2,158,640	1 75	3,777,655
Laine et soie	63,485	1 65	104,750
Gilets...........	360,596	6	2,163,576
Laine............	7,391,835	2	14,783,670
Coton...........	4,397,335	1	4,397,335
Lin..............	85,782	1 15	98,649
	20,458,233		35,226,526

En 1839 Roubaix ne fabriquait que 17,639,981 mètres d'étoffes valant 31,377,594.

prendre tous les genres de fabrication. Ses petits draps foulés ont déjà une place marquée dans la consommation. Il manquait un article intermédiaire entre les tissus de laine et les impressions : tout aussitôt le crêpe Rachel, le barége, et cette variété de fantaisies à dispositions heureuses et si diverses, comblent la lacune. Le stoff commençait à vieillir, lorsqu'il y a un an Roubaix livra au caprice de la mode l'alpaga sous mille formes différentes.

On ne sait vraiment par quel nom commencer le compte rendu de l'exposition de Roubaix. Il nous paraît juste cependant de citer d'abord, à titre d'ancienneté, M. Prus-Grimonprez, qui a importé à Roubaix, en 1828, le premier métier à la Jacquart pour la fabrication des gilets. Le premier encore il a fait l'application de ce métier à la fabrication des stoffs et à celle des damassés de tout genre pour tentures, meubles, etc. C'est l'importation du métier à la Jacquart qui a si heureusement réagi sur la variété et la perfection de la fabrique de Roubaix, et qui a donné naissance à tant d'heureuses applications. M. Prus-Grimonprez a exposé à la fois des damas de laine, des étoffes laine et poil de chèvre, poil de chèvre pur, alpaga et laine, laine et coton, laine pure. Il réussit également bien dans toutes les combinaisons.

M. Eugène Grimonprez ne se fait pas moins remarquer par la variété de sa fabrication. Outre des laines lavées, peignées et filées, il a exposé des châles, des lainages pour robes, des mérinos, des étoffes pour pantalons, articles également bien traités. Ce fabricant réunit à de grands moyens de produire une grande entente industrielle et beaucoup de goût.

M. Henri Delattre, à la fois filateur et fabricant de tissus, un des premiers dans une fabrique qui est sans contredit une des plus avancées de France, a envoyé cette année des lainages pour robes, des étoffes façonnées en laine anglaise et mérinos pour pantalons, tout a fait dignes de sa réputation.

L'établissement de M. Wibeaux-Florin, en même temps filateur de coton, teinturier et fabricant de tissus, est aussi un des plus importants du pays; étoffes de coton pour pantalons, gilets poils de chèvre, coutils, fantaisies pour robes, il a successivement tout produit, et le plus souvent avec succès.

M. Alexandre Dervaux possède également une des fabriques les plus considérables de Roubaix; il occupe un grand nombre de métiers, et tout ce qui sort de son établissement est d'une exécution habile et soignée; il a exposé cette année de beaux lastings pour robes, des stoffs chaîne coton, des nouveautés laine et coton pour robes, et des étoffes pour pantalons.

On a remarqué les marchandises courantes, telles que lainages pour robes, tabliers, châles, exposés par M. François Frasez, fabricant actif et intelligent qui occupe 400 métiers, et qui, tout en ne négligeant pas la qualité, s'efforce surtout et réussit à produire à un bon marché remarquable[1].

MM. Ternynck frères figurent parmi les manufacturiers les plus capables de Roubaix; déjà récompensés en 1839 pour leur fabrication du coutil, ils ont exposé cette année des étoffes pour pantalons où ils emploient tantôt la laine, tantôt la laine

et le coton, tantôt le fil et le coton; ils ont envoyé, en outre, des mérinos chaîne double et des stoffs.

Mme Ve Lefebvre-Ducatteau, de Roubaix, et M. Soyer-Vasseur, de Lille, se sont mis à la tête de l'article gilets; ils ont fait faire des progrès remarquables à la production de cet article; on a distingué dans leur exhibition commune une étoffe rayée et brochée, imitée d'une étoffe anglaise, et désignée sous le nom de *valencias*, qui a paru traitée avec une grande perfection.

Les étoffes variées, exposées par M. Pin-Bayart, soit en laine, soit avec chaîne laine et soie et trame laine, soit en laine ordinaire et alpaga, ont plu généralement; ces étoffes jouissent d'une réputation méritée et font honneur à M. Pin-Bayart, qui joint à ses connaissances manufacturières l'habileté du dessinateur.

On a remarqué dans la case de MM. Deplanque et Deblock, qui s'occupent plus spécialement des tissus pour pantalons, des étoffes en laine cardée, chaîne et trame, genre draperie, foulées et apprêtées comme l'article de Sedan.

MM. Lechevallier de Préville frères ont envoyé un fort beau tissu broché, laine superfine, mérinos et coton pour robes, ainsi que des twines superfins fonds blancs, fonds teints ou losangés.

Mme veuve Cordonnier fabrique des nouveautés casimir bon teint foulé, et des tissus laine et coton, pour robes; elle a provoqué l'établissement de foulons dans la fabrique de Roubaix et a aidé ainsi au développement de la fabrication des étoffes foulées.

Les produits de M. Julien Lagache, qui emploie à la fois le fil, le coton et la laine, sont remarquables par leur bonne exécution et leur bon marché.

M. J. Pollet a fait le premier l'article mérinos pour paletot à Roubaix.

M. Screpel-Lefebvre, filateur et fabricant d'étoffes, dont l'établissement date de 1798, se distingue toujours par la bonne qualité de ses produits.

Il faut, parmi les fabricants de laine de Roubaix et de Tourcoing, nous contenter de citer les pièces façonnées de M. Henri Charvet; les tissus laine et coton, pour pantalons, de MM. Castel frères et sœur, qui travaillent surtout pour l'exportation; les châles teints et frangés en diverses nuances, de M. Grimonprez-Laurie; les lainages pour femmes de M. Grimonprez fils; les lainages châles et tabliers de M. Tettelin-Montagne; les fantaisies pour femmes et les châles et écharpes en couleur, de M. Julien Bayart; les étoffes pour pantalons, gilets et robes de M. Louis Watinne; les lastings pure laine, les draps laine et coton, les draps-mérinos pure laine, fantaisies et unis, de MM. Jourdain Defontaine; les châles et stoffs de M. Cyrille-Ferlié; les étoffes pour robes de M. Duhamel-Housez; les lainages pour robes et les tabliers de M. Alphonse Defrenne, à la fois filateur et fabricant de tissus; les lainages pour robes, de M. Louis Defrenne également filateur et fabricant de tissus; les étoffes pour robes, de M. Ribaucourt-Notte, qui réunit, comme les précédents, la filature au tissage; le tissus laine et coton de MM. Douchery, Laurent frères et sœur, Henri Six, Derrevaux-Delefortrie, Ferdinand Playette, Florimond-Wattel; les étoffes pour pantalons et pour robes de MM Roussel-Dazin, Lepoutre-Parent; les étoffes lainages et alpaga de MM. A. Delfosse et Motte, Screpel-Roussel, Duthilleul-L'Orthiois; les étoffes pour pantalons de M. Joseph Florin; les étoffes pour robes de M. Dupisre; les flanelles fil et laine, coton et laine, en couleur de M. Odoux-Bourgeois; les stoffs et étoffes pour meubles, de MM. Delepoulle frères, filateurs.

---

[1] Nous croyons devoir signaler l'heureuse conception réalisée par M. Frasez. Sur une propriété qu'il a achetée, il a fait construire cent petites maisons pour ses ouvriers. Chaque maison a quatre chambres, et peut contenir quatre métiers à la Jacquart. Il procure ainsi à peu de frais à l'ouvrier un logement plus confortable, une économie de temps, l'avantage de travailler en commun avec sa famille, d'en utiliser tous les bras, en évitant pour elle et pour lui les dangers de la vie d'atelier.

Dans toute cette fabrication si variée de Roubaix, vous trouvez des tissus pour tous les goûts et toutes les bourses. Si les riches peuvent y choisir de belles étoffes pour se vêtir ou pour orner leurs appartements, les fortunes plus modestes y trouvent des stoffs à 1 fr. 50 c., des baréges à 60 c., des tabliers brochés en pure laine, à 1 fr., des châles cinq quarts à 3 fr. 20 c. Ce sont là de ces progrès qu'on est heureux de constater.

Turcoing, que nous avons englobé avec Roubaix pour sa fabrique de lastings, stoffs et étoffes pour gilets et pantalons, a des articles qui lui sont propres. Ce sont les molletons, casinettes, camelots, etc. Cette fabrication, qui produit annuellement près d'un million et demi de mètres par an, était représentée par MM. Vasseur et Cie, Marthe-Bousmart, Glorieux-Lorthioit.

Deux fabricants de Templeuve, près Roubaix, ont envoyé des produits. MM. Florentin Cocheteux, qui occupent environ 130 métiers à la Jacquart, ont exposé à la fois des toiles-laines, des baréges, des satins alpaga, laine et alpaga, des damas laine, laine et coton, des lampas où ils marient la soie et le poil de chèvre. Cette exposition, par la variété des tissus, le choix des dispositions, l'harmonie des couleurs et la perfection du travail, a constamment attiré tout les regards. Le goût et l'habileté qui président à la confection de ces articles leur ont donné une grande vogue dans le commerce et ont placé dès longtemps cette fabrique au premier ordre. Les damas de MM. Herbo et Bonnier ont aussi paru bien exécutés.

Lille, déjà si célèbre par sa manufacture du lin et du coton, manie également la laine avec habileté.

M. Defontaine, qui a exposé des draps nouveautés, des tissus, laine et fil d'Écosse, écossais, rayés et unis, outre différentes étoffes en fil et en coton, mérite une mention à part. Cet ingénieux fabricant a monté le premier un tissage mécanique à la vapeur de trente métiers, système anglais, pour la confection des étoffes unies et façonnées de laine et des coutils divers pour pantalons. Ces métiers lui permettent d'obtenir en belle qualité et avec une grande économie de main-d'œuvre tous les articles en laine, lin, lin et coton, qui peuvent résulter du tissage à la navette, tels que satins, coutils, diagonales, buffines, etc.

L'exhibition de M. Claro présentait des casimirs pure laine, des satins pure laine, des satins mi-laine, des mille côtes, laine et coton. Les étoffes pour gilets pour hommes se recommandaient par le bon goût des dispositions et par une fabrication très-soignée. C'étaient des tissus élastiques et souples, en même temps solides et fins, qui pouvaient rivaliser avec avantage sous le rapport de leur bon marché avec ceux d'Elbeuf.

Nous avons déjà nommé M. Soyer-Vasseur, de Lille, qui a concouru avec M. Lefebvre-Ducatteau à diriger la fabrication des gilets dans la voie des perfectionnements.

L'industrie de l'Alsace, voyant la laine fournir des étoffes en concurrence avec ses indiennes et les toiles peintes pour les vêtements de femmes et pour les ameublements, s'est mise à son tour à travailler la laine en même temps que le coton. Elle fabrique des étoffes légères de laine avec une grande perfection. Les mousselines de laine, les baréges, les balzorines qui nous viennent aujourd'hui de cette province sont des tissus aériens, moelleux, qui drapent avec grâce, qu'on peut accommoder à toutes les saisons, et qui semblent appartenir de préférence à nos climats modérés. On les assouplit souvent en les confectionnant avec des chaînes de coton;

d'autres fois on leur donne de l'éclat en mélangeant la soie avec la laine. Tantôt on relâche le tissu pour en faire une étoffe vaporeuse, et tantôt on le resserre pour lui donner du corps. Ces tissus reçoivent ensuite ces belles impressions, ces dessins variés que leur apparence souple et moelleuse contribue à faire ressortir.

On a remarqué les mousselines laines, les balzorines et les tissus divers de MM. Schlumberger jeune de Thann, Dorgebray de Kingersheim, Hartmannet fils de Munster, Kayser et Cie, Blech frères de Sainte-Marie-aux-Mines, Ve Weber et Cie, Blech, Steinbach et Mantz, Dolfus-Mieg, de Mulhouse, qui ont exposé en outre des châles sous la dénomination de châles en cachemire d'Écosse. Enfin, MM. Charles Seiner de Ribeauvilliers, Schlumberger, Kœchlin et Cie, Médard Schlumberger, Adolphe et Benner, Kœhlin frères, tous de Mulhouse, ont exposé des tissus pour ameublement, des tissus de laine, de laine et soie, de laine et coton.

Rouen a également augmenté sa production en tissus de laine. A la tête de cette industrie marche toujours la maison Auber qui l'introduisit la première dans cette ville, et avant que Roubaix s'en fût emparé. MM. Auber continuent à traiter avec une supériorité marquée tous les articles qu'ils entreprennent : Laine cardée ou peignée, tissu ras ou foulé, uni ou broché, pur ou mélangé de coton, de laine et de soie, étoffe d'ameublement, étoffe pour robes, manteaux, pantalons : ils emploient toutes les matières, exécutent tous les genres, déploient dans tous un goût parfait, une grande fécondité d'invention, et une entente remarquable de tous les procédés de fabrication. MM. Auber ont trouvé des imitateurs intelligents dans M. Lorat et dans MM. Granday-Loisiel qui ont exposé de belles étoffes pour meubles en laine et laine soie. MM. Hernet et Cie, et M. Tricot jeune ont aussi envoyé différents tissus.

Voici encore un célèbre manufacturier qui a déserté le coton pour la laine. C'est M. Clérambault, d'Alençon (Orne), qui obtint jadis la médaille d'or pour avoir introduit en France la fabrication des mousselines unies, claires, serrées et brodées à l'instar de la Suisse. Lorsque la fabrique d'Alençon a rencontré dans celle de Tarare une rivale redoutable, M. Clérambault est encore venu au secours de l'industrie de son département, en y fondant un tissage considérable de laine. Il fabrique la mousseline laine avec autant d'habileté que de succès. Il a exposé en outre de très-belle batiste laine, et un tissu gracieux qu'il appelle cachemire d'Écosse.

Parmi les fabriques excentriques qui traitent la laine avec succès et qui ont envoyé des produits à l'Exposition, se distinguaient MM. Révillod et Cie, de l'Isère, qui ont envoyé des tissus pour robes, des châles, et surtout des étoffes d'ameublement très-bien traitées et d'un bel effet.

C'est Paris qui fabrique surtout les étoffes de laine qui sont recherchées par le luxe. On retrouve dans cette industrie, comme dans toutes celles qu'elle exerce, ce goût, cette intelligence, cette richesse de combinaisons qui distingue tous ses produits. C'est Paris surtout qui fournit à la mode ses moyens les plus sûrs de séduction, par son habileté à mélanger la laine avec les autres matières textiles, et à varier ses combinaisons pour robes, pour manteaux, pour châles, pour toute espèce de nouveautés.

MM. Eggly, Roux et Cie excellent dans cette fabrication. Leur réputation est faite depuis longtemps. Leurs produits sont destinés à la toilette des hommes et des femmes. Ce sont, à la destination des hommes, des mérinos double chaîne pour redingote, des espèces de camelots-laine pour manteaux imperméables, des étoffes à gilets mélangées de soie, laine et coton, dites valencias. Ce sont, pour les femmes, des tissus que nous renonçons à énumérer, tant ils sont variés; la soie et la laine s'y marient de la manière la plus heureuse, et suivant des dispositions appropriées pour robes ou pour manteaux.

MM. Lachapelle frères, successeurs de M. Henry aîné dont le père a été l'un des premiers à enrichir l'industrie nationale des damassés pour meubles, en laine pure ou mélangée avec le coton et la soie, soutiennent la renommée d'une maison célèbre par plusieurs innovations qui ont créé de nombreux imitateurs.

Qui n'a pas admiré les étoffes originales, majestueuses, pleines d'effets nouveaux et saisissants, que M. Fortier avait déjà exposées en 1839, et qu'il nous a montrées cette année encore avec tout leur luxe et leur prestige. Le travail du tissu, la nouveauté, la hardiesse et la richesse des dessins attiraient tous les regards. Ce sont des tentures magnifiques et dignes des plus somptueux ameublements. M. Fortier est un de ces hommes de goût et de talent qui travaillent avec ardeur à introduire l'art, ses magnificences et ses délicatesses dans l'industrie. Nous ne pouvons que l'engager à persévérer dans la voie qu'il a adoptée.

M. Mourceau, quoique entré plus nouvellement dans la carrière, dispute déjà la palme à ses prédécesseurs; il se présente dans la lice avec toute la fougue de la jeunesse, et ses imitations de tapisseries pour ameublements sont d'un style qui annonce à la fois du goût et de l'inspiration. Ces étoffes offrent la plus ingénieuse combinaison du damas et de la tapisserie; le chef-d'œuvre du genre est une riche portière d'un effet merveilleux qui nous a frappé. Les étoffes de M. Mourceau ont été, dès leur début, remarquées et acceptées avec enthousiasme. Elles s'appliquent d'ailleurs à toute sorte d'usage d'ameublement. Des étoffes sans envers à quatre couleurs que l'on voit pour la première fois, des étoffes-tapisseries au métier à rayures Pompadour, à dessins courants et à palmes turques, de magnifiques tapis de table à bordures qui sont d'invention récente, complètent la riche collection de dessins et d'innovations dont il a doté cette brillante industrie.

M. Germain Thibault, disait le Jury de 1839, est un de nos industriels les plus renommés pour les tissus légers qu'il livre à la consommation, soit en couleurs unies, soit ornés de dessins imprimés. En faisant jouer ses tissus tantôt par chaîne, tantôt par trame, en variant ses armures de façonné, il produit un grand nombre d'articles de goût, également recherchés. Cette maison, qui a exposé sous le nom de Germain Thibault et Chabert, a prouvé qu'elle méritait toujours le témoignage qui lui avait été rendu il y a cinq ans.

MM. Croco et C¹ᵉ, qui exploitent trois établissements, l'un à Paris et les deux autres à Flers et à Roubaix, dans lesquels ils occupent trois cents ouvriers, exercent leur industrie variée sur les étoffes pour meubles, pour robes, pour gilets et pour pantalons. Rien de plus joli que leurs tissus en laine et cachemire pour gilets, de plus beau que leurs étoffes brochées pour ameublement.

A côté d'eux se place M. Pagès-Baligot, qui réussit dans les mêmes genres. Il paraît surtout s'être proposé, disait le jury de 1839, de fournir à la consommation des gilets de goût rivalisant avec ce que l'Angleterre fait de mieux; il a si bien atteint ce but que ses produits ont été, en effet, pris souvent pour des articles anglais. M. Pagès-Baligot s'est adonné en outre, depuis 1839, à la fabrication des tissus brochés pour robes et pour meubles et n'y obtient pas moins de succès.

MM. Garnier et C¹ᵉ ont aussi exposé des étoffes pour robes, pour gilets et pour meubles; M. Simondant, des étoffes pour gilets et pour meubles; M. Millot fils, des étoffes pour meubles.

M. Dauphinot-Baligot, MM. Favro et Bechet, MM. Baumier et C¹ᵉ s'adonnent spécialement à la confection des gilets. M. Sabran fabrique des tissus en même temps que des châles.

M. Platarel, qui obtint une récompense en 1834 pour la fabrication des peluches, a exposé des tissus de tout genre, des tricots foulés et tondus, cachemire laine et cachemire et laine et coton. Ces tricots sont propres à la fabrication des gants et autres usages.

Voici une création nouvelle. M. Tourel est parvenu à fabriquer de très-beau velours avec la matière précieuse dont on se sert pour les châles de l'Inde. Un peu moins éclatant, peut-être, que le velours de soie, il est de beaucoup supérieur au velours de coton qui ne peut pas lui être comparé. Malgré la beauté de ses reflets, il n'a aucun des inconvénients des autres velours connus. Il reçoit les nuances les plus riches, les plus variées et les conserve. Comme tous les tissus de cachemire, le velours de M. Tourel est très-doux au toucher et tombe en plis moelleux. Il a l'avantage immense de ne pas se froisser; il ne miroite pas; car, par sa nature, et à cause de sa finesse, le duvet de cachemire qui forme sa surface cède à la plus légère pression et se relève aussitôt quand il est coupé ras. Le velours cachemire ne se tache pas à l'eau, ce qui en rendra l'usage précieux pour les chapeaux; on peut même le laver sans qu'il perde rien de sa solidité ni de son éclat.

Le velours de soie d'une belle qualité coûte de 18 à 30 fr. le mètre; le velours cachemire coûte de 8 à 14 fr. Voici des avantages incontestables et qui en assurent l'usage pour robes, modes, tentures, meubles, chaussures, etc., etc. C'est un nouveau débouché offert à nos fils de cachemire.

Les fils de cachemire ont été fournis à M. Tourel par M. Richet. Cet habile industriel, qui file le n° 140, a fourni également à MM. Duché les fils qui sont entrés dans la fabrication de leur plus beau châle, dont le tissu, d'une incomparable finesse, atteste le progrès dans la filature du cachemire. Ce magnifique produit de notre industrie peut soutenir avantageusement la comparaison avec tout ce que l'Inde a produit de plus merveilleux, et place à la tête de la fabrication des châles, MM. Duché qui l'ont confectionné, et M. Brière qui en a tracé le dessin.

Nous terminons cet article en donnant le tableau de la production en France des tissus légers de laine, cardée ou peignée, pure ou mélangée, tableau qui a été dressé, il y a déjà quelques années, et qu'il faudrait probablement beaucoup augmenter aujourd'hui.

	Millions.	Millions.
Reims	60	50
Amiens	26	24
Le Santerre	18	48
Le Cateau	6	7
Saint-Quentin	25	17
Roubaix et Turcoing	40	54
Rouen	13	14
Filatures de Paris et autres	»	5
Totaux	188	214

SOIES GRÉGES ET FILÉES.

La France a manufacturé la soie avant de la produire. Un jardinier de Nîmes, nommé Trancat, fit venir les premiers mûriers sous le règne de Charles IX. Sous Henri IV, Olivier de Serre planta 20,000 mûriers dans le jardin des Tuileries. En même temps, cet habile agriculteur en propageait la culture en Provence. Alors l'élan est donné ; des manufactures s'élèvent au centre et dans le midi de la France; plus on produit de soie, plus on en fabrique ; mais la France manufacturière va toujours en avant de la France productive, qui fait des efforts pour l'atteindre.

En 1789, nous tirions encore de l'étranger la moitié de la soie que nous fabriquions. On fit venir, à cette époque, des plus belles variétés de la race sina. On en distribua aux éducateurs du Dauphiné, de la Provence et du Languedoc. Cependant, la Révolution arrivant, on oublia cet essai ; on le crut manqué ; mais on apprit en 1808 que l'espèce était conservée ; elle se propagea, et les dernières Expositions ont constaté son extension.

La dernière période où nous sommes entrés depuis la Révolution de Juillet se fait remarquer par un nouveau progrès, nous dirons presque par une révolution.

Il y a quinze ans à peine, la France ne comptait guère encore que six départements où la culture du mûrier et l'éducation des vers à soie fussent devenues l'objet d'une exploitation à peu près générale de la part de leurs habitants. A ces six départements on pouvait en ajouter seize autres où cette industrie n'avait jamais existé qu'à un état plus ou moins restreint et précaire. En tout, il y avait vingt-deux départements séricicoles. Eh bien, aujourd'hui quarante-deux départements nouveaux sont venus s'ajouter aux précédents ; et l'on peut dire à la rigueur, que sur les quatre-vingt-six départements qui constituent le sol de la France , soixante-quatre y cultivent maintenant le mûrier et produisent plus ou moins de soie.

On ne peut évaluer actuellement à moins de 100 millions le produit de nos magnaneries et de nos filatures, et cependant les besoins de la consommation vont bien au delà. Tous les ans la douane constate encore une entrée de 60 millions de soies étrangères, pour le seul besoin de nos fabriques. C'est donc une valeur totale de 160 millions de matière première que nos fabricants de soieries mettent en œuvre dans une seule campagne industrielle.

Si nous transformons maintenant en tissus de toutes sortes les 160 millions de soies encore en écheveaux, nous arriverons à conclure qu'on ne peut porter à moins de 400 millions la valeur réelle de cet unique produit de notre industrie nationale.

Ce n'est pas tout que de planter des mûriers, d'en posséder plus de 20 millions, quand nous en avions seulement 9 millions en 1810, et 15 millions en 1834. Il faut encore que la science vienne éclairer les moyens d'éducation. L'industrie séricicole a été longtemps chez nous qu'une opération sale, infecte, insalubre. On ne savait pas élever les vers. La magnanerie n'obtenait souvent que 2 de soie pour 100 de feuilles de mûriers. Aujourd'hui mille inventions ingénieuses assurent de riches produits aux éducateurs habiles qui obtiennent 8, 10 et jusqu'à 12 de soie pour 100 de feuilles. Parmi ces inventions, on cite la division des vers par le temps de leur éclosion, le détirement par les filets, la distribution mécanique de la feuille, les claies mobiles, l'assainissement des magnaneries par la ventilation, amélioration due aux études de regrettable M. Darcet, et bien d'autres procédés ingénieux et utiles, qui, la plupart imaginés dans le nord, vont se répandant dans les départements méridionaux, avec les améliorations que l'expé-

rience peut indiquer. Suivant le rapport du jury de 1839, si les méthodes vicieuses, enracinées chez beaucoup de fermiers et de petits propriétaires aux mains de qui est confiée l'élève des vers à soie, venaient à faire place à un système régulier d'éducation, la récolte des cocons, même avec les mûriers existants, serait suffisante pour remplir le déficit qui existe entre la production nationale et la consommation de nos fabriques de soieries. On doit espérer, d'après les résultats déjà obtenus, que la routine finira par céder aux innovations les plus heureuses qui l'entourent et la pressent de tous côtés.

On a également apporté dans ces derniers temps des améliorations sensibles dans le dévidage des cocons et le moulinage de la soie. Il y a trente-cinq ans, Gensoul, du département du Gard, eut l'idée d'appliquer la vapeur au chauffage des bassines; il n'y voyait, peut-être, qu'une économie de combustible, il produisit une révolution. Son appareil, exigeant un emplacement spécial, a conduit à la création d'établissements permanents de filatures. On a pu étudier les questions de surveillance, de propreté, de discipline ; on a conduit des eaux pour l'alimentation continue des bassines ; et de tous ces perfectionnements de détail il est résulté de grandes améliorations dans la régularité, le lustre et la couleur des produits. Plusieurs procédés nouveaux en usage permettent d'obtenir plus de fixité dans les croisures, d'empêcher le mariage des fils, et d'avoir plus de régularité dans les trins. Sans doute devant ces soies plus perfectionnées finiront par disparaître les fagoteries, produits de filatures isolées et imparfaites, qui font le désespoir de nos ouvriers, et qui entraînent une infériorité dans le tissage. Les producteurs de soie trouveront d'ailleurs un intérêt direct dans cette amélioration ; car la perfection du moulinage ajoute au prix de la matière première, et il y a tel filateur qui peut vendre ses organsins 15 francs de plus par kilogramme que les filatures sardes qui lui font concurrence.

M. Camille Beauvais, l'habile directeur de la magnanerie de Sénart, est un des hommes qui ont le plus contribué à répandre la production de la soie dans les départements du Centre et même du Nord. Il est parvenu, dans notre climat froid, humide et incertain, aux portes de Paris, à obtenir des mûriers qui donnent de bonne feuille, et à élever des vers à soie qui donnent d'excellents cocons. Il a fallu quinze ans à ce cultivateur intrépide pour montrer qu'on ne devait point étouffer les vers, ni dans les miasmes qu'ils exhalent, ni dans la chaleur d'une pièce calfeutrée, et qu'il fallait enfin préférer un système d'hygiène rationnel, à cet empirisme incroyable que se transmettaient depuis des siècles les familles méridionales. M. Camille Beauvais n'a fait mystère d'aucun bon résultat ; il a accueilli les étrangers avec une inépuisable urbanité ; il a enseigné ceux qui ont voulu être ses élèves ; et aujourd'hui plusieurs de ses disciples se sont établis sur différents points de la France, imitant l'honorable cultivateur des bergeries de Sénart, et faisant avancer, par leurs propres efforts, l'industrie des soies restée si longtemps stationnaire en présence des besoins de la consommation et du haut prix d'une matière dont on ne produisait jamais assez. Si M. Camille Beauvais n'a pas exposé, au moins plusieurs de ses élèves le représentent par les produits qu'ils ont envoyés.

Nous devons d'abord citer comme un révolutionnaire dans l'industrie séricicole, M. Robinet, à qui l'on doit des compteurs et des croiseurs réglés pour les filatures, ainsi que plusieurs écrits sur la production de la soie. M. Robinet a exposé des cocons obtenus avec diverses races au nombre desquelles se trouve celle qu'il a appelée cora, et qu'il a obtenue par le croisement de deux vers, dont l'un donnait un cocon riche, mais mal agencé, l'autre un cocon pauvre, mais d'excellente forme. Le cora possède la richesse du premier et la régularité du second. Cette année, plusieurs magnaniers ont entrepris, d'après ses conseils, l'éducation comparative de la race *cora* et des races plus habituellement employées. On a reconnu partout que les coras donnaient d'excellents cocons, et l'on a surtout constaté que ces cocons rendaient plus de soie : un résultat si important a besoin d'être fixé par des chiffres ; d'après M. Robinet, la moyenne des produits obtenus par la filature de 3 kilogr. de cocons chez plusieurs éducateurs de Saint-Marcellin (Isère) a été 1 kilogr. de soie pour 10 kilogr. de cocons coras ; tandis qu'il a fallu 11 kilogr. des meilleurs cocons du pays, et 12 kil. des cocons ordinaires pour avoir la même quantité de soie. Dans l'Allier, les coras ont produit un cinquième de plus.

Ainsi, dit M. Robinet, dans un mémoire lu à la Société royale et centrale de l'Agriculture, une filature approvisionnée de 10,000 kilogr. de cocons coras en aurait tiré 1,000 kilogr. de soie ; tandis qu'une autre filature, avec le même poids de gros cocons jaunes ou blancs du pays, n'aurait eu que 864 kilogr. de soie environ, c'est-à-dire qu'elle aurait manqué un bénéfice de 136 kilogr., équivalant à plus de 8,000 fr. Or, les filateurs du Midi emploient annuellement de 45 à 65,000 kilogr. de cocons. On peut juger par-là quelle importance aurait pour ces établissements l'introduction générale dans les magnaneries d'une race qui donne 10 et même quelquefois 18 0/0 de plus que les races usitées dans les Cévennes.

M. Robinet a encore inventé une autre chose, c'est de nourrir les vers avec de la feuille mouillée. Jusqu'à présent on avait pensé que la feuille humide donnait des maladies aux vers. M. Robinet l'emploie au contraire à dessein. Il cite à l'appui de sa théorie les nouveaux succès de M. Détroyat (Isère) en 1844, et présente les considérations suivantes : « Des expériences faites depuis plusieurs années dans une magnanerie importante, et sous une direction aussi habile, ont un très-grand intérêt : elles feront faire de sérieuses réflexions. Puissent-elles engager quelques éducateurs zélés des départements plus méridionaux, et par conséquent plus désolés par la sécheresse, à tenter un système d'amélioration que je crois appelé à rendre d'immenses services dans ces contrées. Peut-on douter des inconvénients et du danger de la sécheresse, quand on a visité Vaucluse, le Var et les Bouches-du-Rhône ? » L'école des bergeries de Senart proteste contre la doctrine de M. Robinet. C'est, à notre avis, une raison de plus pour soumettre les deux théories au contrôle infaillible de l'expérience.

Au premier rang des exposants de soie grége, il faut aussi placer MM. André Jean et le major Bronski, élève de Senart, dont l'heureuse association a doté la commune de Saint-Selve, près de Bordeaux, d'une magnifique plantation de mûriers, parmi lesquels les variétés moretti, lombardi, bagnols, latifolias, belle-blanche, feuille de lys et feuille de rose, ont particulièrement réussi. Bientôt 400 hectares auront été ainsi plantés. En ce moment le major Bronski s'occupe de construire, sur un plan très-économique, une magnanerie propre à l'éducation de 2 kilogr. de graines, et pouvant servir, après la saison, de grange ou de grenier. Par une bonne culture des mûriers et par des soins hygiéniques bien entendus, ces deux industriels sont parvenus à réduire l'éducation des vers à soie de trente à vingt-quatre jours, et à obtenir en même temps des cocons plus riches avec la race du *sina*. La soie qu'ils ont exposée est d'une blancheur véritablement éblouissante ; mais elle n'est pas seulement blanche et brillante ; à ces qualités elle en joint deux autres plus précieuses encore, car elle est en même temps d'une grande force et d'une élasticité sans égale.

Un autre élève de M. Camille Beauvais, et des plus distingués, M. Eugène Robert, a porté, en compagnie avec M. Buisson-d'Anglas, les bonnes méthodes au sein des départements des Hautes et des Basses-Alpes. Il a établi à Manosque, dans le département des Basses-Alpes, une filature de soixante bassines avec une machine à vapeur. Les soies qu'il a envoyées sont de toute beauté.

M. de Lapeyrouse de Tessan, au Vigan (Gard), est auteur unique ou participant d'une double invention que le jury du département du Gard regarde comme « le fait le plus capital qui se soit produit depuis l'adoption du procédé Gensoul. »

Dans l'état actuel, 1,000 kil. de cocons, pesés au moment où ils sont livrés au fileur, contiennent :

Chrysalides.	846 kil.
Soie filée.	83
Cotes ou frisons.	60
Gomme dissoute, reste de soie adhérente à la chrysalide, cocons affaiblis ou percés par le battage et qui ne filent plus. . .	11
	1,000 kil.

Ces 1,000 kil. de cocons rendent donc au maximum, 83 kil. de soie filée. Cependant les deux déchets de 60 et de 11 kilogr. sont en très-grande partie composés de soie. C'est cette perte considérable que M. de Lapeyrouse a cherché à diminuer. Il y est parvenu par deux moyens ; l'un le filage partiel, dont la pensée lui appartient ; l'autre, le battage mécanique pour lequel il est breveté avec M. Rouillet, du Vigan.

Le filage partiel réduit de moitié le premier déchet ; il donne 30 kil. de soie grossière, d'une qualité tout-à-fait analogue à celle produite par les cocons doublés ou *douppions*. Cette soie, dont on regarde l'amélioration comme certaine, pourrait alors être employée à la fabrication des toiles pour foulards. Ce serait une acquisition d'autant plus précieuse que notre fabrication demande cette espèce de soie à la production étrangère.

Le battage mécanique réduit le déchet de 11 kilogr. à 9 ; il offre 2 kilogr. de bénéfice, mais 2 kilogr. de soie fine.

L'appareil présente, en outre, une économie considérable sur le temps employé au battage. Un seul appareil très-simple et n'exigeant pas d'entretien fournit des cocons prêts à filer à 25 ou 30 bassines. La fileuse, n'étant pas obligée de partager son temps entre la battue et la surveillance du nombre des cocons qui se dévident, arrive à une plus grande régularité du fil.

L'expérience faite pendant une saison entière dans les ateliers de M. de Lapeyrouse paraît avoir donné les résultats les plus satisfaisants sous les rapports de temps, de qualité des produits et de bénéfices.

Nous avons déjà parlé, à l'article *Machines*, du tour à filer la soie, de M. Michel de Saint-Hippolyte (Gard). Nous devons signaler les autres exposants du département du Gard. Ainsi il faut citer parmi les bons filateurs MM. Tessier-Ducros, de Valleraugue, dont les soies se distinguent par leur netteté, leur régularité, la pureté de leur couleur ; M. Louis Chambon, qui a enrichi l'industrie de la soie de plusieurs inventions utiles, et notamment d'un appareil, aujourd'hui très-répandu, pour éviter le mariage des bouts à la sortie de la bassine ; MM. Carrière, de Saint-André-de-Valborgne ; Reidon, aussi de Saint-André-de-Valborgne, dont les succès datent de loin et ne font que s'accroître ; Louis Soubeyrand, à Saint-Jean-du-Gard, dont la filature renferme 130 bassines, produisant 12,000 kil. de soie filée de 3 à 6 cocons, et qui représentent un capital de 800,000 fr. au minimum ; Gibelin et fils, de Lassalle ; Lapierre et fils, de Valleraugue ; Ruas et Cie, de Saint-André-de-Valborgne. On estimait en 1839 l'étendue consacrée, dans le département du Gard, à la culture du mûrier, à 15,000 hectares ; et le produit en cocons à 3,000,000 de kilogr. L'étendue paraît être aujourd'hui d'environ 17,000 hectares, et le produit de 4,000,000 kil. de cocons, au prix moyen de 4 fr. Ces cocons fournissent : 300,000 kil. soies diverses qui, au prix moyen de 90 fr., donnent 27,000,000 fr.

SOIERIES.

L'art de mettre la soie en œuvre est très-ancien. Il paraît originaire de la Chine où les premiers vers à soie furent élevés. Au douzième siècle, la Grèce était encore le seul pays de la chrétienté qui possédât le ver à soie, importé de la Chine au sixième, et qui eût des ouvriers instruits dans l'art de fabriquer ces belles étoffes pour lesquelles le luxe de l'Europe avait payé un immense tribut aux Indiens. Ce fut des Grecs établis dans la Sicile que les Pisans, les Florentins et les habitants de la république de Lucques apprirent la fabrication de la soie. C'est des Florentins que nous l'avons reçue.

Il paraît certain que l'industrie de la soie fut introduite à Avignon et dans le Comtat par les papes au quatorzième siècle. Près d'un siècle après, en 1480, Louis XI créa des manufactures à Tours et fit venir des ouvriers de la Grèce et de l'Italie ; mais ce furent Charles VIII, et surtout François Ier, durant les guerres d'Italie, qui furent les vrais fondateurs de cette fabrication.[1] Plus tard, le grand Colbert, au milieu des triomphes des beaux-arts, la porta au plus haut degré de splendeur.

Tous les documents tendent à prouver que de 1600 à 1686, époque de la révocation de l'édit de Nantes, le nombre des métiers à Lyon s'était élevé de 6 à 9,000 et même à 12,000. Il paraît être resté stationnaire jusqu'au moment de la Révolution où il tomba à 7,500 en 1789, et à 3,300 de 1795 à 1800. De 1801 à 1812, beau temps de l'Empire, il se releva à 12.000. La paix, en rendant les communications plus faciles, le porta à 20,000 en 1815 à 24,000 en 1823, et à 27,000 en 1825. Le mouvement avait été trop précipité pour pouvoir se soutenir. Une crise terrible, survenue aux États-Unis, arrêta une partie des métiers. C'est de cette époque que date l'émigration, ou plutôt l'établissement des métiers à la campagne, c'est-à-dire dans les villages qui forment pour ainsi dire la banlieue de Lyon. La Révolution de 1830, et surtout la crise tragique de novembre 1831 décidèrent et développèrent sérieusement cette tendance de l'industrie. Aujourd'hui on calcule que la fabrique lyonnaise occupe 31,000 métiers dans la ville même et 9,000 dans la campagne.

Les nouvelles crises financières des États-Unis ont porté ces derniers temps un coup funeste à la fabrication lyonnaise ; mais elle l'a supporté avec courage ; elle travaille à réparer ses pertes, et les exportations commencent à reprendre. On jugera de sa situation par les chiffres suivants qui représentent le tableau total de nos exportations en soieries pendant les dernières années.

[1] C'est sous leur règne que la fabrication de la soie fut importée à Lyon par Alexandre Turquet G. F. Nariz (le rentier).

PART. III.

Exportation des soieries.

1838	139 millions.
1839	140 —
1840	141 —
1841	162 —
1842	112 —
1843	129 —

Lyon lutte avec courage contre l'élévation du prix de la main-d'œuvre, qui lui rend difficile la concurrence de la Suisse, de la Prusse, de l'Italie, surtout pour les tissus légers. Plusieurs fabricants, ainsi que nous venons de le voir, ont transporté dans les campagnes le tissage de ces étoffes légères destinées à l'exportation. D'autres tentent de tisser la soie avec des métiers mécaniques. L'invention du battant-brocheur a eu les résultats les plus heureux pour la fabrication des étoffes brochées. Cet ingénieux mécanisme permet d'établir avec une économie notable des articles dont le prix trop élevé par les anciens procédés limitait la consommation.

Tout en faisant des efforts pour diminuer ses frais de fabrication, l'industrie lyonnaise conserve sa supériorité incontestée par la richesse, le bon goût et la variété de ses produits. C'est toujours à Lyon qu'on s'adresse lorsqu'on veut meubler un palais ou une maison opulente, lorsqu'on veut avoir de belles étoffes brochées ou façonnées, de beaux tissus unis, et ces nouveautés que le génie inépuisable de ses fabricants renouvelle à chaque saison. L'Exposition actuelle nous a prouvé, par de nouvelles merveilles, toutes les ressources de leur esprit inventif.

On ne sait par lequel commencer quand on se trouve en présence de fabricants tels que MM. Grand frères, Yemeniz, Mathevon et Bouvard, Le Mire, Cinier et autres, voués à la production des étoffes de luxe. C'est par eux, surtout, que Lyon est la reine de la soierie. Ce sont eux qui maintiennent sa splendide renommée, qui fournissent à la religion les plus beaux ornements de son culte, qui donnent de l'éclat à ses fêtes, et qui se chargent de décorer les palais des rois et des heureux du jour.

Voyez l'exposition de MM. Grand frères, qui font de la soierie en artistes. Quoi de plus beau que ces deux rideaux de fenêtre avec lambrequins, brocart en relief, vraiment dignes d'orner la demeure d'un roi ; que le damas blanc destiné à faire une tenture si élégante ; que les velours brocarts en imitation de point de broderie ; que ces effets de dentelles serpentant avec plis ombrés, genre Louis XIV, soie jaune d'or ? Toutes ces brocatelles sont remarquables par le choix des dessins, ces lampas par leur parfaite exécution, ces étoffes brochées, nuancées et or, par le bonheur de leurs dispositions. Le luxe, et le luxe de bon goût, ne peut aller plus loin.

On s'arrête également, l'œil ébloui, devant le riche assortiment d'étoffes pour ameublements et pour ornements d'église, de M. Yemeniz. Tout cela est on ne peut mieux exécuté ; c'est de l'effet le plus riche. Les dessins sont d'une netteté et les nuances sont fondues avec une perfection qui ne laisse rien à désirer. Une grande partie de ces produits admirables va probablement s'en aller en Orient.

L'exposition de MM. Mathevon et Bouvard ne se distingue pas moins par la richesse, le bon goût et la variété des tissus. A côté de leurs magnifiques robes pompadour, dont les dessins et les nuances sont conçus et exécutés avec une grâce et une harmonie parfaites, ces fabricants de premier ordre ont exposé des brocarts d'or pour ornements d'église, dont plusieurs ont été commandés par le Roi, et qui tous sont dignes de figurer dans nos riches cathédrales. Voici deux belles tentures : l'une est destinée à la Cour d'assises, au Palais-de-Justice de la ville de Lyon, et exécutée d'un seul lez en 2 mètres 48 cent. de largeur ; la seconde, à médaillon aux armes de la ville de Lyon, est remarquable par la délicatesse de son exécution ; ces deux pièces sont d'un fort bel effet et d'un grand fini d'exécution.

MM. Le Mire, père et fils, se montrent également dignes d'une renommée déjà ancienne dans la fabrication des damas, brocarts d'or et d'argent, brocatelles, étoffes d'une bonne exécution et d'une grande richesse de dessins.

A ses magnifiques ornements d'église, M. Cinier avait mêlé des châles de soie à couleurs éclatantes, pour l'Amérique espagnole. Il avait exposé des damassés brochés à 11 fr., 6 fr. 50 c. et même 6 fr. le mètre. C'est du luxe à bon marché.

MM. Beuque et sœur, M. Lançon et Cie avaient également exposé des broderies et tentures pour ameublements.

La fabrication des velours a beaucoup augmenté dans ces dernières années. Il n'y a pas longtemps on ne faisait que des velours étroits ; on en fait aujourd'hui qui ont 180 cent. de large, ce qui leur a donné des emplois auxquels ils ne pouvaient pas s'adapter en petite largeur. Ils étaient magnifiques, moelleux à l'œil et au toucher, éclatants de couleur. A côté d'un superbe moiré pour robe, M. Savoye a placé des velours admirables ; le ponceau est d'un bel éclat et d'une perfection de coupe. Ils n'ont d'égaux que ceux de M. Girard neveu, dont la réduction est également parfaite, et qui présentent les plus agréables reflets. M. Teillard, qui a exposé à la fois des soieries et des velours, excelle dans tous les articles ; on lui doit l'invention du genre caméléon, source de tant de jolies compositions et qui fait fureur depuis quelques années : on assure qu'il livre au commerce pour près de trois millions de produits par an. Les velours chinés de M. Sauvage paraissent faits par des procédés nouveaux. Il y avait aussi des écharpes et des velours de MM. Lafabrègue et fils et Vincent.

La fabrication du beau velours est des plus difficiles, et Lyon en a le monopole depuis longtemps. Mais il n'en est pas de même des velours légers. Plusieurs pays, et notamment les Provinces rhénanes, nous font concurrence redoutable dans ce genre. Il convient donc de signaler les velours fort modestes exposés par MM. Fornier, Janin et Falsan. Ces velours se fabriquent en deux pièces à la fois, du même coup, sur le même métier, face à face, et séparés, à mesure qu'ils se produisent, par un procédé ingénieux. Les deux feuilles jumelles paraissent entièrement identiques, égales en poids et du même aspect. Cette découverte est très-importante, s'il est vrai que le même velours qui coûtait 7 fr. le mètre puisse se vendre à 4 fr. 50 c. par le nouveau procédé. Il nous serait possible alors de lutter désormais avec les petits velours légers de Crefeld.

Parmi les étoffes façonnées pour robes se font remarquer les tissus de MM. Godemard et Meynier, qui sont fabriqués, la plupart, au moyen du célèbre battant à épouins brocheurs qui est de leur invention. Ce procédé, très-ingénieux, est d'un grand intérêt pour la fabrication du façonné, parce qu'il donne les moyens de faire confectionner, à près de moitié moins de façon, les façonnés riches de plusieurs couleurs. Les produits de MM. Godemard et Meynier se distinguent, d'ailleurs, autant par leur bon goût que par leur bonne exécution.

L'assortiment d'étoffes exposé par MM. Ollat et Desvernay était très-varié. Ces fabricants donnent une grande impulsion aux articles de nouveautés par l'heureuse fécondité de leur imagination. Un châle en velours, fond bleu foncé, brillait surtout au milieu de leur exhibition.

M. Bonnet est le fabricant le plus renommé pour les satins noirs ; c'est un des vétérans de l'industrie, et l'on ne parle de lui, à Lyon, qu'avec respect. Les satins unis et brochés de M. Heckel étaient charmants. Nous en dirons autant des gros de Naples, reps, satins et armures façonnés de MM. Pottin et Crozier ; ces fabricants font des affaires immenses à l'intérieur et à l'étranger ; ils occupent près de cinq cents métiers : leur activité, leur intelligence de la fabrication, leur grande ardeur d'invention, presque toujours couronnée de succès, contribue à soutenir la supériorité de la fabrication lyonnaise sur les marchés étrangers.

Plusieurs cases nous offraient des échantillons des articles spéciaux destinés au Pérou, au Brésil, aux États-Unis, etc.

Les femmes de ces contrées n'ont pas le même goût que les nôtres. Il leur faut quelque chose de plus tranché, de plus voyant ; mais, même dans ces choses étranges, il faut encore apporter du goût. Ainsi les étoffes en velours et satin, et surtout les châles de taffetas chinés envoyés par MM. Vucher, Reynier et Perrier, ont de la grâce et de l'élégance. MM. Doux, Roche et Dime ont également exposé des choses originales ; mais nous donnerions peut-être la préférence aux produits de M. Paul Eymard, inventeur de procédés ingénieux au moyen desquels il est parvenu à créer divers articles nouveaux, tels que ce qu'il appelle barèges algériens, soie et or.

M. André Chavent s'est distingué par la belle exécution de ses étoffes à ramages de fleurs et de feuilles gracieuses et délicates, et d'un fini exquis qui attirait l'attention des connaisseurs.

Un point de dentelle, où le Jacquart joue son rôle, permet à M. Doguin de livrer à très-bas prix de jolies robes, des voiles, des mantelets fort élégants.

Les étoffes façonnées de MM. Chastel et Rivoire sont d'une exécution très-soignée ; elles offrent une grande variété de dessins : le bon goût s'y allie à l'éclat des couleurs.

Nous avons distingué l'exhibition de MM. Balleydier, Repiquet et Silvent, qui occupent plus de deux cents métiers à la fabrication des étoffes et velours façonnés pour gilets. Ils exposaient aussi un panneau de velours façonné pour tenture, d'un effet délicieux. Il est à plusieurs corps, c'est-à-dire en velours épinglé pour dessin, et velours coupé conservé à la même hauteur, ce qui présentait un extrême difficulté de fabrication très-heureusement surmontée.

MM. Nalès, Proton et Thierriat avaient également exposé des soieries façonnées pour gilets.

Les avis étaient partagés sur le service de table en soie damassée exposé par M. Victor Fournel. Pourquoi, disait-on, dénaturer la soie et faire descendre cette noble matière première à de vulgaires usages ? Certes nous ne croyons pas que la soie puisse jamais détrôner le beau lin, blanc de neige, éblouissant à la lumière, gai à la vue, frais à la bouche. Mais tout le monde était d'accord pour reconnaître que le tissu était très-bien fait, la trame forte et puissante, les dessins gracieux. Attendons que l'expérience ait prononcé sur ce nouvel emploi de la soie.

On n'a pas oublié le portrait de Jacquart qui figurait dans une des précédentes Expositions, et qui avait été obtenu à l'aide de son admirable machine. Ce chef-d'œuvre était l'ouvrage d'un modeste chef d'atelier, M. Carquillat. Cette année il a envoyé un joli tissu représentant une visite de M. le duc de Nemours dans son atelier. Ce dessin, dont le modèle a été exécuté par un peintre lyonnais, M. Carquillat l'a parfaitement rendu avec sa navette. Les contours sont d'une admirable pureté : on dirait presque de la gravure. Un autre fabricant, M. Verzier-Bonnard, avait exposé un Napoléon, un Louis-Philippe et une vierge de Raphaël, exécutés d'après le même procédé et également bien réussis. On aura une idée de la difficulté de ces ouvrages quand on saura qu'il y a tel d'entre eux qui a exigé jusqu'à deux cent mille cartons.

La fabrique de Tours cherche à lutter avec celle de Lyon dans les étoffes riches et à grands effets. Les damas, les brocarts, les brocatelles, envoyés par MM. Fey-Martin, étaient magnifiques. Nous en dirons autant des étoffes pour ameublement, pour voiture, pour passementerie exposés par M. Meauzé-Cartier : c'est à la fois somptueux et de bon goût.

Si de Lyon nous passons à Nîmes, nous trouverons moins de richesse, mais non moins d'imagination et de ressources dans la production. Dans l'industrie des soieries Nîmes est à Lyon ce que Rouen est à Mulhouse dans celle des impressions, mais elle fait preuve de plus de goût, et se rapproche davantage de la fabrique modèle. Quoique l'industrie des soies date de loin à Nîmes, on ne peut pas dire que cette ville ait de fabrication spéciale ; elle change son industrie avec les caprices de la mode ; elle cherche à se créer de nouvelles ressources chaque fois que des modifications survenues dans les habitudes lui enlèvent des débouchés : c'est une sorte de course à la consommation.

Nîmes, ou plutôt le département du Gard, en fait de tissage, a fait une exhibition très-variée. Ce sont les châles de diverses qualités, les fichus de soie, les cravates, les étoffes unies ou façonnées, les foulards et les divers articles d'impression. Viennent ensuite les tapis de pied, les étoffes pour meubles et pour tentures, les gros lainages, tels que les couvertures de lit et les étoffes communes. La bonneterie s'y présente sous toutes les formes ; elle emploie le coton, la laine et la soie

Nous n'avons à nous occuper ici que des soieries. Écharpes, fichus, cravates, foulards pour robes ou pour mouchoirs se pressent dans les cases des exposants nîmois. Parmi ces articles, les uns sont brochés, les autres sont imprimés ; tout cela est coté à des prix très-bas et se place aussi bien à l'étranger qu'à l'intérieur. Voyez l'exposition de M. Dhomires, de MM. Gaidan frères, de MM. Daudet jeune et Ardouin Daudet, de M. Daudet-Queirety ; il y a de l'invention, du mouvement, de l'éclat même dans leurs produits ; il est impossible d'obtenir avec des moyens aussi économiques des effets plus satisfaisants. M. Chabaud a exposé de fort jolis foulards pour mouchoirs ; M. Puget et M. Chardon, Mme Arnaud-Gaydan, des foulards élégants pour robes d'été. MM. Claude Jourdan et fils, M. Sagnier-Teulon, MM. Blachier et Masseran avaient envoyé des articles destinés à l'Algérie.

La ville d'Avignon, qui continue à s'occuper de la fabrication des florences et de la marceline et qui avait manqué à l'appel en 1839, était représentée cette fois par MM. Thomas frères. Ces industriels emploient une grande partie des ouvriers de la ville. Ils font un commerce considérable. Les tissus qu'ils avaient exposés se faisaient remarquer par le bon goût des nuances et des rayures.

RUBANS.

Nous avons vu que l'établissement des manufactures d'étoffes de soie de Lyon datait du quinzième siècle. La création de la fabrique de rubans à Saint-Étienne paraît remonter à peu près à la même époque : elle florissait déjà dès 1605.

Saint-Étienne subit comme Lyon les conséquences de la révocation de l'édit de Nantes en 1685, qui força cinquante-cinq mille ouvriers protestants occupés à la fabrication des soieries à émigrer en Angleterre.

A la fin du dix-septième siècle, les fabriques de rubans de Saint-Étienne et de Saint-Chamond employaient, d'après le rapport de M. d'Herbigny intendant de la généralité de Lyon, douze cents balles de soie ou 492,000 livres. Le prix de ces soies était alors de 14 à 12 liv., soit à 30 fr., ce qui représentait une valeur de 40 millions d'étoffes ou de rubans.

De 1800 à 1806, la rubannerie parvint à un haut degré de prospérité ; en 1807 elle commença à décliner, et cette crise se prolongea jusqu'en 1815 et 1816.

Depuis lors cette branche d'industrie a eu de nombreuses oscillations par suite de la concurrence de l'Angleterre, de la Suisse et de la Prusse.

La valeur totale des rubans fabriqués aujourd'hui est évaluée à 50 millions au moins. Saint-Chamond entre dans cette somme pour 5 millions environ ; le reste se fait à Saint-Étienne.

Sur ces 50 millions, il y en a 30 environ qui sont destinés à l'exportation.

Saint-Étienne éprouve comme Lyon les effets de la concurrence étrangère pour les articles d'une fabrication facile ; la différence sur le prix de la main-d'œuvre est cause que la Suisse produit certaines qualités de rubans à plus bas prix ; mais Saint-Étienne redouble d'activité ; elle améliore sa fabrication, et l'on peut citer l'innovation des battants brocheurs parmi ses perfectionnements les plus importants.

Ce qu'on peut dire de mieux à la louange de la fabrique de Saint-Étienne, c'est que ses rubans, mieux faits, coûtent moins, quoique le prix des matières premières ait beaucoup augmenté.

L'Exposition de 1839 avait présenté dix-neuf exposants de rubans, dont treize de Saint-Étienne, cinq de Saint-Chamond, un de Paris. Cette année il y en a seize, dont quatorze de Saint-Étienne, un seul de Saint-Chamond, et un de Paris.

Voici d'abord MM. Faure frères, qui occupent un des premiers rangs à Saint-Étienne ; ils ne font que le grand beau et occupent douze cents ouvriers. Ils emploient, pour la confection des rubans façonnés, des battants-brocheurs de l'invention de M. Boivin, habile mécanicien de Saint-Étienne. « Au moyen de ce battant-brocheur, disait le jury de 1839, on peut faire cinq à six rubans sur le même métier, au lieu d'un seul qu'un métier fait ordinairement ; ce qui diminue la façon des rubans et en facilite la vente par la douceur de leur prix. Ce battant est en usage, dans ce moment, dans les fabriques de rubans de Saint-Étienne et de Saint-Chamond. Ce procédé donnera lieu, par la suite, à une fabrication considérable et à une exportation très-étendue. »

M. Vignat-Chovet, qui emploie autant d'ouvriers que MM. Faure, ne le cède pas plus sous le rapport de la bonne confection et du bon goût de ses produits que sous celui de l'importance de sa fabrication.

Les rubans de soie façonnés de MM. Robichon et Cie ont très-bien exécutés ; leurs produits sont recherchés dans le commerce ; leur fabrication est toujours en progrès.

MM. Barallon, Passerat, Teyter aîné et Cie, méritent également d'être distingués.

M. Balay a trouvé moyen de faire des rubans de satin unis à bas prix, en les confectionnant avec des soies grèges et en les faisant teindre en pièce, ce qui leur a permis de soutenir la concurrence avec la Suisse qui avait enlevé cet article aux manufacturiers de Saint-Étienne. Il a exposé cette année des rubans façonnés qui prouvent qu'il sait faire le beau comme le bon marché.

Il faut citer encore M. Martin et Cie, qui soutient une réputation bien acquise ; MM. Jamet et Charrat aîné, Richond et Cie, Roche, Renodier père et fils, Mesnager frères, qui ont exposé des rubans variés et remarquables à divers titres.

La seule maison de Saint-Chamond, qui ait paru à l'Exposition est celle de MM. Grangier frères, qui ont fait une belle exhibition de rubans façonnés, gazes brodées et velours, et d'écharpes frangées.

L'industrie des rubans à Paris ne compte qu'un très-petit nombre de fabricants ; ils ne s'adonnent qu'à la confection d'articles spéciaux, tels que rubans d'ordres, rubans pour ceinture, pour cordons de montres, etc. ; ils étaient représentés par M. Dutron, qui avait déjà paru à l'Exposition précédente.

PELUCHES.

La fabrication de la peluche de soie est devenue très-importante depuis qu'on l'emploie à la confection des chapeaux. Il y a déjà environ soixante-quinze à quatre-vingts ans que quelques fabricants florentins en eut l'idée de faire des chapeaux de cette espèce. Ces chapeaux avaient bien eu depuis lors quelques instants de vogue ; mais on les avait presque toujours abandonnés pour un inconvénient ou pour un autre ; c'est seulement depuis quinze ou vingt ans qu'on est parvenu à en fixer l'usage, en les faisant avec plus de soin et en leur donnant un apprêt qui les rend imperméables sans diminuer leur légèreté.

Nous tirions d'abord nos peluches d'Allemagne, mais cette fabrication n'a pas tardé à s'installer en France, et l'exhibition nombreuse de ces tissus a prouvé que nous étions en possession complète de cette industrie.

C'est le département de la Moselle qui comptait le plus grand nombre d'exposants en peluches pour chapeaux. A leur tête figuraient MM. Massing frères, Huber et Cie, de Puttelange. Leur fabrique qui date de 1833, et qui s'est développée peu à peu, est maintenant la plus considérable de France. Ils font d'immenses affaires. Leur peluche se distingue par un brillant et une pureté de noir tel que Lyon n'en produit pas de plus beau. MM. Schmaltz et Thibért de Metz ont exposé des peluches de différentes qualités et d'une bonne confection ; ils emploient des trames au lieu d'organsins, ce qui les met à même de fabriquer à bas prix. Les autres exposants du département de la Moselle étaient Mme Ve Walter aîné, de Metz, M. Nanot et Cie, Barthe et Plichon, Ravier de Sarreguemines. Les fabricants de la Moselle ont contribué plus que tous autres à fixer cette fabrication en France.

La fabrication des peluches est également très-considérable à Lyon et dans le département du Rhône ; cependant elle avait peu de représentants à l'Exposition ; nous en avons compté trois seulement : MM. Brisson frères et M. Gaillard, de Lyon, M. Martin, de Tarare.

Il y avait des peluches d'une maison de Riom (Puy-de-Dôme). MM. Donat-Achard et Cie.

Enfin, deux fabricants de Paris, M. Gaillard et Cie et M. Serpolet avaient aussi exposé des peluches pour chapeaux.

GAZES.

Les gazes de soie brochées, qui ont eu la vogue il y a quelques années, ont disparu. Mais il reste une espèce de gaze remarquable par son utilité industrielle. C'est la gaze à bluterie. Cet emploi de la soie semble un peu prosaïque à côté des magnificences lyonnaises. Mais on accordera qu'elle a bien son importance, puisqu'elle contribue à nous donner du pain meilleur. La gaze à bluterie nous était fournie, il n'y a pas longtemps, par la Suisse et par la Hollande. Nous sommes à présent en mesure d'en fournir nous-mêmes à nos rivaux. Ce qui distingue cette gaze, qui est à la fois d'une force et d'une finesse remarquables, c'est que chaque fil de trame est assujetti à son point de croisement avec la chaîne d'une manière invariable ; de sorte que les ouvertures ménagées par le tissage demeurent parfaitement égales et à l'abri du moindre éraillement. En enduisant d'autres gazes plus légères d'un encollage diaphane, on obtient des tissus qui sont employés avec avantage à couvrir les collections, à préserver les vêtements, les meubles, les tableaux du contact de la poussière ou des insectes. Ainsi la gaze en cessant d'être un article de mode est devenue un objet d'utilité pratique et usuelle.

M. Hennecart, de Paris, est l'importateur en France de la gaze à bluter. Ses produits sont très-remarquables. MM. Chatelard et Perrin, de Lyon, ont fait des peignes à tisser tellement fins et délicats, qu'ils permettent à M. Hennecart de fabriquer à Paris des gazes ayant de bois pourvues de 44,000 trous par pouce carré.

MM. A. Couderc et Soucaret fils, de Montauban, ont également exposé des toiles de soie pour passer la farine en différentes qualités. Ils ont donné de l'extension à leur fabrique en multipliant les espèces de ces tissus, en les perfectionnant et en les établissant à des prix inférieurs à ceux de Zurich.

TISSUS DE SOIE ET VERRE.

Nous ne pouvons quitter les soieries sans parler des tissus que M. Dubus et Cie fabrique soit en mélangeant la soie avec le verre filé, soit même en tissant le fil de verre tout seul. On est saisi d'étonnement en voyant une matière aussi fragile produire une étoffe aussi souple. Cela tient à l'extrême ténuité des fils qui conservent cependant tout le brillant du verre. Tout le secret de M. Dubus consiste dans un moyen fort simple de donner au verre étiré à la lampe une flexibilité qui permet de l'employer comme fil de trame. Ainsi préparé, il est employé à faire des brochés sur le métier à la Jacquart. Les tissus d'argent et d'or sont surtout parfaitement imités par les fils de verre blanc ou jaune. Les dessins des étoffes exposées par M. Dubus sont tout à la fois élégants et riches. Ses chapes à 250 francs et ses chasubles depuis 75 jusqu'à 150 francs sont d'un effet resplendissant. On a fait, il est vrai, un grave reproche à ce mélange de soie et de verre. On a accusé d'être en quelque sorte friable et de se casser en tombant ; mais M. Dubus repousse cette accusation avec vivacité, et il garantit la solidité, la durée de ces étoffes. Encore un de ces procès ou l'expérience peut seule juger en dernier ressort !

INDUSTRIE DU COTON.

La fabrication du coton paraît avoir été pratiquée dans l'Inde depuis l'antiquité la plus reculée. Il en est question dans Hérodote. Elle s'étendit, à l'époque de l'ère chrétienne, jusqu'en Égypte et en Perse. Cependant, le commerce qui se faisait de ces étoffes du temps de l'empire romain était bien peu de chose. A qui a observé les progrès de l'industrie cotonnière depuis cinquante ans, il doit paraître extraordinaire que cette branche de commerce soit restée treize cents ans sur les côtes de la Méditerranée avant de traverser cette mer pour pénétrer en Grèce et en Italie, comme cela avait eu lieu pour la soie. Quoi qu'il en soit, l'époque précise de l'introduction de cette industrie en Angleterre ne paraît dater que du commencement du dix-septième siècle, et c'est seulement vers 1780 que la découverte des procédés mécaniques lui donna l'impulsion et décida de son avenir.

L'industrie du coton a trouvé des historiographes qui nous en ont retracé les progrès. En 1758 un ouvrier de Bury, John Kay, inventa la navette volante. En 1764, un tisserand de Blackburn, Hargreaves, imagina la jenny. En 1779, un autre tisserand, qui habitait un hameau près de Bolten, Samuel Crompton, composa la mule, métier plus parfait, et qui a remplacé la jenny. Enfin, un barbier de Preston, l'homme de génie par excellence, Arwright, réunit les inventions éparses, en forme un corps et fonde la manufacture de coton. La vapeur est bientôt substituée à la force hydraulique employée d'abord. Dès ce moment, comme le dit M. Baine, l'historien de l'industrie cotonnière, il se fait dans l'industrie une révolution pareille à celle qu'avait opérée l'invention de l'imprimerie dans le domaine des sciences et des arts.

La manufacture de coton paraît avoir été introduite en France vers 1782, par un sieur Martin, d'Amiens, qui, à titre de premier importateur des machines à filer le coton, inventées en Angleterre, obtint par arrêt du conseil d'État l'autorisation d'établir une fabrique privilégiée à l'Épine, sur la rivière de Juine, près d'Arpajon. En 1785, le gouvernement français accorda au sieur Milne, mécanicien qui s'était déjà fait connaître, par la construction de plusieurs machines à filer le coton, une somme de 60,000 livres, un local, un traitement annuel de 6,000 livres et une prime de 4,200 livres par chaque assortissement de ses machines, qu'il justifierait avoir fourni aux manufactures. Toutefois ce n'est guère que vers le commencement du siècle actuel que la fabrication du coton prit de l'extension en France. En 1802, il n'avait été présenté qu'une pièce de mousseline au jury de l'Exposition, et même on doutait qu'elle eût été fabriquée en France.

À partir de cette époque, grâce aux perfectionnements de la mécanique, grâce aussi à la consommation qui se porta sur les tissus de coton, les manufactures françaises prirent un développement considérable. On appréciera leurs progrès par les chiffres suivants, qui représentent les quantités de coton en laine qu'elles ont employées dans ces dernières années : elles étaient en 1834 de 37 millions de kil., en 1838 de 51 millions, et en 1843 de 66 millions.

FILS DE COTON.

Quelques mots sur l'état de la filature au point de vue mécanique.

Il faut d'abord, dans la filature, choisir le coton d'un prix et d'une qualité convenables à la fabrication voulue. Il faut l'éplucher, le battre, l'étendre, le carder, le doubler, le laminer, l'étirer, le boudiner et le mettre en mèches d'une manière convenable par des machines dont la structure et la disposition différent selon la qualité de la matière première. On le file ensuite en chaîne ou en trame. La mull-jenny qui sert à filer la trame est le mécanisme le plus remarquable de la filature du coton.

Le métier mull-jenny est un système de broches, Un fileur en conduit un ou deux à la fois. Il se tient entre les deux; comme l'un avance tandis que l'autre recule, le fileur passe de l'un à l'autre, à des intervalles réguliers. Le métier qui avance entraîne le coton qui se dévide de la rangée de bobines placée derrière, et, tout en filant, s'approche lentement du fileur. Plus il y a de broches, plus il y a de fils et plus l'opération de la machine est productive.

L'agrandissement des métiers a donné dans ces derniers temps une nouvelle impulsion à la science mécanique en Angleterre. C'est un remarquable spectacle que de voir huit à douze cents broches d'acier poli se mouvoir en avant et en arrière sur une ligne d'une régularité mathématique, tourner chacune sur son axe, avec une vitesse et une précision égales, et former des fils à la fois minces, forts et uniformes. Par cet allongement merveilleux, un seul fileur peut diriger une paire de métiers de mull-jenny contenant jusqu'à deux mille quatre cents broches. L'extension du métier mull-jenny n'a pas suivi les mêmes progrès en France qu'en Angleterre. En France nos métiers ne dépassent guère quatre cents broches. Cela tient à ce que cette extension occasionne de grandes dépenses en France où les métaux et les machines sont plus chers, et ensuite à ce qu'elle exige des bâtiments énormes, la ligne des broches devant être placée parallèlement à la longueur des salles et non à leur largeur, position assignée dès le principe comme la plus propre à laisser tomber le jour sur les fils.

Mais le plus grand perfectionnement apporté dans ces derniers temps à la filature en Angleterre, c'est celui de la mull-jenny automatique ou de l'automate fileur, ou, pour parler le langage industriel, du renvideur mécanique. On sait que l'étirage, la filature en gros et le tordage de fils se produisent mécaniquement à l'aide de la mull-jenny ordinaire; mais le dévidage des spires des fils autour des points des broches et l'envidage des fils sur la broche en forme de conoïde, s'effectuent par l'intervention du fileur, qui imprime le mouvement au chariot et qui guide la baguette de fer tendu pour diriger l'envidage du fil; M. Roberts, de la célèbre maison de Sharps et Roberts, de Manchester, s'est proposé de remplacer l'intervention du fileur par un moyen automatique, en sorte que toutes les opérations de la filature s'effectuassent mécaniquement. Il a en effet résolu le problème. Il a produit une machine qui semble douée de la pensée, du sentiment, du tact de l'ouvrier expérimenté. Le premier métier renvideur avait deux cent quarante broches et a marché à Manchester en 1826. Depuis lors, il a été modifié et perfectionné, et il est maintenant en usage dans les grandes filatures de l'Angleterre.

Il est impossible de ne pas admirer la puissance du génie mécanique en voyant la rapidité et la précision avec lesquelles le renvideur mécanique exécute la multiplicité de ses mouvements successifs et rétrogrades comme s'il était un être animé et intelligent. Mais, après avoir payé un tribut d'admiration à cette belle application de la science, on se laisse aller bientôt à des réflexions mélancoliques, en voyant l'ouvrier exclu de la dernière part de travail qu'il avait conservée dans la filature du coton. Il ne restera plus maintenant d'autres êtres humains dans ces immenses établissements automatiques qu'un ouvrier pour les surveiller, et les enfants employés pour rattacher les fils cassés et pour balayer les cotons de rebut. C'est encore une nouvelle défaite de la main-d'œuvre dans cette lutte à la fois sublime et douloureuse qui se prolonge entre les ouvriers et les machines.

Le renvideur mécanique commence à être employé en France. Il y a plusieurs filatures en Alsace et en Normandie où l'on s'en sert. On monte à Roubaix un établissement où il doit être exclusivement employé. Si l'usage s'en répand moins vite chez nous, c'est qu'il y a en France moins de différence qu'en Angleterre entre le prix de la force mécanique et le prix de la main d'œuvre. Chez nous la force mécanique est plus chère qu'en Angleterre, mais la main-d'œuvre y est meilleur marché. L'emploi du métier renvideur exige des changements coûteux dans le mécanisme; il emploie un quart de force de plus que le métier ordinaire; or, on comprend que, le coût des machines et la valeur du combustible étant plus élevés chez nous, on se soit moins pressé de l'adopter. Mais on s'occupe activement aujourd'hui de l'installer dans nos principales manufactures.

Parmi les autres progrès réalisés dans ces dernières années par la filature du coton en France, nous citerons la substitution des couloirs aux pots dans l'opération du cardage et du premier étirage; la suppression, dans la plupart des établissements bien montés, du métier en gros, qui a été remplacé par le banc à broches, excepté dans la filature des numéros au-dessus de 140; l'usage du banc à broches plus généralement répandu; enfin l'augmentation de la vitesse imprimée à la mull-jenny, qui a été accrue d'environ un cinquième depuis cinq ans, ce qui a augmenté le produit des métiers dans la même proportion.

Un des résultats les plus propres à constater les perfectionnements opérés dans la filature française, c'est la quantité de fils fins qu'elle livre aujourd'hui. Il n'y avait guère qu'une seule filature qui produisît, il y a quelques années, les fils nécessaires à la fabrication des tulles et des mousselines très-fines. La plupart venaient d'Angleterre par contrebande, et l'on fut obligé d'en permettre l'importation moyennant un droit. On compte maintenant plusieurs établissements qui filent les numéros les plus élevés, et l'on calcule que nous fabriquons nous-mêmes la moitié des fils fins que nous consommons. Non-seulement nous produisons ces fils beaucoup mieux et en plus grande quantité; mais nous les produisons à des prix beaucoup plus bas. Ainsi, lors de l'Exposition de 1827, le numéro 180 se vendait 26 fr. le demi-kilog.; il est tombé successivement à 18 fr. en 1834, à 16 fr. en 1839, et on ne le paie plus aujourd'hui que 10 fr 30 à 11 fr. 30, ce qui fait une réduction des trois cinquièmes environ depuis quinze ans.

La quantité de coton mise en œuvre en 1843 a été à 60 millions de kilog. Elle occupe 3,308,000 broches. Sur ce nombre la partie de la France qui en possède le plus est comprise dans une zone formée des départements du Haut et du Bas-Rhin, et s'étendant à la lisière des Vosges, de la Haute-Saône et du Doubs; viennent ensuite le département du Nord et surtout l'arrondissement de Lille, puis les départements de la Seine-Inférieure, de la Somme, du Pas-de-Calais, de l'Aisne, de l'Eure et de la Manche.

Si le département du Nord ne vient qu'en seconde ligne sous le rapport de la quantité produite, il doit figurer en première ligne sous le rapport de la filature des numéros élevés. Lille et ses environs font mouvoir 500,000 broches. A la tête de cette industrie se place M. E. Cox et Cie qui a exposé un assortiment de cotons filés jusqu'au numéro 500 anglais. Il semble impossible de pousser la perfection au delà du point où il est arrivé dans la fabrication de ces numéros simples et retors. Ses produits sont tellement supérieurs qu'ils sont préférés même aux produits anglais. On les exporte en Belgique, et ses fils au-dessus du numéro 150 se vendent à Bruxelles. Ajoutons que les machines dont se sert M. Cox ont été construites en France.

M. Théophile Barrois, de Lille, a soumis à la filature, sur la demande de la chambre du commerce de cette ville, divers échantillons de cotons récoltés en Algérie, et qui avaient été adressés à cette chambre par M. le ministre de l'agriculture et du commerce. Ces cotons que l'on croyait susceptibles seulement de servir à la filature des numéros 30 à 40, ont donné, entre les mains de M. Barrois, des fils des numéros 140 et 161, semblables à ceux qu'on obtient des cotons longue soie d'Amérique. M. Barrois, dont la filature de coton est une des plus importantes du pays, a joint récemment à cette industrie celle de la bourre de soie.

Il avait été encore envoyé de Lille des cotons filés par MM. Vantroyen et Mallet, qui ont acquis une réputation méritée dans les cotons fins, et qui se sont montrés dignes des distinctions dont ils avaient été l'objet lors des précédentes Expositions; par MM. Tesse-Petit dont les retors à deux fils atteignaient le numéro 382, les chaînes filées simples le numéro 310, et la trame filée simple le numéro 360; enfin par M. Courmont, dont les produits sont estimés dans le commerce.

Parmi les filateurs du Haut-Rhin, celui qui jouit de la réputation la plus ancienne pour la fabrication des numéros élevés, est, sans contredit, M. Nicolas Schlumberger, dont les ateliers de construction ont fourni les excellentes machines à filer le lin que nous avons citées dans la section des machines. Leur établissement est toujours en tête du filage et donne l'exemple de tous les perfectionnements. Il file également bien le coton, la laine et le lin.

M. Herzog, un des filateurs les plus distingués de l'Alsace, avait exposé un assortiment de fils du numéro 90 au numéro 330. Rien de plus beau, de plus net, de plus régulier. M. Herzog s'est élevé du rang de simple ouvrier au niveau de nos plus grands industriels.

MM. Dollfus, Mieg et Cie, de Mulhouse, réunissent dans leur vaste établissement toutes les transformations du coton, depuis son arrivée en balles jusqu'à l'impression; chacun de ces travaux, pris isolément, mérite le premier rang. Ils emploient quatre mille deux cents ouvriers. Leur filature seule produit 325,000 kil. de fils.

L'établissement de M. Hartmann est aussi un des établissements les plus considérables de France; on y compte cinquante mille broches; il a exposé des fils depuis le numéro 12 jusqu'à 250.

M. Henri Hofer, de Kaysersberg, possède également une des filatures les plus importantes; les fils qu'il a exposés appartiennent aux numéros 40 à 100; ses produits sont très-estimés.

Les autres filateurs d'Alsace qui figuraient à l'Exposition étaient MM. Kœchlin-Dollfus et frères, de Mulhouse, Schlumberger et Hofer de Ribeauvillé, Witz, de Cernay.

Les manufactures de la Seine-Inférieure s'adonnent surtout à la fabrication des numéros moyens et des gros numéros. Les cotons filés de M. Delamarre-Deboutteville, de Fontaine-le-Bourg, sont peut-être les plus recherchés sous le rapport de la bonne confection. M. Fauquet-Lemaître, de Rouen, qui file aussi le lin et l'étoupe, est le filateur de France qui emploie la plus grande quantité de coton. M. Crépet aîné, un des grands filateurs de Rouen, avait exposé des fils provenant de coton récolté en Algérie. M. Vaussard, de Bondeville, est également un des plus forts fabricants; il a joint à sa filature un tissage mécanique; il occupe mille huit cents ouvriers. MM. Fessard, de Maromme, Lahzel, de Malaunay, Léveillé, Neveu et Marion, Picquot-Deschamps, de Rouen, avaient aussi envoyé des cotons filés.

Nous devons nous borner à citer, parmi les filateurs des autres départements, dont les produits étaient à l'Exposition,

M. Gervais de Caen (Calvados); MM. Pouyer-Quertier et Palier, de Fleury-sur-Andelle (Eure); M. Sellier, de Gonneville (Manche); M. Bourdeau, de Gouvieux (Oise); MM. Dupré et Chaisemartin, de Limoges, qui ont exposé des cotons pour tricots; M. Bureau jeune, de Nantes; M. Masson aîné, de Roanne (Loire-Inférieure); MM. Lussagnet et Cie, de Nay (Basses-Pyrénées).

Le retordage du coton filé est une industrie importante qui était principalement représentée par des fabricants de Paris. M. Michelet fils aîné a exposé un assortiment complet de cotons filés retors convertis en petites pelotes, de bobines de cordonnets, de lacets, de fil retors à coudre qu'il continue à produire avec perfection. Il s'applique d'ailleurs avec non moins de succès au retordage de la laine et de la soie. C'est une industrie spéciale, en tête de laquelle il s'est placé. M. Bresson fabrique également avec succès les cotons fils retors pour la bonneterie et la passementerie. MM. Gombert père et fils ont exposé du coton à coudre, du coton à broder, du coton à festonner, du fil d'écosse, du fil de Paris, du coton à tricoter. MM. Laumailler et Froidot, qui possèdent à Goye (Oise) un établissement sous la dénomination de retorderie hydraulique, ont exposé des échantillons de fil à coudre perfectionné, remarquable surtout par son apprêt brillant. Il y avait aussi des cotons retors pour bas, des fils retors et des rubans de coton de MM. Vimor-Maux, de Perpignan; des cotons pour tricots, de MM. Dupré et Chaisemartin, de Limoges; des mèches nattées de M. Bourdeau, de Paris.

TISSUS DE COTON.

Le calicot se faisait autrefois à bras d'hommes. Cette fabrication, irrégulière dans sa production, livrée au caprice de l'ouvrier, soumise successivement au repos et à l'activité, rendant peu dans la saison des travaux de la campagne et des récoltes, et beaucoup dans l'hiver, influait singulièrement sur le prix des filés, abondants pendant l'inaction, rares pendant le travail, ce qui amenait aussi une grande variation dans le prix des tissus. La filature et l'impression recevaient des contre-coups inévitables de cet état de choses. En s'interposant entre ces deux industries, le tissage mécanique est venu rétablir l'équilibre et donner une marche suivie et réglée à l'ensemble de la fabrication du coton. Ses premiers essais datent de dix-huit à vingt ans; mais il n'y en a que dix au plus que la substitution du tissage mécanique au tissage à bras a commencé à prendre de l'importance. On calcule aujourd'hui que le tissage mécanique a doublé depuis six ans seulement, et qu'il produit au moins autant que le tissage à la main.

Le tissage mécanique a subi plusieurs perfectionnements dans ces derniers temps. Les métiers rendent environ un sixième de plus qu'il y a cinq ans. Ce progrès au reste doit être attribué en partie aux progrès de la filature qui a fourni de meilleures chaînes. Aujourd'hui on tisse à la mécanique non-seulement les calicots pour impression, mais des jaconas, des madapolams et des calicots forts pour la vente en blanc.

Heureusement pour les tisserands à la main, une industrie nouvelle, en venant faire concurrence au coton, leur a fourni du travail. D'une part, les étoffes de laine pour impression, de l'autre la toile de lin leur ont offert des ressources. Il existe d'ailleurs certaines qualités réclamées par la consommation qui exigeront toujours le tissage manuel.

On conçoit du reste que la fabrication du coton, pressée entre la laine et le lin, éprouve une crise à laquelle le renchérissement des matières employées dans la teinture contribue en ce moment à donner plus de gravité. Ce n'est pas seulement à l'extérieur, mais même à l'intérieur qu'elle voit ses débouchés compromis. Nos exportations en tissus de coton sont en décroissance; après s'être élevées à une valeur de 108 millions en 1840, elles sont tombées à 104 en 1841, à 74 en 1842, et ne se sont relevées qu'à 82 millions en 1843. C'est par l'activité intelligente de nos fabricants, par le perfectionnement incessant de leurs moyens de travail, que l'industrie cotonnière pourra reconquérir les débouchés qui lui échappent.

Commençons par les tissus de coton serrés, unis, écrus et blancs.

Voici d'abord les calicots et jaconas de l'Alsace. Citons ceux de MM. Dollfus Mieg et Cie, de Mulhouse, qui en produisent annuellement 25 à 30 mille pièces qu'ils emploient dans leur fabrique d'impression. M. Hartmann, de Munster, possède également de vastes établissements de tissage et d'impression. MM. Fries et Callias de Guebwiller, Jourdain, d'Altkirch, Kœchlin frères, de Mulhouse, N. Kœnig de Sainte-Marie-aux-Mines, F. M. Schlumberger, de Mulhouse, Schlumberger jeune, de Thann, avaient aussi exposé des tissus de coton.

On peut considérer la fabrique des Vosges comme dépendant du centre manufacturier de l'Alsace; elle comptait plusieurs représentants. M. Provensal, de Moussey, dont nous reparlerons plus loin, possède un des plus beaux établissements de tissage mécanique. La production de M. Ernest Seillière est également très-considérable, et ses calicots sont du bon ordinaire courant. On voyait encore des calicots envoyés par MM. Antoine Collin et Cie, de Saulx, par M. Lecomte, de Rupt, par MM. Forel frères, également de Rupt.

La fabrique de calicots de Seine-Inférieure était représentée par MM. Duforestel-Lefebvre, de Rouen; Dubu, père et fils, de Blassoville; Fernand, Deloyse, Pelletier et Cie, Legrand, Pellouin et Bobé, Rousée, de Darnetal.

Le tissage mécanique a été lent à s'établir dans le département du Nord. Quelques tentatives infructueuses avaient découragé les manufacturiers; aujourd'hui ces appréhensions sont détruites par le succès de quelques établissements qui livrent au commerce et à la fabrication des indiennes des produits aussi remarquables par leur régularité que par leur bas prix. L'établissement le plus important de ce genre existe à Armentières. Il avait été envoyé, sous le nom de M. Leblon-Dansette, des calicots et des toiles fil et coton. Les calicots exposés par M. Bulteau frères, de Roubaix, ont été distingués. Le tissage par métiers isolés s'exerce encore dans les campagnes du département du Nord; il soutient assez bien la concurrence, à cause de la facilité qu'il fournit au tisserand de s'occuper chez lui et de n'être pas astreint à des heures régulières de travail; la petite ville d'Halluin, surtout, fournit aujourd'hui au commerce des calicots dont M. Lemaitre-Demeestere a exposé des échantillons.

Parmi les fabricants dont les établissements sont situés en dehors de ces grands centres manufacturiers, nous citerons M. Feray, d'Essonne (Seine-et-Oise), dont les produits sont toujours très-recherchés; M. Lecomte, d'Ourscamp (Oise), dont la filature revendique le mérite d'avoir été la première à introduire les bancs à broches qui ont marqué le progrès du filage du coton; M. Chenvière, de Melun (Seine-et-Marne); M. Ferguson, de Ronchamp (Haute-Saône), qui a exposé des tissus divers, madapolams croisés, cretones, etc; MM. Corbier, de Montreuil-Sous-Laon (Aisne); MM. Dechelette frères et Lapoire ; MM. Raffin frères, de Roanne (Loire) ; M. Bertin, de Nantes (Loire-Inférieure).

L'usage des tissus fabriqués avec des cotons en couleurs, connus sous le nom de cotonnades, a beaucoup baissé. La tendance du goût vers la forme et la couleur a fait négliger ces tissus qui ne pouvaient jamais présenter que des carreaux et des rayures. On leur préfère les indiennes dont les dessins et les nuances séduisent les yeux par leur éclat et leur variété. Cependant, il y a encore, parmi les cotonnades, certains articles dont la consommation se soutient, par exemple les madras, qui continuent à se fabriquer en assez grande quantité, malgré la concurrence des foulards. L'exportation en est considérable.

On sait que la Normandie a été longtemps en possession exclusive de produire les cotonnades, ce qui leur avait fait donner le nom de rouenneries ; mais les fabriques du Haut-Rhin sont venues leur disputer ce genre de fabrication. Du reste, dans les cotonnades comme dans les toiles peintes, si l'Alsace excelle dans les qualités fines, la Normandie l'emporte dans les qualités moyennes ou communes. Rouen peut livrer une douzaine de mouchoirs de poche d'enfant, de qualité et de grandeur suffisantes, à 80 centimes seulement.

Les fabricants du Haut-Rhin qui ont envoyé des cotonnades à l'Exposition, sont : M. Kayser et Cie, de Sainte-Marie-aux-Mines, qui ont exposé une grande variété de cravates, tissus unis, façonnés, mélangés de soie et de coton, tous également bien exécutés ; M. Urner jeune ; M. N. Kœnig ; MM. Blech frères, également de Sainte-Marie-aux-Mines, et s'adonnant à la même fabrication. On regrettait l'absence des fabriques de Ribeauvillé, qui produisent aussi une grande quantité de cotonnades.

La phalange des fabricants de Rouen avait répondu à l'appel. C'étaient : M. Caignard qui avait envoyé un bel assortiment de ses cotonnades qu'il livre à des prix très-modérés ; M. Montier-Huet, de Bolbec ; M. Lemonnier, d'Ivetot, dont les mouchoirs sont recherchés à cause de leur bonne confection et de leur bon marché ; M. Visquesnel, qui a exposé des mouchoirs en fil, et d'autres en fil et coton variés de couleur ; M. Châtain fils, Mme Glatigny ; M. Quesnel-Massif, dont les rouenneries méritent des éloges ; M. Vautier, qui fabrique des toiles de coton en diverses couleurs, assez fortes et assez unies pour remplacer la soie qui couvre les parapluies.

Nous avons un progrès à signaler dans les tissus de coton façonné : on ne produit encore en général que des calicots unis à la mécanique. C'était une sorte de conquête à faire que d'appliquer au *métier mécanique ordinaire* soit le système Jacquart, soit une armure quelconque ou tout autre appareil. M. Eugène Provensal a résolu ce problème avec un véritable succès, depuis plus de cinq ans, dans son tissage mécanique de Moussey (Vosges). De nouveaux moyens qu'il a perfectionnés dans ces derniers temps lui permettent de faire les étoffes dites *façonnées ou brillantées*, aussi facilement que le simple calicot. Pour en donner la preuve, il a exposé une pièce de 75 mètres de long avec 150 dessins, produite par le même métier et par le même ouvrier dans l'espace d'une semaine. C'était ainsi faire 12 mètres et 1/2 par jour et 25 dessins, ou 1 mètre par heure et 2 dessins. Il est inutile de dire qu'en continuant un seul et même dessin, on en tisserait au moins un tiers en sus.

La facilité de produire ce calicot façonné, la possibilité d'en varier le dessin à l'infini, le bon marché qui en résulte, telles sont les qualités de cette fabrication. Autrefois, ce genre de tissus se faisait à Saint-Quentin ; mais, par suite de la concurrence, il a quitté la Picardie avec les mousselines de laine pour venir s'implanter dans le Haut-Rhin et les Vosges. Nous sommes en industrie à une époque d'émigration. Les étoffes brillantées sont destinées à prendre beaucoup d'extension. Déjà on les imprime : en blanc comme en couleur, elles trouvent beaucoup d'applications et d'emplois.

Venons maintenant à une de nos industries les plus belles et les plus récentes, celle de la mousseline. C'est de l'Inde que nous sont venues les premières mousselines. Aujourd'hui on ne connaît plus en France la mousseline de l'Inde ; il n'en entre pas chaque année deux pièces qui soient authentiquement d'origine indienne ; il est vrai qu'il s'en vend beaucoup ; mais elles sortent tout bonnement de nos ateliers. L'application si étendue que l'on fait de ce tissu à la broderie pour robes et pour meubles prouve quels progrès cette industrie a faits chez nous. La mousseline trouve son emploi, non-seulement en blanc, comme vêtement de femmes ; mais encore on l'imprime, on la brode, on la broche, tantôt blanc sur blanc, quelquefois avec la laine, la soie et même l'or. On obtient ainsi les effets les plus séduisants.

Nos principaux concurrents sont l'Angleterre et la Suisse ; s'ils l'emportent sur nous, c'est par le bon marché, mais non par la perfection des tissus. Nous réussissons parfaitement dans le genre Suisse pour le grain et la régularité du tissu ; nos organdis unis ne le cèdent en rien aux organdis anglais, et nous les surpassons pour l'élégance et le goût de nos dessins. Tarare exporte de très-belles mousselines claires à 1 franc et 1 franc 25 centimes le mètre en Russie, dans l'Amérique du Nord, en Angleterre même. C'est à la fabrique de Tarare, en effet, qu'est dû l'honneur d'avoir disputé à nos rivaux étrangers une supériorité dont ils étaient depuis longtemps en possession.

La mousseline brodée pour meubles donne lieu aujourd'hui à une fabrication immense. Pendant longtemps et malgré la prohibition la plus sévère, disait le jury de 1839, tous nos salons, même ceux de nos législateurs et de nos administrateurs étaient tendus de mousselines brodées suisses. MM. Clérambault, Lecoq-Guibé et le baron Mercier, fabricants à Alençon, se proposèrent d'offrir à la consommation un produit qu'elle réclamait instamment et de l'affranchir du tribut payé à la contrebande ; ils montèrent en grand la broderie pour meuble sur mousseline, et ils tissèrent eux-mêmes leurs fonds. Ils obtinrent des succès qui furent récompensés. Mais le haut prix de la main-d'œuvre dans un pays comme celui du département de l'Orne, où les bras sont sollicités par tant d'emplois, leur rendit la lutte difficile à soutenir. C'est alors que plusieurs industriels eurent l'idée de transporter cette main-d'œuvre dans la montagne de Tarare, où la broderie était pratiquée de temps immémorial et où les salaires sont modiques. Leur calcul a été justifié par le succès, et le goût français, venant à remplacer les dessins anciens et lourds de la Suisse, a donné à cette industrie un caractère artistique qui l'a complètement transformée.

La fabrique d'Alençon, qui a la première importé ce genre de fabrication, était représentée par M. Lecoq-Guibé, qui ne s'est pas laissé décourager par la concurrence de Tarare, et qui cherche son succès dans le soin de l'exécution, dans le choix et la richesse des dessins. Rien de plus joli que les tulles brodés qu'il avait mis à l'Exposition.

Les mousselines de Tarare étaient éblouissantes, le tissu était d'une beauté parfaite. Il y avait certaines pièces auxquelles on pouvait reprocher des dessins d'assez mauvais goût, tels que des paons, des ruches en or, des édifices, des colonnes, des entablements, dont la lourde apparence était peu en harmonie avec la légèreté aérienne des tissus. Mais en revanche, il y en avait un grand nombre du meilleur goût, principalement celles qui avaient été faites d'après M. Guichard, un de nos bons dessinateurs.

Ainsi, l'exhibition de M. Salmon offrait les combinaisons les plus heureuses, des stores charmants, des mousselines, des gazes et des organdis damassés, façonnés à la Jacquart ou brodés au battant-brocheur. Il y a là, en outre, de grandes difficultés vaincues. On comprend en effet tout ce qu'il a fallu déployer de science de fabrication dans le montage et les doubles chaînes de ces tissus si fragiles. Combien n'a-t-on pas admiré ces fleurs brochées au lancé, en soie, en laine, qui se détachaient avec tant de bonheur.

On remarquait également de jolis stores dans la case de M. Estragnat, et des broderies plus ou moins élégantes dans celles de MM. Lucy-Sédillot, Pramondon, Brun et Dénoyel, Martin Matagrin et Cie, qui sont tous de Tarare.

Les regards des curieux se sont souvent arrêtés sur les superbes tarlatanes de M. Massé, mousselines très-claires, d'une finesse idéale, exposées modestement sous forme de nuages, dans une toute petite case. M. Massé occupe trois mille ouvriers et ouvrières à Saint-Symphorien-de-Lay, petite ville du département de la Loire. Depuis cinq ou six ans, la fabrication lyonnaise tend à émigrer vers Tarare, où elle installe ses petites soieries. Tarare, dérouté, émigre à son tour dans la Loire, et Saint-Symphorien devient un centre où se groupent les belles mousselines unies et brodées. Les ouvriers de la campagne tissent en partie, l'hiver; et dans l'été ils se livrent au travail agricole : c'est une excellente combinaison économique. A Tarare, les ouvrières gagnent peu, il est vrai, un franc par jour au maximum, mais elles emportent de la besogne aux champs, elles prennent du travail de toutes mains, commencent plusieurs pièces à la fois, les quittent, les reprennent, les gardent un an, deux ans, et causent ainsi un tort énorme aux fabriques.

Pendant que Tarare s'adonne à la fabrication du beau, Saint-Quentin cherche surtout le bon marché. Aux mousselines brodées, elle oppose les mousselines brochées. C'est la machine à la Jacquart qui est le principal élément de cette fabrication. Nous avons imité ce tissu des Anglais; mais nous les avons laissés derrière nous. Cette fabrication, qui procure aux classes moyennes du luxe à bon marché, est en progrès; les fonds sont plus réguliers et les dessins des contours sont mieux arrêtés. L'amélioration dans le goût se joint à celle qui a été obtenue dans la fabrication.

M. Daudville, de Saint-Quentin, a exposé un charmant store de mousseline brochée, en style Boucher, avec fleurs, fruits, oiseaux, enfants, avec effets ombrés donnant un relief excellent. C'est neuf, c'est la première fois qu'on l'obtient, sur des tissus aussi délicats, un relief qui ne nuit point à la légèreté. La bonne exécution de ce joli travail fait beaucoup d'honneur à M. Daudville, qui fabrique aussi des rideaux en tulle dit oriental, damassé, avec effets de mousseline, à 2 fr. le mètre. Un rideau à petites fleurs se faisait surtout remarquer dans l'exposition de MM. Jacquemin et Huet jeune. Il y avait aussi de jolies choses de MM. Lehoult et Cie, et Lesur frères.

Nous allions oublier M. Renaudière, de Paris, qui a exposé deux stores dessinés par M. Guichard, et d'un goût exquis.

L'industrie des tulles est en grand progrès. Il en entrait autrefois une grande quantité en contrebande; aujourd'hui, cette contrebande paraît avoir cessé. La baisse des prix des cotons fins est venue à l'aide de nos fabricants. Jusqu'en 1841, l'industrie des tulles avait plus particulièrement cherché à imiter les gazes, à se substituer à la mousseline claire et à la mousseline brodée ou brochée. Bientôt elle pensa à imiter les dentelles et à se substituer à ces dernières. A l'exemple de ce qui s'était fait à Nottingham, le système Jacquart fut appliqué aux métiers à tulle, à Calais d'abord, puis successivement à Lille, à Douai et dans le Cambrésis.

C'est grâce à cette nouvelle direction que l'industrie des tulles a fait un pas immense. Le nombre de ses métiers a augmenté d'une manière sensible. On en compte environ 1820 en France, dont 997, ou plus de la moitié, dans le seul département du Nord. Sur le nombre de 997, il y en a 893 concentrés dans le rayon de Calais et de Saint-Pierre de Calais.

Les 893 métiers de cette circonscription représentent une valeur de 5 millions et demi au moins : on le comprendra quand on saura qu'il y a de ces métiers qui coûtent jusqu'à 20,000 fr. et plus; ils sont la propriété de 291 fabricants; ils occupent 6,000 ouvriers au moins; plus, 1,770 commis, sous-maîtres, mécaniciens, etc.; 3 à 5,000 personnes sont employées pour la broderie à la main des tulles qui proviennent de la fabrique de tulle de Calais; ce nombre varie suivant les saisons et la variété des dessins. La fabrique de tulle de Calais, Saint-Pierre et environs, suivant ces calculs, occupe donc 10,930 à 12,950 ouvriers et ouvrières.

Une partie de ces produits sont achetés en écru par des négociants de Saint-Quentin, de Lille et de Paris, qui ont des représentants à Calais. Il ne faut pas oublier de dire que Calais et Saint-Pierre comptent de nombreuses et belles forges pour la construction des métiers; que ces métiers s'expédient au loin, à Lille, Saint-Quentin, Cambrai, Paris, Lyon, etc.; que quelques ateliers en tulle sont établis sur une grande échelle et sont mus par la vapeur; que plusieurs importantes maisons d'apprêt et de broderie se font aussi remarquer, et qu'à Guines, à deux lieues de Calais, se trouvent deux considérables blanchisseries, où la fabrique envoie la plus grande partie de ses produits, non-seulement pour le blanchissage, mais aussi pour la teinture.

Nous ajouterons aussi que des tulles de soie très-riches de dessin sont également fabriqués à Calais, et qu'ils trouvent notamment leur écoulement à Lyon et à Paris.

Nous avons remarqué à l'Exposition les pièces de tulle de différents dessins, écrues et blanchies, envoyées par MM. Tofflin-Martho et fils, de Caudry, dont les produits sont très-estimés dans le commerce; des voilettes et des tulles en bandes de MM. Auguste Folliot et Knight.

Saint-Quentin fabrique également les tulles ordinaires en laizes ou en bandes, avec ou sans broderies communes, la plupart des fabricants que nous avons cités plus haut à propos des mousselines, en avaient joint plusieurs pièces à leur exhibition.

Il y a encore d'autres étoffes qui n'ont pas trouvé place dans l'énumération que nous venons de donner, ce sont les velours, les couvertures et les molletons fabriqués avec du coton.

La fabrication des velours de coton était répandue depuis longtemps en Angleterre lorsqu'on l'introduisit en France vers 1740. Ce fut en 1788, époque à laquelle la navette volante fut introduite à Amiens et les machines perfectionnées, que les velours façonnés purent s'y fabriquer avec économie. C'est toujours Amiens qui est le centre de cette fabrication. Trois fabricants de cette ville en avaient envoyé diverses pièces à l'Exposition; c'étaient MM. Adéodat-Lefèvre, Debuigny, Gittard-Sainneville. Ces velours ont beaucoup baissé de prix dans ces derniers temps. On leur applique l'impression avec succès.

La plupart des fabricants de couvertures en laine fabriquent également les couvertures en coton. Nous ne pouvons donc que reproduire ici les noms de ceux que nous avons cités pour la fabrication des couvertures en laine; MM. Buffault, Truchon et Devy, M. Poupinel, dont les produits sont estimés dans les deux genres, MM. Levasseur frères, etc. Les fabricants du Centre et du Midi se bornent plus spécialement à la confection des couvertures de laine.

Le molleton se fabrique également, soit en laine, soit en coton. Le molleton de coton, tissu épais, tiré à poil des deux côtés, lisse et croisé, est une étoffe chaude beaucoup meilleur marché que le molleton en laine. On s'en sert surtout pour jupes et camisoles de femmes, pour doublures, pour langes d'enfant. C'est à Turcoing que se trouve le foyer de cette fabrication : on compte dans cette ville quatre cent quatre-vingts métiers qui fabriquent soit des molletons, soit des casinettes et des camelots, et qui produisent annuellement près de 1 million 400,000 mètres d'étoffes. Trois fabricants de Turcoing avaient envoyé des molletons à l'Exposition, M. Glorieux-Lorthioit, M. Marthe-Bousmart et M. Vasseur et Cie. M. Defrennes-Duplouy, de Lannoy, avait exposé des courtes-pointes, couvre-pieds, couvre-berceau, jupons, etc.

INDUSTRIE LINIÈRE.

La découverte de la filature à la mécanique a changé toutes les conditions de l'industrie linière. Que cette découverte, pour laquelle l'Empereur avait proposé un prix d'un million, ait été faite en France, cela ne paraît pas douteux. Nous avons rapporté, en parlant des machines, le jugement de Chaptal qui, dans son livre sur l'industrie française, en reporte l'honneur à M. Philippe de Girard. Mais, ainsi que cela est trop souvent arrivé, nous n'avons pas su profiter de cette invention. L'Angleterre s'en empara vers 1825 ou 1826. Elle sut donner au lin des préparations si bien entendues que la filasse se présentait à l'étirage dans des conditions presque aussi favorables que la laine et le coton. Dès lors, le succès fut assuré. Leeds, Dundon et Belfast devinrent le foyer de toute la production nécessaire au royaume uni. L'Angleterre cessa de demander du fil à la France, à l'Allemagne et à la Belgique, où la filature à la main avait prospéré jusqu'alors, grâce au bon marché des salaires. Bientôt elle exporta, et le continent ne tarda pas à être inondé de ses produits.

La France ne pouvait rester dans une pareille situation. Elle ne pouvait renoncer à une industrie aussi importante que celle du lin. On calcule que la culture du lin et du chanvre en France occupe une superficie de 180 mille hectares, dont le produit total représente une valeur de 175 millions de francs, après avoir mis en circulation 115 millions qui se répartissent en frais et en salaires sur le pied de 640 francs par hectare. Or, cette culture ne peut être maintenue qu'à la condition de fixer la fabrication même sur notre sol.

Si la filature à la mécanique n'existait pas, on pourrait hésiter à l'accepter, car elle va priver d'ouvrage une population nombreuse de nos campagnes. Mais ce moyen existe; on l'emploie chez nos voisins, et il se propage dans tous les pays industriels; il ne s'agit plus pour nous que d'en tirer avantage au plus tôt, puisqu'il n'est donné à personne d'étouffer une invention, qui, après tout, permet de faire plus vite et à meilleur marché.

Ce n'est guère qu'en 1837 que la nouvelle filature mécanique a commencé à s'établir en France; son grand développement n'a même eu lieu que depuis quatre ou cinq ans. On voit que c'est une industrie encore nouvelle. De grandes difficultés l'ont assaillie à sa naissance. La prospérité dont avaient joui longtemps les filatures en Angleterre avait surexcité outre mesure dans ce pays la création de nouvelles usines. Cette circonstance, jointe à la crise commerciale qui a si longtemps pesé sur la Grande-Bretagne, a amené un avilissement de prix qui est passé à l'état de permanence. Nos filatures naissantes étaient gravement compromises dans leur existence par une concurrence devenue ruineuse. On a relevé les droits de douane, mais cette mesure qui date du 26 juin 1842 a été viciée par l'exception gratuite et impolitique consentie au profit de la Belgique. Nos filateurs se plaignent d'ailleurs de ce que les droits actuels sont encore insuffisants, parce que les importations de fil anglais continuent à se faire en grande quantité. Il ne faut pas se le dissimuler, les éléments de production dans cette industrie sont bien moins favorables en France qu'en Angleterre et en Belgique. A mesure que la culture du lin diminue en France, elle se développe en Irlande. Des différences de prix notables sur les lins, sur la houille, sur le fer, un amortissement considérable à compter annuellement par suite du renouvellement des machines occasionné soit par l'usure, soit par les perfectionnements nouveaux, sont des charges dont nos producteurs ne peuvent s'affranchir et qui pèsent sur la valeur des produits qu'ils livrent au commerce en concurrence avec les Anglais et les Belges. De là, la nécessité d'une juste et forte protection.

Quelques fils de lin avaient figuré à la dernière Exposition. Il y avait alors en France 15 ou 20 mille broches de filature, il y en a aujourd'hui 120 mille réparties entre cinquante-cinq établissements. Le capital engagé dans les filatures en machines et immeubles est d'environ 30 millions de francs, et la production annuelle de 7 à 8 millions de kilogrammes d'une valeur de 20 à 22 millions.

Pour procéder par ordre, nous devons signaler d'abord les échantillons de lin et de chanvre teillé, qui ont été envoyés par M. Guesnon, de la Chapelle-Yvon (Calvados), par la société Doré, d'Alençon (Orne), et par M. Rouxel, de Saint-Brieuc (Côtes-du-Nord), qui s'occupe avec une grande persévérance, depuis plusieurs années, de perfectionner les préparations du lin. C'est là en effet une opération très-importante, et il est à désirer qu'il se forme de grands établissements de rouissage, où l'on prépare le lin produit par un certain nombre de producteurs et même par des villages entiers. En séparant les travaux de la production de la matière première par l'agriculture et les travaux de préparation par l'industrie, on pourrait organiser ces derniers d'après des moyens perfectionnés. Le partage des travaux dont nous parlons est déjà réalisé dans plusieurs parties de la Belgique, de l'Allemagne, et même en France, dans le département de l'Aisne. On offrirait ainsi à la filature des produits meilleurs, et peut-être parviendrait-on à arrêter les importations de la Russie, qui ont pris une grande extension dans ces derniers temps.

On sait tout ce qu'a fait M. Féray pour établir la filature mécanique en France. Il serait trop long de détailler les difficultés sans nombre qu'il lui a fallu vaincre et qu'il n'a pu surmonter qu'à l'aide d'une volonté ferme et persévérante. La filature d'Essonne est restée placée au premier rang. A celle d'Essonne, M. Féray a joint celle de Palleau. Tous les produits qui sortent de ces établissements sont excellents, et leurs fils sont préférés aux fils anglais. Quant à leurs prix, ils ont subi une diminution progressive; ainsi le numéro 30, qu'ils vendaient 87 fr. en 1837, ne se payait plus que 76 fr. en 1839, 70 fr. en 1841 et 66 fr. en 1844.

Le département du Nord est celui où la filature du lin à la mécanique a pris le plus de développement. Sur le nombre de 120 mille, auquel on évalue les broches établies en France, le département du Nord en a 40 mille ou le tiers. En tête il faut nommer d'abord M. Scrive-Labbe, dont le concours actif pour l'importation de la filature mécanique en France a déjà été récompensé de la décoration de la Légion-d'honneur, et qui a maintenu son établissement au nombre des plus remarquables sous le double rapport de l'importance de la fabrication et de la perfection du travail. Il avait exposé cette année des fils d'une grande finesse, dont un kilogramme fournit 86 mille mètres de longueur. Les fils de M. Leblan et Cⁱᵉ, de Pérenchies, se recommandaient également par leur finesse et leur régularité. M. Mahieu-Delangre a envoyé des échantillons de sa filature d'Armentières, qui s'annonce favorablement. MM. Malo-Dickson ont fondé à Coudekerque-Branche-lès-Dunkerque, le premier établissement qui ait été installé en France pour la filature des chanvres, lins et étoupes à sec, donnant plus spécialement un fil applicable aux fournitures en toile pour les administrations de la guerre et de la marine. Nous en reparlerons plus loin à l'article des toiles à voiles.

La filature établie à Amiens, sous forme de Société anonyme, offre une grande variété de bons produits. Cet établissement, le plus important de tous, s'adresse à la grande consommation; il a exposé des fils blancs bien réussis. Le blanchiment est une branche essentielle de la filature, et l'établissement d'Amiens le pratique avec succès.

M. Nicolas Schlumberger, qu'il nous faut citer à la fois comme constructeur de machines et comme filateur de laine, de coton et de lin, soutient dans toutes ces branches de l'industrie manufacturière une excellente réputation.

Les fils de MM. Caillé, Caternault, Marcau et Matignon frères, de Mortagne (Vendée), se recommandent par leur finesse et leur régularité.

M. Lainé-Laroche, d'Angers (Maine-et-Loire), a exposé des fils de chanvre, destinés à la fabrication des toiles à voiles de la marine royale qui sont d'une très-bonne confection.

Nous citerons aussi les fils envoyés par M. Fauquet-Lemaitre, de Bolbec, Dupasseur, de Rouen, Dutuit, de Barentin, qui représentent la filature du département de la Seine-Inférieure.

Enfin l'Exposition nous montrait encore des fils d'étoupe de MM. Bérard et Cⁱᵉ, de Mettray (Indre-et-Loire), des fils blanchis à différents degrés, de MM. Motai, Gapais et Cochet, de Paimpont (Ille-et-Vilaine), des fils de lin teints ou blanchis de M. Bisson, de Guisseray (Seine-et-Oise), des fils de lin pour cordonniers de MM. Malivoire et Cⁱᵉˢ, de Liancourt (Oise), et des fils à dentelle d'une grande perfection envoyés par M. Frivete Mahieux, de Boué (Aisne).

Le tissage a beaucoup profité des progrès de la filature mécanique. Il n'existe guère aujourd'hui de fabriques de toilerie qui puissent se passer de ces fils. Laval les a bien vite adoptés. Cholet n'emploie plus que ce genre de fils pour ses mouchoirs. La fabrique de Lisieux et de Vimoutiers n'en a pas tiré un parti moins satisfaisant. Il en est de même de la rubannerie, et surtout de la fabrication des coutils. Un des grands avantages de l'emploi des fils mécanique, c'est d'avoir permis au tisserand de produire plus vite, et par conséquent à meilleur marché. L'irrégularité des fils avait été jusque-là un grand obstacle à la fabrication. Lorsqu'il s'agissait d'une toile fine, par exemple, le tisserand était souvent obligé de parcourir plusieurs marchés pour rassortir sa chaîne ou sa trame, ce qu'il ne pouvait faire souvent que d'une manière fort imparfaite. L'uniformité de la filature à la mécanique a remédié à cet inconvénient; le paysan n'est plus obligé de s'en rapporter à la sûreté de son coup d'œil, et il s'est habitué à demander au marchand le numéro qu'il lui faut pour chaîne ou pour trame. De là des produits à la fois moins chers, plus réguliers et plus beaux.

Le tissage mécanique du lin présente beaucoup plus de difficultés que celui de coton : cela tient surtout au manque d'élasticité des fils de lin. Aussi ne l'applique-t-on guère qu'aux toiles communes. Il s'est établi dans le Nord plusieurs grands ateliers de tissage mécanique qui livrent d'énormes quantités de produits pour la consommation générale et pour les services de lits et des habillements militaires. Tel est surtout l'établissement de M. Ernest Lelièvre et Cⁱᵉ, de Cambray, le plus grand de ce genre, qui renferme deux cents métiers, et qui est dirigé avec beaucoup d'activité et d'intelligence. Nous avons vu aussi des toiles de MM. Scrive frères qui ont fondé en 1840 un tissage mécanique, qui compte déjà cinquante métiers et qui promet de se développer. Il y en avait également qui provenaient de l'établissement de MM. Bachemallet Barnicaut et Dietz, du Puy-de-Dôme.

Les idées, dit le jury du département du Nord, se dirigent en ce moment d'une manière plus spéciale vers le perfectionnement des machines à tisser à la main et vers les moyens d'obtenir une plus grande régularité de travail, ce qui n'existe pas aujourd'hui par suite de la dissémination et de l'isolement des tisserands qui n'ont pas, en général, assez de ressources pour faire usage des meilleures qualités de fils. Le tissage à la main est encore, tel qu'il est constitué, une affaire de hasard; la fabrication n'y suit aucune règle. On essaie de faire de grands ateliers de tissage à la main et d'y introduire les éléments de la grande industrie, c'est-à-dire les idées commerciales qui ne sauraient présider au tissage de la chaumière. Ainsi des établissements de ce genre ont été fondés à Hallum, où l'on tisse également le lin et le coton. Ils avaient exposé des pièces de toile bien exécutées, sous les noms de M. Demeestere-Delannoy et de M. Lemaître-Demeestere.

C'est dans l'ouest de la France que la fabrication des toiles de ménage a son foyer le plus actif. Cette fabrication comptait plusieurs représentants à l'Exposition : M. Limon-Dupatremeur, de Quintin, et M. le baron du Taya, de l'Hermitage (Côtes-du-Nord); MM. Homon et Desloge, de Morlaix, et Leroux, de Landivisiau (Finistère); M. Beaulieux et M. Machard, de Fougères, M. Porteu, de Rennes (Ille-et-Vilaine). Nous retrouverons la plupart de ces noms en parlant des toiles à voiles.

Nous devons une mention particulière à la belle exposition du département de la Sarthe. Les toiles de MM. Vétillard père et fils, de Ponthieu, sont d'une excellente confection. Ces fabricants, outre les toiles qu'ils font faire au dehors, en tissent dans un grand atelier qu'ils ont fait construire et où ils ont établi des métiers perfectionnés; ils exploitent une des blanchisseries les plus renommées de France. MM. Goupille et Verdier font partie des fabricants les plus distingués du pays; ils sont parvenus, par l'emploi bien entendu des fils mécaniques, à livrer leurs toiles à des prix très-bas relativement à leur qualité. C'est aussi en employant les fils mécaniques anglais et français dont ils se servent avec intelligence, que MM. Roussean père et fils ont perfectionné leur fabrication. Il faut encore citer parmi les exposants de la Sarthe, MM. Cohin frères, Renard, Geslin, Livache, Renout, Billon père et fils, qui nous ont montré jusqu'où peut aller l'habileté de leurs ouvriers. On remarquait également les toiles de M. Bance, de Mortagne (Orne).

On cite M. le comte de Perrochel, de Saint-Aubin (Sarthe), pour l'usage honorable de sa fortune et de son influence personnelle qu'il emploie au développement de l'industrie de la toile dans cette contrée. Il est le premier à y introduire les méthodes les meilleures et les plus nouvelles, les procédés les plus ingénieux. L'industrie lui doit de nombreux perfectionnements.

Cholet est la première ville de France pour la fabrication des mouchoirs de poche, elle s'est acquis en ce genre une renommée ancienne et méritée ; on a pu juger, d'après les échantillons exposés par M. Boulard, de Cholet, et par M. Pellerin, d'Andrezé, même département, que cette fabrique continuait à se montrer digne de sa vieille réputation.

L'Oise et les environs de Beauvais fournissent les plus belles toiles qui soient livrées à la consommation. Elles sont connues dans le commerce sous le nom de mi-Hollande, quoique valant autant que les toiles fabriquées sur les bords du Rhin, qu'on nomme toiles de Hollande et de Frise. Il avait été envoyé de ces toiles remarquables par MM. Caron, de Beauvais et Mary, de Saint-Rimault.

La fabrication des batistes, cette ancienne gloire du Cambrésis où elle est née, livrait encore au commerce, dans les premières années de la Restauration, 350 mille pièces d'étoffes. Aujourd'hui, sa production s'élève à peine à 90 mille pièces. La première cause de ce résultat est venue de ce qu'on a fabriqué des batistes avec une chaîne de coton et un apprêt approprié qui servait à déguiser ce mélange. Mais c'est surtout l'emploi des fils à la mécanique dans la fabrication des batistes qui a contribué à la ruine de notre ancienne industrie cambrésienne, inhabile qu'elle était à lutter avec les tissus similaires fabriqués à la mécanique en Irlande, en Allemagne et même en Basse-Normandie. L'Angleterre lui fait surtout une rude concurrence dans les batistes communes.

Le département du Nord a montré à l'Exposition tout ce que notre fabrication de batistes était susceptible de produire en belle qualité. On a pu admirer celles de M. Crespin, de Cambrai, de MM. Lussigny frères, de MM. Mistiviers et Hamoir, de Valenciennes. L'Exposition nous a montré aussi des batistes de M. Godard, de Bapaume (Pas-de-Calais), et de M. Boulard, de Cholet.

C'est à Paris que s'impriment généralement les batistes. Plusieurs fabricants avaient exposé des choses remarquables en ce genre, c'étaient MM. Godard, MM. Chedeaux et Cie, Denoyelle frères. Le bon goût qui préside au choix des tissus et des dessins a beaucoup augmenté la consommation de la batiste en cravates et en mouchoirs.

La fabrique de coutils n'avait pas manqué à l'Exposition. Il y en avait de tout genre, pour vêtements d'hommes, corsets de femme, literie, etc. Le coutil, comme on sait, est un tissu croisé de pur fil et coton qu'on a même fabriqué tout en coton.

Lille et Roubaix s'adonnent plus spécialement à la fabrication des coutils pour pantalons. Cette industrie, déjà fort avancée dans ces deux villes, a augmenté d'importance, et se distingue surtout par le bon goût et la variété des dispositions et des nuances. Le caractère d'articles nouveautés s'y montre beaucoup plus prononcé. Presque tous les fabricants de coutils de Lille et de Roubaix joignent à leur industrie la fabrication des tissus nouveautés en laine. Il en résulte plus d'activité et d'invention dans les combinaisons. Le tissage mécanique, appliqué à la fabrication des coutils, satins, etc., paraît avoir été essayé avec succès.

Les échantillons envoyés de ce centre de la production des coutils étaient magnifiques. L'établissement de MM. Brunel frères paraît être le premier qui se soit occupé des coutils façonnés en fils pour pantalons. M. Debuchy a soutenu sa belle réputation dans ce genre de fabrication; ses produits témoignaient de ses efforts incessants pour imprimer, leur donner toute la perfection possible. Les coutils exposés par M. Charvet sont d'une excellente confection ; le choix des couleurs, la combinaison du tissage sont remarquables; les prix sont peu élevés. Nous en dirons autant des pièces exposées par MM. Ternynck frères. M. Defontaine a montré le premier un tissage mécanique à vapeur de trente métiers pour la confection des étoffes unies et façonnées de laine et des coutils divers pour pantalons. Ces métiers lui permettent d'obtenir, en belle qualité et avec une grande économie de main-d'œuvre, tous les articles en laine, lin, fil et coton qui peuvent résulter du tissage à la navette, tels que satins, coutils, diagonales, buffines, etc. L'importation de ces métiers prépare la substitution prochaine et générale aux métiers employés actuellement au tissage de ces articles divers.

Nous ne mentionnerons pas d'autres fabricants de Lille et de Roubaix que nous avons déjà signalés au chapitre des tissus de laine.

Pendant que Lille et Roubaix cherchent le beau dans la fabrication des coutils, Laval cherche surtout le bon marché, sans cependant sacrifier le goût. La fabrique de la Mayenne livre au commerce une grande quantité de coutils pour la consommation courante. Elle était représentée par MM. Chauvin-Georget et P. Marie et Cie, qui ont exposé des tissus écossais côtelés et ombrés, des tissus façonnés et des coutils velours.

Deux fabricants d'Évreux avaient envoyé des coutils : M. Telhiard et Cie, et M. Taillandier. Le premier avait fait une exhibition très-variée de coutils pour corsets, de coutils damassés pour garnitures de voitures et pour ameublement. Tout cela était très-bien exécuté.

Nous avons encore distingué des coutils de M. Machard, de Fougères (Ille-et-Vilaine), de M. Lombré, de Nay (Pyrénées-Orientales), de M. de Reine et de M. Friloux, de Paris. M. Robert-Werly a exposé des tissus pour les corsets sans couture.

La fabrication du linge ouvragé est une des plus belles branches de l'industrie linière. Il y a longtemps que nous fabriquons le linge ouvré ordinaire, c'est-à-dire celui dont les dispositions simples, telles que le damier et l'œil de perdrix, peuvent s'exécuter sur le métier ordinaire. Mais il n'en est pas de même du linge damassé, c'est-à-dire du linge à fleurs, bouquets, personnages, en un mot à dessins riches, que l'on produit à l'aide du Jacquart. Nous tirions, il y a vingt ans, le linge damassé, dont nous nous servions, presque exclusivement de la Saxe et de la Silésie. Une fabrique de Saint-Quentin et une autre établie dans la Haute-Saône commencèrent à se faire remarquer à l'Exposition de 1827. Depuis cette époque, les perfectionnements du métier à la Jacquart et de la filature mécanique du lin, la demande plus fréquente causée par les progrès de l'aisance et du goût, stimulèrent cette fabrication, qui ne tarda pas à se développer. On tisse aujourd'hui du linge damassé près de Paris, en Flandre, dans le Béarn, dans la Picardie, la Bretagne, l'Alsace et la Franche-Comté. Les fabriques de Flandre, située à proximité de Lille, le marché le mieux approvisionné en fils de lin, réussissent admirablement.

Citons d'abord la fabrique de M. Féray, d'Essonne, qui a donné la première impulsion à cette industrie, et qui, avec les fils qu'elle confectionne elle-même, produit du linge damassé au moins égal, sinon supérieur, à tout ce qui nous vient de l'étranger. On n'a pas oublié quelle sensation fit dans le public sa belle exhibition de 1839. On admira dans son service lyre la beauté du dessin, l'éclat du satiné, la pureté des contours. M. Féray ne s'est pas moins distingué cette année. Le tissu est parfait et les dessins du meilleur goût. Le service armorié de la reine de Portugal brillait par la richesse de l'effet. Un service à grand médaillon, formé d'une guirlande de fleurs des plus délicates, se faisait remarquer par la finesse et l'élégance de l'ornementation.

MM. Duhamel frères ont exposé des services non moins remarquables, principalement sous le rapport de l'exécution. On peut blâmer ces guerriers du moyen âge montés sur des chevaux caparaçonnés; c'est peut-être, sous le rapport du goût, un peu trop saxon; mais le travail en est magnifique; il présente, par l'habile distribution des ombres, un relief comparable à celui des plus belles broderies à la main. MM. Duhamel ont exposé, à côté d'autres motifs de fleurs et de fruits, un genre de damassé écru pour housses de meubles qui pourra être d'un bon emploi.

Parmi les services exposés par M. Decoster, on en a remarqué un qu'il nomme *macédoine*, et qui offre cet avantage que, chaque service ayant son dessin particulier, une serviette perdue peut se remplacer facilement.

M. Bégué, de Pau, est le premier qui ait introduit la fabrication du damassé dans le département des Pyrénées-Orientales. C'est une création qui lui a coûté beaucoup de peines et de soins. Mais il a surmonté toutes les difficultés ; il occupe aujourd'hui jusqu'à deux cents ouvriers, au tissage et à la blanchisserie, et les produits qu'il livre au commerce, quoique à des prix modérés, réunissent l'éclat du dessin à l'excellente confection du tissu. M. Bégué se sert de fils français au-dessous du numéro 60, et de fils anglais au-dessus. Cependant il y avait un de ses services qui était entièrement national, c'est-à-dire fait avec du lin récolté et filé à Castres, par M. Guibal Anneveante, tissé, blanchi et apprêté par M. Bégué.

Sa fabrication comprend tous les articles de toileries, tels que : les toiles unies, depuis celles servant aux gros usages de ménage, jusqu'aux plus fines pour chemises de luxe; les mouchoirs blancs, depuis les prix les plus bas, jusqu'aux plus élevés; les mouchoirs fond bleu; le linge de table comprenant trois genres, et dans chacun d'eux des qualités très-diverses et des prix très-distincts : l'ouvré, le moiré, le damassé. La Silésie vend sur les lieux son service n° 1, 55 fr.; il vend son service n° 70, 60 fr. Le service de Silésie se compose d'une nappe de 2 mètres 40, sur 2 mètres 40 et de 13 serviettes ; en décomposant la nappe en serviettes, on trouve qu'elle équivaut à 6 serviettes, d'où il suit que chaque service de Silésie contient 19 serviettes qui, comptées à 2 fr. 90 c., font le montant du service, soit 55 fr. Le service de M. Bégué se compose de 12 serviettes de même grandeur, un surnappe de 1 mètre 10 sur 1 mètre 70, une nappe de 2 mètres 10 sur 3 mètres. En soumettant son service à la même décomposition, on voit

que la nappe équivaut à 7 serviettes 1/3, surnappe, 2 serviettes 1/3 et 12 serviettes, 21 serviettes et 2/3 : donc, ce service étant vendu 60 fr., chacune des serviettes qui le composent ne coûte que 2 fr. 80 c. Pour le n° 2, la différence est plus sensible. Il vend 80 fr. ce qui est vendu 78 fr.; mais la composition étant la même que celle des services ci-dessus, chaque serviette revient en Silésie à 4 fr. 10 c., et chez lui, à 3 fr. 70 c. Enfin le dernier service comparé donne une économie de 3 fr. environ.

Le linge damassé et ouvré de MM. Lefournier-Lamotte et Dufay, de Condé-sur-Noireau (Calvados), est d'une belle exécution ; leur établissement est situé dans un pays où ils trouvent de bons ouvriers, et ils savent habilement profiter de la position.

Nous citerons encore, parmi les exposants de linge de table, M. Collot-Bruno, de Saint-Rambert (Ain), MM. Siney père et fils, de Saint-Lô (Manche), M. Ch. Bayart, d'Armentières, M. Bruncel et M. Wattier-Castel de Lille (Nord), M. Schlumberger-Schwartz, de Mulhouse, M. Myet, de Fahy-les-Autrey (Haute-Saône), M. Deneux-Michaut, de Hallencourt (Somme).

La toile à voiles est un genre tout spécial. On l'a fabriquée jusqu'ici avec du fil de chanvre supérieur, éprouvé pour sa force et sa solidité. C'est surtout dans les départements de l'ouest que se trouvent les établissements qui s'occupent de cet article. En Angleterre on emploie également la toile de lin pour toile à voiles, et nous aurons à parler des succès obtenus par M. Malo-Dickson dans ce nouveau genre de fabrication.

Depuis longtemps, disons-nous, l'ouest de la France s'est acquis une juste réputation par l'excellence de ses toiles à voiles. La maison Saint-Marc, Porteu et Tetiot, de Rennes, tient à conserver, dans cette fabrication, sa vieille renommée. Les toiles qu'elle a exposées sous le n° 221 sont solides, bien corsées, et présentent plusieurs variétés. C'est tout un assortiment. Il y en a à 1 fr. 53 c., à 1 fr. 54 c., à 1 fr. 68 c., à 2 fr. 10 c. et à 2 fr. 20 c. le mètre. Ces toiles sont tissées à la main, et offrent cependant dans le tissu une grande régularité qui semble unie à une rare solidité.

M. Chérot, de Nantes, en a également exposé, mais tissées mécaniquement avec du chanvre filé à la mécanique ; elles paraissent d'une bonne qualité. Les échantillons envoyés par MM. Leclerc frères et Trudelle sont de deux sortes, en fils simples et en fils multiples, tous en chanvre d'Anjou. A l'égard de la solidité, il est difficile de rien voir de plus fort, un tissu mieux serré; seulement, le prix manque et empêche toute comparaison avec les produits des autres exposants.

Il y avait aussi des toiles à voiles de M. Duchemin, de Dinan (Côtes-du-Nord), de MM. Ch. Homou et Desloge, de Morlaix, de M. Le Roux, de Landivisiau (Finistère), de MM. Harouard et Laya, du Mans, de M. Joubert-Bonnaire, d'Angers.

Les toiles à voiles exposées par M. Malo-Dickson et C°, de Coudekerque-Branche-lès-Dunkerque, sont en lin filé à sec. Ce fut en 1857 qu'ils installèrent les premiers métiers pour le tissage des toiles à voiles de lin, tissées sans aucun apprêt, article inconnu jusqu'alors en France. Cette fabrication fut montée d'abord sur une échelle modeste, sur une production de 30 mille mètres par an. Mais la bonne apparence des toiles ayant engagé quelques voiliers et capitaines de navire à en faire des essais, leur supériorité sur toutes celles employées dans le commerce fut rapidement reconnue, et, depuis lors leur réussite a été progressive, au point que la fabrication dépasse aujourd'hui 400 mille mètres par an. Ce chiffre est plus élevé que celui d'aucun autre fabricant de toiles à voiles en France. Un pareil résultat prouve en faveur de l'excellence de la fabrication de M. Malo-Dickson et Cie. Les toiles de lin, étant tissées sans apprêt et sans aucun encollage d'amidon, de suif ou d'autre substance destructive, permettent de naviguer dans toutes les mers sans que les voiles soient exposées à se moisir, à se piquer ou à pourrir. Les toiles tissées avec apprêt sont très-sujettes à s'altérer, et font, par là, moins de service, surtout dans les climats chauds, ce qui est d'un fort grave inconvénient pour les navires expédiés à de lointaines destinations. Il paraît, qu'après les expériences faites par le commerce, le gouvernement va se décider enfin à adopter les nouvelles toiles pour la marine militaire. M. le prince de Joinville, en visitant l'Exposition, s'est nettement prononcé en faveur des voiles de lin.

Nous mentionnerons les tapis en toile exposés par M. de Beine, de Paris, qui avait également envoyé des sacs, des tuyaux en fil sans couture et des coutils pour pantalons de chasse. Ses tapis trouveront facilement leur emploi sur les navires, où l'on recherche tous les objets peu susceptibles de détérioration, et ceux surtout qui peuvent être facilement tenus en état de propreté.

Enfin M. Corriol, de Paris, avait exposé des sacs d'ambulance, M. Demoiseau, de Paris, de la toile écrue teinte en noir, des toiles à seaux et à tuyaux, M. Villion, de Paris, et M. Touze, d'Essonne, des tuyaux de toile sans couture, MM. Godillot père et fils, des articles de campement et de voyage, tels que tentes, hamacs, bateaux de toile.

Des toiles à voiles aux cordages il n'y a qu'un pas. Nous avons surtout remarqué ceux de M. Lhominy, de Paris, qui expose, entre autres, des câbles plats, formés de trois câbles enchevêtrés l'un dans l'autre, ou, si l'on veut, cousus ensemble, mais de manière à ce qu'il soit impossible d'apercevoir les traces de la couture. Ces câbles, à leur extrême solidité, joignent encore un autre avantage, celui d'augmenter la force en diminuant le frottement. La même méthode de fabrication a de plus été employée par M. Lhominy pour la confection de cordages plats en fils de cuivre et de fer. Parmi les autres cordages exposés par cet habile industriel, nous devons également mentionner un câble magnifique de 300 mètres de longueur et de 0^m 15 cent. d'épaisseur.

Les ports de mer se livrent aussi à cette utile fabrication. M. Merlié-Lefebvre, du Hâvre, a envoyé des câbles à remorquer, du prix de 60 fr. les 50 kil., et M. Joly, de Saint-Malo, sous le n° 235, des câbles en chanvre de Saint-Domingue, pour virer la baleine, du prix de 65 fr. les 50 kil. Tous ces produits sont confectionnés avec soin, et paraissent surtout remarquables par leur solidité.

L'établissement de M. Merlié-Lefebvre est digne d'être connu. Il a 350 mètres de longueur sur 8 mètres 50 centim. de largeur. Il est composé d'un rez-de-chaussée et d'un étage dans toute sa longueur. Au rez-de-chaussée sont les ateliers de commettage et de garniture pour préparer les gréements de navires. Le commettage s'opère au moyen d'une machine à vapeur, à moyenne pression, de la force de dix chevaux. Deux autres petites machines à haute pression existent dans l'établissement : l'une fait fonctionner les grosses bobines (désignées dans les corderies sous le nom de *tourets*), destinées à rouler les fils, lorsqu'ils sortent de la chaudière au goudron ; l'autre fait marcher les petites bobines et les métiers à filer.

L'échappement de la vapeur de ces deux machines chauffe le goudron, ce qui le rend plus onctueux et lui permet de s'incorporer beaucoup mieux au cordage. M. Merlié-Lefebvre fabrique, année moyenne, 300 à 350,000 kil. de cordage.

Il y avait aussi des cordages de M. Bouchard, de Nevers, qui sont très-bien fabriqués, et qui sont employés par les grandes usines du département ; d'autres de M. Lucas, de Versailles, de M. Leboeuf, de Paris, de M. Lefèvre, également de Paris, qui avait aussi exposé des étendelles de crin pour la fabrication de l'acide stéarique ; d'autres enfin de M. Lejuif, de Rouen, de M. David, du Hâvre, de M. Milliet-Choquet, de Moulins (Allier).

Enfin deux fabricants avaient exposé des préparations de nouvelles matières textiles, MM. Fremendity, Gabaldé, Baraton et Cie, des filaments de bananier, M. Sorin fils, de Paris, des cordes, tapis, hamacs, licous, étoffes même en aloès.

Terminons cet article par les cordes et ustensiles pour la pêche et la chasse. Nous en avons vu de très-bons de M. Joly aîné de Saint-Malo (Ille-et-Vilaine), de M. Delage-Montignac de Paris et de Mme Savouré. M. Lebatard avait exposé des chasse-mouches pour les chevaux, des carniers pour la chasse et des filets à déliter les vers à soie.

TISSUS DE CRIN.

Les tissus de crin, qui ont été longtemps délaissés, reprennent faveur. Il est vrai que la fabrication en a été poussée, dans ces derniers temps, à un grand degré de perfection. On a trouvé moyen de travailler le crin à la Jacquart, et d'obtenir ainsi des dessins variés, des damas, des bouquets, des rosaces, des ornements dans le genre de ceux que nous admirons sur les belles étoffes de Lyon. Les tissus de crin ont trouvé en outre des emplois qui leur ont ouvert de nouveaux débouchés.

Mme Ve Genevois avait exposé une belle collection d'étoffes en crin et soie végétale pour meubles, canapés, chaises, fauteuils ; les couleurs étaient vives et les dessins élégants. M. Jourdan cherche surtout les effets riches : il mélange le crin avec la soie, le cachemire et l'or, et il produit des étoffes de luxe. M. Delacour mélange aussi très-heureusement le crin avec la soie animale ou végétale ; on a surtout remarqué ses damas. M. Zerr s'adonne à la fabrication des étoffes pour chaussure. M. Oudinot-Lutel a fait une exhibition très-variée de crino-soie, de crino-flanelle pour robes ; d'étoffes qu'il nomme *frigidines* pour gilets ; de tissus légers pour chapeaux de femmes en été ; d'un tissu à bluter qu'il présente en concurrence avec la gaze de soie employée à cet usage.

TISSUS IMPERMÉABLES.

Le caoutchouc est la principale substance employée pour obtenir des tissus imperméables. Le caoutchouc est, en effet, une substance qui possède à un degré très-éminent la propriété de ne pas se laisser traverser par l'eau, en pouvant cependant se plier, s'allonger, s'étendre et revenir sur elle-même avec toute l'obéissance d'une enveloppe qui ferait partie du corps même sur lequel on l'applique. Il y a différentes manières de s'en servir.

L'emploi le plus ingénieux qu'on ait fait du caoutchouc consiste à le filer. C'est ce que MM. Rattier et Guibal sont parvenus à faire à l'aide d'un dissolvant jusqu'alors inusité, et par une suite de procédés ingénieux et nouveaux. Ils obtiennent des fils dont ils varient la finesse et la force. Ces fils, recouverts d'autres matières textiles, telles que la soie, la laine, le coton ou le lin, sont convertis en tissus souples, légers, et d'une parfaite élasticité.

Une autre manière d'employer le caoutchouc consiste à le dissoudre dans des huiles essentielles, et à en recouvrir les tissus de manière à les rendre imperméables. En interposant une couche mince de caoutchouc dissous entre deux feuillets d'une étoffe, on les joint fortement l'un à l'autre, et l'on obtient ainsi une étoffe double dans laquelle l'enduit de caoutchouc est dissimulé. Toutefois, dans ce dernier procédé, la substance est toujours un peu modifiée; elle renferme une certaine quantité d'huile qui lui donne de l'odeur et qui la ramollit. Les fabricants ont fait des efforts pour supprimer cette odeur; mais, bien qu'ils aient déjà amélioré leurs produits, ils ne les en ont pas encore débarrassés entièrement.

Parmi les exposants, nous voyons reparaître MM. Rattier et Guibal, les ingénieux filateurs du caoutchouc; ils soumettent ces fils à une tension prolongée, les recouvrent d'un tissu à l'aide du métier à lacet, et leur rendent ensuite l'élasticité par l'action d'un fer chaud. Leurs produits sont toujours estimés. On a pu voir par leur exhibition les usages divers auxquels ils s'appliquent le plus généralement.

M. Guérin jeune et Cie préparent les tissus en les rendant imperméables par l'application d'un enduit. Ils sont imperméables à l'air comme à l'eau. Ainsi, à côté des vêtements qu'ils livrent au commerce, ils exposent des coussins, des banquettes à air, etc. On a remarqué aussi dans leur case des courroies en caoutchouc qu'on peut substituer aux courroies en cuir pour les renvois de mouvement dans les usines. M. Champion, connu pour la fabrication de ses mesures linéaires en rubans imperméables, livre au commerce beaucoup d'objets produits par les mêmes procédés, et applicables à des destinations hygiéniques ou à la conservation des métaux. M. Meynadier prépare les tissus de la même manière et n'obtient pas moins de succès. Nous en dirons autant de M. Gagin, qui, en appliquant le caoutchouc sur la toile, fait des tentes, des manteaux de bivouac, des blouses, des bâches pour les voitures, etc, et, en l'appliquant sur le cuir, fait des chaussures imperméables dont l'emploi, essayé dans l'armée d'Afrique, a donné de bons résultats. M. Ledoux recouvre de tissus imperméables les buscs de corsets, qu'il préserve ainsi de la rouille. M. Vacheron, M. Flamet, MM. Grossmann et Wagner avaient exposé des bretelles et des jarretières; M. Galibert, des instruments en caoutchouc, des tubes très-bien faits, des porte-voix, etc.; MM. Blanchart et Cabirol, un bateau, une baignoire, une bouée de sauvetage, des tuyaux, etc.; MM. Brioude, Sanrefus et Cie, des balles, ballons et objets divers.

M. Becker rend les étoffes imperméables, non pas par l'emploi du caoutchouc, mais par des procédés chimiques, sans altérer leur souplesse ni leur couleur. M. Boulanger a également exposé des étoffes imperméables. Nous parlerons, au chapitre des produits chimiques, du savon hydrofuge envoyé par M. Menotti.

CHALES.

On sait que les châles nous sont venus de l'Orient, à la suite de l'expédition d'Égypte. Ce furent quelques femmes de Paris, citées pour leur beauté et leur goût dans la manière de se vêtir, qui les adoptèrent et qui les mirent en vogue. Mais ce qui contribua principalement à les faire rechercher, d'après ce que raconte un historien de l'industrie, ce fut la mode qui existait alors de se montrer dans les salons, et même quelquefois hors des appartements, sans avoir de manches aux robes et sans porter de fichus. Les femmes s'emparèrent avec empressement d'un vêtement libre et flottant, avec lequel il leur était facile de couvrir (ce sont les expressions de notre historien) les bras, la gorge et la taille. L'engouement fut tel à cette époque, qu'une femme qui ne possédait pas un cachemire était regardée comme faisant partie de la classe pauvre, puisqu'elle pouvait manquer d'une chose aussi essentielle à la toilette. On a dit récemment que les châles s'en allaient; il semble que la mode qui les fit adopter est revenue de plus belle; et les dames ont plus besoin que jamais de ces vêtements libres et flottants pour couvrir ce que les robes ne couvrent pas.

Il ne nous appartient pas de discuter ici la grave question de savoir s'il vaudrait mieux porter le châle en écharpe ou en ceinture flottante comme les femmes de l'Orient, plutôt que de s'envelopper de manière à ne plus laisser voir qu'un chapeau et des souliers. Nous dirons cependant que le châle ne remplit pas en Orient le même rôle que chez nous. En Orient, c'est une pièce d'étoffe dont les femmes font un ornement, soit qu'elles en parent leur tête, soit qu'elles en serrent leur taille. Dans nos pays où la température est très-variable, où l'on s'en sert surtout en hiver, pour passer de la chaleur des appartements au froid et à l'humidité des rues, on l'emploie comme un vêtement chaud destiné à empêcher les refroidissements. C'est plus prosaïque, sans doute; mais la poésie ne vient qu'après la santé.

Quoi qu'on en dise, les châles ne s'en vont pas; ils ne sont pas à l'agonie. On a fait bien des tentatives pour remplacer les châles. Mais aucune d'elles n'a pu survivre au caprice qui l'avait fait naître. Les pelisses, les camails, les burnous ont disparu. Le châle seul reste d'un usage général et continue à s'épanouir sur les épaules des femmes de tous les rangs. Mais peut-être est-on fatigué des dessins indiens et voudrait-on quelque chose de mieux, ou du moins autre chose. C'est là le grand point dans un pays où la mode est si capricieuse et où les châles, par une exception bizarre, ont conservé le même style depuis cinquante ans.

Nous ne pouvons cependant admettre complétement les sévères critiques qu'on a fait entendre contre le style indien, contre ces motifs confus, ramassés, qui se mêlent et se croisent, contre ces palmes allongées qui finissent en pointes, gourdes, ces coloquintes, ces lianes, ces bâtons droits, ces fouillis bizarres où l'œil a peine à reconnaître les formes et les objets. Il y a du vrai, sans doute, dans ces critiques. Mais il faut convenir que, s'il n'y a pas d'art dans ces compositions singulières, il y règne néanmoins une certaine harmonie de dessin, de couleur et d'effet dans toutes ces lignes qui se heurtent, dans tout ce désordre qui semble inextricable quand on descend dans les détails. On y retrouve une empreinte de cette poésie imagière, de cette imagination capricieuse et surabondante de l'Orient.

Il n'a été fait qu'un essai de quelque portée pour sortir du style indien; on a fabriqué, il y a quelques années, des châles décorés du nom de *renaissance*; ces châles ont échoué. Il est vrai qu'ils n'offraient rien qui pût les faire réussir.

Cet échec est d'autant moins encourageant que tout nouveau style est sûr de rencontrer une vive opposition de la part des femmes qui disposent de la mode. On préfère l'indien, non pas parce qu'on le trouve beau, mais parce qu'on veut avoir l'air de porter un cachemire pur sang. Ce n'est pas affaire de goût, c'est affaire de vanité, et c'est jouer gros jeu que d'aller contre cette grande infirmité du cœur humain.

Néanmoins, on peut s'en fier à nos dessinateurs et à nos fabricants pour l'avenir des châles. Ce n'est jamais l'invention ni le goût qui manque en France. La première génération des fabricants de châles a en quelque sorte accompli sa mission; elle avait entrepris de reproduire le châle de Cachemire; elle a réussi et au delà de ce qu'il était permis d'espérer. Sa tâche est-elle finie maintenant? Soit. Le règne de la nouvelle génération va commencer. Nous avons des fabricants jeunes, pleins d'ardeur, tout disposés à entrer en lice. Nous avons des dessinateurs qui cherchent et qui ne demandent pas mieux que de secouer les traditions indiennes. M. Couderc est un artiste de talent, capable à lui tout seul de régénérer les châles; M. Lartier et tant d'autres dessinateurs distingués ne demandent pas mieux que de deux bâtons entrer dans une voie nouvelle; qu'on les laisse faire, et la révolution se consommera bientôt.

Si des opinions diverses se produisent sur le mérite du style des châles français, en revanche il n'y en a qu'une sur le mérite de la fabrication. On a pu voir dans un coin de la case des successeurs de M. Deneirouse ce qu'est le véritable métier de l'Inde. C'est un instrument grossier, un engin élémentaire, comme on pouvait en faire il y a trois mille ans. Dans l'Inde, la fabrication est un mesquin travail de village, un travail à la main et de patience, pour ainsi dire, qui explique les coutures du fameux cachemire, la quantité de fils échappés et la nécessité de fréquentes reprises; tandis qu'un enfant peut, en France, faire le travail de trois ouvriers indiens. A côté de ce métier primitif, où deux lourds bâtons soutiennent la petite chaîne tramée à l'aide de quelques misérables chevilles dites *spoulins*, mettez la machine de Jacquart, et comparez le système de travail. Nous ne faisons pas le châle au fuseau, nous le fabriquons au lancé. Nous ne travaillons pas à la pièce par petites bandes, comme font les Indiens, mais dans toute son étendue, dans tout son développement. Malgré le prix élevé auquel se vend le cachemire de l'Inde, il exige, avec les métiers grossiers qu'on emploie à le tisser, un travail tel que les esclaves seuls peuvent être assujettis. Un document curieux, publié dans le compte-rendu du jury de 1839, nous apprend qu'un châle long est le fruit de trois années de labeur. C'est en déprimant le salaire des ouvriers jusqu'à la dernière limite des besoins de l'existence humaine que l'on parvient à créer ces tissus merveilleux sans le concours des ingénieuses facilités fournies par la mécanique. Chez nous, la machine affranchit l'homme de cette servitude matérielle; elle permet à nos ouvriers de soutenir avec avantage la concurrence des ouvriers indiens, en obtenant un salaire qui se compose de plus de francs que ceux-là ne gagnent de sous. La simplification des procédés est extraordinaire, et le métier à fabriquer le châle français nous paraît une des merveilles de l'industrie humaine.

Ce n'est pas que nous ne spoulinions aussi quand nous voulons. Il n'y a pas de fabricant qui n'ait fait sa pièce d'épreuve; il y en a même qui continuent de se servir du procédé indien.

Ceux de nos fabricants qui emploient ce moyen font beaucoup mieux que les Orientaux, et les successeurs de M. Deneirouse sont parvenus à exécuter de vrais châles indiens, qu'il expédient aujourd'hui dans l'Inde même, où déjà s'était accompli un autre prodige de l'industrie européenne, la victoire des mousselines sur les mousselines indigènes.

Il serait trop long d'énumérer les progrès qui se font chaque jour dans la fabrication des châles. Ainsi, le jury de 1839 constatait, entre autres perfectionnements, qu'on était parvenu à ne lire que le quart du dessin sans qu'à l'œil la répétition des formes se fît sentir. L'Exposition de cette année nous a montré de nouvelles inventions. Elle a constaté une amélioration générale dans le travail; non-seulement le tissage a gagné en solidité et en moelleux, les dessins et les couleurs ont été perfectionnés; mais encore on est arrivé par l'emploi de procédés mécaniques à livrer à des prix très-bas des produits fort beaux et fort distingués. C'est ainsi, et pour ne citer qu'un fait en passant, qu'on voit à l'Exposition de 1844 des indous à 25 et 30 fr., quand en 1839 le meilleur marché de ces châles était coté à 70 fr. Mettre ainsi les châles à la portée de toutes les fortunes, ce n'est pas les vulgariser, comme on l'a écrit, c'est les populariser, les nationaliser; c'est leur faire faire un progrès immense, sans exemple dans les autres industries. Le même progrès a eu lieu dans les imitations des cachemires de l'Inde; elles ont atteint un degré de perfection que M. Blanqui lui-même était loin de prévoir, lorsqu'en 1827 il prédisait à cette industrie un si bel avenir.

On sait que l'industrie des châles est répartie entre plusieurs centres qui diffèrent par leur genre de fabrication. Paris fabrique le beau châle, le châle de luxe, avec la laine de la chèvre de Cachemire, qui lui vient par la Russie; le châle indou cachemire, avec chaîne en soie, fantaisie retorse à deux bouts; enfin le châle indou laine, avec la même chaîne, mais dont la trame et le lancé sont en laine plus ou moins fine. Lyon et Nîmes travaillent pour une classe plus modeste, en introduisant dans le tissu soit la bourre de soie pure, soit la bourre de soie et la laine, pour l'intérieur de la France et pour l'exportation en Belgique, en Hollande, en Russie, etc., en concurrence avec les fabriques anglaises. Ce sont les Parisiens qui sont les moniteurs des trois centres de fabrication.

Rendons justice d'abord à la filature du cachemire dont les progrès n'ont pas peu contribué à ceux de la fabrication des châles. C'est elle, en effet, qui a permis au fabricant de pousser la réduction jusqu'à la plus grande finesse en donnant au tissu plus de souplesse et de moelleux. On a pu juger de la perfection de la filature par les séries de fils et de tissus qu'ont exposés M. Bietry et M. Possot.

Cela fait, commençons la revue des nombreux exposants de Paris par ceux qui nous montrent des châles fabriqués par des procédés nouveaux.

Voici un châle très-curieux. Il se trouve dans la case de MM. Houzey jeune et Marcel, dignes continuateurs de la maison Deneirouse, laquelle avait continué Lagorce. Ce châle en cachemire pur, complètement blanc, est broché *sans envers*, en fleurs naturelles, avec tiges, feuilles et festons. C'est fin, c'est doux et léger; c'est délicat et pur; c'est beau de couleur et de nuances artistement fondues. En 1817, on tenta quelque chose en ce genre : on fit des bordures fort jolies, sans envers apparent; mais le broché était finement découpé, tondu, tandis que ceci est plein, solide et d'un point qui doit avoir quelque rapport avec le travail des belles tapisseries. Deux choses caractérisent cet essai : d'abord, le travail qui ne donne pas d'envers, la chaîne se trouvant enveloppée de telle sorte qu'on obtient un relief qui donne aux couleurs une vivacité simulant parfaitement le velouté fabriqué avec un fond croisé; ensuite, la nature du dessin qui fait scission complète avec tous ces crochets, ces ramages, ces éternelles palmes du dessin indien, et qui reproduit de beaux bouquets de fleurs telles que la nature en étale à nos yeux. L'apparition de ce châle est un événement. Il renferme peut-être toute une révolution.

Deux fabricants, MM. Boas frères et M. Bosquet, de la maison Barbé-Proyart et Bosquet, ont introduit en même temps, dans la fabrique des châles un ingénieux perfectionnement; ils exécutent deux châles sur le même métier, avec la même laine et une seule lecture, deux châles à la fois, deux espèces de jumeaux, venus au monde collés ensemble, celui-ci blanc et rouge, celui-là rouge et blanc. Le double châle ainsi produit est séparé au moyen d'un mécanisme ingénieux qui opère comme la scie qui divise en deux un bloc de bois. Nous ne savons si ce procédé pourra servir avec avantage aux châles de qualité supérieure; mais en ce qui concerne ceux de qualité inférieure, le problème nous semble complétement résolu. La maison Barbé-Proyart et Bosquet, comme nous l'avons dit dans la section des machines, a seule exposé son métier à tisser et sa découpeuse. C'est surtout dans la découpeuse que gisait la difficulté, car Ternaux avait déjà le double châle. La découpeuse de M. Bosquet est composée de couteaux circulaires sur lesquels le châle s'avance, lorsqu'ils sont mis en mouvement. Ce système n'est pas nouveau; mais l'application qui en est faite à la fabrique du châle a tout le mérite de la nouveauté.

Un des plus beaux châles et un des plus intéressants de l'Exposition, était un châle de M. Fortier; dessiné par M. Lurtier, il présentait des guirlandes de fleurs de la plus grande délicatesse; mais ce qui était le plus digne d'attention, c'était la matière avec laquelle il était fabriqué. Il était fait avec cette variété de laine obtenue par M. Graux de Mauchamps sur un nouveau type de mouton qu'il a découvert et propagé (*voir* le chapitre des laines). Cette belle laine-soie, d'une superbe longueur, peut-être moins moelleuse, mais plus légère que le duvet du cachemire, a été filée par M. Biétry qui déclare qu'elle se file mieux, tandis que M. Fortier déclare qu'elle se tisse plus facilement. Cette laine se vend dès à présent à 50 pour 100 meilleur marché que le duvet-cachemire, et il est probable que le prix en baissera. Déjà en 1839, M. Bournhonet avait fait un châle avec la laine de M. Graux; M. Croutelle de Reims l'avait filée et tissée; elle ne manquait pas de détracteurs à cette époque, aujourd'hui on ne retrouverait nulle part les haussements d'épaules du temps passé, ni les sourires de douce compassion. M. Fortier, qui est un fabricant plein de goût et d'intelligence, a fait trois châles du même dessin, de la même couleur, l'un en cachemire pur, l'autre en belle laine allemande, l'autre avec la laine-soie de M. Graux. Il faut l'œil et les doigts exercés d'un connaisseur pour saisir les différences avec le cachemire; quant à la laine électorale, elle a bien évidemment le dessous. Il y a un grand avenir dans ce nouveau produit obtenu par hasard et qui vient prendre rang dans la fabrication.

M. Paul Godefroy a imaginé d'imprimer sur la chaîne une teinte qui donne plus de pureté au broché; l'idée n'est peut-être pas neuve; mais elle n'avait jamais été appliquée avec tant de sûreté.

M. Girard poursuit avec constance la fabrication du châle espouliné; il réussit parfaitement dans cette imitation du travail indien, et il surpasse même ses modèles par la régularité des tissus et l'éclat des couleurs.

M. Hébert est un de ceux qui ont le plus contribué au perfectionnement de la fabrication du jacquart, par l'adoption de deux inventions, l'une connue sous le nom de mécanisme à retour; l'autre inventée dans l'emploi du papier briqueté; il ne se distingue pas moins par son goût sûr que par sa science de fabrication; s'il emprunte au style indien, c'est avec l'intelligence du coloriste et du dessinateur.

M. Arnoux marche dignement à côté des fabricants que nous venons de nommer. Sans obéir aveuglément aux règles classiques de la tradition orientale, il a su habilement se les approprier; son grand châle jaune en fournissait la preuve; cet honorable fabricant a fait venir des esquisses de l'Inde, qu'il a traduites avec un soin consciencieux.

On se rappelle le châle exposé en 1839 par M. Gaussen aîné, châle pour la confection duquel il avait fallu employer plus de cent mille cartons, quoiqu'il fût au quart seulement. M. Gaussen n'a pas moins fait cette année; il a dessiné, d'après les dessins de M. A. Couder, un grand châle, inspiré de l'Inde, où l'on trouve des détails charmants; on y remarquait, au lieu de ces lourdes palmes arrondies à leur extrémité inférieure, des feuilles lancéolées qui s'attachaient sur leur léger pétiole avec une rare élégance.

MM. Gaussen et Maubernard ont exposé des châles exécutés comme ceux de M. Gaussen aîné, d'après M. A. Couder et qui témoignaient d'heureux efforts pour faire du nouveau.

Parmi les beaux châles exposés par MM. Duché, il y en a un qui mérite une mention à part, c'est un châle long ombré. Une double coupole présente un très-bel effet de fondu. C'est un chef-d'œuvre comme habileté dans la dégradation des teintes, comme harmonie de couleur, comme hardiesse d'exécution. Ces magnifiques nuances qui se dégradent avec une douceur infinie paraissent un élément nouveau et précieux dont on pourrait tirer parti pour un nouveau système d'ornementation.

MM. Champion et Gérard avaient aussi exposé des châles bien traités. Ils se distinguent par leur bon goût. On citait surtout, dans un de leurs châles, une palme dont les contours s'épanouissaient gracieusement et s'harmonisaient avec les motifs voisins, au lieu d'être crûment arrêtés.

Un châle fond vert à palmes, de M. Bournhonet, offrait un très-beau dessin dû à M. A. Couder.

Nous ne pouvons que citer, pour ne pas entrer dans de trop longs détails, les noms de MM. Fabre-Bosquillon, célèbres dans l'industrie des châles; de M. Chambellan qui soutient une bonne réputation; de MM. Gagnon et Culhat; Albert Jourdan et Cie, Brunet, Debras et Cie, Fouquet, Gouré jeune et Grandjean, Junot, Sivel Caron et Cie, Simon et Nourtier, Barouille, Barrier, Frétille, Dachès et Duverger, Bonfils et Michel, Chinard, Boutard et Vignon, Colombe et Lalan, Lavril et Larsonnier, Dumont-Oriol et Rivolier, Faucillon, Fressard, Sabran et Jessé, Sangouard, Rosset, Ricaux, Lion frères, Linard, Person et Lignière.

L'industrie de Lyon laisse à Paris le cachemire pur; mais elle lui dispute l'exploitation du cachemire indou pure laine, en se servant, dans la trame et le lancé, d'une matière fine et douce qui rivalise avec le cachemire pour la souplesse au toucher. Elle fait également le châle thibet, c'est-à-dire le châle fabriqué avec des matières mélangées de laine et de bourre de soie. Enfin, elle fait encore le châle tissé chaîne et trame en bourre de soie, qui était jadis l'objet unique de sa fabrication, et qui parait presque entièrement remplacé aujourd'hui par le châle thibet. Le châle thibet est en effet celui que l'industrie lyonnaise fabrique le plus; c'est celui qui, sous le rapport des qualités et des dessins, convient le mieux aux petites fortunes, et se prête le mieux aux exigences de la consommation de l'intérieur ou de l'étranger. On reprochait en général à Lyon, cette année, de ne rien tenter pour sortir du style indien.

M. Grillet aîné marche à la tête de la fabrication lyonnaise. Ses confrères, disait le jury de 1839, le reconnaissent, sans flatterie comme sans jalousie, pour le rénovateur de la bonne fabrique de châles imitation cachemire à Lyon. C'est au goût de ses dessins, à la finesse et au choix des chaînes fantaisie, et en général à une attention soigneuse dans tous les détails, qu'il doit ses succès et la clientèle étendue dont il jouit. Cette année, il se présente avec une idée nouvelle. Par l'habile emploi de deux chaînes, il obtient des fonds et des brochés d'une pureté merveilleuse; il évite le piquetage, c'est-à-dire qu'un fond blanc, par exemple, n'est point altéré par des points rouges qui percent dans le tissu. C'est un perfectionnement très-heureux.

La fabrique de Lyon était encore représentée par M. Damiron, qui fait une masse d'affaires considérable, et qui exporte beaucoup à l'étranger; par MM. Godemard et Moynier, les inventeurs ingénieux du battant-brocheur, par M. Goujon, qui a exposé des châles cachemires; par MM. Jarrin et Trotton, qui nous montraient un assortiment de châles de toute sorte; par MM. Pagès Blin et Cie, qui fabriquent également les genres les plus variés.

Nîmes vient après Lyon, comme Lyon vient après Paris. Elle fabrique surtout les châles à bas prix. On peut ranger en trois catégories les châles qu'elle livre au commerce; ce sont : 1° les *indous* tissés en laine surfine, sur chaîne fantaisie grenadine et brochés tout laine; les *thibets*, dont le nom indique la matière du tissage, sur la même chaîne, et admettant dans le broché la laine et la fantaisie. 2° Les châles presque entièrement en coton; tout au plus une couleur fantaisie, ordinairement le jaune, fait valoir le dessin broché. 3° Les *tartans* et *kabyles* à chaîne de coton, tramée de grosse laine, assez souple, se brochant avec la laine et le coton, suivant le prix.

La fabrique de Nîmes possède au plus haut degré l'esprit de création à bon marché : elle peut, elle doit s'en faire honneur; c'est une des plus belles gloires industrielles, c'est une des plus lucratives, et surtout des plus sûres. Le jury départemental du Gard signale les *fâcheuses conséquences qu'a eues la trop large part faite à la fabrication des objets de mode*. Il se félicite de ce que *toutes les tendances nouvelles semblent s'éloigner de la voie trop exclusive qu'il a si justement improuvée, et donner la préférence à la création d'objets de consommation plus assurée*. Voilà la carrière de Nîmes tracée, carrière immense, honorable autant que fructueuse à parcourir, qui peut donner à Nîmes une importance égale à celle de Lyon, tandis qu'une rivalité, une concurrence entre les deux fabriques ferait sans doute du tort à la plus puissante, mais ruinerait entièrement la plus faible.

Les exposants de châles de Nîmes étaient au nombre de douze en 1839; cette année, ils s'élèvent à vingt et un; c'est une preuve de l'accroissement qu'a pris cette industrie depuis cinq ans.

A leur tête continue à se placer M. Curnier, qui avait déjà obtenu des rappels de médaille d'or, et qui présentait cette année des châles brochés longs, verts, célestes et bleus, fort remarquables par la combinaison des nuances, des châles indous tapis, des châles rayés à carreaux d'un bon effet, et des châles imprimés réunissant le bon goût et le bon marché. MM. Colondre et Gévaudan avaient exposé plusieurs patrons cotés 16 francs, tout à fait dignes du succès qu'ils ont obtenu. Les produits de MM. Prade-Foulc étaient également satisfaisants. La maison Jacques Bouet, qui se compose du père et de neuf enfants, a montré de beaux échantillons de sa fabrication dans des châles qui descendent au prix de 20 francs. On a pu juger de ce que peut faire M. Constant par un châle long noir, du prix de 108 francs, par des châles rayés, riches, à 55 francs, et ses indous 7/4 à 45 fr.

On remarquait les châles kabyles de M. Mirabaud; c'est une fabrication conquise sur Reims; il y en avait cotés de 4 à 13 francs, qui sont de placement facile dans le midi, où ils ne rencontrent pas la concurrence des châles rémois. Nous reparlerons, au chapitre *tapis*, de MM. Coumert, Carreton et Chardonnaud, qui avaient envoyé des châles imprimés. MM. Audemart et Brès avaient exposé des châles de 13 et 15 francs qui se consomment en France, en Hollande et en Allemagne. MM. Fabre et Bigot s'adonnent au même genre de fabrication, dans lesquels ils ont conquis une belle renommée par leur aptitude et leur goût. Des châles damassés, laine et coton, à 6 et à 7 francs, attiraient l'attention dans la case de M. Gavanon, qui travaille surtout pour la consommation moyenne intérieure.

M. Devèze avait également exposé des châles de qualité moyenne, qui forment la base de sa fabrication. Mais ce qui paraît le plus remarquable parmi ses produits, d'après le jury du Gard, est précisément ce qui manque à son exposition. Ce sont les châles longs rayés, destinés à la consommation du Levant, qu'il fournit depuis longtemps au commerce de Smyrne, et les châles destinés aux républiques de l'Amérique du Sud. Il y a, dans ces derniers, une singulière difficulté vaincue. Deux des couleurs les plus employées, dans les combinaisons des dessins, le bleu et le vert, ont une signification politique, et sont soigneusement interdites. C'est à force d'art et d'imagination que l'on est parvenu à s'en passer, sans tomber dans la monotonie.

Les autres exposants de Nîmes, qui méritaient tous d'être cités, sont : MM. Bertrand et Pradal, Besson et Cie, Bousquet, Levat frères, Lombard jeune, Malhian, veuve Veyrun, Serres, Reynaud père et fils, Ponge, Quiblier.

La fabrique de châles à Reims ne date guère que de sept ou huit ans. La première, elle a monté des châles sur chaîne simple, ce qui lui a permis de les établir à bas prix. Elle a commencé par tisser des châles tartans à carreaux écossais ou à filets; elle est arrivée ensuite aux châles kabyles brochés, à bouquets ou à dessins couverts, et les a successivement ornés de bordures, de coins, de rosaces; enfin elle a également essayé des châles en laine douce, imitant le châle-laine de Paris. On voyait des échantillons de ces genres divers dans les cases de plusieurs fabricants de Reims, que nous avons déjà cités en parlant des tissus de laine.

On fabrique aussi des châles du même genre à Roubaix; il y en avait dans l'exhibition de plusieurs fabriques de cette ville, notamment dans celles de MM. Pierre Bayart, Julien Bayart, Ferlié, Frasez.

Enfin nous avons également aperçu des châles brochés exposés par M. Steiner, de Ribeauvillé (Haut-Rhin), et des châles angoras envoyés par MM. Scot et Delacour, de Caen.

Nous parlerons des châles imprimés dans le chapitre que nous consacrerons aux impressions sur tissus.

TAPIS.

La fabrication des tapis paraît nous être venue de l'Orient. Protégée par quelques souverains, et notamment par Henri IV et par Louis XIV, elle produisit des œuvres royales et qui ne pouvaient être payées que par des princes et des rois. Depuis lors, elle s'est mise peu à peu à travailler pour les classes moins riches, et si elle ne s'adresse pas encore à un nombre de consommateurs assez nombreux, il faut espérer que la baisse progressive de ses prix de vente lui permettra de répandre chaque jour davantage ses produits, dont l'emploi convient si naturellement à nos climats du Nord.

Nous n'avons qu'un mot à dire de la fabrication des tapis que les manufactures royales cherchent à élever à la hauteur d'un art. On sait les merveilles qu'a produites la manufacture de la Savonnerie, fondée par Henri IV, qu'on voyait encore sous la Restauration avec son inscription sur le quai de Billy, et qui a été réunie depuis quelques années à la manufacture des Gobelins. Cet établissement avait trouvé le moyen d'opposer au pied des tapis veloutés de sept à neuf lignes d'épaisseur, qui se prêtaient à recevoir toutes les formes, toutes les nuances les plus variées, les plus délicates, sans laisser apercevoir les interruptions que marquent entre elles la chaîne et la trame des autres tapisseries. Il paraît que ce procédé a été abandonné, ou du moins nous n'en avons pas aperçu de produits à l'exposition des manufactures royales, qui avait lieu au Louvre pendant que l'industrie particulière exposait aux Champs-Élysées. Les Gobelins nous montraient plusieurs tableaux reproduits sur les tapisseries : le Massacre des janissaires d'après Horace Vernet, un martyre de saint Étienne d'après Mauzaisse, plusieurs portraits du roi et de la famille royale: tout cela était bien exécuté; mais nous trouvons en général à ces tableaux de tapisserie plus de mérite, sous le rapport de la patience et de la difficulté vaincue, que sous le rapport de l'art. A côté de deux tableaux-tapisseries, représentant, d'après Oudry, l'un le cerf de la fable se mirant dans l'eau, l'autre deux chèvres, la manufacture de Beauvais avait exposé des pièces destinées à couvrir les meubles des appartements du château d'Eu ; ce genre nous plaît beaucoup mieux et nous paraissait mieux réussi; tout ce qui était ornement, oiseaux, fleurs et fruits, était d'une exécution parfaite et présentait un heureux assortiment de couleurs. Pour dire sincèrement l'impression que nous avons éprouvée en sortant de l'exposition des manufactures royales, il nous a paru que le règne de la grande tapisserie d'art était passé.

Le siège le plus important de la fabrication des tapis en France se trouve dans le département de la Creuse, à Aubusson et à Felletin. Une vingtaine de fabricants y occupent neuf à dix mille ouvriers qui n'ont pas d'autre état de père en fils. Mais Aubusson n'est pas sans émule; Turcoing, Amiens, Abbeville dans le Nord, Nîmes dans le Midi, Paris lui-même, concourent à une consommation qui tend à s'augmenter.

Les manufactures d'Aubusson fabriquent les différents genres de tapis ; mais elles sont seules à produire les tapis ras ou tapis d'Aubusson, qui présente un tissu ras comme les châles, ainsi que le tapis grand velouté dont le tissu à point noué et serré est propre à la copie des tableaux. L'exposition de cette année a prouvé que ces manufactures excellaient toujours dans la fabrication de ces tapis de luxe qui décorent les palais et les établissements publics. Il y en avait de splendides, de la plus grande richesse de composition et de couleur.

M. Sallandrouze-Lamornaix soutient dignement la renommée de son père, qui a donné une si vive impulsion à cette industrie. Il a exposé, entre autres tapis ras, deux grandes pièces représentant, l'une une forêt vierge, l'autre un tapis avec une charte pour l'Hôtel-de-Ville, dessinées toutes les deux par M. A. Couder. Le premier nous a paru très-heureux; il rend l'exubérance de végétation d'une forêt vierge dans toute sa splendeur.

M. Castel, d'Aubusson, expose pour la première fois en maître habile. M. Castel est, comme tant d'autres, l'enfant de ses propres œuvres, et cependant les tapis qu'il présente peuvent être honorablement placés à côté de ceux de M. Sallandrouze-Lamornaix. Ses deux grands tapis ras de belle laine sont irréprochables. Mais ce que nous avons surtout admiré, ce sont ses belles portières. Le tapis ras convient encore mieux comme tenture que comme tapis ; il semble revenir à cette destination, et M. Castel a montré tout le parti qu'on pouvait en tirer sous ce rapport.

Aubusson était encore représenté par M. Bellat aîné, qui est un des fabricants les plus distingués de cette ville, par M. Alexis Sallandrouze, qui se fait remarquer par une certaine hardiesse, par M. Demi-Doineau et M. Tabard aîné.

Ces manufacturiers ne font pas que les tapis de luxe; ils en avaient exposé à tous les prix; il y avait du grand velouté à 60 et 70 fr. le mètre; du tapis ras à 12 fr. le mètre en qualités ordinaires, et très-beau à 20 et 25 fr. le mètre; et enfin du haute-laine plus délicat et plus fin, et surtout mieux dessiné que les tapis d'Orient, vendu à Aubusson de 16 à 20 fr. le mètre. Il est vrai que les négociants qui font les achats à Aubusson prélèvent sur les riches pratiques une forte commission qui double, triple ou quintuple le prix de fabrique ; mais ceci n'a aucun rapport avec le prix de revient.

La manufacture de tapis que dirigent MM. Roussel, Réquillart et Chocquel à Turcoing, est la plus célèbre dans la fabrication des moquettes. Elle fut fondée en 1825. Jusqu'en 1828, le nombre des métiers ne s'éleva pas au-dessus de dix à douze. On en comptait quarante en 1829, nombre qui subsista jusqu'en 1832. Des constructions importantes, entreprises en 1833, imprimèrent à cet établissement un essor tel, que de 1834 à 1839 le nombre des métiers fut porté à cent, qui fonctionnent encore aujourd'hui et qui font de Turcoing la fabrique la plus considérable de France et la plus productive pour les *tapis-moquette*. Quatre cents ouvriers, dont le salaire s'élève par semaine de 3,200 francs à 3,500 francs, sont employés dans ce vaste établissement.

Turcoing est la première de nos manufactures qui ait tiré le tapis moquette de l'état obscur où il végétait; c'est elle qui a perfectionné ce genre de tissu sous le rapport de la fabrication et du dessin; c'est elle encore qui la première a remplacé l'ancien système de tissage *à la tire* par l'ingénieux système de Jacquard, qu'elle a encore perfectionné.

La manufacture de M. Vayson, à Abbeville (Somme), est également un des établissements les plus importants. Elle réunit tous les genres de fabrication relatifs à la préparation des tapis; elle occupe régulièrement plus de trois cents ouvriers; filature, teinture, dégraissage, tissage, tout est organisé sur une grande échelle.

Il y avait deux autres fabricants du département de la Somme, M. Henri Laurent, d'Amiens et M. Barbaza, de Belloy-sur-Somme, qui avaient envoyé des tapis à l'Exposition.

Nîmes s'est mis à fabriquer les tapis depuis quelques années. Cette ville apporte dans la nouvelle industrie qu'elle a entreprise les qualités qui la distinguent dans les autres industries. Elle sait allier à la modicité des prix la vivacité des couleurs et le bon goût du dessin. MM. Flaissier frères, Lecun et Cie, Rédarès, Coulet ont importé dans le Midi une fabrication des moquettes qui appartenait au Nord. Ils leur ont donné une couleur, un éclat, un mouvement jusqu'alors inconnus et par des procédés assez économiques pour que leurs prix ne dépassent pas 12 et 15 francs le mètre. Il est facile de voir que, même pour les dessins, les Nîmois sortent des sentiers battus et se font un genre original, dont les produits ont vivement frappé l'attention par la nouveauté et l'élégance. Aubusson leur a fait des commandes, c'est tout dire.

Nous citerons encore les tapis exposés par M. Gaussinel, de Clermont L'Hérault (Hérault), par M. Caron-Langlois, de Beauvais, et par plusieurs autres dont nous reparlerons au chapitre des impressions sur étoffes, par MM. Paris frères et Carré, de Paris.

Mentionnons, comme une nouveauté qui a besoin de faire ses preuves, les tapis en drap-feutre imprimés de M. Depoully et de M. Trotry-Latouche.

MM. Vayson, de Paris, avaient exposé un nouveau genre de tapis sous le nom de mosaïque de laine. Voici, dit-on, comment ils seraient fabriqués :

« Les dessins ou canevas qui servent à la confection de ce genre de travail sont ceux à tapisseries ordinaires, ou des toiles métalliques à mailles plus ou moins fines, et qu'on peut préparer ainsi en pièces de la plus grande dimension. On emploie exclusivement dans ce travail des jeunes filles qui, avec le temps, acquièrent une très-grande habileté, au point qu'un grand sujet ou tableau, auquel on applique en même temps plusieurs ouvrières, peut être terminé en quelques semaines. Voici comment s'opère ce travail. On prend de la laine à long brin, filée bien également, et dont la finesse est en rapport avec celle des mailles du canevas ou de la toile métallique, et on en charge de fortes aiguilles sur une épaisseur telle, qu'en passant dans ces mailles une seule fois, celles-ci se trouvent entièrement remplies de laine. Il en résulte une tapisserie épaisse et dense, qu'on a soin toutefois de laisser un peu lâche en ne tirant que fort peu sur les aiguilles. Quand le canevas est ainsi chargé de points de tapisserie, on le retourne, on nettoie et unit parfaitement l'envers, puis on applique une couche chaude de dissolution de caoutchouc, sur laquelle on étend aussitôt un tissu de coton qu'on fait adhérer par la pression. L'union des deux tissus s'opère très-rapidement, et au bout de peu de temps leur séparation est devenue impossible sans les déchirer. Quand on a obtenu ce résultat, on retourne le tapis et on le porte sur une machine semblable à peu près à celle à tondre les draps, mais très-précise et très-délicate, qu'on fait agir jusqu'à ce que tous les points de tapisserie se trouvent ouverts à la surface. Il en résulte, par suite de l'épaisseur de la laine, un très-beau velours de laine, qui présente dans son poil les dessins, les couleurs et les ornements qui ont été brodés sur la toile ou le canevas. Tous les points de tapisserie ayant ainsi été ouverts par la machine, on enlève le canevas ou la toile, et tous les brins de laine restent adhérents sur le tissu de coton, où ils sont retenus par la colle de caoutchouc. Pour donner enfin un dernier apprêt et un aspect uni au tapis, il ne reste plus qu'à le soumettre à un léger passage par la machine à tondre, qui exécute ce travail en un instant.

BONNETERIE.

La bonneterie comprend tous les ouvrages tricotés, soit à la main, soit au métier, qu'ils soient d'ailleurs en laine, en coton ou en soie. On prétend que l'art de tricoter nous vient d'Italie, d'où nous l'aurions importé au XVIe siècle. Les chroniqueurs nous apprennent que ce fut le roi Henri II qui mit les premiers bas de soie qu'on ait vus en France. On porta les bas cousus longtemps encore après la découverte du métier à bas qu'on attribue à un Anglais, Sir William-Lee, qui établit une manufacture à Nottingham, et qui, découragé par les vexations, vint en France où il fut bien accueilli par Henri IV. La machine à faire le tricot est bien connue. On sait comment l'ouvrier, en faisant mouvoir avec ses pieds et ses mains les diverses parties de la machine, parvient à produire une sorte d'étoffe sans chaîne, qui, dans l'allée et la venue de la navette ou de ce qui en tient lieu, forme des boucles qui s'entrelacent les unes dans les autres, et constituent le tricot. Nous avons décrit dans la section des machines, les métiers perfectionnés qui ont été exposés.

La bonneterie de coton est la moins chère, et par conséquent la plus importante. C'est à Troyes qu'est le principal centre de la fabrication. Les produits que fournit cette ville sont à la fois solides et bon marché, quoique cependant la fabrication des bas unis soutienne difficilement à l'étranger la concurrence de la Saxe et de l'Angleterre. On remarquait à l'Exposition des bonnets de coton sans couture à 1 fr. 90 cent. la douzaine, envoyés par M. Douine ; des jupons gaufrés depuis 3 fr. 70 le kilogramme et des camisoles envoyées par M. Jacquin, qui avait également exposé un métier circulaire ; des bas en laine-mérinos, et de jolies petites bottines quadrillées envoyées par M. Rondeau ; des tricots sans couture de plusieurs couleurs mélangées envoyés par M. Lasnier-Paris.

Les fabriques de Caen et de Rouen, moins considérables que celles de Troyes, produisent des articles plus recherchés par la qualité. MM. Bellamy, M. Manoury, M. Vautier fils, avaient exposé des bas et des chaussettes de coton blancs, gris, bleus, jaspés, qui étaient d'une exécution parfaite et cotés à des prix modérés. MM. Scot et Delacour avaient exposé des châles et des mitons angora. M. Mallet, de Lille, avait exposé des vêtements d'enfant, des casquettes, des bas, des chaussons, des couvre-pieds ; M. Dantreville, de Châlons-sur-Marne ; M. Delétoille-Cocquel, d'Arras ; MM. Delacour et Obry-Boulanger, de Villers-Bretonneux. M. Demorenil, de Hangest (Somme), avaient envoyé divers échantillons de cette industrie qui est répandue dans tous les départements du Nord. La bonneterie de laine, dite bonneterie de Santerre, est fabriquée dans au moins soixante communes du département de la Somme ; il résulte de l'enquête de 1834, qu'elle consommait alors 800 mille kilogrammes de laine peignée valant 8 millions, qu'elle occupait 15 mille ouvriers et 30 mille fileuses ouvrières ou enfants.

Les bonnets turcs exposés par MM. Valentin-Féau-Béchard et Cie, d'Orléans, rivalisent pour leur bonne exécution et pour la beauté de la teinture, avec les articles du même genre fabriqués à Tunis.

M. Dillon, de Xivray (Meuse), avait exposé des bas à jours en fil d'Écosse ou coton retors. Cet article, d'une si grande importance, se fabrique surtout dans le département du Gard dont nous allons parler.

La fabrication de bonneterie du département du Gard comprend les bas en tout genre, en soie, en fil d'Écosse, en coton, en filoselle ou bourre de soie, et en laine, les gants et les mitons de même matière, et les tricots en coton en pièce, sur lesquels on coupe les bonnets, les gilets, les caleçons et les jupes. L'article dont la fabrication a pris le plus de développement, est le tricot sur métier à maille fixe avec lequel on fait des bas, des gants et des mitons destinés principalement à l'exportation. L'adjonction de la mécanique Jacquart au métier à maille fixe a permis de créer des dessins appropriés à tous les goûts. La teinture et la chinure viennent les varier, et l'art de la brodeuse se charge de les couvrir d'ornements.

La bonneterie du Gard était bien représentée à l'Exposition. M. Meynard cadet soutient une ancienne réputation ; ses gants de soie à jour richement façonnés, ses mitaines à jour chinées et brodées, se distinguent à la fois par le bon goût, la bonne fabrication et la modicité des prix. M. Joyeux, qui a le premier employé le fil d'Écosse sur le métier à maille fixe, avait exposé des gants sans couture, des bas, etc. M. Joyeux fils a importé à Nîmes, pour les articles de soie, le métier à côtes anglaises que l'on emploie en Champagne aux tricots de laine et de coton, en le modifiant de manière à pouvoir y fabriquer des ouvrages à jour. Les articles de MM. Rouvière, Cabane et C¹ᵉ, destinés surtout à l'exportation, sont bien confectionnés. Nous devons nous borner à mentionner MM. Cadenat et Journet; Bouniols aîné; Vᵛᵉ Ruel fils et Dumas; Troupel; Petitjean frères; Annat aîné et Coulomb; D. Journet; Gilly-Pagès; Maystre; Mazaurin; Greffulhe; Flory et Audibert; et enfin, M. Gamalier fils, qui a fabriqué le premier des gants et des mitons en filets travaillés au fuseau avec des cordonnets de soie.

M. Fabre-Abdon, de Prats-de-Mollo (Pyrénées-Orientales) avait exposé des bonnets catalans en laine rouge très-bien faits.

L'industrie de Paris fabrique la bonneterie fine, et surtout les bas de première qualité, à jour et brodés, de manière à ne pas craindre la concurrence pour la perfection de ses produits, et surtout pour le bon goût des broderies qu'elle fait exécuter. On a pu remarquer, dans ce genre, les articles exposés par M. Folmer. M. Trotry-Latouche est un de nos principaux fabricants de bonneterie; il possède à Chatou une manufacture mue par une machine à vapeur de douze chevaux, et dans laquelle il réunit la filature de la laine, le tissage, le foulonnage et l'impression des draps; il a exposé des bonnets à l'usage des Orientaux, des tapis de pied et des draps imprimés. La case de M. Braconnier présentait des objets très-variés, des bas, des guêtres, des vêtements d'enfants, des robes, des écharpes, des pantoufles exécutés avec le métier circulaire faisant toutes sortes de dessins comme le Jacquart. MM. Collard et Belzacq avaient exposé différents articles, et principalement des pantoufles en tresse, exécutés soit dans leurs ateliers, soit dans les prisons. On remarquait encore la bonneterie de toute espèce de M. Seigneurgens (Gers) et de M. Buzonet; les tricots de M. Poitevin; les tissus et tricots foutrés en fil, coton ou laine, purs ou mélangés, de M. Plataret; les caleçons, camisoles en bourre cachemire, et les tricots en pièce de M. Destors, ainsi que les gants drapés de M. Morize aîné.

PASSEMENTERIE.

La passementerie comprend des produits très-nombreux et très-variés, dont les uns entrent dans la composition des ameublements, des ornements, et les autres dans les uniformes civils et militaires.

Une de ses parties les plus essentielles est, sans contredit, la broderie en or et en argent. Elle comprend jusqu'aux ornements sacerdotaux. Nous avons déjà cité ce que l'Exposition offrait de plus remarquable sous ce rapport, en parlant des soieries de Lyon. Il est inutile d'y revenir. Paris fabrique aussi la passementerie en or et en argent. On a pu juger de sa fabrication par les épaulettes, les ceintures, les cordons, les habits et les ornements d'église exposés par M. Vangeois.

Les boutons en tissu forment encore un des articles importants de la passementerie. On remarquait ceux qui avaient été envoyés par MM. Truchy, Vasserot, Mornieux et Laurent; ils étaient bien confectionnés.

MM. Guillemot frères, M. Puzin et M. Bléryc, de Paris, M. Mercier et Cⁱᵉ, de Saint-Étienne, avaient exposé différents échantillons de passementerie, et principalement des galons pour voitures et pour livrées; M. Borrel nous montrait des épaulettes et des pompons.

Nous rangeons encore dans la passementerie les lacets qui ont tant d'usage, et dont on a évalué la fabrication annuelle à 13 millions de fr. La fabrique de Saint-Chamond (Loire), qui en fait une très-grande quantité, était représentée par MM. Gaillard et Simon. Il y avait aussi des lacets envoyés par M. Bourgouin, de la Tulette (Charente), et par M. Guérin, de Nîmes.

DENTELLES, BRODERIES, TAPISSERIES A LA MAIN.

Nous réunissons dans un même chapitre tous ces travaux qui se font à la main. Ce sont des femmes, et de pauvres femmes qui les exécutent. Malheureusement c'est une industrie bien précaire que cette industrie à laquelle elles sont forcées de demander l'existence. Les vicissitudes de la mode viennent de temps à autre les priver d'occupation. Chaque jour le métier tend à remplacer les doigts. C'est une lutte douloureuse à laquelle il était impossible de ne pas songer, tout en parcourant les galeries où s'étalaient ces broderies magnifiques qui semblaient ne devoir rappeler que des idées de plaisir.

Il paraît cependant que les fabriques de dentelles sont très-occupées en ce moment, et qu'elles sont très-actives surtout dans les départements du Calvados, de la Haute-Loire, du Puy-de-Dôme, des Vosges, etc.

La dentelle, dans son principe, était un objet de luxe dont le prix exorbitant ne permettait l'usage qu'aux classes les plus opulentes de la société. Depuis la révolution française, les fabriques de dentelles qui n'ont pas fait assez de progrès pour que les prix en soient diminués sont restées sans succès, malgré les efforts qui ont été faits à diverses époques pour les remettre en faveur. La fabrication de dentelles qui est devenue importante est celle qui s'exécute au moyen du fuseau: elle a subi des modifications de toute espèce.

Les progrès qui ont été faits pour simplifier le travail en conservant la délicatesse, la pureté et l'élégance des dessins, permettent aujourd'hui de les livrer à des prix qui sont à la portée de toutes les classes de la société. Mais cette diminution dans les prix ne provient-elle pas aussi d'une diminution dans les salaires?

Le département du Calvados est peut-être celui où la fabrication de la dentelle a le plus d'activité. On estime qu'elle y occupe environ 60 à 70,000 ouvriers. Un de ses principaux représentants est M. Violard qui donne de Paris une impulsion active à cette industrie. M. Violard s'est constamment distingué à toutes les Expositions. En 1834, il exposa pour la première fois la dentelle de cachemire qu'il avait inventée, ainsi que des blondes et dentelles de soie qu'il avait fabriquées pour restaurer la spécialité des blondes qui tombait en décadence. De 1834 à 1839, M. Violard exposa au Louvre des dentelles à fils d'or et d'argent perfectionnées, et surtout des dentelles en fils de lin, qui lui valurent les suffrages de la Société d'agriculture de Caen. L'Exposition de 1839 revit M. Violard avec la dentelle de soie qu'il avait créée en 1834, et perfectionnée depuis lors. Son exemple avait profité à d'autres, l'impulsion était donnée. M. Violard expose cette année des articles perfectionnés de toute espèce en dentelles fabriquées au fuseau; en noir, un châle, un voile, un volant, une robe riche; en blanc une toilette complète en application d'Angleterre, dite de Bruxelles, deux berthes en guipures, une bayadère en dentelle de cachemire, un voile en dentelle de soie, une robe fabriquée avec du fil de lin, et d'autres merveilles qu'il serait trop long d'énumérer. MM. Lefébure et sœur et Petit, de Bayeux, se distinguent dans l'exécution des grandes pièces, telles que robes, voiles, châles, écharpes mantilles, qu'ils exportent en grande quantité. M. Leboulanger, dont nous reparlerons plus loin, a fondé une école pour la fabrication des dentelles à Bayeux. A côté de ces fabricants se plaçaient Mlle Vardon, de Caen, qui avait exposé une belle voilette et un beau volant en dentelle, Mlles Villain qui avaient été déjà distinguées par le jury de 1839, M. Mulot et M. Torcapel, également de Caen.

La fabrication de la valencienne tend à reprendre une nouvelle activité. M. Leboulanger jeune a fondé, en 1841, dans les bâtiments de l'Hôtel-Dieu, à Valenciennes, un établissement remarquable. C'est une école de jeunes dentellières dont la reine a accepté le patronage. Dans cet établissement 150 à 170 jeunes filles sont exercées à la profession de dentelière et acquièrent ainsi des moyens d'existence, en même temps qu'elles reçoivent une éducation et une instruction convenable. Pendant cet apprentissage gratuit, les jeunes filles reçoivent des prix et des primes pour encourager leurs progrès. M. Leboulanger jeune, qui a fondé un établissement analogue à Bayeux, a su ainsi concilier heureusement la spéculation industrielle avec les sentiments d'une philanthropie éclairée.

Une école manufacturière pour la valencienne a été aussi fondée à Dieppe, sous la direction de Mme Fleury; ce sont des orphelines que l'on reçoit dans cette respectable maison. Leurs travaux exposés sont excellents.

Le point d'Alençon a éprouvé bien des vicissitudes. On doit l'établissement de la première manufacture d'Alençon à une dame Gilbert à laquelle Colbert avança 150,000 fr. pour la fonder en 1675. Après avoir joui d'une grande vogue, il avait été presque complètement abandonné, il y a quelque années; il renaît aujourd'hui, plus léger qu'autrefois; il devient magnifique sous la direction de M. d'Ocagne, qui en a exposé de délicieux; MM. Dudouet, le baron Mercier, Videcoq et Simon nous montraient également des points d'Alençon d'une grande beauté.

Le Puy-en-Velay est représenté d'une manière brillante par M. Falcon, qui a le premier naturalisé la dentelle blanche dans une contrée où l'on n'avait fait jusqu'alors que des dentelles noires communes, et qui a fondé une école de dentelles aujourd'hui en pleine prospérité. Tous ses produits sont remarquables. On y admire la grande perfection du travail; ajoutons que les dessins en sont d'un goût très-pur. M. Al. Richard, de la même ville, a exposé un tout modeste cadre renfermant les produits classiques du Velay, les humbles dentelles du peuple sous lesquelles s'épanouissent de si jolis minois, au travers desquelles brillent souvent des yeux qu'envierait une duchesse. M. Richard occupe un grand nombre d'ouvrières; c'est un habile fabricant, c'est un homme de mérite qui entend bien son industrie. Il y avait aussi des blondes, des dentelles de velours, de laine et de coton, envoyées par M. G. Séguin, également du Puy. Nous avons également vu des dentelles en voyées par Mlle Chauve et M. Jouvet-Pardinel, de Viverols (Puy-de-Dôme).

Mirecourt fabrique surtout les dentelles communes; dix mille ouvrières sont occupées à ce travail; l'industrie de cette localité était représentée par MM. Aubry Febvrel, Aubry frères, et Dupas-Koel.

En passant aux broderies, nous ne reviendrons pas sur les robes merveilleuses, les rideaux, les stores, qui se fabriquent à Tarare et à Saint-Quentin. C'est une industrie spéciale; nous en avons parlé avec détails à l'article des mousselines et des tulles.

Les broderies de Nancy sont célèbres; le nombre d'ouvrières qu'elles occupent, tant à Nancy que dans les environs, s'élève à vingt ou vingt-cinq mille, dont un tiers à peu près travaille toute l'année, tandis que les deux autres tiers ne s'y adonnent que six mois de l'année pendant le chômage des travaux agricoles. Le genre de Nancy est surtout ce qu'on appelle le plumetis sur tissus de batiste, de mousseline et de jaconas. On comptait plusieurs exposants de Nancy ou des environs, M. Hanset-Jandol, Mme Horrer; Mlle Loeuillet et M. Leseure qui avaient envoyé des dentelles, des manchettes en dentelles, des imitations, des chemisettes, des cols et autres objets de toilette.

MMmes Votouski et Maufus, d'Aubusson (Creuse), avaient envoyé des mouchoirs, des cols et des manchettes brodés; MM. Renaudet-Cognac, de Chatellerault (Vienne), une aube, des écharpes, des voilettes, des volants et autres pièces en tulle brodées, trois fabricants de Lyon, MM. Dethel et Degabriel, M. Doguin fils et MM. Roque père et fils, des dentelles et des tulles façonnés.

C'est surtout dans les cases des exposants de Paris que la broderie se déploie dans toute sa splendeur. Il faut citer comme perfection, comme véritables ouvrages de fée, des mouchoirs de batiste, des robes en mousseline, plates ou à volants, exposées par les maisons Draps et Goudenove. MM. Armonville, Domaire et Wisnick, exposent aussi des broderies sur mousseline et batiste également merveilleuses. On voit un paysage et des figures représentés sur le pourtour d'un mouchoir en batiste. Voici une robe payée 4,000 fr. par le fiancé qui va la placer dans la corbeille de mariage et l'offrir à sa future. La même maison expose aussi des châles brodés sur cachemire, à compartiments de plusieurs couleurs, imitant les genres arabe et chinois. Tout est parfait dans l'exécution de ces châles, dont le bon goût peut d'ailleurs être contesté. On a fait en ce genre d'assez curieux enfantillages, on a brodé avec de la paille, avec les fines écailles des petits poissons, avec les ailes vertes et bronzées de certains insectes; ces travaux de patience étaient exposés par Mlle Beauvais. M. Drouille, MM. Dablaing et Sombret, Geffrotin, Hulot, Mmes Marie Hottot avaient exposé des dentelles brodées, des tulles brodés, des imitations de dentelles, des robes, des écharpes, des châles, des voiles, etc., et toutes ces admirables futilités que la mode a mises en honneur.

La broderie sur soie produit les châles connus sous le nom de *crêpes de Chine*. Il y en avait de fort beaux de M. Person. Cette fabrique est une des plus renommées de Paris pour la broderie sur étoffes; les crêpes de Chine qu'elle a exposés n'avaient pas d'envers.

On essaie de faire revivre à Lyon la broderie en soie de couleurs sur toutes les soieries, y compris le velours. Autrefois, la ville de Lyon joignait cette spécialité à la fabrication de ses tissus si renommés. La maison Beuque et soeur entreprend de relever cette ancienne industrie qui se lie si bien à la fabrication des étoffes, et qui en est en quelque sorte le complément pour les objets de grand luxe.

Nous mentionnerons une broderie en laine sur velours de laine qui se fait à Nancy, pour portières et petits tapis. Ce genre de broderie en relief, ou plutôt en bosse, présente dans tous les contours d'une fleur ou d'un ornement la surface du velours. Nous avons vu dans ce genre une descente de lit exposée par M. Leseure, et des tapis envoyés par M. Letourneur-Dubreuil, d'un joli choix, exécutés avec goût, et qui ont le mérite d'occuper beaucoup d'ouvriers quand les dentelles pourraient les faire chômer.

Mme Le Frotter-Dangecourt, de Rennes, avait exposé des broderies en paille, bonnets, écrans, pantoufles, dossiers et fonds de chaise.

Parmi les broderies en laine dites *point de tapisserie,* si fort à la mode aujourd'hui, et qui emplissaient plus de trente cases à l'Exposition, ce qu'on a remarqué de mieux dessiné, du goût le plus coquet et le plus fin, c'est un coussin en velours violet, à médaillon de canevas en soie blanche. Le bouquet de roses est d'une incomparable beauté. Ce magnifique ouvrage et une multitude de charmantes tapisseries appartiennent à la maison Tachy. MMlles Gérard, qui ont une réputation dans les salons de Paris, avaient exposé un beau lambrequin à fleurs dans les dents duquel se détachaient de petits personnages. M. Bucher avait présenté un portrait en tapisserie bien exécuté. Mlle Chanson avait joint à ses ouvrages un nouveau métier à tapisserie, commode, mais un peu cher; M. Aubry avait aussi exposé une mécanique à broder des dessins pour meubles. Il y avait une descente de lit, une garniture de cheminée, des fauteuils et des chaises de M. Lizé. La case de M. Helbronner nous montrait un couvrepied, un crochet nouveau point grec, une tenture pour lambrequin brodée en soie et en laine, et un assortiment de tapisseries pour meubles. M. Béraud, de Versailles, avait exposé des tableaux de tapisserie; M. Joly et M. Périllieux-Michelez, différentes tapisseries d'ornement.

BLANCHIMENT.

On n'emploie qu'à un petit nombre d'usages les matières filamenteuses avec la teinte qu'elles présentent dans leur état naturel. Il faut presque toujours leur enlever par le blanchiment la matière colorante qu'elles contiennent. La pureté du blanc dans les tissus de fil et de coton, recherchée de tous les temps de la part des consommateurs, est devenue dans ces dernières années l'objet d'études sérieuses en France et en Angleterre. Nous avons entendu dire que nos voisins conservaient la supériorité sur nous dans cette partie de la fabrication. Cependant, on a pu voir à notre Exposition des coutils et des linges de table d'une admirable blancheur. Il y avait aussi des étoffes bien apprêtées, entre autres celles de M. Vermont, de Rouen.

TEINTURE.

La teinture diffère de la fabrication des étoffes imprimées, dont nous parlerons plus loin, en ce que les matières colorantes sont appliquées uniformément sur les fils ou sur les tissus. On comprend de quelle importance est la teinture pour donner une belle apparence aux tissus. Aussi beaucoup de fabricants, dans les lainages surtout, l'exécutent-ils dans leurs ateliers.

Il y a longtemps que Lyon est célèbre par ses belles teintures. M. Vidalin est un des hommes habiles auxquels la fabrique de cette ville doit le rang qu'elle a pris dans la confection des étoffes mélangées de soie et de laine teinte. L'exposition qu'il a faite cette année prouve de nouveaux progrès; il obtient les couleurs les plus variées, les plus belles et les plus unies; on remarquait surtout dans sa case des écheveaux de soie dans lesquels la gamme des couleurs était parfaitement descendue. M. Guinon et M. Farge, de Lyon, avaient également exposé des soies teintes. Il y avait aussi des fils de coton teints de M. Boussu, de la même ville.

Paris compte plusieurs bons teinturiers, parmi lesquels nous citerons MM. Boutarel frères, Chalamel et Monier.

Les teinturiers du département de Nord sont en voie de progrès. Le développement qu'a pris à Roubaix l'industrie des tissus de laine leur a donné une grande activité. Longtemps les articles de Roubaix ont péché par le peu de solidité et d'éclat des couleurs. Il n'en est plus de même aujourd'hui. Les couleurs les plus variées et les plus belles sortent des ateliers de M. Descat-Crouzet, qui s'est fait surtout remarquer par ses belles teintures en bleu de France.

Il faudrait répéter, pour les teintures sur lainages, une grande partie des noms que nous avons cités pour les draps. Qui ne connaît la réputation de Sedan pour ses draps noirs, ses casimirs noirs et blancs? Qui n'a pas été frappé de la beauté des nuances écarlate, jonquille, violet, etc. qui brillaient dans la salle de l'Exposition?

La teinture sur coton n'est pas moins satisfaisante. On a pu en juger par les échantillons de M. Leveillé qui possède l'établissement le plus considérable en ce genre du département de la Seine-Inférieure. On a pu en juger également par les rouges en grand teint de M. Ch. Steiner, de Ribeauvillé (Haut-Rhin). Il est impossible de manier la teinture avec plus d'adresse et de bonheur.

IMPRESSIONS SUR ÉTOFFES.

L'impression sur les tissus paraît avoir pris naissance en Asie, dès les temps les plus reculés; les Égyptiens l'ont connue; Pline l'ancien vante les couleurs des tissus égyptiens. Mais les *Perses* et les *Indiennes* qui nous ont servi de modèle n'ont d'imprimé que le trait: les sujets sont coloriés au pinceau, opération dispendieuse et longue, de laquelle nos toiles imprimées de fil et coton, ou de coton pur, ont emprunté leur nom commun de toiles *peintes*, bien que l'impression à la planche y fût appliquée d'abord, et plus tard, pour certains genres, l'impression mécanique au rouleau.

On sait que cette industrie a été importée en France quelque temps avant la révolution, par Oberkampf, le célèbre manufacturier de Jouy. Il lui fallut vaincre bien des résistances, surmonter bien des préjugés. Peut-être même n'y fût-il pas parvenu sans de hautes protections. Une grande dame avait vu se déchirer une robe de Perse dont l'éclat avait fixé les regards jaloux de la cour et de la ville. Dans son désespoir, elle était accourue à Jouy pour demander à Oberkampf le secours de tous les secrets de son art. Il réussit, et bientôt il ne fut bruit que de ce prodige. On ne voulut plus à Versailles que des *Indiennes* du voisinage. La reine Marie-Antoinette désira connaître le créateur d'une industrie qui était déjà pour le canton et qui ne tarda pas à être pour le royaume entier une source de richesses. A l'exemple de la reine, les enfants de France visitaient souvent les ateliers. Les mains du comte d'Artois, depuis Charles X, s'essayèrent sur la planche de l'imprimeur. La toile de Jouy para des personnes royales; Trianon, Montreuil, Bellevue, Saint-Cloud en furent meublés. La réputation de ces étoffes alla dès lors en grandissant, et l'on sait quel immense développement cette industrie a su atteindre dans les ateliers de Mulhouse et de Rouen.

Combien l'impression sur tissus n'a-t-elle pas exigé de conditions pour réussir? Il était nécessaire de réunir l'application des procédés de la chimie, l'emploi des moyens mécaniques, la pratique des arts du dessin et de la gravure, et enfin les connaissances qui se rattachent à l'art d'assortir les couleurs.

Les toiles de coton ont été longtemps les seuls tissus qui aient donné lieu à l'établissement de grands ateliers d'impression. Aujourd'hui on imprime les tissus les plus divers. On décore d'impressions non-seulement les tissus de coton, de lin, de laines, de soie, mais encore les tissus composés de laine et coton, de soie et laine, de soie et coton. Les tissus de laine feutrés et le velours reçoivent des impressions en relief.

L'impression sur les tissus de laine pure ou mélangée est une des grandes conquêtes de ces derniers temps. Cet art nouveau a pris un essor rapide; il tend à faire remplacer les tissus de coton par les tissus de laine dans les contrées humides, froides, ou de température variable. Si l'impression sur laine a fait tant de progrès, il ne faut pas croire pour cela qu'il n'y ait pas eu de difficultés vaincues. Lorsqu'un tissu de laine, dit M. Chevreul, a reçu par impression quelque matière colorée ou susceptible de le devenir, il faut que celle-ci reste invariablement à la place où elle a été mise, et qu'elle y soit ensuite fixée au moyen de la chaleur. Pour que cette double condition soit remplie, la matière imprimée doit être, pendant le fixage, humectée au point de pénétrer légèrement l'étoffe sans s'étendre, et le degré de chaleur doit être convenable pour que la matière imprimée, abandonnant l'eau d'humectation, puisse s'unir à l'étoffe. Il y a là, comme on voit, un juste milieu assez difficile à reconnaître, et qui exige, pour être saisi, toute l'habileté de l'indienneur. Une autre cause de difficulté provient du soufre que contient la laine et qui est susceptible de s'unir à plusieurs matières métalliques employées dans l'impression. Toutes ces difficultés ont été surmontées avec bonheur depuis que toutes les opérations nécessaires pour confectionner les étoffes imprimées sont soumises dans de grands établissements à une direction unique, comme cela se pratiquait déjà pour les indiennes ou les toiles peintes.

La partie mécanique de l'impression a également reçu de grands perfectionnements. L'emploi du rouleau est devenu d'un usage plus commun, bien que cependant on ne nous paraisse pas encore en France en tirer tout le parti possible pour les impressions à plus de deux ou trois couleurs. On s'est familiarisé avec la perrotine, accueillie d'abord froidement, et maintenant acceptée partout. La Société industrielle de Mulhouse attribue à la perrotine les grands progrès qui se sont opérés depuis quelques années dans la production. Le rouleau et la perrotine ont chacun leur spécialité et tendent à satisfaire des besoins différents. La perrotine, dont les planches se chargent de plus de couleur, donne des motifs plus accusés, plus éclatants; par la raison opposée, la machine à rouleau laisse les teintes plus délicates, plus légères. Le rouleau fait des détails plus fins; la planche fait mieux ressortir les reliefs. En général le rouleau convient au fond, la planche aux objets qui doivent être plus en évidence. Sous le rapport de l'économie, le rouleau allant plus vite doit être préféré quand le dessin doit être tiré à un grand nombre d'exemplaires. La perrotine, exigeant pour la gravure des planches des frais infiniment moindres que le rouleau, reprend l'avantage quand le dessin n'est pas de la nature de ces dessins communs destinés à une grande consommation. Ainsi ces deux machines ne sont pas en concurrence; elles se complètent l'une par l'autre: elles satisfont à des conditions différentes. M. Perrot s'occupe en ce moment de l'impression mécanique des rentrures sur les étoffes déjà imprimées. S'il parvenait à réussir dans cette opération difficile, l'usage de la planche à la main se restreindrait encore.

Pour ce qui concerne l'emploi des couleurs, le progrès le plus notable que nous ayons à signaler depuis l'Exposition de 1839, c'est l'application du bleu de Prusse, ou bleu français, à l'impression. On en a tiré un parti admirable en Alsace surtout où le vénérable M. Spœrlin a inventé le procédé des couleurs fondues qui a ouvert une voie nouvelle et magnifique à l'impression. Les effets obtenus de cette manière sont on ne peut plus agréables à l'œil, et la mode a bien vite pris sous son patronage ces nouvelles impressions.

L'Exposition nous a montré les merveilles de tous les principaux centres industriels où l'art de l'impression s'est développé. La fabrique de Rouen, la plus modeste, travaille pour les consommateurs des classes pauvres et vise surtout au bon marché. Mulhouse, depuis un siècle, a constamment maintenu sa supériorité dans les impressions sur étoffes; le goût exquis de ses dessinateurs, l'habileté de ses chimistes, le talent de ses mécaniciens l'ont emporté sur toutes les fabriques étrangères; cependant il faut avouer qu'une heureuse rivale tente depuis douze ans la lutte, et qu'aujourd'hui la victoire semble indécise. Paris, en 1834, n'avait à l'Exposition qu'un très-petit nombre d'imprimeurs peu redoutables pour l'Alsace; en 1839, les efforts d'un plus grand nombre d'industriels parisiens n'obtinrent encore qu'un succès d'estime: ils manquaient d'expérience; ils se présentent aujourd'hui avec toute la force qu'ils ont acquise. Paris fait concurrence à Mulhouse, mais seulement dans une certaine limite, c'est-à-dire pour ce que dans le jargon du commerce on appelle la haute nouveauté.

Commençons notre revue par la Normandie. Rouen, nous venons de le dire, cherche avant tout à faire bon marché: il travaille pour le petit consommateur et pour l'exportation. Les manufacturiers de la Seine-Inférieure n'ont pas la hardiesse d'imagination de ceux du Haut-Rhin; mais ils ne sont étrangers à aucun progrès de l'art, et il est facile de voir, aux produits qu'ils exposent cette année, qu'ils seraient capables de s'élever à la production des impressions de luxe, si leur intérêt bien entendu ne les retenait dans les liens de l'industrie populaire qui les distingue. Nous citerons en première ligne M. Kœtinger, dans la famille duquel l'art de l'indiennure s'est transmis depuis quatre-vingt-cinq ans, et qui cherche à donner l'impulsion à l'industrie rouennaise en faisant toujours du nouveau; en effet le caractère spécial de sa fabrication, c'est la nouveauté; dès que ses produits sont imités, il cesse d'en faire d'autres, et il est habitué au succès.

La fabrique de MM. Girard et Cie, de Déville, disait le jury de 1839, est le type de la fabrication rouennaise, par l'immense quantité et le bas prix de ses produits; il sort annuellement près de cent mille pièces de cette manufacture; c'est par masse qu'elle agit.

M. Pimont, qui a créé à Rouen les impressions pour meubles, nous en montrait cette année des échantillons remarquables par la richesse et l'élégance des dessins autant que par l'éclat et la vivacité des couleurs. On distinguait également des perses fort jolies et de bonnes impressions en taille-douce dans la case de M. Fauquet. M. Stackler exposait de jolis velours de coton bien imprimés en fleurs vives et fraîches. M. Bataille fabrique une grande quantité de mouchoirs sur lesquels il imprime à très-bon marché toutes sortes de sujets de guerre ou de piété, des paysages, des cartes géographiques. MM. Hazard frères impriment avec succès sur calicots et sur mousselines de laine pure ou chaîne coton. La maison Kœchlin est connue depuis longtemps pour l'impression de ses indiennes à bon marché qui n'en sont pas moins d'une bonne exécution. Enfin M. Boismard, M. Dechancé, M. Henri Barbet, M. Speiser complétaient la phalange de Rouen. C'est dans leurs cases que le public pouvait s'assurer de la réalité de ces solutions industrielles, à l'aide desquelles on est parvenu à *gagner quelque chose* sur de charmantes petites indiennes rayées à 60 c. le mètre. Sans les fabricants de Rouen, toutes les femmes de la classe laborieuse et pauvre seraient encore condamnées à porter en été les lourdes et disgracieuses robes de laine de leurs grand'mères. Rouen fabrique des mouchoirs de poche à 15 c. et des robes à 5 fr.

Mulhouse a donné dans ces derniers temps un nouvel exemple de sa souplesse de fabrication, de sa facilité à se modifier suivant les exigences du goût, les variations de la mode. A mesure qu'elle a vu s'affaiblir le prestige du coton, elle s'est adonnée à la fabrication des étoffes légères de laine. Les mousselines de laine qui nous viennent aujourd'hui du Haut-Rhin sont des tissus aériens, moelleux, qui drapent bien, qui conviennent à toutes les saisons, et qui semblent appartenir de préférence à nos climats tempérés. Soit qu'on fabrique ces tissus avec de la laine pure, soit qu'on les assouplisse en les confectionnant avec des chaînes de coton, soit qu'on leur donne de l'éclat en les mélangeant avec la soie, soit qu'on serre les fils pour leur donner du corps ou qu'on les relâche pour leur donner la légèreté du barége, on obtient des étoffes qui se prêtent d'une manière merveilleuse à tous les caprices, à toutes les fantaisies de l'ornementation.

On a pu admirer dans l'exhibition de la célèbre fabrique de Wesserling tout le parti qu'elle a tiré de l'impression sur ces étoffes à la fois moelleuses et légères. Il est impossible de rien faire de plus gracieux, d'une élégance plus fine et plus distinguée. On remarquait, entre mille autres, une de leurs impressions, imitation de cachemire, où le peintre le plus difficile ne saurait trouver un trait irrégulier, un écart de couleur, une irrégularité quelconque. Wesserling est un établissement colossal, une ville industrielle, blottie dans le fond d'une vallée des Vosges, où MM. Gros Odier, Roman et Cie reçoivent le coton et la laine à l'état brut, pour les rendre à l'état de fabrication le plus perfectionné.

Quoi de plus joli encore que ces organdis et surtout que ces balzorines, d'un effet si doux, si caressant, que nous montrent MM. Dollfus-Mieg. La balzorine, étoffe très-claire, chaîne soie, trame laine, est une des plus charmantes créations de ces derniers temps. L'impression ajoute à ce qu'elle offre de vaporeux. On en fait des robes, des écharpes de sylphide. L'étranger nous en demande en quantité considérable, et l'on en exporte principalement pour l'Amérique du Sud.

Les produits de la grande fabrique de MM. Hartmann et fils, de Munster, sont toujours au premier rang ; ils se distinguent par la qualité du tissu, le fini de la gravure, le goût des dessins, la beauté des nuances et surtout des teintes fines, dans lesquelles cette fabrique a toujours excellé.

La case de MM. Kœchlin frères est vraiment splendide. Leurs motifs dits cachemire-pompadour présentent un travail curieux de difficultés vaincues. Neuf couleurs viennent successivement composer un ornement d'une grande richesse, et l'on ne trouverait pas une faute dans ces dessins si fins et si délicats. On ne regardait pas avec moins d'admiration leurs étoffes légères et fondues avec effets de damassé. On sait que M. Daniel Kœchlin est le plus ancien fabricant d'impressions et qu'il a contribué plus que personne au progrès de cette industrie.

M. Schlumberger jeune s'est montré dans cette Exposition, comme dans les Expositions précédentes, manufacturier intelligent ; il possède à fond toutes les branches de sa fabrication ; son atelier, disait le jury de 1839, peut être cité comme un modèle de bonne organisation ; toutes les opérations s'y exécutent avec une précision, une régularité, et une économie de main-d'œuvre remarquables.

Parmi les superbes étoffes de meubles qui embellissent l'exposition de MM. Schlumberger, Kœchlin et Cie, figure un store qui est un chef-d'œuvre d'impression. Ce sont des fleurs naturelles formant un bouquet énorme, dans un grand vase, avec ornements et encadrement : tout est imprimé sans contours, ce qui donne des effets plus doux. Le dessin est excellent, les tons ont de la franchise ; il faut quatre ou cinq mois pour accomplir un travail aussi colossal, qui exige l'emploi de je ne sais combien de planches.

C'est dans l'exhibition de MM. Blech-Steinbach et Mantz que se trouve le plus beau spécimen de bleu français fondu ; leur pièce dite à grandes pastilles est d'un très-bel effet ; la réussite est complète. M. Édouard Robert, de Thann, a exposé des impressions en rose du ton le plus heureux. De nouveaux exposants, MM. Scheurer, Gros et Cie, de Thann, donnent de belles espérances. Il faut nous contenter de citer MM. Dorgebray, Fries et Callias aîné, Hofer, qui avaient également exposé des produits très-satisfaisants.

On peut dire en effet qu'il ne vient rien de médiocre de Mulhouse. Le soin et l'élégance dans les plus petites choses caractérisent l'industrie alsacienne. C'est la perfection réunie de l'artiste et du manufacturier.

Paris ne suit pas la même voie que Rouen et Mulhouse. L'impression de Rouen est essentiellement manufacturière ; celle de Mulhouse est à la fois manufacturière et artistique ; celle de Paris est plus artistique et moins manufacturière. C'est pour le riche, c'est pour la mode surtout que travaille l'industrie de Paris et de ses environs. Ce n'est pas une industrie reposée, assise, sûre d'elle-même comme l'industrie de l'Alsace et de la Normandie. Elle s'agite, elle cherche, elle est toujours en quête du nouveau.

Quand la fabrication parisienne fait un dessin, elle ne le tire pas par mille ou deux mille pièces, comme on fait souvent à Mulhouse ; c'est par centaines seulement qu'elle compte ; car elle s'adresse à une consommation plus restreinte, et les modes changent tellement vite qu'elle ne peut pas prétendre à l'écoulement considérable d'un même dessin. Les choses en sont venues à ce point que les dessins n'appartiennent plus aux fabricants, mais aux marchands de nouveautés. Les marchands, placés plus près du consommateur, croient mieux connaître les goûts, les tendances du moment ; ils sont aux aguets de tous les caprices ; ils possèdent l'art de solliciter les désirs des acheteurs. Forts de cette expérience de chaque jour, ils aiment mieux faire faire les dessins eux-mêmes d'après leurs idées, sous leur direction ; ils les paient ; ils en restent propriétaires, et les imprimeurs ne sont plus en général que des travailleurs à façon. C'est pour cela qu'à l'Exposition on voyait figurer beaucoup de commerçants de Paris qui, en faisant exécuter eux-mêmes les dessins, se sont approprié en quelque sorte la moitié de l'industrie des impressions.

On conçoit l'influence que ce changement dans les conditions industrielles a dû exercer sur le genre de la fabrication parisienne. Il y a de la hardiesse, de l'audace même dans ses compositions. Quelquefois, il est vrai, elle se trompe ; l'ornementation est exagérée, le goût équivoque ; ce sont des écarts inévitables quand on cherche des voies nouvelles ; mais combien de belles choses ! Combien de dessins heureusement trouvés ! Quels riches effets de couleurs ! L'industrie parisienne prend, d'ailleurs, plus d'aplomb dans le travail, plus de sûreté dans le goût à mesure qu'elle acquiert plus d'expérience. Songeons qu'elle n'a encore qu'une dizaine d'années d'existence. Aujourd'hui, d'ailleurs, elle est sûre du succès ; sa situation est prospère ; elle s'est ouvert des débouchés à l'extérieur : l'avenir lui promet de nouveaux développements.

M. Depoully est un des premiers qui ait importé cette branche de fabrication dans la région parisienne. Après avoir obtenu la plus haute récompense pour les étoffes variées qu'il fabriquait à Lyon, il a fondé à Puteaux un grand établissement où l'on exécute toutes les opérations auxquelles sont soumis les tissus divers destinés à l'impression. C'est un homme à imagination active et dont la mode adopte volontiers les conceptions. Il y avait dans sa case des impressions de toutes sortes, sur mousselines de laine, sur barége, etc. On distinguait surtout ses impressions sur feutre, industrie nouvelle, dont il fournit des tapis à bon marché, et dont M. Trotry-Latouche, déjà cité pour son grand établissement de bonneterie orientale, nous offre également des échantillons.

M. Paul Godefroy, de Saint-Denis, est un industriel actif et entreprenant. Tout ce qui sort de sa manufacture est d'une exécution soignée. Il réussit surtout à bien assortir les couleurs et à leur donner du relief. On remarquait notamment ses fondus en bleu et en violet. Une pièce, violet fondu avec réserve en blanc très-pur, était comparable au meilleur velours de soie. La chasse pour meubles est un grand et hardi travail, dont le dessin rappelle une charmante composition de M. Couder.

Les organdis bleu clair, de MM. Broquette et le Comte, à effet damassé, sont charmants. M. Eggly-Roux, qui a exposé des mérinos, nous a également montré de fort belles impressions. MM. de la Morinière, Gouin et Michelet exposaient un assortiment varié d'impressions sur tissus de laine, soie et coton, robes, châles, écharpes, etc. Nous avons également remarqué les mousselines-laines et les châles imprimés de MM. Colombe et Lalan, de Suresne ; de MM. Debieux frères, de Saint-Denis, de M. Léon Godefroy, de Suresne. Citons aussi les impressions sur étoffes de M. Gobert et de M. Gras.

MM. Guigues et Cie à Paris appliquent l'impression en couleur sur la peau ; ils font ainsi de belles tentures, des maroquins illustrés pour meubles, pour pantoufles, etc. ; c'est une industrie qui doit réussir dans un moment où l'on revient au style des vieux ameublements.

En étendant le rayon de Paris, nous pouvons y comprendre la belle fabrique de Claye (Seine-et-Marne), appartenant à M. Japuis. Cet industriel a porté aux dernières limites l'impression et l'apprêt des étoffes. C'est blanc comme la neige, éclatant comme la peinture à l'huile ; c'est à la fois solide et léger. Ses calicots imprimés rivalisent avec la soie. Il y a des toiles peintes de toute beauté, dont la femme la plus élégante peut tendre son boudoir et qui ne coûtent que 2 fr. ou 2 fr. 50 c. le mètre.

M. Caron-Langlois, de Beauvais, a également soutenu une ancienne réputation. Après l'avoir cité pour sa fabrique de tapis, nous le citons encore ici pour ses impressions sur tissus. Ses draps imprimés, ses châles imprimés, ses étoffes diverses sont traités avec soin. Ses fondus étaient très-bien réussis.

Nous avons encore à mentionner les impressions du département du Nord. Là comme ailleurs l'activité du travail des imprimeries s'est portée en partie sur l'impression des étoffes de laine, de laine et soie et des foulards. L'établissement de MM. André Charvet et Fevez est le plus considérable et le plus complet de ce département. On distinguait, parmi leurs impressions, des fonds blanc-rose, dans la fabrication desquels ils avaient été contrariés jusqu'alors par la nature de leurs eaux.

Lyon imprime sur les tissus de soie pure ou mélangée qui sortent de ses fabriques. Ses châles imprimés, pour la saison d'été, trouvent un écoulement facile. M. Grillet aîné, qui est à la tête de la fabrication des châles à Lyon, exploite également avec succès le châle imprimé qu'il fait exécuter d'après ses propres dessins. MM. Janin et Trotton fabriquent aussi le châle imprimé. Les étoffes de soie imprimées, les bannières et les stores de M. Douillet attiraient l'attention. Il y avait aussi des foulards imprimés de M. Duret ; mais c'est surtout à Nîmes que cette branche de l'impression a pris du développement.

L'art de l'impression sur étoffes, telles que foulards, fantaisies, grenadines, se pratique à Nîmes avec succès. Nîmes livre au commerce une grande quantité de fichus, de mouchoirs et de châles. Plusieurs fabricants de Nîmes avaient envoyé des produits à l'Exposition. Ceux de MM. Coumert, Carreton et Chardonnand étaient d'une exécution satisfaisante et cotés très-bon marché. Nous en dirons autant des impressions sur soie envoyées par MM. Daudet jeune et Ardouin Daudet, Daudet-Queirety, Chabaud, Dhombres et Cie, Puget, Blachier et Masseran, etc., que nous avons déjà cités la plupart au chapitre des soieries. L'impression sur la grenadine y est en général fort belle. L'application des couleurs garancées est en progrès. Il y a également progrès dans les dispositions des dessins et dans la vivacité des couleurs.

Nous citerons, comme impression sur tissus de fil, les mouchoirs peints de MM. Chaumouillé et Céas, et de M. Paul aîné, de Bourg-lez-Valence (Drôme).

On a porté l'impression sur la batiste. C'est un genre qui ne nous plaît pas beaucoup. La batiste est trop belle par elle-même pour qu'elle ne perde pas à être couverte d'impressions qui empêchent d'en saisir la finesse qui est sa principale qualité. Ajoutons que la sécheresse du lin ne permet guère à la couleur de s'unir au tissu. La broderie est ce qui convient le mieux à l'ornement de la batiste. Dans tous les cas, si l'on veut imprimer la batiste, il faut n'y appliquer que des dessins très-minces, très-légers, qui ne dissimulent pas la beauté du fond blanc. Ainsi, il y avait à l'Exposition des batistes imprimées de MM. Chedeaux et Cie, de M. Denoyelle, de MM. Godard, de Paris, dont quelques-unes témoignaient d'un bon goût dans le choix des tissus et des impressions.

Il nous reste à parler de l'impression en relief. Les tissus qui reçoivent ce genre d'impression devant avoir une force suffisante pour conserver le relief, il n'y a guère que les étoffes feutrées et le velours sur lequel il puisse s'appliquer. Cette industrie est déjà ancienne ; elle remonte à 1788 ; en 1815, Ternaux chercha à lui donner du développement en appelant M. Beauvallet, l'inventeur, dans sa fabrique de Saint-Ouen. Cependant la consommation de cette nature de produits est toujours restée assez limitée. Ce sont les dessus de table qui forment son principal débouché.

Les impressions en relief de M. Lhotel étaient d'une grande netteté. M. Carré, graveur lui-même, est dans d'excellentes conditions pour bien faire le relief modelé : aussi réussit-il parfaitement. La fabrique de MM. Fanfernot et Dulac, qui est la plus considérable de Paris, exposait des tapis, des châles, des manteaux et autres articles en velours gaufré ; M. Rheins avait exposé des tapis et des cabas en draps imprimés ; M. Morand, des sacs et différents articles de fantaisie.

Il faut citer à part les cuirs, les étoffes de soie et les velours *sculptés* de M. Despréaux, de Versailles : c'est le résultat d'un procédé nouveau ; le fait est que les dessins sont frappés avec une netteté, une précision vraiment remarquables.

TOILES CIRÉES.

C'est un nom assez impropre que celui de toiles cirées donné à ces produits, car il n'y entre pas de cire ; l'enduit qu'on y aplique e compose ordinairement d'huile de lin rendue siccative par l'oxyde de plomb, de caoutchouc qu'on y fait dissoudre, de goudrons végétaux ou minéraux, de gélatine, etc.

La fabrication des toiles cirées a fait beaucoup de progrès depuis quelques années. Les fonds y sont appliqués par des mécaniques qui ont remplacé le travail à la main. Les méthodes d'impressions se sont perfectionnées. Une baisse de prix assez notable est résultée de ces améliorations. Cependant la consommation de ces toiles cirées est encore moindre en France qu'elle n'est en Angleterre, en Hollande et dans le nord de l'Allemagne.

Nous les avons vues figurer à l'Exposition sous les différentes formes dans lesquelles on les emploie, comme tapis de pied et de table, tapisseries, cartes géographiques, paravents, couvertures de bâches et de hangars, etc. A côté d'elles se montraient les taffetas gommés, qui appartiennent au même genre de fabrication, et dont on fait une grande consommation pour la confection des manteaux, des tabliers de nourrice, des ceintures hygiéniques, etc. Les échantillons de cette industrie étaient exposés par MM. Labey et Lemaire, Langlois, Clerex et Tenot, Larroumets, Micoud, de Paris, Seib, de Strasbourg, Cerf-Mayer, de Brest, Rivot de Bazeuil, de la Ferté-sur-Amance (Haute-Marne).

RÉPARATION DES TISSUS GATÉS PAR L'USAGE.

Le nettoyage et la réparation des étoffes constituent une industrie importante dans laquelle nous avons à signaler quelques progrès.

On sait que les châles perdent au bout d'un certain temps leur teinte brillante. Le fond peut toujours être teint facilement quand il est d'une couleur uniforme ; mais il s'agissait de préserver les palmes et les bordures de l'action du bain colorant ; c'est ce que M. Klein, de Paris, est parvenu à faire en appliquant sur les parties qu'on veut soustraire à cette action un mélange d'alumine et de craie dissous dans de la gomme. L'enlevage de la réserve quand le fond est teint, a lieu en lavant l'étoffe à grande eau, et en frottant légèrement entre les mains les parties réservées. Les résultats obtenus ainsi sont très-remarquables.

M. Frick, de Paris, a modifié ce procédé pour le rendre plus économique. Il nettoie tous les tissus les plus précieux, depuis les vieilles tapisseries des Gobelins, jusqu'aux étoffes de soie à bouquet sur fonds blancs.

Mme Picot réussit également bien, à en juger d'après les échantillons qu'elle a exposés, dans le nettoyage des soieries, des crêpes de Chine, cachemires, mousselines de laine, etc.

M. Dier excelle à remettre les vieux habits à neuf. On est vraiment étonné en comparant le drap remis à neuf avec ce qu'il était auparavant. Il redonne une vivacité remarquable aux draps bleus qui ont blanchi.

On sait qu'un des grands avantages des tapis veloutés, c'est de durer longtemps ; mais les couleurs se fanent à la longue ; alors, quand le temps et l'usage ont altéré leur vivacité, on peut les tondre de plus près, et ils reverdissent comme une prairie après la fauchaison. Il y a un exposant de Paris, M. Dennebecq, qui a fait des merveilles en ce genre, et qui exhume chaque jour de nos garde-meubles des tapis oubliés, pour leur rendre leur fraîcheur première.

FIN DE LA PARTIE DES TISSUS.

TABLE DES ARTICLES

CONTENUS

DANS LA PARTIE DES TISSUS

ET DÉSIGNATION DES GRAVURES DE CETTE PARTIE.

	Pages
DES TISSUS.	1
LAINES.	3
ÉTOFFES DE LAINE.	7
Cardage et peignage.	id.
Filage de la laine.	10
ÉTOFFES DRAPÉES ET FOULÉES.	13
ÉTOFFES LÉGÈREMENT FOULÉES, TISSUS DE LAINE NON FOULÉS, PURS OU MÉLANGÉS.	17
SOIES GRÉGES ET FILÉES.	22
SOIERIES.	25
RUBANS.	27
PELUCHES.	28
GAZES.	id.
TISSUS DE SOIE ET VERRE.	id.
INDUSTRIE DU COTON.	id.
FILS DE COTON.	29
TISSUS DE COTON.	31
INDUSTRIE LINIÈRE.	34

	Pages
TISSUS DE CRIN.	38
TISSUS IMPERMÉABLES.	id.
CHALES.	39
TAPIS.	42
BONNETERIE.	45
PASSEMENTERIE.	44
DENTELLES, BRODERIES, TAPISSERIES A LA MAIN.	id.
BLANCHIMENT.	47
TEINTURE.	id.
IMPRESSIONS SUR ÉTOFFES.	id.
TOILES CIRÉES.	51
RÉPARATION DES TISSUS GATÉS PAR L'USAGE.	id.

GRAVURES.

	Pages
Portière exécutée par MM. Mourceau et Cie.	22
Serviettes damassées de M. Béoué.	37

Cliché lumineux par Michel. — Exposition de 1844.

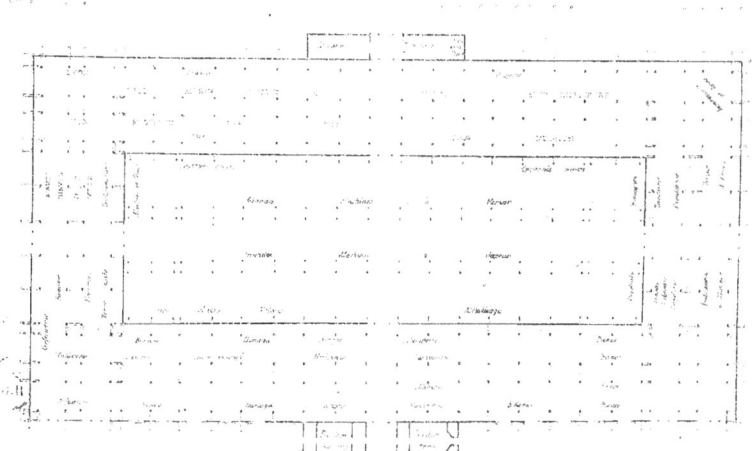

Challamel, éditeur, 4, rue de l'Abbaye-St-Germain.   Typogr. Ducessois. — Lith. Grégoire et Deneux.

PLAN ET ÉLÉVATION DU PALAIS DE L'INDUSTRIE
(CARRÉ MARIGNY, CHAMPS-ÉLYSÉES).

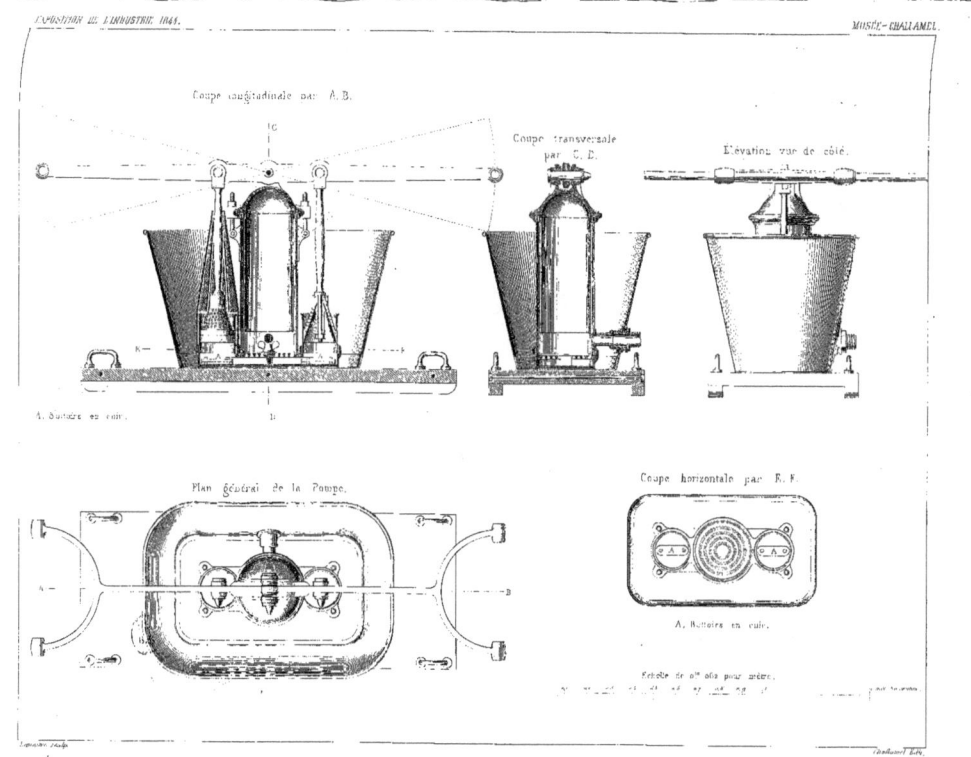

EXPOSITION DE L'INDUSTRIE 1844.

Forges de Fourchambault.

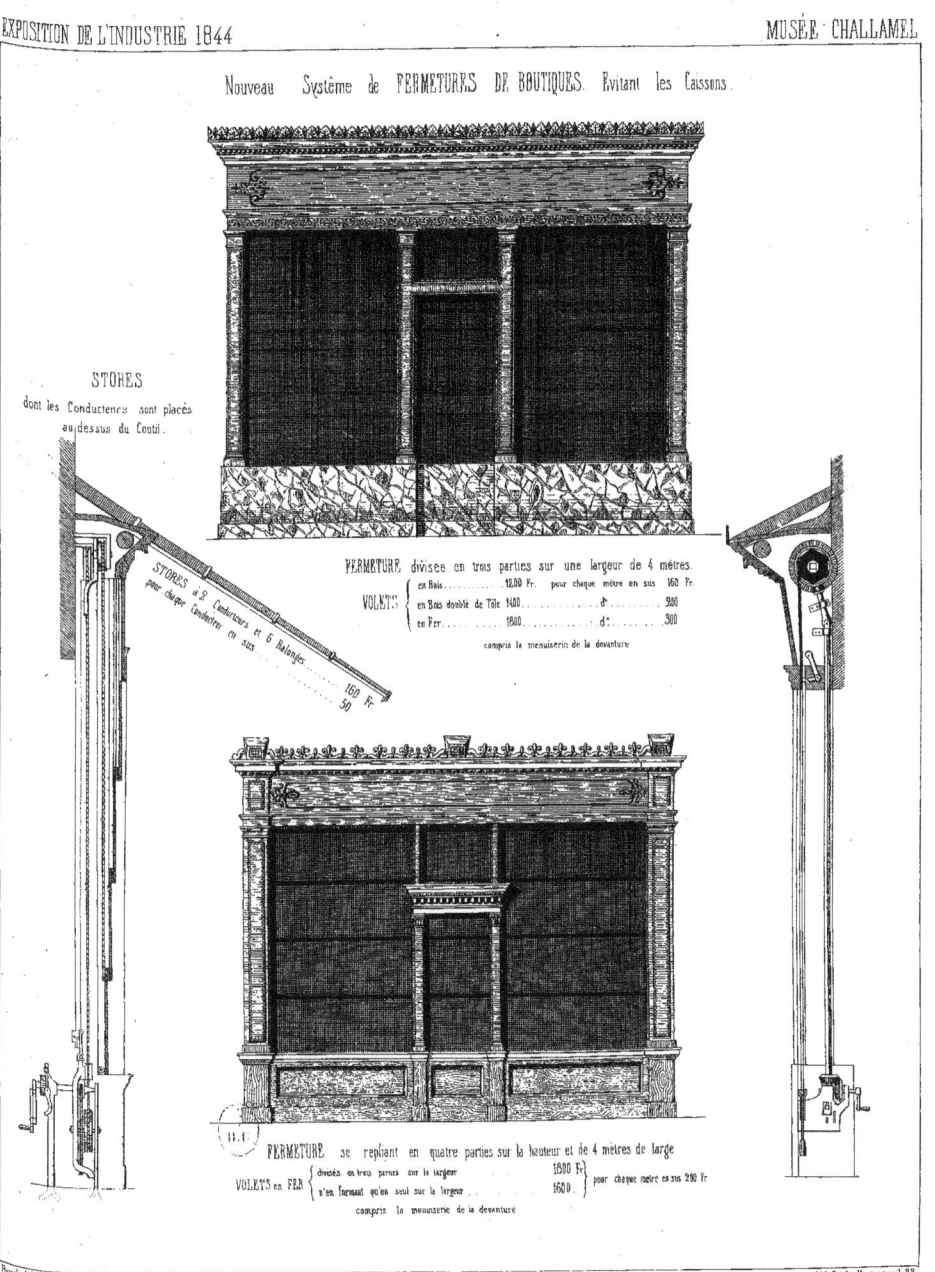

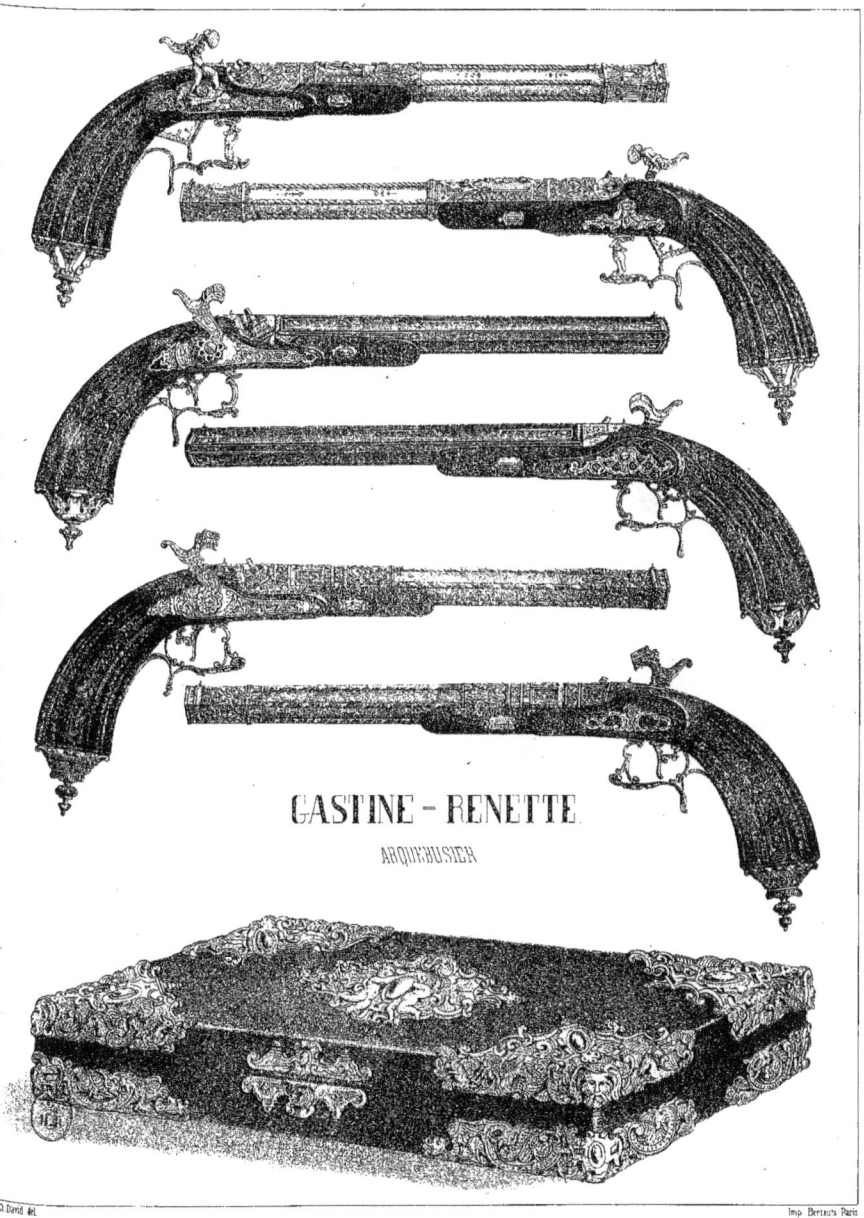

PISTOLETS ET BOITE.
des Ateliers de Gastine Renette.

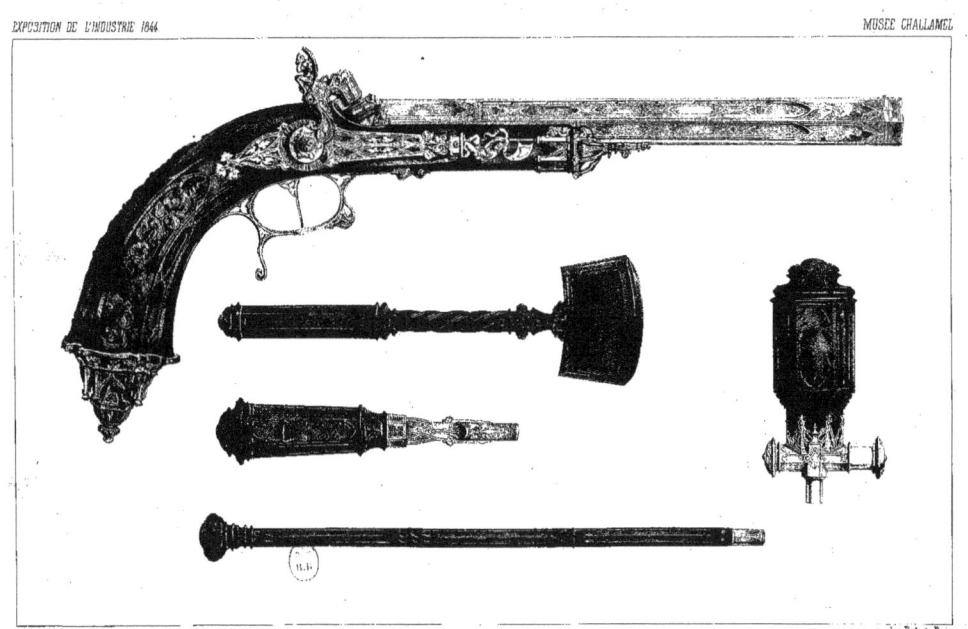

PISTOLET GOTHIQUE DE GAUVAIN

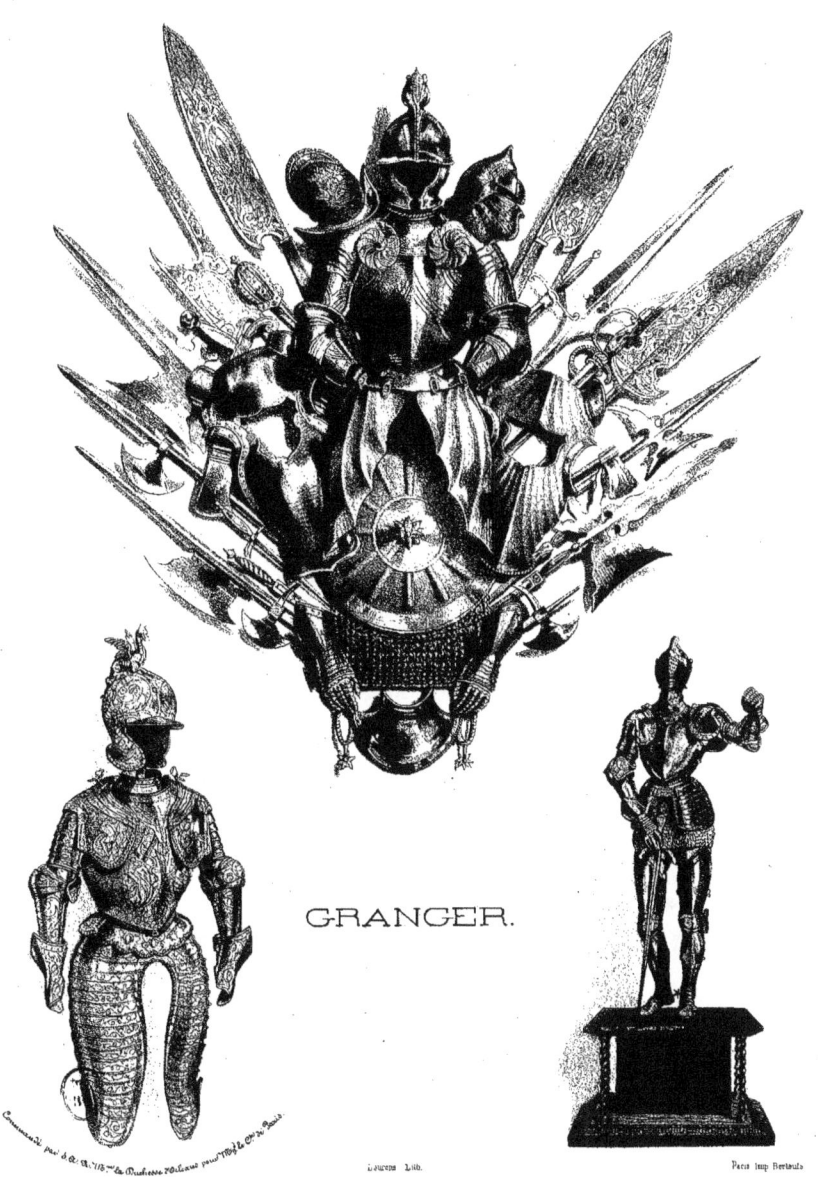

ARMURE D'ENFANT EN ACIER DAMASQUINÉE OR. PANOPLIE. PETITE ARMURE.

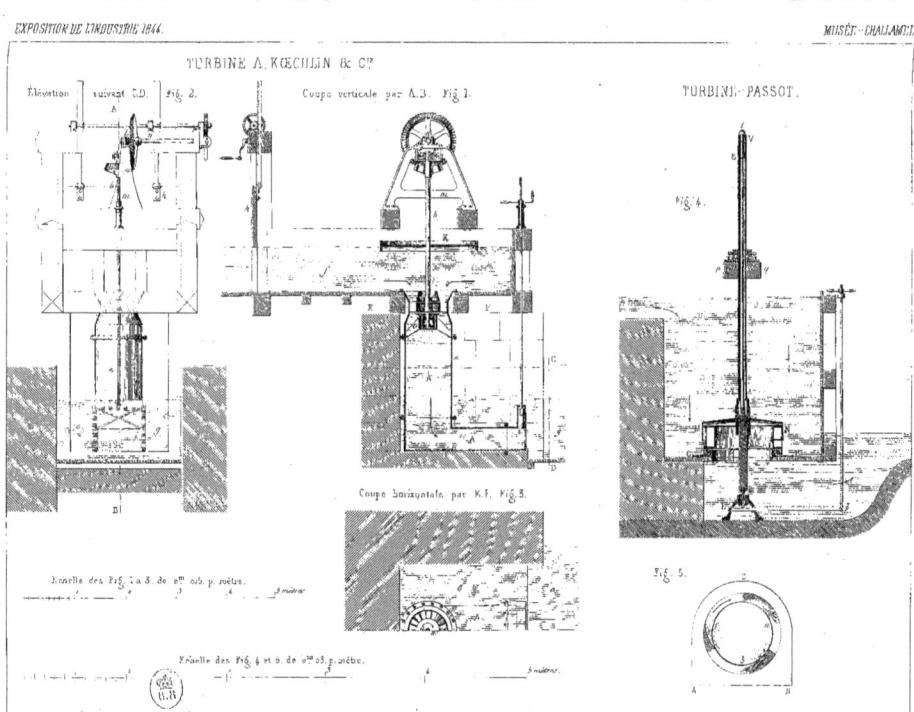

TURBINES

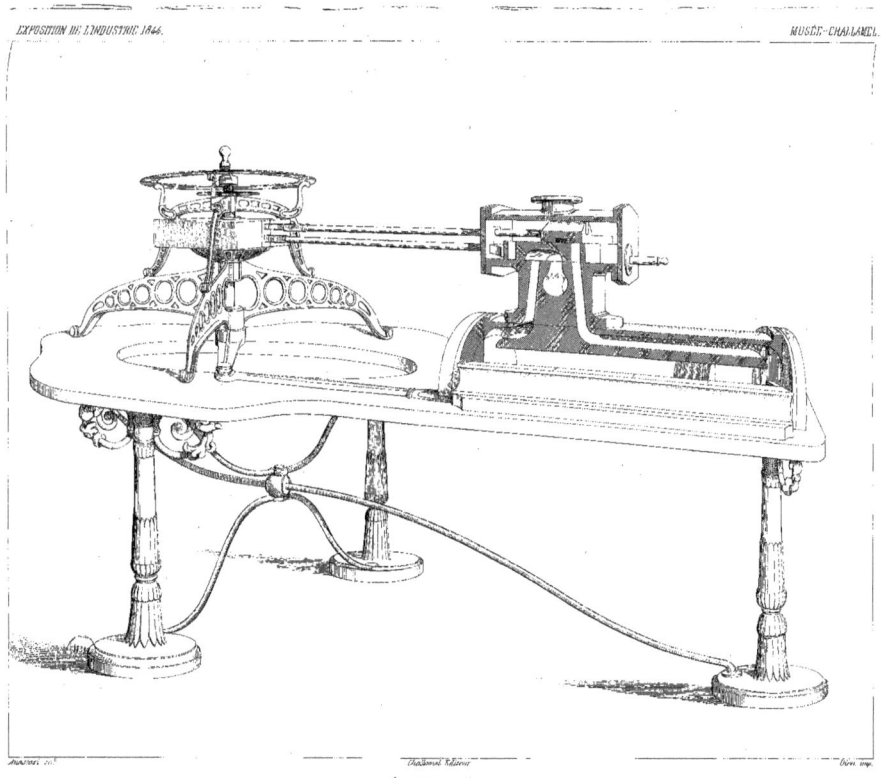

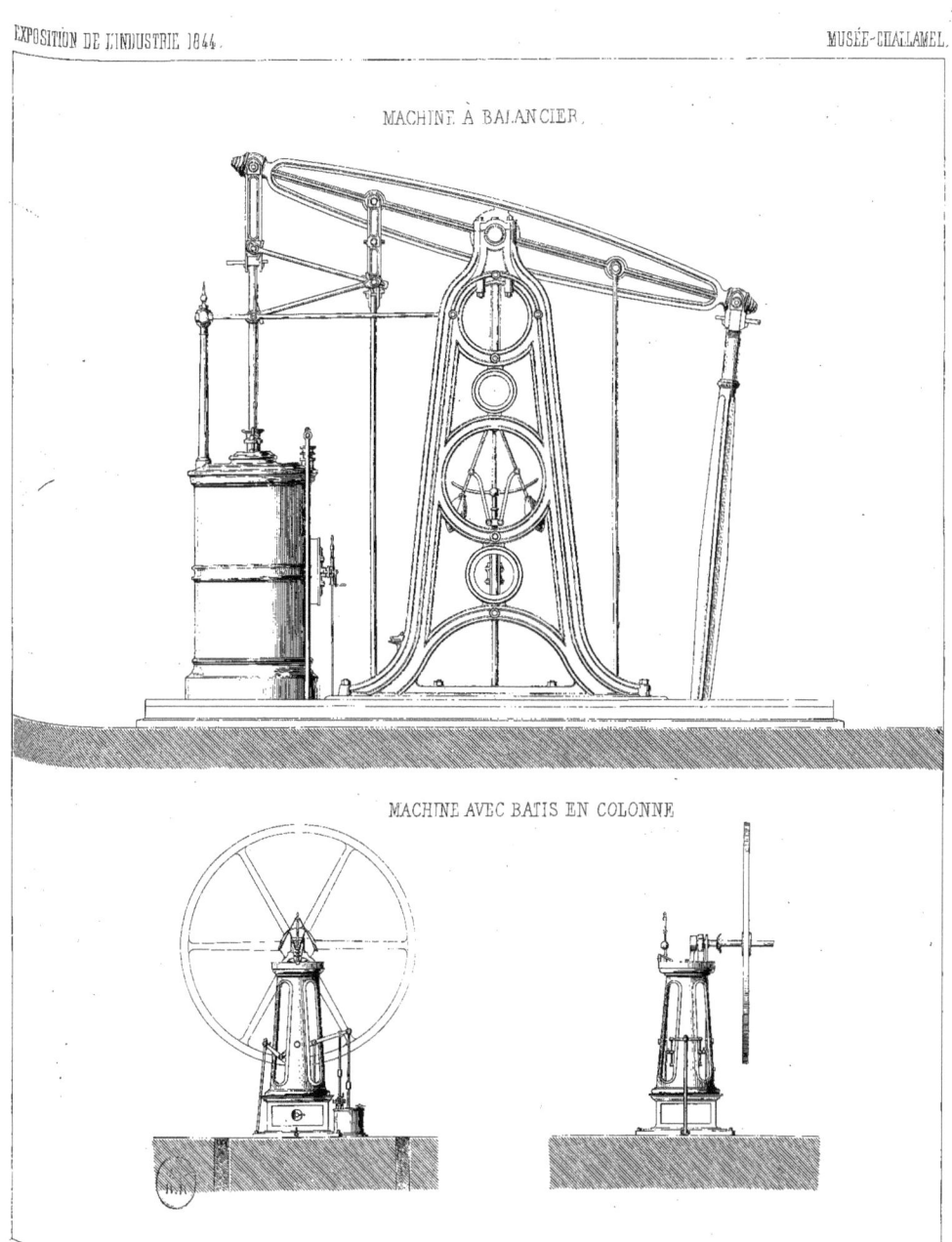

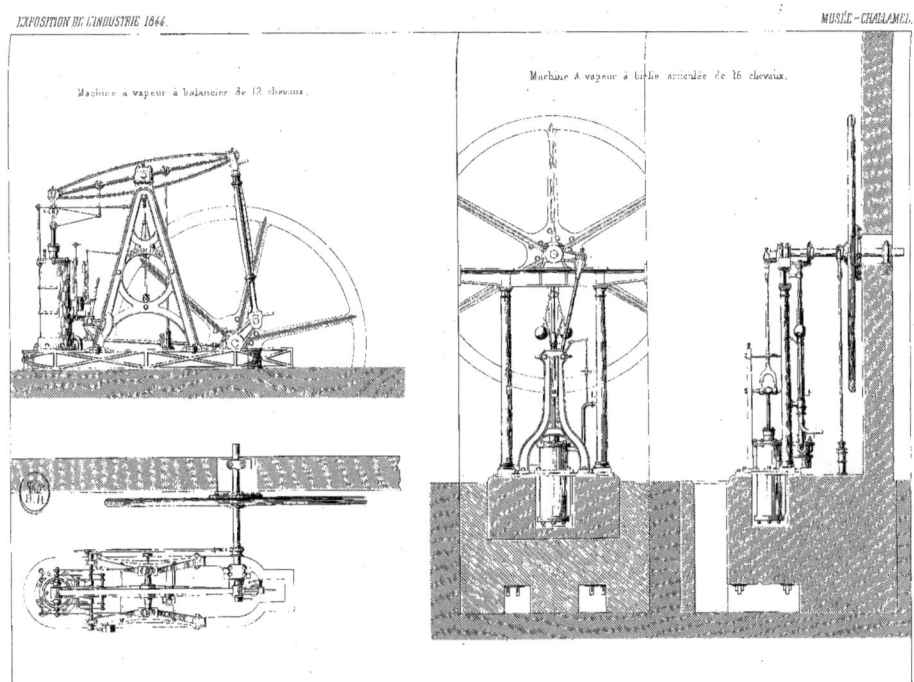

MACHINES DEROSNE ET CAIL.

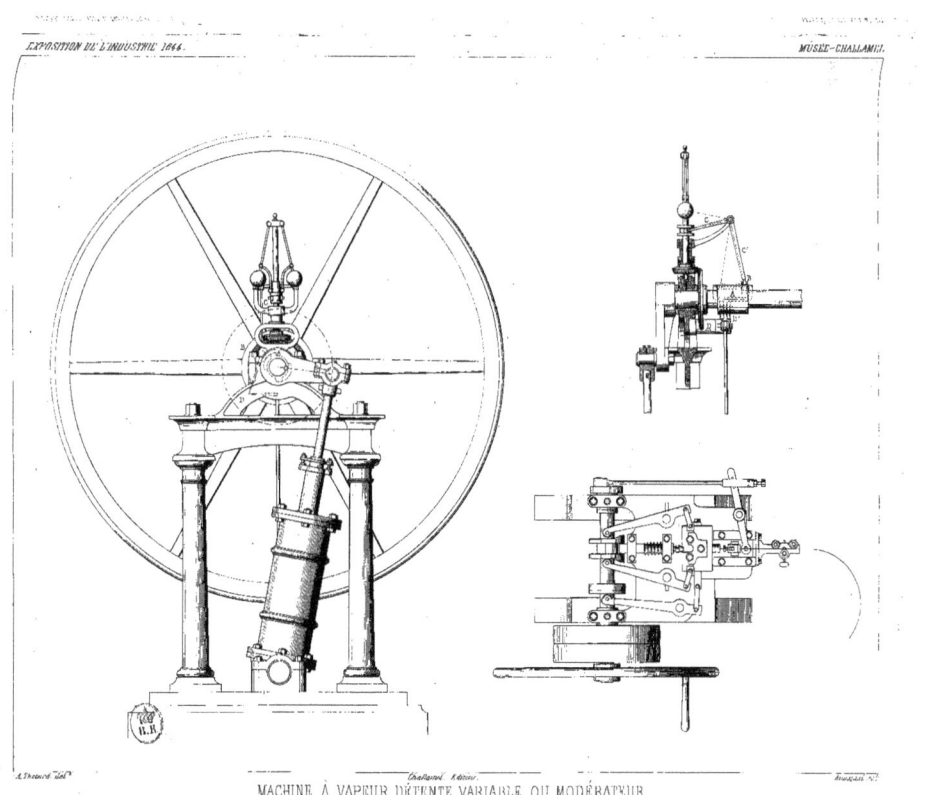

MACHINE À VAPEUR DÉTENTE VARIABLE OU MODÉRATEUR.
Machine à Clous d'Épingles de Frey.

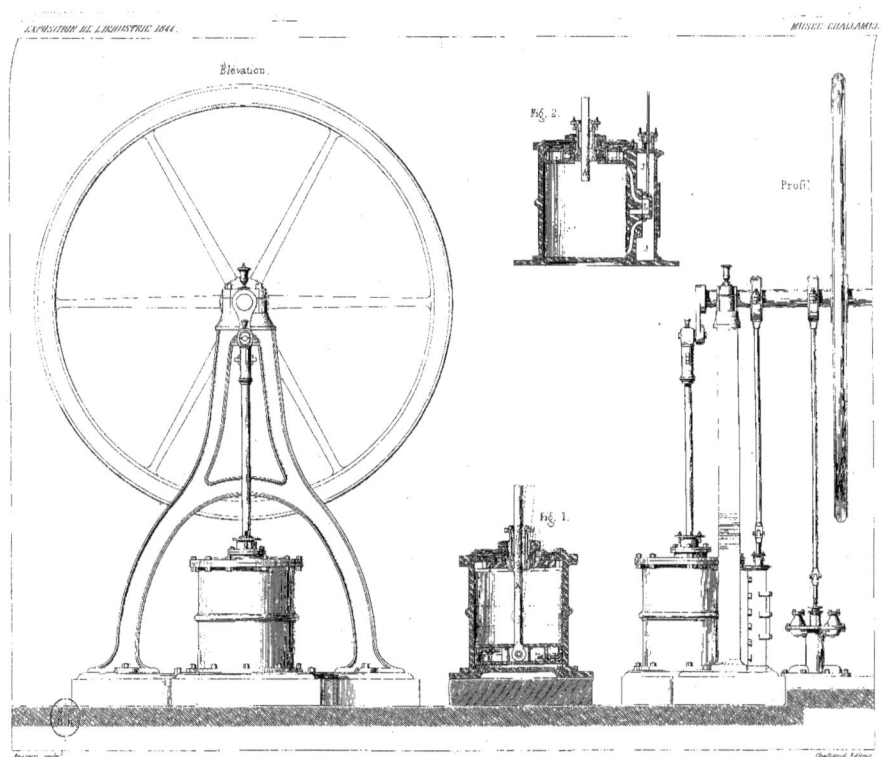

MACHINE À VAPEUR À TIGE OSCILLANTE À DOUBLE EFFET DE LEGENDRE ET AVERLY.

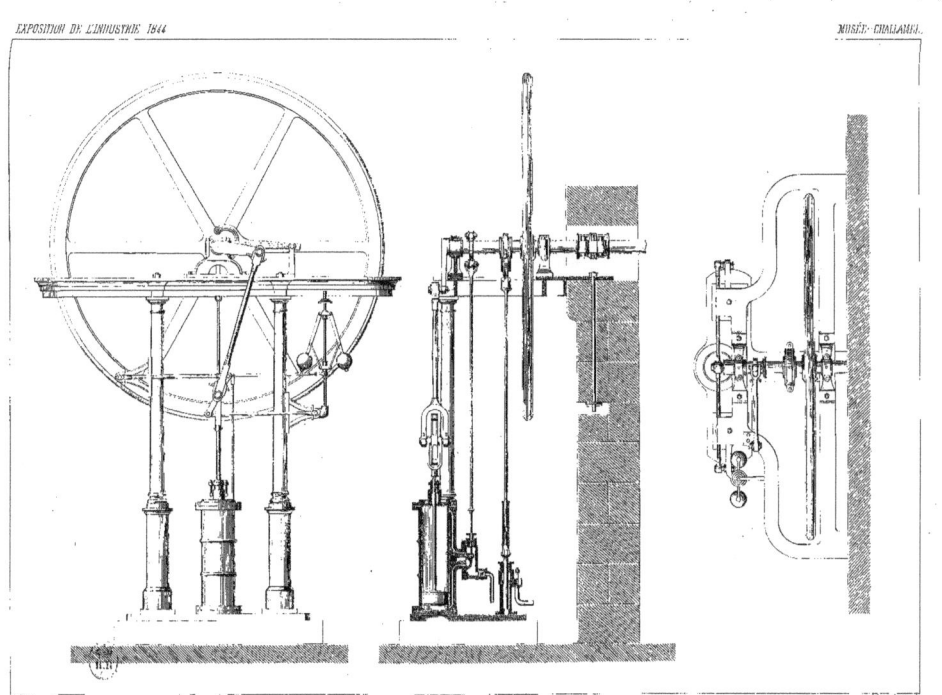

MACHINE À VAPEUR À HAUTE PRESSION ET À DÉTENTE D'EUGÈNE BOURDON.

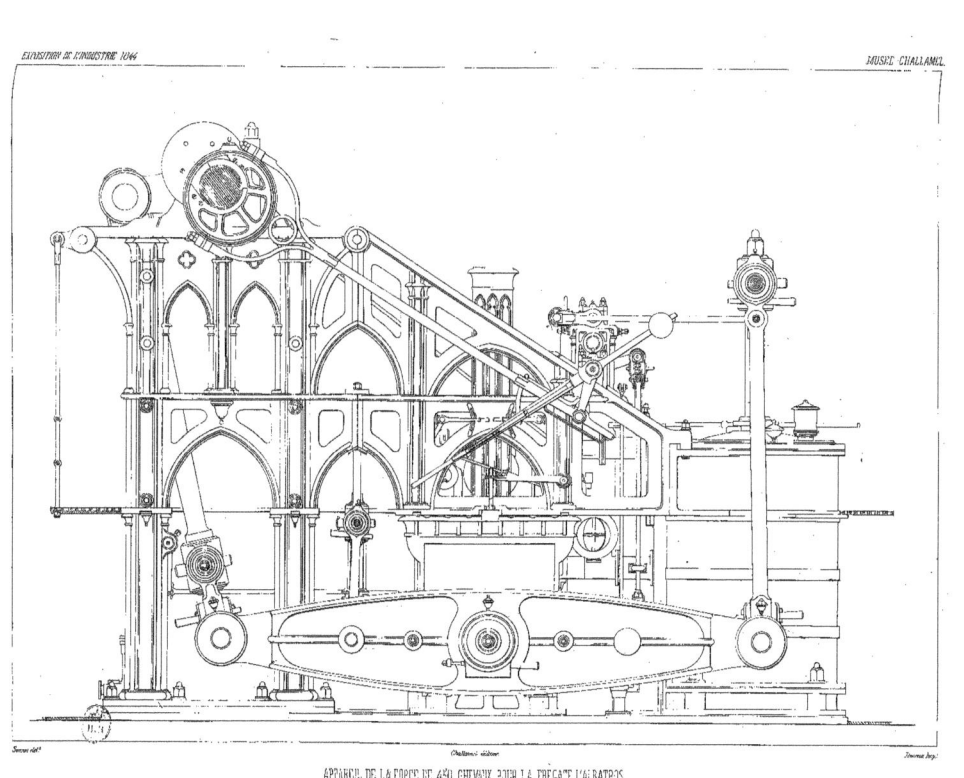

APPAREIL DE LA FORCE DE 450 CHEVAUX POUR LA FRÉGATE L'ALBATROS
par Schneider frères, du Creusot

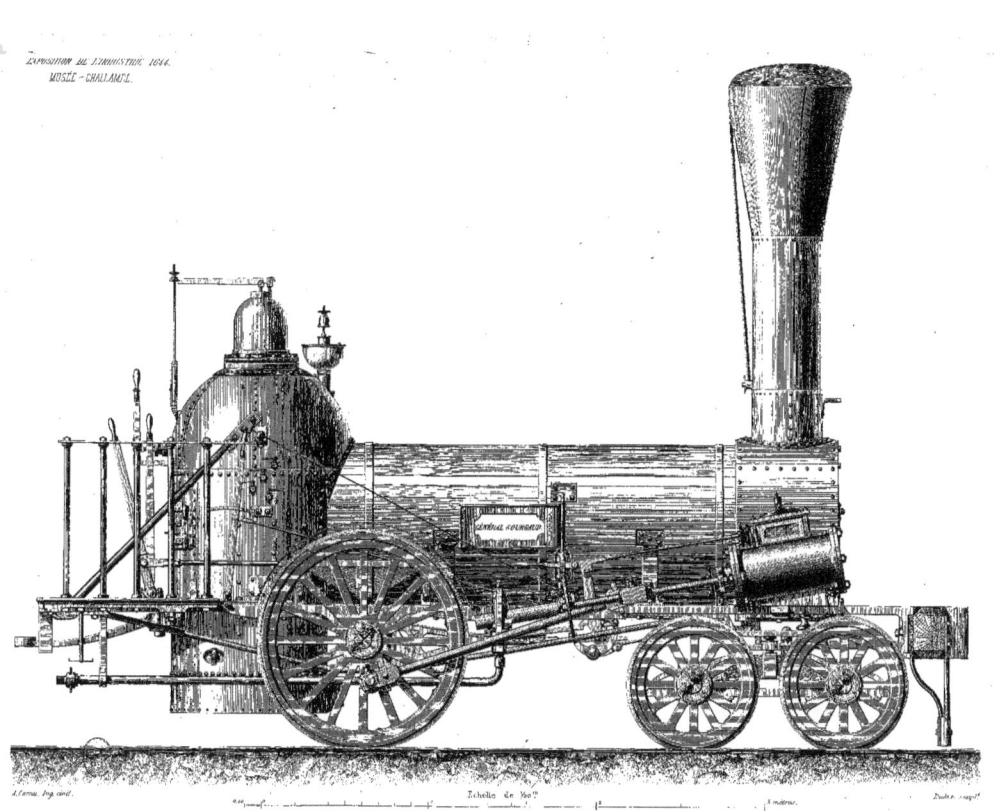

LOCOMOTIVE NORRIS.

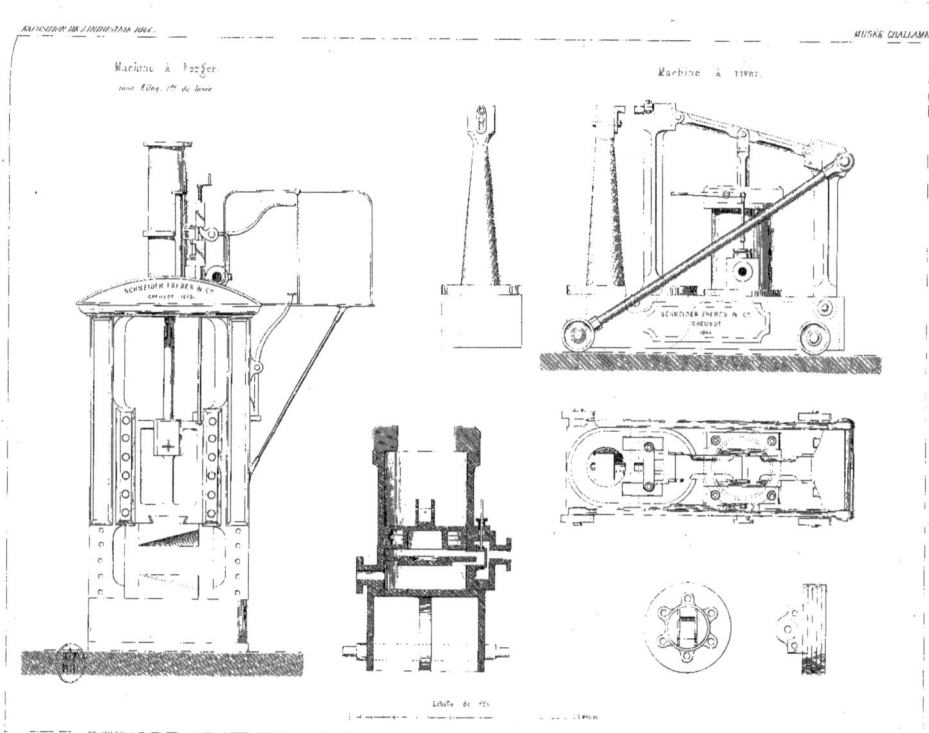

EXPOSITION DE L'INDUSTRIE 1844. MUSÉE CHALLAMEL.

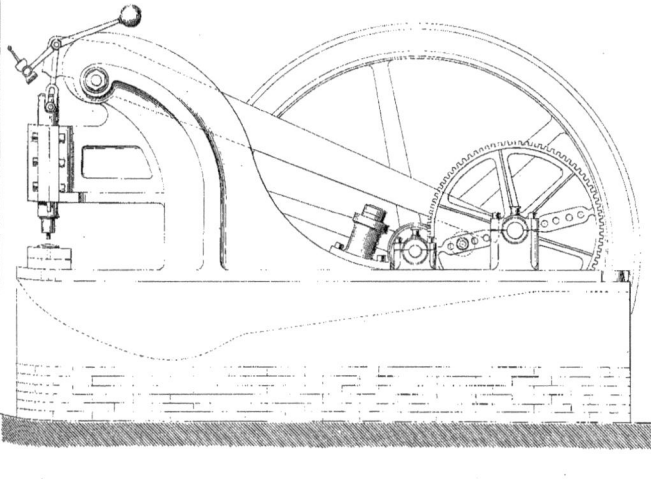

Débouchoir, machine à percer et à couper la tôle.

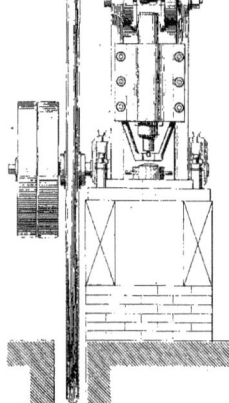

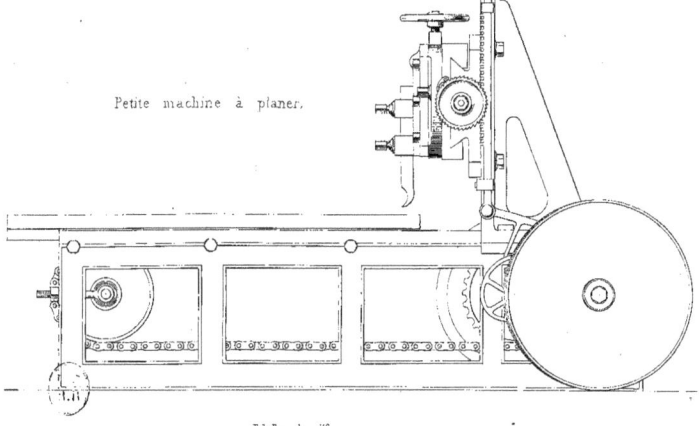

Petite machine à planer.

Échelle de 1/8

MACHINES DE CALLA

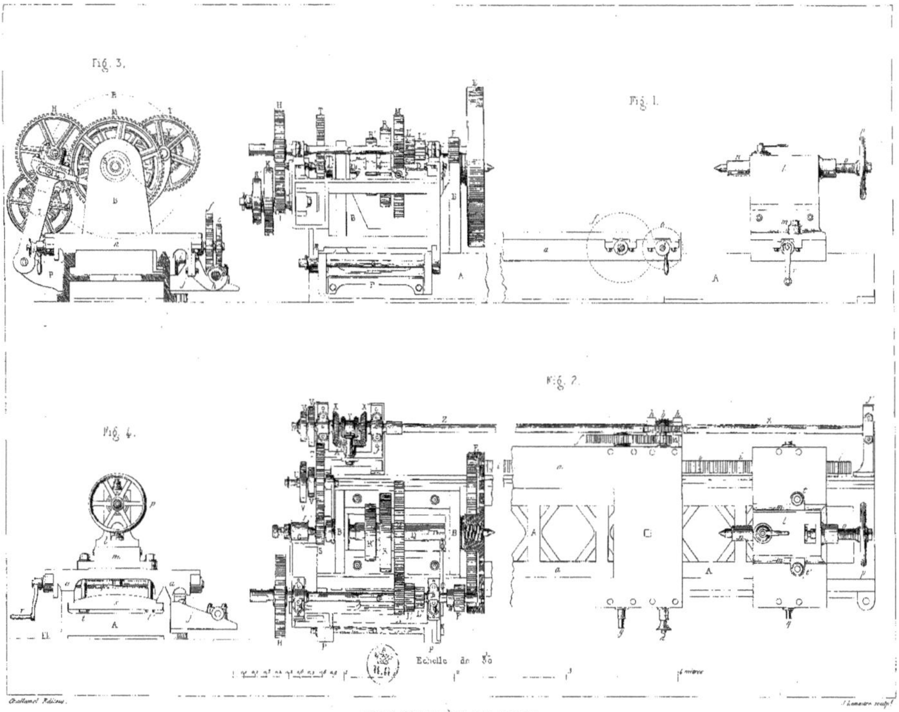

EXPOSITION DE L'INDUSTRIE 1844. MUSÉE-CHALLAMEL

Fig. 3.   Fig. 1.

Fig. 4.   Fig. 2.

Echelle de

TOUR PARALLÈLE DE PIHET.

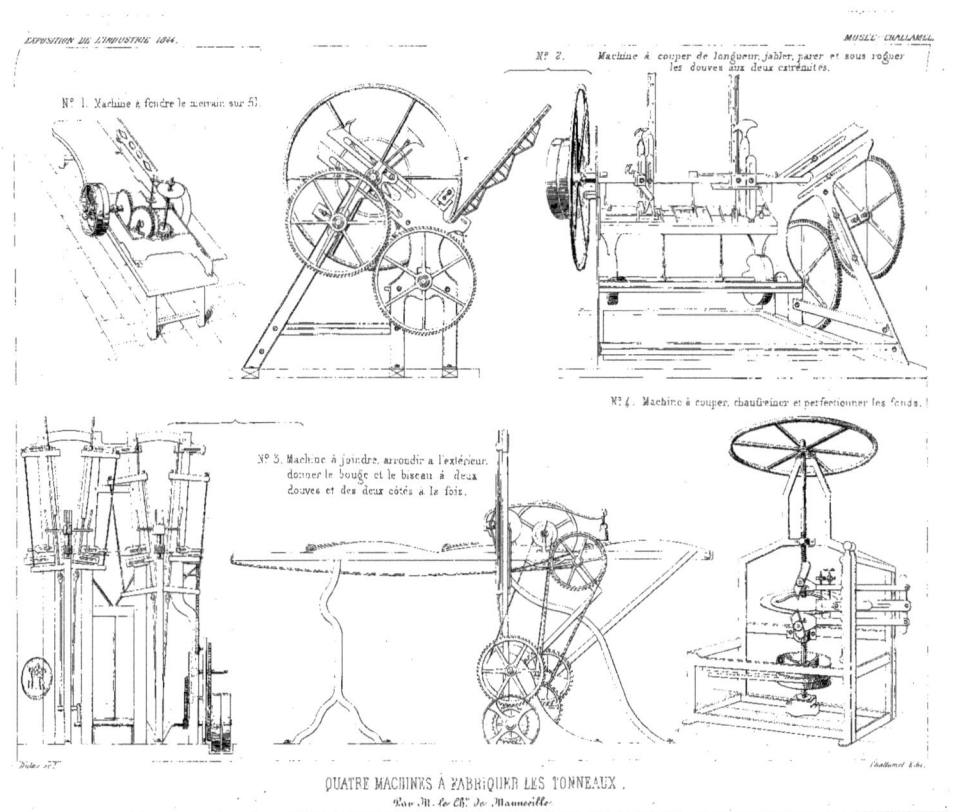

QUATRE MACHINES À FABRIQUER LES TONNEAUX.
Par M. le Ch.^r de Manneville.

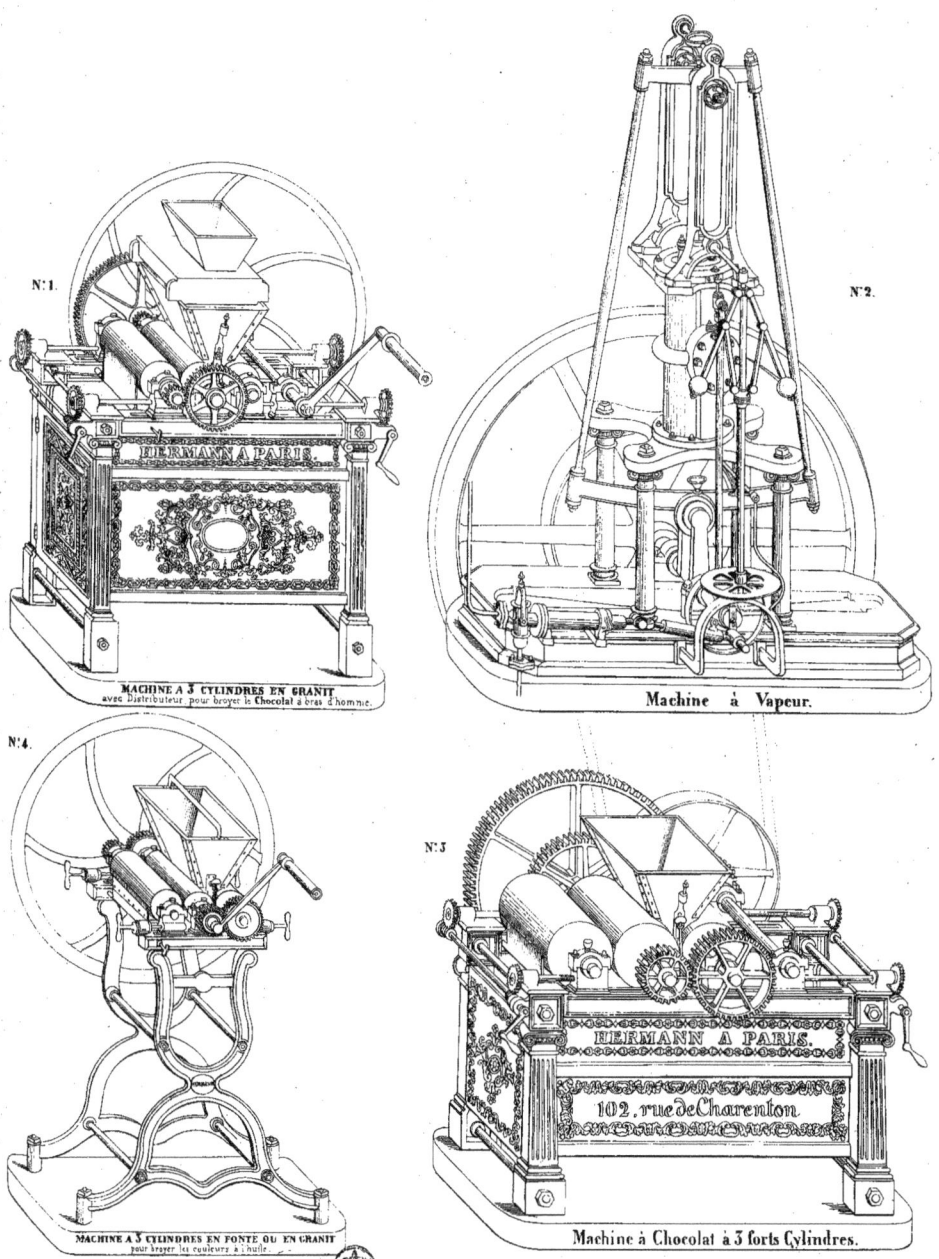

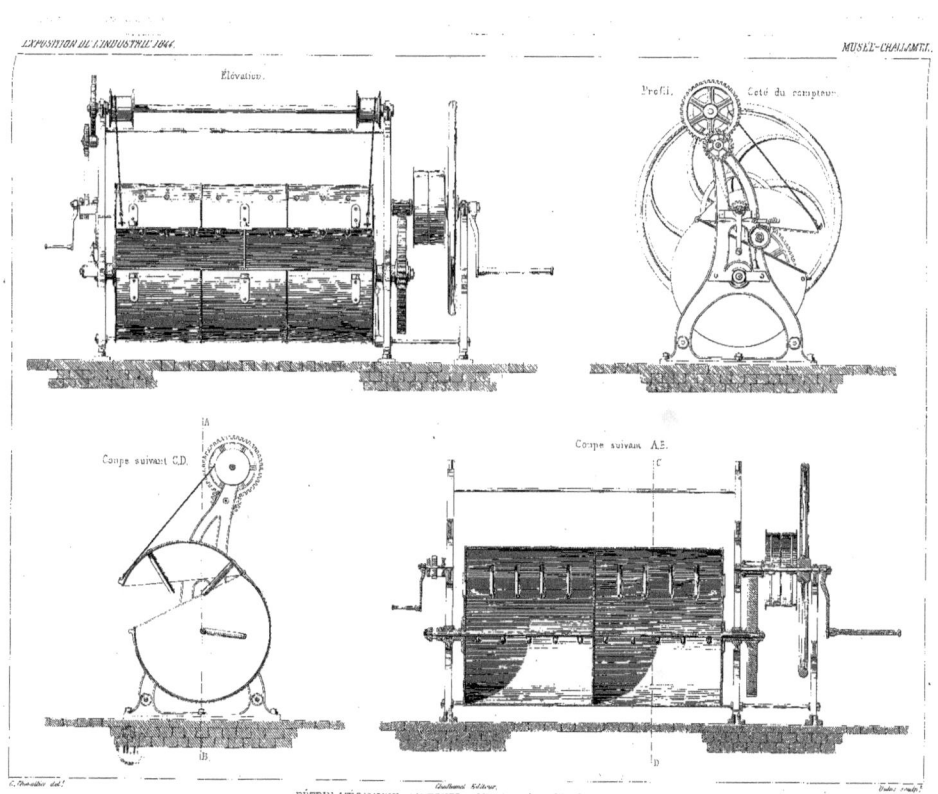

PÉTRIN MÉCANIQUE EN FONTE POUR LA FABRICATION DU PAIN.

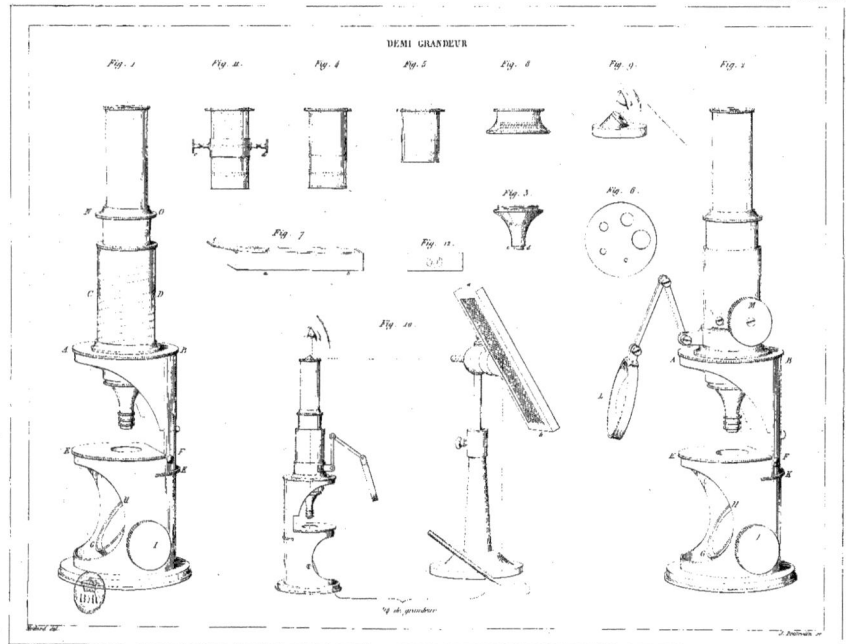

MICROSCOPES ACHROMATIQUES SIMPLIFIÉS DE M. LEREBOURS.

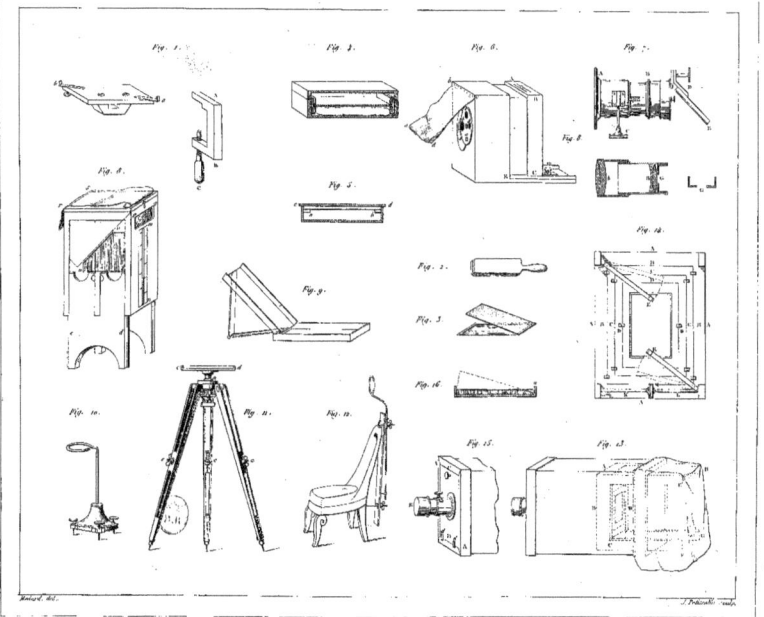

APPAREILS ET ACCESSOIRES DE DAGUERRÉOTYPE DE N. LEREBOURS.

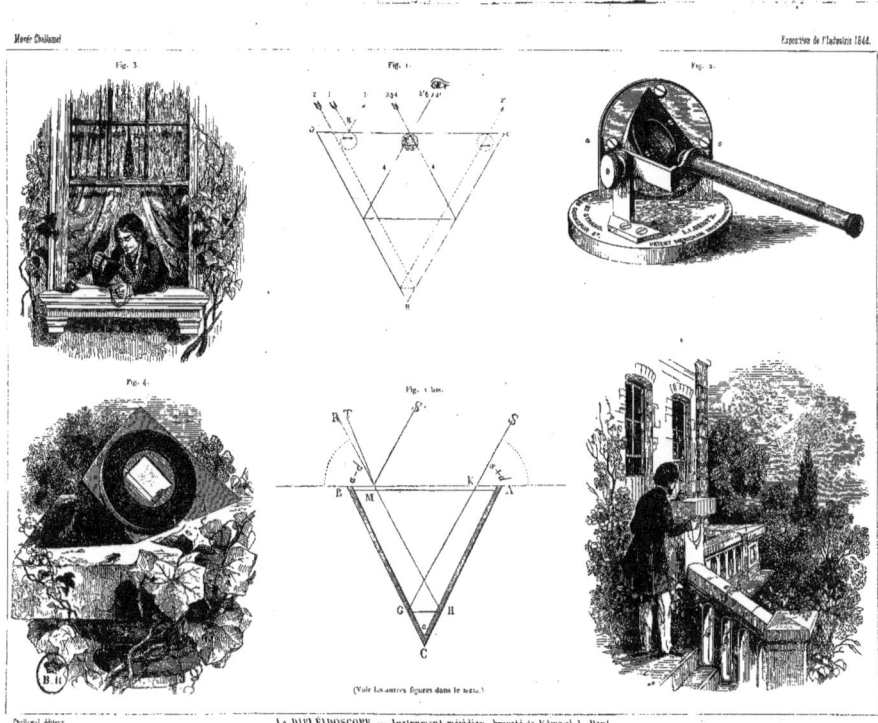

Le DIFLEIDOSCOPE. — Instrument méridien, breveté de Edward J. Dent.

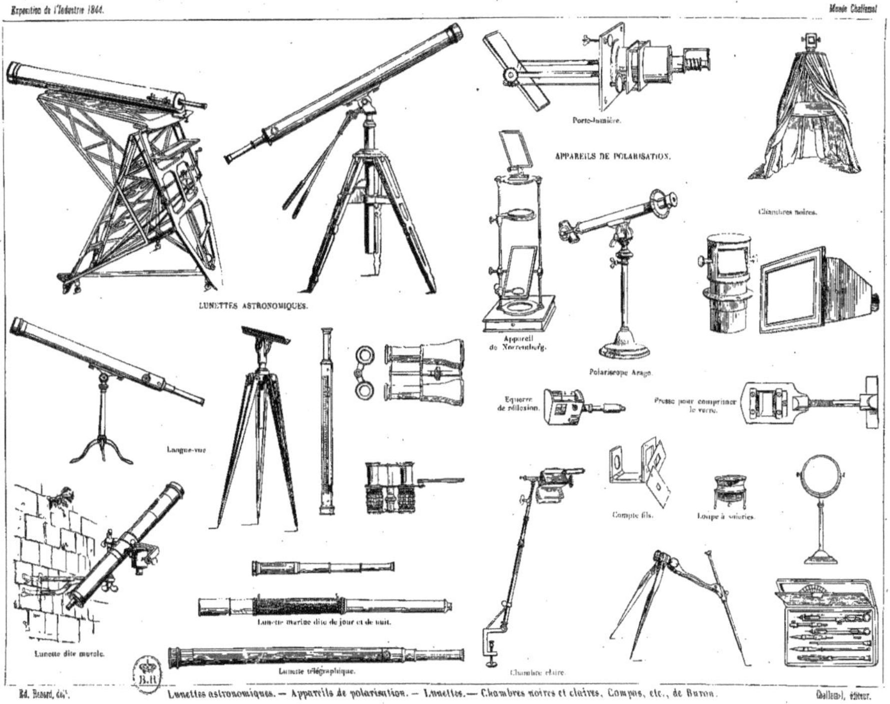

Ed. Renard, delt. Lunettes astronomiques. — Appareils de polarisation. — Lunettes. — Chambres noires et claires, Compas, etc., de Buron. Challamel, éditeur.

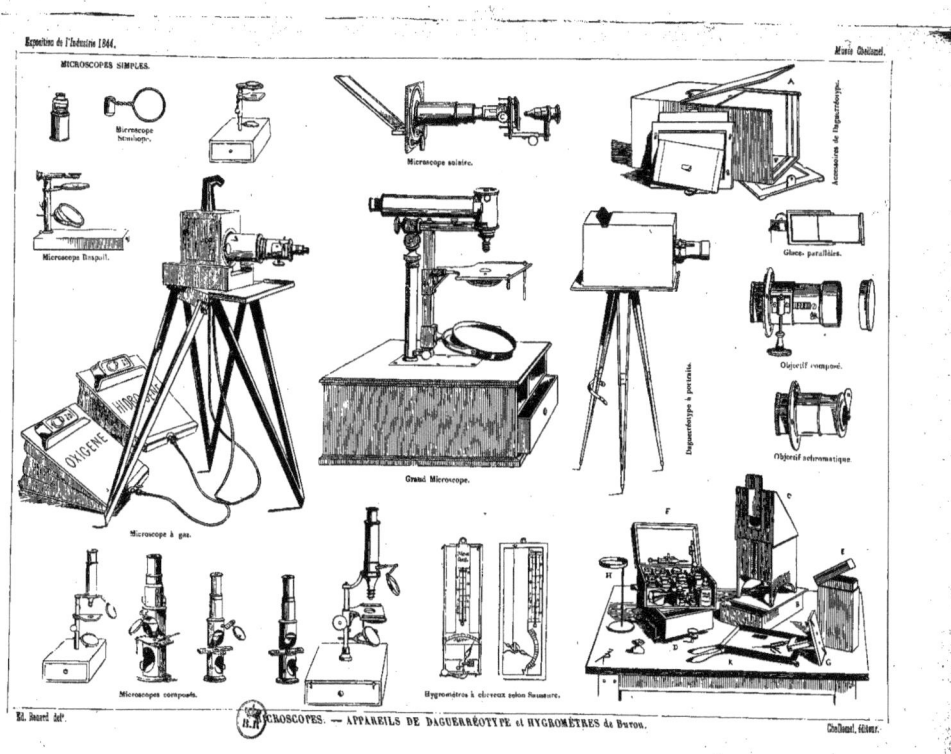
MICROSCOPES. — APPAREILS DE DAGUERRÉOTYPE et HYGROMÈTRES de Buron.

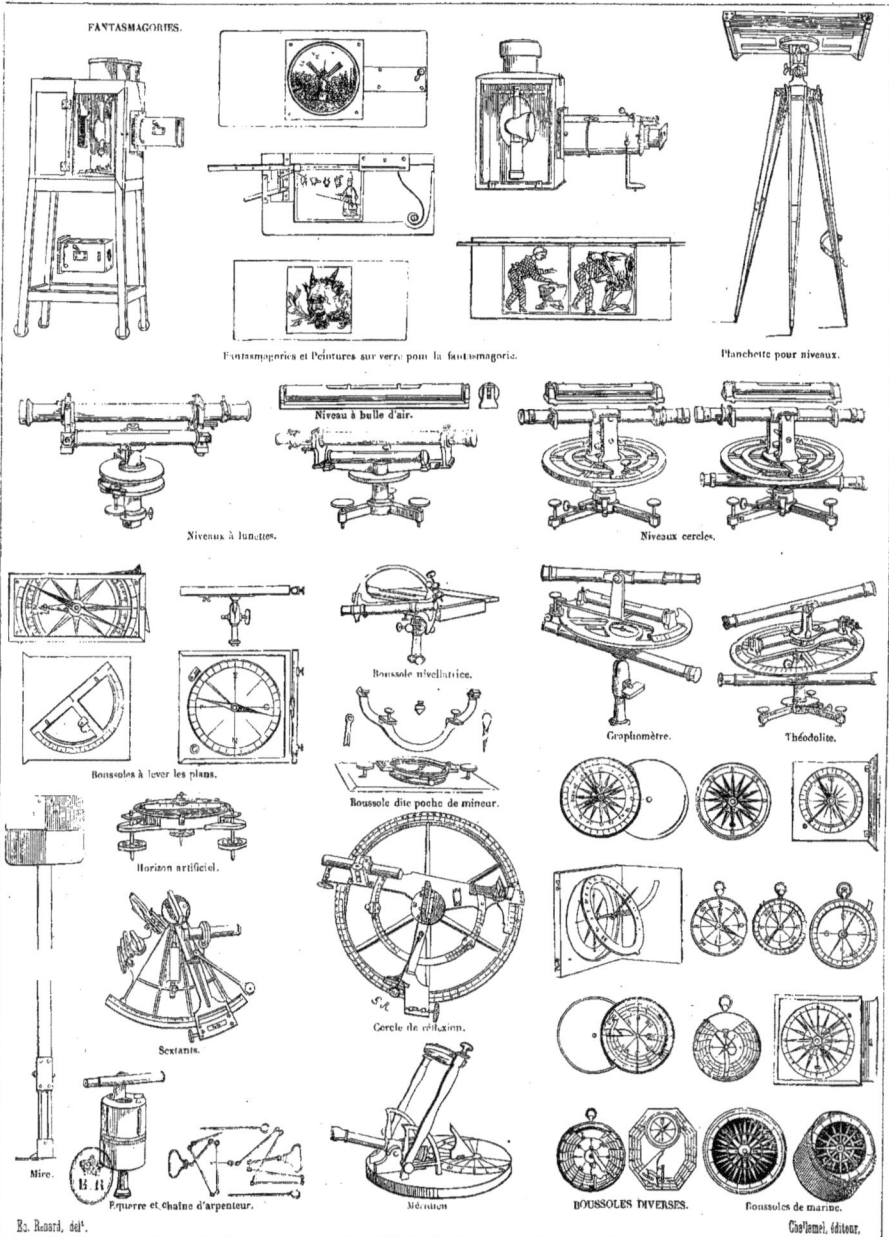

Fantasmagories. — Niveaux. — Boussoles à lever les plans. — Boussoles diverses. — Instruments de marine et d'arpentage de Buron.

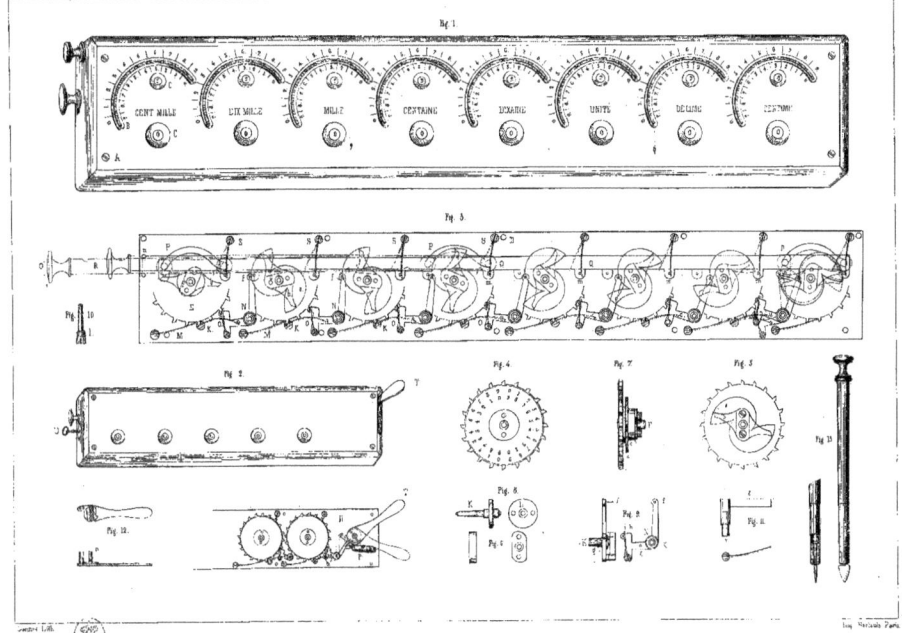

MACHINE A ADDITION ET A SOUSTRACTION MACHINE A COMPTER
Par le Docteur ROTH.

EXPOSITION DE L'INDUSTRIE 1844   MUSÉE-CHARPAMEL

Ces deux dessins représentent la même voiture, on peut à volonté de ce Cabriolet, faire le Char-à-banc-Calèche ci dessous.
Cette transformation peut être faite instantanément sans pièces de rapport et par une seule personne.

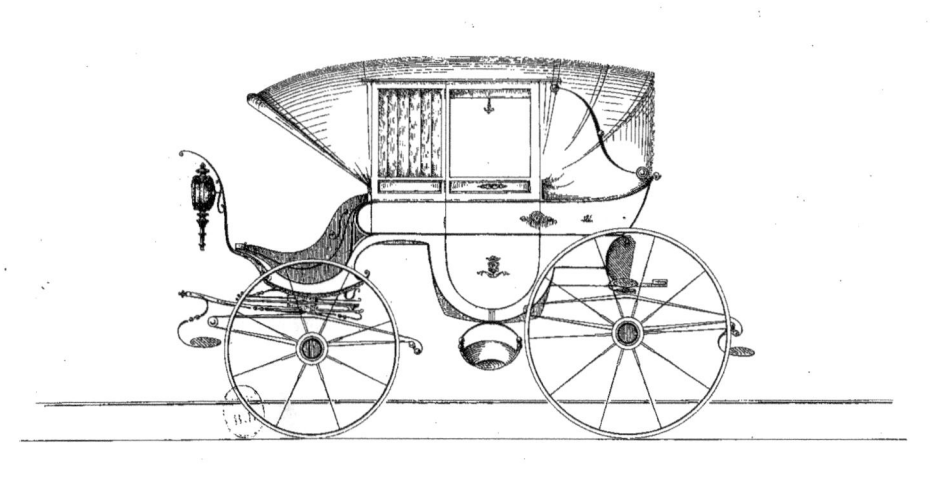

Bonnel del.   Imp Bertauts Paris

CABRIOLET-CHAR-A-BANC-CALÈCHE PAR Th.ᵐᵉ WAIDÈLE

CALÈCHE WOURST et COUPÉ de CEREMONIE.

PORTIÈRE EXÉCUTÉE PAR H. MOURCEAU ET Cie.

SERVIETTES DAMASSÉES DE BÈGUE.

www.ingramcontent.com/pod-product-compliance
Lightning Source LLC
Chambersburg PA
CBHW062230180426
43200CB00035B/1354